Forschungsakademien in der DDR –
Modelle und Wirklichkeit

Wolfgang Girnus, Klaus Meier (Hg.)

Forschungsakademien in der DDR – Modelle und Wirklichkeit

LEIPZIGER UNIVERSITÄTSVERLAG 2014

Bibliografische Information der Deutschen Nationalbibliothek
Die Deutsche Nationalbibliothek verzeichnet diese Publikation in der Deutschen Nationalbibliografie; detaillierte bibliografische Daten sind im Internet über http://dnb.d-nb.de abrufbar.

Gestaltung und Satz: berndtstein | grafikdesign, Radebeul
Druck: UFER Verlagsherstellung, Leipzig
ISBN 978-3-86583-838-4

Inhaltsverzeichnis

Vorwort

Die Erkundung möglicher Pfade zur Transformation unseres gegenwärtigen Gesellschaftssystems in eine zukunftsfähige, ökologisch nachhaltige und sozial gerechte Gesellschaft muss die strategische Bedeutung der Wissenschaft als Entwicklungsressource und Vorsorgepotential der Menschheit in Betracht ziehen. Sie muss dabei berücksichtigen, dass Wissenschaft in ihrer gesellschaftlichen Wirksamkeit ambivalent ist und ihre humanen Möglichkeiten nicht automatisch freisetzt. Diese Möglichkeiten müssen vielmehr erforscht und durch verantwortliches wissenschaftspolitisches Handeln erschlossen werden. Dabei kann auf die Erfahrungen in früheren wissenschaftsbasierten Gesellschaften und deren kritische Analyse nicht verzichtet werden.

In der Zeit der deutschen Zweistaatlichkeit verstanden sich sowohl die DDR als auch die BRD als Gesellschaften mit wissenschaftsbasierten Volkswirtschaften; ihre Geschichte bietet eine wertvolle Quelle für die Erörterung dieses Problemkreises.

In den vergangenen Jahren wurden von der Rosa-Luxemburg-Stiftung erfolgreiche Tagungen zur Geschichte von Universitäten in der DDR (Universität Rostock, 23.–24. Februar 2007; Humboldt-Universität Berlin, 19.–20. März 2009) veranstaltet, deren Ergebnisse der Öffentlichkeit zugänglich gemacht worden sind.[1] Die außeruniversitären Forschungseinrichtungen der DDR sind von den zeitgeschichtlichen Arbeiten der Stiftung hingegen bisher noch nicht behandelt worden. Um diese Lücke zu schließen, hat das Kollegium Wissenschaft der Rosa-Luxemburg-Stiftung 2011 ein Projekt in Angriff genommen, das an die Erfahrungen der genannten universitätsgeschichtlichen Arbeiten anschließt: Forschungsakademien in der DDR – Modelle und Wirklichkeit.

1 Martin Guntau, Michael Herms und Werner Pade (Hg.): Zur Geschichte wissenschaftlicher Arbeit im Norden der DDR 1945 bis 1990. 100. Rostocker Wissenschaftshistorisches Kolloquium am 23. und 24. Februar 2007 in Rostock-Warnemünde, Rostock 2007.
Wolfgang Girnus und Klaus Meier (Hg.): Die Humboldt-Universität Unter den Linden 1945 bis 1990. Zeitzeugen – Einblicke – Analysen, Leipzig 2010.

Mit diesem Projekt, zu dem in den vergangenen beiden Jahren mehrere Workshops und eine zweitägige Tagung durchgeführt wurden, verfolgten die Initiatoren Dr. Wolfgang Girnus, Prof. Dr. Hubert Laitko, Dr. sc. Klaus Meier und Dr. Herbert Wöltge folgende Anliegen:

1. Mit der staatlichen und gesellschaftlichen Teilung Deutschlands im Gefolge des Zweiten Weltkriegs spaltete sich auch das ehemals einheitliche deutsche Wissenschaftssystem in zwei voneinander abgegrenzte Systeme auf, die in konträr zueinander orientierte politische und gesellschaftliche Ordnungen eingebettet waren. Sowohl die BRD als auch die DDR setzten auf die Entwicklung der Wissenschaft als strategische Ressource von fundamentaler Bedeutung. Dabei bauten sie nicht nur das Hochschulwesen aus, sondern schufen – an ältere deutsche Traditionen anknüpfend und zugleich internationalen Trends folgend – auch umfangreiche außeruniversitäre Forschungskapazitäten. Die in diesem Prozess realisierten institutionellen Muster unterschieden sich jedoch deutlich voneinander. Es entstanden zwei strukturell und funktionell differierende Forschungslandschaften. Die deutsche Vereinigung erfolgte entsprechend den generellen Modalitäten des Einigungsprozesses auch auf dem Gebiet der Wissenschaft nicht durch längerfristige behutsame Annäherung und gegenseitige Durchdringung der beiden Institutionenmuster, sondern durch radikale Auflösung der in der DDR gewachsenen Strukturen und einfache Ausdehnung der institutionellen Paradigmen der Bundesrepublik auf Ostdeutschland. Die Möglichkeiten, die in der Forschungslandschaft der DDR enthalten waren, wurden im wesentlichen nicht kritisch untersucht, sondern einfach ignoriert und annulliert. Die Aufgabe, ihre historischen Erfahrungen zu erschließen und zu werten, bleibt in weiten Teilen noch zu erledigen. Dabei ist es sinnvoll, den analytischen Blick professioneller Historiker mit dem Insiderwissen und der Lebenserfahrung der Beteiligten zu verbinden. Angesichts des heute fortgeschrittenen Lebensalters des Personenkreises, der in Forschungseinrichtungen der DDR tätig war, ist hier höchste Eile geboten, wenn nicht ein großes Quantum unikaler, nicht in Publikationen und Aktenbeständen dokumentierter Erfahrungen unwiederbringlich verloren gehen soll.

2. Die historisch-kritische Auseinandersetzung mit der Forschungslandschaft der DDR, ihren Eigenarten und den in ihr enthaltenen Möglichkeiten und Restriktionen muss ihre Positionen im Verhältnis zu den Grundlinien der Bearbeitung der DDR-Geschichte insgesamt bestimmen. Die in den beiden letzten Jahrzehnten zum Wissenschaftssystem der DDR – meist zum Hochschulwesen, weniger zu den außeruniversitären Forschungseinrichtungen – vorgelegten

Untersuchungen haben ihr Hauptaugenmerk zum großen Teil auf die Formierung des Wissenschaftsbetriebes durch die zentralistisch-diktatorische politische Ordnung gerichtet. Unter diesem Aspekt erscheint die institutionelle Verfasstheit der Wissenschaft in der DDR vor allem als ein Negativum, dem sich keine zukunftsfähigen Anregungen entnehmen lassen. Das ist unzweifelhaft ein Moment der historischen Wahrheit – aber eben nur ein Moment und noch kein komplexes Bild, das der Vielfalt der geschichtlichen Wirklichkeit gerecht würde. Um sich dieser Komplexität zu nähern, müssen weitere, bisher unterbelichtete Aspekte in die Betrachtung einbezogen werden, von denen hier zwei hervorgehoben werden sollen. Einerseits war das wissenschaftliche Institutionensystem der DDR keine autonome Schöpfung der SED. Die Wissenschaftspolitik der DDR musste auf den historischen Voraussetzungen aufbauen, die in der vorhergehenden Geschichte der Wissenschaft in Deutschland geschaffen worden waren, und musste die darin enthaltenen Optionen beachten; dabei realisierte sie im Vergleich mit der BRD andere dieser Optionen, aber sie konnte die bestehenden Möglichkeiten nicht einfach ignorieren. Andererseits entwickelte sich das Wissenschaftssystem der DDR nicht isoliert, sondern – ungeachtet aller Behinderungen durch Kommunikationsbarrieren – im globalen Zusammenhang, nahm die globalen Menschheitsprobleme in der zweiten Hälfte des 20. Jhs. wahr, war ausdrücklich als Potential im Systemwettstreit konzipiert und musste sich deshalb internationalen Tendenzen stellen und auf diese reagieren. Eine angemessene Berücksichtigung dieser Aspekte darf selbstverständlich nicht dazu führen, dass die zentralistische politische Formierung des Wissenschaftssystems in der DDR mit ihren zwiespältigen Wirkungen übersehen wird. Insgesamt wird eine solche multiperspektivische Wahrnehmung des DDR-Wissenschaftssystems ein vielgestaltigeres und damit genaueres Bild der Wirklichkeit ergeben, das Möglichkeiten produktiver Vergleiche mit zeitgleichen Entwicklungen in der BRD einschließt und – mit gebotener Vorsicht zu nutzende – Lehren für Gegenwart und Zukunft bereithält.

3. Ein wesentliches – vielleicht das wichtigste – Spezifikum, das die Institutionalisierung außeruniversitärer Forschung in der DDR von dem in der BRD praktizierten Modus unterschied, bestand in der Existenz sogenannter Forschungsakademien. Hier wurden akademische Gelehrtengesellschaften mit gewählten Mitgliedern, die der europäischen Akademietradition entsprachen, zu Trägerorganisationen für umfangreiche Verbünde von Forschungsinstituten ausgestaltet oder umgekehrt zu Institutsverbünden Gelehrtengesellschaften akademischen Charakters geschaffen. Diese Akademien erfüllten Funktionen der Forschungsorganisation, die im Wissenschaftssystem der BRD ebenfalls vertreten

waren, dort aber in andersartigen institutionellen Arrangements (Max-Planck-Gesellschaft, Fraunhofer-Gesellschaft, Ressortforschungseinrichtungen usw.) wahrgenommen wurden. Die Forschungsakademien waren keineswegs als nur administrative Zusammenfassungen von Forschungsinstituten konzipiert. Vielmehr war daran gedacht, dass die Grundlinien ihrer Forschungsstrategie durch den interdisziplinären Diskurs innerhalb der jeweiligen – in allen Fällen aus bedeutenden Vertretern zahlreicher unterschiedlicher Disziplinen zusammengesetzten – akademischen Gelehrtengesellschaften kontinuierlich beraten und orientiert werden sollten, so dass die Tätigkeit aller dieser Institute in einen interdisziplinären Kontext eingebettet war, und zwar ausdrücklich auch dann, wenn sie selbst ein monodisziplinäres Profil aufwiesen. Die so verstandene Idee der Forschungsakademie war ein origineller und anspruchsvoller Ansatz. Die Meinungen darüber, in welchem Maße dieser Ansatz realisiert worden ist und inwieweit er überhaupt wirklichkeitstauglich war, gehen weit auseinander. Größere Klarheit kann hier nur durch entschiedene Hinwendung zur historischen Empirie erreicht werden. Es ist damit zu rechnen, dass die Antworten von Fall zu Fall unterschiedlich ausfallen und Pauschalurteile ins Leere gehen. Insiderwissen aus der Teilnehmerperspektive kann hier zu einem differenzierten Bild beitragen.

4. In der DDR bestanden vier große Institutionen, die dem Typus der Forschungsakademie entsprachen:

(1) Deutsche Akademie der Wissenschaften zu Berlin (DAW) – ab 1972: Akademie der Wissenschaften (AdW) der DDR.
Sie wurde 1946 aufgrund des SMAD-Befehls Nr. 187 eröffnet und verstand sich als Nachfolgeeinrichtung der Preußischen Akademie der Wissenschaften (PAW), mit der sie in ununterbrochener Zuwahlkontinuität ihrer gewählten Mitglieder verbunden war. Im Unterschied zur PAW wurde sie aber mit Forschungsinstituten ausgestattet, die in ihrem thematischen Profil eine – im Laufe der Zeit sukzessiv vollständigere – Auswahl der Grundlagendisziplinen repräsentierten. Ihr Forschungspotential, das gegen Ende ihrer Existenz auf rund 24.000 Mitarbeiter angewachsen war, zeichnete sich durch eine hochgradig polydisziplinäre Zusammensetzung aus. Ihr Gesamtprofil war dabei dominant naturwissenschaftlich bzw. naturwissenschaftlich-technisch bestimmt, die Gesellschaftswissenschaften blieben ungeachtet der allmählichen Zunahme der vertretenen Fachgebiete unterrepräsentiert. Primär sah sich die AdW als eine Institution der Grundlagenforschung; sie war jedoch in den verschiedensten Formen mit zahlreichen Praxisbereichen der DDR verbunden, bediente deren wissenschaftliche Anforde-

rungen und hatte im System der Planung und Koordinierung der Forschungen in der DDR eine Schlüsselstellung inne. Angesichts ihrer universellen Ausrichtung war die AdW im staatlichen Institutionengefüge der DDR nicht einem der Fachministerien zugeordnet, sondern unterstand dem Ministerrat unmittelbar.

(2) Deutsche Akademie der Landwirtschaftswissenschaften (DAL) – ab 1972: Akademie der Landwirtschaftswissenschaften der DDR (AdL).
Sie wurde 1951 als agrarwissenschaftliche Zweigakademie gegründet. Ihre Ausgangsausstattung an Forschungsinstituten, Forschungsstellen, Versuchsgütern usw., die teils aus dem Bestand der DAW, teils aus der Zuständigkeit der Länderverwaltungen kamen, war im Herbst 1953 komplett. Gegen Ende der DDR verfügte sie über ca. 10.000 Mitarbeiter. Ihre Institute unterhielten Forschungsbeziehungen zu zahlreichen landwirtschaftlichen Betrieben und Wirtschaftsorganisationen der DDR. Die AdL war für die Planung und Koordinierung der land- und forstwissenschaftlichen Forschungen in der DDR verantwortlich. Sie war dem Ministerium für Land-, Forst- und Nahrungsgüterwirtschaft der DDR zugeordnet.

(3) Bauakademie der DDR.
Sie wurde 1951 durch Zusammenlegung des bisherigen Instituts für Bauwesen der DAW und des Instituts für Städte- und Hochbau der Deutschen Wirtschaftskommission (DWK) gebildet. An ihren Instituten war der größte Teil der Bauforschung der DDR konzentriert. Gegen Ende der DDR hatte sie ca. 4000 Mitarbeiter. Zugeordnet war sie dem Ministerium für Bauwesen.

(4) Akademie der Pädagogischen Wissenschaften der DDR (APW).
Sie wurde 1970 aus dem 1949 gegründeten Deutschen Pädagogischen Zentralinstitut (DPZI) gebildet, war dem Ministerium für Volksbildung der DDR zugeordnet, für das sie Ressortforschung betrieb, und fungierte als koordinierendes und leitendes Zentrum der pädagogischen Forschung in der DDR. Am Ende waren ca. 700 Mitarbeiter an der APW tätig.

Bereits auf den ersten Blick sind zahlreiche institutionelle Gemeinsamkeiten dieser vier Einrichtungen zu erkennen (Kombination von Gelehrtengesellschaften mit gewählten Mitgliedern und diesen zugeordneten Forschungseinrichtungen; Einordnung in das System der staatlichen Leitung durch Unterstellung unter Fachministerien bzw. den Ministerrat im ganzen; umfangreiche und vielgestaltige Praxisbeziehungen; Verantwortlichkeiten für die Planung und Koordinierung der Forschung in der DDR über ihren eigenen institutionellen Rahmen hinaus; Promotionsrecht A und B; nach dem Ende der DDR Auflösung unter

Berufung auf Art. 38 Einigungsvertrag usw.). Diese Gemeinsamkeiten legen nahe, sie als Exemplare ein und desselben Institutionentyps anzusehen und komparativ zu behandeln.

Es ist eine offene Frage, in welchem Umfang es Versuche gab, weitere Forschungsakademien (etwa eine Akademie der Medizinischen Wissenschaften nach sowjetischem Muster) zu gründen. Die Akademie für Ärztliche Fortbildung als Weiterbildungseinrichtung sowie die Akademie für Staats- und Rechtswissenschaft der DDR und die Akademie für Gesellschaftswissenschaften beim ZK der SED als hochschulartige Einrichtungen gehören nicht zu diesem Institutionentyp.

Mit der zweitägigen Tagung am 1. und 2. November 2012 wurde die Sichtung, Sammlung und Diskussion des Materials für dieses Projekt abgeschlossen. Die meisten Referent/-innen haben ihre Vorträge für die vorliegende Publikation noch einmal bearbeitet. Zusätzlich wurden die Beiträge von Dr. Peter Nötzlodt, der ihn auf unsere Bitte hin für dieses Buch verfasst hat, und von Joachim Rex aufgenommen, der seinen Vortrag über die wissenschaftlichen Akademiebibliotheken, gehalten auf der 9. Jahrestagung des Wolfenbütteler Arbeitskreises für Bibliotheksgeschichte 1996, uns zum Wiederabdruck zur Verfügung gestellt hat.[2]

Auf dem ersten Workshop am 1. Juli 2011 hatten Dr. Bruno Flierl und Dr. Harald Engler – der eine als Zeitzeuge, der andere als Historiker – über die Bauakademie der DDR vorgetragen. Leider sahen sich die Referenten aus verschiedenen Gründen nicht in der Lage, für die vorliegende Veröffentlichung eine publikationsreife Fassung zur Verfügung zu stellen. Das bedauern wir sehr.

Das Projekt, die Workshops, die zweitägige Tagung und das vorliegende Buch wären nicht zustande gekommen, wenn die Rosa-Luxemburg-Stiftung – Rosa-Luxemburg-Stiftung Berlin und die Rosa-Luxemburg Stiftung Brandenburg – das Projekt nicht großzügig gefördert hätten.

Dr. Peter Welker, der dieses Buch als Lektor zur Druckreife gebracht hat, gilt unser besonderer Dank.

Wolfgang Girnus, Hubert Laitko,
Klaus Meier und Herbert Wöltge

2 Joachim Rex: Die wissenschaftlichen Akademiebibliotheken in Berlin während des Zeitraumes des Bestehens der DDR. In: Geschichte des Bibliothekswesens in der DDR, hrsg. von Peter Vodosek und Konrad Marwinski, Wolfenbütteler Schriften zur Geschichte des Buchwesens, Bd. 31, Verlag Harrassowitz, Wiesbaden 1999, S. 165–182, ISBN: 3-447-04150-1, ISBN-13: 978-3-447-04150-8. Wiederabdruck mit freundlicher Genehmigung des Autors und des Verlages Harrassowitz, Wiesbaden.

HUBERT LAITKO

Forschungsakademien: Prämissen und Orientierungsfragen

Eröffnungsbeitrag auf der zweitägigen Tagung am 1. und 2. November 2012

Diese Tagung behandelt ein Teilgebiet der Akademiegeschichte. Akademien im hier unterstellten Verständnis sind institutionelle Formen der Forschungsorganisation, die in der frühen Neuzeit aufgekommen sind und bis auf den heutigen Tag bestehen.[1] Wir verwenden den Terminus „Akademie" hier ausschließlich in diesem Sinn und sehen davon ab, dass er oft auch für Lehranstalten ohne Forschung und dabei insbesondere für Lehranstalten im Bereich außerwissenschaftlicher Praktiken (Kunstakademien, Berufsakademien usw.) benutzt wird.[2] Auf unserer Tagung geht es um einige Institutionen, die möglicherweise eine gemeinsame Spielart des wissenschaftlichen Institutionentyps „Akademie" verkörpern. Dieser vermutete Subtypus wurde bei der Erörterung des thematischen Rahmens für diese Veranstaltung in Anlehnung an eine in der DDR in den 1960er Jahren aufgekommene Redeweise ad hoc als *Forschungsakademie* bezeichnet. Ich gebrauche diesen Terminus hier, weil er sich in der DDR eingebürgert hatte und seine Etablierung so selbst ein relevantes historisches Faktum darstellt – und nicht etwa, weil ich ihn womöglich für etymologisch besonders treffend hielte. Vielmehr erachte ich ihn für eine schlecht gewählte Bezeichnung, denn Wissenschaftsakademien haben von ihren geschichtlichen Anfängen her zentral mit Forschung zu tun, so dass sich die intendierte Bedeutung des Wortes „Forschungsakademie" nicht von selbst versteht, sondern vielmehr umständlich erläutert werden muss.

1 Conrad Grau: Berühmte Wissenschaftsakademien. Von ihrem Entstehen und ihrem weltweiten Erfolg, Leipzig 1988.

2 Im aktuellen Wikipedia-Eintrag zum Stichwort „Akademie" wird die diffuse Vieldeutigkeit dieses Terminus hervorgehoben: „Akademie ist ein rechtlich ungeschützter Begriff und deckt ein breites Spektrum von öffentlich geförderten und/oder privaten (so genannten ‚freien') Forschungs-, Lehr-, Bildungs- und Ausbildungseinrichtungen ab". – http://de.wikipedia.org/wiki/Akademie [Zugriff 18.10.2013].

1. Fragestellung

Die elementarste Bestimmung des Terminus „Forschungsakademie“, wie er in den 1960er Jahren an der Deutschen Akademie der Wissenschaften zu Berlin (DAW) in Gebrauch kam, war ihre Unterscheidung von „bloßen“ akademischen Gelehrtengesellschaften. Das Vorhandensein einer solchen Gelehrtenvereinigung war allerdings eine notwendige (wenn auch keine hinreichende) Bedingung dafür, dass von einer Forschungsakademie gesprochen werden konnte. Eine solche multidisziplinäre Vereinigung von Wissenschaftlern zeichnet sich dadurch aus, dass sie die volle Autonomie der Selbstergänzung und Selbstreproduktion durch Zuwahl neuer Mitglieder besitzt. Entscheidend ist dabei, dass *allein* die jeweils schon vorhandenen (ordentlichen) Mitglieder über Zuwahlen entscheiden. Manchmal sind über den Kreis der Akademiemitglieder hinaus auch noch weitere Instanzen vorschlagsberechtigt, aber niemand kann, anders als bei einer „normalen“ wissenschaftlichen Gesellschaft, selbst einen Antrag auf die eigene Aufnahme stellen. Insofern unterliegen Akademien einem meritokratischen Reproduktionskriterium.

Auch die Wissenschaftsakademien der DDR folgten dieser für Akademien generell verbindlichen Norm. Im Rahmen dieser Begriffsbestimmung war etwa die Akademie für Gesellschaftswissenschaften beim ZK der SED keine Akademie im eigentlichen Sinne des Wortes, obwohl sie sich selbst so bezeichnete,[3] dies – und nicht der Umstand, dass sie innerhalb des Parteiapparates angesiedelt war – begründet auch, weshalb sie für das Programm dieser Tagung nicht in Betracht gezogen worden ist.

Die „Forschungsakademien“ unterscheiden sich von sonstigen Akademien ebenso wie von nichtakademischen Forschungseinrichtungen. Sie sind – und so schlage ich diesen Terminus in Anlehnung an den historisch überkommenen Sprachgebrauch zu normieren vor – solche akademischen Gelehrtengesellschaften, die über das von ihren gewählten Mitgliedern verkörperte Forschungspotential hinaus noch mit weiteren Forschungskapazitäten assoziiert sind. Diese Formulierung wähle ich in Hinblick darauf, dass bei der Karriere des Terminus „Forschungsakademie“ in der DDR vielleicht auch ein unausgesprochenes, dabei aber weit verbreitetes wissenschaftstheoretisches Vorurteil im Spiel gewesen sein könnte: die Meinung, Forschung fände ausschließlich an Instituten oder institutsanalogen Einrichtungen statt, und der Diskurs in Gelehrtengesellschaften sei gar

3 Akademie für Gesellschaftswissenschaften beim ZK der SED 1951–1981, Berlin 1981; Lothar Mertens: Rote Denkfabrik? Die Akademie für Gesellschaftswissenschaften beim ZK der SED, Münster u.a. 2004.

kein organischer Bestandteil der Forschung, sondern weiter nichts als die Präsentation ihrer fertigen Ergebnisse und der Austausch bloßer Meinungen. Dahinter steckt ein positivistisch verengtes Wissenschaftsverständnis, als sei Wissenschaft allein die Erzeugung empirischer Datenmassive, nicht aber deren Interpretation und Bewertung, wie sie in einer funktionierenden Gelehrtengesellschaft in einem disziplinenübergreifenden Rahmen vorgenommen wird. In der Wissenschaftstheorie, die der Wissenschaftsgeschichtsschreibung nicht ganz gleichgültig sein sollte, kann nach Thomas Kuhn und der „postpositivistischen Wende" ein solches Wissenschaftsverständnis nicht mehr ernsthaft vertreten werden. Entsprechend ist eine Gelehrtengesellschaft auch ohne jedes beigeordnete Institut selbstverständlich eine Institution der Forschung; bei einer „Forschungsakademie" ist lediglich das Forschungspotential über den Kreis der gewählten Akademiemitglieder hinaus signifikant erweitert, aber die Interaktion dieser beiden wesentlich verschiedenen Komponenten gibt ihr möglicherweise ein unikales Profil.

In der DDR bestanden, wenn wir dem vorgeschlagenen Wortgebrauch folgen, sowohl akademische Gelehrtengesellschaften traditionellen Typs als auch Forschungsakademien. Erstere waren die Sächsische Akademie der Wissenschaften zu Leipzig (SAW)[4] und die Deutsche Akademie der Naturforscher Leopoldina mit Sitz in Halle.[5] Dabei sollte bedacht werden, dass der Unterschied zwischen den beiden Gruppen von Akademien nicht empirisch disjunkt ist. Zumindest in neuerer Zeit beschäftigen akademische Gelehrtengesellschaften, die über Haushaltsmittel verfügen, für den Betrieb zugeordneter Einrichtungen wie Bibliotheken, Archive, Editionsvorhaben usw. immer auch eine Reihe von Wissenschaftlern, die nicht Akademiemitglieder sind. Wie fast überall bei gesellschaftlichen Erscheinungen, so sind auch im Bereich der wissenschaftlichen Institutionen die qualitativen Unterschiede typologisch bestimmt; in der empirischen Wirklichkeit begegnet man fließenden Übergängen. Wir tun also gut daran, von Forschungsakademien erst dann zu sprechen, wenn die zugeordneten Forschungskapazitäten – oft als Institute, institutsübergreifende Komplexe (Forschungszentren) oder Protoinstitute (Forschungsstellen) organisiert – eine profilbestimmende Größenordnung erreichen. Das war bei den vier Einrichtungen der DDR, die den Gegenstand dieser Tagung bilden sollten und von denen drei auch tatsächlich behandelt werden, ohne Zweifel der Fall.

4 Abstand und Nähe: Vorträge im Rückblick, Sächsische Akademie der Wissenschaften zu Leipzig, im Auftrag des Präsidiums hg. im Auftrag von Helga Bergmann, Berlin 1996.

5 Benno Parthier: Die Leopoldina. Bestand und Wandel der ältesten deutschen Akademie, Halle 1994.

2. Forschungsstand

Für ihren analytischen Vergleich wäre es vorteilhaft, wenn komprimierte deskriptive Geschichten dieser Akademien vorlägen. Solche Gesamtüberblicke über die Geschichte großer, tief gegliederter Institutionen kommen nicht ohne umfangreiche Vorarbeiten zustande. Es ist auch nicht immer und überall ein Harnack zur Hand, dem es bekanntlich gelang, innerhalb weniger Jahre eine imponierende Gesamtdarstellung der damals 200-jährigen Geschichte der Preußischen Akademie der Wissenschaften (PAW) zu verfassen.[6] Aber es ist, bei aller Hochachtung vor Adolf Harnacks Leistung, wiederholt mit Recht vermerkt worden, dass auch diese – nach den damals akzeptierten Kriterien ausgereifte – Darstellung nur die ersten 160, allenfalls 170 Jahre der PAW umfasste, während sich der renommierte Autor für die seiner Gegenwart unmittelbar vorangehenden Jahrzehnte mit einer skizzenhaften Notlösung begnügen musste. Reife des Überblicks auf der einen und große zeitliche Nähe und Zeitgenossenschaft auf der anderen Seite scheinen sich in der Geschichtsforschung zueinander eher konträr als symbiotisch zu verhalten.

Conrad Grau hat seine Geschichte der Berliner Akademie der Wissenschaften wohlbedacht mit dem Zweiten Weltkrieg enden lassen.[7] Über die Zeit von der Neueröffnung als DAW bis zu ihrer Abwicklung im Ergebnis des Beitritts der DDR zur BRD liegt eine Monographie des früheren Akademiepräsidenten Werner Scheler vor; für Historiker ist sie eine Datenfundgrube, und sie enthält auch – sparsam und zurückhaltend – eine Reihe von Wertungen, aber sie ist keine historische Darstellung und war von ihrem Autor auch nicht als eine solche beabsichtigt, sondern trägt den Charakter eines Handbuchs.[8] Für die Zeit bis zur Akademiereform verfügen wir über die Dissertation von Peter Nötzoldt, die eine beachtenswerte Darstellung auf der Ebene der Akademie als Gesamtinstitution liefert[9] und durch eine Serie von Einzelveröffentlichungen des Autors untersetzt wird. Eine knappe Übersicht über die Folgezeit bis 1990 enthält das von Nötzoldt gemeinsam mit Jürgen Kocka und Peter Th. Walther verfasste Resümee für den

6 Adolf Harnack: Geschichte der Königlich Preußischen Akademie der Wissenschaften zu Berlin, 3 Bde., Berlin 1900.

7 Conrad Grau: Die Preußische Akademie der Wissenschaften zu Berlin. Eine deutsche Gelehrtengesellschaft in drei Jahrhunderten, Heidelberg/Berlin/Oxford 1993.

8 Werner Scheler: Von der Deutschen Akademie der Wissenschaften zu Berlin zur Akademie der Wissenschaften der DDR. Abriss der Genese und Transformation der Akademie, Berlin 2000.

9 Peter Nötzoldt: Wolfgang Steinitz und die Deutsche Akademie der Wissenschaften zu Berlin. Zur politischen Geschichte der Institution (1945–1968), Phil. Diss. Humboldt-Universität zu Berlin 1998.

Band *Die Berliner Akademien der Wissenschaften im geteilten Deutschland 1945–1990*, den die Berlin-Brandenburgische Akademie der Wissenschaften (BBAW) anlässlich des Akademiejubiläums 2000 herausgab.[10] Über einzelne Fachgebiete, Institute und Forschungsbereiche liegen, vor allem im Kontext der Leibniz-Sozietät und der BBAW, eine ganze Reihe von historischen Untersuchungen und Zeitzeugenberichten vor, aber sie sind thematisch eher zufällig gestreut, in Abhängigkeit davon, welche Insider-Fachleute ein eigenes historisches Interesse entwickelten oder wo jüngere Historiker ein Thema aus der Akademiegeschichte nach 1945 zum Gegenstand ihrer Forschungen wählten. Die größten Lücken für das Verständnis der Entwicklung der Gesamtinstitution betreffen die 1970er und 1980er Jahre.

Relativ günstig ist die Forschungssituation hinsichtlich der Akademie der Landwirtschaftswissenschaften. Verschiedene Wissenschaftler, die früher an der zentralen agrarwissenschaftlichen Forschungseinrichtung der DDR tätig waren, haben sich längerfristig mit ihrer Geschichte beschäftigt.[11] Die durchgehende Geschichte dieser Akademie, die im Werden ist,[12] kann sich auf vielfältige Vorarbeiten unterschiedlicher Autoren stützen, darunter diverse Autobiographien und Zeitzeugenberichte. Das langjährige Interesse und die Mannigfaltigkeit der Initiativen kann in gewissem Maße das Fehlen ausfinanzierter Projekte kompensieren; Geschichten großer Institutionen lassen sich nun einmal in der Regel nicht in kurzfristigen Kampagnen schaffen.

Auch die Arbeit an der Geschichte der Akademie der Pädagogischen Wissenschaften lebt zum erheblichen Teil von dem regen Interesse, das eine ganze Reihe früherer Mitarbeiter dieser Einrichtung ihrer historischen Untersuchung entgegenbringen. Immerhin gab es von 2005 bis 2008 dazu ein DFG-Projekt[13] – es ist wohl der einzige Fall, in dem zur systematischen Erschließung der Geschichte einer der Forschungsakademien der DDR in nennenswertem

---

10 Jürgen Kocka, Peter Nötzoldt und Peter Th. Walther: Die Berliner Akademien 1945–1990, in: Jürgen Kocka unter Mitarbeit von Peter Nötzoldt und Peter Th. Walther (Hg.): Die Berliner Akademien der Wissenschaften im geteilten Deutschland 1945–1990, Berlin 2002, S. 363–457.

11 Hans Wagemann (Hg.): Von der Deutschen Akademie der Landwirtschaftswissenschaften zu Berlin zur Akademie der Landwirtschaftswissenschaften der DDR: ein Beitrag zur Geschichte 1951–1991, Berlin 2006, Bd. 1: Bildung und Entwicklung der Landwirtschaftsakademie, ihre Aufgaben, Forschungseinrichtungen, wissenschaftlichen Arbeiten und Ergebnisse; Bd. 2: Die Gelehrtengemeinschaft der Deutschen Akademie der Landwirtschaftswissenschaften zu Berlin, später Akademie der Landwirtschaftswissenschaften der DDR.

12 Siehe dazu auf dieser Tagung den Beitrag von Siegfried Kuntsche: Die Akademie der Landwirtschaftswissenschaften als Zweigakademie.

13 Die Ergebnisse wurden am 28.9.2006 auf einem Workshop in Berlin vorgestellt: http://bbf.dipf.de/pdf/Tagungsprogramm-APW.pdf [Zugriff 15.10.2013].

Umfang Forschungsmittel bereitgestellt worden sind.[14] Ein Gesamtporträt der Institution gibt auf dieser Tagung der Vortrag von Günter Wilms.[15]

Kaum zu beurteilen ist aus unserer Sicht, ob und inwieweit Untersuchungen zur Geschichte der Bauakademie der DDR stattfinden und welchen Ertrag sie bisher erbracht haben. Es gibt eine eindrucksvolle Darstellung ihrer Abwicklung, also ihres unfreiwilligen Endes, aus der Feder von Götz Brandt, die mit einer umfangreichen Dokumentation versehen und 2003 in den Abhandlungen der Leibniz-Sozietät erschienen ist.[16] An historisch-kritischen Darstellungen ihrer eigentlichen Geschichte fehlt es indes. Wir haben trotz aller Bemühungen nicht erreichen können, dass auf dieser Tagung wenigstens ein Vortrag dazu präsentiert wird.

Insgesamt bietet sich nicht das Bild eines koordinierten Forschungsfortschritts, wohl aber das einer ganzen Reihe mehr oder minder weitreichender ermutigender Vorstöße, und es zeigen sich auch Lücken und Desiderate. Der Stand reicht nicht aus, um gültig darüber zu befinden, ob die historisch als Forschungsakademien firmierenden Einrichtungen einen qualitativ besonderen, relativ eigenständigen Institutionentyp verkörperten oder nicht, aber er genügt durchaus, um die damit verbundenen Fragen gehaltvoll zu erörtern.

3. Institutionengeschichte und Wissenschaftslandschaften

Inwieweit beansprucht die Institutionengeschichte überhaupt wissenschaftshistorisches Interesse? Aus meiner eigenen Studienzeit entsinne ich mich philosophie- und wissenschaftshistorischer Vorlesungen, die reine Ideengeschichten waren. Allenfalls die Lebensdaten der großen Gelehrten wurden noch genannt, aber davon, wo und unter welchen Umständen sie arbeiteten, war keine Rede.

14 Andreas Malycha: Die Akademie der Pädagogischen Wissenschaften (APW) der DDR. Funktion und Struktur einer Wissenschaftsinstitution unter Bildungsministerin Margot Honecker 1970–1990. in: Jahrbuch für historische Bildungsforschung 12 (2006), S. 205–236; Sonja Häder, Ulrich Wiegmann (Hg.): Die Akademie der Pädagogischen Wissenschaften der DDR im Spannungsfeld von Wissenschaft und Politik, Frankfurt a. M. 2007; Andreas Malycha: Die Akademie der Pädagogischen Wissenschaften der DDR 1970–1990. Zur Geschichte einer Wissenschaftsinstitution im Kontext staatlicher Bildungspolitik, Leipzig 2009.

15 Günter Wilms: Zur Entwicklung und zu den Aufgaben der Akademie der Pädagogischen Wissenschaften der DDR (APW) – Forschungen für die pädagogische Praxis und zur Entwicklung der pädagogischen Theorie. – Im Band dieser Tagung.

16 Götz Brandt (Hg.): Die Abwicklung der Bauakademie der DDR. Dokumentation aus eigenem Erleben, Berlin 2003.

Schließlich interessieren sich ja auch die wenigsten Konsumenten der auf dem Markt angebotenen Waren dafür, wie die von ihnen erworbenen Güter eigentlich hergestellt worden sind. Nicht anders verhält es sich mit der Wissenschaft. Erkenntnisse – besonders dann, wenn ihnen etwas Spektakuläres anhaftet – finden in der Öffentlichkeit eine gewisse Beachtung. Wesentlich größeres Interesse wird schon der Frage entgegengebracht, wie sich diese Erkenntnisse praktisch – und das heißt zu außerwissenschaftlichen, außerkognitiven Zwecken – verwerten lassen, und am allermeisten zählt, jedenfalls im Werteportfolio der gegenwärtigen Gesellschaft, welche Renditen für Anleger und Investoren mittels solcher Applikationen erwirtschaftet werden können. Die institutionelle Seite der Wissensproduktion hingegen bleibt meist ganz im Hintergrund.

Dabei sind es die Institutionen, die den ganzen intellektuellen und applikativen Feuerzauber der Wissenschaft überhaupt erst möglich machen. Sie sichern die Kontinuität der Wissenschaft über die begrenzte Dauer eines Wissenschaftlerlebens hinaus, sie ermöglichen die Kommunikation innerhalb der wissenschaftlichen Gemeinschaften sowie zwischen diesen und anderen Sphären der Gesellschaft, und sie leiten die Ressourcen, die die Gesellschaft für die Produktion wissenschaftlicher Erkenntnis jeweils einzusetzen bereit ist, zu den Hot Spots der Kreativität. Dies und vieles mehr bewirken die Institutionen, und wer Produktion und Produktivität der Wissenschaft beeinflussen will, muss an ihrer institutionellen Seite angreifen.[17] Wesentlich ist nun, dass die historische Veränderung und Vervielfachung der Produktionsweisen wissenschaftlicher Erkenntnis und die Ausdifferenzierung ihrer gesellschaftlichen Funktionen auch den Wandel ihrer institutionellen Sphäre erzwingt – die Transformation der vorhandenen und die Schaffung neuartiger Institutionen. Oft werden neue Institutionen nach dem Muster bereits vorhandener gegründet, mit kleinen Abänderungen in Anpassung an die konkrete Situation. Von Zeit zu Zeit entstehen aber auch ganz neuartige Institutionen, die keine historischen Prototypen haben. Solche Neuerungen müssen – nicht anders als neuartige technologische Wirkprinzipien oder Maschinen – erfunden, erprobt und verbessert werden. Es ist deshalb gerechtfertigt, von institutionellen Innovationen zu sprechen.[18] Solche Innovationen hohen Ranges in der deutschen Wissenschaftsgeschichte, an die sich überzeugende, international ausstrahlende Erfolgsgeschichten anschlossen,

17 Rüdiger vom Bruch: Wissenschaft im Gehäuse: Vom Nutzen und Nachteil institutionenengeschichtlicher Perspektiven, in: Berichte zur Wissenschaftsgeschichte 23 (2000) 1, S. 37–49.

18 Hubert Laitko: Die Einrichtung als innovatives Prinzip, in: spectrum (Berlin) 20 (1989) 7/8, S. 65–68; 20 (1989) 9, S. 28–31.

waren die Forschungsuniversität[19], die Physikalisch-Technische Reichsanstalt (PTR)[20] oder auch die Kaiser-Wilhelm-Gesellschaft zur Förderung der Wissenschaften (KWG)[21]. In diesem Kontext stellt sich die Frage, ob und inwieweit die Ausstattung von Akademien mit Forschungsinstituten eine institutionelle Innovation darstellt.

Eine Zeitlang war es beliebt, die DDR – meist in pejorativer Absicht – als eine „bloße" Fußnote der Weltgeschichte zu apostrophieren; entsprechend sollte dann auch die Wissenschaftsgeschichte dieses Landes eine Fußnote in der Weltgeschichte der Wissenschaft sein. Dagegen ist nichts einzuwenden, vorausgesetzt, man zieht in Betracht, dass die Bedeutung einer Fußnote abhängig ist von der Bedeutung des Textes, zu dem sie gehört, und verliert auch nicht aus den Augen, dass Fußnoten für die Wissenschaft das etablierte Mittel sind, ihre aktuellen Schöpfungen in den geschichtlichen Zusammenhang einzubeschreiben und das Neue korrekt vom Überkommenen zu unterscheiden. So gesehen, bezieht sich eine Institution, die als eine Akademie firmiert, auf die Weltgeschichte der Wissenschaft in ihrer ganzen Ausdehnung, denn die Akademie ist einer der historisch ältesten bekannten wissenschaftlichen Institutionentypen überhaupt. Die Akademien der neuesten Zeit sind über den Ariadnefaden ihrer institutionengeschichtlichen Herkunft historisch-genetisch mit jenen fernen Anfängen verbunden. Das ist der historische Zusammenhang maximaler Spannweite, in dem unsere Thematik steht, und während wir uns in der Hauptsache mit lokalen Strukturen und Abläufen aus der DDR-Geschichte beschäftigen, empfiehlt es sich, auch den globalen Kontext im Blick zu behalten.

4. Der Akademiegedanke in historischer Perspektive

Es ist hier nicht möglich, einen kurzen Abriss der Gesamtgeschichte des Akademiegedankens zu geben. Im Folgenden wird lediglich punktuell auf die frühere Geschichte zurückgegriffen, um die wichtigsten Elemente und Transformationen dieses Gedankens, als dessen Varianten die Akademiekonzepte der DDR verstanden werden wollten, historisch zu identifizieren. Die Bezeichnung

19 Walter Rüegg (Hg.): Geschichte der Universität in Europa Bd. 3: Vom 19. Jahrhundert zum Zweiten Weltkrieg (1800–1945), München 2004.

20 David Cahan: Meister der Messung: die Physikalisch-Technische Reichsanstalt im Deutschen Kaiserreich, Weinheim 1992.

21 Rudolf Vierhaus, Bernhard vom Brocke (Hg.): Forschung im Spannungsfeld von Politik und Gesellschaft. Geschichte und Struktur der Kaiser-Wilhelm-/Max-Planck-Gesellschaft, Stuttgart 1990.

„Akademie“ ist bekanntlich schon rund zweieinhalb Jahrtausende alt. Platon nannte so seine Philosophenschule, die er im vierten vorchristlichen Jahrhundert in Athen gründete.[22] Etymologisch lässt sich die Bezeichnung „Akademie“ freilich nur mit einem Kunstgriff auf die Wissenschaft beziehen. Gelehrte Werke werden dem sagenhaften Helden Akademos, dem der von Platon um 388 v.u.Z. erworbene heilige Hain vor den Toren Athens gewidmet war, nicht nachgesagt. Sein Ruhm wird darauf zurückgeführt, dass er Kastor und Polydeukes, den Brüdern der von dem gewaltigen Heros Theseus entführten schönen Helena, das Versteck der jungen Dame verriet und sie damit dazu bewog, auf die von ihnen angedrohte Zerstörung Athens zu verzichten. Immerhin: mit der List der Vernunft Gutes tun – das ist nicht das schlechteste Motto für die werdende Wissenschaft.

Nun könnte man in Kenntnis der platonischen Gnoseologie Bedenken haben, die Ur-Akademie tatsächlich als eine Forschungseinrichtung anzusehen, lehrte Platon doch, dass alles überhaupt mögliche Wissen schon in der Seele vorhanden sei und dass es, um dieses Wissen an den Tag zu bringen, allein vonnöten sei, dass sich die Seele an das rückerinnere, was sie im ewigen Reich der Ideen geschaut hat: Anamnesis statt empirischer Erkundung der sinnlich gegebenen Wirklichkeit – und die Diskurse in der Akademie sollten dazu dienen, die Seelen der Teilnehmer zu dieser Erinnerungsarbeit zu stimulieren. Auch hier, wie so oft, war die Wirklichkeit klüger als das spekulativ erdachte Modell – das darf übrigens durchaus auch als Anspielung auf den Titel dieser Tagung verstanden werden. Platon und seine Schüler mögen gemeint haben, in ihren Gesprächen zeitlos vorgeformte Ideen aus ihrer Seelentiefe zutage zu fördern – tatsächlich entbanden sie aus der lebendigen Sprache, in der das Erfahrungsgut vieler Generationen seinen Niederschlag gefunden hatte, jenes Gerüst rationaler Kategorien, das der künftigen Systematik des empirisch gewonnenen und geprüften wissenschaftlichen Wissens mit Erfolg zugrunde gelegt werden konnte. Werner Heisenberg, Carl Friedrich von Weizsäcker und andere philosophierende Naturwissenschaftler des 20. Jhs. haben sich positiv auf Platon, Aristoteles und weitere Denker der Antike berufen, weil sie in den Fundamenten der mathematisch hochgerüsteten Theorien ihrer Zeit die einfachen kategorialen Strukturen wiedererkannten, die in den philosophischen Schulen der Antike erarbeitet worden waren.

Insofern war bereits die früheste aller Akademien eine Forschungsinstitution, und die Wortprägung *Forschungsakademie* ist strenggenommen eine Doppelung.

---

22 Matthias Baltes: Plato's School. The Academy, in: Ders.: Dianoeata. Kleine Schriften zu Platon und zum Platonismus, Stuttgart/Leipzig 1999, S. 249–273.

Wir müssen also differenzierende Arbeit am Begriff leisten, um diesem Terminus einen spezifischen Sinn zu verleihen oder den Sinn zu klären, den jene, die ihn in den 1960er Jahren in den wissenschaftspolitischen Sprachgebrauch der DDR einführten, damit verbanden. In der platonischen Akademie formten sich mindestens zwei Prinzipien von tragender Bedeutung für das akademische Leben bis in unsere Zeit: der Gedanke, dass wissenschaftliches Erkennen nicht allein durch einsames Nachdenken geleistet werden kann, sondern des Dialogs, des Gedankenaustausches, der Gemeinsamkeit der Forschenden bedarf; und der Gedanke, dass in diesem Austausch allein das rationale Argument zählt und deshalb alle seine Teilnehmer im Prinzip gleichberechtigt sind. Letzteres könnte man auch als universales theoretisches und methodologisches Toleranzprinzip der Wissenschaft bezeichnen, dessen Gewährleistung institutionelles Anliegen einer Akademie sein sollte. Autoritäts- oder Reputationsunterschiede zwischen den Teilnehmern sollten im Idealfall den akademischen Diskurs überhaupt nicht beeinflussen, und das erst recht, wenn ein etwaiges Autoritätsplus außerwissenschaftlichen Ursprungs ist. Die Wissenschaft hat allerdings in ihrer Geschichte auch Mechanismen entwickelt, um deformierende Einflüsse von außen abzublocken oder zu neutralisieren; die Wechselwirkungen zwischen den hier zu besprechenden Akademien und den Parteiapparaten der SED geben in die Funktionsweise dieser Mechanismen unter DDR-Bedingungen instruktive Einblicke.

Die Toleranz und Gleichberechtigung im Diskurs, die an der platonischen Akademie geherrscht haben muss, kann nicht eindrucksvoller bestätigt werden als durch die Tatsache, dass sich Platons bedeutendster Schüler Aristoteles, der im Alter von 17 Jahren in sie eintrat, in diesem Milieu zum profundesten Kritiker der Ideenlehre seines Meisters entwickelte. Die philosophische Alternative zu Platon, die er dabei ausarbeitete und die er in seiner eigenen Schule, dem Peripatos, mit seinem Schülerkreis gerade nur ein Dutzend Jahre praktizieren konnte,[23] begründete die Notwendigkeit, sich zur Erkenntnis der Natur nicht nach innen, in die Tiefe der Seele, sondern nach außen zu wenden und die sinnlich gegebene Wirklichkeit systematisch zu explorieren.

Die beiden Schulen, die platonische und die aristotelische, verkörperten *zusammengenommen* die Urform des Akademiegedankens als Mitgift der antiken Kultur für die nachfolgende Geschichte. Zu den beiden Prinzipien, die bereits hier geboren wurden – dem Prinzip des rationalen, gleichberechtigten und

23 John Patrick Lynch: Aristotle's School. A Study of a Greek Educational Institution. Berkeley CA u.a. 1972.

(wenn eine anachronistische Anleihe an Jürgen Habermas[24] gestattet ist) herrschaftsfreien Diskurses und dem Prinzip der empirischen Erkundung der Wirklichkeit – musste nur noch eines hinzutreten, um das Grundgerüst des neuzeitlichen Akademiegedankens zu vollenden: das Prinzip der experimentellen Einwirkung auf die zu untersuchende Realität, um damit die Grenzen des der interventionsfreien Beobachtung Zugänglichen beliebig weit überschreiten und der menschlichen Erkenntnis und Praxis konstruktiv Horizonte erschließen zu können, die jenseits der tradierten Alltagserfahrung liegen. Dieser Schritt, der dem antiken Denken nicht zugänglich war, wurde im Europa der frühen Neuzeit getan. Seit dem 15. Jh. finden wir in Italien, zunächst in direktem Rückgriff auf Platon, Akademien im Plural,[25] und spätestens seit der Gründung der Accademia dei Lincei in Rom 1603, der auch Galileo Galilei angehörte,[26] waren unter ihnen auch solche, die systematisches Experimentieren in den Mittelpunkt ihrer Tätigkeit stellten.

Das Auftreten einer größeren Zahl von Einrichtungen, die sich als Akademien bezeichneten, bedeutete, dass dieser Terminus vom Namen einer konkreten Philosophenschule zur Bezeichnung eines *Institutionentyps* geworden war, der in unbestimmt vielen Exemplaren realisiert werden konnte.[27] Eine programmatische Utopie dieses Typus entwarf Francis Bacon in seinem 1627 veröffentlichten Buch *Nova Atlantis.* Das darin geschilderte „Haus Salomons“ wurde so nie verwirklicht – in diesem Fall war die Realität nicht klüger als das Modell, sondern das Modell enthielt einen theoretischen Überschuss.[28] Aber die in der zweiten Hälfte des Jahrhunderts entstandene „Royal Society“[29], die sich direkt darauf berief, und de facto auch die Pariser „Académie des Sciences“[30] kann man als partielle Realisierungen von Bacons Vision sehen. In beiden arbeitete Leibniz mit, in beide wurde er als Mitglied aufgenommen. Die dort gewonnenen Erfahrungen flossen in sein eigenes Akademiekonzept ein, das unter anderem zur

---

24 Jürgen Habermas: Strukturwandel der Öffentlichkeit, Frankfurt a. M. 1990.

25 Stefan Rebenich: Akademie, in: Der Neue Pauly Bd. 13. Stuttgart/Weimar 1999, Sp. 40–56.

26 Andrea Battistini (Hg.): All'origine della scienza moderna: Federico Cesi e L'Accademia dei Lincei, Bologna 2007.

27 Heinz Wismann, Klaus Garber (Hg.): Europäische Sozietätsbewegung und demokratische Tradition. Die europäischen Akademien der frühen Neuzeit zwischen Frührenaissance und Spätaufklärung. 2 Bde, Tübingen 1996; Jürgen Voss: Die Akademien als Organisationsträger der Wissenschaft im 18. Jahrhundert, in: Historische Zeitschrift 231 (1980), S. 43–74.

28 Wolfgang Krohn: Francis Bacon, München 1987.

29 Bill Bryson (Hg.): Seeing Further. The Story of Science and the Royal Society London 2010.

30 Roger Hahn: The Anatomy of a Scientific Institution. The Paris Academy of Science, 1666–1803, Berkeley/London 1971.

Berliner Sozietätsgründung des Jahres 1700 führte.[31] Die Entwicklung, die damit ausgelöst wurde, ist uns allen wohlbekannt – in ihrer Nachfolge stehen wir hier und heute und veranstalten diese Tagung. Die Akademie, wie sie damals in verschiedenen temporären und bleibenden Gestaltungen bestand, war nicht eine Forschungsinstitution neben anderen, sondern es war die Forschungsinstitution par excellence, der Prototyp oder die Matrix aller späteren Typen von Forschungseinrichtungen. Das sollten wir im Auge behalten, um den Grad der Marginalisierung zu ermessen, die die Akademien im späten 19. und im 20. Jh. erfuhren, und die trotzige Antwort auf diese Marginalisierungstendenz zu verstehen, die die Ausgestaltung der Forschungsakademien in der DDR und in anderen Ländern des sowjetischen Einflussbereiches bedeutete.

In der Antike war die Philosophenschule oder Akademie noch die wissenschaftliche Institution schlechthin. Die in der Renaissance neu gegründeten Akademien trafen hingegen auf einen anderen, älteren, bereits im Hochmittelalter etablierten Institutionentyp: die Universität. Damit setzte die typologische Ausdifferenzierung der wissenschaftlichen Institutionen ein. Grob gesagt, war die Universität für die Bewahrung des Wissens und seinen Transfer an die nachfolgenden Generationen zuständig, die Akademie für seine Mehrung. Universitäten und Akademien hingen systemisch miteinander zusammen, waren arbeitsteilig spezialisierte Teile des Wissenschaftssystems. Obwohl der Terminus „Wissenschaftslandschaft" erst in der zweiten Hälfte des 20. Jhs. in Gebrauch kam, kann man sachlich begründet behaupten, dass sich – jedenfalls in Europa – in der frühen Neuzeit Wissenschaftslandschaften ausprägten: Systeme von typologisch und zunehmend auch protodisziplinär oder disziplinär voneinander unterschiedenen Institutionen, die geographisch auf verschiedene Standorte verteilt und untereinander kommunikativ vernetzt waren.[32]

Die institutionellen Komponenten einer Wissenschaftslandschaft sind infolge ihrer Vernetzung aufeinander bezogen und aufeinander eingestellt. Das Auftreten einer institutionellen Innovation in einem solchen Gefüge verändert die Daseinsbedingungen für die übrigen Komponenten und zwingt sie zu einer

31 Hans-Stephan Brather (Hg.): Leibniz und seine Akademie. Ausgewählte Quellen zur Geschichte der Berliner Sozietät der Wissenschaften 1697–1716, Berlin 1993.

32 Paradigmatisch wurde dieser Ansatz bereits in den 1980er Jahren für den mittel- und südeuropäischen Raum in einem von Richard Georg Plaschka herausgegebenen zweibändigen Werk durchgeführt. – Richard Georg Plaschka (Hg.): Wegenetz europäischen Geistes. Bd. I: Wissenschaftszentren und geistige Wechselbeziehungen zwischen Mittel- und Südosteuropa vom Ende des 18. Jahrhunderts bis zum Ersten Weltkrieg, München 1983; Bd. II: Universitäten und Studenten: die Bedeutung studentischer Migration in Mittel- und Südosteuropa vom 18. bis zum 20. Jahrhundert, München 1987.

Rekonfiguration ihres Funktionenportfolios und einer entsprechenden Umstrukturierung. Am Beispiel der Berliner Akademiegeschichte ist das gut nachzuvollziehen. Das Eindringen des Forschungsimperativs in den universitären Betrieb, das seinen effektvollen relativen Abschluss mit der Gründung der Berliner Universität 1810 fand,[33] nötigte die Akademie, einen besonderen Typ der Akademieforschung zu suchen, der sich von der universitären Forschung unterschied. Sie fand ihn in Gestalt der akademischen Unternehmen, beginnend mit dem griechischen Inschriftenwerk, das von August Boeckh 1815 initiiert wurde. Nach dem Vorbild dieses Unternehmens wurden die sogenannten geisteswissenschaftlichen Langzeitvorhaben gestaltet, die noch heute bei Akademien – so auch der BBAW – angesiedelt sind.[34] Während die damalige Universitätsforschung meist Individualforschung war, betrieben von einem Lehrstuhlinhaber (allenfalls unterstützt von einem Assistenten bzw. einigen Doktoranden), ging die typische akademische Unternehmung von vornherein auf eine größere Zahl von Teilnehmern aus. So prägten sich im Rahmen der Akademie die Konturen des modernen außeruniversitären Forschungsinstituts aus.[35] Zugleich deutete sich in ihnen eine Differenzierung von Gelehrtengesellschaft und zugehörigem Forschungspotential an. Die Kommission, die ein solches Unternehmen leitete, bestand zwar in der Regel ausschließlich aus Akademiemitgliedern; die Bearbeiter aber wurden großenteils außerhalb der Akademie rekrutiert. Diese Entwicklung wurde weiter vorangetrieben durch die Errichtung einiger Stellen für wissenschaftliche Beamte bei der Akademie selbst: hochqualifizierter Wissenschaftler, denen die laufende Betreuung akademischer Unternehmen oblag, die aber selbst keine gewählten Akademiemitglieder waren.

Im letzten Drittel des 19. Jhs. prägte sich in den industriell entwickelten Ländern zunehmend das Bedürfnis aus, Ensembles gut ausgerüsteter, zum großen Teil experimentell orientierter Institute der außeruniversitären Grundlagenforschung als einen neuen Institutionentyp zu schaffen. In Preußen brachte sich

33 Roy Steven Turner: The Prussian Universities and the Research Imperative 1806 to 1848, Ann Arbor 1973.

34 Hans Poser: Langzeitvorhaben in der Akademie. Die Geschichte der Leibniz-Edition zwischen Kaiserreich und geteiltem Deutschland, in: Wolfram Fischer unter Mitarbeit von Rainer Hohlfeld und Peter Nötzoldt (Hg.): Die Preußische Akademie der Wissenschaften zu Berlin 1914–1945, Berlin 2000, S. 375–389; Laetitia Boehm: Langzeitvorhaben als Akademieaufgabe. Geschichtswissenschaft in Berlin und in München, in: Ebd., S. 391–434.

35 Hubert Laitko: Persönlichkeitszentrierte Forschungsorganisation als Leitgedanke der Kaiser-Wilhelm-Gesellschaft: Reichweite und Grenzen, Ideal und Wirklichkeit, in: Bernhard vom Brocke, Hubert Laitko (Hg.): Die Kaiser-Wilhelm-/Max-Planck-Gesellschaft und ihre Institute. Studien zu ihrer Geschichte: Das Harnack-Prinzip. Berlin/New York 1996, S. 583–632, hier S. 590–594.

die Akademie in Stellung, diesen Instituten eine Heimstatt zu bieten. Schließlich war sie bestens darauf vorbereitet, denn sie verfügte damals bereits über mehr als 80 Jahre Erfahrungen mit akademischen Unternehmungen. In den ersten Jahren des 20. Jhs. galt es auch als nahezu selbstverständlich, dass die künftigen Institute eben dort errichtet werden würden. Überraschenderweise wurde in einer Wendung, die bis heute nicht völlig aufgeklärt ist, die Akademie aus dem Rennen geworfen; als Trägerin der künftigen Institute wurde auf vereinsrechtlicher Basis die KWG gegründet, die berechtigt war, auf dem gesamten Territorium des Reiches (und nicht allein in Preußen) tätig zu werden, und die finanzielle Mittel aus unterschiedlichen öffentlichen wie privaten Quellen akquirieren konnte.[36] Die Frustration in der Akademie über diese jähe Wendung war enorm.

5. DAW und Zweigakademien: institutioneller Neuansatz

Dass sie auch nachfolgend nicht abgebaut werden konnte, zeigte sich deutlich 1929/30 in einem neuerlichen Versuch der Akademie, zu eigenen Forschungsinstituten zu gelangen. Peter Nötzoldt gab einer Studie, die unter anderem diesen ebenfalls vergeblichen Vorstoß der Berliner Akademie behandelte, den bezeichnenden Titel *Strategien der deutschen Wissenschaftsakademien gegen Bedeutungsverlust und Funktionsverarmung*[37]. Vor diesem Hintergrund mag man ermessen, welche Genugtuung es für diese Akademie bedeuten musste, als ihr mit der Wiedereröffnung als Deutsche Akademie der Wissenschaften zu Berlin im Jahre 1946 das Recht zugesprochen und die Aufgabe übertragen wurde, Forschungsinstitute zu übernehmen und neue zu gründen. Für die sowjetische Besatzungsmacht lag es nahe, so zu verfahren, denn sowohl die Akademie der Wissenschaften der UdSSR als auch die Wissenschaftsakademien der sowjetischen Unionsrepubliken waren nach dem Prinzip der Verknüpfung von Gelehrtengesellschaft und Forschungsinstituten aufgebaut,[38] und sie verfolgte dabei zweifellos auch ihre eigenen Interessen. Wer aber unter dem Stichwort „Sowjetisierung" die Ansicht vertritt, bei der Ausstattung mit Instituten habe es sich um ein besatzungsrechtliches Oktroi gegen den Willen der Akademiker gehandelt, der verkennt, wie

---

36 Bernhard vom Brocke: Verschenkte Optionen. Die Herausforderung der Preußischen Akademie durch neue Organisationsformen der Forschung um 1900, in: Kocka u.a. (Hg.), Die Königlich Preußische (wie Anm. 10), S. 119–147.

37 Peter Nötzoldt: Strategien der deutschen Wissenschaftsakademien gegen Bedeutungsverlust und Funktionsverarmung, in: Fischer u.a. (Hg.), Die Preußische (wie Anm. 34), S. 237–277.

38 Gennadij Danilovič Komkov, Boris Venediktovič Levšin und Lev Konstantinovič Semenov: Geschichte der Akademie der Wissenschaften der UdSSR, hg. u. bearb. von Conrad Grau, Berlin 1981.

außerordentlich tief das Verlangen nach eigenen Instituten in der Berliner Akademietradition und überhaupt in der Akademiegeschichte verwurzelt war.

Eben diese Verwurzelung verbietet auch, die Verknüpfung von Gelehrtengesellschaft und Instituten als akademiefremde ad-hoc-Maßnahme abzutun, und gebietet, die Ganzheitszüge dieser Kombination und ihre Funktionsweisen ernsthaft zu prüfen. Als die Entscheidung für die Gründung der KWG fiel, geschah das nicht, weil etwa irgendwelche diskutablen Argumente für eine eventuelle Nichteignung der Akademie zur Übernahme von Forschungsinstituten aufgetaucht wären, sondern nur, weil sich eine bestimmte die öffentlichen Haushalte schonende Interessenkonstellation durchgesetzt hatte. Für die Etablierung von Instituten der außeruniversitären Grundlagenforschung hätten im wilhelminischen Deutschland zwei Optionen bestanden. Die eine wurde in Gestalt der KWG realisiert, die andere wurde ohne hinreichende Gründe verworfen. In der Sowjetischen Besatzungszone Deutschlands ergab sich nach dem Zweiten Weltkrieg die Gelegenheit, sie noch einmal aufzugreifen und – gleichsam in einer historischen Experimentalanordnung – empirisch zu prüfen. In diesen historischen Rahmen gehört auch die nachfolgende Gründung der drei Ressort- oder Zweigakademien nach dem gleichen Grundschema. Es ist sinnvoll, den Verlauf dieses Experiments zu analysieren; ein klares Urteil wird allerdings auch jetzt nicht zu erwarten sein, weil dieses Experiment durch den Beitritt der DDR zur Bundesrepublik und die darauf folgende Abwicklung der Akademie der Wissenschaften der DDR ebenso wie der drei Zweigakademien von außen abgebrochen wurde. Dennoch dürfte sein Verlauf bis zum Abbruch beachtenswerte Einsichten liefern.

An dieser Stelle möchte ich meine Auffassung ausdrücken, dass die primäre Ausgestaltung der Institutionalform, die später als „Forschungsakademie“ bezeichnet wurde, in den Jahren unmittelbar nach Eröffnung der DAW (und nicht erst in den 1960er Jahren, als der Terminus aufkam) erfolgt ist. Die wichtigsten Elemente der neuen Akademiegestalt waren bereits um 1950 klar ausgeprägt:

1. Die im Plenum ihrer Mitglieder repräsentierte und in Klassen gegliederte akademische Gelehrtengesellschaft war Trägerin von Forschungsinstituten.

2. Die Tätigkeit von Plenum, Klassen und Instituten öffnete sich den Erfordernissen der gesellschaftlichen Praxis – insbesondere, aber keineswegs nur der industriellen.

3. Diese Öffnung sollte ihr Maß in der Beschränkung auf grundsätzliche Fragen finden, auch wenn man sich in Ansehung der Nachkriegsnöte bereit fand, diese Schranke von Fall zu Fall zu ignorieren; das aber wollte man nur situativ tun, keineswegs prinzipiell.

4. Die Hinwendung zur Technik sollte von vornherein darin ihren besonderen Ausdruck finden, dass die Experimentalforschung auf Frontgebieten mit der eigenständigen Generierung avancierter Forschungstechnik verknüpft wurde. Schon sehr früh wurden dafür entsprechende Kapazitäten wie das am 1.1.1948 gegründete Optische Laboratorium unter Ernst Lau geschaffen. Auch das Paradepferd der frühen DAW, das Institut für Medizin und Biologie in Berlin-Buch, unterhielt eine eigene Abteilung für Geräteentwicklung, deren Leitung Institutsdirektor Walter Friedrich selbst übernahm. Obwohl die Werkstattkapazitäten zum erheblichen Teil gebraucht wurden, um die Schwächen bei der Versorgung mit kommerziellen Geräten zu kompensieren, bestand an der innovativen Grundorientierung kein Zweifel.

5. Die DAW warf von vornherein das Problem der Interdisziplinarität als Frontproblem ihrer künftigen Entwicklung auf. Dafür sollte mit dem gerade erwähnten Institut für Medizin und Biologie mit seiner – auch dem Wunsch der Besatzungsmacht entsprechenden – zentralen Orientierung auf Krebsforschung ein Exempel statuiert werden. Die Abteilungen für Biochemie, Biophysik, Genetik, Pharmakologie und experimentelle Pathologie, Geschwulstforschung mit angeschlossener Geburtsklinik und für Gerätebau bildeten zusammengenommen ein klassisches interdisziplinäres Ensemble.

Die DAW schuf nicht nur den Prototyp einer neuartigen Forschungsakademie, dessen Struktur dann von den Zweigakademien mutatis mutandis übernommen wurde, sondern entwickelte auch inhaltlich Keime dieser späteren Institutionen. Diese seien hier kurz erwähnt:

1. Mit der Bildung der Klasse für landwirtschaftliche Wissenschaften, deren Sekretar Eilhard Mitscherlich war, und den beiden Instituten in Gatersleben und Paulinenaue bestätigte die DAW demonstrativ die Akademiewürdigkeit der Agrarwissenschaft – in deutlichem Kontrast zur preußischen Akademietradition. Ungeachtet dessen, dass diese Klasse mit der Bildung der DAL wieder aufgelöst wurde, war die so erfolgte dezidierte Akademisierung der Agrarwissenschaft für die neue Zweigakademie ein symbolisches Startkapital von nicht zu unterschätzender Bedeutung.

2. Eine analoge Aufwertung betraf auch den gesamten Bereich der Technikwissenschaften. Das äußerte sich unmittelbar in der Gründung eines Instituts für Bauwesen an der DAW, die vom Plenum im Oktober 1947 beschlossen worden war. Dieses große, von Hans Scharoun geleitete Institut mit seinen zahlreichen

Abteilungen war die Bauakademie in nuce, und die DAW war gewissermaßen die Matrix, auf der sie ihre erste Kontur gewinnen und von der sie sich dann verselbständigen konnte.

3. Auch die pädagogischen Wissenschaften hatten in der traditionellen preußischen Akademie keinen angemessenen Platz. Nach Kriegsende aber wurde die allererste praxiswirksame Leistung der Akademie – noch vor ihrer Neueröffnung als DAW – nicht etwa für die Wirtschaft, sondern für das Schulwesen erbracht. Das ist an dieser Stelle eine Erwähnung wert, obwohl von hier aus noch kein direkter Weg zur Gründung der Akademie der Pädagogischen Wissenschaften führte. Im Dezember 1945 legte sie eine *Denkschrift über die Schulreform* vor, die bei der Formulierung der neuen Schulgesetze für die Länder Thüringen, Sachsen, Sachsen-Anhalt, Brandenburg und Mecklenburg berücksichtigt wurde.

Insgesamt steht diese Tagung vor jenen Problemen des Zugriffs und der Urteilsbildung, die einer Beschäftigung mit der DDR-Geschichte überhaupt eigen sind, und kann nicht in einem ausschließlich *wissenschafts*historischen Kontext betrachtet werden. Vordergründig, in der populären Medienwelt, wird die Geschichte der DDR häufig einer dominant moralisierenden Betrachtungsweise unterworfen, und die historische Urteilsbildung wird in ein Gut-Böse-Schema eingespannt. Das ist unmittelbar verständlich, denn die Teilnehmer argumentieren aus einer Betroffenenperspektive, die es ihnen nur schwer möglich macht, dem historischen Geschehen wie einem neutralen Untersuchungsgegenstand gegenüberzutreten. Im Extremfall polarisiert diese subjektive Betroffenheit in pauschale Abwertung der DDR auf der einen und, als hilflose Gegenreaktion, nostalgische Verklärung des Gewesenen auf der anderen Seite. Für meine Generation, und auch noch für die nächste, ist es nicht leicht, aus diesem lebensweltlich befangenen Wahrnehmungsrahmen herauszutreten. Wir müssen uns aber ernsthaft darum bemühen, denn nur dieses Bemühen öffnet den Weg zu einem objektiven Bild der jüngsten Geschichte. Nachfolgende Generationen, die nicht mehr mit ihrem eigenen Lebenslauf in der historischen Wirklichkeit der DDR verankert sind, werden diesen Weg ein Stück weiter gehen und unbefangener urteilen, als es uns möglich ist.[39]

---

39 Meine Ansicht zu diesem schwierigen Problem habe ich in zwei früheren Vorträgen dargelegt: Hubert Laitko: Die DDR als Wissenschaftsstandort: Gegenstand historischer Analyse und komparativer Bewertung, in: Martin Guntau, Michael Herms und Werner Pade (Hg.): Zur Geschichte wissenschaftlicher Arbeit im Norden der DDR 1945 bis 1990. 100. Rostocker Wissenschaftshistorisches Kolloquium am 23. und 24. Februar 2007 in Rostock-Warnemünde, Rostock 2007, S. 10–37; Hubert Laitko: Das Hochschulwesen der DDR als Gegenstand wissenschaftshistorischer Forschung: Fragen

Schon mit dieser Tagung wollten wir ursprünglich einen größeren Schritt in die angedeutete Richtung tun, als das jetzt vorliegende Programm ausweist. Es war beabsichtigt, dass einerseits Insider, die aus eigener in den behandelten Akademien sprechen, und andererseits jüngere Historiker, die an diese Gegenstände als Forscher von außen herantreten, abwechselnd zu Wort kommen. Von dem dadurch möglichen Wechsel der Perspektiven hatten wir uns wichtige Anregungen versprochen, doch er hat sich nicht realisieren lassen – in der Hauptsache deshalb, weil unseres Wissens derzeit die Geschichte keiner der vier Akademien Gegenstand eines professionellen geschichtswissenschaftlichen Projekts ist. Jüngere Historiker werden sich solchen Gegenständen nun einmal nur dann zuwenden, wenn sie von ihrer Untersuchung auch leben können.

So hat es sich ergeben, dass praktisch alle Referenten aus den Institutionen, über die sie vortragen, Insidererfahrungen mitbringen. Sie werden dabei auch Dinge aussprechen, die nicht oder jedenfalls nicht mit gleicher Deutlichkeit aus den überlieferten Akten hervorgehen und die man kennen sollte, um aus den schriftlichen Quellen mehr entnehmen zu können, als diese auf den ersten Blick herzugeben scheinen. Wir sollten diese Chance voll nutzen. Die schriftlichen Quellen sind robust, sie werden interessierten Forschern auch noch in Jahrzehnten zugänglich sein. Die Insidererfahrungen hingegen sind nur so lange verfügbar, wie ihre Träger am Leben und auskunftsfähig sind. Das Festhalten solcher Erfahrungen aus der DDR gehört zum Aufgabenspektrum der Rosa-Luxemburg-Stiftung (RLS), die die Trägerin dieses Vorhabens ist; hier kommen die Interessenlagen von Wissenschaftsgeschichte und politischer Geschichte überein. In diesem Sinne ist, was aus der Innenwelt der Akademien mitgeteilt werden kann, per se wertvoll – einerlei, ob solche Mitteilungen auf die Klärung der Frage nach der Existenz eines spezifischen Institutionentyps zugeschnitten sind oder nicht. Wir rechnen zwar damit, dass aus den Beiträgen dieser Tagung ausreichend Stoff für die Erörterung dieser Frage erwachsen wird, doch wir wären schlecht beraten, wenn wir den direkten Bezug darauf zur Meßlatte dafür nehmen würden, was hier überhaupt vorgetragen werden kann. Durch das Thema der Tagung angeregt fühlen sollte sich nach Möglichkeit jeder der Anwesenden – dadurch eingeengt aber niemand.

an die Geschichte der Humboldt-Universität in Berlin, in: Wolfgang Girnus und Klaus Meier (Hg.): Die Humboldt-Universität Unter den Linden 1945 bis 1990. Zeitzeugen – Einblicke – Analysen, Leipzig 2010, S. 37–58.

6. Forschungsakademien: Struktur und gesellschaftliche Integration

Zum Abschluss dieser einleitenden Überlegungen soll auf eine Differenzierung hingewiesen werden, die für die weitere Behandlung der Thematik von wesentlicher Bedeutung ist und nach meiner Überzeugung zu dem Minimum konzeptioneller Vorgaben gehört, das der Tagung vorangestellt werden sollte. Da Institutionen von der Art der „Forschungsakademien" in der europäischen Nachkriegsgeschichte im Wesentlichen nur in der UdSSR und im sowjetischen Einflussbereich zu finden waren, liegt die Vermutung nahe, dass ihre Existenz grundsätzlich an Gesellschaften staatssozialistischen Typs gebunden sein könnte; zeitgenössisch wurde diese Bezeichnung auch oftmals mit dem Attribut „sozialistisch" verknüpft und von „sozialistischen Forschungsakademien" gesprochen.[40] Das Auftreten dieses Kompositums kann man jedoch auch umgekehrt als Ausdruck der Ansicht deuten, dass Forschungsakademien nicht per se sozialistisch sind, sondern dies erst durch ihre Integration in ein entsprechendes gesellschaftliches Umfeld werden. In der Tat ist dem institutionellen Konstruktionsprinzip „Gelehrtengesellschaft plus Forschungseinrichtungen" nichts genuin Sozialistisches eigen. Empirisch wird dies auch durch die Tatsache gestützt, dass in mehreren postsozialistischen europäischen Ländern solche Forschungsakademien, wenn auch erheblich verkleinert, weiterhin bestehen – ihre vollständige Auflösung in Ostdeutschland ist hier eher ein historischer Sonderfall. Daher ist es legitim und geboten, zwischen den strukturell bedingten Eigenheiten der Forschungsakademien und ihrer Funktionsweise im gesellschaftlichen System der DDR analytisch zu differenzieren.

Die Redeweise von den Forschungsakademien kam in der DDR zu einer Zeit auf, als die Einordnung der Forschungseinrichtungen in die staatliche Leitungshierarchie relativ abgeschlossen und über eine durchgängige Pyramide verantwortlicher und weisungsberechtigter „Einzelleiter" strukturell fixiert war. Ein Akademiepräsident war demnach einerseits gewählter Primus inter pares in der Gelehrtengesellschaft, andererseits aber als staatlich ernannter Einzelleiter mit Weisungsrecht gegenüber allen Forschungseinrichtungen seiner Akademie für seine Entscheidungen und deren Folgen nicht gegenüber der Gelehrtengesellschaft verantwortlich, sondern gegenüber seinem staatlichen Dienstvorgesetzten – dem Ministerpräsidenten oder einem von diesem mit der Zuständigkeit für die

40 Peter Nötzoldt: Der Weg zur „sozialistischen Forschungsakademie": Der Wandel des Akademiegedankens zwischen 1945 und 1968, in: Dieter Hoffmann und Kristgie Macrakis (Hg.): Naturwissenschaft und Technik in der DDR, Berlin 1997, S. 125–146.

Akademie betrauten Fachminister. Gelegentliche direkte Eingriffe aus dem Parteiapparat der SED unter Umgehung der normalerweise zwischen die Entscheidungen des Politbüros des ZK der SED und die für die einzelnen Akademien verbindlichen Vorgaben geschalteten staatlichen Instanzen, die das Bild weiter komplizieren, können hier außer Betracht bleiben. Schon die „normale“ Integration der Akademien in das politische System des Staates lässt die duale Struktur der steuernden Einflussnahmen auf die Forschungseinrichtungen erkennen – die Lenkung über die staatliche Leitungspyramide, die zumindest der Kompetenz nach direktiven Charakter hatte, und die Wirkung, die das wissenschaftliche Leben in der Gelehrtengesellschaft auf die Forschungsprozesse in den Instituten ausübte und die unmittelbar den Charakter gedanklicher Anregungen auf kollegialer Ebene trug.

Dem zeitgenössischen Gebrauch des Terminus „Forschungsakademie“ war unverkennbar eine Tendenz eigen, die Eingliederung der Forschungskapazitäten in die staatliche Leitungspyramide als das Spezifische und eigentlich Wichtige dieses Institutionentyps anzusehen. Nun galt aber die obligatorische Eingliederung in die staatliche Leitungshierarchie für sämtliche Forschungseinrichtungen der DDR, unabhängig davon, ob sie einem Akademieverbund angehörten oder sich in anderen institutionellen Kontexten befanden. Daher wäre es nicht gerechtfertigt, das Spezifische, das Unterscheidende der Forschungsakademien in diesem Umstand zu sehen. Dieses Spezifikum besteht allein in der Korrelation von akademischer Gelehrtengesellschaft und Forschungseinrichtungen.

Unbestritten bleibt allerdings, dass die Existenz der staatlichen Leitungshierarchie die möglichen und faktischen Interaktionen von Gelehrtengesellschaft und Forschungseinrichtungen wesentlich beeinflusste. In der Geschichte der DAW zeigte sich dies juristisch fassbar im Übergang der Verantwortung für die Forschungsarbeit der Institute von den Klassen – als Untergliederungen der Gelehrtengesellschaft – auf übergeordnete staatliche Leiter bzw. Leitungsgremien, die mit der Bildung der Forschungsgemeinschaft der naturwissenschaftlichen, technischen und medizinischen Institute (1957) und der Arbeitsgemeinschaft der gesellschaftswissenschaftlichen Institute (1963) erfolgte.[41] Die Tatsache, dass dieser Übergang stattfand, lässt erkennen, dass Zuordnungen von Gelehrtengesellschaften und Forschungseinrichtungen in unterschiedlichen

41 Peter Nötzoldt: Ein tolles Gaunerstück der Physiker. Die Gründung der Forschungsgemeinschaft der naturwissenschaftlichen, technischen und medizinischen Institute der Deutschen Akademie der Wissenschaften zu Berlin im Jahre 1957, in: Dieter Hoffmann (Hg.): Physik im Nachkriegsdeutschland, Frankfurt a. M. 2003, S. 111–126.

Arrangements existieren können und dass sie nicht ausschließlich und zwingend an die Einordnung des Forschungsbetriebes in zentralistische staatliche Leitungssysteme gebunden sind.

Allerdings waren die Forschungsakademien der DDR während des größeren Teils ihrer Existenz de facto in ein solches Leitungssystem integriert, und die Insidererfahrungen der Vortragenden, die auf dieser Tagung sprechen, entstammen nicht oder kaum den Anfangsjahren. Die wirkliche Geschichte der Forschungseinrichtungen war eine Resultante unterschiedlicher Einflüsse und Determinanten, und die Wechselbeziehungen mit den akademischen Gelehrtengesellschaften bildeten nur einen dieser Einflussfaktoren. Es ist eine sinnvolle, aber ganz und gar offene Frage, inwieweit sich diese Wechselbeziehungen aus ihren weiterreichenden Kontexten herauspräparieren lassen. Diese Frage wird aber nur in dem Maße zu beantworten sein, wie wir ganzheitliche Bilder von der Geschichte der einzelnen Forschungsakademien besitzen. Sie bildet einen komparativen Gesichtspunkt, sollte aber in keiner Weise als einengendes Korsett bei der Exploration und Rekonstruktion der Geschichte dieser Einrichtungen und ihrer Komponenten empfunden werden.

Ob die nach dem Modell der Forschungsakademien aufgebauten wissenschaftlichen Einrichtungen tatsächlich einen relativ eigenständigen Subtypus der Wissenschaftsakademien bilden, liegt nicht von vornherein auf der Hand. Dazu müssten bestimmte Fragen beantwortet werden. Nach meiner Ansicht sind das vor allem die folgenden drei:

1. Sind die Wechselbeziehungen von Forschungspotentialen und Gelehrtengesellschaft so stark und für beide Seiten so essentiell, dass diese zusammengenommen ein funktionierendes Ganzes bilden? Weder eine bloß juristische Zusammenfassung unter ein und demselben institutionellen Dach noch die Existenz eines gemeinsamen Überbaus (Präsidium, Präsident) reicht hin, um diese Frage positiv zu entscheiden.

2. Sind diese Wechselbeziehungen über die Zeit hinweg stabil, oder treten divergierende Tendenzen auf, die die gegenseitigen Abhängigkeiten schwächen und beide Seiten auf längere Sicht auseinandertreiben, etwa infolge zunehmender Expansion der zugeordneten Forschungspotentiale? Man müsste dazu möglichst auch wissen, ob die wenigen Jahrzehnte der DDR eine hinreichend lange Frist waren, um die Stabilitätsfrage verlässlich zu beantworten.

3. Wenn man Integrität und Stabilität der hier erörterten Institutionen mit guten Gründen behaupten kann, bleibt immer noch die Frage, ob jene Züge, die den

hier so genannten Forschungsakademien spezifisch gemeinsam sind, sich so deutlich von der Beschaffenheit der anderen, nicht zu dem vermuteten Subtypus gerechneten Akademien unterscheiden, dass man sie zu einer gesonderten Institutionenklasse zusammenfassen kann.

Es ist nicht zu erwarten, dass diese Tagung imstande sein wird, Fragen von der Art der drei hier genannten bündig zu beantworten. Wir dürfen aber hoffen, dass sie ihre Erörterung ein Stück voranbringen und künftige eingehendere Untersuchungen anregen wird.

PETER NÖTZOLDT

Zwischen Tradition und Anpassung – Die Deutsche Akademie der Wissenschaften zu Berlin (1946–1972)

Im Juli 1946 wurde die *Preußische Akademie der Wissenschaften (PAW)* als *Deutsche Akademie der Wissenschaften zu Berlin (DAW)* wiedereröffnet. Mit ihr entstand eine bis dahin in Deutschland nicht existierende Akademieform: überregional, multifunktional und mit eigenen Forschungsinstituten. Durch mehrere Reorganisationen wurde sie in den Folgejahren immer mehr zur staatlichen Wissenschaftsakademie des zweiten deutschen Staates ausgebaut und schließlich 1972 in *Akademie der Wissenschaften der DDR (AdW)* umbenannt. Im Beitrag werden die Gründe für die Umgestaltung aus historischer, wissenschaftsorganisatorischer und politischer Perspektive erörtert.

1. Die historische Ausgangsituation

1.1 Bedeutungsverlust im ersten Drittel des 20. Jahrhunderts

Zwischen 1900 und 1930 veränderte sich in Deutschland die Wissenschaftslandschaft deutlich zum Nachteil der fünf deutschen Akademien der Wissenschaften.[1] Die Hauptschuld daran trugen die Akademien allerdings selbst, denn als im anbrechenden Zeitalter der Natur- und Technikwissenschaften der Anwendungsbezug der Wissenschaft stärker in den Vordergrund trat, reagierten sie auf die neuen Anforderungen nicht oder nur sehr unzureichend. So lehnten es

1 Preußische Akademie der Wissenschaften zu Berlin (gegründet 1700), Gesellschaft (ab 1941 Akademie) der Wissenschaften zu Göttingen (1751), Bayerische Akademie der Wissenschaften zu München (1759), Sächsische Gesellschaft (ab 1919 Akademie) der Wissenschaften zu Leipzig (1846), Akademie der Wissenschaften zu Heidelberg (1909).

die Akademien konsequent ab, sich auch für die Technik zu öffnen.[2] Als der preußische König seiner Akademie zum 200. Akademiejubiläum im Jahre 1900 drei neue Fachstellen für Technikwissenschaftler spendierte, konnte das „unwillkommene königliche Geschenk" zwar nicht abgewiesen werden, aber die Stellen wurden nicht oder nur sehr zögerlich genutzt.[3] Auch die seit der Jahrhundertwende allerseits vehement geforderten außeruniversitären Forschungsinstitute entstanden nicht – wie von Adolf von Harnack ursprünglich vorgesehen –„von vornherein und ausschließlich" bei der PAW, sondern bei der 1911 gegründeten *Kaiser-Wilhelm-Gesellschaft (KWG: heute Max-Planck-Gesellschaft)*. Wie der KWG-Präsident und profunde Kenner der Akademiegeschichte betonte, weil die Akademie eben nicht bereit war, „auch die angewandte Wissenschaft [zu] kommandiren" und „Nicht-Gelehrten irgend welchen Einfluss zu gestatten". Harnack schrieb dies am 28. Oktober 1912 – „vertraulich und sekret", was es auch bis 1945 blieb – an den Sekretar der PAW Hermann Diels. Vorausgegangen war ein heftiger Streit, weil sich die Akademie oder zumindest ein Teil ihrer Mitglieder bei der Gründung der KWG übergangen fühlte. Mit der Anregung, PAW und KWG doch noch zu „verschmelzen", mahnte Harnack zugleich: „Meine Sorge gilt in erster Linie der Akademie der Wissenschaften. Ich sehe da eine gewisse Stagnation gegenüber dem, was die Zeit verlangt. [...] Gemessen an den Aufgaben der Gegenwart sind ihre Mittel kärglich gering und ihre Organisation ist m. E. in mehr als einer Hinsicht schwerfällig und veraltet. Das erste braucht nicht nachgewiesen zu werden, das letzte ergibt sich aus der ganz anderen Stellung, welche die Wissenschaft im öffentlichen Leben und als angewandte Wissenschaft gewonnen hat. Die Organisation der Akademie stammt aus der Zeit, da Wissenschaft lediglich Sache der Gelehrten war und in gewisser Weise ein Arcanum. Die Akademie, will sie in lebendiger Fühlung mit der neuen Stellung der Wissenschaft bleiben und die Führerrolle behaupten, muss sich erweitern. Allenfalls droht ihr, dass sie auf die Rolle sich selbst beschränkt, die der Senat in der späteren Kaiserzeit hatte. [...] Die Akademie muss ins Leben hinein, weil die Wissenschaft heutzutage mitten im Leben steht – ganz anders als noch vor 20 Jahren."[4]

Harnacks Befürchtungen wurden in weniger als zwei Jahrzehnten Wirklichkeit. Denn sogar in der Notzeit nach dem Ersten Weltkrieg und unter den neuen Bedingungen der Weimarer Republik verharrten die Akademien in den über-

2 Nötzoldt, Technikwissenschaften, S. 3 ff.

3 König, Akademie, S. 381 ff.

4 Adolf von Harnack „Vertraulich und sekret" an den Sekretar der PAW Hermann Diels am 28.10.1912, Bundesarchiv (BA) Berlin, R 2, 1388, Bl. 5 f. Der Brief ist abgedruckt in: Kocka, Preußische Akademie, S. 460–463. Dort fehlt aber der Halbsatz „Sie muss auch die angewandte Wissenschaft kommandiren".

kommenen Strukturen und überließen anderen Einrichtungen die Bühne der Wissenschaftspflege in Deutschland. Nach wie vor lehnte die PAW 1922 die vom *Reichsbund Deutscher Technik* und vom Preußischen Kultusminister gewünschte Bildung einer neuen Klasse für Technikwissenschaften rigoros ab. Sie bat den Minister, „dass ihr eine wesensfremde Erweiterung, die ihre Wirksamkeit lähmen müsste, erspart bleibt". Sie bezweifelte noch immer, dass die Technik jetzt mehr geworden sei, „als eine bloße Anwendung" der Mathematik und der Naturwissenschaften. Techniker könnten durchaus Mitglieder der Akademie werden – aber eben nur dann, wenn ihre technische Arbeit zu neuen wissenschaftlichen Entdeckungen führen würde: „Er wird aber nicht zum Mitglied der Akademie gewählt, weil er Techniker ist, sondern weil er ein Mann der Wissenschaft ist." Hinter den Verhinderungsstrategien gegenüber den technischen Wissenschaften stand die Furcht vor dem Eindringen neuer, stärker praxisbezogener Wissenschaftsdisziplinen. Die Akademie fürchtete, dass eine Klasse für Technik alsbald Forderungen nach einer medizinischen, staatswissenschaftlichen oder juristischen Klasse nach sich ziehen würde. Sie warnte vor den Konsequenzen, wenn „die Lehre von der praktischen Anwendung der Natur- und Geisteswissenschaft in den Wirkungskreis der Akademie mit einbezogen würden, mit deren Aufgaben sie teils nur in lockerem äußerlichen Zusammenhang, teils sogar in unlöslichem inneren Widerspruch stünden." Das fruchtbare Zusammenwirken der Klassen, das auf der „Gemeinschaft und Einheit des Strebens nach der reinen wissenschaftlichen Erkenntnis" beruhe, sei dann nicht mehr möglich. „Die Einfügung eines solchen Fremdkörpers wird die bisherige segensreiche Einheitlichkeit unserer Arbeit unfehlbar zersprengen."[5] Der jahrzehntelange Streit um die Parität der Klassen, bei dem auch die Spaltung der Akademie erwogen worden war, hatte offenbar seine Spuren hinterlassen.[6]

Die Förderung der angewandten Fächer überließen die Akademien lieber den neuen Institutionen: der sich nun über Preußen hinaus auf das gesamte Reich ausdehnenden KWG[7] und insbesondere der 1920 von den Akademien mitbegründeten *Notgemeinschaft der deutschen Wissenschaft (heute Deutsche Forschungsgemeinschaft)*.[8] Gerade bei der Gründung letzterer war es ja ausdrücklich darum

5 Ausführlich dazu: Nötzoldt, Strategien, S. 249–251. Zitate aus Gutachten der Akademie an den Kultusminister vom 24.01.1922 zum bereits seit mehr als zwei Jahren vorliegenden Antrag in: Geheimes Staatsarchiv, Preußischer Kulturbesitz (im Folgenden: GStA PK), Rep. 76 Vc Sekt. 2 Tit. XXIII Litt F Nr. 1, Bd. XII, Bl. 250–251.

6 Laitko, PAW, S. 158, 167.

7 Vgl. vom Brocke, KWG in Weimar, S. 197 ff.

8 Die Notgemeinschaft der deutschen Wissenschaft wurde 1920 von den Akademien, der KWG, den Universitäten und Hochschulen mit dem Ziel gegründet, von der Reichsregierung und privaten

gegangen, „die gesamte Wissenschaft, auch die technische Wissenschaft, zu einem Bunde zu vereinigen“.[9]

Die Ablehnung der Zuständigkeit für jedwede utilitaristische Forschung durch die Akademien betrachtete vor allem die Notgemeinschaft als ein äußerst willkommenes Geschenk, um durch ein ganz eigenständiges Betätigungsfeld vom Provisorium der Notzeit zu einer festen Säule in der deutschen Wissenschaftslandschaft aufrücken zu können.[10] Wissenschaftspolitiker und Wissenschaftler sahen in ihr bald einen „höheren Akademietyp“.[11] Ihr Präsident Friedrich Schmidt-Ott formulierte als Ziel, den Ausbau der Notgemeinschaft zu einer „Art Großakademie“ – also einer für nahezu alle Fächer offenen und die Grenzen der deutschen Länder überwindenden Institution.[12]

Das gelang innerhalb nur eines Jahrzehnts. Ende der 1920er Jahre war die Notgemeinschaft, die sich nun *Deutsche Forschungsgemeinschaft (DFG)* nannte, in der Tat zu einer *Großakademie* neben der KWG und den deutschen Regionalakademien geworden. Sie konnte nahezu alle Stammfunktionen der alten Akademien gleich gut und zudem für ein viel breiteres Fächerspektrum und ohne Rücksichtnahme auf den ausgeprägten Partikularismus der deutschen Länder ausüben: so die Definition und Kontrolle wissenschaftlicher Standards, die Evaluation wissenschaftlicher Befunde, die Veröffentlichung und Verbreitung von Wissen, die Bereitstellung wissenschaftlicher Expertisen, partiell auch die nationale und internationale Vertretung der Wissenschaft. Durch das Etablieren einer nationalen Schwerpunktforschung im Rahmen interinstitutioneller, utilitaristischer Gemeinschaftsarbeiten – „vaterländische Aufgaben technisch-wissenschaftlicher Art“[13] – war es ihr sogar möglich geworden, wissenschaftliche Unternehmungen in Gang zu setzen und sie nach dem klassischen Vorbild der Akademie-Kommissionen zu leiten.

Wegen dieser Entwicklung mussten die Claims der Wissenschaftsförderung neu abgesteckt werden. Die KWG und die Notgemeinschaft grenzten ihre Tätig-

---

Spendern bereitgestellte Gelder an Wissenschaftler in Not zu verteilen. Sie war für die Begutachtung der Anträge und die Verwaltung der Mittel zuständig. Vgl. Zur Gründungsgeschichte Marsch, Notgemeinschaft und Szöllösi-Janze, Haber sowie zu den Aufgaben Zierold, Forschungsförderung und Nipperdey/Schmugge, Forschungsförderung.

9 Friedrich Schmidt-Ott zum zehnjährigen Bestehen der Notgemeinschaft am 31. Oktober 1930. Zit. nach Stolzenberg, Haber, S. 530.

10 Kirchhoff, Schwerpunktlegung, S. 77 ff. Nötzoldt, DFG, S. 288 ff. Flachowsky/Nötzoldt, Notgemeinschaft, S. 157 ff.

11 Georg Schreiber, Protokoll der Mitgliederversammlung der Notgemeinschaft am 12.03.1926 in München, Archiv zur Geschichte der MPG, 1. Abt., Rep. 1A/920, Bl. 141.

12 Schmidt-Ott, Zusammenfassung, S. 3.

13 Szöllösi-Janze, Haber, S. 424.

keitsfelder bereits Mitte der 1920er Jahre klar ab. Nachdem Schmidt-Ott den unmissverständlich vom KWG-Präsidenten von Harnack geforderten Verzicht auf die Gründung von Instituten akzeptierte, entwickelte sich das Nebeneinander konfliktfrei.[14] Ende des Jahrzehnts konnte von Harnack betonen, dass die Beziehungen „ausgezeichnet seien und auf keinem Gebiet eine Überschneidung der gegenseitigen Interessen stattfinde".[15] Als Verlierer hingegen betrachteten sich die Akademien. Sie sahen sich – wie schon früher zur KWG – nun auch zur Notgemeinschaft in einen „unerfreulichen Gegensatz" gekommen.[16] Als sie gar noch in den Gremien der Notgemeinschaft als „Kontrahenten" bezeichnet wurden[17], schrillten zumindest bei der PAW die Alarmglocken. Praktisch im Gegenzug entwickelte sie ein Reformkonzept, das vorsah, künftig selbst die „unentbehrlichen Funktionen" der Notgemeinschaft zu übernehmen und eigene Institute auf einigen nicht von der KWG beanspruchten Gebieten zu schaffen. Der Versuch scheiterte aus politischen und finanziellen Gründen.[18] Ohne Erfolg blieben auch gemeinsame Bemühungen der Akademien, nicht weiter an Einfluss zu verlieren.[19]

Die Weigerung der Akademien, ihr wissenschaftliches Selbstverständnis zu modernisieren – also die Anwendungsorientierung und die Förderung neuer Spezialfächer in den eigenen Leistungskanon aufzunehmen und sogar einen gewissen Einfluss des Industriekapitals auf die Orientierung und Prioritätensetzung in der experimentellen Forschung als zeitgemäß und unausweichlich zu akzeptieren –, war allerdings nur ein Grund für ihr Abtriften an die Peripherie des deutschen Wissenschaftssystems. Einen weiteren Grund bildete die zunehmende Verlagerung der Forschungsförderung von den deutschen Ländern auf das Reich in den Jahren der Weimarer Republik. Während die DFG nahezu vollständig und die KWG zunehmend ihre Mittel aus dem Reichshaushalt erhielten und zur „Basis für eine aktive Reichskulturpolitik" ausgebaut wurden[20], waren

14 Nötzoldt, DFG, S. 288 ff.

15 Bericht (Freytag) für den Minister vom 20.04.1929, Archiv des Auswärtigen Amtes (AAA) Berlin, R 65817, Nr. 7917.

16 Jahrestagung des Kartells am 25.04.1930 in München, S. 14/15, Archiv Akademie der Wissenschaften (AAW) Berlin, II–XII–8, Bl. 104.

17 Vgl. Georg Schreiber, Sitzung des Hauptausschusses der Notgemeinschaft vom 16.02.1929, BA Berlin, R 1501, Nr. 126771, Bl. 217–220.

18 Denkschrift der Preußischen Akademie der Wissenschaften, 14.05.1929, AAW Berlin, II–I–10, Bl. 85. Vgl. auch Nötzoldt, Strategien, S. 229 ff.

19 Eindrucksvoll dazu der Briefwechsel zwischen den fünf Akademien des Deutschen Reiches Ende 1929, AAW Göttingen, Etat 50,1, Bl. 25 und 50,3, Bl. 21 sowie AAW Heidelberg, 671/1.

20 So Reichsinnenminister Carl Severing zur Perspektive der Notgemeinschaft, Protokoll der 80. Sitzung des Reichstages am 8.06.1929, S. 2215 f.

die Akademien auf die knappen Mittel der Länder und zunehmend auf Zuschüsse der DFG angewiesen.

Eine ähnliche Rolle im Reich hätte auch der *Verband wissenschaftlicher Körperschaften* – das *Kartell* der Akademien – übernehmen können.[21] Um die nationalen Probleme der deutschen Wissenschaft kümmerte sich das Kartell allerdings wenig. Stattdessen dominierte nur ein Thema die Kartellsitzungen: Wie kann der Alleinvertretungsanspruch der Akademien für die deutsche Wissenschaft auf der internationalen Ebene gesichert werden?[22] Zu einer wirklichen Vertretung der einzelnen Regionalakademien auf der Ebene des Reichs – einer Art Reichsakademie – avancierte das Kartell nie. Nur einmal überhaupt findet man in den Kartellakten der ersten Hälfte der 1920er Jahre eine Debatte darüber, dass die Akademien zunehmend „ihren alten Einfluss" verlieren. Es ist schon bezeichnend, dass ausgerechnet die zum Kartell gehörende Wiener Akademie ihre deutschen Schwesterakademien mahnte, „sich auch den Bedürfnissen der Gegenwart" zu widmen und feststellte: „Diese Aufgaben seinen in den vergangenen Jahren aber nicht vom Kartell, sondern von anderen Körperschaften z. B. der Notgemeinschaft der deutschen Wissenschaft in die Hand genommen worden."[23]

Die Vertreter der Akademien kamen allerdings meist lediglich einmal im Jahr zu einer Sitzung zusammen; außerdem wechselte der Kartellvorsitz jährlich, was bei völligem Verzicht auf jeden festen Apparat kaum eine kontinuierliche Arbeit ermöglichte. Hinzu kamen das unterschiedliche Gewicht der Akademien mit einem gewissen unübersehbaren Berliner Führungsanspruch als eine „Oberakademie"[24] und die daraus resultierenden Eifersüchteleien: Eher akzeptierten die Akademien Bedeutungsverlust, als an traditionellen Einzelrechten auch nur Abstriche zu machen. Die PAW versuchte Ende der zwanziger Jahre einen Ausbruch aus diesem Teufelskreis, um ihre „Daseinsberechtigung unter den völlig veränderten Verhältnissen des 20. Jahrhunderts"[25] zu sichern – wie bereits erwähnt: vergeblich.

Ab der zweiten Hälfte der 1920er Jahre gab es also in Deutschland drei Säulen der außeruniversitären Wissenschaftspflege: die Akademien, die KWG und

---

21 Das Kartell wurde 1893 von den Akademien in Göttingen, Leipzig, München und Wien gegründet. Die PAW trat 1906 bei; Heidelberg 1911. Vgl. zum Kartell: Grau, Wissenschaftsakademien, S. 31 ff.

22 Schröder-Gudehus, Internationale Wissenschaftsbeziehungen, S. 859 ff. Grau, Wiederanknüpfung, S. 279 ff.

23 Protokoll der Versammlung der Delegierten des Verbandes der deutschen Akademien vom 13. bis 14.06.1924 in München, AAW Berlin, II–XII–5, Bl. 117, dort S. 16 f. und 21 f.

24 Laitko, PAW, S. 155–161.

25 Denkschrift der Preußischen Akademie der Wissenschaften, Berlin, im Juni 1929, 1. Entwurf vom 14. Mai 1929, 141 Seiten, AAW Berlin, II–I–10, Bl. 85/1.

die von der Notgemeinschaft zur Großakademie aufgestiegene DFG. Die Akademien erstarrten weiter in ihrer Tradition. Die KWG baute ihre zahlreichen Forschungsinstitute wesentlich aus. Die DFG unterstützte nicht mehr nur Forscher, sondern sie organisierte und finanzierte auch *Gemeinschaftsforschung zum Wohle der nationalen Wirtschaft, der Volksgesundheit und des Volkswohls*. Zur schwächsten Säule des Systems waren die einst stolzen Akademien geworden. Diese Entwicklung wurde sehr wohl auch außerhalb Deutschlands wahrgenommen, wie zwei Beispiele zeigen.

So scheint die Wiener Akademie einer solchen Entwicklung ganz bewusst und erfolgreich entgegengesteuert zu haben. Sie gründete oder betreute frühzeitig Forschungsinstitute.[26] Um einen „Fortschritt in der zeitgemäßen Ausstattung zur erreichen", öffnete sie sich Anfang der 1920er Jahre selbst den angewandten Fächern und beantragte dafür eine Erweiterung der Mitgliederstellen.[27] In weit stärkerem Maße als die deutschen Akademien unterstützte sie Forscher außerhalb der Akademie durch ihre Subventionskommissionen.[28] Die Akademiepräsidenten Oswald Redlich und Richard Wettstein übernahmen ganz selbstverständlich die Federführung bei den Hilfsmaßnahmen für die österreichische Wissenschaft in den schweren Nachkriegsjahren. So lag die Koordinierung der 1929 mit der DFG vereinbarten „Österreichisch-Deutschen Wissenschaftshilfe" praktisch bei der Akademie.[29] Auch die Initiative zur Gründung einer dann wohl doch nicht verwirklichten „Notgemeinschaft der österreichschen Wissenschaft" ging von der Akademie aus.[30] Weil sie selbst die Initiative übernahm, ließ sich die Wiener Akademie also nicht an den Rand des Wissenschaftssystems drängen – freilich als eine anerkannte Nationalakademie mit nur einer zentralen Kultusbehörde als Partner.

---

26 Eine Auflistung findet sich bei Meister, Geschichte der Akademie, S. 337 f.

27 Oswald Redlich, Über die Gründung und die Erweiterung der Akademie, Almanach 75, 1925, S. 169–171. Die Erhöhung der Mitgliederzahl beschloss die Akademie am 26.02.1925, Meister, Geschichte der Akademie, S. 157.

28 Zum Subventionswesen der Wiener Akademie vgl. den Archivbehelf – Subventionen der ÖAW mit einer Einleitung von Stefan Sienell aus dem Jahre 2006.

29 Richtlinien über die Österreichisch-Deutsche Wissenschaftshilfe aufgestellt am 27.04.1929 in Wien, unterzeichnet von Friedrich Schmidt-Ott, Georg Schreiber, Oswald Redlich und Richard von Wettstein, BA Koblenz, R 73, Nr. 220, vgl. dazu auch Zierold, Forschungsförderung, S. 105 f. sowie Schmidt-Ott, Erlebtes, S. 287 ff.

30 Oswald Redlich, Denkschrift über eine Aktion zur Abhilfe des geistigen Notstandes in Österreich, Juni 1928 ohne Unterschrift, im Juli 1929 gedruckt und gezeichnet: Im Namen des Komitees: Prof. Dr. Oswald Redlich, Präsident der Akademie der Wissenschaften, AAW Wien, I 175 Wissenschaftshilfe, Nr. 2. Satzung der Notgemeinschaft der Wissenschaft in Österreich (undatiert) sowie AAW Wien, Personalia, Oswald Redlich, S. 6 f.

Das zweite Beispiel ist die Reorganisation der russischen Akademie Ende der 1920er Jahre. Sie sollte „höchste wissenschaftliche Einrichtung" der ganzen Sowjetunion werden.[31] Eine „Akademie in ihrer bisherigen Form" hielten die sowjetischen Wissenschaftler und Wissenschaftspolitiker dafür aber für „veraltet". Durch zwei Veränderungen wollten sie die Akademie „wieder zum Zentrum der russischen Wissenschaft machen". Zum einen durch eine „Erweiterung" sowohl des Mitgliederbestandes als auch der Aufgaben – beides ausdrücklich nach dem Vorbild DFG und „nahe" der deutschen Vorhaben zur „Förderung der nationalen Wirtschaft, der Volksgesundheit und des Volkswohls". Zum anderen durch den konsequenten Aufbau von Spezialinstituten bei der Akademie, welche mit den „Kaiser-Wilhelm-Instituten zu vergleichen sind".[32] Zu dieser Einsicht war insbesondere Sergej Oldenburg gelangt, der als Sekretär der russischen Akademie von 1904 bis 1929 die Stärken und Schwächen seiner und der wichtigsten europäischen Akademien genau kannte. Er hatte zudem zwischen 1923 und 1926 Reisen nach Frankreich, Großbritannien und Deutschland unternommen, um die Forschungsorganisation dieser Länder zu studieren.[33] Mit den Präsidenten der KWG und der Notgemeinschaft war er mehrfach zusammengetroffen. Als Schmidt-Ott 1928 erneut auf Einladung Oldenburgs in die Sowjetunion reiste, gelangte er endgültig zu der Überzeugung, dass „die russische Akademie [...] die Notgemeinschaft zum Vorbild eigenen Wissenschaftsaufschwunges" nehmen wolle.[34] Dass dies ebenso für die KWG galt, hat die Forschung inzwischen mehrfach bestätigt.[35] Die in den späten 1920er Jahren erfolgte Adaption des ausdifferenzierten deutschen Modells der Wissenschaftspflege an eine Zentralakademie unter Zentralstaatsbedingungen hatte natürlich auch nach 1945 eine Vorbildwirkung – zumal sie ja damals auch von führenden deutschen Wissenschaftlern und Wissenschaftsorganisatoren für sinnvoll erachtet wurde.

---

31 Vgl. insbesondere G. D. Komkov et. Al, Geschichte der Akademie der Wissenschaften der UdSSR, Berlin 1981, S. 382 ff. sowie Loren R. Graham, The Soviet Academie of Science an the Communist Party 1921–1932, Princeton 1967.

32 Zitate aus Friedrich Schmidt-Ott, Mitteilung an das Auswärtige Amt am 18.09.1925, hier S. 2 und die Aufzeichnungen Oskar Voigts über das Gespräch mit Nikolai P. Gorbunow am 1.01.1925 in Berlin, AAA Berlin, R 64856. Vgl. auch Schlicker, Akademie, S. 219.

33 Sergej Oldenburg, Die Lage der Wissenschaft in Europa. Auszug eines Berichts in der Akademie der Wissenschaften in Leningrad, 10.03.1927, in: Forschungen und Fortschritte, 3. Jg., Nr. 8, 1927, S. 64.

34 Schmidt-Ott, Erlebtes, S. 227 und Reisebericht, S. 11, GStA PK, HA VI, NL Schmidt-Ott, Nr. 43.

35 Graham, The Formation, S. 309 ff. und Brocke, Optionen. S. 146 f.

1.2 Die Akademie in der Zeit des Nationalsozialismus

Während der NS-Zeit wurden die „wissenschafts- und gesellschaftspolitisch austarierten Steuerungs- und Konfliktausgleichsysteme ausgehebelt beziehungsweise im Interesse des NS-Systems instrumentalisiert".[36] Die drei Säulen der außeruniversitären Wissenschaftspflege blieben – nach anfänglichen Versuchen der Zusammenführung[37] – erhalten. Sie profitierten allerdings ganz unterschiedlich von der neuen Situation.

Die deutschen Wissenschaftsakademien blieben primär Gelehrtengesellschaften, mit einigen Langzeit-Unternehmungen, vor allem im geisteswissenschaftlichen Bereich. Darüber hinaus forschten sie selbst nicht. Sie bezogen ihr Renommee aus Forschungsleistungen, die außerhalb ihrer selbst geleistet wurden, wenngleich durch Personen, die sie zu ihren Mitgliedern zählten und denen sie zusätzliche Reputation verliehen, welche ihnen bei ihrer Forschung zugute kam. Repräsentation blieb eine wichtige Funktion. So betonten die Akademien im Wechsel der politischen Systeme vor allem ihre Kontinuität – die fehlende Anwendungsorientierung ihrer Tätigkeit rückte sie allerdings auch weit weniger schnell ins Blickfeld der Nationalsozialisten als dies bei der KWG oder der DFG Fall war. Ein Versuch der PAW von 1933, den neuen Machthabern ihr Reformkonzept von 1929/30 schmackhaft zu machen, scheiterte.

Die Position der KWG wurde durch eine enge Kooperation mit der Wirtschaft, dem Staat und vor allem dem Militär noch stärker: „Das Regime war sich der Tatsache bewusst, dass moderne Kriege nur mit einer modernen Wissenschaft im Hintergrund geführt werden konnten, und dass die Kaiser-Wilhelm-Gesellschaft hier nur schwer ersetzbar war." Vor allem deshalb wurde die KWG spätestens seit der mit dem Vierjahresplan 1936 verkündeten Vorbereitung auf den Kriegsfall endgültig wie „ein rohes Ei" von allen Seiten behandelt. Insgesamt verdoppelten sich von der Machtübertragung an die Nationalsozialisten 1933 bis zum Kriegsbeginn 1939 die der KWG zur Verfügung gestellten materiellen Ressourcen nahezu.[38] Die finanziellen Mittel der PAW hingegen blieben nahezu gleich und langfristig gesehen, waren sie sogar geringer geworden: 1920: ca. 981.000 Mark, 1930: ca. 596.000 Reichsmark und 1940: ca. 635.000 Reichsmark.[39]

36 vom Bruch, Institutionen, S. 9.

37 Hammerstein, DFG, S. 163 ff.; Fischer/Hohlfeld/Nötzoldt, Berliner Akademie, S. 547 ff. Flachowsky, Reichsforschungsrat, S. 110 ff.

38 Hachtmann, Erfolgsgeschichte, S. 21, 46, 48. Vgl. dazu auch die anderen Publikationen der Präsidentenkommission der Max-Planck-Gesellschaft.

39 Jahresrechnungen der PAW, AAW Berlin, II–XVII–114, 124, 155.

Die DFG existierte nur noch auf dem Papier, da sie ab 1934 unter dem neuen Präsidenten Johannes Stark zunächst an Einfluss verlor und sie ab 1936 zu einer „nachgeordneten Dienststelle" des neuen Reichserziehungsministeriums mutierte.[40] Ihre Selbstverwaltungsgremien wurden eliminiert und die systemrelevanten Aufgaben einem neuen, nach dem *Führerprinzip* strukturierten *Reichsforschungsrat* übertragen. Das erprobte und äußerst effiziente Management der DFG bildete den Verwaltungsapparat des Reichsforschungsrates und zugleich die Antrags- und Zahlstelle für die Forschungsförderung bei den Geisteswissenschaften.[41]

Von dem de facto Verschwinden der DFG aus der deutschen Forschungslandschaft, versuchten die Akademien zu profitieren. Insbesondere die PAW sah Anfang der 1940er Jahre gute Chancen, bereits verlorenes Gebiet durch die Gründung einer *Reichsakademie der Wissenschaften* zurückzuerobern.

1.3 Die Reichsakademie der deutschen Wissenschaft[42]

Die geplante Reichsakademie war allerdings keine Akademie, wie man sie in Deutschland kannte oder heute kennt. Nicht einmal die sonst obligate Gelehrtengesellschaft war vorgesehen. Ihre Mitglieder sollten Institutionen sein und auch die Leitungsstrukturen ähnelten denen der DFG und der KWG stark. Die Reichsakademie sollte die deutsche Wissenschaft nach innen und außen vertreten. Sie hatte erstens „hervorragende Einzelleistungen zu unterstützen", zweitens „Gemeinschaftsarbeiten auf Gebieten zu veranstalten und zu pflegen, denen im nationalsozialistischen Staate besondere Bedeutung zukommt", und drittens „die Verbindung der Wissenschaft mit dem Volke sowie das Verständnis des Volkes für Leistungen der Wissenschaft [zu] fördern". Die Arbeit sollte im Rahmen von Kommissionen erfolgen. Neben den alten Akademien – als privilegierter „Grundstock der Reichsakademie" – konnten auch 30 bis 40 neue Gesellschaften die Mitgliedschaft erlangen, die das Reichserziehungsministerium an allen Hochschulorten in eigener Regie gründen wollte.[43]

---

40 Rudolf Mentzel (Präsident der Deutsche Forschungsgemeinschaft 1936–1945), zit. nach Zierold Forschungsförderung, S. 225.

41 Flachowsky, Reichsforschungsrat, S. 201 ff.

42 Dazu bereits früher aber mit anderer Sicht: Grau/Schlicker/Zeil, Berliner Akademie, S. 61 ff. Wennemuth, Wissenschaftsorganisation, S. 486 ff. und Nötzoldt, Strategien, S. 259 ff.

43 Zitate aus den Satzungsentwürfen für die Reichsakademie. AAW Berlin, II–XII–12, 13, 14 und BA Berlin, R 21, 10999.

Das Vorhaben war für die NS-Politiker verlockend, denn es eröffnete dem neuen Reichserziehungsministerium die Möglichkeit, nicht nur die Akademien stärker zu kontrollieren, sondern auch über die Hintertür durch Neugründungen die bisher nicht wirklich gelungene *Verreichlichung* der Hochschulen voranzutreiben.[44] Es war aus zwei Gründen auch für alle Akademien verlockend: Zum einen hofften sie, ihren Anspruch bei der Vertretung der deutschen Wissenschaft auf dem internationalen Parkett zementieren zu können, was angesichts der aktuellen nationalsozialistischen Planungen für eine *europäische Großraumwissenschaft* von besonderer Bedeutung war. Zum anderen sahen sie nun eine Chance, jene Elemente der *Großakademie DFG* für sich nutzbar zu machen, die den Erfolg der DFG in der Weimarer Republik wesentlich bestimmt hatten.

Alle deutschen Akademien – zu denen nun auch die mit „großer Freude ins Altreich heimgekehrte" Wiener Akademie zählte[45] – unterstützten diesen Plan, solange die Vormachtstellung der alten Akademien und ein privilegierter Zugang zu neuen Ressourcen gesichert schienen. Daran wollte sich freilich nach 1945 niemand gern erinnern. Der Kampf der Nicht-Berliner Akademien gegen die Reichsakademie wurde geradezu zum Symbol des Widerstandes gegen die Ansinnen des Reichserziehungsministeriums und der Berliner NS-Akademieführung hochstilisiert. Beides war Legende: Zwar gab es Widerstand, aber der richtete sich erstens prinzipiell gegen eine Zentrale mit einer historisch gewachsenen Vormachtstellung der Berliner Akademie, zweitens gegen eine Überwucherung durch die Neugründungen und drittens gegen eine Beteiligung der angewandten Fächer. Nichts davon war spezifisch nationalsozialistisch. Manches aber hatte seit Jahrzehnten den Bedeutungsverlust und die Funktionsverarmung der deutschen Akademien beschleunigt. Ausgefochten werden mussten die Probleme nicht, denn das Vorhaben Reichsakademie wurde schon bald als „nicht kriegswichtig" für die Zeit nach dem Krieg zurückgestellt.[46] Für die Akademien war dies eher ein Glücksfall, da sie sich nach Kriegende viel unbelasteter als die KWG und die DFG präsentieren konnten.

44 Nötzoldt, Historiker C. Grau, S. 97–104.

45 Kartellsitzung in Wien am 24.11.1938, AAW Wien, I–157.

46 Vgl. Reichserziehungsministerium an den kommissarischen Präsidenten der Reichsakademie am 5.03.1942. AAW Berlin, II–XII–12, Bl. 220.

2. Die Berliner Akademie der Wissenschaften nach 1945

2.1 Bestandsaufnahme und Weichenstellung

Den Neubeginn nach 1945 bestimmten vor allem zwei Rahmenbedingungen. Zum einen lag in den Besatzungsjahren die vorrangige Entscheidungsbefugnis bei den Alliierten[47] und zum anderen hatte es bereits vor Kriegsende gravierende territoriale Verschiebungen in der deutschen Wissenschaftslandschaft gegeben.[48] Das hatte insbesondere für die Berliner Akademie weitreichende Folgen, denn neben der Notwendigkeit zur Übernahme von Verantwortung im Nachkriegschaos, ergab sich plötzlich die Möglichkeit, ungeliebte und meist selbst verschuldete Entwicklungen in der deutschen Wissenschaftsorganisation der letzten Jahrzehnte zu revidieren und die Stellung der Akademie aufzuwerten, insbesondere bisher andernorts verwaltete Kompetenzen an sich zu ziehen.[49] Vor allem die früher von der KWG und der Notgemeinschaft/DFG beanspruchten bzw. an beide abgegebenen Kompetenzen gehörten dazu, denn beide Institutionen waren in der Berliner und ostdeutschen Wissenschaftslandschaft praktisch nicht mehr präsent.[50] Die KWG kämpfte von Göttingen aus um ihr Überleben und versuchte den Neubeginn ausschließlich in den Westzonen. Die DFG bzw. der Reichsforschungsrat waren durch ihre institutionelle und personelle Nähe zum NS-Staat völlig diskreditiert. Da zudem das Kartell der Akademien handlungsunfähig war, musste auch das sonst übliche Störfeuer gegen jedwede Berliner Sonderrolle zunächst nicht befürchtet werden. Unter diesen Konstellationen signalisierte die Akademie noch im Jahr 1945 den für Berlin zuständigen Alliierten, dass sie bereit sei, erstens Aufgaben der früheren Notgemeinschaft zu übernehmen und fortzuführen, zweitens herrenlose Institute aufzunehmen und neue zu gründen sowie drittens nationale Verantwortung für die Wissenschaftspflege zu tragen. Sie verstand sich nun nicht mehr als lokale Institution und strich im Dezember 1945 selbst das Preußische aus dem Namen.

Gehör fand die um ihren Fortbestand kämpfende Akademie nur bei der *Sowjetischen Militäradministration in Deutschland (SMAD)*, in deren Berliner Sektor allerdings auch ihr Hauptsitz lag. Ein wichtiger Grund für das Interesse der

47 Nach den Vereinbarungen der Alliierten war Berlin 1945 in vier Sektoren eingeteilt, wurde aber zugleich von einem deutschen Magistrat verwaltet, der direkt der Alliierten Kommandantur unterstand.

48 Bruch, Traditionsbezug, S. 30 ff. und Nötzoldt, Wissenschaft in Berlin, S. 150 ff.

49 Ausführlich dazu Nötzoldt, Deutsche Akademie S. 39 ff. und im Überblick Kocka/Nötzoldt/Walther, Die Berliner Akademien, S. 366 ff. (Wenn nicht anders ausgewiesen, alle Zitate, Tabellen und Zahlenangaben aus diesen Quellen.) Vgl. dazu auch: Rudolf Landrock (1977).

50 Osietzki, Wissenschaftsorganisation, S. 188.

SMAD war sicher, dass die sowjetische Besatzungsmacht generell auf Zentralisierung setzte und ihre Wissenschaftsorganisation bereits in den 1920er Jahren nach dem Vorbild der KWG und der Notgemeinschaft reorganisiert und bei der Akademie institutionalisiert hatte. Gleichwohl musste die SMAD das sowjetische Akademiemodell nicht oktroyieren, denn ihre Vorstellungen korrespondierten weitgehend mit den Plänen der Akademie. Anzumerken ist freilich, dass diese Entwicklung nur von einer kleinen Gruppe von Akademiemitgliedern eingeleitet wurde, denn nahezu zwei Drittel aller *Ordentlichen Mitglieder (OM)*, vor allem Naturwissenschaftler, hatten Berlin bereits in den letzten Kriegsmonaten in Richtung Westen verlassen. Bei den Bemühungen um die Neuzulassung der Akademie dominierten die Geisteswissenschaftler, die ihre Fächer bisher vernachlässigt sahen. Die wenigen anwesenden Naturwissenschaftler hatten keine enge Verbindung zur KWG. In Berlin gab es damit plötzlich eine Mehrheit von Akademiemitgliedern und auch einige potentielle Kandidaten für künftige Zuwahlen, die von Veränderungen profitieren konnten. Sie beriefen sich bei ihren Bemühungen ganz ausdrücklich auf die deutsche Wissenschaftstradition und sprachen von einer „Verpflichtung, die der Akademie daraus erwächst, dass sie das verwaiste Erbe aus dem Zusammenbruch all der Einrichtungen antritt, die einst in Berlin ihren Sitz hatten". Die Akademie betonte, dass sie „klar die Chance erkannt hat, die ihr gerade zu diesem Zeitpunkt durch die Besinnung auf ihre historische Aufgabe" zukommt: „Sie knüpft an alte Traditionen an und nimmt wieder auf, was ihr im Laufe einer von dieser Tradition abweichenden Entwicklung verlorenging, und sie wird sich neue Aufgaben stellen, die sich aus den erweiterten Verpflichtungen ergeben."[51]

Zudem berief und bemühte sich die Akademie um prominente Unterstützung. Hermann Diels Sohn Ludwig, der im Sommer 1945 selbst Sekretar der Akademie geworden war, übergab den oben erwähnten vertraulichen und bis dahin unbekannten Brief Adolf von Harnacks der Akademie, die sich künftig darauf berufen konnte, dass die KWG „entgegen den ursprünglichen Absichten ihres Initiators Harnack unabhängig von der Akademie gegründet wurde".[52] Und sie holte sich auch den Rat ihres Ehrenmitglieds Friedrich Schmidt-Ott. Im Oktober 1946 übernahm der frühere Präsident der Notgemeinschaft auf Bitte der Akademieführung einen Forschungsauftrag zum Thema „Organisationen zur Förderung der Wissenschaft und Forschung seit der Jahrhundertwende". Die gut honorierte Zusammenarbeit dauerte bis 1950.[53]

51 Kienle, Festrede, S. 27.
52 Vgl. Nötzoldt, Steinitz, S. 16 ff. Stroux, Ansprache, S. 21 f. Zitat Kienle, Festrede S. 26.
53 Vgl. AAW Berlin, Bestand Akademieleitung, Personalia 426.

2.2 Die Wiedereröffnung als DAW und der Umbau zur Großakademie

Die SMAD billigte am 1. Juli 1946 die Wiedereröffnung der ehemaligen PAW als *Deutsche Akademie der Wissenschaften zu Berlin.* Am 1. August fand die offizielle Eröffnungsfeier statt. Die neue Satzung konzipierte die DAW erstens als nationale Akademie mit gesamtdeutschem Anspruch und sprach ihr zweitens das Recht zu, eigene Forschungsinstitute zu unterhalten.[54] Diese zwei wesentlichen strukturellen Veränderungen bestimmten das neue Selbstverständnis der Akademie und ermöglichten ihren Ausbau zu einer Art *Großakademie.* Sie führten zu gravierenden Veränderungen, die wegen einer zunehmenden Politisierung der Akademieentwicklung immer mehr – verstärkt ab 1953 durch einen ersten Politbürobeschluss und seit den 1960er Jahren dann nahezu komplett – durch die *Staatspartei SED* bestimmt wurden.

- Deutsche Nationalakademie – Gesamtdeutsche Akademie

Zu einer *Nationalakademie* wurde die DAW nicht, obwohl im ersten Nachkriegsjahrfünft beträchtliche Anstrengungen unternommen und Mittel bereitgestellt wurden, um sie in das *höchste wissenschaftliche Zentrum Deutschlands* umzugestalten. Nach wie vor gab es in der deutschen Wissenschaft keine breite Unterstützung für eine solche Nationalakademie. Führende Gelehrte, darunter auch bedeutende Mitglieder der DAW wie Max Planck, Otto Hahn oder Werner Heisenberg, favorisierten die Beibehaltung des erfolgreichen und ausdifferenzierten außeruniversitären deutschen Wissenschaftssystems mit der KWG, der DFG und den deutschen Regionalakademien an der Spitze; Besitzstandswahrung war dabei ein wichtiges Ziel. Hinzu kam die politische Entwicklung im Nachkriegsdeutschland, die sehr schnell dazu führte, dass eine Nationalakademie mit Sitz in Berlin zum Politikum wurde und von Politikern in Ost und West für ihre jeweiligen Ziele herhalten sollte. Wie wenig praktikabel die DAW als Nationalakademie war, verdeutlicht bereits die geringe Zahl erfolgreicher Zuwahlen aus dem Westen Deutschlands. Lediglich fünf Wissenschaftler von dort wurden in den ersten beiden Nachkriegsjahrzehnten als Ordentliche Mitglieder gewählt.

54 Hartkopf/Wangermann, Dokumente, S. 467–472. Die deutsche Übersetzung des sowjetischen Befehls Nr. 187 vom 1.07.1946 ist nicht exakt, wie Grau 1990 feststellte: Akademiegedanke. S. 131.

Auch wenn das Vorhaben einer Nationalakademie schon Anfang der 1950er Jahre gescheitert war, hielt sich zumindest das Modell einer *gesamtdeutschen Akademie* bis Ende der 1960er Jahre, weil die in den Westen gegangenen Ordentlichen Mitglieder bis dahin ihren Status behielten. Es wurde von einer Mehrheit der Ost-Gelehrten zäh verteidigt und von den SED-Politikern so lange geduldet, wie es in ihr deutschlandpolitisches Konzept passte. So war und blieb die Akademie nicht nur in der ostdeutschen, sondern auch in der westdeutschen Gesellschaft verankert. Es gab Zeiten, in denen nahezu alle Präsidenten der Akademien in Göttingen, Heidelberg, Leipzig, München und Wien und auch der MPG zugleich auch als stimmberechtigte Ordentliche Mitglieder der DAW angehörten.

	1951	**1953**	**1958**	**1963**	**1968**
OM mit Wohnsitz DDR	51%	52%	69%	66%	85%
OM mit Wohnsitz BRD und Westberlin	49%	48%	31%	34%	15%

Zudem unterhielten die Akademien gemeinsame Forschungsunternehmungen. Aus all diesen Gründen wurden gerade die Akademien im *Kalten Krieg* nicht selten zum Spielball der Politiker diesseits und jenseits des *Eisernen Vorhangs.* Zwei Jahrzehnte bliebt die DAW eine gesamtdeutsche Klammer. Parallel dazu wurde sie aber immer mehr zur staatlichen Akademie des zweiten deutschen Staates.

▪ Veränderungen in der Gelehrtengesellschaft der DAW

Der *Gelehrtengesellschaft* – die sich sofort nach Kriegsende eine neue Führung (Präsident Johannes Stroux, Vizepräsident Hans Stille, Klassensekretare Ludwig Diels und Fritz Hartung) gegeben hatte – gehörten im Sommer 1945 noch 69 Ordentliche Mitglieder, ca. 120 Korrespondierende Mitglieder und vier Ehrenmitglieder an. Davon wurden 15 Ordentliche Mitglieder und ein Ehrenmitglied wegen ihrer NS-Vergangenheit von der Mitgliederliste gestrichen.[55] Die Gelehrtengesellschaft blieb in den folgenden Jahren klein und elitär – und dies trotz des

55 Ausgeschlossen durch Beschluss der Akademie im Juli 1945 wurden zunächst Theodor Vahlen, Ludwig Bieberbach, Carl August Emge, Franz Koch und Theodor Mayer, Konrad Meyer, Friedrich Stieve und Peter Adolf Thiessen (1956 wieder aufgenommen). Weitere sieben Mitglieder sind in der Folgezeit von der Mitgliederliste gestrichen worden: Eugen Fischer, Ernest Anton Kraft, Friedrich Seewald, Abraham Esau, Otmar Frhr. von Verschuer, Wilhelm Eitel und Ernst Gamillscheg. Von den Ehrenmitgliedern wurde Valentin von Hòman (Historiker und Kultusminister Ungarns) gestrichen.

allgemeinen Bedeutungszuwachses der Wissenschaft in dieser Zeit und der Vielfalt von zusätzlichen Aufgaben, die die Akademie übernahm oder übertragen bekam:

	1949	1954	1968	1970	1989
Ordentliche Mitglieder	95	104	141	135	157
Korrespondierende Mitglieder	101	114	119	29	99
Ehrenmitglieder	2	4	0	–	–
Auswärtige Mitglieder	–	–	–	125	146
Gesamt	198	222	260	289	402

Aber die Gelehrtengesellschaft wandelte sich in ihrer Zusammensetzung grundlegend:

Zum einen wurde die Parität zwischen den Geistes- und den Naturwissenschaften bei den Mitgliedern 1949 aufgegeben. Angewandte Wissenschaften, die bisher vergeblich an die Pforte der Akademie geklopft hatten, eroberten sich Positionen. An Stelle des seit 1835 eingeübten Zwei-Klassen-Modells wurde die Akademie nun in sechs Klassen eingeteilt:
Klasse für Mathematik und allgemeine Naturwissenschaften
Klasse für medizinische Wissenschaften
Klasse für landwirtschaftliche Wissenschaften[56]
Klasse für technische Wissenschaften
Klasse für Sprachen Literatur und Kunst
Klasse für Gesellschaftswissenschaften

Zum anderen wurde durch die gleichzeitige Verdoppelung der Stellenzahl der Ordentlichen Mitglieder auf 120 die Möglichkeit geschaffen, durch zahlreiche Zuwahlen das Profil der Akademie nicht nur fachspezifisch sondern auch politisch weiter und neu zu entwickeln. Denn nach dem sich abzeichnenden Scheitern des Projektes Nationalakademie in den Frontstellungen des Kalten Krieges ging es nun vorrangig darum, die wissenschaftliche Kompetenz und das wissenschaftsorganisatorische Potential der Akademie für die DDR in Anspruch zu nehmen. Konkret hieß das, die Einflussmöglichkeiten der SED bei der Lenkung der Akademie auszubauen und zu stabilisieren. Die Führungspositionen in der Akademie sollten mit Wissenschaftlern besetzt werden, die aus der Perspektive der Partei- und Staatsführung nicht nur loyal, sondern auch vertrauenswürdig

56 Mit der Gründung einer Akademie der Landwirtschaftswissenschaften 1951 wieder aufgelöst.

waren.[57] Der Umschwung zugunsten der SED kam mit Beginn der 1960er Jahre. Die Altersstruktur ermöglichte nun den Elitenwechsel in der Gelehrtengesellschaft und in den Führungspositionen der DAW. Zunehmend gewannen Wissenschaftler Einfluss, deren Biographien vorrangig vom Leben in der DDR geprägt waren und die sich durch die eigene Mitgliedschaft den Zielen und Beschlüssen der SED verpflichtet fühlten.[58]

(19...)*	46	47	49	51	53	55	56	57	59	61	64	65	66	67
Zuwahl OM	10	2	44	5	28	30	6	5	4	22	29	5	6	8
davon SED	–	–	5	1	10	5	1	1	–	8	10	3	4	2

* in den nicht aufgeführten Jahren gab es keine Zuwahlen

	1951	1954	1958	1963	1968
SED-Anteil bei allen OM der gesamtdeutschen DAW	7%	15%	18%	18%	27%
SED-Anteil bei Teilnehmern in Plenum und Klassen	10%	22%	23%	25%	32%
SED-Anteil im Präsidium der DAW	22%	33%	54%	57%	79%

Das Bild ist eindeutig, aber grob. Es bedarf der weiteren Differenzierung, wie der unterschiedlich hohe SED-Anteil bei den Ordentlichen Mitglieder in den sechs im Jahre 1968 existierenden Klassen verdeutlicht:[59]

Klasse für Mathematik, Physik und Technik	*24%*
Klasse für Chemie, Geologie und Biologie	*16%*
Klasse für Bergbau, Hüttenwesen und Montangeologie	*14%*
Klasse für Medizin	*22%*
Klasse für Sprachen, Literatur und Kunst	*50%*
Klasse für Philosophie, Geschichte, Staats-, Rechts- und Wirtschaftswissenschaften	*78%*

Aber auch hier ist der Wert solch vermeintlich eindeutiger statistischer Aussagen durchaus zu hinterfragen, vermutete doch die SED-Führung gerade in den beiden Klassen der geistes- und sozialwissenschaftlichen Fächer nicht zu Unrecht

57 Tabellen aus Nötzoldt, Steinitz und die DAW, S. 259.
58 Vgl. dazu Walther, Zuwahlpraxis mit Kommentar von Manfred Naumann, S. 119 ff.
59 Nötzoldt, Steinitz, S. 249.

eine Konzentration von *abweichlerischen Genossen*, die selbst eine führende Rolle bei der Gestaltung der Wissenschaftspolitik beanspruchten und diese eben nicht dem Parteiapparat überlassen wollten.[60]

▪ Aufstieg zur Forschungsakademie

Mit der DAW entstand eine *Forschungsakademie*, die ab 1946 neben ihrer traditionellen Arbeitsform, den wissenschaftlichen Kommissionen[61], auch über eigene Institute verfügte. Es handelte sich dabei um Restbestände von Instituten der KWG, um ehemalige Reichs- und Preußische Institute, vor allem aber um Neugründungen. Ende der 1960er Jahre verfügte die DAW schließlich über ca. 120 Forschungs- und Arbeitsstellen, Institute und Zentralinstitute für ein breites Disziplinen- und Aufgabenspektrum. Diese verteilten sich auf die ganze DDR. Eine neue institutionelle Basis an der DAW erhielten vorrangig Fächer, deren gesellschaftliche Notwendigkeit anerkannt war, d.h. die vor allem für den Aufbau der ostdeutschen Wirtschaft bedeutsam erschienen. Das betraf neben den Grundlagenfächern Physik und Chemie insbesondere die metallurgischen Prozesse, die Verbesserung der Energie- und Rohstoffbasis, die Entwicklung und die Verbesserung von Verfahren der Verarbeitungsindustrie, später dann die Felder Kommunikationstechnik und Elektronik. Sehr beachtliche Kapazitäten wurden auch auf den für das Gesundheitswesen wichtigen Gebieten medizinisch-biowissenschaftlicher und ernährungswissenschaftlicher Forschung geschaffen.[62]

Einen Eindruck vom inneren Wandel der Akademie ergibt der Blick auf das Zahlenverhältnis zwischen den geistes- und sozialwissenschaftlichen Disziplinen einerseits, den naturwissenschaftlichen, technischen und medizinischen Disziplinen andererseits. Zwischen beiden Kategorien herrschte 1949 noch

60 Diese Formulierung benutzte die Abteilung Wissenschaften des ZK der SED, um Friedrich Behrens, Jürgen Kuczynski, Wolfgang Steinitz und nach Bedarf auch andere Parteimitglieder zu kategorisieren. Dazu ausführlich, Nötzoldt, Steinitz, S. 163 ff.

61 Von den 38 wissenschaftlichen Kommissionen (Jahrbuch 1942) löste die Akademie fünf 1945 auf, darunter jene für die Geschichte des Deutschtums im Ostraum und für die Erforschung Weißafrikas. Die restlichen Kommissionen wurden in der Folgezeit neu geordnet und teilweise zusammengefasst. Resümierend lässt sich feststellen, dass die von den Kommissionen betreuten Editionen, Wörterbücher und anderen Vorhaben aus dem Erbe der PAW nahezu komplett weitergeführt wurden. Vgl. zur genauen Entwicklung die Jahrbücher der DAW.

62 Die von der DAW herausgegebenen Jahrbücher und Tätigkeitsberichte dokumentieren diese Entwicklung und geben einen Überblick über die Aufgabenprofile und Forschungsergebnisse. Detaillierte Übersichten finden sich auch in: Scheler, Akademie der Wissenschaften, S. 183 ff.

nahezu Parität bei der Zahl der Wissenschaftler, 1968 ein Verhältnis von 22 Prozent zu 78 Prozent und 1989 schließlich von 16 Prozent zu 84 Prozent.[63]

Durch ihren beständigen Ausbau wurde die DAW zur mächtigsten Säule der außeruniversitären Forschung im Wissenschaftssystem des ostdeutschen Teilstaats. Sie stieg vom *Kleinstbetrieb* wissenschaftlicher Produktion zu einer *Großorganisation* der Forschung mit einer Vielzahl von wissenschaftlichen Einrichtungen, Akademiewerkstätten für den Forschungsbedarf, einem eigenen Akademieverlag, eigenen Sozialeinrichtungen etc. auf, wie nicht zuletzt die Entwicklung des Personalbestandes verdeutlicht:

	1946	**1949**	**1952**	**1960**	**1970**	**1989**
Wissenschaftler	91	311	499	2.063	3.484	8.371
wissenschaftlich-techn. Personal	41	621	1.259	5.135	6.140	11.073
sonstiges Personal*			352	2.547	3.504	4.231
Gesamt	131	932	2.110	9.745	13.128	23.675

* allgemeine Verwaltung, Wissenschaftsverwaltung, Betriebspersonal, Sozialeinrichtungen

Der prestigeträchtige Ausbau der DAW mit seiner stark anwendungsorientierten Komponente hatte allerdings auch seine Schattenseiten. Da kompatible Schnittstellen für eine Nutzung der wissenschaftlichen Erkenntnisse in der Industrie der DDR selten waren und trotz gegenteiliger Beteuerungen sogar noch abgebaut wurden, übernahmen die Forschungseinrichtungen zunehmend Aufgaben in der Kette *Grundlagenforschung – Angewandte Forschung – Entwicklung – Produktion*, für die in einer wissenschaftlichen Institution eigentlich die Voraussetzungen fehlten. Das wiederum führte nicht nur zum weiteren Aufblähen der gesamten Akademie, sondern auch zu einer größeren Unschärfe des wissenschaftlichen Profils ihrer Forschungsinstitute. Die DAW geriet so in einen Teufelskreis. Zum einen war sie eine so gewaltige Wissenschaftsorganisation geworden, weil sie immer wieder damit geworben hatte, wie sehr ihre wissenschaftlichen Leistungen zum gesellschaftlichen Wohlstand beitrügen. Sie konnte sich also nicht nur auf Grundlagenforschung zurückziehen und anderen die Verwertung ihrer Ergebnisse überlassen. Zum anderen war damit das Einfallstor für immer weiter reichender Forderungen und größeren Druck der Politik geöffnet.

63 Angaben für 1949 und 1968 aus: Nötzoldt, Steinitz, S. 262 f. und für 1989 aus: AdW der DDR, Kurzcharakteristik der Institute und Einrichtungen, Teil I, Berlin, Juni 1990, S. 6.

2.3 Das Scheitern der Großakademie

Die DAW entwickelte sich so innerhalb von zwei Jahrzehnten zu einer bisher in Deutschland nicht gekannten Akademieform. Sehr schnell zeigten sich aber die Grenzen des Modells Großakademie. Trotz aller Erweiterungen und Hilfskonstruktionen erwies sich eine Gelehrtengesellschaft mit einer Limitierung auf reichlich einhundert, auf Lebenszeit gewählten Mitgliedern als nicht geeignet, über die akademischen Klassen das nationale Wissenschaftssystem zu koordinieren. Ganz unabhängig von allen politischen Einflüssen, war aus der Gelehrtengesellschaft kein wirklich umfassender Selbstverwaltungskörper geworden. Wichtige Fachstellen konnten nicht mit neuen Kräften besetzt werden, weil sie bereits von wenig bis überhaupt nicht aktiven Mitgliedern besetzt waren. Umschichtungen erwiesen sich als kaum durchsetzbar, weil die etablierten Fachgruppen auf die Erhaltung des Status quo bestanden. Ganze Fächergruppen fanden nach wie vor keinen Zugang, weil sie über keine Lobby in der Gelehrtengesellschaft verfügten. Korrekturen von außen waren auf Grund der Selbstrekrutierungsmechanismen der Gelehrtengesellschaft nur schwer möglich.

Die Probleme ließen sich auch nicht durch die mehrfache Veränderung der Struktur der Klassen und der Etablierung einer weiteren Feinstruktur beheben. Ab Anfang der 1950er Jahre entstanden an der DAW zusätzlich noch *Sektionen*, die bisher kaum erforscht sind. Sie wurden als Arbeitsgremien der Klassen gegründet und erlaubten deren weitere Auffächerung nach Fachgebieten. Da sie für das jeweilige Gebiet die gesamte Forschung in der DDR koordinieren sollten, rekrutierten sie ihre Mitglieder nicht nur aus der Gelehrtengesellschaft, sondern auch aus den Universitäten, den Akademieinstituten, anderen Forschungseinrichtungen, der Industrie und der Forschungsverwaltung. Mit dieser Art Feinstruktur wollte man dem Grundproblem der Akademien, ihrer mangelnden Flexibilität, begegnen. Neue Fächer ließen sich nun zumindest theoretisch schnell integrieren und neben die auf Lebenszeit gewählten Mitglieder der Akademie konnten Mitstreiter auf Zeit berufen werden. De jure besaßen die Sektionen immer nur Beratungsfunktion; de facto konnten sie durchaus die Forschung eines Fachgebiets über ihre Empfehlungen zur Ressourcenvergabe dominant steuern. Dabei muss allerdings berücksichtigt werden, dass die insgesamt 39 Sektionen eine sehr unterschiedliche Aktivität entfalteten.

Trotz solcher Bemühungen um Modernisierung und Öffnung verstummte die Kritik am Modell der *Großakademie* mit dem Anspruch *höchste wissenschaftliche Instanz der DDR* nicht – weder von der Politik noch aus den wissenschaftlichen communities. Die als privilegiert empfundene Sonderstellung der Gelehrtengesellschaft verstärkte die bereits wegen der besseren Arbeitsbedingungen an den Akademieinstituten vorhandenen Spannungen zwischen den Universitäten und der Akademie weiter.[64] Vor allem aber nahmen die Konflikte im Kampf um Ressourcen innerhalb der DAW und nach außen sogar merklich zu. Die Chemiker blickten mit Argwohn auf die Entwicklung der physikalischen Einrichtungen und umgekehrt. Die Montanwissenschaftler drohten mit der Gründung einer eigenen Fachakademie, um sich Gehör zu verschaffen.[65] Die Geistes- und Sozialwissenschaftler konnten nur schwer einsehen, dass ein Ungleichgewicht bei der Ressourcenzuteilung zwischen ihnen und den Naturwissenschaften der internationalen Entwicklung entsprach.

Nach nur zehn Jahren DAW plädierten schließlich die Natur- und Technikwissenschaftler gemeinsam mit den Medizinern für ein Ende des Experiments Großakademie. Sie verlangten eine Abspaltung ihrer Forschungsinstitute von den Klassen der DAW und die Gründung einer von der Gelehrtengesellschaft völlig unabhängigen Institutsgemeinschaft ausdrücklich nach dem Vorbild der als Max-Planck-Gesellschaft im Westen Deutschlands wiedererstandenen KWG. Im Osten sahen sie kein Vorbild. Schließlich sei die Koordinierung der Forschungsarbeit durch die sowjetische Akademie auch dort ein „immer noch nicht befriedigend gelöstes Problem". In den anderen Ländern Europas seien die Formen der Organisation der wissenschaftlichen Arbeit zwar stark unterschiedlich, aber: „Bemerkenswert ist, daß nirgends die überall bestehenden Akademien oder ähnliche Einrichtungen Träger von Forschungseinrichtungen – insbesondere naturwissenschaftlicher – wurden. Für die Anleitung und Verwaltung selbständiger Forschungsunternehmen wurden überall besondere Organisationen geschaffen."[66] Im Grunde genommen wurde damit die Rückführung der DAW auf eine traditionelle deutsche Gelehrtengesellschaft vorgeschlagen, die ein relativ großes geistes- und sozialwissenschaftliches Forschungspotential und einige volkswirtschaftlich weniger wichtige Institute, Observatorien u.ä. betreuen sollte.[67]

Im Sommer 1957 wurde die *Forschungsgemeinschaft der naturwissenschaftlichen, technischen und medizinischen Institute der Deutschen Akademie der Wissenschaften* mit 39 bis dahin den Klassen unterstehenden Instituten – das größte mit

64 Jessen, Elite, S. 155 ff.

65 Walther, It Takes Two to Tango, S. 68 ff.

66 Zitate aus AAW Berlin, Akademieleitung, Nr. 365: Zur Geschichte der Organisation wissenschaftlicher Arbeit vom 2.01.1957.

67 Hans Wittbrodt vertraulich an die Abteilung Wissenschaften des ZK des SED im Dezember 1956, Gedanken zur weiteren Entwicklung der naturwissenschaftlich-technischen Institute der DAW, BA Berlin, SAPMO, ZPA, IV 2/9.04/372, Bl. 118–120.

530 und das kleinste mit drei Mitarbeitern – gegründet. Die Gelehrtengesellschaft hatte dieser Gründung unter der Voraussetzung zugestimmt, dass die neue Forschungsorganisation ein Organ der Akademie unter der Obhut und sachlichen Dienstaufsicht der Akademie sei.[68] Die Verbindung zwischen der Akademie und der Forschungsgemeinschaft erwies sich jedoch sehr schnell als lediglich formal. Nur einen Teil ihres Namens lieh sich die Neugründung mangels eigener Tradition von der Akademie. Die Forschungsgemeinschaft hatte völlig eigenständige Leitungsstrukturen und traf Entscheidungen, zu denen selbst im Präsidium der Gelehrtengesellschaft „nicht einmal eine Meinung zu äußern sei, sondern lediglich eine Kenntnisnahme stattzufinden habe".[69]

Die Forschungsgemeinschaft war allerdings nur ein Schritt auf der Suche nach neuen Wegen. Fast zeitgleich beschloss der Ministerrat der DDR, einen *Beirat für naturwissenschaftlich-technische Forschung und Entwicklung (Forschungsrat der DDR)* zu bilden.[70] Die Mitglieder berief die DDR-Regierung selbst. In der Hierarchie stand der neue Forschungsrat über der Forschungsgemeinschaft der DAW.[71]

Die Geistes- und Sozialwissenschaftler hingegen bemühten sich um den Verbleib ihrer Institute und Arbeitsstellen bei den Klassen der DAW. Für sie war der erreichte Zustand günstig – viel günstiger als in den von der SED selbst gegründeten Institutionen.[72] Die ehrwürdige Institution Akademie garantierte ihnen eine hohe Reputation. Sie unterhielt gut dotierte Institute in diesen Fächern für mehr als 500 Forscher (1960) mit einem Gesamtetat von jährlich ca. 15 Millionen

68 Beschluss-Protokoll 22/57, Sitzung des erweiterten Präsidiums der DAW am 9.05.1957, BA Berlin, SAPMO, ZPA, IV 2/9.04/412, Bl. 4; Beschluss der DAW über die Bildung und Tätigkeit der Forschungsgemeinschaft vom 16.05.1957, in: Hartkopf/Wangermann, Dokumente, S. 515–517.

69 Das war zumindest das Fazit Karl Lohmanns (Klassensekretar Medizin von 1954 bis 1961) nach dreijähriger Erfahrung. Gerhard Dunken, Vermerk über die Präsidiumssitzung am 7.04.1960, AAW Berlin, NL Rompe, Nr. 27.

70 Gründungsbeschluss des Ministerrates vom 6.06.1957 und Liste der Mitglieder des Forschungsrates in: Neue Wege der wissenschaftlich-technischen Forschung, Wissenschaft und Fortschritt, Berlin 1957, S. 7 und 60 f.

71 Rudi Model (Abt. Wissenschaften ZK der SED), Über die Lage und über offene Fragen im Bereich der DAW einschließlich der Forschungsgemeinschaft vom 27.12.1957. BA Berlin, SAPMO, ZPA, IV 2/9.04/372, Bl. 158.

72 Jeweils mit dem Zusatz beim ZK der SED existierten ab 1946 die Parteihochschule Karl-Marx, ab 1949 das Institut für Marxismus-Leninismus, 1951 als Institut für Gesellschaftswissenschaften (1976 Akademie), ab 1965 das Zentralinstitut für sozialistische Wirtschaftsführung, von 1964 bis 1968 das Institut für Meinungsforschung und ohne sichtbaren SED-Bezug aber in gleicher Abhängigkeit etwa die 1953 gegründete Deutsche Akademie für Staats- und Rechtswissenschaft Walter Ulbricht. Ca. 40% der Geistes- und Sozialwissenschaftler der DDR waren dort, 17 bis 18 Prozent in der AdW, der Rest zum größten Teil in den Universitäten und Hochschulen tätig. Vergleichszahlen aus: Scheler, Akademie der Wissenschaften, S. 253.

Mark – immerhin rund das dreifache des Etats aller vier Wissenschaftsakademien in Westdeutschland.[73] Die Institute wurden überwiegend von Wissenschaftlern mit dem Status eines Akademiemitgliedes geleitet. Entscheidungen handelte man unter sich in den Klassen aus – in einem elitären Zirkel von Wissenschaftlern, zu denen nach wie vor und vor allem in der Klasse für Sprachen, Literatur und Kunst auch westdeutsche Mitglieder zählten. Das sicherte den ostdeutschen Wissenschaftlern weiter den Zugang zu den westlich geprägten communities. Die traditionellen akademischen Unternehmungen garantierten zudem eine stabile Zusammenarbeit mit den anderen deutschsprachigen Akademien, die seit Mitte der 1950er Jahre wieder vertieft wurde.

Erst 1964 entstand mit der *Arbeitsgemeinschaft der gesellschaftswissenschaftlichen Institute und Einrichtungen der DAW* auch für diese Fächer eine von der Gelehrtengesellschaft abgespaltene Institutsgemeinschaft. In ihr wurden 23 Institute zusammengefasst. Die Institute sollten künftig nicht mehr Forschungsschwerpunkte „für die nächsten hundert Jahre" bearbeiten,[74] sondern solche Vorhaben, die der wissenschaftlichen Leitung und Planung der sozialistischen Gesellschaft nützten.[75] Ausnahmen bildeten lediglich Gebiete wie die klassischen Altertumswissenschaften oder einige traditionelle Akademievorhaben. Ab 1968 wurden schließlich die vom Politbüro der SED beschlossenen *Zentralen Forschungspläne der Gesellschaftswissenschaften der DDR* zur verbindlichen Arbeitsgrundlage für die Forschung erklärt.[76]

Mit der Bildung der Arbeitsgemeinschaft verabschiedeten sich die Akteure endgültig von der Idee von 1945/46, dass die Gelehrtengesellschaft einer angesehenen Wissenschaftsakademie die außeruniversitäre Forschung kompetent organisieren könne. Neben ihrer klassischen Funktion als Ort der Repräsentation und der Kommunikation blieb der Gelehrtengesellschaft bis 1968 noch die Aufgabe einer gesamtdeutschen Klammer, danach verlor sie auch die. Zwei Jahrzehnte nach Gründung der DAW war somit auch das Projekt einer zentralen Großakademie eigentlich gescheitert – vor allem und unabhängig von jedweder unbestritten stattgefundenen politischen Einflussnahme am „Zusammenwirken zwischen einer nach festgelegten Kriterien konstituierten, personell begrenzten

73 Angabe für die DAW aus den Jahrbüchern. Vergleichszahlen aus: Übersicht über Aufgaben und Finanzbedarf der wissenschaftlichen Akademien vom 14.12.1960, AAW Heidelberg, 611/7.

74 Walter Ulbricht, Protokoll der Sitzung der Ideologischen Kommission beim Politbüro des ZK der SED vom 4.02.1963 BA Berlin, SAPMO, ZPA, IV A2/9.01/1ff.

75 Leo Stern, Probleme der Arbeitsgemeinschaft der gesellschaftswissenschaftlichen Institute und Einrichtungen, Jahrbuch der DAW 1964, S. 131.

76 Eine Übersicht über die Schwerpunktthemen der Zentralen Forschungspläne bis 1990 gibt Scheler, Akademie der Wissenschaften S. 193–203.

Gelehrtengesellschaft mit lebenslanger Mitgliedschaft und mit Aufgaben der interdisziplinären Kommunikation einerseits und einer Großorganisation der Forschung andererseits, die in vielerlei Hinsicht, nämlich inhaltlich, personell und finanziell, flexibel und in ihren Teilbereichen disziplinorientiert sein muss".[77] Die Rückkehr zum alten Modell der außeruniversitären Forschungsorganisation – was die große Mehrheit der Wissenschaftler gefordert hatte und auch im Parteiapparat des ZK der SED für „zweckmäßig" und „logisch richtig" gehalten wurde – schien aber nun nicht mehr realisierbar: „Um den Charakter der Akademie zu wahren, der sich in den sozialistischen Ländern herausgebildet hat."[78] Deshalb forcierte die SED nun die Umgestaltung der DAW zur *sozialistischen Forschungsakademie*. Ihren radikalen Führungsanspruch dabei garantierte die neue Verfassung der DDR von 1968, wo die de facto bereits bestehende Alleinherrschaft der SED auch staatsrechtlich sanktioniert wurde: Die DDR definierte sich dort als ein „sozialistischer Staat deutscher Nation" – ausdrücklich „unter Führung der Arbeiterklasse und ihrer marxistisch-leninistischen Partei".[79]

2.4 Die Umgestaltung zur staatlichen Akademie der DDR

Die als *Akademiereform* bezeichnete Umgestaltung der DAW dauerte von 1968 bis 1972.[80] Die Reform war jedoch weniger der Beginn eines neuen als vielmehr der Abschluss des sich in den Jahren zuvor vollzogenen dynamischen Entwicklungsprozesses. Durch eine von drastischen politischen Eingriffen gekennzeichnete erneute Reorganisation wurde die DAW endgültig zur staatlichen Akademie des zweiten deutschen Staates, was durch ihre Umbenennung in *Akademie der Wissenschaften der DDR* im Oktober 1972 besiegelt wurde. Die Kernpunkte der Reform waren die folgenden:

Erstens verdrängte die Reform die korporative Selbstverwaltung der Gelehrten an der DAW endgültig. An ihre Stelle trat „eine hierarchische Pyramide verantwortlicher staatlicher Einzelleiter, die zentralistisch organisiert und lückenlos in das durchgehende Gefüge der staatlichen Leitungsbeziehungen eingefügt war.

77 Grau, Reflexionen, S. 84.
78 Bemerkungen zur Beschlussvorlage über die Rolle, Aufgaben und die weitere Entwicklung der Deutschen Akademie der Wissenschaften zu Berlin, behandelt auf der Sitzung des Politbüros des Zentralkomitees der SED am 10. Juli 1962, BA Berlin, SAPMO, ZPA, IV 2/9.04/372, Bl. 414 f.
79 Dazu und zu den Auswirkungen für die DAW vgl. Grau, Reflexionen, S. 82 ff.
80 Zur Akademiereform hier ausführlich und nicht detailliert ausgewiesen zitiert aus: Laitko, Reformpaket, S. 53 ff.

Diese staatliche Leitungspyramide wurde zugleich an neuralgischen Punkten mit der parteipolitischen unmittelbar kurzgeschlossen." Die führende Rolle der Staatspartei ließ sich einerseits über diese Verknüpfung und andererseits über die Besetzung der Führungspositionen in den neuen Strukturen durchsetzen.

Zweitens entstanden aus den über einhundert Forschungseinrichtungen vor der Reform nun 27 sehr große Zentralinstitute und Zentren sowie 16 große und mittlere Institute und Arbeitsstellen. Insbesondere in den Zentralinstituten sollten die Vorteile problemorientierter Großforschung genutzt werden, die zu dieser Zeit weltweit gesehen wurden. Inwieweit sich diese Vorstellungen realisieren ließen, könnte nur die Untersuchung einzelner Institute zeigen. Es wird Beispiele geben, wo Großforschungsstrukturen durchaus Berechtigung hatten. Der Sündenfall dürfte in ihrer verbindlichen Generalisierung gelegen haben. In der sozialistischen Forschungsakademie waren nicht nur die gesamte Formenvielfalt eines ausdifferenzierten Wissenschaftssystems unter einem Dach vereinigt, sondern zudem noch alles in eine institutionelle Einheitsstruktur gepresst worden. So wurden Modernisierungsansätze durch eine unflexible Generalisierung und Zentralisierung konterkariert.[81]

Drittens wurden die Politisierung und Ökonomisierung des Forschungspotentials der Akademie auf eine neue Stufe gehoben. Vorrangiges Ziel wurde die praxisrelevante Forschung, was allerdings nicht nur industrierelevant bedeutete, sondern auch im Sinne gesellschaftlicher Prozesse verstanden wurde. Darin bestand der eigentliche Zweck der Reform, während die Straffung der Leitungsmechanismen und die Konzentration der Potentiale lediglich Mittel zu diesem Zweck waren. Forschung wurde nur noch finanziert, wenn ein externer gesellschaftlicher Auftraggeber existierte. Für die Natur- und Technikwissenschaften waren das in der Regel die Ministerien und die Industrie; für die Geistes- und Sozialwissenschaften die Gremien der SED.[82]

Viertens fand die Suche nach der Aufgabenstellung für die Gelehrtengesellschaft einen Abschluss. Nach mehr als zwei Jahrzehnten des Experimentierens beschränkte sie sich wieder auf ihre angestammte Funktion als Ort der Repräsentation und der Kommunikation. Ihr blieben allerdings Einschnitte nicht erspart. Zum einen wurde die gesamtdeutsche Zusammensetzung der Gelehrtengesellschaft als Anachronismus in einer sozialistischen Forschungsakademie der DDR

---

81 Vgl. dazu Brocke, KWG/MPG, S. 16 sowie Ritter/Szöllösi-Janze/Trischler, Antworten.

82 Die Forderung nach vollständiger Bindung an solche Einrichtungen wurde allerdings bereits 1972 wieder auf die Hälfte der Forschungsaufgaben reduziert. Werner Meske beschreibt das System der Vertragsbeziehungen und Finanzierungsregelungen in: Gläser/Meske, Anwendungsorientierung, S. 101.

nun endgültig aufgegeben. Das zeigte sich in der Umwandlung des Mitgliederstatus der bis dahin stimmberechtigten Ordentlichen Mitglieder mit Wohnsitz in der BRD zu Auswärtigen Mitgliedern. Zum anderen konnte durch die Umstrukturierung auf allen Ebenen der ohnehin einsetzende altersbedingte Rückzug der *bürgerlichen* Gelehrten aus den Entscheidungspositionen forciert werden. Zwar blieb auch in Zukunft die Kombination von hoher wissenschaftlicher Qualität und Loyalität gegenüber dem Staat das Zugangskriterium für die Gelehrtengesellschaft, aber wirklich große Gelehrte mit Charisma wurden seltener; die Verbundenheit der neuen Mitglieder mit der Staatspartei stieg hingegen beträchtlich.

Fazit

Die DAW war ein Gegenentwurf zur im ersten Drittel des 20. Jahrhunderts in Deutschland forcierten institutionellen Ausdifferenzierung des Wissenschaftssystems. Durch sie sollte der relative Funktionsverlust der Akademien aufgehoben werden. Ohne die Ausdünnung der Berliner Wissenschaftslandschaft in der Kriegs- und unmittelbaren Nachkriegszeit und ohne sowjetischen Einfluss wäre die DAW sicher nicht als umfassende Verbindung von Gelehrtengesellschaft und außeruniversitärer Forschungsinstitution gestartet. Ohne das sowjetische Modell der Wissenschaftsorganisation wäre der Versuch allerdings auch schon bald abgebrochen worden. Denn im Inneren drifteten die Gelehrtengesellschaft und die Forschungsinstitute weit auseinander. Eine Mehrheit der Gelehrten – Naturwissenschaftler, Techniker und Mediziner – plädierte schon bald für die Rückkehr zum ausdifferenzierten System der Wissenschaftspflege. Was für die Sowjetunion in den 1920er Jahren und die osteuropäischen Länder nach dem Zweiten Weltkrieg sinnvoll gewesen sein mag und auch andernorts im Ansatz besteht (z.B. Schweden, Belgien und Österreich), erwies sich aus der traditionsbehafteten deutschen Sicht letztlich als importierter Fremdkörper. Überspringen oder sprengen lassen sich gewachsene Konstellationen offenbar nicht. Ob sich das zentralistische, multifunktionale Akademiemodell DAW hätte schrittweise anpassen und verbessern lassen, lässt sich nicht sagen. Dazu fehlte die Zeit, denn ab den 1960er Jahren dominierten nicht wissenschaftsstrategische Überlegungen sondern politische Vorgaben die Entscheidungen. Die sowjetische Wissenschaftsorganisation wurde jetzt zum Grund und zugleich zum Vorbild für die Umgestaltung der DAW zur sozialistischen Forschungsakademie. Politikbezug, Politikberatung und Praxisbezug – von den Gelehrten der DAW längst akzeptiert und auch heute zum Selbstverständnis moderner Akademien gehörend – wurden nun in radikalster Weise eingefordert.

Das schließlich mit der Akademiereform von 1968 geschaffene Unternehmen DAW/AdW ging 1990 mit dem Gesellschaftssystem zugrunde, dem es seine Existenz verdankte, und dem es in seiner Grundstruktur – zentralistisch, sehr hierarchisch, multifunktional und politisch durchdrungen von der Staatspartei – durchaus entsprach. Sicher ist deshalb nur, dass das Modell einer Zentralakademie mit Forschungsinstituten letztlich in Deutschland scheiterte, weil es einerseits durch die Eingriffe des totalitären Staatssystems der DDR nachhaltig diskreditiert wurde und andererseits nach der deutschen Wiedervereinigung nicht mehr ins etablierte, institutionell und regional sehr ausdifferenzierte Wissenschaftssystem eines nun wieder viel größeren Landes passte, in dem Akademien offenbar prinzipiell, und anders als z. B. auch in Frankreich, England und den USA, keine zentralen Funktionen übernehmen wollen.[83]

Unbestritten und anerkannt ist aber auch, dass die DAW/AdW wichtige Funktionen im Wissenschaftssystem der DDR übernommen und ausgeübt hat: „Als Hybridgemeinschaft auch zwischen Politik und Wissenschaft stehend, hat sie zur forschungspolitischen Steuerung beigetragen, aber auch zur Abfederung von Steuerungsfolgen, sie hat Vermittlung in beide Richtungen geleistet, sie war nicht nur Verfügungsmasse des Staates oder der Partei."[84] Das abschließend hier weitgehend ungekürzte Urteil eines profunden Kenners von außerhalb der DDR über die AdW gilt ebenso für die DAW. Es spannt zweifellos noch ein weites Forschungsfeld auf:

- *Die AdW war nicht nur Objekt, sondern auch Subjekt von Forschungsplanung. Sie war sowohl für strategische Konzepte (längerfristige Prognosen beispielsweise) verantwortlich als auch mit eigenem Input an den zentralen Forschungsplänen (z.B. Staatsplan Wissenschaft und Technik) beteiligt und stellte auch eigene Forschungspläne auf.*
- *Die AdW hatte Leitfunktionen für Projekte und Planthemen im Landesmaßstab. Da zudem die meisten wissenschaftlichen Gesellschaften und die Wissenschaftlichen Räte für einzelne Forschungsfelder in der Akademie angesiedelt waren, übte sie Einfluss auf den gesamten Wissenschaftsbetrieb des Landes aus. Dies ferner auch durch Ausbildung und akademische Qualifikation von Wissenschaftlern*
- *In der Außenwissenschaftspolitik der DDR spielte die AdW eine herausragende Rolle, etwa bei der Vorbereitung und Implementierung von Abkommen über wissenschaftlich-technische Zusammenarbeit.*
- *Nicht nur wegen der Möglichkeit, zumindest in Nischen und in theoretischen Fächern relativ frei forschen zu können, sondern auch und gerade als politische Enklave bot*

83 Vgl. Frühwald, staatliche Forschung, S. XIII ff.
84 Förtsch, Kommentar, S. 93. Vgl. dazu insbesondere auch Mitchell G. Ash, Wissenschaft und Politik.

die Akademie Arbeit und Existenzsicherung. Für viele Wissenschaftler fungierte sie [...] als eine Art Refugium vor den meist rigideren politischen Zumutungen und Nachstellungen etwa an Hochschulen (die ja explizit einen realsozialistischen Bildungsauftrag wahrzunehmen hatten)

- *Die Akademie vertrat gegenüber dem politisch-administrativen System auch wissenschaftliche Interessen (und wohl nicht nur institutionelle Eigeninteressen). [...] Da werden etwa finanzielle und forschungstechnische Defizite aufgelistet, die schwindende internationale Wettbewerbsfähigkeit der Wissenschaften moniert, innergesellschaftlicher Prestigeverlust festgestellt, neue Planungsverfahren und größere Freiräume für Forschung eingefordert, die Innovationsschwäche der Industrie beklagt.*
- *Nicht allein und nicht erst der Wissenschaftsrat hat dann im Zuge der Evaluation festgestellt, dass trotz dieser Bedingungen der wissenschaftliche Output vieler AdW-Einrichtungen und -Wissenschaftler (und das nicht nur in naturwissenschaftlichen Forschungsfeldern) groß, ansehnlich und auch international vergleichbar war. Offenbar haben sich hier kognitive Orientierungen als eigensinniger und stärker erwiesen als die politischen Steuerungsintentionen und -effekte.*[85]

85 Förtsch, Kommentar, S. 93 f.

ULRICH HOFMANN

Forschungsakademien in der DDR – Modelle und Wirklichkeit

Die Akademie der Wissenschaften der DDR – Bericht eines verantwortlich Beteiligten

Dieser Aufsatz erörtert das Verhältnis zwischen dem in ihren Statuten beschriebenen Modell der Akademie der Wissenschaften (AdW) und der Akademiewirklichkeit in der DDR aus der Sicht eines Zeitzeugen. Seit 1962 war ich unter Robert Rompe und Hans Frühauf nebenamtlicher wissenschaftlicher Referent der innerhalb der Akademie bestehenden Forschungsgemeinschaft der mathematischen, naturwissenschaftlichen und medizinischen Institute (FG), seit Februar 1969 Mitglied des Akademiepräsidiums, von September 1970 bis Juni 1990 Stellvertreter des Akademiepräsidenten für Forschung und Planung, Vizepräsident und 1. Vizepräsident.

Einschnitte

Die Deutsche Akademie der Wissenschaften zu Berlin (DAW), ab 1972 als AdW der DDR bezeichnet, existierte zwischen zwei tiefen Einschnitten in der deutschen Geschichte: ihrer Wiedereröffnung 1946 nach dem verlorenen Zweiten Weltkrieg und dem Beitritt der Neuen Bundesländer zur Bundesrepublik Deutschland 1990. Mit der bedingungslosen Kapitulation des Dritten Reiches lag die Preußische Akademie der Wissenschaften (PAW) danieder. Dagegen befand sich die AdW der Siegermacht Sowjetunion auf einem Höhepunkt. Wie würde die Besatzungsmacht mit der PAW, die ihren Sitz in Ostberlin und damit im sowjetischen Zuständigkeitsbereich hatte, umgehen?

Während meines Physikstudiums an der Moskauer Staatlichen Universität, das ich 1958 beendete, und meiner 30-jährigen Zusammenarbeit mit der AdW der Sowjetunion konnte ich mir rückblickend ein Bild davon zurechtlegen, warum aus sowjetischer Sicht nur eine Wiedereröffnung in Frage kommen konnte: eine Kulturtat wie auch der Fortbestand der Kaiser-Wilhelm-Gesellschaft unter dem neuen Namen Max-Planck-Gesellschaft in den westlichen Besatzungszonen. Trotz der Verbrechen des Dritten Reiches wurde in den Vorlesungen mit Hochachtung über deutsche Wissenschaftler gesprochen. Man war voll Anerkennung für Otto Hahn, der mit der Entdeckung der Kernspaltung das Tor in ein neues Zeitalter aufgestoßen hatte. Max Planck wurde als einer der ganz Großen behandelt. Geschichte der Physik wurde nach dem gleichnamigen Buch von Max von Laue gelehrt. Als im April 1955 die Nachricht vom Tode Albert Einsteins aus den USA eintraf, würdigte Lew Landau (Nobelpreis 1962) während seiner Vorlesung über theoretische Physik, also während des Kalten Krieges, diesen Giganten der Wissenschaft und gedachte dessen Berliner Zeit an der dortigen Akademie. Diese Aufzählung ließe sich beliebig fortsetzen.

In den Jahren 1945/1946 lebten Hahn, von Laue und Planck noch, alle drei Nobelpreisträger und Mitglieder der PAW. Sie, wie viele andere, mögen im Zusammenhang mit der Wiedereröffnung eine Rolle gespielt haben. Selbstverständlich wurde die AdW der Sowjetunion in dieser Frage konsultiert. Sie wird die Akademie in Berlin nicht als Konkurrenten, sondern als künftigen Partner, als eine Wissenschaftsinstitution mit einer 245-jährigen Geschichte und einer insgesamt sehr erfolgreichen Bilanz gesehen und deren Fortbestehen befürwortet haben. Die zwölf Jahre des Naziregimes waren für sie kein zureichender Grund, diese traditionsreiche Institution einfach auszulöschen. Man muss die Geschichte annehmen, wie sie ist. Überdies sind Russen sehr geschichtsbewusst und werden in Zeiten der Herausforderungen ihrer Verantwortung gerecht.

Unbestritten wurden in der Sowjetunion Wissenschaftler verdächtigt und verbannt, und vereinzelt haben Wissenschaftler ihre Forschungsergebnisse auch ideologisch fehlgedeutet. Aber insgesamt stand die Wissenschaft in der Sowjetunion hoch im Kurs. Es muss auch dieser Respekt vor der Wissenschaft gewesen sein, der bei der Wiedereröffnung der Akademie in Berlin keine Siegermentalität aufkommen, sondern nüchternen Verstand walten ließ. Während des Zweiten Weltkrieges war Deutschland Feindesland, der Aggressor. Doch danach gab es in der Sowjetunion keinen Hass auf die Deutschen. In gewissem Sinne wiederholte sich, was nach der Oktoberrevolution 1917 mit der Russischen AdW geschehen war; obwohl deren Mitglieder alles andere als revolutionär dachten und handelten, existierte sie unbehelligt fort und der Akademiepräsident behielt sogar sein Amt bis zum Jahr 1936. Binnen weniger Jahre vervielfachte die Akademie ihr Personal und entwickelte sich sehr rasch zu einer leistungsfähigen Forschungsinstitution. Auch in meiner 30-jährigen Zusammenarbeit mit der sowjetischen AdW fand ich die hier dargelegte Sicht immer wieder bestätigt.

In den 44 Jahren seit ihrer Eröffnung durchlief die DAW bzw. die AdW der DDR weitere Einschnitte. Ursprünglich war sie im Wesentlichen eine Gelehrtengesellschaft, die Forschung förderte, ohne selbst über nennenswerte Forschungspotentiale zu verfügen. Was zugleich Traum und Schrecken vieler Akademien dieses Typs war und ist, nämlich bei sich Institute anzusiedeln, das erfolgte nun. Bei der Wiedereröffnung verfügte die Akademie über insgesamt 131 Mitarbeiter und im Jahre 1946 wurden ihr fünf Institute und Einrichtungen zugeordnet. Und die Zuordnung setzte sich fort. Drei Jahre später zählte die Akademie bereits knapp 30 Institute und Einrichtungen mit etwa 1.000 Mitarbeitern. Darüber hinaus gründete sie neue Institute. Auch einige von der Industrie neu errichtete Institute gingen wegen ihres zweigübergreifenden Zuschnitts an die Akademie über. Diese Entwicklung war im Jahre 1957 weitgehend abgeschlossen. Sie hatte sich zweifellos weniger aus einer wohldurchdachten Modellvorstellung als vielmehr aus den Notwendigkeiten der Zeit ergeben.

Als die Institute und die forschungsversorgenden Einrichtungen sowie deren Anzahl eine kritische Größe erreicht hatten, beschloss das Plenum der Akademie im Mai 1957 die Bildung der FG. (1963 wurde auch eine Arbeitsgemeinschaft der gesellschaftswissenschaftlichen Institute gebildet). Bis dahin unterstanden die insgesamt etwa 50 Institute und Einrichtungen mit etwa 5.000 Mitarbeitern den nach Wissenschaftsdisziplinen zugeschnittenen Klassen der Gelehrtengesellschaft, bestehend aus Akademiemitgliedern aus Ost und West. Mit dieser Aufgabe waren die Klassen zunehmend überfordert. Ihre Entbindung von dieser Last bedeutete jedoch andererseits, dass die Institute fortan ihrer direkten Einflussnahme weitgehend entzogen waren.

Zu den Motiven dieser Umstrukturierung zählte die Forderung nach besseren Beziehungen zu den staatlichen Entscheidungsträgern. In den Debatten um die Bildung der FG wurden auch andere Varianten wie etwa das sowjetische Beispiel erwogen, aber für die DAW als nicht geeignet beurteilt. Es war ein Einschnitt im Überbau, in der Leitung der Gemeinschaft von Instituten, jedoch kein merklicher Einschnitt im Sein und Handeln der Institute selbst. In erster Linie war es eine Entlastung oder, wenn man so will, eine Teilentmachtung des Präsidenten. Wie auch die Akademie als Ganzes wurde die FG juristische Person. Gegenüber dem Ausland wurde aber die Akademie zu jeder Zeit durch ihren Präsidenten, ihren Generalsekretär und vor allem durch ihre Gelehrtengesellschaft repräsentiert.

Der wohl tiefste Einschnitt war ohne Zweifel die Akademiereform als Bestandteil genereller Reformen in der DDR rund um das Jahr 1968. Von seinen Konsequenzen war die Akademie in ihrer Gesamtheit betroffen, am wenigsten die Gelehrtengesellschaft, am stärksten die Institute. Die mit der Bildung der FG erfolgte faktische Teilung der Akademie in Gelehrtengesellschaft und Forschungsinstitution wurde in gewissem Maße zurückgenommen. Ferner war die Reform mit Einschränkungen der Autonomie, mit der Einführung auftragsgebundener Forschung und aufgabenbezogener Finanzierung, mit der Konzentration der Forschung auf Schwerpunkte des wissenschaftlich-technischen Fortschritts sowie auf strukturbestimmende Gebiete der Volkswirtschaft, mit der stärkeren Beachtung ökonomischer Prinzipien, der verstärkten Praxisbezogenheit, der Bildung von Zentralinstituten, der weiterreichenden Forschungsplanung und nicht zuletzt mit einem natürlichen Generationenwechsel in leitenden Funktionen verbunden. Sie betraf weniger die eigentlichen Inhalte der Forschung. Inzwischen war die Anzahl der Mitarbeiter auf insgesamt 12.000 angewachsen.

Mit der Auflösung der FG wurden sowohl die Forschungseinrichtungen als auch die Gelehrtengesellschaft dem Präsidenten unterstellt, der damit die Akademie in Einheit verkörperte und repräsentierte. Der bisherige Vorsitzende der FG avancierte zum Akademiepräsidenten: Der parteilose Chemiker Hermann Klare löste in diesem Amt den parteigebundenen Altphilologen Werner Hartke ab. Dieser gravierendste aller Einschnitte verlor jedoch mit jedem Tag an Tiefe. Mit der Reform setzte zugleich eine Reform der Reform ein, die im Grunde genommen bis zum Ende der Akademie andauerte. Sie lief darauf hinaus, der Akademie wieder mehr Gewicht und Autonomie einzuräumen, ihr mehr Ansehen in der Gesellschaft zu verschaffen. Es waren kleine Schritte, doch sie fanden ständig statt und brachten positive Ergebnisse. Auf diese Weise nahm der Einfluss der Politik mit der Zeit wieder ab.

Ein weiterer Einschnitt war die Umbenennung der DAW zu Berlin in AdW der DDR im Jahre 1972. Im Alltag änderte sich dadurch nichts, aber formal bedeutete dieser Schritt die Etablierung der Akademie als nationale Akademie des deutschen Teilstaates DDR und damit einen gewissen Bruch mit der langjährigen Tradition. Die AdW war, anders als die Akademie der Landwirtschaftswissenschaften, die Bauakademie oder die Akademie der Pädagogischen Wissenschaften, kein Kind der DDR. Bei den meisten Mitgliedern und Mitarbeitern der Akademie hat diese Änderung wohl gemischte Gefühle ausgelöst und die internationale Wissenschaftlergemeinschaft wird es erst recht so empfunden haben. Während die Bildung der FG vor allem aus inneren Entwicklungsproblemen resultierte, war die Akademiereform extern politisch-ökonomisch und die Umbenennung schließlich rein politisch bedingt.

Profil und Politikberatung

Das Statut des Jahres 1984 nannte als eine wichtige Aufgabe der Akademie, internationale Tendenzen der Entwicklung von Wissenschaft und Technik zu verfolgen und rechtzeitig Voraussetzungen für Forschungen zu schaffen, die für das Land, insbesondere für dessen Volkswirtschaft, Bedeutung gewinnen könnten. In manchen Fällen ging es lediglich darum, dabei zu sein, um Bescheid zu wissen, um bei Bedarf mitreden zu können. Es war in erster Linie Sache der führende Wissenschaftler und ihrer Gremien, für die ständige Anpassung des Forschungsprofils an die wissenschaftlichen und gesellschaftlichen Erfordernisse Sorge zu tragen. Zu jeder Zeit besaßen die Institutsdirektoren das Recht und die Pflicht, dies in ihrem Verantwortungsbereich zu tun. Profilierung erfolgte in erster Linie in den Instituten selbst. Dies geschah laufend, war dem Plan vorgelagert und unverbindlich, ein mit vielen Diskussionen verbundenes Suchen, bis schließlich ein Konsens gefunden wurde. Bis zur Fixierung von Aufgaben, die in den Plan aufgenommen werden konnten, war es ein langer Weg. Plenum und Klassen der Gelehrtengesellschaft waren bei der Meinungsbildung und der Suche nach dem rechten Profil mitgestaltend. Auch sie hatten mit dem Plan nichts zu tun, sie blieben autonom und souverän. Unterstellungen, alles hätte der Planung unterlegen, sind unbedacht. Es war eine Selbstverständlichkeit und eine freie Entscheidung der Wissenschaftler, sich in dieser Beziehung zu engagieren. Staatlicherseits gab es bei der Wahrnehmung dieser Aufgabe weder Vorgaben noch Bedenken oder gar Einschränkungen.

Laut Statut war die Akademie aufgefordert, „Einschätzungen über die gesellschaftlichen Wirkungen des wissenschaftlich-technischen Fortschritts" zu erarbeiten. Diese Aufgabe wurde von ihr sehr ernst genommen und gewissenhaft ausgeführt. Erheblichen Bedarf an solchen Einschätzungen gab es vor allem in Vorbereitung von Parteitagen der SED. Besondere Aktivitäten entfaltete die Akademie in der zweiten Hälfte der 1980er Jahre, speziell mit Blick auf den geplanten XII. Parteitag der SED, der in Anbetracht zunehmender wirtschaftlicher Schwierigkeiten um ein Jahr auf den Monat Mai des Jahres 1990 vorgezogen werden sollte. Hunderte von Analysen, Begutachtungen, Einschätzungen mit Schlussfolgerungen und Vorschlägen wurden der Parteiführung und der Regierung unterbreitet. Auf diesem Gebiet gab es jedoch eine beachtliche Konkurrenz durch parteiinterne Forschungseinrichtungen. Die parteieigene Akademie für Gesellschaftswissenschaften war mit rund 1.000 Mitarbeitern etwa so groß wie der Bereich Gesellschaftswissenschaften an der AdW. Auf dem Gebiet der Wirtschaft forschte und lehrte unter anderen das Zentralinstitut für sozialistische Wirtschaftsführung beim ZK der SED. Auch der Forschungsrat der DDR, der ursprünglich beim Vorsitzenden des Ministerrates angesiedelt war und später zu einem Anhängsel des Ministeriums für Wissenschaft und Technik (MWT) wurde, wäre zu erwähnen. Parteiführung und Regierung nutzten eher ihre ureigenen Institutionen als Beratungsgremien denn die Akademie. Diese waren ihnen offenbar vertrauter, vertrauenswürdiger und gefälliger. Eine gewisse verborgene Skepsis gegenüber der Akademie wurde nie ganz ausgeräumt.

Manches von dem, was an Gutachten vorgelegt wurde, wurde beachtet und stillschweigend berücksichtigt. Doch das meiste lief ins Leere. Es gab kaum eine Resonanz, selbst dort nicht, wo kritische Worte fielen, wo in Frage gestellt wurde, wo auf negative Konsequenzen bei bloßem Weitermachen hingewiesen wurde. Kritische Auflistungen von Gegebenheiten und Faktoren, die der gesellschaftlichen Entwicklung entgegenstanden oder diese deutlich hemmten, riefen keinen Widerspruch hervor. Es ist schwer zu sagen, welche Motive des Schweigens überwogen. Sah man es ebenso und wollte oder konnte man nichts ändern? Oder verstand man nicht, worauf aufmerksam gemacht wurde? Ließen es die ökonomischen Bedingungen nicht zu? War das politisch nicht opportun? Ließ man die Einschätzungen einfach verebben und wollte die Probleme lieber nicht anpacken, weil sie sich als problematischer erweisen könnten, wenn man sie vertieft diskutierte? Wer weiß, auf welchem Wege und wie viele dieser Gutachten in Panzerschränken verschwanden – das allgemeine Schicksal besonders unliebsamer Gutachten in der Politik. Es verfestigte sich der Eindruck: In der Partei- und Staatsführung wissen alle zur Genüge Bescheid, aber niemand will darüber ernsthaft reden. Ab Frühjahr 1989 rückten Vorstellungen über das Weitere sowieso in den Hintergrund. Politisch wurde nur noch reagiert.

Gab es da Politiker, die einzeln kritisch dachten und Veränderungen aufgeschlossen gegenüberstanden, es aber im Team besser unterließen? Man konnte zum Beispiel mit einzelnen Mitgliedern des Politbüros des ZK der SED praktisch über alles reden, nur an der bestehenden gesellschaftlichen Ordnung oder, weiter eingeengt, an den Machtverhältnissen durfte bei Strafe des eigenen Untergangs nicht gerüttelt werden. Die Ausarbeitungen der Akademie für die politischen Instanzen waren immer vertraulich, öffentliche Debatten wurden kaum geführt. In wissenschaftlichen Angelegenheiten war die Akademie durchaus das Gewissen des Landes. Sie war es weniger oder kaum in gesellschaftlichen Belangen.

Im Präsidium stand die Frage nach dem Gesamtprofil der Akademie eigentlich ständig auf der Tagesordnung. Unter diesem Gesichtspunkt wurden Erweiterungen und Neugründungen von Instituten vorgenommen, Planstellen, Investitionen, Gebäude, finanzielle Mittel und anderes mehr zugesprochen. Neuartige Forschungsrichtungen zu erkennen und zu begründen, unterlag der Initiative führender Wissenschaftler. Sie verfolgten die internationalen Entwicklungen, nahmen an internationalen Tagungen teil, kannten die einschlägige wissenschaftliche Literatur, tauschten sich mit Kollegen und Partnern in der Welt aus. Sie diskutierten darüber in wissenschaftlichen Gremien und setzten sich an die Spitze zugleich in der Hoffnung oder Gewissheit, diese neuen Richtungen vertreten oder gar Institute gründen zu können. Institutsneugründungen gingen in der Regel von bereits bestehenden Einrichtungen aus und waren zumeist schwere und langwierige Geburten. Sie bedurften in erster Linie der gründlichen wissenschaftlichen Vorbereitung. Mitunter wurden dafür spezielle Arbeitsgruppen gebildet. Institute zu gründen, fiel eindeutig in die Kompetenz der Akademie. Abstimmungen erfolgten mit dem zuständigen Stellvertreter des Vorsitzenden des Ministerrates, von wo stets zahlreiche Einwände beziehungsweise Fragen kamen, und mit dem Leiter der Abteilung Wissenschaften des ZK der SED. Es kam immer darauf an, mit guten Argumenten zu überzeugen, die vielen Einwände zu entkräften, verbliebene Bedenkenträger zu ermüden und schließlich irgendwann den Meinungsbildungsprozess zu beenden.

Nach langem Hin und Her – es handelte sich dabei ja stets um eine Neuaufteilung des großen Kuchens – erfolgte die Beschlussfassung im Akademiepräsidium. Diese beinhaltete über das Anliegen hinaus zugleich Festlegungen über Profil und Aufgaben, Personalentwicklung, Ausrüstung, Unterbringung und anderes mehr. Die Bestätigung durch den Ministerrat war dann nur noch Formsache. Wie die Akademie auf internationale Entwicklungen reagierte, soll kurz anhand der Mikroelektronik verdeutlicht werden, die zugleich Voraussetzung für Rechentechnik, Kybernetik und Informationstechnologien war. Mit dem Entstehen der elektronischen Datenverarbeitung und der Verfügbarkeit von Großrechnern entstand das Akademie-Rechenzentrum. Aus diesem heraus entwickelte sich das Institut für Informatik und Rechentechnik. Mit Blick auf die Mikroelektronik wurde das Institut für Physik der Werkstoffbearbeitung umprofiliert und am Standort der Mikroelektronik der DDR in Frankfurt an der Oder als Institut für Halbleiterphysik neu gegründet. Im Zusammenhang mit dem Beitrag der Akademie zum Interkosmosprogramm entstand aus dem Institut für Elektronik, das wiederum mehrere Vorläufer besaß, das Institut für Kosmosforschung, das Forschungen bündelte und die Koordinierung der Forschung auf diesem Gebiet in der DDR übernahm.

Aus Instituten heraus erfolgte die Gründung des Zentralinstituts für Kybernetik und Informationsprozesse, das innerhalb von zwanzig Jahren auf über 600 Mitarbeiter anwuchs. Wiederum aus Instituten heraus erfolgte die Neugründung des Instituts für Automatisierung. Mit der Stärkung verschiedener Forschungsrichtungen erfuhr das Zentralinstitut für Elektronenphysik eine Erweiterung. Überdies wurde an einem anderen Standort ein Gallium-Arsenid-Technikum errichtet. Damals wurden der Akademie mit einem Schlag mehrere Gebäude zugesprochen, darunter von verschiedenen staatlichen Instanzen am Plan vorbei errichtete „Schwarzbauten“; das war sicher auch ein Ausdruck ihrer Anerkennung.

Planung der Forschung

Als ich im Jahre 1958 im Institut für metallische Spezialwerkstoffe in Dresden tätig wurde, lag es allein in der Hand des Institutsdirektors (verantwortlich für den Bereich Pulvermetallurgie) und seines Stellvertreters (verantwortlich für den Bereich Werkstoffe mit besonderen physikalischen und chemischen Eigenschaften), welche Forschungsthemen bearbeitet wurden. Sie waren dermaßen dominant, dass sie in ihre Entscheidungen nicht einmal ihre engsten Mitarbeiter einbeziehen mussten, geschweige denn Außenstehende. Selbstverständlich besaßen sie genaue Vorstellungen über die zu verfolgenden Richtungen. Sie hatten ihren Plan von Aufgaben, ohne ihn groß zu diskutieren oder zu präsentieren. Beide, reichlich mit Erfahrungen aus der Industrie versehen, pflegten zu dieser engen Kontakt, um Anregungen für die Forschung entgegenzunehmen und Impulse an die Produktion weiterzureichen. Sie sahen es gern, wenn Ergebnisse des Instituts und Patente von Mitarbeitern Anwendung fanden. An diesem Grundverständnis änderte sich auch nach der Bildung der FG nichts.

Als sich praktische Anwendungsmöglichkeiten für amorphe Werkstoffe abzeichneten, wurde daraus sofort ein Forschungsthema. So geschah es auch, als sich erfolgversprechende Anwendungen für Supraleitende Werkstoffe abzeichneten. Ergebnisse stellten sich umgehend ein, weil im Institut materialmäßig, technologisch und messtechnisch (in Zusammenarbeit mit dem benachbarten Institut für Tieftemperaturphysik) beste Voraussetzungen bestanden. Wenn sich ein Forschungsthema als nicht tragfähig erwies, wurden die Arbeiten zwar zu einem sinnvollen Abschluss geführt, aber ebenso schnell wieder abgebrochen. An neuen Forschungsthemen mangelte es nie. Bis zum Anfang der 1970er Jahre hatte ich an diesem Institut alle Freiheit zu erforschen, was ich wollte. Es zählten allein gute Ergebnisse. Jedes Thema erhielt eine Kostenstelle. Zum Ende eines jeden Quartals wurde dem Chef ein kurzer Bericht von maximal einer Seite über den Fortgang der Arbeiten und über erzielte Ergebnisse vorgelegt. Bei Bedarf kam es zu einer Aussprache. War das Thema ganz oder in wesentlichen Abschnitten abgeschlossen, wurde ein umfassender Abschlussbericht angefertigt. Für die FG verfasste das Institut jährlich einen kurzen Bericht über erwähnenswerte Forschungsergebnisse und sonstige wichtige Gegebenheiten.

Bis zum Jahr 1958 gehörte das Institut zur Industrie. Zwischen dem Minister Selbmann und dem Institutsdirektor Eisenkolb bestand ein enges Vertrauensverhältnis. Benötigte das Institut außer der Reihe eine besondere technologische Ausrüstung, genügte ein Anruf beim Minister, der noch während des Telefongesprächs zu Gunsten des Instituts entschied. Hatte umgekehrt der Minister in seinem Verantwortungsbereich ein hartnäckiges Werkstoffproblem, das der wissenschaftlichen Betrachtung beziehungsweise Lösung bedurfte, sagte Eisenkolb ohne Umschweife sofort zu.

Für die FG als ganze bestimmte das Kuratorium in allgemeiner Form die Schwerpunkte der wissenschaftlichen Arbeit. Es gab einen wissenschaftlichen Arbeitsplan, einen Haushaltsplan und einen Investitionsplan. Eine gewisse Rolle spielte dabei der „Zentrale Plan Forschung und Technik" der DDR, der ansatzweise auch richtunggebend für die Akademie wurde. Es galt der Grundsatz, ein Forschungsthema nur dann zu bearbeiten, wenn die wissenschaftliche und gesellschaftliche Notwendigkeit unter Beweis gestellt war.

Erst die Akademiereform brachte einen wirklichen Einschnitt. So war daran gedacht, die ökonomische Wirkung der Akademieforschung in der Praxis deutlich zu erhöhen. Laut Statut vom Mai 1969 war ein Vizepräsident vorgesehen, der die „Planung der wissenschaftlichen und wissenschaftlich-technischen Arbeiten der Akademie nach den Erfordernissen des ökonomischen Systems des Sozialismus zu gestalten" hatte. Ursprünglich sollte diese Aufgabe sogar ein Ökonom übernehmen, der zugleich für die Planung verantwortlich sein sollte. Zum Vizepräsidenten konnte nur ein Akademiemitglied gewählt werden, doch es gab starke Bedenken, einem der dieses Fachgebiet vertretenden Akademiemitglieder Zuständigkeiten für Mathematik, Naturwissenschaften, Medizin und Technik zu übertragen. Folglich wurde der Gedanke fallen gelassen. Ein Direktor für Ökonomie und technische Versorgung im Sinne der Dienstleistung sollte ausreichen. Er war für einige Jahre Mitglied des Präsidiums. So viel Ökonomie, wie dann noch gebraucht wurde, konnten dessen Mitglieder selbst aufbringen.

In der stürmischen Zeit der Akademiereform wurde vereinzelt vorgeschlagen, das Forschungspotential unter volkswirtschaftlichen Gesichtspunkten zu gliedern, zum Beispiel nach den damals Furore machenden Einheitssystemen wie ESER (Einheitssystem elektronische Rechentechnik), ESEG (Einheitssystem Elektronik und Gerätebau), ESAV (Einheitssystem der automatisierten Verfahrenstechnik) und anderen. Doch diese abwegige Idee stieß auf Granit. Man hätte sich bei der sowjetischen AdW und in der internationalen wissenschaftlichen Öffentlichkeit der Lächerlichkeit preisgegeben. Auch in der Gelehrtengesellschaft wurde zeitweilig eine Ersetzung oder Ergänzung der nach Wissenschaftsdisziplinen gegliederten Klassen durch problemorientierte praktiziert. Es sollten komplexe Probleme, Grenzgebiete, Verflechtungen aus der Sicht der Einzelwissenschaften behandelt werden. Allerdings waren diese problemorientierten Klassen letztlich Kompromisse, wie schon aus ihren Bezeichnungen ersichtlich ist: „Stellung der Mathematik im System der Wissenschaften“ oder „Physik in Naturwissenschaften und Technik“ oder „Grundlagen der Werkstoffe und ihre Anwendungen“. Es konnte also bei der Mathematik oder der Physik bleiben.

Planung war nicht das, was ihr vereinfacht oder später mitunter böswillig unterstellt wurde. Sie bedeutete im weitesten Sinne zugleich Strategieentwicklung und Unternehmungsplanung, wie sie jedes ordentliche Unternehmen unabhängig vom gesellschaftlichen System betreibt. Im Statut aus dem Jahr 1969, das unmittelbar nach der Akademiereform verabschiedet wurde, heißt es: „Im Gesamtplan der Akademie ist auszuweisen, welche Proportionen für den Einsatz des Gesamtpotentials vorgesehen sind und auf welche wissenschaftlichen Hauptaufgaben und mit welcher Zielstellung die personellen, materiellen und finanziellen Fonds der Akademie konzentriert werden.“ Auf Details sollte demzufolge verzichtet werden. Ein „nach Oben ziehen“ aller Aufgaben war nicht gefragt.

Es gab Jahrespläne und Fünfjahrespläne. Eigentlicher und verbindlicher Plan war der Jahresplan. Demgegenüber war der Fünfjahrplan eine mehr oder weniger unverbindliche Vorausschau. Ein Plan enthielt mehrere Teile betreffend die Forschung, die Arbeitskräfte, die Investitionen, die Bauvorhaben, die Importe, die Finanzen, die Arbeits- und Lebensbedingungen, die Frauen- und Jugendförderung und so weiter. Hier soll von der Forschungsplanung in der Zeit nach der Akademiereform die Rede sein. Jahrespläne wurden auf zwei Ebenen erstellt, nämlich in den Instituten und für die Gesamtakademie, wobei die Planung der wissenschaftlichen Aufgaben vorrangig in den Instituten erfolgte. Der zentrale Plan skizzierte vor allem wesentliche Forschungsrichtungen und Aufgaben in zusammengefasster Form und handelte vorrangig von den Ressourcen, die es zu erwirken und zu verteilen galt. Umfassten die wissenschaftlichen Aufgaben aller 50 Institute der Akademie insgesamt vielleicht wenige tausend Seiten, so lag der Umfang des zentralen Forschungsplanes in der Größenordnung von Hundert. Es konnte keine Rede davon sein, dass zentral alles bis ins Detail geplant worden wäre.

Auf beiden Ebenen setzte sich der Forschungsplan generell aus drei Säulen zusammen. Die erste war die Grundlagenforschung, das ureigenste Anliegen der Institute; sie wurde nach eigenem Ermessen und in eigener Verantwortung durchgeführt. Die Festlegung der zu bearbeitenden Gebiete oblag der Akademie und dem Hochschulwesen, die dazu gemeinsame wissenschaftliche Räte für die Forschungsprogramme und Hauptforschungsrichtungen bildeten. Die zweite Säule war die Vertragsforschung, die mit Industriebetrieben und anderen

Partnern im beiderseitigen Interesse vereinbart wurde. Sie bedeutete zugleich Einwerbung von Drittmitteln. Beide Seiten waren weitgehend unabhängig in der Wahl von Themen und Projekten und gleichberechtigt, auch wenn das Geld mitunter letztlich den Ausschlag gab. Insgesamt betrug die Anzahl solcher Wirtschaftsverträge schätzungsweise mehrere Hundert. Allerdings setzte die Zusammenarbeit weit vor der Planung an und begann (im Idealfall) schon mit der Ausarbeitung langfristiger Forschungs- und Entwicklungsstrategien. Die dritte Säule bildeten schließlich Staatsaufträge. Die Akademie wirkte an der Vorbereitung von Aufgaben des Staatsplanes Wissenschaft und Technik mit. Dieser Plan enthielt vor allem solche Aufgaben, die für die Volkswirtschaft eine hohe Relevanz besaßen. Insofern fanden sich dort zahlreiche der mit der Industrie und anderen Partnern vertraglich vereinbarten Aufgaben wieder. Im Staatsplan verankerte Aufgaben boten der Akademie deutlich mehr Gewähr, dass für die Industrie und andere Bereiche erbrachte Leistungen in diesen auch genutzt wurden.

Die Formulierung von Staatsplanaufgaben war das Ergebnis längerer Überlegungen, Beratungen und Abwägungen unter Federführung des MWT mit Beteiligung der Wirtschaft, der Akademien, der Universitäten und Hochschulen, des Forschungsrates der DDR und anderer Bereiche, getragen von der Sachkunde von Experten. Alle anderen Forschungsaufgaben unterlagen diesem besonderen Interesse des Staates nicht und wurden von den einzelnen wissenschaftlichen Institutionen selbst verantwortet. Damit entfielen auch weitgehend Einmischungen in deren eigene Anliegen. In meiner Eigenschaft als Vizepräsident der Akademie hatte ich nie das Gefühl, im Dienste des Staates zu stehen, sondern stets das Gefühl, der Wissenschaft zu dienen, was einschloss, deren Belange gegenüber dem Staat zu vertreten. Selbstverständlich bedingte das Nähe zum eigenen Staat. In Ausnahmefällen musste sich die Akademie gegen ihren Willen dem Verlangen des Staates beugen. Bedenken wurden dann geäußert und in der Regel auch durchgesetzt, wenn die Aufgaben nicht in die Akademie passten oder an anderer Stelle besser erfüllt werden konnten, verfügte doch die Akademie lediglich über etwa sieben Prozent des Forschungs- und Entwicklungspotentials der DDR. Partner des MWT, das den Staatsplan verantwortete, war die Leitung der Akademie, die sich mit den Instituten ins Benehmen setzte. Ministerien wie andere Zentrale Organe hatten generell nicht das Recht, in die Akademie reinzureden.

Im gewissen Sinne erfolgte die Planung das ganze Jahr über. Anfang des Jahres wurde für das folgende Jahr der Bedarf der Akademie an Ressourcen bei der Staatlichen Plankommission (SPK) angemeldet. Im Frühjahr fanden dort Beratungen zu den Staatlichen Aufgaben rund um die Ressourcen statt, die der Akademie zur Verfügung stehen würden. Heftiger Streit gehörte wie selbstverständlich zum Gegenstand der Beratungen. Es ging um Kennziffern wie Personal und Lohnkosten, Investitionen, darunter für Bau, Valuta in harter Währung, Export, Bilanzen für Ausrüstungen und Geräte aller Art und so weiter. Wir wollten stets so viel wie möglich herausholen, die Vertreter des Staates nur so viel wie unbedingt nötig herausrücken. Bestand dringender Bedarf und wurde beweiskräftig argumentiert, wurde mehr bereitgestellt, ohne von der grundsätzlichen Linie abzuweichen. Für Inhalte erklärte sich die SPK nicht zuständig, sie vergab die Fonds. Alles in allem trat die SPK der Akademie mit Respekt und Wohlwollen gegenüber, beginnend beim Vorsitzenden und sich fortsetzend bei deren Mitarbeitern.

Zu den Staatlichen Aufgaben zählten überdies die Forschungsaufgaben des Staatsplanes Wissenschaft und Technik. Dazu gab es mit dem für diesen Staatsplan zuständigen MWT analoge Beratungen. Beide Bereiche trugen Verantwortung für die Wissenschaft und standen in einer gewissen Konkurrenzsituation. Hinzu kam, dass der Minister, zugleich Stellvertreter des Vorsitzenden des Ministerrates, Zuständigkeit für die Akademie besaß. Das war eine etwas vertrackte Situation, die der eine oder andere schon auszunutzen versuchte. Zu den Staatsplanaufgaben, welche die Akademie übernehmen sollte, gab es zum Teil langwierige Diskussionen, die sich unter Einbeziehung der Institute über längere Zeit hinziehen konnten.

Im Sommer erfolgte in den Instituten und Einrichtungen die Plandiskussion. Sie hatte zum Ziel, sich mit den Vorgaben auseinander zu setzen, Übereinstimmung zwischen den erteilten und selbst vorgenommenen Aufgaben einerseits und den verfügbaren Ressourcen andererseits herzustellen und schließlich einen Wettbewerb in Gang zu setzen. Der in diesem Prozess formulierte Jahresplan der Institute unterlag weder der Erörterung noch der Bestätigung durch das Präsidium oder anderer Gremien oder des Präsidenten der Akademie, geschweige denn durch andere Instanzen. Immer noch konnten zusätzliche Ressourcen angefordert oder Einwände gegen die Staatsplanaufgaben erhoben werden. Gleiches konnte die Akademie gegenüber der SPK beziehungsweise dem MWT tun. In der Regel wurde Einvernehmen erzielt. Auch die Akademie als Ganzes stellte ihren Jahresplan auf. Auch dieser unterlag weder der Erörterung noch der Beschlussfassung durch die Regierung oder Regierungsstellen der DDR. Staatlicherseits interessierte lediglich die Einhaltung der Kennziffern rund um die Ressourcen und die Erfüllung der Staatsplanaufgaben.

Schließlich kulminierte die Planung in der Herausgabe der staatlichen Auflagen gegenüber der Akademie und seitens dieser gegenüber den Instituten, die sich in der Regel nur unwesentlich von den Staatlichen Aufgaben unterschieden. Diese Auflagen waren verbindlich und mit der Erwartung von Disziplin verbunden. Grobe Verstöße sollte man tunlichst unterlassen. Mittlere konnten zu Ermahnungen führen und kleinere blieben unbemerkt. Innerhalb der Akademie konnten über das Jahr hinweg Ressourcen hin- und hergeschoben werden. Instituten wurden bei dringendem Bedarf Überziehungen gestattet, weil klar war, dass nicht alle Institute die ihnen zugeteilten Personalstellen oder Investitionsmittel voll in Anspruch nehmen würden. Eine ansehnliche Flexibilität besaßen sowohl die Institute als auch die Akademie als Ganzes. Sie war besonders groß, wo der Mut der Verantwortlichen dazu nicht fehlte.

Planänderungen waren eine Selbstverständlichkeit, wenn auch hier und da nicht gerade gern gesehen. In der Akademie selbst ließ sich das ohne weiteres regeln, lediglich bei Staatsplanaufgaben bedurfte es der Begründung und mitunter der Debatte. Sahen es die Kooperationspartner genau so, war die Planänderung erledigt. Auch hier kam es sehr auf die handelnden Personen an. Neben allgemeiner Vernunft und Einsicht in die Realität traf man auch Besserwisserei und Sturheit an. Im letzteren Fall konnte es mühselig werden, sich durchzusetzen, Kritik in Kauf nehmend.

Das Geschehen rund um den Plan lief zum Teil routinemäßig ab, es war eingeübt und nicht so kompliziert, wie es erzählt werden kann. Man kann den Plan auch so sehen: Es war der Antrag beziehungsweise die Rechtfertigung des Antrages der Akademie, vom Staat jährlich 1,5 Milliarden Mark der DDR zu erhalten, um zunächst voll finanziert zu werden mit der Maßgabe, etwa ein Drittel davon durch Vertragsforschung wieder hereinzuholen und an den Staat abzuführen. Oder anders ausgedrückt: Es war der Antrag auf Fördermittel in vereinfachter Form. Reichlich hundert Seiten Papier für die gesamte Summe nahmen sich da bescheiden aus.

Der rationelle Kern der Planung wurde jedoch auch durch Übertreibungen diskreditiert. Bei den Staatsplanaufgaben wurde oft auch dann internationales Spitzenniveau verlangt, wenn dafür alle Voraussetzungen fehlten. Jürgen Kuczynski, der gern zuspitzte und provozierte, formulierte sarkastisch: Im Mittelmaß sind wir Spitze. Diskreditierend wirkte teilweise auch der im Rahmen der Plandiskussion geforderte Wettbewerb um das Überbieten der Ziele und das Einsparen von Ressourcen. Es war kein Wettbewerb mit der Konkurrenz, sondern einer mit sich selbst. Echte, von der Sache her gegebene Anreize fehlten weitgehend. Wirkliche Belohnungen für gute Taten blieben bis auf punktuelles Lob aus. Ein wirksamer Zusammenhang zwischen Anreiz, Leistung und Belohnung war für die Beteiligten schwer erkennbar noch ausreichend gegeben.

Weitere Planteile handelten von den Ressourcen und deren Aufteilung, aber zugleich von der Verwaltung des Mangels. Es musste ein enormer Aufwand betrieben werden, um an Ausrüstungen, Geräte und Bauinvestitionen heranzukommen, obwohl sie zugesprochen waren. Die zugeteilten Ressourcen waren oft lediglich Bezugsscheine, die mit dem Produzenten noch bilanziert werden mussten. Nicht alles, was zugeteilt war, konnte bilanziert werden. Ein Betrieb wusste über seine eigene Produktion eben besser Bescheid als eine Plankommission und handelte überdies nach eigenem Ermessen. Diese Bezugsschein-, Bilanzierungs- und Bezahlungsprinzipien führten zu erheblichen Verärgerungen. Leider war das Geld nicht der eigentliche Bezugsschein, um etwas kaufen zu können, sondern lediglich Zahlungsmittel nach erstandener Ware. Und der Preis resultierte nicht aus Angebot und Nachfrage oder anderen sinnvollen Bezugsgrößen, sondern eher aus Willkür, und er unterhöhlte die Funktion des Marktes. Im Detail hier und da zu steuern, mag sinnvoll sein, doch alles komplett steuern zu wollen, führt letztlich ins Chaos.

Planung sollte dafür stehen, Krisen und Chaos zu vermeiden, eine ständige Aufwärtsentwicklung zu gewährleisten, den allgemeinen Wohlstand zu heben, anerkannten und notwendigen Bedarf ordentlich zu decken. Als aber, beginnend in den 80er Jahren, mit jedem Planjahr der moralische Verschleiß der Forschungstechnik zunahm, machten sich Zweifel und Verärgerung breit. Oder man denke an die Bio-, Labor- und Feinchemikalien sowie an wissenschaftliche Kleingeräte, die im eigenen Lande immer rarer wurden, weil mit der Bildung der Kombinate diese Produktion stark zurückging und zunehmend aus dem westlichen Ausland importiert werden musste.

Erwähnt sei schließlich noch die unselige Trennung in Reisekader und solche, die bei Auslandsreisen einem Genehmigungsverfahren unterzogen wurden. Für das Gros der Wissenschaftler gab es zu wenig Möglichkeiten, sich mit ihren Forschungsergebnissen der Kritik der internationalen wissenschaftlichen Öffentlichkeit zu stellen und selbst an diesem Geschehen teilzuhaben. Es spielten vor allem ökonomische, aber auch politische Gründe eine Rolle.

Rechenschaftslegungen

Laut Statut aus dem Jahre 1969 war der Präsident dem Ministerrat der DDR rechenschaftspflichtig. Für die Gesamtakademie erfolgte die Rechenschaftslegung mit dem Bericht des Präsidenten am jährlich stattfindenden Leibniz-Tag, an dem Akademiemitglieder, Institutsdirektoren, ausgewählte Mitarbeiter, Vertreter der Partei- und Gewerkschaftsorganisationen sowie der Partei- und Staatsführung teilnahmen. Jährlich wurde im eigenen Verlag das Jahrbuch der Akademie herausgebracht und der Öffentlichkeit präsentiert. Es enthielt unter anderem besonders erwähnenswerte Ergebnisse, statistische Angaben über die Personalentwicklung, über internationale Aktivitäten und Anerkennungen. Eine generelle Pflicht zur Rechenschaftslegung über die Forschungstätigkeit existierte nicht. Gegenüber dem MWT wurde die Erfüllung jener Aufgaben abgerechnet, mit denen die Akademie im Staatsplan Wissenschaft und Technik stand, und gegenüber der Industrie und anderen Bereichen die Erfüllung der mit der Akademie vertraglich vereinbarten Aufgaben.

Laut Statut der Akademie unterstand diese dem Vorsitzenden des Ministerrates. In der Praxis kümmerte sich in zentralen Fragen einer seiner Stellvertreter um sie. Zur Behandlung von Vorlagen, welche die Akademie in ihrer Verantwortung tangierten, wurde der Präsident zu den Beratungen im Ministerrat stets hinzugezogen. Erst recht galt das für eigene Vorlagen. Ein direkter Meinungsaustausch mit dem Vorsitzenden erfolgte alle vier Jahre im Zusammenhang mit der Abberufung der alten und der Berufung der neuen Akademieleitung. Es lag im Ermessen des Präsidenten, Themen für die Behandlung im Ministerrat vorzuschlagen.

Zum Plan gehörten dessen Kontrolle und die Berichterstattung über dessen Erfüllung. Beides erfolgte vor allem statistisch. Bei Erfüllung von Aufgaben wurde der Vollzug mitgeteilt. Zum Jahresende wurden Angaben über alle Veröffentlichungen, alle Patentanmeldungen und andere Leistungsausweise vorgelegt sowie zusammengefasste Berichte über das Jahresgeschehen angefertigt.

In den 1970er Jahren reifte in der Akademie die Idee, einen Jahresforschungsbericht zu verfassen und diesen dem Ministerrat zu Kenntnisnahme vorzulegen. Über das Vorgehen bei der Darlegung des Erreichten herrschte schnell Einigkeit. Zu der Frage, ob und wie sie sich selbst bewerten sollte, entbrannte heftiger Streit. Es setzte sich die Variante „selbstkritisch" durch. Und diese Haltung kam gut an, sie wirkte entwaffnend. So musste sich die Akademie nicht sagen lassen, woran es mangelte. Sie wurde dafür gelobt, es selbst zu wissen. Natürlich durfte man eine Unzulänglichkeit nicht jedes Jahr wieder auftischen. Gedämpfte Kritik an die Adresse von Ministern griff der Vorsitzende gern auf. Sie richtete sich hauptsächlich auf schleppende Überführungen von Forschungsergebnissen in die Produktion und auf unzureichende Versorgung der Akademie mit Forschungstechnik aller Art. Hier bot sich andererseits den Ministern Gelegenheit, wiederholt über unzureichende Investitionsmittel Klage zu führen. Ein solcher Jahresforschungsbericht mit 100 Seiten rechtfertigte seinen Aufwand und erfüllte seinen Zweck als eine Art von Bringepflicht gegenüber der Gesellschaft. Er multiplizierte sich, indem er von den etwa 30 Mitgliedern des Ministerrates an die für Forschung zuständigen Stellvertreter, Abteilungsleiter und Mitarbeiter weitergereicht wurde.

Für die Institute gab es ebenfalls keine generelle Pflicht zur Rechenschaftslegung über die Forschungsarbeiten. Gelegentlich berichteten sie im Präsidium der Akademie, insbesondere dann, wenn Neuausrichtungen anstanden. Eine Bewertung erfolgte nach den üblichen Kriterien wie Veröffentlichungen, Patentanmeldungen, Nutzung von Forschungsergebnissen, herausragende Leistungen, internationale Anerkennungen sowie solche des eigenen Staates, Nachwuchsförderung und anderes mehr. Es gab Überlegungen, die Institute von unabhängigen Experten evaluieren zu lassen, doch die fanden letztlich keine Akzeptanz. Allerdings fanden Evaluierungen in Wissenschaftlerkreisen durchaus statt. Es wurde beurteilt und es sprach sich herum, mit welchem Ruf einzelne Institute bedacht wurden.

Innerstaatliche Kooperation

Es existierte kaum ein Bereich, der nicht in irgendeiner Weise mit der Wissenschaft und demzufolge mit der Akademie zu tun gehabt hätte. Kooperationen waren besonders intensiv mit den Universitäten und Hochschulen auf dem Gebiet der Grundlagenforschung und mit Kombinaten, Betrieben und anderen Partnern auf dem Gebiet der angewandten und technologischen Forschung. Gestaltete sich die Kooperation mit den Hochschulen in lockerer und vertragsloser Form vor allem in Rahmen von Forschungsprogrammen und Hauptforschungsrichtungen sowie über die gemeinsamen wissenschaftlichen Räte, so basierte die Zusammenarbeit mit der Industrie und anderen Bereichen auf regulären Wirtschaftsverträgen mit Rechten und Pflichten auf beiden Seiten von der Eröffnungsverteidigung bis zur Abschlussverteidigung der vereinbarten Themen. Erbrachte Leistungen wurden bezahlt und bei guter Bewertung besonders honoriert. Vertragspartner in Wirtschaftsverträgen waren in der Regel die Institutsdirektoren.

Selbstverständlich beeinflusste das Profil der Wirtschaft der DDR das Profil der Akademie. Eine auf gesellschaftliche Nutzung ihrer Ergebnisse ausgerichtete Institution stand da in der Pflicht. So wurden im Forschungsinstitut für Aufbereitung Grundlagen für Verfahren zur Zinngewinnung erforscht. Ohne eine Zinnproduktion in der DDR hätte sich das erübrigt. Mit dem Übergang zur Großchemie unter beträchtlicher Einschränkung der Feinchemie vollzogen sich zugleich Veränderungen in der chemischen Forschung. Hätte die DDR ihren Bedarf an mikroelektronischen Bauelementen vollständig durch Importe decken können, wäre die Halbleiterforschung nicht so stark ausgebaut worden.

Mit den anderen Akademien in der DDR bestand ebenfalls eine mehr oder weniger intensive Zusammenarbeit. Sie konnte auf zwei Ebenen verwirklicht werden, nämlich direkt von Institut zu Institut und über Mitgliedschaften. Für die Akademie der Landwirtschaftswissenschaften besaßen mehrere Institute Relevanz wie das Zentralinstitut für Genetik und Kulturpflanzenforschung, das Institut für Biochemie der Pflanzen und das Zentralinstitut für Ernährung. Mit der Bauakademie gab es die Absprache, dass sie selbst keine Grundlagenforschung durchführt, sondern auf Forschungen von Instituten der AdW zurückgreift. So geschah es zum Beispiel auf dem Gebiet der Laserforschung (Baulaser) und auf dem Gebiet der Zement- beziehungsweise Betonforschung. Gleiche Absprache wurde mit dem Militärtechnischen Institut der Nationalen Volksarmee getroffen. In der DDR wurde zwar kaum Militärtechnik produziert, doch die importierte wurde je nach Bedarf weiterentwickelt, angepasst, ergänzt, gewartet und repariert.

Erreichte die Zusammenarbeit mit Ministerien eine kritische Größe, lag es nahe, entsprechende Vereinbarungen abzuschließen. Dies geschah mit 28 Ministerien, zentralen Staatsorganen und Institutionen. Verantwortlich seitens der Akademie waren stets Präsidiumsmitglieder und seitens der Partner in der Regel Stellvertreter für Forschung und Entwicklung oder für Technik. Diese Kooperationsbeziehungen, von Persönlichkeiten getragen, erfolgten unter Einbeziehung der jeweiligen Institute und in deren Interesse. Besonders enge und umfangreiche Beziehungen bestanden zum Beispiel mit den Ministerien für Hoch- und Fachschulbildung, für Elektrotechnik und Elektronik, für chemische Industrie, für Geologie, mit der Akademie der Landwirtschaftswissenschaften und der Bauakademie. Zwischen dem Akademiepräsidenten und Ministern fanden gelegentlich Beratungen statt. Zur Sprache kamen Entwicklungstendenzen, Strategien, Schwerpunkte von Forschung und Entwicklung bis hin zur materiellen Unterstützung der Akademie. So errichtete das Ministerium für Elektrotechnik und Elektronik im Rahmen des Mikroelektronik-Programms für die Akademie komplette Technika und finanzierte Geräte, unter anderen ein Höchstspannungs-Elektronenmikroskop. Es gab keinen Fall, in dem der Akademie nicht Respekt gezollte worden wäre.

Auf Initiative der Akademie fanden in größeren zeitlichen Abständen Treffen zwischen den 1. Sekretären von SED-Bezirksleitungen und dem Präsidenten statt. Anliegen der Akademie war es, sich als Ganzes darzustellen, Aufgaben und Leistungen zu benennen, ihren Beitrag zur Entwicklung des Bezirkes zu demonstrieren, das Wohlwollen ihr gegenüber zu erhöhen, mehr Unterstützung für die im Bezirk ansässigen Akademieinstitute zu erlangen, persönliche Kontakte zu knüpfen. Seitens der Bezirke bestand generelles Interesse an der Akademie und vor allem an deren Beitrag zur Stärkung der Leistungsfähigkeit der im Bezirk ansässigen Kombinate und Betriebe. Akademieinstitute verteilten sich auf fast alle Bezirke. Sie waren im Gegensatz zu den Universitäten und Hochschulen in der Öffentlichkeit kaum wahrnehmbar. Eine größere Konzentration an Instituten bestand lediglich in den Städten Dresden, Leipzig und Potsdam und selbstverständlich in Berlin, wo die Akademie ihren Sitz hatte und knapp die Hälfte ihres Forschungspotentials. Politische Arbeit war kein Gegenstand der Beratungen. Politik wurde von beiden Seiten bewusst ausgeklammert. Im Vordergrund standen wirtschaftliche Interessen des Bezirkes und Anliegen der Akademie hinsichtlich Baumaßnahmen, Arbeitskräfte, Einordnung mit Kennziffern in den Bezirk. Schriftliche Vereinbarungen wurden nie getroffen. Es wurde jedoch der Boden bereitet für nachfolgende Gespräche mit dem Vorsitzenden des Rates des Bezirkes. Diese Beratungen erfolgten auf gleicher Augenhöhe und absolut ungezwungen. Sie erstreckten sich zumeist über zwei Tage. Ohne Zweifel profitierte die Akademie davon, ohne über das bestehende Maß hinaus weitere Verpflichtungen eingehen zu müssen.

In der DDR-Hauptstadt Berlin herrschte eine besondere Situation. Hier nahm die Akademie eine öffentlich wahrnehmbare Stellung ein. Hier war sie dem Vorsitzenden des Ministerrates unterstellt und die SED-Kreisleitung an der Akademie der SED-Bezirksleitung. Daraus resultierten außergewöhnliche Beziehungen, zum Teil kompliziertere, zum Teil auf unterschiedlicher Augenhöhe. In Berlin kam es zu Treffen mit dem Generalsekretär des ZK der SED und mit dem Vorsitzenden des Ministerrates. Diese trugen stark symbolischen Charakter und wirkten vor allem in der Öffentlichkeit.

Eine wichtige Aufgabe der Akademie bestand in der Vertretung der DDR in Nichtstaatlichen Internationalen Organisationen der Wissenschaften. Im Jahre 1989 hatte die Akademie 53 solche Mitgliedschaften inne. Bei der Wahrnehmung ihrer Aufgaben bediente sie sich im eigenen Land zahlreicher Nationalkomitees, denen international erfahrene und bekannte Wissenschaftler angehörten. In diesem Zusammenhang beteiligte sich die Akademie auch erfolgreich an internationalen Vorhaben der Wissenschaft. Eine vertraglich vereinbarte Zusammenarbeit erfolgte mit insgesamt 35 Akademien beziehungsweise akademieähnlichen Institutionen des Auslandes, wobei jeweils die Hälfte davon auf sozialistische Länder (18) und auf andere (17), darunter BRD, Frankreich, Italien, Großbritannien, Österreich, USA und Indien, entfiel.

Einzelleitung und kollektive Leitung

Es gehörte zur guten Tradition der Akademie, Beschlüsse durch ihr Präsidium und ihr Plenum zu fassen, will heißen, die Leitung der Akademie durch beide Gremien zu verwirklichen. Mitglieder des Präsidiums waren: der Präsident, die Vizepräsidenten, der Generalsekretär, die Sekretare der Klassen, die Leiter der Forschungsbereiche, der Sekretär des Präsidiums sowie der 1. Sekretär der SED-Kreisleitung an der Akademie. Lediglich in zwei, aber sehr wesentlichen Punkten sollte das Präsidium Beschlüsse fassen: über den komplexen Plan und über die Bildung und Auflösung von Instituten. In diesen beiden Fällen wurde das Prinzip der Einzelleitung durchbrochen. Im Laufe der Zeit nach der Akademiereform wurde es darüber hinaus zur Gewohnheit, alle Vorlagen, die das Präsidium passierten, in diesem auch verbindlich zu beschließen, wo der Präsident hätte einsam und allein entscheiden können. Zu jeder Vorlage wurde reichlich diskutiert. Insbesondere zum komplexen Plan erhitzten sich die Gemüter, ging es hier doch um die Gewichtung von Forschungsrichtungen und Forschungsgebieten und um den Einsatz des Forschungspotentials dafür. Probleme, die einer weiteren Klärung bedurften, wurden ausgeklammert und später einer gesonderten Lösung zugeführt. Mit Blick auf die Beschlussvorschläge verließ keine Vorlage das Präsidium so, wie sie eingereicht worden war.

Ein Akademiepräsident als Einzelleiter musste sich bei seinen Entscheidungen um Mehrheiten bemühen. Er hatte zu argumentieren und zu überzeugen. Gleiches galt für alle Mitglieder des Präsidiums und des Kollegiums, die Vorlagen zur Entscheidung einbrachten. Nichts war in einer wissenschaftlichen Institution gefährlicher, als die Meinungen der an den Entscheidungen Mitwirkenden zu ignorieren. Es galt, andere Meinungen einzubinden oder mit überzeugenden Argumenten zu entkräften. In Pattsituationen oder bei nicht enden wollendem Hin und Her blieb allerdings nichts anderes übrig, als der Richtlinienkompetenz des Präsidenten zu folgen. Handelte es sich um einen Meinungsstreit zwischen dem Präsidenten und einem Mitglied des Präsidiums, wurde von den anderen in der Regel nicht Partei ergriffen. Freie kritische Meinungsäußerungen waren üblich, auch gegenüber Vorgesetzten. Man war gut beraten, auf Kritik sachlich einzugehen. Es war ein schwieriges Unterfangen, Kritiker abzustrafen. Da mussten schon starke persönliche Beleidigungen oder ständige Nörgelei aus Prinzip oder grobe Verfehlungen vorgelegen haben.

Im Kollegium der Akademie, das gegenüber dem Präsidium in veränderte Zusammensetzung, zum Beispiel ohne die Sekretare (Vorsitzenden) der Klassen, tagte und unter anderen über die Ausarbeitung der Pläne, die Plandurchführung, die Planerfüllung und Berichterstattung den Präsidenten beriet, wurde ebenso verfahren. So mutierten das Präsidium und das Kollegium de facto zu beschließenden Gremien.

Eine Ausnahme bildeten jedoch die Personalentscheidungen. Über die Vorschläge an die Regierung zwecks Ernennung des Präsidenten, der Vizepräsidenten und des Generalsekretärs stimmte das Plenum der Akademie offen ab. Akademiemitglieder wurden im Plenum geheim gewählt. Gegenstimmen und Enthaltungen waren die Regel. Im Präsidium wurde über die Verleihung akademischer Grade, Professorenernennungen, die Verleihung von Akademieauszeichnungen und über Vorschläge für die Verleihung staatlicher und sonstiger Auszeichnungen beraten und beschlossen. Über den Einsatz von Wissenschaftlern in leitende Funktionen wurde jedoch in einem sehr engen Kreis entschieden. Daran beteiligt waren die jeweils übergeordneten vorschlagsberechtigten Leiter, die Personalleiter und die Parteisekretäre bis hinauf zur Abteilung Wissenschaften des ZK der SED. Leiter besaßen das Recht, Vorschläge für ihre Nachfolge zu unterbreiten. Bei aller Kollegialität und Beratung ist es ein himmelweiter Unterschied, ob Entscheidungen allein von einem Einzelleiter oder in einem Gremium von kompetenten Mitgliedern getroffen werden. Ohne Zweifel sind Einzelleiter anders und einfacher zu beeinflussen als Gremien. Dabei ging es weniger um die Person, sondern um das Prinzip der Findung und Transparenz. Bei Abstimmungen in Personalangelegenheiten mit den zuständigen Stellen in der Politik ging es im Grunde genommen nicht um die Zustimmung zu jedem Einzelnen oder in toto zu Listen, auf denen die Namen mehr oder weniger unbekannt waren, sondern um die Frage, ob es wie auch immer geartete Einwände zu Einzelnen gab. Ablehnungen zählten zu den absoluten Ausnahmen. Eigentliches Problem war, auf eine Liste zu kommen, sei es wegen limitierender, Leistungs- oder sonstigen Erwägungen, und nicht etwa, von ihr gestrichen zu werden.

Seit Bestehen der Forschungsakademie war deren Potential stets nach Wissenschaftsgebieten gegliedert. Nach der Wiedereröffnung der Akademie gehörten die jeweils fachverwandten Institute zunächst den Klassen an, von denen sie betreut wurden. Mit der Bildung der FG übernahmen Fachbereiche diese Aufgabe. Im Zuge der Akademiereform blieb dieses Prinzip uneingeschränkt erhalten. Statt Fachbereiche hieß es nun Forschungsbereiche. Es existierten insgesamt fünf: für Mathematik, Kybernetik und Informatik, für Physik, für Chemie, für Geo- und Kosmoswissenschaften sowie für Biowissenschaften und Medizin. Sie waren keine vollständigen Leitungsebenen, verfügten über keine eigenen Funktionalorgane und stellten keine eigenen Pläne auf. Institutsdirektoren wurden vom Präsidenten berufen und abberufen. Forschungsbereichsleiter hatten sich vornehmlich um die wissenschaftlichen Belange der ihnen anvertrauten Institute zu kümmern. Um dies auch in der Bezeichnung sichtbar zu machen, erfolgte im Jahre 1989 ihre Umbenennung in Sekretär für das Wissenschaftsgebiet Physik oder Chemie und so fort.

Prägende Persönlichkeiten, Elitebildung

Persönlichkeiten spielten eine große Rolle. Hans Frühauf, der erste Vorsitzende der Forschungsgemeinschaft, zeitweise Staatssekretär für Forschung und Technik in der Regierung der DDR, Professor für Schwachstromtechnik an der TU Dresden, Direktor des dortigen Instituts für Hochfrequenztechnik und Nachrichtenelektronik sowie Leiter des Fachbereiches Physik (Süd) der Forschungsgemeinschaft, überzeugte allein schon durch seine Erscheinung: zwei Meter groß, ein stets ruhiger und ernsthafter Gesichtsausdruck, seine vielsagende Gestik. Auffallend war seine kräftige tiefe Stimme, sein schwäbischer Dialekt. Wenn er bei Beratungen die Teilnehmer bat, Platz zu nehmen, überhörte niemand seine Aufforderung, auch aus Respekt. Konzepte, Berichte und sonstige Ausarbeitungen las er unterwegs oder zu Hause. In der Regel hatte er nur eine Anmerkung inmitten des Textes. Diese war so zu verstehen: Ich habe mir das Vorliegende angeschaut und bin damit einverstanden. Seine Art zu loben. Jeder wusste, wenn er etwas forderte, dann war es unbedingt nötig. In dienstlichen Angelegenheiten stritt er nur um Grundsätzliches. Kleinigkeiten interessierten ihn nicht. Er respektierte alle ohne Ausnahme und behandelte sie würdevoll. Er störte die Kreise anderer nicht, denen er maximale Selbständigkeit einräumte. Gleichermaßen wollte er seine Kreise absolut nicht gestört wissen. Zu Jüngeren konnte er wie ein Vater sein, doch er verwahrte sich gegen das unter Parteimitgliedern übliche Du. Kehrte er von seinen Dienstreisen an die Technische Universität Dresden zurück, informierte er als erstes seine Sekretärinnen über besondere Erlebnisse. Aus dem Ministerrat musste er ausscheiden, weil er als engagierter Wissenschaftler mit Gepflogenheiten des staatlichen Apparates in Konflikt geriet.

Robert Rompe, Physikpapst in der DDR, langjähriger Sekretar der Klasse Physik der Akademie und Leiter des Fachbereiches Physik (Nord) der Forschungsgemeinschaft, brillierte mit seinem Charme, mit seiner unverwechselbaren Freundlichkeit, die ihn stets begleitete. Er konnte Menschen ohne Ausnahme für sich gewinnen. Seinen wohlüberlegten Argumenten konnte sich kaum jemand entziehen. Er kam mit einer Leichtigkeit daher, die das Schwere vergessen ließ. Er war eine weit über die Physik hinausreichende einflussreiche Persönlichkeit in ständiger Bewegung und voller sprühender Ideen; Gnade dem, der sie alle umsetzen wollte oder musste. Bei Beratungen in seinem Arbeitszimmer löste er anstehende und auftretende Probleme sofort. Entweder aus eigener Befugnis oder er griff zum Telefon und regelte die Angelegenheit mit seinem Gesprächspartner. Gute Kontakte waren seine halbe Welt.

Hermann Klare, langjähriger Vorsitzender der Forschungsgemeinschaft und anschließend Akademiepräsident, erfreute sich allgemeiner Wertschätzung. Er bestach mit seiner Kollegialität. Er konnte druckreif reden, was Eindruck hinterließ. Seinen Bitten, die er mit seiner Bescheidenheit kleiner machte, als sie waren, wurde in der Regel entsprochen. Und er nahm Entgegenkommen nicht als selbstverständlich hin, sondern zeigte sich im Gegenzug dankbar. So, wie er andere leicht zum Ja sagen bewegen konnte, fiel ihm das Nein sagen schwer. Ein kleiner Kreis von Mitarbeitern war einmal dazu verdammt, eine die Akademie betreffende Vorlage für den Ministerrat der DDR auszuarbeiten. Eile war geboten und eine zweite Schicht bis Mitternacht unausweichlich. Hermann Klare machte sich am späten Abend zu Fuß auf den Weg von der Fischerinsel, wo er in Berlin wohnte, zur Akademie am Gendarmenmarkt. Er klopfte weder an die Tür, die er öffnete, noch sagte er ein Wort. Er stellte auch keine Fragen, sondern packte aus seiner Einkaufstasche mehrere Flaschen Sekt auf den Tisch und verließ das Zimmer wie er kam: lautlos, mitfühlend, mit fröhlichem Blick.

Heinz Bethge, langjähriger Präsident der Leopoldina der Naturforscher und Direktor des Akademieinstituts für Festkörperphysik und Elektronenmikroskopie in Halle/Saale, galt als kritischer Geist. Er besaß eine so offene und ehrliche Art, seine Ansichten, Bedenken und Forderungen vorzutragen, dass sich niemand verletzt fühlte. Er konnte auch ohne Umschweife den Rückwärtsgang einlegen, wenn er merkte, zu weit gegangen zu sein. In kritischen Situationen fand er die richtigen Worte. Er war wertvoll, wenn es galt, einen Ausgleich oder Vergleich zu schaffen. Er prägte positiv das Verhalten der Wissenschaft gegenüber Politik und Gesellschaft. In seine Institutsangelegenheiten ließ er sich nicht reinreden. Er machte, was er für richtig hielt, und stand das durch.

Über Peter Adolf Thießen, der die Kommission des Akademiepräsidiums zur Bildung der FG leitete, Direktor des Akademieinstituts für physikalische Chemie in Berlin-Adlershof und langjähriger Vorsitzender des Forschungsrates der DDR (1957–1965), oder über Max Steenbeck, ebenfalls langjähriger Vorsitzender des Forschungsrates (1965–1978), wie über viele andere sehr einflussreiche Persönlichkeiten ließen sich in gleicher Weise Aussagen treffen. Thießen, der mit seiner Ausarbeitung „Einheitssystem der automatisierten Verfahrenstechnik (ESAV)“ den Anstoß für die anderen Einheitssysteme gab, wollte auf die Möglichkeiten der Rechen-, Informations- und Robotertechnik für die automatisierte Fabrik verweisen und die Wissenschaft und Produktion zum Handeln auffordern. Ihm missfiel, wie sein Vorstoß von der Politik vereinnahmt, verallgemeinert und voreilig verordnet wurde. Auch unter der nachfolgenden Generation entwickelten sich Persönlichkeiten, die dem Ansehen und der Autonomie der Akademie dienten. Nicht wenige Institutsdirektoren bürgten für Qualität und besaßen Autorität. Sie waren willig, sofern sie Notwendigkeiten einsahen, und zeigten Standvermögen gegenüber Reinrednern.

An der Akademie existierte ein Zentralinstitut für Wirtschaftswissenschaften, an dessen Spitze Wolfgang Heinrichs stand. In der Politik, deren Leidtragender er einmal war, kannte er sich gut aus, in der Ökonomie bestens. Im kritischen Geist erzogen, blieb er es. Er war klug im Verhalten, treffsicher im Vorhersagen und aufrichtig. Es muss Anfang des Jahres 1989 gewesen sein. Wir standen in der Pause einer zentralen Veranstaltung beisammen, da fragte ich ihn, wie denn die DDR aus der Sicht eines Ökonomen dastünde. Schaut man sich die ökonomischen Kennziffern in den für jedermann zugänglichen Statistischen Jahrbüchern der DDR und der anderen sozialistischen Länder an, so Heinrichs, und von diesen Kennziffern verstünde er was, dann stehe es sehr, sehr schlecht um diese Länder. Falls sich nicht bald Entscheidendes ändere, und daran zweifelte er in Anbetracht der Trägheit des Systems, sei der Zusammenbruch absehbar. In seiner Autobiographie „Beim Häuten der Zwiebel" erinnert sich Günter Grass an seine gemeinsame Danziger Schulzeit mit Heinrichs, der damals unter dem Einfluss seines Vaters an den nur Siege verkündenden Wehrmachtsberichten des Dritten Reiches stark zweifelte, weil er auch andere Berichte hörte, und seinen die deutschen Siege bejubelnden Schulfreunden zurief: „Ihr spinnt ja alle!"

Ohne Zweifel wurden in den Schulen der DDR eine gute Allgemeinbildung und eine gute Ausbildung vermittelt. Hochschulabsolventen erreichten eine ansprechende Befähigung für ihr späteres Berufsleben. Promotionen wurden nach hohen Standards durchgeführt. Auch bei der Förderung von Talenten wurde ohne Unterschied Beachtliches geleistet. Doch bei der Eliteförderung tat sich die DDR schwer. Eine Ausnahme bildeten der Sport und die freischaffenden Künstler. Es wurden zu wenige Wissenschaftler zu Aufenthalten in weltweit führende Forschungsstätten entsandt; ins westliche Ausland nur vereinzelt und ins östliche auch nicht viel mehr. In Instituten der sowjetischen AdW hielten sich aus Instituten der Max-Planck-Gesellschaft der BRD deutlich mehr Wissenschaftler auf als aus der DDR. Es fehlte an Flexibilität und Motivation, auf Seiten des Staates ebenso wie auf Seiten der Wissenschaftler selbst. Möglicherweise war Elite sogar gefürchtet, obwohl es hieß, Spitzenleistungen erfordern Spitzenkräfte. Hochgezüchteter Individualismus wurde als Irrweg angesehen, der dem Teamwork entgegenstand. Die Politik behandelte die ererbte Intelligenz, insbesondere deren Repräsentanten, respektvoller als die unter sozialistischen Bedingungen herangewachsene, will heißen, als ihre „eigene". Zudem verjüngte sich wissenschaftliches Personal deutlich schneller als politisches.

Ich erinnere mich an eine Diskussion im kleinen Kreis. Es herrschte eine gewisse Genugtuung darüber, dass es in der Akademie aktuell eigentlich keine solchen Schwierigkeiten gab mit Akademiemitgliedern wie in der sowjetischen mit deren Mitglied Andrej Sacharow. Jemand meinte, wenn dem so sei, dann mangele es in der Akademie an überragenden Persönlichkeiten, denn die bereiteten immer Schwierigkeiten, egal wann und wo. Es ehrt die sowjetischen Akademiemitglieder, dass sie trotz Verlangen und Druck seitens der Politik Sacharow nicht abwählten. Starke Persönlichkeiten wie der damals amtierende Präsident Anatoli Alexandrow konnten alle diesbezüglichen Versuche abwehren. Bei Freunden nach dem Grund gefragt, hieß es: Wenn wir Sacharow abgewählt hätten, wer weiß, wen es dann als nächsten von uns getroffen hätte, vielleicht sogar mich selbst.

Gegenseitige Bedingtheiten

Ein ungeschriebenes Anliegen der Akademiereform bestand in der verstärkten Einflussnahme durch die SED. Von ihrer führenden Rolle in der Gesellschaft handelte auch die Verfassung der DDR. So wurde an der Akademie eine eigene SED-Kreisleitung gebildet, deren Zuständigkeit sich auf alle Berliner Institute und Einrichtungen erstreckte, die Akademiezentrale eingeschlossen. Eigentlich war der Gegenstand der Parteiarbeit klar definiert, doch wer die führende Rolle verwirklichen musste, unterlag der Versuchung, auf alles Einfluss nehmen zu wollen. Am wenigsten oder gar nicht erfolgte das bei den wissenschaftlichen Inhalten, sondern vielmehr bei dem ganzen Drumherum. Nach der Akademiereform übte das Amt des Präsidenten ein parteiloser Wissenschaftler der Vorkriegsgeneration aus, der unter besonderem Schutz und besonderer Anerkennung des ZK der SED und der Regierung stand. Sein Nachfolger wurde Mitglied des ZK wie auch der 1. Kreissekretär. Sie bewegten sich auf gleicher politischer Ebene. Ihr Zusammenwirken war von gegenseitiger Achtung geprägt. Die Kreisleitung sah sich stärker dem für Wissenschaft zuständigen Mitglied des Politbüros des ZK und dessen Abteilungsleiter für Wissenschaft verpflichtet als der Berliner SED-Bezirksleitung. Verantwortliche im ZK der SED standen der Wissenschaft deutlich näher und brachten ihr gegenüber mehr Verständnis auf als Verantwortliche in den Bezirks- oder Kreisleitungen. Aus meiner Sicht hatte der Präsident stets das letzte Wort. Mir ist auch kein Fall bekannt, dass die Kreisleitung Entscheidungen des Präsidiums in Frage gestellt oder gegen dessen Willen etwas durchgesetzt hätte.

Außerhalb Berlins unterstanden die Parteiorganisationen der Institute und Einrichtungen den territorialen Kreisleitungen. Diese hatten jedoch meist ganz andere Sorgen, als sich um einzelne Institute zu kümmern. Für die SED-Bezirksleitungen waren die Akademieinstitute noch weiter weg und quasi ihrer Aufmerksamkeit entzogen. In den weitaus meisten Parteiorganisationen der Institute übten Wissenschaftler die Funktion des Parteisekretärs aus, und zwar ehrenamtlich. Nach einer oder nach zwei Wahlperioden traten sie wieder in die Reihe zurück. Nur die Wenigsten drängten sich danach. Auf alle Fälle konnte man als Parteisekretär eine Menge lernen: Gremien vorsitzen, Versammlungen leiten, organisieren, kommunizieren, argumentieren und den Umgang mit Menschen. Es gab da bei weitem nicht nur in jeder Beziehung Gleichgesinnte. Kritische Fragen und Meinungsstreit bereicherten stets die Tagesordnung, wie es wohl in allen Parteien üblich ist. Es kam also sehr auf die Person an, wie das Amt ausgeübt wurde. Auch hier war das Zusammenwirken in der Regel von gegenseitigem Respekt geprägt. Aber mancher Parteisekretär konnte dem Institutsdirektor schon das Leben schwer machen, je nach Überzeugung, Ehrgeiz oder auch wissenschaftlicher Kompetenz.

In größeren Instituten mit vielen Parteimitgliedern konnten Parteisekretäre hauptamtlich tätig werden und das für längere Zeit. Für sie war das ihr Beruf und sie waren ganz anders gestrickt und motiviert als ehrenamtliche. Auch hier kam es auf die Person an. Stimmte die Chemie zwischen Direktor und Sekretär, lief es bestens. War das nicht der Fall und versuchte der Sekretär, den Direktor zu spielen, konnte es dramatisch enden, manchmal für den Direktor, zumeist für den Sekretär. Direktoren fanden Rückhalt bei ihren Vorgesetzten. Nicht jeder Direktor war souverän genug, um ohne jegliche Komplikation auszukommen. Am besten lief es, wenn jeder in Arbeitsteilung seiner Verantwortung nachkam und beide Seiten vertrauensvoll miteinander umgingen. Ihr gemeinsames Interesse sollte ja das Gedeihen des Instituts und ihrer Mitarbeiter sein.

Es herrschte Parteidisziplin, doch diese beschränkte sich stark auf Parteiangelegenheiten. Als im Kombinat Carl Zeiss Jena die Forschung, Entwicklung und Produktion von Erzeugnissen der Mikroelektronik aufgenommen wurde, gab es einen Ruf in die Akademie, Wissenschaftler dorthin zu delegieren. Hier sah sich auch die Kreisleitung in der Pflicht. Gegenüber dafür geeigneten Wissenschaftlern wurde argumentiert, gedrängt und gebeten, doch nicht genötigt oder gar gedroht. Wer standhaft war, der blieb es, ohne mit Konsequenzen belegt zu werden. Schließlich erklärte sich niemand bereit, einen Wechsel zu vollziehen. Man verzichtete lieber auf materielle Vorteile und leitende Posten in der Forschung und Entwicklung.

Selbstverständlich war die Akademie Teil des politischen und gesellschaftlichen Systems der DDR. Zugleich aber war sie weitgehend eigenständig und selbstbestimmend. Sowohl im Partei- als auch im Staatsgefüge galt die Gepflogenheit, dass der eine Verantwortungsbereich nicht in den anderen hineinredete. Es gab lediglich zwei Instanzen, eingeschränkt nur vier Personen, die das Recht hatten, auf die Akademie als Ganzes einzuwirken: der Vorsitzende des Ministerrates und sein für Wissenschaft und Technik zuständiger Stellvertreter sowie das für Bildung, Hochschulbildung, Wissenschaften, Kultur und Gesundheitswesen zuständige Mitglied im Politbüro des ZK der SED und sein Leiter der Abteilung Wissenschaften. Bei allen vier fand die Akademie Gehör. Mit allen vier konnte offen geredet werden. Mit allen vier konnten nach Maßgabe des Möglichen Lösungen im Interesse der Akademie gefunden werden. Es gab keine Tabus. In nicht wenigen Fällen konnte ein Akademiepräsident seinen Willen durchsetzen, sofern er hartnäckig blieb. Es war eine Frage des gegenseitigen Vertrauens. Jedem einzelnen der vier waren Grenzen gesetzt. Grundlegende Änderungen konnten offenbar nur von der Gesamtheit des Politbüros ausgehen, insonderheit von dessen engerem Machtzirkel.

Umgekehrt gilt, dass auch Wissenschaftler die Politik beeinflussten und nutzten, mitunter sogar unbewusst oder bewusst missbrauchten. Wo in Schreiben aus der Wissenschaft an die Politik steht: Wunschgemäß überreichen wir unsere Vorstellungen über ..., bleibt offen, wer der eigentliche Urheber des Wunsches war. In der Regel wurde er durch den Absender initiiert und wandelte sich dann zum Wunsch des Adressaten, nach dem Motto: Schreib das mal auf. Es kam vor, dass Wissenschaftler ohne Diskussion unter den Kollegen wissenschaftliche Anliegen im Eigeninteresse über die Politik durchsetzten oder es versuchten. Mag einerseits die Politik als Geber des Geldes und der Rahmenbedingungen aktuell das Primat haben, so ist es andererseits für die Wissenschaft Gewissheit, letztlich über die technische und sonstige Verwirklichung ihrer Forschungsergebnisse die Gegenwart und immer mehr die Zukunft zu prägen. So wie die Wissenschaft Teil der Politik ist, ist auch die Politik Teil der Wissenschaft.

Die Abteilung Wissenschaften des ZK der SED hatte nur wenige Mitarbeiter, darunter nur vereinzelt Naturwissenschaftler. Über wissenschaftliche Inhalte maßten sie sich kein Urteil an. Wenn erforderlich, ließen sie sich aus Wissenschaftsinstitutionen zuarbeiten. Demgegenüber war das MWT sehr gut mit Naturwissenschaftlern besetzt. Sie verfügten über einen guten Überblick, waren jedoch mitunter schon viele Jahre nicht mehr in der aktiven Forschung. Es stützte sich bei seinen Entscheidungsvorbereitungen stark auf den Forschungsrat der DDR, dessen Gruppen und Arbeitskreise, in denen Wissenschaftler aus den Akademien, Universitäten und Hochschulen bei weitem dominierten.

Das Scheitern der DDR lag nicht an den Wissenschaften. Es bestand kein prinzipieller Gegensatz zwischen der Akademie und der Regierung sowie der Partei. Alle Beteiligten waren im Großen und Ganzen der gemeinsamen Sache verpflichtet und von dieser auch überzeugt. Dennoch gab es unterschiedliche Verantwortlichkeiten und Interessen. Es gab ein Verlangen nach Einsicht in das, was man für richtig hielt, wie auch ein sich fügen müssen. Nur aus der Position des Mitmachens und des guten Willens heraus konnten eigene Anliegen durchgesetzt werden. Parteibeschlüsse von staatlicher Relevanz unterlagen stets der Beschlussfassung durch den Ministerrat der DDR. Sie nahmen rechtsverbindliche Form an und wurden im Gesetzblatt veröffentlicht. Überdies erließ er Durchführungsbestimmungen allgemeiner Art. Es oblag den nachgeordneten Einrichtungen, diese spezifisch umzusetzen. Hier war ein gewisser Freiraum gegeben. Man konnte verschärfen oder abschwächen, man konnte blind nacheifern oder sinnvoll anwenden, man konnte alles wörtlich nehmen oder abwandeln, man konnte gehorsam vorauseilen oder sich auf das rationelle Maß beschränken. Am Kern der Sache kam man natürlich nicht vorbei.

Im Vorfeld und mit der Bildung der FG 1957 entstanden gute Kontakte zwischen leitenden Wissenschaftlern der Akademie und Vertretern der Regierung. Einerseits griffen Wissenschaftler Interessen des Staates auf, andererseits nutzten sie diese Kontakte im Interesse der Wissenschaft. In der Zeit der Akademiereform von 1968 bis 1972 war der Einfluss des MWT sowie des Forschungsrates der DDR auf die Akademie nicht zu übersehen. Ein Vertreter des Ministeriums und der Vorsitzende des Forschungsrates waren zeitweise Mitglieder des Akademiepräsidiums. Der 1. Sekretär der an der Akademie neu geschaffenen Kreisleitung der SED wurde ebenfalls Mitglied des Präsidiums, aufgeführt zunächst in alphabetischer Reihenfolge nach dem Präsidenten und dessen Stellvertreter, später schließlich unmittelbar dem Präsidenten folgend, was mehr bedeutete als nur Symbolik.

Manchmal mussten Weisungen hingenommen werden, vor allem in der Reformzeit in den Jahren 1968 bis 1972. So wurde die Verantwortung für die Zusammenarbeit mit der AdW der Sowjetunion von der AdW auf das MWT übertragen. Auch die Einstufung der Akademie bei der SPK unter „Sonstige", wenn es um die Versorgung mit defizitären Ausrüstungen und Geräten ging, war schwer zu ertragen. Es war zwecklos, sofort gegen bereits Verfestigtes Sturm zu laufen, erfolgreicher war es, solche Anordnungen spezifisch umzusetzen, irgendwie zu umschiffen oder schrittweise zurückzudrängen. Ja, es wurde manches nicht hinterfragt, im guten Glauben einfach gehandelt, ohne immer über die Konsequenzen nachzudenken. Es entwickelte sich schon eine gewisse Taktik, um im Spannungsfeld zurechtzukommen. Wie erreicht man Übereinstimmung zwischen dem, was von außen verlangt wird, und dem, was innen am dienlichsten ist? Wie holt man für eine Sache, von der man überzeugt ist, das Beste heraus? Oder wie wendet man ab oder wandelt man ab, was nicht in die Akademie passt? Wie muss man argumentieren, um etwas durchzusetzen? Wie entwickelt man ein Gespür dafür, günstige Situationen und Konstellationen aufzufinden, in denen ein Vorstelligwerden mit Erfolg gekrönt ist?

Wo Meinungsfreiheit eingeschränkt ist, verbreiten sich Anekdoten. Es kursierte sogar das Gerücht, im ZK der SED gäbe es eine spezielle Abteilung, die solche Anekdoten mit Ventilwirkung erfände. Als Losungen des Tages machten die Runde: Wir wissen zwar nicht, was wir wollen, aber das mit ganzer Kraft. Wer schon die Übersicht verloren hat, muss wenigstens den Mut zur Entscheidung haben. Staatliche Planauflagen bedeuten: überbieten, ohne zu erfüllen. An der Spitze stehen, ist immer noch zu weit hinten. Jeder macht, was er will, keiner, was er soll, aber alle machen mit. Spare mit jedem Gramm und jedem Pfennig, koste es, was es wolle. Operative Hektik ersetzt geistige Windstille. Wo wir sind, klappt nichts – leider können wir nicht überall sein. Jedem Mitglied des Politbüros des ZK der SED wurde eine Erfinderrolle zugedacht; so war der Vorsitzende der SPK Gerhard Schürer der Erfinder des sozialistischen Feuerhakens. Man konnte in dieser Art über Gegebenheiten und Personen ungestraft lästern.

Letzte Beratung zu Staatlichen Planaufgaben, Ermahnungen

In der SPK der DDR fanden mit den relevanten Bereichen jährlich zwei Beratungen zu den Jahresplänen und alle fünf Jahre zu den Fünfjahresplänen statt, so auch mit der Akademie. Im Frühjahr standen die Staatlichen Aufgaben auf der Tagesordnung, auf deren Grundlage die Planung und Plandiskussion durchgeführt wurde, im Herbst die Staatlichen Auflagen, auf deren Grundlage sich dann die Arbeit vollzog.

Am 27.03.1989 war es wieder so weit mit einer Planberatung. Inzwischen hatte ich 36 solcher Aussprachen mitgemacht. Wurden zum Beispiel in den Jahren 1976 bis 1988 die in der Konzeption zur langfristigen Entwicklung der Akademie festgelegten Kennziffern (Ressourcen), die stets in jeder Hinsicht eine Weiterentwicklung bedeuteten, im Wesentlichen eingehalten, so kam es diesmal zu einem Bruch in Gestalt deutlich spürbarer Abstriche. Sonst immer aufgeschlossen und entgegenkommend, wollte der zuständige Staatssekretär nicht einmal mehr diskutieren; er verwies lediglich auf das Große Haus, den Sitz des Politbüros des ZK der SED. Als gravierend wurde der Rückgang der Arbeitskräftezahl in Anbetracht der legalen und illegalen Auswanderung bezeichnet. Sie würde 1990 absolut um 150.000, relativ um über 1 Prozent schrumpfen. Für die Akademie stand eine Kürzung der Mitarbeiterzahl um ein Prozent an, ebenso bei den Zulassungen zum Studium. Spürbare Einschnitte auf fast allen Gebieten standen bevor.

Die Akademie hatte die Gefahren einer krisenhaften Entwicklung in der DDR relativ früh gesehen. In ihren vertraulichen Ausarbeitungen für die Partei- und Staatsführung machte sie in den 1980er Jahren unter anderem die folgenden Gesichtspunkte geltend:

- Erforderlich sind geeignete weitsichtige wissenschaftspolitische Orientierungen zur Meisterung des wissenschaftlich-technischen Fortschritts, den westliche Industrieländer immer mehr dominieren, wohingegen die DDR, aber auch die UdSSR immer weiter zurückfallen;
- Unterschätzungen des Tempos und der Tragweite des wissenschaftlich-technischen Fortschritts werden sich in Zukunft verheerend auswirken;
- Derzeit finden Kommunikationstechniken als Produktivitätsfaktor keine breite Anwendung, was absehbare Konsequenzen nach sich ziehen wird;
- Übergabe einer gemeinsam von sowjetischen und US-amerikanischen Wissenschaftlern erstellten Ausarbeitung der Sowjetischen AdW Anfang der 1980er Jahre an die SED-Parteiführung, die in der Feststellung gipfelte: Falls die UdSSR die Gebiete Mikroelektronik, Rechentechnik, Kommunikationstechnologien nicht rechtzeitig beherrsche, sei der Sozialismus in Frage gestellt, letztlich verloren;
- Überlebensfähigkeit ist nur gewährleistet, wenn der internationale Maßstab gilt, wenn internationale Arbeitsteilung und Kooperation bestehen, nur so sind auch Spitzenleistungen möglich;
- Grundlagenforschung muss die Quelle des wissenschaftlich-technischen Fortschritts sein, aber die Umsetzung muss in den Kombinaten und Betreiben bewältigt werden;
- Es entstehen zunehmend Probleme bei der Nutzung von Forschungsergebnissen, weil die Innovationskraft der Volkswirtschaft zu gering ist und ökonomische Hebel fehlen;
- Bestehende ökonomische, soziale und Leitungsmechanismen erzeugen Handlungszwänge und entsprechen nicht mehr den Erfordernissen von Bildung und Forschung. Sie drücken Optimismus, hemmen Motivation und schüren Zweifel gerade bei den Kreativsten;
- Spitzenleistungen erfordern neben Spitzenkräften auch Spitzentechnik und sonstige günstige Bedingungen;
- Dem Grundgedanken von „Silicon Valley" (Innovationen in Garagen) sollte in der DDR in angepasster Form gefolgt werden. Ideen sollten Vorrang vor Strukturen und Größe haben;

- Originelle Forschung kann nur dort gedeihen, wo der einzelne Forscher größte thematische und arbeitstechnische Freiheiten besitzt;
- Es droht die Gefahr einer Deformation des Forschungspotentials der Akademie überall dort, wo in der Volkswirtschaft höchstes Niveau fehlt;
- Statt der Akademie zu viel Kurzfristiges in Auftrag zu geben, muss die Industrie ihr Forschungspotential langfristiger anlegen und selbst zweigspezifische Grundlagenforschung betreiben, um die Akademie für andere Aufgaben zu entlasten;
- Rang und Wertschätzung der Grundlagenforschung sind im Vergleich zum Staatsplan Wissenschaft und Technik und zur Industrie zu erhöhen. Unterschiedliche Prioritäten wirken sich schädlich aus. Es mangelt am Verständnis für die Wissenschaft in breiten Kreisen und auch unter zahlreichen Funktionären;
- Nützlich wäre die Bildung eines Volkskammerausschusses für Wissenschaft, der sich für die Durchsetzung der Wissenschaftspolitik mit gesetzgeberischen Mitteln einsetzt;
- Von Jahr zu Jahr nimmt der organisatorische Aufwand zur Schaffung der materiell-technischen Voraussetzungen für die Forschung zu, was demotiviert;
- Der Fondseinsatz pro Forscher in der DDR beträgt fast nur ein Drittel gegenüber dem, was in der BRD gilt, und der Abstand wird größer;
- Nur noch 30 Prozent der Forschungstechnik genügen den Anforderungen und über ein Drittel der Forschungstechnik ist moralisch verschlissen, was die Attraktivität des Schaffensprozesses deutlich mindert;
- Damit im Zusammenhang steht ein Nachhinken bei der Automatisierung der Forschungs- und Forschungshilfsprozesse;
- Enorme Preissteigerungen bei Anschaffungen von DDR-Technik und Hilfsmitteln bis zum Zehnfachen innerhalb von fünf bis zehn Jahren machen Zuwächse im Budget zunichte;
- Langfristige Aufenthalte von Wissenschaftlern in international führenden Laboratorien liegen weit unter dem internationalen Standard, auch im Vergleich zu anderen sozialistischen Ländern, was sich insbesondere für die jüngere Generation sehr nachteilig auswirken wird;
- Etwa ein Drittel der Wissenschaftler sollte nur für einen begrenzten Zeitraum Stellen besetzen;
- Spitzengruppen in der Wissenschaft setzen Maßstäbe, wirken beispielgebend und sie helfen Mittelmäßigkeit und Gleichmacherei zu überwinden;
- Die Beurteilung von Wissenschaftlern sollte ausschließlich nach der Qualität ihrer wissenschaftlichen Ergebnisse erfolgen und nicht nach Nebensächlichkeiten;

- Es ist unabdingbar, eigene Ergebnisse der internationalen wissenschaftlichen Öffentlichkeit vorzustellen und sich der Kritik der Fachkollegen zu stellen;
- Es wäre zeitgemäß, die Besetzung vakanter leitender Stellen öffentlich auszuschreiben.

Alle diese Feststellungen sind stark akademiebezogen und manches von dem, was angemahnt wurde, hätte die Akademie selbst besorgen können. Allerdings war das schwierig in einem Umfeld, das in andere Richtungen wirkte.

Abwicklung der Akademie

Unmittelbar nach der Wende sondierten Präsidenten von Forschungsgesellschaften der BRD mit dem Akademiepräsidenten die Lage. Sie waren entgegenkommend, zu Hilfe bereit und auf Lösungen bedacht. Doch das änderte sich schnell. Zugleich entstanden Kontakte zwischen Ost und West unter Institutsdirektoren, Mitarbeitern von Funktionalorganen und Wissenschaftlern. Jeder glaubte, sich einbringen zu müssen. Diverse Kräfte zogen in diverse Richtungen. Auf der einen Seite nahm die Zerrissenheit und Hoffnungslosigkeit zu, auf der anderen Seite wurde nach Lösungen gesucht.

Erst langsam, dann schneller brach von Woche zu Woche jener Teil der Finanzierung der Akademie weg, der auf der Grundlage von Verträgen durch die Wirtschaft bestritten wurde. Davon betroffen war etwa ein Drittel der Forschung. Nach der Wiedervereinigung war das Ministerium der Finanzen der BRD nicht bereit, die Lücke zu schließen. Die Evaluierung der Akademieinstitute unter Federführung des Wissenschaftsrates der BRD fiel zwar weitgehend positiv aus, war aber mit der Feststellung verbunden, in der Akademie seien zu viele Leute beschäftigt. Um eine massenhafte Arbeitslosigkeit von Akademiemitarbeitern zu vermeiden, waren schnelle Lösungen gefragt. Es ging darum, umgehend und rationell die Funktionstüchtigkeit der positiv evaluierten Forschungspotentiale – und das waren immerhin etwa 80 Prozent – zu erhalten beziehungsweise wieder herzustellen. Am besten konnte das geschehen, indem sie den in der BRD vorhandenen Forschungsgemeinschaften zugeordnet wurden. Unter den damals obwaltenden Umständen gab es wohl keine Chance für einen wie auch immer gearteten Fortbestand der Akademie als Forschungsinstitution. Sie besaß in der BRD keine einflussreichen Fürsprecher und bei der neuen politischen Elite der DDR gleich gar nicht. Die allein gelassene Forschungsgemeinschaft der Akademie zerfleischte sich intern wie extern immer mehr, die zentrifugalen Kräfte dominierten. So wurde die Akademie chancenlos zur Abwicklung freigegeben.

Dieses Schicksal ereilte sowohl ihr Forschungspotential als auch ihre Gelehrtengesellschaft. Aus westlicher Sicht interessant erscheinende Forschergruppen, Institute und sonstige Einrichtungen wurden (in der Regel mit stark reduziertem Personal) in andere institutionelle Zusammenhänge integriert, die Forschungsakademie als ganzes wurde beseitigt.

Es bestand keinerlei Interesse, in den Neuen Bundesländern etwas zu belassen, was es in der BRD nicht gab, oder gar etwas zu übernehmen. Totale Anpassung dominierte das Geschehen, zudem unter einem unglaublichen zeitlichen Druck: schnell die DM, schnell die Reisefreiheit, schnell die Anpassung an alle Vorteile des Westens, das war der Traum der Mehrheit der Menschen im Osten, ohne sich über die Konsequenzen im Klaren zu sein. Für Experimente und Übergangsfristen war da nur wenig Platz. Nachdenken über Verletzungen, die dabei vor allem in den Neuen Bundesländern entstehen könnten, unterblieb auf allen Seiten fast vollständig. Willy Brandt hatte zum historischen Problem der deutschen Vereinigung festgestellt: „Aber mit Achtung und Respekt vor dem Selbstwertgefühl der bisher von uns getrennten Landsleute wird es möglich sein, dass ohne entstellende Narben zusammenwächst, was zusammengehört." Daraus wurden und werden fast immer nur die drei letzten Worte zitiert; auf diese Weise wird der mahnende Hinweis auf einen komplizierten Bedingungszusammenhang für verantwortliches Handeln in eine simple Tatsachenbehauptung umgefälscht. In ihrer wirklichen Bedeutung ist die Aussage Brandts kaum begriffen und erst recht nicht respektiert worden.

Die in der kritischen Situation gegen Ende der DDR in vielen Akademieinstituten aufkommende rebellische Stimmung richtete sich zunächst, teils von den Institutsdirektoren selbst unterstützt, in erster Linie gegen die Akademieleitung. An zweiter Stelle wandte sie sich gegen die Akademiemitglieder und schließlich gegen die eigenen Direktoren. Bei der Abberufung schälte sich eine andere Reihenfolge heraus. Zuerst mussten die meisten Institutsdirektoren dran glauben, weil hier der Zugriff der Rebellen am leichtesten zu bewerkstelligen war. Danach traf es die Akademieleitung, deren Funktionsentbindung im Juni 1990 durch die letzte DDR-Regierung erfolgte. Im Juli 1992 schließlich schrieb der Berliner Senator für Wissenschaft und Forschung den annähernd 400 Akademiemitgliedern, auch den auswärtigen aus Ost und West, darunter Nobelpreisträgern, dass mit der Beendigung der früheren Gelehrtengesellschaft auch deren Mitgliedschaft erloschen sei. So vollzog sich die Abwicklung der AdW der DDR in ihrer Gesamtheit, auch wenn deren Gelehrtengesellschaft heute als privatrechtlich organisierte Leibniz-Sozietät der Wissenschaften zu Berlin fortbesteht. Ohne jede rechtliche Bezugnahme auf die abgewickelte Akademie, aber unter Übernahme verschiedener ihrer Einrichtungen, Immobilien und Vermögenswerte wurde die Berlin-Brandenburgische Akademie der Wissenschaften völlig neu gegründet – ohne Zweifel auch eine Art „Versailler Diktat".

Ist jemals in irgendeinem Lande als Folge gravierender politischer und gesellschaftlicher Umbrüche eine traditionsreiche Akademie der Wissenschaften abgewickelt worden, und waren die politischen und gesellschaftlichen Umbrüche noch so gravierend? Dies geschah in keinem Land, in dem die Kommunisten die Macht ergriffen. Es geschah auch in keinem Land, in dem Diktatoren an die Macht kamen. Selbst in Frankreich nach der Revolution 1789 überlebte die Akademie der Wissenschaften letztlich, obwohl ihr Fortbestehen zeitweilig akut gefährdet war. So darf die Abwicklung der AdW der DDR den Status eines historischen Unikats beanspruchen. Wie auch immer man die Motive und die noch längst nicht vollständig zutage liegenden Folgen dieser Aktion beurteilen mag – eine Kulturtat war sie nicht. Sie fand auch kein Gegenstück in den osteuropäischen Ländern, deren gesellschaftliche Verhältnisse sich 1989/90 nicht weniger einschneidend änderten als jene in Ostdeutschland.

Vom Fortbestehen anderer Forschungsakademien

Kurz vor der Auflösung der Sowjetunion am 26.12.1991 wurde die Sowjetische AdW durch einen Erlass des damaligen Präsidenten Boris Jelzin in Russische AdW umbenannt. Das Präsidentenamt wurde neu besetzt, aber der ehemalige Präsident behielt seine Funktionen als Vorsitzender der Fachabteilung numerische Mathematik, als Mitglied des Akademiepräsidiums und als Institutsdirektor. Andere nennenswerte personelle und strukturelle Änderungen fanden nicht statt. Akademiemitglieder wurden weder abgewählt noch staatlicherseits entlassen. Institutsdirektoren und andere leitende Mitarbeiter blieben in Amt und Würden. Allerdings sind die vom Staat bereitgestellten finanziellen Mittel heute deutlich geringer als früher. Darunter leidet in erster Linie die Grundlagenforschung, die eigentliche Domäne einer AdW. In Anbetracht der Unterfinanzierung entstand ein starker Zwang zur Kommerzialisierung der Forschung.

Zahlreiche profilierte Wissenschaftler aus der Akademie verließen ihr Land und der Trend hält immer noch an. Vor allem die Elite wanderte in erster Linie in die USA und nach England aus. Das Ausweichen des wissenschaftlichen Nachwuchses in besser bezahlte und oftmals außerhalb der Forschung angesiedelte Tätigkeiten führte zu einer Überalterung des Mitarbeiterbestandes der AdW. Es gab zahlreiche Ausgründungen. Starke Institute nahmen schwache unter ihre Fittiche. Institute, die Partner der Gas- und Ölindustrie oder von Unternehmen der Rohstoffgewinnung und Rohstoffverarbeitung sowie der Verteidigungsindustrie waren beziehungsweise wurden, konnten sich schnell erholen. Auch wurden mitunter sehr erfolgreich Auftragsforschungen für finanzstarke westliche Konzerne durchgeführt und Lizenzen vergeben. In den 1990er Jahren arbeitete ich in der Lurgi AG mit dem Akademieinstitut für Katalyse in Nowosibirsk zusammen und konnte so Einblicke gewinnen. Insgesamt behielt die Akademie ihren zu Sowjetzeiten etablierten Status als Forschungsakademie. In Worten findet sie volle Anerkennung. An Taten fehlt es allerdings noch.

In einem zentral gelenkten Staat wie in Russland oder in China hat eine zentrale Wissenschaftsinstitution vom Typ einer Forschungsakademie eindeutig ihren Platz. In einem föderalen Staat hingegen kann man das anders sehen und handhaben. Es ist in hohem Maße eine Ermessensfrage, in welcher Form die Wissenschaft strukturiert und organisiert wird. Entscheidend für die Zukunft eines Landes ist in erster Linie der Stellenwert, dem die Wissenschaft insgesamt eingeräumt wird. Gewachsenes und Bewährtes sollte man bewahren und weiterhin fördern. Verschiedene Länder sind in dieser Beziehung verschiedene Wege gegangen und werden es auch künftig tun. Wie viel ein Land bereit ist, von einem anderen zu lernen, wird sich in der Praxis zeigen und gegebenenfalls auszahlen. Dafür gibt es in der Geschichte positive wie negative Beispiele. Auch in der Technik werden Wege eingeschlagen, die sich später nicht als die optimalen Lösungen herausstellten und trotzdem Bestand hatten, weil in sie so unglaublich viel investiert worden war. Eine Ablösung erfolgt dann in der Regel nicht durch einst konkurrierende Lösungen, sondern durch völlig neue.

Wie in Russland existieren auch in allen anderen ehemaligen sozialistischen Ländern die Akademien der Wissenschaften nach wie vor, ob in Osteuropa oder in Asien, teils in abgewandelter Form. Wenn sie sich nicht bewährt hätten oder nicht gebraucht würden, wäre unter den neuen gesellschaftlichen Verhältnissen ihr Schicksal längst besiegelt worden. Einen enormen Aufschwung nimmt die Chinesische AdW, die heute über fast 100 Institute und zwölf über das Land verteilte Zweigstellen verfügt. Sie wurde im Jahre 1949 nach dem sowjetischen Vorbild gegründet und konzentriert sich auf die Gebiete Mathematik, Naturwissenschaften, Lebenswissenschaften und Technologie. Für andere Gebiete wie Sozialwissenschaften und Ingenieurwissenschaften existieren weitere Akademien. Von jeher verfügte China über vor allem im Ausland sehr gut ausgebildete Wissenschaftler. Mit der rapiden Aufwärtsentwicklung im Lande gelang es, auch die Akademieinstitute hervorragend mit modernster Forschungstechnik auszustatten. In fast allen Industriezweigen errichtete die Akademie insgesamt an die 500 Hochtechnologiezentren. Ohne Zweifel erfreut sich die Akademie höchster Anerkennung. In dem Maße, wie das Land China beispielhaft werden kann, könnte es auch dessen Akademie der Wissenschaften werden.

Forschungsakademien als möglicher Typ

In der DDR existierten zwei Typen von Akademien: reine Gelehrtengesellschaften wie die Deutsche Akademie der Naturforscher Leopoldina in Halle und die Sächsische AdW auf der einen Seite und die AdW, die Akademie der Landwirtschaftswissenschaften, die Bauakademie und die Akademie der Pädagogischen Wissenschaften, die gleichermaßen Gelehrten- und Forschungsgesellschaften darstellten, auf der anderen Seite. Letztere drei sind Neugründungen der DDR und beziehen sich jeweils nur auf ein bestimmtes Ressort, wohingegen die AdW auf eine 246-jährige Tradition als Gelehrtengesellschaft zurückblickte, als sie wiedereröffnet wurde, und sich danach zu einer ressortübergreifenden Akademie entwickelte.

Mit der AdW entstand eine allein auf Forschung konzentrierte schlagkräftige Institution, die in der Lage war, größere Projekte zu bearbeiten, sich zu allen Fragen der Wissenschaft zu äußern und die Politik zu beraten. Sie war Garant dafür, dass die DDR in Wissenschaft und Technik nichts verpasste. Auf bestimmten Gebieten wurde in der DDR nur in der Akademie geforscht (Hochenergiephysik, Kernforschung, Isotopen- und Strahlenforschung, Astrophysik, Kosmosforschung). Ein eigener Verlag mit mehreren Druckereien ermöglichte die schnelle Veröffentlichung von Forschungsergebnissen in Zeitschriften und Büchern sowie von Wissenswertem über die Akademie. In ihm erschien etwa ein Drittel der wissenschaftlichen Literatur der DDR. Ihr Exportanteil war beträchtlich. Eine der schnellsten Zeitschriften war „physica status solidi". Kurzmitteilungen erschienen zwei Wochen nach der Abgabefrist und Übersichtsartikel innerhalb von sechs Wochen.

In der AdW der DDR existierten die Gelehrtengesellschaft und die Forschungsgemeinschaft teils nebeneinander, teils verzahnt und teils als Einheit mit Synergieeffekten. Beiden stand der Präsident vor. Ihm oblag es, mit den Beteiligten das Miteinander zu gestalten. Im Jahre 1990 zählte die Gelehrtengesellschaft neun Klassen auf den Gebieten Mathematik, Naturwissenschaften, Technikwissenschaften und Medizin. Akademiemitglieder waren praktisch durchweg in Räten von Forschungsprogrammen, Hauptforschungsrichtungen und sonstigen Gremien verankert und befruchteten durch ihr Wirken das Miteinander der Gelehrten- und Forschungsgesellschaft. Es zeichnete sich eine gewisse Tendenz zu weiterer Verflechtung ab. Eine mögliche Variante war, weitgehende Identität zwischen den Sekretaren der Klassen und den Sekretären für Wissenschaftsgebiete (bis 31. Mai 1989 Forschungsbereichsleiter) herzustellen, wie es die verwandten Bezeichnungen zum Ausdruck brachten. Auf alle Fälle hätte es auf der Suche nach geeigneteren Strukturen und Strukturbeziehungen Weiterentwicklungen gegeben. Die Klassen als die eigentlichen Arbeitsgremien der Akademiemitglieder besaßen weitreichende Einflussmöglichkeiten. Doch Klassen und Forschungsbereiche standen in gewisser Konkurrenz zueinander. Vor allem die Forschungsbereiche und die ihnen zugeordneten Institute wollten ihre Eigenständigkeit bewahren. Nur die Aufhebung dieser Trennung von Klassen und Forschungsbereichen hätte die Einheit von Gelehrtengesellschaft und Forschungsgemeinschaft vollenden können.

In der Sowjetischen/Russischen AdW hat es eine wie auch immer geartete Trennung zwischen Gelehrtengesellschaft und Forschungsgemeinschaft nie gegeben. Dort sind die disziplinär ausgerichteten Fachabteilungen sowohl Arbeitsgremien der Akademiemitglieder (im Sinne von Klassen) als auch den jeweiligen Instituten übergeordnete Struktureinheiten. Diese Fachabteilungen kümmern sich vorwiegend um die wissenschaftlichen und personellen Belange, weniger um die administrativen, die dem Akademiegeneralsekretär obliegen.

Am Beispiel der Klasse Informatik, Kybernetik und Automatisierung, der ich seit ihrer Gründung im Jahre 1984 bis 1991 vorstand, sollen die Themen und Vortragenden ausgewählter Veranstaltungen die Tätigkeit der Klassen verdeutlichen:

- Informatik und Ausbildung, gemeinsames Symposium mit der Akademie der Pädagogischen Wissenschaften, 1986
- Natürliche und künstliche Intelligenz, F. Klix, Berlin, Ordentliches Mitglied, 1987
- Zum Entwurf höchstintegrierter Schaltkreise, F. Rößler, Erfurt, Korrespondierendes Mitglied, 1988
- Prospects of Computer Vision, A. Rosenfeld, Azriel (USA), Auswärtiges Mitglied, 1988
- Beratung zu Fragen der Bildverarbeitung, 1988
- Forschungen für die Fabrik der Zukunft, G. Spur, Auswärtiges Mitglied, Berlin (West), 1989
- Automatisierung der Produktion – eine ganzheitliche Aufgabe, H. Fuchs, Berlin, Korrespondierendes Mitglied, 1990
- Biosensoren – neue Aufgaben für die Messtechnik, F.-H. Lange, Rostock, Korrespondierendes Mitglied, 1991

Zu Akademiemitgliedern, die die Gelehrtengesellschaft ausmachten und das Plenum bildeten, wurden ausschließlich Professoren gewählt. Abstimmungen erfolgten im Plenum in geheimer Wahl. Es galt die Regel, dass mit den meisten Gegenstimmen jene Wissenschaftler bedacht wurden, die am bekanntesten waren, die irgendwann einmal intern oder in der Öffentlichkeit Aufsehen erregt hatten, was manchen eben missfiel. Vorschlagsberechtigt waren die Ordentlichen Akademiemitglieder und Mitglieder des Ministerrates der DDR, ursprünglich auch das Präsidium des Forschungsrates der DDR. Wahlvorschläge wurden stets von mehreren Akademiemitgliedern unterzeichnet und eingereicht. Meines Wissens hat nie ein Mitglied des Ministerrates einen Wahlvorschlag unterzeichnet, was nicht ausschließt, dass sie Wünsche äußerten oder welche initiierten. Es wurde auch nie ein Partei- oder Staatsfunktionär Mitglied der Akademie. Solche Ansinnen gab es von außen nicht und die Akademie selbst hielt sich da absolut zurück. Es wäre auch ein totaler Bruch mit der Tradition gewesen. Dass die Akademiemitglieder auf Lebenszeit gewählt wurden, verschaffte ihnen gewisse Sicherheit, Unabhängigkeit und Dazugehörigkeit.

Eine Gelehrten- und Forschungsgemeinschaft in Einheit hat dann ihre Existenzberechtigung und zeigt dann Wirkung, wenn ihre Institute einerseits die Mehrzahl ihrer Akademiemitglieder stellen und die Gelehrtengesellschaft andererseits die Institute repräsentiert, Querverbindungen zwischen diesen herstellt, interdisziplinäres Zusammenwirken und instituts- und klassenübergreifende Projekte initiiert und schließlich das Recht besitzt, personell, inhaltlich und begutachtend auf die Institute Einfluss zu nehmen. Sie muss selbstverwaltend und selbstgestaltend sein. Sie ist sinnvoll, wenn beide davon profitieren, wenn die Einheit merklich mehr darstellt als die Summe ihrer Teile und schließlich die Gesellschaft daraus gesteigerten praktischen Nutzen ziehen kann. Über die Tätigkeit ihrer Mitglieder verwirklichte die Akademie zum Teil die angestrebte Einheit, und es bestanden durchaus die Voraussetzungen und Möglichkeiten, dies im weit höheren Maße zu tun.

Zwischen den vier Forschungsakademien in der DDR gab es Gemeinsamkeiten wie auch deutliche Unterschiede. Sie betrieben in ihren Instituten Forschung. Sie verfügten über eine Gemeinschaft von Gelehrten, die das wissenschaftliche Leben förderten und ihre Akademie beratend und gegebenenfalls mit Entscheidungen zur Seite standen, erarbeiteten für die Politik Gutachten und Empfehlungen, waren Haushaltsorganisationen und juristische Person. Alle vier wurden nach der Wiedervereinigung unverzüglich abgewickelt. Sie unterschieden sich in ihrer Tradition, im Forschungsgegenstand, in ihrer Unterstellung und nicht zuletzt im Maße ihrer Autonomie. Während die AdW dem Vorsitzenden des Ministerrates unterstand und von diesem weitestgehend unbehelligt blieb, unterstanden die anderen drei auf Grund ihrer Zweigspezifik Ministern, die sich teils sehr intensiv um ihre Akademien zu deren Vor- und Nachteil kümmerten.

Zusammenfassung

Es wurde versucht, einen Abgleich zwischen dem Modell Akademiestatut und der Akademiewirklichkeit herzustellen. Meist gelang es, im Sinne des Statuts zu handeln. In einigen wichtigen Fragen schwieg aber das Statut oder es wich aus wie in der Handhabung der Personalpolitik. Ohne Zweifel ist die Akademie ihrer Verantwortung, rechtzeitig Tendenzen des wissenschaftlichen und technischen Fortschritts aufzugreifen und auf diese aufmerksam zu machen, gut nachgekommen. Sie hatte für sich durchaus richtige Schlussfolgerungen gezogen. In dieser Beziehung war die Akademie wissenschaftliches Gewissen. In gesellschaftlichen Angelegenheiten oder was Fehlentwicklungen in der DDR betraf, war sie es nur bedingt und gedämpft nach innen, aber nicht mit Nachdruck nach außen oder gar in der Öffentlichkeit. Was hätte es gebracht, wie hätte das die Akademie überstanden? Immerhin gab es kritische, mahnende und bessere Wege aufzeigende Ausarbeitungen an die Politik, die zwar nie das bestehende System in Frage stellten, aber doch so manche Gepflogenheit.

Institute und Wissenschaftler der Akademie erfreuten sich im unterschiedlichen Maße der Wertschätzung durch die internationale Wissenschaftlergemeinschaft. Internationale, von Akademieinstituten veranstaltete Tagungen wurden gerne und gut besucht. Unter den erschwerten Bedingungen wurde durchaus Herausragendes geleistet. So lautete auch das Ergebnis der Evaluierung aller Akademieinstitute, deren Forschungspotentiale zu etwa 80 Prozent im vereinigten Deutschland fortbestehen, sich auf ihre Tradition berufen können und jedem Vergleich standhalten. Evaluierungen sprechen für sich und bedürfen keiner Eigenbewertung.

In den 44 Jahren seit der Neueröffnung als DAW war die Existenz der Akademie der Wissenschaften nie in Frage gestellt. Positives entwickelte sich wie von selbst und überzeugte, Negatives wurde versucht abzuwenden oder letztendlich hingenommen. Dieser Prozess vollzog sich weitgehend unabhängig von politischen und ökonomischen Veränderungen in der DDR, die erst in den letzten Jahren ihrer Existenz für die große Mehrheit sichtbar wurden und zu erheblichen Gegenreaktionen führten. Über Alternativen von Bedeutung wurde bis zur Wende nie ernsthaft nachgedacht. Welche wären es im Rahmen der DDR gewesen? Ein in der deutschen Wissenschaftsgeschichte einmaliges Experiment wurde nach der Wiedervereinigung Deutschlands ohne wirklich abwägende Diskussion und ohne überzeugenden Grund unterbunden.

Dr. Herbert Wöltge und Prof. Dr. Hubert Laitko danke ich für ihre Anregungen und Hinweise.

KLAUS MEIER

Das Beispiel Ultrakurzzeitphysik – Bedingungen für Spitzenforschung an der Akademie der Wissenschaften der DDR

Eine Fallstudie über naturwissenschaftliche Forschung und wissenschaftlichen Gerätebau in den 70er und 80er Jahren und Perspektiven aus heutiger Sicht

„Wenn man nach dem internationalen Niveau unserer Forschungen fragt, – wir waren nicht der Nabel der Welt, haben aber wohl an manchen Stellen ganz vorne gearbeitet. Und es ist uns an der Universität Jena als erstem Labor gelungen, den Chirp, bzw. die Phasenmodulation, in Femtosekundenlasern genau zu regeln, wodurch wir speziell bandbreitebegrenzte Pulse erzeugen konnten und zeitweilig auch die kürzesten Pulse in Lasern überhaupt, damals unter 30 fs. Hier möchte ich eine sehr intensive Kooperation mit der Universität Denton, USA, hervorheben. Aber ich würde es nicht so hochspielen und den Begriff Weltrekord vermeiden. Außerhalb des Resonators konnte man schon damals die Pulse noch stärker verkürzen.“

Bernd Wilhelmi im Interview 2012

Rekordwerte erzielt man auch in der physikalischen Grundlagenforschung nicht alle Tage. Obwohl eine herausragende Einzelleistung – stehen hier die Physiker der Friedrich-Schiller-Universität mit ihren Ergebnissen stellvertretend für eine besonders erfolgreiche Forschungsrichtung in der DDR, die sich über Jahrzehnte durch eine äußerst vitale Forschungskooperation zwischen Wissenschaftlern der Friedrich-Schiller-Universität Jena, dem Zentralinstitut für Optik und Spektroskopie (ZOS), dem Zentrum für wissenschaftlichen Gerätebau (ZWG) und dem Kombinat Carl Zeiss Jena sowie weiteren Industrieeinrichtungen auszeichnete. Insofern ist der Verweis auf einen Weltrekord zugegebenermaßen ein etwas spektakulärer Auftakt, aber er führt direkt zur Frage nach den Bedingungen für Spitzenforschung in der DDR.

Mit der Ultrakurzzeitphysik (UKP) – der Erzeugung immer kürzerer Laserlichtimpulse und ihre Interaktion mit immer kleineren Strukturen und Kurzzeitvorgängen sowie der Messung entsprechender Effekte – entwickelte sich Ende der 60er Jahre international eine neue Forschungsrichtung in der naturwissenschaftlichen Grundlagenforschung, Methodenentwicklung und Experimentaltechnik sowie dem darauf basierenden wissenschaftlichen Gerätebau. Hier hatten Wissenschaftler in der DDR nicht nur den Zug der Zeit frühzeitig erkannt, sondern gehörten mit zu den Protagonisten an der Forschungsfront und haben unter den konkreten Rahmenbedingungen von Wissenschaft, Wirtschaft und Gesellschaft in der DDR international beachtliche Leistungen erzielt. Dies musste letztlich auch die Evaluierung der außeruniversitären Forschungseinrichtungen der DDR durch den Wissenschaftsrat 1991 attestieren,[1] So heißt es zum Zentralinstitut für Optik und Spektroskopie in der Stellungnahme des Wissenschaftsrates:

„Spezielle spektrometrische Verfahren und apparative Anordnungen zur Ultrakurzzeitspektroskopie nehmen eine international beachtete Stellung ein.“[2]

---

1 Auf eine nähere Behandlung der politischen Funktion bzw. Instrumentalisierung der Evaluierung der Forschungseinrichtungen der DDR sei hier verzichtet. Dies hat der Autor 1990/91 in verschiedenen Publikationen zeitnah getan. Nur so viel als Quintessenz: Das Ende der Akademie als große interdisziplinäre Forschungseinrichtung war mit dem Einigungsvertrag besiegelt wie auch der implizite Auftrag, ehemals forschungsleitenden Wissenschaftlern in Akademie und Hochschulen keine Perspektive in öffentlich finanzierten Forschungsstrukturen der BRD zu gewähren. Andererseits tut man den seinerzeitigen wissenschaftlichen Evaluationsbeauftragten Unrecht, würde man ihnen unisono wissenschaftliche Fairness und Vernunft absprechen. Angesichts der internationalen Reputation ausgewiesener Forschungsschwerpunkte in Akademieeinrichtungen und ihres Filetstückcharakters für geplante neue Forschungseinrichtungen war durchaus Spielraum für positive Evaluierungsempfehlungen. Die Ultrakurzzeitphysik steht dafür exemplarisch.
Ausgewählte Beiträge des Autors zur Abwicklung der DDR-Wissenschaft:
Bobach, Reinhard/Meier, Klaus: Industrieforschung ohne Industrie? WZB, Berlin 1990
Meier, Klaus/Melis, Charles: Kardinale Mißverständnisse beim Vergleich der Wissenschaftssysteme von DDR – BRD, in: Akademie-Nachrichten (ANA) Heft 2/1990, S. 6–8
Meier, Klaus/Melis, Charles: Falsch vermessen und zurechtgestutzt, in: Forum Wissenschaft Heft 2, 1990, S. 32–34.
Meier, Klaus/Schulz, Carla: Demokratie lernen und behaupten lernen. Demokratisierungsprozesse in der Wissenschaft der „Noch-DDR“ seit November 1989, in Forum Wissenschaft, Heft 2, 1990 S. 25–28.
Meier, Klaus/Melis, Charles: Experiment „Schöpferischer Crash“. Wie viel Wissenschaft darf in den Einheitszug?, in: wissenschaft und fortschritt, Heft 11, 1990, S. 292–295.
Meier, Klaus: Der Stand der Forschung in der DDR im internationalen Vergleich: Naturwissenschaften, in: Materialien der Enquete-Kommission „Überwindung der Folgen der SED-Diktatur im Prozeß der deutschen Einheit“, Band IV/2, S. 1305–1334, Hier von Interesse insbesondere Abschnitt 6 „Spitzenforschung made in GDR: Das Beispiel Ultrakurzzeitphysik (UKP).

2 Wissenschaftsrat: Stellungnahme zu den außeruniversitären Forschungseinrichtungen in den neuen Ländern und Berlin, Düsseldorf 5.7.1991, Teil II.2 Zentralinstitut für Optik und Spektroskopie in Berlin-Adlershof, S. 35.

„Mit der Einführung von Impulslasern stand die Entwicklung zeitaufgelöster Methoden für den Nano- und Pikosekundenbereich im Vordergrund. Mit speziellen Anordnungen ist es gelungen, bis in den Femtosekundenbereich vorzudringen und neue Anwendungsgebiete der Laserspektroskopie in der Ultrakurzzeitphysik zu erschließen. Die Arbeiten zur Ultrakurzzeitphysik gehören zu den herausragenden Aktivitäten im ZOS und sind international hoch angesehen."[3] „Dieses Potential sollte unbedingt erhalten bleiben. Der Wissenschaftsrat empfiehlt die Gründung eines Instituts der Blauen Liste mit dem thematischen Schwerpunkt ‚Nichtlineare Optik und Kurzzeitspektroskopie'"[4] Diese Empfehlung wurde 1991 umgesetzt und das Max-Born-Institut für Nichtlineare Optik und Kurzzeitspektroskopie (MBI) gegründet. Zu den Anfangszeiten äußert sich einer der drei Direktoren folgendermaßen: „Die Gebäude, überhaupt das gesamte Gelände, waren in einem desolaten Zustand. Im Institut selbst wurde dagegen konkurrenzfähige Forschung gemacht."[5]

Fallstudie Ultrakurzzeitphysik 1987/88 – ein Fundus an Zeitzeugenberichten und Rückblicke ein Vierteljahrhundert später

Die Gelegenheit einer Publikation über die besondere Rolle der Forschungsakademien in der DDR ermunterte den Autor des vorliegenden Beitrages, sich die Ergebnisse einer von ihm Ende der 80er Jahre durchgeführten sozialwissenschaftlichen Begleitforschung nach gut zweieinhalb Jahrzehnten wieder vorzunehmen. Titel der Studie: *Zur Entstehung und Entwicklung forschungstechnischer Neuerungen am Beispiel der Ultrakurzzeitphysik.*[6] Gegenstand war jene Forschungs-

3 Ebenda, S. 37/38.

4 Ebenda, S. 48/49.

5 Wolfgang Sandner (Direktor am Max-Born-Institut für Nichtlineare Optik und Kurzzeitspektroskopie – MBI) im Interview „Der Forschungsverbund ist keine Großforschungseinrichtung", in: Verbundjournal, September 2012, Hrsg. Forschungsverbund Berlin e.V., S. 17.

6 Fallstudie UKP – ein über zwei Jahre gehendes Projekt sozialwissenschaftlicher Begleitforschung des Institutes für Theorie, Geschichte und Organisation (ITW) zur Entwicklung der Ultrakurzzeitphysik in der DDR.
Die Fallstudie stützte sich auf ein breites Spektrum methodisch-empirischer Instrumentarien. Zu den Hauptinstrumenten zählten:
- 27 Interviews mit den auf dem Gebiet der UKP arbeitenden Wissenschaftlern aus dem ZOS, ZWG und der FSU Jena,
- Bestandteil der Mehrzahl der Interviews waren Laborbesichtigungen – und soweit möglich – mit einer Demonstration der Funktion entsprechender experimenteller Versuchsanordnungen und Geräteentwicklungen,
- Recherche von Veröffentlichungen zur UKP – vor allem der Interviewpartner,

richtung, wo seinerzeit Jenenser Wissenschaftler den zitierten Weltrekord bei ultrakurzen Laserlichtimpulsen erzielten und wo laut Urteil des Wissenschaftsrates das Zentralinstituts für Optik und Spektroskopie mit speziellen spektrometrischen Verfahren und apparativen Anordnungen zur Ultrakurzzeitspektroskopie eine international beachtete Stellung einnahm.[7] Die Arbeiten zu dieser Fallstudie konnten – bedingt durch die Wende – seinerzeit nicht mehr abgeschlossen werden. Der gesellschaftliche und forschungsinstitutionelle Kontext brach weg, das wissenschaftspolitische Interesse an erfolgreichen Wissenschaftsprojekten einer verflossenen Gesellschaftskonstruktion ebenso.

- Prospektmaterial – insbesondere für die Geräteentwicklungen des ZWG
- Planungs- und Abrechnungsunterlagen zu den untersuchten Themenfelder der UKP, Angaben zum Wissenschaftspotential u.v.a.m.

Das Team der Fallstudie bestand aus dem Initiator und Leiter, Dr. Klaus Meier, und der Forschungsassistentin Ingrid Elisabeth Endesfelder, die die wissenschaftlich-technische Betreuung übernahm und an der erfolgreichen Durchführung der Untersuchungen in den wissenschaftlichen Einrichtungen maßgeblichen Anteil hatte.

Zielstellung und Vorgehensweise der empirischen Erhebungen vor Ort wurden mit den Direktoren der betreffenden wissenschaftlichen Einrichtungen bzw. den Leitern der untersuchten Wissenschaftsbereiche abgestimmt. Den Schwerpunkt der Realisierung der Fallstudie bildeten drei mehrwöchige Arbeitsaufenthalte im März, Juni und Oktober 1987 im ZOS, im ZWG und in der Sektion Physik der Friedrich-Schiller-Universität Jena. Interviewpartner waren: ZOS: Prof. Edgar Klose, Prof. Johannes Hertz, Prof. Siegfried Dähne, Dr. F. Adam, Dr. sc. K. Berndt, Dr. Frank Fink, Dr. sc. Dieter Leupold, Dr. Holger Stiehl und Dr. Klaus Teuschner; ZWG: Prof. Norbert Langhoff, D. Heinrich Endert, Dr. Naomi Kempe, Dipl.-Ing. K.D. Kramp, Dr. Hartmut Lucht, Ing. V. Maßphul, Dr. Ulrich Plauschin, Dr. Matthias Scholz und Dr. Thiede sowie Dr. Christian Rempel (zur Zeit der Befragung an der FSU Jena) sowie an der FSU: Prof. Bernd Wilhelmi, Prof. Volker Brückner, Dr. sc. Wieland Dietel, Dr. sc. Dieter Schubert, Dr. Klaus Vogler, Dr. Heidrun Wabnitz und Prof. Gerhard Wiederhold.

Die Fallstudie UKP war gedacht als Teil einer komplexeren Arbeit zum Thema „Der forschungstechnische Neuerungsprozess" und umfasst im Manuskript die Seiten 269–436 (plus Literaturnachweis). Die Fertigstellung dieses empirischen Teils wurde 1988 zugunsten der Fertigstellung der Diss. B mit dem Titel „Der forschungstechnische Neuerungsprozess – Ein Beitrag zu Theorie und Analyse der Wissenschaftsentwicklung" (verteidigt im März 1990, Berlin 1990, 284 S.) zurückgestellt.

Die Fallstudie konnte durch den Umbruch 1990 und die Auflösung der untersuchten Wissenschaftsstrukturen nicht fortgesetzt werden. 1990/91 wurde mit der Begründung der laufenden Evaluierung der Akademieeinrichtungen ein diesbezüglicher Projektantrag abgelehnt. Der Autor hat sich im Rahmen des Wissenschaftler-Integrations-Programms dann einer sozialwissenschaftlichen Begleitforschung zur Minimal-invasiven Medizin zugewandt, wobei er methodisch und inhaltlich an Ergebnisse von Laseranwendungen anschließen konnte.

Der folgende Beitrag greift auf wesentliche Textpassagen und Interviewauszüge des 170 Seiten umfassenden Textes der Fallstudie UKP zurück – es finden sich an den entsprechenden Stellen Verweise der Form: (FS UKP + Seitenangabe). So können ausgewählte Passagen von Zeitzeugenberichten der Forschungsszene zur UKP in der DDR aus den Jahren 1987/88 erstmals einer breiteren Öffentlichkeit zur Verfügung gestellt werden.

7 Wissenschaftsrat, ebenda.

Lohnt es sich 25 Jahre danach den Faden nochmals aufzugreifen? Mit dieser Frage wandte sich der Autor an den Wissenschaftshistoriker Hubert Laitko. Mit Laitko verbinden den Autor zwei Jahrzehnte Tätigkeit am Institut für Theorie, Geschichte und Organisation der Wissenschaft der AdW der DDR in den 70er und 80er Jahren.[8] Seit der Jahrtausendwende sind insbesondere wissenschaftspolitische Projekte der Rosa-Luxemburg-Stiftung Gegenstand gemeinsamer Bemühungen, so auch die vorliegende Publikation.

Laitko nahm sich Ende 2011 des Forschungsberichts zur UKP an und kam in einem Exposé „Grundsätze zur wissenschaftshistorischen und wissenschaftspolitischen Auswertung der Fallstudie Ultrakurzzeitphysik für das Projekt ‚Forschungsakademien'" zu folgendem Ergebnis. „Der Institutionentyp ‚Forschungsakademie' wäre nur oberflächlich verstanden, wenn sich die Analyse allein auf die institutionellen Strukturen und deren Wandel beschränken würde. Einer Antwort auf die eigentlich entscheidende Frage, wie effektiv diese Strukturen als ermöglichender Rahmen für Forschungsaktivitäten waren, kommt man nur näher, wenn man die Evolution von Forschungsrichtungen und die Realisierung von Forschungsvorhaben innerhalb dieser Rahmenbedingungen und mit expliziter Bezugnahme auf sie betrachtet. ... Es ist daher als ein außerordentlicher Glücksfall zu betrachten, dass mit der von Dr. sc. Klaus Meier im damaligen Institut für Theorie, Geschichte und Organisation der Wissenschaft (ITW) der AdW der DDR im Jahre 1988 fertiggestellten Studie *Zur Entstehung und Entwicklung forschungstechnischer Neuerungen am Beispiel der Ultrakurzzeitphysik* einschließlich des ihr zugrunde liegenden umfangreichen empirisch-soziologischen Materials eine Arbeit vorliegt, die diesen Anforderungen in hohem Maße genügt. ... Dieser Umstand ist auch deshalb wichtig, weil die Relevanz der vorliegenden Ergebnisse weit über die Grenzen eines Beitrages zur Aufhellung der DDR-Wissenschaftsgeschichte hinausgeht. Die Ultrakurzzeitphysik, deren Bearbeitung in der DDR hier untersucht wird, bildet einen der zentralen methodisch-forschungstechnischen Entwicklungsstränge der Physik im letzten Drittel des 20. Jhs."[9]

Und Laitko führt dann weiter aus: „Damit konnten die Resultate Aufschlüsse in zwei Richtungen erbringen. Auf der einen Seite konnte – sachlich belegt und begründet – darüber geurteilt werden, welche realen Möglichkeiten die DDR als Kleinstaat hatte, zur internationalen Forschungsfront aufzuschließen und diese

8 Hubert Laitko war seinerzeit auch Doktorvater der Dissertation B des Autors (verteidigt im März 1990) Klaus Meier: Der Forschungstechnische Neuerungsprozess ...

9 Hubert Laitko: Grundsätze zur wissenschaftshistorischen und wissenschaftspolitischen Auswertung der Fallstudie „Ultrakurzzeitphysik" für das Projekt Forschungsakademien, unveröffentl. Manuskript, Berlin 2012, S. 1.

an einigen Stellen mitzubestimmen; unter diesem Aspekt kommen die von den Forschungsakademien repräsentierten Potentiale ins Spiel. Auf der anderen Seite ergaben sich Einsichten in die generellen Bedingungen forschungstechnischer Neuerungsprozesse, die von der Evolution der naturwissenschaftlichen Grundlagenforschung sowohl ermöglicht als auch erfordert werden; diese Einsichten lassen sich in Abstraktion von den spezifischen Bedingungen und Schranken der DDR-Verhältnisse formulieren. Ohne diesen Gesichtspunkt ganz zu vernachlässigen, dürfte der Schwerpunkt der Auswertung für das Projekt „Forschungsakademien" allerdings auf dem erstgenannten Aspekt liegen."[10] Laitko schließt das Exposé mit der Empfehlung, sich wenn möglich noch einmal mit den 1987/88 in die Fallstudie einbezogenen Akteuren in Verbindung zu setzen und sie nach ihrer Einschätzung aus heutiger Perspektive zu befragen.

Dem Rat folgend, stand für den Autor 2012 zum einen die Neubeschäftigung mit dem Material der Fallstudie UKP auf der Tagesordnung – sollten doch mit dem vorliegenden Beitrag erstmals wesentliche Aussagen von Zeitzeugen zur Entwicklung der UKP in der DDR einer breiteren Öffentlichkeit zugänglich gemacht werden. Zum anderen ging es darum, sich 2012 in einem Folgeprojekt auf die Spuren der seinerzeit befragten Wissenschaftler zu begeben. Von den 1987/88 interviewten 27 Wissenschaftlern und Wissenschaftlerinnen des Zentralinstituts für Optik und Spektroskopie (9 Befragte), des Zentrums für wissenschaftlichen Gerätebau (11 Befragte) und der Friedrich-Schiller-Universität Jena (7 Befragte) wurde stellvertretend mit vier Protagonisten: Prof. Frank Fink und Prof. Edgar Klose (beide ehemals ZOS), Prof. Norbert Langhoff (ehemals ZWG) und Prof. Bernd Wilhelmi (ehemals FSU) im Verlauf des Jahres 2012 Experteninterviews durchgeführt. Basierend auf diesen Befragungen und unterstützt durch Internet- und Literaturrecherchen konnten von insgesamt 22 Akteuren der UKP-Forschung wichtige Kerndaten zu ihren Berufswegen in den 90er Jahren bis in die heutige Zeit gewonnen werden.

Kurzes Fazit: Die Forschungsszene in Berlin und Jena ist über die letzten zwanzig Jahre in hohem Maße mit den Namen von Wissenschaftlern verbunden, die ab Ende der 60er Jahre die Forschungen zu ultrakurzen Laserlichtimpulsen in der DDR begonnen und in den folgenden zwei Jahrzehnten erfolgreich forciert haben. Doch eigentlich begann alles noch früher – in der Neuformierung naturwissenschaftlicher Forschung nach dem Zweiten Weltkrieg im Osten Deutschlands. Hier setzt auch der historische Rückblick in der Fallstudie zur UKP ein.

10 Ebenda, S. 1/2.

Jena und Berlin in den 50er Jahren – Standorte des Wiederaufbaus und Neuanfangs physikalischer Grundlagenforschung

Zitat aus der Fallstudie UKP: „Während unseres Arbeitsaufenthaltes an der Sektion Physik der Friedrich-Schiller-Universität wurde insbesondere in den Gesprächen mit Prof. Gerhard Wiederhold und Dr. sc. Dieter Schubert darauf hingewiesen, dass die späteren Ergebnisse von Mitarbeitern der FSU auf dem Gebiet der UKP nur verständlich werden vor dem Hintergrund der Traditionen der physikalischen Forschungen zur Optik und Spektroskopie in den 50 Jahren." (FS UKP, S. 311) Dazu heißt es in einem Beitrag zur Physikentwicklung an der FSU nach 1945: „An der Fachrichtung Physik stabilisierten sich die Verhältnisse ab Studienjahr 1952/53, von da ab war eine geregelte Besetzung aller Lehrstühle gegeben. Verschiedene (haupt- und nebenamtliche) Hochschullehrer (Göhrlich, Kühne, Schütz und Steenbeck), die eine Reihe von Jahren in der Sowjetunion als Spezialisten tätig waren, standen der Fachrichtung in dieser Zeit bzw. etwas später in Lehraufgaben zur Verfügung."[11]

Dr. Dieter Schubert – seit 1953 an der FSU tätig und ab 1961 maßgeblich an der Laserentwicklung beteiligt – schildert die spektroskopischen Forschungen an der FSU wie folgt: „Prof. Wilhelm Schütz, unser damaliger Seniorchef auf dem Gebiet der Spektroskopie aller Wellenlängen, arbeitete nach dem Krieg in der UdSSR und ist Anfang der 50er Jahre an unsere Universität zurückgekehrt. Er hatte wesentlichen Anteil am Wiederaufbau der physikalischen Forschung in Jena und war besonders stolz darauf, Spektroskopie aller Wellenlängen zu betreiben. ... Wir hatten also an der FSU ein sehr leistungsfähiges spektroskopisches Hinterland, und auch was die quantenelektronische Seite betraf, waren durch die Abteilung von Prof. Bruno Elschner mit den Methoden der Hochfrequenzspektroskopie, d.h. also auch der Maserentwicklung, wesentliche Voraussetzungen (für die Laserentwicklung, KM) geschaffen." (FS UKP, S. 311)

Auch im Berliner Institut für Optik und Spektroskopie war man Ende der 50er Jahre durchaus an der internationalen Forschungsfront, wie aus dem Tätigkeitsbericht der Forschungsgemeinschaft der naturwissenschaftlichen, technischen und medizinischen Institute der Deutschen Akademie der Wissenschaften zu Berlin für das Jahr 1960 zu entnehmen ist. So war der Bereich Spektroskopie aufgestellt in der „Spektroskopie der Atome und Moleküle in allen Aggregatzuständen im infraroten, sichtbaren und ultravioletten Spektralbereich einschließ-

11 Sektion Physik: Zur Physikentwicklung nach 1945 an der Friedrich-Schiller-Universität Jena, Jenaer Reden und Schriften der Friedrich-Schiller-Universität, Jena 1982, S. 14.

lich Raman-Effekt. Bearbeitung von Fragen der Spektralanalyse. Herstellung und spektrale Untersuchung von optischen Medien.“[12]

Der Laser – auch in der DDR eine schnelle Antwort auf diese neue Herausforderung

Im Mai 1960 realisierte Theodore Harold Maiman erstmals in einem Versuchsaufbau mit einem Rubinkristall kohärente Lichtstrahlung im sichtbaren Bereich. Das war die Geburtsstunde des Lasers. Wenige Monate später fand im März 1961 in Berkeley USA die II. Konferenz für Quantenelektronik statt, wo in wissenschaftlichen Vorträgen und Demonstrationsexperimenten den rd. 500 Teilnehmern die neuen optischen Maser (Laser) vorgestellt wurden. Unter den ausländischen Konferenzteilnehmern kamen drei aus sozialistischen Ländern. Das war der spätere Nobelpreisträger Nikolai. G. Basow und N.V. Kralow (beide aus dem Lebedew-Institut für Physik in Moskau) und Gerhard Wiederhold vom Physikalischen Institut der FSU Jena, DDR.

Die Nachrichten, die Wiederhold aus den USA über den Laser mitbrachte, lösten sowohl an der FSU in Jena als auch im Institut für Optik und Spektroskopie (IOS; ab 1970 Zentralinstitut für Optik und Spektroskopie – ZOS) in Berlin eine Phase intensivster Forschungsarbeiten aus. Dieter Schubert, damals Assistent in der Abteilung Hochfrequenzspektroskopie am Physikalischen Institut der FSU, schilderte in der Fallstudie UKP seine Eindrücke so: „Professor Wiederhold hatte Berichte über die ersten Laser von einer Konferenz aus San Francisco mitgebracht, und wir gingen sofort an die Arbeit. Diese Zeit war für mich als junger Wissenschaftler äußerst faszinierend. Wir haben damals für Interessenten aus der ganzen DDR Demonstrationsexperimente mit Lasern gemacht. Tag und Nacht haben wir gearbeitet, um die Experimente aufzubauen.“ (FS UKP, S. 314)

Prof. Johannes Hertz – Interviewpartner der Fallstudie UKP und in den 60er Jahren Abteilungsleiter im Bereich Spektroskopie des Instituts für Optik und Spektroskopie – schildert die fruchtbare wissenschaftliche Konkurrenz, die der Bericht von Wiederhold bei den Kollegen in Jena und Berlin auslöste. „In der DDR gab es nur einen Experten, der Rubinkristalle bearbeiten konnte. Das war Herr Richter aus unserem Institut. Alle daran Interessierten kamen zu ihm – Kollegen vom II. Physikalisch-Technischen Institut, von der FSU und von Zeiss

12 Tätigkeitsbericht der Forschungsgemeinschaft der naturwissenschaftlichen, technischen und medizinischen Institute der Deutschen Akademie der Wissenschaften zu Berlin 1960, Berlin 1961, S. 84.

Jena. Der erste Laser in der DDR war ein Rubinlaser – entwickelt von Dr. Kurt Lenz – und lief bei uns im ZOS und zwar am 8. August 1962. Einige Zeit später konnten auch an der FSU die ersten Laser in Betrieb genommen werden. Seitdem gab es in beiden Einrichtungen eine gesunde Konkurrenzentwicklung." (FS UKP, S. 315) So sah dies auch der ‚DDR-Botschafter' in Sachen Laser, Gerhard Wiederhold: „14 Tage nachdem im Institut für Optik und Spektroskopie der erste Festkörper-Rubin-Laser aufgebaut war, hatten wir an der FSU in meiner Gruppe den ersten Gaslaser (Helium-Neon-Gaslaser) entwickelt. Auch die ersten CO_2-Laser in der DDR wurden von uns entwickelt." (FS UKP, S. 315)[13]

Der LMA 1 von Zeiss – vom Hoffnungsträger zum handfesten Exportschlager der DDR

Der erste Schritt war getan – an der FSU und im Institut für Optik und Spektroskopie konnte man verschiedene Lasertypen mit Experimentalaufbauten im Labor realisieren. Der Laser war in aller Munde, löste in Wissenschaft und Technik bis hin zur Medizin und zum militärischen Einsatz eine enorme Euphorie-Welle aus. Erst mal aber taugte die neue Wunderwaffe noch wenig für den praktischen Einsatz außerhalb der Laborwände. Die Laser waren zu wackelig und brachten noch nicht die Eigenschaften, die sich potenzielle Anwender erhofften – so Bernd Wilhelmi 2012 in der Retrospektive.

Doch dann trumpfte der VEB Carl Zeiss Jena mit einer Entwicklung auf, die ohne Zweifel auf die Erfolgsseite gelungener Zusammenarbeit von experimenteller Grundlagenforschung und industrieller Hightech-Entwicklung in der DDR gehört. Der VEB Carl Zeiss Jena brachte 1964 als erster Betrieb im RGW mit dem LMA 1 eine professionelle Laseranwendung auf den Markt. „Wir – so Gerhard Wiederhold – hatten am damaligen Physikalischen Institut der FSU Erfahrungen bei der Entwicklung von Masern, so dass wir mit der Gedankenwelt der beginnenden Quantenelektronik gut vertraut waren. Bei Zeiss Jena waren auch entsprechende optische Komponenten bekannt, so dass der Anschluss an die Weltspitze relativ schnell hergestellt werden konnte." (FS UKP, S. 316)

Dies ist ein wissenschaftspolitisches wie wissenschaftstheoretisches Lehrbeispiel der Dialektik von Tradition und schnellem Aufgreifen neuer Entwicklungen, wie es Dieter Schubert (FSU) in der Fallstudie UKP treffend schildert: „Man

13 Vgl. auch: Gerhard Wiederhold: Vier Jahrzehnte Laserentwicklung im Jena, in: Jenaer Jahrbuch zur Technik- und Industriegeschichte 2000, S. 110–169.

kann international auch bei neu entstandenen Richtungen nur mitbestimmen, wenn man auf langjährige erfolgreiche Traditionen in den Arbeitsrichtungen aufbauen kann. Wir wären später z.B. nie in der Lage gewesen, zeitweilig den Rekord bei der Erzeugung kürzester Impulse zu erzielen oder international anerkannte Methoden der optischen Spektroskopie zu entwickeln, ohne Traditionen auf diesem Gebiet. Nur so war das schnelle Nachvollziehen der Laserentwicklung möglich. Die Pflege solcher traditionellen und zugleich zukunftsorientierten Richtungen verläuft aber nicht ohne Probleme. So haben beispielsweise bestimmte Ergebnisse von Prof. Max Schubert[14] zur IR-Spektroskopie damals nicht die entsprechende Anerkennung gefunden. Es gab überführungsreife Geräte, so ein Fourier-Spektrometer, die beim Hersteller für optisch-spektroskopische Geräte, Carl Zeiss Jena, damals keine Resonanz gefunden haben. Da Zeiss kein Interesse zeigte, stagnierte die Entwicklung bei uns. Sehr viel später wurde im Rahmen des DDR-Beitrages zur Kosmosforschung ein solches IR-Fourier-Spektrometer als Staatsauftrag von fünf Akademieinstituten entwickelt.[15]" (FS UKP, S: 317)

Auch Bernd Wilhelmi zollt fünfzig Jahre später dem VEB Carl Zeiss Jena für diese Entwicklung Respekt: „Zeiss Jena war da eine positive Ausnahme, weil bei Zeiss einfach technische Anwendungen soweit aufbereitet waren, dass der Laser in etwas Fertiges rein kam. Es war wirklich sensationell, dass man in der Kürze der Zeit nicht bloß einen praxistauglichen Laser verkaufte, sondern eine ausgereifte Methode, die durch die neuartige Laseranwendung wirklichen Nutzen brachte. Der Laser ist eigentlich nur dazu da, um beispielsweise auf einer zu untersuchenden Stahloberfläche oder bei einer Hautprobe ein winziges Bisschen Substanz zu verdampfen. In dem so entstandenen Plasma kann man sich nun spektroskopisch die Atomzusammensetzung anschauen." – so Bernd Wilhelmi

---

14 Max Schubert – siehe Phys. Blätter Nr. 9, 1998.

15 „Für das erste Tiefraumexperiment entwickelte die Akademie ein Infrarot-Fourier-Spektrometer, das 1983 auf den sowjetischen Sonden Venera 15 und 16 eingesetzt wurde. ... Das Institut für Kosmosforschung (IKF), das Zentralinstitut für Optik und Spektroskopie (ZOS) sowie das Zentrum für den wissenschaftlichen Gerätebau (ZWG) entwickelten im Folgenden ein weiteres Infrarot-Fourier-Spektrometer: FS 1/4. Dieses Gerät war von seiner Leistungsfähigkeit nur mit amerikanischen Entwicklungen der NASA zu vergleichen." – so der Autor Henning Krause in der Internetseite zu Geschichte der Raumfahrt in der DDR. Das dies keine singuläre Leistung war, zeigt folgende Einschätzung im selben Text: „Die DDR gab in den folgenden Jahren mit zwei Mark pro Einwohner nur ein Achtel dessen aus, was die Bundesrepublik in D-Mark pro Kopf in die Raumfahrt steckte. Dennoch oder trotzdem sind die Leistungen der DDR in der Raumfahrt erstaunlich. 167 Geräte ‚Made in GDR' flogen mit sowjetischen Raketen ins All. ... Ein weiteres Highlight der DDR-Raumfahrtentwicklungen war die Multispektralkamera MKF 6."
In: Henning Krause: 100 Jahre – Hammer und Zirkel im All: Zur Geschichte der Raumfahrt der DDR, Deutsches Zentrum für Luft- und Raumfahrt (DLR) http://dlr.de/100Jahre/...

im Interview 2012 und er wendet sich an diesem Beispiel der Frage der Kooperation zwischen Wissenschaft und Industrie zu: „Hier war es gut, dass man von offizieller Seite in der DDR ganz gezielt die Forschungskooperation förderte, mehr noch auch zur Verpflichtung machte. An vielen Universitäten in der DDR gab es starke Vorbehalte gegenüber einer engen Verbindung zwischen Industrie und Universitäten, bzw. Hemmschwellen zwischen Physikern und Chemikern auf der einen und den Ingenieuren auf der anderen Seite. In Jena kannte man solche Vorbehalte nicht, hier herrschte seit der denkwürdigen Zusammenarbeit von Ernst Abbe und Carl Zeiss ein für die Kooperation beispielhaftes Klima." Schließlich war die Allianz von wissenschaftlicher Forschung und Technikentwicklung im ausgehenden 19. Jahrhunderts gerade das Erfolgsrezept der Entwicklung Jenas zum Zentrum der deutschen Optik und Feinmechanik-Industrie.[16] So überrascht auch die Einschätzung von Bernd Wilhelmi im Interview 2012 nicht, wonach „auch unter anderen gesellschaftlichen Bedingungen eine erfolgreiche Kooperation wie etwa die von Zeiss Jena, FSU, ZOS und ZWG bei der Ultrakurzzeitphysik zustande gekommen wäre. Günstig war unter den Bedingungen der DDR, dass forschungsseitig sowohl das Ministerium für Hoch- und Fachschulwesen als auch die Akademieleitung bestrebt und verpflichtet waren, ihre Potenziale untereinander und in Kooperation mit der Industrie enger zusammen zu bringen. Die Zusammenarbeit war gewollt und sie vollzog sich hier in einer sehr guten Weise – ob man nun die UKP oder andere Gebiete der Optik nimmt."[17]

Der LMA 1, der Laser-Mikro-Analysator für die Laser-Mikro-Spektralanalyse, wurde 1964 fertig gestellt und erhielt auf der Leipziger Frühjahrsmesse 1965 eine Goldmedaille. Er war flexibler und preiswerter als das damals einzige amerikanische Konkurrenzprodukt auf dem Markt. Er entwickelte sich zu einem Exportschlager für die DDR und selbst in der Bundesrepublik erwarben viele Firmen das Gerät.[18]

---

16 Übrigens hat der spätere Direktor des Zentrums für wissenschaftlichen Gerätebau der Akademie, Norbert Langhoff, an der „Haus-Hochschule" von Zeiss in Ilmenau studiert – und hat in dieser Traditionslinie seine ersten wissenschaftlichen Meriten erworben.

17 B.W.-Interview.

18 http://www.deutsches-museum.de/fileadmin/Content/040_BN/PDFs/Prismentexte/LMA_1.pdf „Das Gerät verdampft winzige Mengen einer chemischen Verbindung und kann diese Dämpfe dann mit Hilfe des Laseranalysators untersuchen. Der Nachweis von 60 chemischen Elementen ist möglich, ohne die zu analysierende Probe speziell vorbereiten zu müssen. Der LMA 1 konnte für etwa 24.000 DM erworben werden und war deutlich preiswerter als das einzige amerikanische Konkurrenzprodukt. In den sechziger Jahren erwarben Firmen wie IBM, die Siemens AG, die BASF AG oder die Hoechst AG Geräte dieser Baureihe. Auch das Bundeskriminalamt (BKA) benutzte einen LMA 1 zur Spurenanalyse in der Kriminalistik. Der LMA 1 war ein erfolgreiches Produkt der Kooperation von Akademie- und Hochschulinstituten mit der Industrie. Aber vor allem verdankte er seine

Beim Nobelpreisträger lernen – die Grundlagen der Ultrakurzzeitphysik

Verlassen wir Jena und gehen ans II. Physikalisch-Technische Institut (II. PTI) nach Berlin-Adlershof. Seit seiner Gründung 1964 ist dort mit Edgar Klose ein junger Wissenschaftler tätig, der sich ganz der Laserphysik verschrieben hatte. Er kam in einer Phase an das Institut, wo eine neue Etappe in der Zusammenarbeit zwischen den Akademien der DDR und der Sowjetunion eingeleitet wurde. Edgar Klose hatte die Gelegenheit 1965 als Mitglied der Delegation von Werner Hartke (Akademiepräsident 1958–1968) und Hermann Klare (1963–1968 Vizepräsident, 1968–1979 Akademiepräsident) dabei zu sein, als die Grundzüge der neuen Zusammenarbeit beschlossen wurden. Bei dieser Gelegenheit lernte er den Nobelpreisträger Nikolai G. Basow (1964 Nobelpreis für Physik gemeinsam mit Charles H. Townes und Alexander M. Prochorow – letzterer ebenfalls aus dem Lebedew-Institut in Moskau) und seine Mitarbeiter kennen. 1967 weilte Klose zu einem halbjährigen Arbeitsaufenthalt am Lebedew-Institut, wo er die theoretischen Grundlagen für die Generation ultrakurzer Laserlichtimpulse und ihre experimentelle Umsetzung studierte. Nach seiner Rückkehr im Dezember 1967 begann Klose im Akademieinstitut in Berlin-Adlershof mit eigenen Experimenten und wurde sich seiner Sache immer sicherer.

1966 hatten Wissenschaftler in den USA und der UdSSR auf der Basis von bekannten Verfahren der Radartechnik Methoden entwickelt, wie man ultrakurze Lichtimpulse im ps-Bereich erzeugen kann. Klose griff diese Entwicklungen auf und spezialisierte sich auf die Methodenentwicklung zur Erzeugung von Laserimpulsen im ps-Bereich.

Es bleibt festzuhalten: Entscheidend für den schnellen Einstieg in Arbeiten zur UKP war der enge Kontakt zu führenden sowjetischen Zentren auf diesem Gebiet. Durch Arbeitsaufenthalte – wie dem von Edgar Klose – und die Teilnahme an wissenschaftlichen Tagungen erhielten Wissenschaftler der DDR Gelegenheit, die jeweils neuesten theoretischen und methodisch-experimentellen Ergebnisse kennenzulernen. Hervorzuheben ist in dieser Phase auch das IV. Allunions-Symposium über Nichtlineare Optik 1968 in Kiew, wo neben Wissenschaftlern aus der UdSSR auch Kollegen aus den USA, der BRD und Großbritannien neue Methoden der Erzeugung und Messung ultrakurzer Impulse im ps-Bereich vorstellten. In der DDR-Delegation auch der damals dreißigjährige Bernd Wilhelmi.

Realisierung dem festen Glauben der SED an die zentrale ökonomisch-politische Bedeutung einer Spitzentechnologie wie der des Lasers für den ‚Kampf des Sozialismus gegen den Kapitalismus'." Quelle: Deutsches Museum Bonn: Forschung und Technik in Deutschland nach 1945.

1968: Ein junger Wissenschaftler lässt die Community aufhorchen – Freiraum auch für unbequeme Pioniere

Noch im selben Jahr 1968 wagte sich Klose an die wissenschaftliche Öffentlichkeit. Seine Tribüne war die Jahrestagung der Physikalischen Gesellschaft in der DDR in Leipzig, wo er mit dem Beitrag „Gegenwärtiger Stand der Erzeugung ultrakurzer kohärenter Lichtimpulse" den Fachkollegen in der DDR diese neue Richtung der Laserforschung vorstellte. Das war gewissermaßen die Geburtsstunde der UKP im sub-ns- und ps-Bereich in der DDR. 2012 erinnert sich Edgar Klose folgendermaßen: „Der Stand der Technik im optischen Bereich – auch im internationalen Maßstab – war in diesen Jahren der Zeitbereich zwischen 5 ns und 10 ns. Man bemühte sich mit klassischen optischen und mechanischen Methoden (Drehspiegel, Drehprisma) um Absenkung der Impulsbreiten von wenigen Nanosekunden. Die Erzeugung von Impulsbreiten, die gleich 100 bis 1000 Mal kürzer sind, waren an wenigen Stellen in der Welt in der Entwicklung und die entsprechenden Methoden noch so wenig bekannt, dass auch mein Institutsdirektor Professor Klaus Junge Zweifel an der wissenschaftlichen Relevanz dessen hatte, was der junge Wissenschaftler seines Instituts in seinen Experimenten erhalten hatte und nunmehr in Leipzig vortragen wollte. Erst als am Tag nach meinem Vortrag – der zweite Tag war der Anwendung der Laser in der Nichtlinearen Optik gewidmet – mehrere Vortragende auf meine Ergebnisse eingingen, glaubte er an die Echtheit meiner experimentellen Untersuchungen, die in Übereinstimmung mit der im Jahr vorher in Moskau entwickelten Theorie standen."

Den endgültigen Durchbruch im Kreis der Fachkollegen hatte Klose im Ergebnis der Ersten Frühjahrsschule Optik – so die Einschätzung von Dieter Schubert in der Fallstudie UKP „Die Frühjahrsschule Optik ist aus der Tradition unseres Wissenschaftsbereiches entstanden, einmal im Jahr ins Auswärtsseminar zu fahren. 1968[19] fand ein solches Seminar in Remschütz bei Saalfeld statt, wo wir zum ersten Mal auch Kollegen aus Berlin eingeladen haben. Dort hat es den eigentlichen Startschuss für die UKP in der DDR gegeben. Wir haben damals vereinbart, auf diesem Gebiet eng zu kooperieren und den Informationsaustusch durch die jährliche Frühjahrsschule Optik zu fördern, ... Gerade für die Anfangsjahre der UKP spielte die Frühjahrsschule eine wichtige Rolle. Auf

19 Belegen lässt sich, dass die erste Frühjahrsschule Optik erst 1969 stattfand. Der Hinweis auf ein Auswärtsseminar 1968 in Remschütz könnte vermuten lassen, dass sich die Kollegen der FSU und aus Berlin bereits 1968 zu einem gemeinsamen Seminar getroffen haben.

unserem Seminar im Remschütz war auch Dr. Klose dabei, und wir haben gemeinsam über die Möglichkeiten der Erzeugung ultrakurzer Impulse sowie ihre potentiellen Anwendungen diskutiert. Dr. Klose war fasziniert von den Perspektiven dieser neuen Richtung und engagierte sich sehr für die Aufnahme entsprechender Untersuchungen in der DDR." (FS UKP, S. 329)

„Ich habe Ende der 60er Jahre angefangen, Kurzzeittechnik zu machen – also zeitgleich mit dem Start der Arbeiten im ZOS" – so Bernd Wilhelmi rückblickend im Jahre 2012. Es hat sich dann etwas unterschiedlich entwickelt: der eine machte das stärker, der andere das. Es war grundsätzlich abgestimmt, aber man wilderte auch schon ab und an in dem Garten des anderen, einfach weil man etwas Interessantes findet. Was Edgar Klose betrifft, er ist ein ausgesprochen geschickter Organisator, der neue Möglichkeiten förmlich riechen kann. Das fand ich immer sehr anregend, wie er schnell etwas Neues herausspürte und aufgriff. Und das bezog sich nicht allein auf die Ultrakurzzeit."

Und der Berliner Pionier in Sachen UKP Edgar Klose im Jahre 2012 dazu: „Ich hatte in Berlin die ganze Messtechnik aufgebaut, und so schickte Bernd Wilhelmi seine Leute zu mir. Er erinnert sich noch heute genau daran. Als wir 2008 seinen 70. Geburtstag feierten, sagte er zu mir: ‚Ja Klose, bei Ihnen haben wir Ultrakurzzeit gelernt'. Da kann einem die große Politik die wissenschaftliche Karriere zerschlagen und Forschungsmöglichkeiten verwehren. Wenn man dann auf Menschen trifft, die sagen, es war doch etwas wert, das tut schon gut. Aber zurück zur Geschichte: Von 1968 an ist der Kontakt zu Jena nicht mehr abgerissen. Die Zusammenarbeit wurde ausgebaut und gipfelte zu Beginn der 80ziger Jahre in der Gründung des ressortübergreifenden ‚Methodischen Zentrums Ultrakurzzeit-Physik."

Im ZOS bereitete man sich indes auf breiter Front auf das neue spektroskopische Zeitalter der ultrakurzen Laserimpulse vor. Unter Federführung von Prof. Siegfried Dähne wurde von Mitarbeitern des von Prof. Johannes Hertz geleiteten Bereiches „Spektroskopie" eine äußerst intensive prognostische Arbeit geleistet. Sie gipfelte in der im Juli 1970 vorgelegten „Mittelfristigen Prognose der NLO-Impuls-Spektroskopie als eine Systemlösung ultraschneller spektroskopischer Meß- und Analysenverfahren".[20] Diese Prognose verdient nicht nur deshalb besonderes Interesse, weil sich die dort getroffenen Einschätzungen und Trendaussagen in den folgenden zwei Jahrzehnten weitgehend bestätigt haben, sondern weil ihre wissenschaftspolitische Dimension und Argumentation selbst für Nichtfachleute so zwingend und überzeugend war:

20 Siegfried Dähne: Prognose NLO-Impulsspektroskopie, ZOS der AdW der DDR, Berlin 1970 (unveröffentl.).

„Die Kenntnis der physikalischen und chemischen Primärprozesse bei materiellen Vorgängen und Stoffumwandlungen ist zum Verständnis und damit zur Steuerung und Optimierung dieser Prozesse (z.B. halbleiter- und photophysikalischer Effekte, chemischer und biochemischer Reaktionen und katalytischer Prozesse) unerlässlich. ... Aufgrund dieser Situation in zentralen Bereichen der Physik, Chemie und Biologie ist die Entwicklung der Kurzzeitphysik die primäre Voraussetzung für den weiteren Fortschritt zur Untersuchung der physikalischen und chemischen Elementarprozesse atomarer und molekularer Teilchen. ... Die DDR ist im Rahmen des sozialistischen Lagers eines der führenden Länder auf dem Sektor des wissenschaftlichen Gerätebaus, speziell auf dem Sektor spektroskopischer Analysenmessgeräte. Der wissenschaftliche Gerätebau ist ein strukturbestimmender Zweig der Volkswirtschaft der DDR. Daraus ergibt sich zwangsläufig die Verantwortung für die Schaffung des wissenschaftlichen Vorlaufs, d.h. für die rechtzeitige Erarbeitung der Grundlagen für den wissenschaftlichen Gerätebau der Zukunft."[21] – quod erat demonstrandum! – was die Forschungspraxis der kommenden Jahre dann – wenn auch mit weniger Pathos – unter Beweis stellte.

Farbstofflaser FL-1 – auf dem Weg zu unikalen Laboraufbauten der UKP

Beginnen wir mit den methodisch-experimentellen Grundlagen und der Frage nach den elementaren Funktionen von Forschungstechnik. In jedem wissenschaftlichen Experiment sind drei Aufgabenkomplexe zu realisieren. Das sind erstens die gezielte Einwirkung auf das Untersuchungsobjekt, also der experimentelle Anstoß. Das ist des Weiteren der Komplex der Wechselwirkung selbst und das sind schließlich drittens die Nachweistechniken zu den sich dabei vollziehenden Reaktionen. Bei der Ultrakurzzeitspektroskopie sind es die Laseranregungsquelle, je ein spezieller Wechselwirkungsmechanismus und die entsprechenden Nachweistechniken. Dieter Leupold, ein in der Fallstudie 1987/88 befragter Wissenschaftler des ZOS, führt dazu aus: „An eine optimale UKS-Lichtquelle wird die Forderung gestellt, dass sich spektraler Emissionsbereich, spektrale Emissionsbreite, Emissionsdauer und Strahlungsleistung in möglichst weiten Grenzen variieren lassen (bei vertretbarem Aufwand). Dieser Forderung wird unter den bekannten Lichtquellen der Farbstofflaser am besten gerecht. Mit Farbestofflasern wird (international im Laborbetrieb) gegenwärtig ein spektraler

21 Ebenda, S. 9, 12 und 40.

Emissionsbereich zwischen 330 und 1.175 nm beherrscht ... In der Ultrakurzzeitspektroskopie kann der Farbstofflaser die Doppelfunktion von Anregungslichtquelle und spektroskopischer Lichtquelle übernehmen ...“[22]

In dem von Dieter Leupold als Themenverantwortlicher 1973 vorgelegtem Bericht heiß es zur Realisierung eines ersten Laboraufbaus des Farbstofflasers FL-1: „Mehrjährige Erfahrungen auf dem Gebiet der Lumineszenz organischer Farbstoffe sowie anschließende Arbeiten zur Farbstoff-Güteschaltung von Festkörperlasern bildeten die Voraussetzungen dafür, dass im Laufe des Jahres 1971 eine erste Version eines Farbstofflaser-Gerätes (FL-1) in Betrieb genommen werden konnte.“[23] Bei den Untersuchungen zur Verwendung von Farbstoffen zur Gütemodulation von Festkörperlasern hatte man ihre Eigenschaften als passive Schalter (nichtlineare Absorber) kennengelernt, d.h. man besaß einige Erfahrungen darüber, welche Farbstoffe und Farbstoffkonzentrationen für bestimmte Pumplichtquellen in Frage kommen, Erfahrungen auch darüber, wie geeignete Resonatoranordnungen aufzubauen sind. Diese Voraussetzungen wurden 1971 in einem ersten gerätetechnischen Aufbau umgesetzt. Dazu wurde als Pumplichtquelle ein Stickstofflaser (eine Entwicklung des Zentralinstituts für Elektronenphysik der AdW) verwendet. (FS UKP, S. 340) Die erste Version wies jedoch nicht nur die für ein solch frühes Stadium der Entwicklung unvermeidlichen Kinderkrankheiten auf, auch bei der zunächst gewählten Variante der geometrischen Anordnung der Pumplichtquelle längs zur Resonatorachse des Farbstofflasers zeigten sich erhebliche Nachteile. In der weiterentwickelten Variante, dem FL-2 wurde u.a. eine transversale Pumpanordnung realisiert, bei der die Pumpstrahlung senkrecht zur Resonatorachse des Farbstofflasers auftrifft. Diese Pumpgeometrie erwies sich in vieler Hinsicht als vorteilhaft. (FS UKP S. 340)

Die Grundprinzipien des geplanten Geräteaufbaus zum FL-2 wurden im Juli 1972 planmäßig dem institutseigenen ZOS-Konstruktionsbüro unterbreitet und alle konstruktiven Einzelheiten abgesprochen. Die Fertigstellung der Konstruktion erfolgte Anfang Oktober 1972. Mangelnde Werkstattkapazität führte zu einer verspäteten Fertigstellung des Gerätes (Mitte Dezember 1972).[24] Was das Gerät selbst betraf, wurde nach Einschätzung des Themenleiters Dieter Leupold der Weltstand erreicht. Zu Beginn der Arbeiten (1969/70) gab es international noch keinen kommerziell angebotenen Farbstofflaser für den ns-Bereich. 1972 wurde von der Firma AVCO Everett ein erstes Gerät (Dye Laser Model 1000) an-

22 Dieter Leupold: Nanosekunden-Farbstofflaser für den sichtbaren Spektralbereich, G-2 Bericht, ZOS der AdW der DDR, S. 1 (unveröffentl.).

23 Ebenda, S. 4.

24 Ebenda, S. 18.

geboten. „Soweit ein Vergleich auf Grund ausschließlicher Kenntnis aus Prospektmaterial möglich ist, kann festgestellt werden, dass die Geräte Model 1000 und FL-2 etwa gleichwertig sind.“[25]

Beim ns-Farbstofflaser hatte man rund zwei Jahre benötigt, um die in der Prognose des ZOS aus dem Jahre 1970[26] anvisierte Zielstellung – in kurzer Zeit den Anschluss an die Weltspitze herzustellen – zu erreichen.

Mit der Entwicklung einer solchen ersten gerätetechnischen Lösung war eine wichtige Etappe abgeschlossen. Die Verfügbarkeit eigener Farbstofflaser für den ns-Bereich war prinzipiell gesichert. Zugleich ergaben sich daraus neue Aufgaben, denn mit der Bereitstellung erster Unikate ist der forschungstechnische Entwicklungsprozess keinesfalls abgeschlossen. Das betrifft anwendungsseitig die möglichst rasche und breite Nutzung der mit der neuen Experimentaltechnik eröffneten Erkenntnismöglichkeiten und entstehungsseitig die Vervollkommnung der methodisch-gerätetechnischen Lösung bzw. die Erarbeitung und Realisierung weiterführender neuer Prinziplösungen. Beim Beispiel des FL-2 zeichneten sich drei Aufgabenkomplexe ab (FS UKP, S.342 f.):

Erstens: Applikation und Überführung: Bereits vor der Fertigstellung des ersten Gerätes wurde eine Informationsschrift über Farbstofflaser-Anwendungen erarbeitet und allen erfassten potenziellen Nutzern in der DDR zur Verfügung gestellt. Über entsprechende Rückmeldungen ergab sich ein erster Bedarf von 12 Farbstofflaser-Geräten. Da die institutseigenen Werkstattkapazitäten nicht ausreichten, um mit einer Kleinserie diesen Bedarf zu decken, wurde eine differenzierte Vorgehensweise praktiziert, die für eine Applikation und Überführung in dieser Phase durchaus Mustercharakter haben kann. „Die Aktivitäten zur Überleitung des Farbstofflasers zur multivalenten Nutzung werden je nach Dringlichkeit des Bedarfs und der uns zugänglichen Werkstatt- und sonstigen Kapazitäten verschiedener Art sein: Gemeinsame Beratung mit dem Anwender über optimalen Einsatz des Farbstofflasers auf seinem Gebiet, – Übergabe von Konstruktionsunterlagen, – Leihweise Überlassung von Resonatorbauteilen, – Unterstützung mit Farbstoffen, – Bemühungen um Bereitstellung kompletter Farbestofflaser-Geräte.“[27]

---

25 Ebenda, S. 33.

26 Siegfried Dähne: Prognose NLO-Impulsspektroskopie, ZODS der AdW der DDR, Berlin 1970 (unveröffentl.).

27 Dieter Leupold: Nanosekunden-Farbstofflaser für den sichtbaren Spektralbereich; a.a.O., S. 34.

Zweitens: Weiterentwicklung der gerätetechnischen Lösung: Die insbesondere bei der späteren Laserentwicklung für das ps-Baukastensystem noch von Interesse sein wird.

Drittens: Nutzung und Weiterentwicklung des FL-2 als Bestandteil komplexer Laboraufbauten für die weitere Methodenentwicklung und -applikation.

Ab 1974 wurde unter Verwendung, Modifikation und Weiterentwicklung des FL-2 im ZOS eine Reihe flexibler Messplätze zur Realisierung von Methoden zur Messung von Absorptions- und Emissionsvorgängen bei kurzlebigen angeregten Zuständen vor allem bei molekularen Systemen geschaffen. Die nachfolgende Weiterentwicklung fällt bereits in einen neuen Entwicklungsabschnitt (Stichwort: Laserimpulsfluorometer LIF 200).

Experimenteller Vorlauf und Methodenentwicklung im ps-Bereich

Im Bereich Nichtlineare Optik der Sektion Physik der FSU und mit der von Prof. Klose geleiteten Gruppe im ZOS nahmen Ende der 60er Jahre zwei Wissenschaftlerteams die theoretischen und experimentellen Arbeiten zur Erzeugung von ps-Impulsen auf. In der bereits angeführten Publikation zur Geschichte der Sektion Physik findet sich folgende Zusammenfassung wichtiger Schritte dieser Anlauf- (1968–1970) und Realisierungsphase (1971–1975) der experimentellen Lasertechnik im ps-Bereich: „Zum Forschungsschwerpunkt der UKZ-Spektroskopie wurden als experimentelle Voraussetzungen zunächst ein gütegeschalteter Rubinlaser (1968) und ein Nd-Glas-Laser (1971) aufgebaut, mit denen Impulse der Länge 40 bzw. 15 ns erzeugt werden konnten. Mit diesen Lasern wurde 1968 bis 1972 Schwingungs-Relaxationszeiten theoretisch und experimentell mit Methoden der stimulierten Raman-Streuung untersucht. Mit der Technik der Modensynchronisation konnten die Impulse extrem verkürzt werden, so dass heute Einzelimpulse mit 20ps und 20mJ bzw. 10 ps und 6 mJ in der UKZ-Spektroskopie eingesetzt werden können. Auf der Basis dieser Pikosekunden-Laser wurden nach 1973 zwei UKZ-Spektrometer (Ultrakurzzeit-Spetrometer; K.M.) aufgebaut, mit denen Zeitauflösungen von etwa 10 ps erreicht wurden ... Die Entwicklung der UKZ-Spektroskopie wurde in enger Kooperation mit sowjetischen Partnern, besonders dem Institut für Physik der Belorussischen AdW (BAN) und mit dem ZOS durchgeführt.“[28]

---

28 Sektion Physik, Zur Physikentwicklung nach 1945, a.a.O., S. 101 f.

Die Aufnahme und Profilierung der Arbeiten an der FSU verbindet sich vor allem mit den Namen Max Schubert und Bernd Wilhelmi. Wilhelmi war gewissermaßen der „Spiritus rector" der UKP in Jena. Als Seniorchef arbeitete Max Schubert damals mit wenigen sehr begabten Wissenschaftlern eng zusammen und hat gemeinsam mit Wilhelmi die Konzeption für die zeitaufgelöste ps-Spektroskopie entwickelt – so Dieter Schubert 1987 im Interview zur Fallstudie UKP. Zur Erschließung des ps-Bereiches mussten zunächst verschiedene Laser für die Untersuchung ultraschneller Phänomene aufgebaut und erprobt werden. Dabei handelte es sich Anfang der 70er Jahre um die Entwicklung impulsgepumpter Festkörperlaser im modensynchronisierten Betrieb. Bei der Modensynchronisation in Festkörperlasern sind insbesondere die Arbeiten von Wolfgang Triebel und Ernst Heumann (Rubinlaser) sowie von Dieter Schubert und später auch Klaus Vogler (Nd-Glaslaser) hervorzuheben (FS UKP, S. 345).

Die Arbeiten im ZOS mit der Zielstellung der Generation von ps-Impulsen begannen Ende 1968 im Rahmen des vom VEB Carl Zeiss Jena finanzierten Forschungsprogramms „Neue Methoden der Kurzzeitspektroskopie" zum Thema Elektrooptische Gütesteuerung – Teilthema ps-Impuls-Laser. Im August 1971 wurden die inzwischen erzielten Ergebnisse gegenüber dem Auftraggeber Carl Zeiss Jena abgerechnet. Im Bericht zur Verteidigung konnte eingeschätzt werden, dass mit der zuverlässigen Erzeugung von Impulsen mit Rubin- und Neodymlasern (15 ps bzw. 2 ps) international Spitzenpositionen erreicht wurden und dass die untersuchten und im ZOS hergestellten Farbstoffe zur Modensynchronisation zu diesem Zeitpunkt sogar ein – wie es damals hieß – „weltstandbestimmendes" Ergebnis darstellten (FS UKP, S. 346; vgl. auch: Disserationsschrift Edgar Klose 1973).

Noch war man aber nicht am Ziel. Man konnte zwar ps-Impulszüge mit unikalen Laboraufbauten realisieren, für viele der anvisierten Untersuchungen waren z.B. Impulszüge ungeeignet, man benötigte Einzelimpulse. Hieraus leitete sich für die Teams in Jena und im ZOS die Aufgabenstellung für die nächste Untersuchungsetappe ab – die Abtrennung von Einzelimpulsen. In den Jahren 1974/75 konzentrierten sich die Arbeiten auf die Entwicklung verschiedener methodisch-gerätetechnischer Varianten, um den Anforderungen spektroskopischer Untersuchungen im ps-Bereich näher zu kommen. Die Ergebnisse dieser Untersuchungen wurden im ZOS Ende 1975 im G-2-Bericht[29] zum Teilthema

29 Zur Nomenklatur der Entwicklungsstufen führen Gläser/Meske aus: „Dem Verständnis der Transferkette (Wissenschaft – Produktion; K.M.) entsprach die ‚Nomenklatur der Arbeitsstufen und Leistungen des Planes Wissenschaft und Technik' (Ministerrat 1975, 1987; MWT 1987). Diese Nomenklatur war für die Planung und Abrechnung nahezu aller Forschungs- und Entwicklungsaufgaben in der DDR anzuwenden. Ausnahmen bildeten in der AdW die Initiativforschung und sogenannten

Ultrakurzzeitspektroskopie im ps-Bereich abgerechnet. Bis zu diesem Zeitpunkt konnten grundlegende Möglichkeiten und Grenzen impulsgepumpter Festkörperlaser im modensynchronisierten Betrieb, einschließlich nachfolgender Einzelimpulsabtrennung, Impulsverstärkung und Impulsverformung sowie verschiedene Nachweistechniken theoretisch und experimentell untersucht werden. (FS UKP, S. 351) Aber inzwischen hatte international eine weitere Richtung an Bedeutung gewonnen – Arbeiten zum und mit dem „Dauerstrich Farbstofflaser" [cw-Laser; continuous wave], mit denen eine kontinuierliche Strahlung von ps-Impulsen erzeugt werden konnte. Auch auf diesem Gebiet wollte man in kurzer Zeit den Anschluss an international fortgeschrittene Entwicklungen herstellen (FS UKP, S. 352).

Im ZOS wurden diese Aufgaben von einem kleinen Kollektiv unter Leitung von Edgar Klose bearbeitet. 1977 konnte die erste Untersuchungsetappe abgeschlossen werden. Im Forschungsbericht dazu heißt es: „Seit dieser Zeit (seit 1975; K.M.) ist eine Reihe von Weiterentwicklungen erfolgt, so dass heute Methoden sowohl für die gepulsten Laser im ps-Bereich als auch für die Dauerstrichlaser mit Impulszügen im ps-Bereich vorhanden sind. Die letzteren (cw-Farbstofflaser) befinden sich jedoch noch im Entwicklungsstadium. ... Zum Nachweis schnell ablaufender Prozesse im Picosekundenbereich werden in der UKES (Ultrakurzzeitelektronenspektroskopie) vorwiegend die Teststrahlmethode, die Techniken des optischen Tores und Bildwandlerkameras eingesetzt."[30] Der Schwerpunkt lag in dieser Untersuchungsphase vor allem auf der Entwicklung und Testung von Nachweistechniken für die Ultrakurzzeitelektronenspektroskopie (UKES) in Form unikaler Laboraufbauten. Frank Fink, der sich in der Gruppe von Edgar Klose bei der Entwicklung solcher Nachweistechniken verdient gemacht hat, kommt im Interview zur FS UKP 1987 auf ihre Bedeutung für die

---

Mitwirkungshandlungen, das heißt die Beteiligung von Wissenschaftlern an der Einführung neuer Erzeugnisse und Verfahren in die Produktion ihres früheren Auftraggebers. Die Nomenklatur ging davon aus, dass sich alle Innovationsprozesse in einer Abfolge von einzelnen FuE-Aufgaben (Forschungs- und Entwicklungsaufgaben) zerlegen ließen und dass die Bearbeitung all dieser FuE-Aufgaben durch eine gleiche abstrakte Schrittfolge strukturiert werden konnte. ... Diese Schrittfolge galt für die mit G bezeichnete Grundlagenforschung und für die mit A bezeichnete angewandte Forschung G1 (A1) bis Schritt G4 (A4). Für die Entwicklung von Erzeugnissen (K) und Verfahren (V) wurden zusätzliche Zwischenschritte eingeführt, die Labormuster, Pilotanalgen usw. charakterisierten. Die Überführung in die Produktion konnte in Abhängigkeit vom späteren Produktionsmaßstab (Einzel- und Kleinserienfertigung, Serienfertigung oder Massenfertigung) nach den Stufen K5 (V5), K8 (V8) oder K10 (V10) erfolgen."
Jochen Gläser, Werner Meske: Anwendungsorientierung von Grundlagenforschung? Erfahrungen der Akademie der Wissenschaften der DDR, Frankfurt a. Main/New York 1996, S. 148/49.

30 Edgar Klose, Frank Fink: Methoden der Ultrakurzzeitelektronenspektroskopie im Picosekundenbereich (Methoden der UKES - ps), ZOS der AdW der DDR, Berlin 1977, S. 3, 4 und 7 (unveröffentl.).

zeitaufgelöste Spektroskopie zu sprechen: „Bei der Ultrakurzzeitspektroskopie trifft der Laserimpuls auf das zu untersuchende Medium, wobei im Medium kurzzeitige Anregungszustände entstehen. Das Medium ist bestrebt, aus dem angeregten wieder in den Grundzustand (Gleichgewicht) zurückzukehren. Dazu muss das Medium die aufgenommene Energie wieder abbauen. Die verschiedenen Wege dieses Abbaus sind das, was für die Spektroskopie von Interesse ist. Spektroskopie im klassischen Sinne ist, wenn man nur wellenlängenmäßig diesen Abbauprozess misst. Zeitaufgelöste Spektroskopie ist, wenn man dazu auch untersucht, in welchem Zeitregime klingt z.B. die Fluoreszenz oder ein angeregter Zustand ab. ... Es gibt unterschiedliche zeitaufgelöste Nachweistechniken. Eines davon ist das ‚optische Tor' (optisch geschaltete Kerrzelle). Damit wollen wir Fluoreszenzabklingprozesse untersuchen mit einer Zeitauflösung, die der Impulsbreite von 10 ps entspricht." (FS UKP, S. 371)

Hier stoßen wir auf ein wissenschaftstheoretisch interessantes Phänomen. Grundlagenforschung, auch die Entwicklung neuer Methoden und Experimentaltechnik kann nicht nur und nicht immer primär aus der Perspektive möglicher gerätetechnischer Überführungen bzw. anderen technologischer Verwertungsmöglichkeiten gesehen und betrieben werden. Frank Fink insistierte in der Fallstudie UKP 1987 ausdrücklich auf den Unterschied z.B. zwischen seinen experimentellen Arbeiten zum Optischen Tor und den Laborvorläufern etwa für das LIF-System. „Die von uns realisierten Messaufbauten zur Erzeugung und zum Nachweis von ps-Impulsen bzw. Prozessen in diesem Zeitbereich wurden nicht mit der Zielstellung entwickelt, daraus ein Muster bzw. eine Gerätekonzeption für den wissenschaftlichen Gerätebau abzuleiten. Bei einer solch hochentwickelten Messanordnung geht es darum, dass man zunächst unikale Laboraufbauten entwickelt und erprobt und diese dann möglichst vielseitig anwendet. Das war in den 70er Jahren so, und es wird auch in Zukunft nicht vertretbar sein, dass jeder potenzielle Anwender, der für spezielle Untersuchungen einmal eine solch hohe Zeitauflösung benötigt, selbst über so eine aufwendige Anlage verfügt. Für den sehr exklusiven Bereich des methodisch-gerätetechnischen Vorlaufs erweist es sich als günstiger, wenn z.B. ‚Methodische Zentren' geschaffen werden, die dann auch anderen Nutzern unter kompetenter fachlicher Anleitung diese fortgeschrittenen forschungstechnischen Möglichkeiten zur Verfügung stellen. Das betraf und betrifft eine Reihe von Methoden im ps-Bereich, später noch verstärkt die fs-Technik, wo es für einen längeren Zeitraum nicht vertretbar ist, solch komplizierte Messaufbauten in einem einzigen Gerät zu verpacken." (FS UKP, S. 373) Anders stellt sich die Situation dar, wenn für einen wachsenden Anwenderkreis ausgereifte gerätetechnische Lösungen (wie im Folgenden für den ns-Bereich) und später beim Picosekunden-Baukastensystem zur Verfügung gestellt werden können.

Zentrum für wissenschaftlichen Gerätebau – UKP und der forschungseigene zentralisierte wissenschaftliche Gerätebau

Mitte der 70er Jahre hatten die Methoden der UKP im ns-Bereich bereits die Schwelle zur Applikation überschritten und es stand die Aufgabe, durch Methodenvervollkommnung und Geräteüberführung die Voraussetzungen für eine breitere Anwendung zu schaffen. Zu diesem Zeitpunkt trat in der Akademie der forschungseigene zentralisierte wissenschaftliche Gerätebau auf den Plan – das Zentrum für wissenschaftlichen Gerätebau der AdW in Berlin-Adlershof. „Die Werkstätten der Institute allein waren zu klein, um über den Bedarf des eigenen Instituts hinaus mehr zu machen." – so Edgar Klose 2012. – „Ein solch Rieseninstitut wie das Lebedew-Institut für Physik in Moskau hatte mit dem OKB (Zentrales Konstruktionsbüro) so etwas Ähnliches wie unser ZWG."

Das waren im heutigen Sprachgebrauch: flexible innovative Einheiten, die im System sozialistischer Planwirtschaft zwei Funktionen erfüllen sollten. Zum einen ermöglichten sie hautnah an der Grundlagenforschung Hightech-Entwicklungen für die Forschung selbst und für forschungsnahe Anwendungen – exklusiv z.B. für die Kosmosforschung. Zum anderen mussten sie aber auch die leidige Angebotslücke in der Versorgung wissenschaftlicher Einrichtungen mit moderner Gerätetechnik und Hightech-Komponenten (Stichworte: Embargo, mangelnde Versorgung mit Hightech durch die Industrie der DDR und des RGW) schließen. Insbesondere in letzterer Funktion – als quasi „omnipotenter Lückenfüller" – war der forschungseigene wissenschaftliche Gerätebau im Kontext des technologischen Wettbewerbs der Systeme überfordert.

Bezogen auf die Entwicklung technologischer Innovationspotentiale im engsten Kontakt und im Auftrag der Grundlagenforschung aber war beispielsweise das Zentrum für wissenschaftlichen Gerätebau der AdW der DDR selbst eine institutionelle Innovation, die vielfach mit Erfolg aus der Not eine Tugend machte.[31] Im konkreten Fall ein Vorzug der Planwirtschaft, zählte der wissen-

31 Dazu Hubert Laitko: „Das 1973 konstituierte Zentrum für Wissenschaftlichen Gerätebau (ZWG) in Berlin-Adlershof entstand in mehreren Schritten, beginnend mit einem 1956 durch Übernahme eines Spezialbetriebes in die Akademie gebildeten Institut für Gerätebau, und hatte zum Ende der DDR knapp 1.700 Beschäftigte. Das Zustandekommen eines solchen Zentrums war die Realisierung einer Möglichkeit, die innerhalb einer hinreichend großen Forschungsakademie bestand. Die Arbeiten, die dort geleistet wurden, sind nicht nur auf den Mitarbeiterbestand des Zentrums, sondern auf die Gesamtakademie zu beziehen. Insofern können die in diesem Zentrum durchgeführten oder von ihm vermittelten forschungstechnischen und technologischen Entwicklungen als eine analytische Sonde gehandhabt werden, mit deren Hilfe die dem Institutionentyp ‚Forschungsakademie' inhärenten Leistungsmöglichkeiten erkundet werden können."
Laitko: a.a.O., S. 5.

schaftliche Gerätebau zu den sieben Hauptforschungsrichtungen (HFR) in der DDR. In dem hier untersuchten Zeitraum standen mit Bernd Wilhelmi (FSU Jena) als Leiter dieser Hauptforschungsrichtung und Norbert Langhoff (Direktor des ZWG) als sein Stellvertreter somit zwei „Frontmänner" der Ultrakurzzeitphysik in entscheidender Verantwortung. Prof. Langhoff schätzt das im Gespräch 2012 so ein: „In dieser HFR waren alle relevanten Fachleute der DDR, die sich mit methodischer, gerätetechnischer und applikativer Forschung befassten. Wir haben uns mehrmals im Jahr getroffen und es wurden interessante Fachvorträge gehalten. Somit war ich immer unmittelbar an der Forschungsfront dran und habe gelernt, aus der Vielzahl von neuen Forschungsergebnissen einzuschätzen, was etwas wird und was nichts. Unter dem Dach der HFR hatten wir in der Akademie selbst, zum Hochschulwesen und zur gerätbauenden Industrie einen direkten Draht. Vor allem waren es diese kurzen Wege zur Grundlagenforschung und die Tatsache, dass wir auf gleicher Augenhöhe miteinander arbeiteten. So haben Bernd Wilhelmi und ich uns sehr geschätzt – wenn wir gesagt haben, das machen wir, dann ist das auch so gelaufen." Noch ein Zeitzeugenurteil zur Rolle der Persönlichkeit in diesem Kontext: „Norbert Langhoff hat das große Verdienst, den wissenschaftlichen Gerätebau an der Akademie aus der Nische des Handwerks rausgeholt zu haben. Er hat gesagt: wir machen intelligenten wissenschaftlichen Gerätebau bis hin zur Automatisierung und den Einsatz von Rechentechnik. Er hat das ‚wissenschaftlich' im wissenschaftlichen Gerätebau wirklich dick unterstrichen und sein Zentrum konsequent in diese Richtung profiliert." (Edgar Klose 2012)

Zurück zur UKP: Auf der Suche nach neuen zukunftsträchtigen Gerätelinien erhielt der damalige Bereich E (später Bereich U) unter Leitung von Dr. Ulrich Plauschin vom Direktor des ZWG, Prof. Norbert Langhoff, den Auftrag für eine Studie zu den gerätetechnischen Perspektiven der UKP. Im Ergebnis der 1976 vorgelegten Studie stand die Entscheidung zur Aufnahme einer neuen gerätetechnischen Linie.[32]

Dabei kristallisierte sich die UKP im ns-Bereich, speziell für Fluoreszenzmessungen im UV/VIS-Bereich, als ein erster Schwerpunkt heraus. „Es wurde festgelegt", so Dr. Plauschin im Interview 1987, „zuerst die Technik für das ns-Gebiet zu entwickeln, da ein großer Bedarf existierte. Auch von der Technik, von den Möglichkeiten der Elektronik und Lasertechnik waren alle Voraussetzungen gegeben. ... Die ps-Strecke war demgegenüber zu jener Zeit methodisch-technisch noch in der Entwicklungsphase begriffen. Die Vorlaufforschung

32 U. Plauschin: Ultrakurzzeitphysik, Studie, ZWG der AdW der DDR, Berlin 1976.

dazu erfolgte vor allem an der FSU, während wir unsere Kader erst darauf gezielt vorbereiteten und unser Potential durch Physiker erweitern mussten, um Ende der 70er Jahre auch die ps-Strecke bearbeiten zu können." (FS UKP, S. 357)

Es war sicher auch ein günstiger Umstand, dass in unmittelbarer territorialer Nachbarschaft des ZWG – d.h. tatsächlich nur eine Tür weiter – im ZOS die Träger des wissenschaftlichen und methodisch-gerätetechnischen Vorlaufs für die ns-Technik zu finden waren, die ihrerseits nach einem leistungsfähigen Partner für die Geräteüberführung suchten (Der Weiterentwicklung der ps-Laser und deren Anwendung im wissenschaftlichen Gerätebau diente auch der sechsmonatige Aufenthalt 1978 von Edgar Klose im ZWG, ebenso etwas später der Einsatz eines industrieerfahrenen Wissenschaftlers von Carl Zeiss Jena als Leiter des Bereiches U im ZWG.)

Geräteentwicklung auf dem ns-Gebiet – vom ersten Boxcarintegrator über den Optischen Vielkanalanalysator bis zum Gerätesystem LIF 200[33]

Neben der Laserentwicklung sind es vor allem die Nachweistechniken, die für Untersuchungen mit ultrakurzen Laserimpulsen entscheidend sind. Eine solche Nachweistechnik ist der Boxcarintegrator (BCI). Kommerzielle Boxcarintegratoren wurden seit 1970 (von NSW-Firmen) mit unterschiedlichen Leistungsparametern angeboten. Im ZOS hatte sich ein junger Elektronikspezialist, Wolfgang Becker[34], dieser Technik angenommen. 1973 wurde ein erstes Entwicklungsmuster realisiert – der BC 73 – zu dem es in der Studie des ZWG heißt: „Es ist zu erkennen, dass der vom ZOS entwickelte Boxcarintegrator BC 73 ein Spitzengerät ist. Der Boxcarintegrator BC 73 ... wurde vom ZOS entwickelt und wird gemeinsam in diesem Jahr (1975) konstruktiv vorbereitet, so dass eine Fertigung 1976 (im ZWG) erfolgen kann."[35] Mit dem dann unter der Bezeichnung BCI 176 laufenden Boxcarintegrator wurde eine Zeitauflösung von 1ns erreicht.

Der BCI war die erste ins ZWG überführte Geräteentwicklung. Wolfgang Becker arbeitete indes an der Weiterentwicklung des BCI und konnte 1979 bereits die zweite Gerätegeneration, den BCI 280, als Muster vorlegen. Auf der Leipziger Frühjahrsmesse 1980 wurde dieses Gerät mit einer Goldmedaille ausgezeichnet. (FS UKP, S. 369) Drei Jahrzehnte später ist der heutige ordentliche Professor für Physik an der Hochschule für Technik und Wirtschaft in Berlin,

33 LIF – Laserimpulsfluorometer.
34 Dr. Wolfgang Becker, heute Geschäftsführer der Becker&Hickl GmbH Berlin.
35 U. Plauschin: Studie ..., a.a.O., s. Studie, S. 23 und 36.

Prof. Frank Fink (damals Mitarbeiter im ZOS), noch voller Lobes ob dieser Geräteentwicklung: „Kaum zu glauben, wir haben heute noch Technik von damals bei uns – den Stickstofflaser von Matthias Scholz und den alten Boxcarintegrator aus dem ZWG – lief und läuft wunderbar – war zwar riesig, aber funktioniert heute noch einwandfrei." (Frank Fink im Interview 2012)[36]

Eine weitere, für die Entwicklung der Methoden der UKP wichtige Nachweistechnik war der Optische Vielkanalanalysator (OVA). Ebenso wie beim Boxcarintegrator war die Prinziplösung bekannt und es existierten bereits erste kommerzielle Geräteangebote von NSW-Firmen. Im Ergebnis der bereits zitierten Studie „Ultrakurzeitphysik" (U. Plauschin) wurde 1977 im ZWG die Gerätefertigung des OVA aufgenommen. „Da das Gerät zu etwa 80 Prozent aus Elektronik besteht, war es für unser Kollektiv, in dem vor allem Elektroniker arbeiteten, eine maßgeschneiderte Aufgabe." – so Dipl.-Ing. K.-D. Kramp – „Wir hatten nicht vor, die im NSW angebotenen Geräte zu kopieren, sondern mit unseren eigenen Mitteln eine gleichartige Technik zu entwickeln und dabei vielleicht in einigen Punkten bessere Parameter zu erreichen. Wir haben uns insbesondere bemüht, den Anwenderwünschen mehr Aufmerksamkeit zu schenken." (FS UKP, S. 360)

„Als wir 1980 die ersten drei Gerätemuster fertig hatten, verfügten wir über noch keine funktionsfähigen Sensoren aus DDR-Produktion. Erst im allerletzten Moment bekamen wir die ersten Exemplare von CCD-Sensoren aus dem WF (Werk für Fernsehelektronik Berlin). Sie hatten exzellente Parameter – um eine Größenordnung besser als die in den Prospekten von NSW-Firmen ausgewiesenen Werte." (U. Plauschin; FS UKP, S. 361)[37]

36 Edgar Klose (ehemals ZOS) im Interview 2012 zur Entwicklung des Boxcarintegrator: „Es ist richtig, wir hatten damals verschiedentlich Probleme mit der Technologie. Aber wir haben aus der Not eine Tugend gemacht. Beispiel dafür ist die Boxcarentwicklung von Wolfgang Becker, die in der zweiten Version bessere Eigenschaften hatte als die westdeutschen Konkurrenzprodukte. Becker hat ausschließlich Bauelemente, die in der DDR bzw. im sozialistischen Lager verfügbar waren, verwendet und den Boxcarintegrator aufgebaut. Wir hatten nicht die besseren Bauelemente – aber wir hatten die besseren Ideen!"

37 Der CCD-Sensor war ein Beispiel dafür, dass der moderne wissenschaftliche Gerätebau eines entwickelten industriellen Hinterlandes bedarf, das Hightech in Form von technologischen Spezialausrüstungen, von Bauelementen, Baugruppen und Funktionseinheiten zur Verfügung stellt. Die Fallstudie UKP kommt 1988 zu dem Schluss: „Es wäre völlig illusorisch, z.B. das Spektrum der benötigten mikro- und optoelektronischen Bauelemente im wissenschaftlichen Gerätebau in Eigenentwicklung realisieren zu wollen. Auf diesem Gebiet ist die Leistungsfähigkeit der Kombinate gefordert, HighTech-Komponennten und Baugruppen bereitzustellen, auch wenn dahinter nicht immer Stückzahlen von mehreren Tausend und mehr stehen – wobei hier die Frage der ökonomischen Stimuli und Effizienz für die Industrie ein offensichtliches Problem darstellt." FS UKP, S. 361

Der OVA als ausschließliche Eigenentwicklung des ZWG auf der einen und der BCI als ‚durchentwickelte' Lösung des ZOS bildeten gewissermaßen die beiden Pole – das Hauptfeld der Zusammenarbeit lag aber auf Geräteentwicklungen, bei denen beide Seiten mit eigenständigen schöpferischen Leistungen gefordert waren. Konzentriert und finalisiert hat sich die insgesamt konstruktive und erfolgreiche Zusammenarbeit in den Gerätekomponenten und schließlich im Gerätesystems LIF 200 (die gerätetechnische Realisierung der Laserimpulsfluorometers).

Neben dem BCI als Nachweistechnik für das LIF-Gerätekonzept war eine geeignete Anregungslaserlichtquelle erforderlich. Verantwortlich für die Laserentwicklung war Matthias Scholz, der dazu in der Fallstudie UKP 1987 ausführt: „Im Rahmen des zentralen Jugendobjekts[38] zum LIF 200 fiel mir die Aufgabe der Entwicklung dieser Laserlichtquelle zu. Aus verschiedenen Gründen kamen damals für uns nur Stickstofflaser in Frage. Eine entsprechende erste Entwicklung war der IGT 50 des ZOS, mit dem Impulse von 500 ps erzeugt werden können. Der IGT wurde dann ins ZWG überführt und kam 1981 als Bestandteil des LIF 200 auf den Markt." (FS UKP, S. 367)

Dr. Hartmut Lucht (Physiker mit Industrieerfahrung am Werk für Fernsehelektronik Berlin) war im Zuge der Profilierung der Arbeiten zur UKP am ZWG eingestellt worden und ab 1979 Themenverantwortlicher für die Entwicklung des LIF 200. Er beschreibt die Spezifik der Überführung von unikalen Laboraufbauten in gerätetechnische Lösungen wie folgt: „Die im Ergebnis der Forschungsarbeit entstandenen und für die dortigen Bedürfnisse zunächst ausreichenden unikalen Laboraufbauten und Geräte sind zumeist noch weit davon entfernt, im Musterbau oder in der Kleinserienfertigung produziert werden zu können. Es beginnt bei den Fragen der Zuverlässigkeit, der Schutzgüte, der Fertigung unter den Bedingungen und Vorschriften einer gerätebauenden Einrichtung. Ein Gerät, das im Institut zusammengestellt wurde, kann nicht ohne Veränderungen in die Fertigung übernommen werden. Dazu benötigt man einen kompletten Zeichnungssatz, passende Elektronik u.a.m. Bei IGT waren z.B. die elektromagnetischen Störungen noch so groß, dass der gesamte Messprozess beeinflusst wurde. Solche Probleme müssen dann in der Entwicklungsphase gelöst werden.

38 Zum Stichwort Jugendobjekt findet sich bei Wikipedia folgender Eintrag: „Als Jugendobjekt bezeichnete man in der DDR eine Form der zeitlich begrenzten, einem Jugendkollektiv übertragenen Aufgabe, welche häufig von oben, also durch die Führungsgremien der SED oder des Jugendverbandes FDJ ausgelöst, organisiert und oft ideologisch ausgerichtet und begründet, aber genau mess- und abrechenbar war (siehe auch Jugendbrigade). Diese Aufgaben konnten sich aus den Bereichen der Industrie, der Landwirtschaft, des Bauwesens, der Wissenschaft, Lehre und Forschung bzw. der Bildung im Allgemeinen ergeben." Zitiert aus: http://de.wikipedia.org/wiki/Jugendobjekt

Als Außenstehender unterschätzt man vielfach den dahinter stehenden Entwicklungs- und Konstruktionsaufwand. Gerade die Erfahrungen beim IGT zeigen, dass es in der Regel besser ist, wenn der Grundlagenforscher, der die Idee für die gerätetechnische Lösung hatte, möglichst bis zum Ende der Entwicklung mitwirkt. Das haben wir beim LIF und später bei der Entwicklung des Nachfolgelasers (MSG 350) auch weitgehend realisiert. Anderenfalls führt das zu unnötigen Reibungsverlusten. Der Grundlagenforscher versteht nicht so recht, warum die Geräteentwicklung nicht schneller geht, und umgekehrt fehlt mitunter das tiefergehende Verständnis für das naturwissenschaftlich-gerätetechnische Konzept." (FS UKP, S. 368)

Mit der Überführung des LIF ins ZWG und seine Fertigung ab 1981 als komplettes Gerätesystem war der international fortgeschrittene Stand nicht nur erreicht, sondern das LIF 200 stellte das erste kommerziell verfügbare Gerät dieser Art in der Welt dar. (FS UKP, S. 380) Das belegt der von Prof. Siegried Dähne (ZOS) vorgelegte G-1-Bericht zum Laser-Impuls-Fluorometer mit dem dort vorgenommenen Weltstandvergleich des LIF 200 (zu den von der Fa. Photochemical Research Associates Inc. angebotenen Bauteilen zur Laserimpulsfluorometrie sowie zu dem von der Fa. Princeton Applied Research Corporation (PAAR; USA) verkauften Boxcar-Integrators PAR 162/64): „Das LIF 200 ist demzufolge ein Weltspitzengerät, das jedoch bald durch KA-Entwicklungen[39] eingeholt werden dürfte, falls es nicht gelingt, den erreichten Vorlauf auszubauen, indem wesentliche Verbesserungen bei den Pumplichtquellen (Farbstofflaser), der spektralen Auflösung (Monochromator) und der Automatisierung (Mikrorechner) eingeführt werden."[40]

Insofern zog das ZWG mit dem Themenprogramm „Ultrakurzzeitspektroskopie" 1981 die richtigen Schlussfolgerungen: „Der geplante Ausbau des LIF zum Laserspektralfluorometer (LIS) ist eine wichtige Konsequenz aus den vorliegenden Informationen zum Weltstand. Vor allem der Einsatz eines durchstimmbaren Farbstofflasers bietet die Aussicht auf die Entwicklung eines LIS als Spitzenerzeugnis, mit dem sowohl Laserfluoreszenz-Spektroskopie als auch kinetische Spektroskopie bis in den sub-ns-Bereich möglich wird."[41]

---

39 KA = Kapitalistisches Ausland.

40 Siegfried Dähne: Laser-Impuls-Fluorometer, G-1-Bericht, ZOS AdW der DDR, Berlin 1981, S. 33 (unveröffentl.).

41 N. Roof, N. Kempe, U. Plauschin, H. Lucht: Ultrakurzzeitspektroskopie (UKS), Themenprogramm des ZWG der AdW der DDR, Berlin 1981 (unveröffentl.).

Streakkamera – technologischer Wettbewerb im Zeichen von Systemauseinandersetzung und Embargo

Ein wissenschaftlich und politisch heißes Eisen waren ab Mitte der 80er Jahre die Entwicklungen zur Streakkamera.[42] Zunächst schon für die erste Version des LIS vorgesehen, beschäftigten sich insbesondere Kollegen des ZWG seit längerem mit dieser neuen Technik.

Im Rahmen der Fallstudie zur UKP hatten wir Gelegenheit Dr. Heinrich Endert zu interviewen, als er frisch von einer „Westreise" aus München zum 8. Internationalen Kongress und der Fachmesse „Laser 87" zurückkam. Er beschrieb seine Eindrücke so: „Auf der ‚Laser 87' wurden wir eigentlich von allen Ausstellern sehr zuvorkommend behandelt, und auch auf wissenschaftlich-technische Spezialfragen gab man uns jede gewünschte Antwort. Man war an Kunden aus den sozialistischen Ländern sehr interessiert. Nur wenn das Thema auf die Streakkamera kam, wurde uns unmissverständlich erklärt, dass man sich hier an die Embargofestlegungen halten müsse. Im Westen weiß man sehr gut, dass derjenige, der über Streakkameras verfügt, Elementarprozesse in Echtzeitregime untersuchen kann." (FS UKP, S. 386)

Das Grundprinzip der Streakröhre war seit Anfang der 70er Jahre bekannt: Das einfallende Licht (z.B. ein kurzer Laserimpuls) wird in der Streakkamera abgelenkt und man erhält auf einem Phosphorschirm oder auf einen Flächensensor ein sogenanntes „Schmier-Bild". In der Streakkamera erfolgt so eine Transformation von zeitlicher in räumliche Information. Von der Schnelligkeit des Ablenkmechanismus wird die Zeitauflösung bestimmt. „Im ps-Bereich versagen alle herkömmlichen Detektoren, weil sie zu langsam sind" – so Hartmut Lucht – „Ein Meßprinzip der Streakkamera wurde bereits 1981 vom ZWG als

---

42 Streakkameras (Schmierbild-Kamera) werden verwendet, um sehr schnelle Prozesse zeitaufgelöst zu messen. Unter Verzicht auf eine räumliche Dimension des Motives können sie stattdessen den Zeitstrahl darin darstellen. In der optischen Spektroskopie werden dazu Zeitauflösungen im Bereich von wenigen Pikosekunden benötigt. Das Prinzip einer Streakkamera ist dabei Folgendes: Zwei optische Pulse treffen mit zeitlichem Versatz auf die Photokathode der Streakkamera auf und lösen dort Elektronen aus. Diese werden beschleunigt und durchlaufen ein zeitabhängiges, elektrisches Feld. Da die Elektronen durch den zeitlichen Versatz zu unterschiedlichen Zeiten aus der Photokathode ausgeschlagen werden, durchlaufen beide unterschiedliche elektrische Felder und werden somit unterschiedlich stark abgelenkt. Die dadurch erzielte räumlich-definierte Trennung kann nun dazu benutzt werden, auf den zeitlichen Versatz der Elektronen und damit der optischen Pulse zu schließen. Heutige Kameras liefern zeitliche Auflösungen im Bereich von Femtosekunden. Ende des Jahres 2011 sorgten Forscher des Massachusetts Institute of Technology für Aufsehen, als sie einen auf der Streakkameratechnik basierenden Apparat vorstellten, der 600 Milliarden Aufnahmen pro Sekunde machen kann. Mit dieser Kamera lässt sich z.B. die Ausbreitung von Licht bzw. von Photonen beobachten.
zitiert aus: http://de.wikipedia.org/wiki/Streak-Kamera

Patent angemeldet, d.h. wir haben ein eigenes Prinzip und eigene technische Lösungen entwickelt. Aber zur Realisierung dieser Lösungen braucht man entsprechende Fertigungstechnologien, die wir noch nicht ausreichend beherrschen." (FS UKP, S. 386)

Für das ZWG rekapituliert Dr. Plauschin im Interview zur Fallstudie UKP 1987 den langen Weg der Arbeiten zur Streakkameratechnik: „Bereits Mitte der 70er Jahre war für uns klar, dass die Streakmeßtechnik von ebenso fundamentaler Bedeutung für die UKP sein wird wie die Lasertechnik und der Optische Vielkanalanalysator. ... In der 1975 erarbeiteten Studie wurde die Streakmeßtechnik als Entwicklungsaufgabe nicht behandelt, da ihre Realisierung für uns damals technologisch vollkommen illusorisch war. Als Dr. Lucht aus dem WF in unsere Gruppe kam, entstand eine neue Situation. Er hatte bereits entsprechende physikalische und technologische Kenntnisse auf dem Gebiet der Optoelektronik. Von ihm wurde eine Prinziplösung für die Streakkamera erarbeitet, die sich an den technologischen Möglichkeiten unseres Landes orientierte. Dennoch benötigte er einige Jahre zur Entwicklung der Streakröhren, da sie technologisch äußerst hohe Anforderungen stellten, die wir im ZWG allein nicht erfüllen konnten. Zur Lösung der technologischen Probleme gab es vielfältige Kooperationsbeziehungen zum WF. Da keine gemeinsame Planaufgabe bestand, musste dies im Rahmen von Neuerervereinbarungen[43] geschehen, was natürlich zu Lasten der Entwicklung ging. Die Streakkamera wurde erst zu einem bestätigten Entwicklungsthema, als wir in Kooperation mit dem ZOS und Carl Zeiss Jena das LIS 201 entwickelten. Diese Version enthielt dann ein Streakkamerasystem ... Im Rahmen der Leistungsstufen A4 wurden mit der von Dr. Lucht entwickelten TDS-Streakröhre und der von unserer Gruppe erarbeiteten Streakkameraelektronik drei Muster gebaut. Das waren allerdings Geräte, die die Zeitfunktion des Laserimpulses nur bei einer Wellenlänge messen konnten. Um über 256 spektral aufzulösende Wellenlängenkanäle den zeitlichen Impulsverlauf messen zu können, hätten 65.000 Informationen je Impuls erfasst werden müssen, was die damaligen Möglichkeiten unserer Rechentechnik überschritt. Da wir sehr große technologische Probleme bei der Herstellung der TDS-Röhre hatten, wurde im Ergebnis der A4-Verteidigung festgelegt, das LIS 201 nicht in die

43 Neuerervereinbarungen – „Das Neuererwesen, auch Neuererbewegung genannt, war in der Deutschen Demokratischen Republik (DDR) ein staatlich gelenktes Verfahren, mit Hilfe von Verbesserungsvorschlägen der Werktätigen die Produktivität zu steigern. Das ostdeutsche Neuererwesen ähnelte von seiner innerbetrieblichen Abwicklung her dem Betrieblichen Vorschlagswesen (BVW) in der damaligen und heutigen Bundesrepublik Deutschland (BRD). Zitiert aus: *www.koblank.de/ideethek/d_nvo.pdf*

K-Stufen zu überführen, sondern für die Streakmesstechnik ein langfristiges Entwicklungsthema zu eröffnen. Im März 1987 haben wir die G1-Stufe zur Streakmesstechnik begonnen mit dem Ziel, ein zweidimensionales universell einsetzbares Streakkamerasystem zu entwickeln." (FS UKP, S. 388/89)

Mit 1987 endet der Zeithorizont der Fallstudie UKP. Als Ausblick nur folgende Feststellungen zum erreichten Stand: Dass es sich bei der vom ZWG anvisierten gerätetechnischen Lösung der Streakkamera um eine internationale Spitzenentwicklung handelte, zeigt die Tatsache, dass führende Produzenten (Hadland Photonics, Hamamatsu Photonics[44], Delli Delti) auf der ‚Laser 87' ihr Interesse bekundet hatten. „Wir bemühen uns", so Dr. Lucht im Interview 1987, „in den nächsten Jahren die erforderlichen Technologien soweit zu beherrschen, um mit der internationalen Entwicklung Schritt zu halten." (FS UKP, S. 391) Dies ist Dr. Lucht als Wissenschaftler und innovative Unternehmerpersönlichkeit auch in den Nachwendejahren gelungen.

Zwei wichtige Nachträge dazu: Dr. Heinrich Endert (ZWG) verließ – von der Fa. Lambda Physics[45] Göttingen abgeworben – Ende 1988 die DDR in Richtung BRD. Es folgte dann für Lambda Physik eine mehrjährige Tätigkeit in den USA. 2007 ging Endert als „General Manager" of Newport Spectra Physics nach Stahnsdorf, wo er u.a. auch gemeinsam mit Prof. Frank Fink von der HTW an einem neuartigen Konzept zur Strukturierung von Dünnschicht-Solarzellen mit ns-Laserimpulsen arbeitete und publizierte.[46] [47]

---

44 Das seit 1983 unter dem Namen *Hamamatsu Photonics* firmierende Unternehmen wurde 1953 als *Hamamatsu TV Co., Ltd.* in Hamamatsu (Japan) gegründet.. Zu seinen Produkten zählen bis heute Sensoren, Lichtquellen und Optoelektronische Instrumente, darunter Spektrometer, Fluoreszenzspektrometer und Streakkameras. Vgl.: http://de.wikipedia.org/wiki/Hamamatsu_Photonics

45 Das Unternehmen wurde 1971 von Dirk Basting und Bernd Steyer, beide damals Mitarbeiter des Göttinger Max-Planck-Instituts für Biophysikalische Chemie, gegründet und hat seinen Hauptsitz im Industriegebiet in Göttingen-Grone. 1981 verließ Steyer das Unternehmen, und Coherent trat als Mehrheitsgesellschafter ein. Anfangs produzierte das Unternehmen Hochleistungs-Stickstofflaser. Dazu kamen Excimerlaser (1977 der weltweit erste kommerzielle) und Farbstofflaser (und zugehörige Laserfarbstoffe).
Zitiert aus: http://de.wikipedia.org/wiki/Lambda_Physik

46 Bernd Stegmann, Frank Fink, Heinrich Endert: Novel concept for laser pattering oft hin film solar cells, in: www.laser-yournal.de; 2012, S. 25–29

47 Frank Fink dazu im Interview 2012: „Heinrich Endert hat die Niederlassung in Stahnsdorf aufgebaut und zum Erfolg geführt – eine wunderbare Truppe. Er hat gute Leute eingekauft und lange Zeit das Labor betrieben und Anwendungen für Industriekunden gemacht. Mit einer Laborausrüstung vom Feinsten – alles, wie es die Industrie halt so kann. Dieses Labor ist jetzt nach Santa Clara verlagert worden und jetzt machen sie in Stahnsdorf nichts mehr auf dieser Strecke, weil der Konzern sich umorientiert hat, Spectra Physics gehört jetzt zu Newport. Newport ist viel breiter aufgestellt und die haben ihr großes Geschäft in Asien."

Der zweite Nachtrag betrifft Dr. Harmut Lucht. Mit seiner 1993 gegründeten Fa. LLA Instruments GmbH in Berlin-Adlershof war und ist er einer der erfolgreichsten Aus- bzw. Neugründer von ehemaligen Akademie-Mitarbeitern auf dem Wissenschafts- und Technologiestandort Berlin-Adlershof. Das LLA widmet sich unter seinem Geschäftsführer Dr. Lucht insbesondere der Überführung von Ergebnissen der Grundlagenforschung in Geräte- und Methodenentwicklung. LLA entwickelt und produziert u.a. Nah-Infrarot-Messtechnik neuester Generation, die sich bereits seit Jahren weltweit in Recyclinganlagen bewährt hat. Gegenwärtig wird die Fa. durch einen Neubau für die Fertigung von Hyperspektralkameras erweitert.[48]

Vom LIF 200 zum LIS 202 – Plan und Realität von Innovationsprozessen und von Interessenlagen der beteiligten Partner

Allein das Thema Streakkamera zeigt, dass die Hervorberingung innovativer Hightech-Gerätelösungen nicht auf einen simplen Vorgang der Überführung von Forschungsergebnissen bis zur industriellen Fertigungsreife reduziert werden kann. Im Vergleich zur Überführung des LIF handelte es sich bei der Entwicklung des Laser-Impuls-Spektralfluorometers (LIS) um eine neue Stufe der Zusammenarbeit zwischen dem ZWG und dem ZOS. Es ging nicht mehr nur um die Übernahme und entwicklungsseitige Vervollkommnung weitgehend ausgereifter Gerätelösungen; die Entwicklung des LIS lag als Auftragsforschung des Kombinates VEB Carl Zeiss Jena in der Federführung des ZWG. Das ZOS

48 Das LLA Umwelttechnische Analytik und Anlagen GmbH wurde 1993 gegründet und seit 2001 firmiert das Unternehmen unter dem Namen LLA Instruments GmbH (LLA). LLA verfolgt das Ziel, Ergebnisse der Grundlagenforschung durch eine Geräte- oder Methodenentwicklung in eine wirtschaftliche Nutzung zu überführen. Das durch die Bearbeitung nationaler und internationaler Projekte gewonnene Knowhow wird durch LLA selbst in die wirtschaftliche Verwertung überführt oder anderen Unternehmen zur Nutzung angeboten. LLA entwickelt und produziert optische Messtechnik für die Materialidentifizierung bei der Abfallsortierung und zur Qualitätskontrolle in der chemischen und verarbeitenden Industrie. Für wissenschaftliche Anwendungen werden Hyperspektralkameras hergestellt. Vgl.: http://www.lla.de/Unternehmen/Firmendarstellung
Unter http://www.adlershof.de/meldung/wir-brauchen-mehr-platz/ heißt es mit Datum vom 4. Juni 2013 ... in der Justus-von-Liebig-Straße haben die Bauarbeiten für einen Erweiterungsbau der LLA Instruments GmbH begonnen. „Wir benötigen ein neues Fertigungsgebäude für Hyperspektralkameras", erklärt Hartmut Lucht, Gründer und Geschäftsführer der LLA Instruments GmbH. Das Messtechnikunternehmen ist auf die Entwicklung von Methoden spezialisiert, mit denen Hausmüll nach seiner stofflichen Zusammensetzung sortiert werden kann. Der 900 Quadratmeter große Neubau, in dem vom Frühjahr 2014 an Hyperspektralkameras gefertigt werden, ist durch einen gläsernen Gang mit dem bestehenden Firmensitz nebenan verbunden.

beteiligte sich im Rahmen der vertraglichen Zusammenarbeit insbesondere mit den erforderlichen Applikationsuntersuchungen sowie mit der Entwicklung einzelner Geräte für das LIS, wie dem Stickstofflaser IGT 100 (Dr. Matthias Scholz) und später auch mit der Weiterentwicklung des BCI 280 zum MFA 105 (Dr. Wolfgang Becker). (FS UKP, S. 382)

Ein Grundproblem der LIS-Entwicklung lag in der zu realisierenden Gerätekonzeption. Der Auftraggeber, das Kombinat VEB Carl Zeiss Jena, favorisierte komplexe Gerätelösungen, mit denen man den späteren Nutzern in einem Gerät bzw. in einem Gerätekomplex eine komplette Analysemethode zur Verfügung stellen konnte. Die Interessenlage zielte hier auf einen größeren Anwenderkreis, der selbst keine Methodenentwicklung betreibt, sehr wohl aber eine anspruchsvolle Analysenmesstechnik benötigt. Das ist für den industriellen wissenschaftlichen Gerätebau in kommerzieller Hinsicht eine schlüssige Strategie. Dabei müssen jedoch zwei Voraussetzungen erfüllt sein. Zum einen muss ein genügend großer potenzieller Nutzerkreis vorhanden und interessiert sein, damit sich solche komplexen Geräteentwicklungen überhaupt rentieren. Und zum anderen muss es sich um eine weitgehend ausgereifte methodisch-gerätetechnische Lösung handeln, die man den Nutzern als fertige und relativ leicht zu handhabende Methode zur Verfügung stellt.

Die LIS-Entwicklung entsprach jedoch nur bedingt diesen Prämissen. Bei den potenziellen Nutzern rechnete man zwar mit einem größeren Interessentenkreis, zumal bis Mitte der 80er Jahre von der internationalen Konkurrenz keine vergleichbaren komplexen Lösungen angeboten wurden. Das hat Zeiss Jena auch bewogen, auf eine forcierte Überführung der Geräteentwicklung durch das ZWG in Kooperation mit dem ZOS zu orientieren. Dementsprechend erfolgte vor allem in den Jahren 1984/85 eine starke Konzentration der Forschungs- und Entwicklungsarbeiten auf diese Aufgabenstellung. „In der Schlussphase mussten alle Kräfte unseres Bereiches“, so Dr. Endert (ZWG), “und darüber hinaus auch aus anderen Bereichen des ZWG sowie die Kooperationsleistungen des ZOS auf diese Geräteentwicklung konzentriert werden. Dadurch mussten andere Themen zeitweilig in den Hintergrund treten, z.B. wurden die Entwicklungsarbeiten zum ps-Farbstofflaser FSL 101 zurückgestellt.“ (FS UKP, S. 397/98)

Als absehbar war, dass die Streakkamera-Entwicklung zunächst nicht über die Musterfertigung hinausgehen würde, entschied man sich für eine bereits beim LIF-System bewährte Variante der Nachweistechnik, den Boxcarintegrator. Von Dr. Becker (ZOS) war inzwischen bereits die dritte Gerätregeneration dieser Technik konzipiert – der Boxcarintegrator MFA 105, der dann gemeinsam mit den Mitarbeitern des ZWG für die LIS 202-Variante adaptiert und entwickelt wurde.

„Wir haben die LIS-Entwicklung mit der A 4-Stufe im September 1985 an Carl Zeiss Jena übergeben." – so Dr. Endert zum Abschluss der Arbeiten – „Dieser Bearbeitungsstand (Nachweis der Prinziplösung und Vorbereitung der Nutzung der Ergebnisse, K.M.) ist bei Geräteüberführungen aus Akademie-Einrichtungen in die Industrie in den meisten Fällen üblich. In mancher Hinsicht günstiger ist es natürlich, wenn die Entwicklung bereits bis zu den K-Stufen (z.B. K5/0 – Bau und Erprobung des Funktionsmusters für die Kleinserienfertigung) gediehen ist. Aber auch dann werden Probleme bei der Überführung kaum ausbleiben. Mir ist kein Beispiel bekannt, dass ein Gerät außerhalb des Kombinates bzw. Betriebes entwickelt wurde und ohne jede Änderung in die Fertigung übernommen werden konnte. Beim LIS war geplant, das Carl Zeiss eine eigenständige Geräteentwicklung eröffnet. Das hätte überhaupt erst die Grundlage geschaffen, um die LIS-Gerätebestandteile im normalen Produktionszyklus eines so großen Kombinates arbeitsteilig produzieren zu können, wozu auch die Umsetzung auf die eigenen Werkstandards, die Aufschlüsselung auf die verschiedenen Zulieferbetriebe u.a.m. gehört. Das LIS hätte also durch die Entwicklungsingenieure von Zeiss noch einmal von Grund auf durchkonstruiert werden müssen. Es wurde festgelegt, dass bis zum Abschluss der Zeiss-Geräteentwicklung eine begrenzte Stückzahl in Sonderfertigung bei Zeiss mit Kooperationsleistungen des ZWG realisiert wird. Nach dem großen Erfolg der Vorstellung des LIS auf der Leipziger Frühjahrsmesse 1985 beabsichtigte man von Seiten des Kombinates, sechs Geräte in Sonderfertigung herzustellen, was jedoch unsere Kapazitäten überstieg, und man einigte sich schließlich auf die Fertigung von drei Geräten." (FS UKP, S. 399)

Worauf Vertreter des ZWG bereits frühzeitig hingewiesen haben, die Schwierigkeiten eine neuartige Analysemethode im ersten Anlauf in einem komplexen Geräteaufbau zu realisieren, erwies sich dann tatsächlich als eines der Hauptprobleme und es mussten in der Sonderfertigung viel mehr Kräfte eingesetzt werden als von Zeiss vorgesehen waren. Das hat sicherlich auch dazu beigetragen, dass im Zusammenhang mit Kapazitätsverschiebungen innerhalb von Zeiss – die Konzentration auf Aufgaben der Mikroelektronik (Stichwort 1Megabit-Chip[49])

49 1-Megabit-Chip: U61000 war ein 1-MBit-DRAM-Schaltkreis aus der Deutschen Demokratischen Republik (DDR). Er wurde ab 1986 im VEB Forschungszentrum Mikroelektronik Dresden (ZMD) des VEB Carl Zeiss Jena entwickelt und sollte 1990 in die Serienproduktion im Werk ESO III des VEB Mikroelektronik „Karl-Marx" Erfurt (KME) überführt werden.
Mit dem Wegfall des Technologieboykotts im Zuge der Währungs-, Wirtschafts- und Sozialunion im Juli 1990 war eine wirtschaftliche Herstellung dieses Speicherschaltkreises nicht mehr möglich, da die Anwender aus der heimischen Computerindustrie die Äquivalenztypen auf dem Weltmarkt nun

– die Geräteentwicklung des LIS auf Anfang der 90er Jahre verschoben wurde. (FS UKP, S. 399). Nachdem man sich beim LIS auf die Strategie von Zeiss Jena eingelassen hatte, war dies für die Mitstreiter aus der Akademie ein ernüchterndes und schmerzhaftes Ende. „Wenn man bedenkt, wie viel Entwicklungsaufwand unsererseits investiert wurde, so kann man die Enttäuschung über die Entscheidung von Carl Zeiss Jena sicher verstehen", so der verantwortliche Themenleiter im ZWG Dr. Lucht – „Inzwischen kommen viele Anwender zu uns und wollen ein LIS kaufen, darunter vor allem jene, die bereits mit der ersten Gerätegeneration, dem LIF 200, arbeiten. Zeiss wollte beim LIS alle Bestandteile in einem Gerät integrieren, während wir eigentlich schon seit längerem auf die modulare Bauweise setzen." (FS UKP, S. 400)

Das bei Standard- und Routinemethoden durchaus bewährte Rezept, dem Nutzer (wie Mitte der 60er Jahre mit dem LMA 1) eine komplexe Gerätelösung anzubieten, kann sich wie das Beispiel des LIS zeigt, als ein Spiel um Alles oder Nichts erweisen. So erklärt sich auch, warum seinerzeit die internationale Konkurrenz im wissenschaftlichen Gerätebau – so z.B. Spectra Physics – konsequent auf die modulare Bauweise setzte.

Das Picosekunden-Baukastensystem

Bei der ps-Technik setzte man frühzeitig auf ein modulares Konzept. Die ersten wissenschaftlichen Schritte dazu reichen in die erste Hälfte der 70er Jahre. Ein besonderer Konzentrationspunkt bildete dabei die Entwicklung von cw-Farbstofflasern – einer schnellen, gepulsten Quelle wählbarer Pulsbreite und Frequenz.[50]

Der erste cw-Farbstofflaser in der DDR wurde von Dr. Wieland Dietel (FSU) entwickelt, wobei es nach den Aussagen der Akteure anfangs nicht leicht war, das notwendige Verständnis für diese neue Entwicklungsrichtung zu finden. „Zunächst mussten wir uns in der wissenschaftlichen Arbeit die notwendigen Freiräume schaffen, denn diese Aufgabe passte nicht in das bisherige Profil und so war auch die Unterstützung anfangs nicht die allerbeste", so Wieland Dietel im Interview 1987, „aber wir haben uns trotzdem durchgesetzt und konnten

wesentlich preisgünstiger und in hohen Stückzahlen beziehen konnten. Mit Einführung der D-Mark als Zahlungsmittel in der DDR brachen die traditionellen Exportmärkte in der Sowjetunion und in Osteuropa zusammen.
Zitiert aus: http://de.wikipedia.org/wiki/U61000

50 Dieter Leupold at al.: Farbstofflaser-Grundlagen, G-4-Abschlussbericht, ZOS der AdW der DDR, Berlin 1977, S. 3 (unveröffentl.).

1974 den ersten cw-Farbstofflaser entwickeln. Das war auch einer der ersten im SW (sozialistisches Wirtschaftsgebiet) überhaupt." (FS UKP, S. 374).

Am ZOS war es die Gruppe um Edgar Klose, die ab 1975 experimentelle Untersuchungen mit cw-Farbstofflasern und dem modensynchronisierten Argonlaser durchführten. „Als sich 1978/79 die Zusammenarbeit mit dem ZWG anbahnte, waren unsere experimentellen und theoretischen Untersuchungen zum cw-Farbstofflaser noch in vollem Gang." (Edgar Klose im Interview; FS UKP, S. 375).

Das Themenprogramm des ZWG „Zeitaufgelöste gepulste optische Spektroskopie" aus dem Jahre 1979 umreißt die komplexe Aufgabenstellung für die angestrebte ps-Spektroskopie: „Einige wesentliche Voraussetzungen zur Bearbeitung der Aufgaben der ps-Spektroskopie konnten seitdem (seit dem Themenprogramm 1977, K.M.) erfüllt werden: Erfahrungen beim Bau von speziellen elektronischen Geräten (BCI, OVA) und Lasern (N_2 CO_2); personelle Erweiterung und Verstärkung durch Mitarbeiter mit Erfahrungen auf dem Gebiet spezieller Elektronik und Lasertechnik; feste Kooperationsbeziehungen zu Institutionen der Grundlagenforschungen (FSU, ZOS) und zur Industrie (CZJ, WF). ... Komplizierte aber insgesamt positiv einzuschätzende Voraussetzungen existieren bzw. müssen für das Thema ps-Spektroskopie geschaffen werden. Das Thema muss als eine gemeinsame Entwicklungsaufgabe von ZWG und grundlagenforschenden Einrichtungen der AdW und des Hochschulwesens einschließlich der Unterstützung durch einige Institute der sowjetischen Akademie begonnen werden, da kein übernahmereifes Angebot vorliegt. Nur parallele und sich gegenseitig ergänzende Entwicklungsarbeit und der Bau von Mustern in enger Kooperation führt zum schnellen Aufholen und zur Weiterentwicklung von dem Weltstand und den Bedürfnissen der Grundlagenforschung und Industrie entsprechenden Gerätekomponenten für die ps-Spektroskopie."[51]

Die planmäßige Zusammenarbeit zum ps-Baukastensystem bildete einen Schwerpunkt der im Mai 1979 zwischen dem ZWG, dem ZOS, der FSU und dem VEB Carl Zeiss Jena abgeschlossenen „Vereinbarung zur gemeinsamen Entwicklung auf dem Gebiet der UKS", für die sich bald die Kurzbezeichnung „告Vierervereinbarung" durchsetzte. Im ZWG wurde Frau Dr. Naomi Kempe verantwortliche Themenleiterin für die ps-Strecke. „Als wir 1979/80 mit den Entwicklungsarbeiten zum ps-Baukastensystem begannen, hatte unsere Konkurrenz (Spectra Physics und Coherent) schon langjährige Erfahrungen auf diesem

51 N. Roof et al.: Zeitaufgelöste gepulste optische Spektroskopie (ZPOS), Themenprogramm, ZWG der AdW der DDR, Berlin 1979, S. 12 u. 22 (unveröffentl.).

Gebiet und viele Lösungen waren patentrechtlich geschützt. In Zusammenarbeit mit der FSU ist es uns jedoch gelungen, neuartige Lösungen zu erarbeiten. Beispiel dafür ist die Farbstofflaserentwicklung, wozu über 15 Patente angemeldet wurden. Eine weitere wichtige Voraussetzung bildeten unsere guten Verbindungen zu wissenschaftlichen Einrichtungen in der Sowjetunion, so dass wir auf den neuesten Stand der physikalischen Grundlagenforschung und der Geräteentwicklung in der Sowjetunion zurückgreifen konnten." (Naomi Kempe im Interview 1987 FS UKP, S. 410/11).

Es war dann allerdings nicht die Gruppe um Dr. Dietel, sondern Entwicklungen des Teams um Dr. Schubert, die bei der Überführung ins ZWG den Vorzug erhielten. Diese kollegiale Konkurrenzsituation schildert Dipl.-Physiker E. Büttner aus Perspektive des ZWG im Interview 1987 so: „An der FSU wurden die ersten Farbstofflaseranordnungen aus einzelnen Laborelementen aufgebaut. Das wurde anschließend bei uns im ZWG nachvollzogen. Dr. Schubert von der FSU kam dann mit einer Idee zu uns, wie man den Aufbau des Farbstofflasers als kompakte Gerätelösung gestalten kann. Dieses Gerätemuster und eine andere Variante aus der Gruppe von Dr. Dietel wurden uns zur Erprobung zur Verfügung gestellt. In Anschluss an die Testphase gab es eine gemeinsame Diskussion, und wir haben das Für und Wider der beiden Varianten abgewogen und uns schließlich für die Kompaktlösung entschieden. Gemeinsam mit den Kollegen in Jena sind wir dann noch einen Schritt weiter gegangen und haben den ganzen Farbstofflaser als kompakte Einheit aufgebaut. Dazu gab es auch eine Reihe gemeinsamer Patente. Die Gruppe von Dr. Dietel war verständlicherweise etwas enttäuscht, da ihre Variante bei spezifischen Anwendungen wiederum andere Vorzüge aufzuweisen hatte und damit auch auf einen anderen Nutzerkreis zielte." (FS UKP, S. 412).

Im Interview zur Fallstudie UKP kommt Dr. Dietel dennoch zu einem fairen Urteil: „Unsere Gruppe hat den passiv synchronisierten Farbstofflaser und die Gruppe von Dr. Schubert den synchron-gepumpten Farbstofflaser für die ps-Strecke entwickelt. Letzterer hat für die kommerzielle Umsetzung die größere Bedeutung, er ist einfacher zu handhaben, aufzubauen und universeller einsetzbar. Unser Farbstofflaser kann nur von Spezialisten eingesetzt werden, dafür kommt man mit ihm aber bis in den fs-Bereich. Heute (1987, K.M.) – kaum fünf Jahre weiter – zeichnet sich jedoch auch hier eine kommerzielle Nutzung ab." (FS UKP, S. 412).

Auf die guten Erfahrungen in der Zusammenarbeit mit den Kollegen der FSU kommt auch Dr. Thiede zu sprechen, der als stellvertretender Themenleiter am ZWG bei dieser Entwicklung von Anfang an dabei war: „Im Falle der FSU hatten wir mit einer wissenschaftlichen Einrichtung zu tun, die bereit und in der Lage war, schon in einem sehr frühen Stadium der Arbeiten gerätebauliche Aspekte zu berücksichtigen und selbst aktiv an der Geräteentwicklung mitzuwirken. ... Die Laboraufbauten zum Farbstofflaser wurden so konzipiert, dass sie den späteren gerätetechnischen und technologischen Anforderungen bereits sehr nahe kamen. Natürlich mussten dann in der gemeinsamen Arbeit nicht nur Detailverbesserungen vorgenommen werden, sondern z.T. auch grundlegend neue Lösungen gefunden werden, wobei wir auf die von der FSU entwickelten Grundprinzipien zurückgreifen konnten. Im Rahmen der Loopervereinbarung fanden halbjährlich Erfahrungsaustausche statt, wo über den aktuellen Stand der Arbeiten und Probleme der Realisierung beraten wurde. Diese Zusammenarbeit mit Jena betraf nicht nur die Entwicklung der Farbstofflaser, sondern z.B. auch den Scanning-Korrelator, der im Rahmen eines Jugendobjekts des ZWG und der FSU realisiert wurde. Wobei man insgesamt feststellen kann, dass die räumliche Entfernung Jena-Berlin trotz einiger Probleme nicht den Effekt der Zusammenarbeit schmälern konnte. Heute ist unser Kollektiv im ZWG soweit profiliert, dass wir die Arbeiten eigenständig fortsetzen können.“ (FS UKP, S. 413).

Kern des ps-Baukastensystem war die von einem Edelgasionenlaser (ILA-Serie von Carl Zeiss Jena) gepumpter Farbstofflaser. Ausgehend vom wissenschaftlichen Vorlauf an der FSU im Bereich von Bernd Wilhelmi entstanden der Laserresonator FSL 100 und eine entsprechende Versorgungseinheit für den Farbstoffkreislauf LVE 100. Zum Zeitpunkt der Fallstudie waren bereits über 50 Farbstofflaser FSL 100 und 100 Versorgungseinrichtungen LVE 100 vom ZWG an Forschungseinrichtungen im In- und Ausland übergeben worden. (FS UKP, S. 413/14).

Die Grundprinzipien der forschungstechnischen Neuerung (unikale Laboranordnung) einmal in eine erfolgreiche Geräteentwicklung umgesetzt, gewinnt die Weiterentwicklung dieser Technik in den Einrichtungen des wissenschaftlichen Gerätebaus eine größere Selbständigkeit und Eigendynamik. Dabei kommen vor allem die konstruktiven und technologischen Erfahrungen – und in den 80er Jahren verstärkt der Einsatz der elektronischen Rechentechnik (obgleich ein Sorgenkind und Achillesverse der Entwicklungen in der DDR) zum Tragen.

Bei der ersten gerätetechnischen Umsetzung im Farbstofflaser FSL 100 waren diese Möglichkeiten bei weitem noch nicht ausgeschöpft. So entstand bereits in der Phase der Überführung des FSL 100 die Konzeption für die nachfolgende Gerätegeneration FSL 101. Hierzu E. Büttner im Interview 1987: „Der FSL 100 ging 1985 in die Fertigung. Als die abschließende konstruktive Entwicklung noch lief, arbeiten wir bereits an der A-Stufen-Entwicklung des FLS 101 (Fertigung eines funktionierenden Labormusters). Der Grundaufbau des Farbstofflasers wurde im Wesentlichen beibehalten. Die Weiterentwicklung betraf vor allem die entwicklungsseitige und konstruktive Vervollkommnung sowie den Einsatz mikroelektronischer Baugruppen. Im Vergleich zum FSL 100 steckt in dieser Weiterentwicklung wesentlich mehr Aufwand unsererseits. " (FS UKP, S.414/15) So wurde beispielsweise eine mikroprozessorgestützte Elektronik integriert. Beim FSL 101 kann der Steuerrechner mit Hilfe der Sensoren selbst den optimalen Arbeitszustand einstellen und aufrechterhalten. Darüber hinaus lassen sich vom Zentralrechner gesteuert bestimmte Messroutinen automatisiert abarbeiten.

Die Entwicklung der dritten Gerätegeneration (FSL 102) hatte ebenfalls bereits feste Konturen angenommen, ehe der Vorläufer (FSL 101) in die Fertigung überführt wurde. Beim FSL 102 ließen sich die Entwickler vom ZWG eine besondere Lösung einfallen, um einen entscheidenden Nachteil der vorangegangen Farbstofflaserkonzeptionen zu überwinden: „Beim Farbstofflaser FSL 100 und FSL 101 ist eine wesentliche Begrenzung dadurch gegeben, dass die wellenlängenmäßige Durchstimmbarkeit nur so groß ist, wie der verwendete Farbstoff es gestattet. Wenn man in einem anderen Wellenlängenbereich gehen will, muss man den Farbstoff auswechseln. Das bedeutet Reinigung des Farbstoffsystems und neue Justierung des Gerätes. Das ist ein sehr aufwendiger Vorgang", so E. Büttner im Interview. „Unsere Idee war nun, drei Farbstofflasersysteme in einem Gerät zu kombinieren, die einen unterschiedlichen Farbstoff enthalten und mit denen dann wahlweise die verschiedenen Wellenlängenbereiche zur Verfügung stehen." (FS UKP, S. 415)

Auf der ‚Laser 87' in München zeigte sich, dass gerade mit der Entwicklung des FSL 101 und FSL 102 der Anschluss an die Weltspitze behauptet werden konnte. So hatten fünf BRD-Firmen ihr Interesse bekundet, darunter die renommierte Fa. Spectra Physics für den FSL 102.

Der Weltrekord – fs-Laser-Technik

Eine Femtosekunde das sind 10^{-15} Sekunden; in dieser Zeit legt ein Lichtstrahl die Strecke von 0,3 µm zurück. Das ist hundertmal kleiner als der Durchmesser eines menschlichen Haares.[52] In jene Regionen bewegte sich die experimentelle Grundlagenforschung in der zweiten Hälfte der 80er Jahre. International mit an der Spitze der Bereich Physik der Friedrich-Schiller-Universität Jena. In der Fallstudie UKP wurde diese Spitzenforschung – im Nachhinein muss man sagen

52 http://de.wikipedia.org/wiki/Femtosekundenlaser

leider – nur am Rande berührt, da sich hier noch keine neuen gerätetechnischen Entwicklungslinien abzeichneten. Nur so viel vermittelte sich schon beim Besuch an der FSU im Herbst 1987 – der Stolz in einem Haus zu arbeiten, das zu wissenschaftlichen Topergebnissen in der Lage war.

Stellvertretend ist hier Dr. Wieland Dietel zu nennen, der Mitte der 80er Jahre die Chance zu einem Studienaufenthalt in Albuquerque, New Mexiko, USA, bekam. Die von ihm wesentlich bestimmten Arbeiten nach seiner Rückkehr stehen für den von Bernd Wilhelmi eingangs zitierten Weltrekord, im Laser durch die Optimierung des Resonators Impulse von 30 fs. erzeugen zu können.

Eine andere Rekordleistung verbindet sich mit den Namen Christian Rempel und Wolfgang Rudolph. 1986 wurde Christian Rempel vom ZWG an die FSU delegiert. Es gehörte zur Strategie von Prof. Langhoff, dafür zu sorgen, dass junge Physiker aus dem ZWG an die Forschungsfront herangeführt werden. So schickte er Christian Rempel zu Bernd Wilhelmi nach Jena, damit er dort habilitieren kann. Rempel hatte wiederum das Glück, in dieser Zeit von Wilhelmi zum Arbeitsaufenthalt nach Göttingen (eine der wenigen Westreisen) entsandt zu werden. In dem 1992 erschienenen Buch „Karrieremuster – Wissenschaftlerporträts" finden sich zu dieser Zeit aufschlussreiche Passsagen: „Ich bin 1986 für drei Jahre an die Friedrich-Schiller-Universität Jena gegangen. ... Jedenfalls habe ich in Jena das Handwerk physikalisch-technischen Experimentierens gelernt. Im Beherrschen dieses Handwerks sehe ich das eigentlich Große der Wissenschaft. ... Es war für mich eine wichtige Erfahrung, in einem Wissenschaftsbetrieb mit Weltruf tätig zu sein – der der Bereich von Professor Bernd Wilhelmi an der Fridrich-Schiller-Universität Jena zweifellos war. Mich hat überrascht, wie ‚irdisch' es dort zuging, zumal ich vorher nur die Veröffentlichungen der Wissenschaftler von dort kannte, in denen immer alles glatt geht und hochtrabend wirkt. Ich habe in Jena ein Gespür dafür bekommen zu erkennen, wo hinter der ‚Papierform' wirklich neue Ideen und Ansätze stecken."[53]

Nach 1990 hat Christian Rempel in Adlershof die Fa. Bestec gegründet. Aus dieser nunmehr Unternehmerperspektive kommt er auf die Weltrekordleistungen in Jena zurück: „Die Entwicklung des Femtosekundenverstärkers, den wir jetzt in unserer Produktpalette haben, würde ich schon als eine für mich bemerkenswerte wissenschaftlich-technische Leistung halten, die in gewisser Weise auch für meine weitere Arbeit Maßstäbe setzt. In Göttingen hatte ich das Handwerk der Entwicklung solcher Verstärkertypen gelernt. In diesen Frontbereichen von Wissenschaft und Technik gibt es immer Dinge, die kann keiner erklären,

53 Herzberg, Guntolf/Meier, Klaus: Karrieremuster – Wissenschaftlerporträts, Berlin 1992, S. 316/17.

die erschließen sich nur über das experimentell-intuitive Verständnis und Geschick. Man kann jedem Interessierten solche Geräteprinzipien erklären, ohne befürchten zu müssen, dass dies in Kürze nachgebaut wird. Als ich dann nach Jena zurückkam, habe ich gemeinsam mit Wolfgang Rudolf einen Geräteaufbau realisiert, wo wir zeitweilig die kürzesten Laserlicht-Impulse der Welt (52 Femtosekunden bei 300 Mikrojoule) erzeugen konnten.“[54]

Auf dem V. Internationalen Symposium „Ultrafast Phenomena in Spectroscopy“ im August 1987 in Vilnius findet sich dazu ein interessanter Referenz-Beitrag: „Femtosecond Pulse Amplification“. Unter den Autoren die Haute-Volée der UKP: Wieland Dietel, Valentin Petrov[55], Christian Rempel, Wolfgang Rudolph, Bernd Wilhelmi und Fritz-Peter Schäfer[56] vom Max-Planck-Institut für biophysikalische Chemie in Göttingen.

Wolfgang Rudolph wurde in den Jahren nach der Wende Professor an der University of New Mexico in Albuquerque und zum Fellow oft he Optical Society of America berufen.

Die wichtigste Femtosekundenentwicklung der Universität Jena in der zweiten Hälfte der 80ziger Jahre war in Kooperation mit Zeiss den Scanning-Mikroskopen mit hoher Zeitauflösung gewidmet, woran besonders Harald Bergner, Tobias Damm, Michael Kaschke, Michael Kempe, Hans Ponath und Heidrun Wabnitz beteiligt waren. Dabei entstand auch das erste Gerät zur zeitlich und räumlich hochauflösenden Inspektion von elektronischen Prozessen in Halbleiterbauelementen: Das bekannte OBIC (optical beam induced current) Verfahren wurde zum „TOPIC“ (Time-resolved OBIC) erweitert. Außerdem wurden durch Bernd Schröder und Felix Kerstan mit Laserimpulsen extrem kurze elektrische Pulse erzeugt und mit Sub-Pikosekunden-Auflösung vermessen.

Zu Bernd Wilhelmi ist zu sagen, dass seine Tätigkeit als Rektor an der FSU Jena Anfang 1989 planmäßig zu Ende ging. Er wurde 1988 als Sekretar für Physik an die AdW der DDR nach Berlin[57] berufen. Dabei ging es Wilhelmi auch

---

54 Ebenda, S. 332.

55 Valentin Petrov ist heute im Bereich „Attosecond Physics“ des Max-Born-Instituts in Berlin tätig und arbeitet zu gepulsten Lasern im Femto- und Attosekunden-Bereich. Am selben Institut sind auch Frank Noack (ehemals FSU Jena) und Holger Stiehl (ehemals ZOS) tätig.

56 1970 wurde er als Direktor an das Max-Planck-Institut für biophysikalische Chemie berufen und baute dort die Abteilung für Laserphysik auf. 1987 gründete er mit zwei Kollegen das Laser-Laboratorium Göttingen, welches eine Verbindung zwischen Forschung und Industrie herstellte. Um 1990 forschte er besonders über Röntgenlaser. 1994 wurde er emeritiert. http://de.wikipedia.org/wiki/Fritz_Peter_Sch%C3%A4fer

57 Vgl.: Bernd Wilhelmi im Interview: Ultrakurzzeit-Phänomene und Langzeitstrategien, spectrum 12/1989, S. II bis III.

darum, in Berlin auch wieder richtig forschen zu können. „Ich gehe nur, wenn ich eine Forschungsgruppe aufbauen darf, habe ich zu Werner Scheler gesagt." – so Bernd Wilhelmi 2012 im Interview – „Du kannst einen ganzen Bereich übernehmen, war das Angebot von Werner Scheler. Um Gottes Willen, ich will doch nicht schon wieder Administration machen. So konnte ich eine kleine Gruppe für Ultrakurzzeitphysik handverlesen aussuchen und wir haben im ZOS die fs-Strecke aufgebaut. Mein Stellvertreter war Michael Kaschke. Er hat nach der Wende eine Traumkarriere hingelegt": 1992 wissenschaftlicher Mitarbeiter bei Carl Zeiss in der Forschung, danach Entwicklungsleiter für Operationsmikroskope, im Jahr 2000 Berufung in den Vorstand und seit Januar 2011 Vorsitzender des Konzernvorstandes von Carl Zeiss."

Aus den Forschungsgruppen von Bernd Wilhelmi sind Frank Noack, Joachim Herrmann und Valentin Petrov, die nach der Auflösung des ZOS im Max-Born-Institut für Nichtlineare Optik und Kurzzeitspektroskopie (BMI) weiter wirken konnten, sowie Michael Kempe, jetzt bei Carl Zeiss Jena, Karsten König, in Saarbrücken und Jena, sowie Wolfgang Rudolph in Albuquerque (USA) diejenigen aus dem „goldenen Zeitalter" der Femtosekundenlaserforschung in der DDR, die noch intensiv Ultrakurzzeitphysik, vom Pikosekunden- bis zum Attosekundenbereich, betreiben.[58]

Die Wende – was wurde, was wirkt, was bleibt?

Professor in den USA, Firmengründer in Berlin, Vorstandsvorsitzender von Carl Zeiss – und es werden noch weitere beachtliche Karrierewege von Wissenschaftlern aus dem ZOS, dem ZWG und der FSU Jena anzuführen sein. Ausgangspunkt aller Nachwendekarrieren war allerdings die politisch in Kauf genommene Zerstörung international anerkannter leistungsfähiger Forschungspotenziale. Dazu ein Kommentar von Christian Rempel unmittelbar aus der Wendezeit: „Hinzu kommt, dass das wissenschaftliche Hinterland in Berlin und vor allem an der Friedrich-Schiller-Universität in Jena weggebrochen ist. Der Bereich Physik an der Uni in Jena ist inzwischen zu einer Wüste geworden, kaum einer von den ehemaligen Leistungsträgern arbeitet noch dort. Sie sind in die USA gegangen, zu Lambda-Physics und anderen. Dann haben sie dort auch ihre ‚drei Stasi-

---

58 In Deutschland ist bei der Attosekundentechnik heute vor allem das Max-Planck-Institut für Quantenoptik in Garching mit Prof. Ferenc Krausz als Direktor der Abteilung Attosekunden- und Hochfeldphysik zu nennen. Vgl.: http://www.mpq.mpg.de/cms/mpq/people/Krausz_Ferenc.shtml

Leute´' aussortiert. Von den ehemals 25 gestandenen Wissenschaftlern sind nur noch ein paar wissenschaftliche Mitarbeiter und einige Diplomanden geblieben."[59]

„Hier ist allerdings anzumerken," – so Bernd Wilhelmi 2012 – „dass nach diesem Tief sehr schnell eine Wiederbelebung der Ultrakurzzeitphysik in Jena einsetzte, an der Universität Jena im Institut für Quantenoptik sowie im Institut für Angewandte Physik, darüber hinaus im Fraunhofer-Institut für Optik und Feinmechanik, im Institut für photonische Technologien sowie im jüngst gegründeten Jenenser Helmholtz-Institut. Außerdem entwickeln und vertreiben eine Reihe von Firmen aus dem wissenschaftlich und wirtschaftlich außerordentlich erfolgreichen ‚Optics Valley Jena' Kurzpuls-Laser (beispielsweise Jenoptik) sowie Baugruppen für die Ultrakurzzeittechnik, darunter Halbleiterlaser als Pumpen für große Laser-Verstärker, Spezialspiegel für die Chirpkompensation. Andere Firmen nutzen solche Laser für Materialbearbeitung und Medizintechnik, beispielsweise bei Zeiss in Ophthalmologie-Geräten und in der Mikroskopie."

Das sind erfreuliche Nach-Nach-Wende Entwicklungen, doch das politische Konzept der frühen 90er Jahre setzte zunächst auf einen radikalen Elitewechsel.[60] Der ehemalige Direktor des ZWG Prof. Langhoff charakterisiert den Umgang mit der DDR-Wissenschaft im Interview 2012 wie folgt: „Es geht nicht um mich, sondern wie Wissenschaft und Technologie den Vereinigungsprozess hätten fördern können. Wir hätten für einen Bruchteil des Geldes, das so ausge-

---

59 Karrieremuster, s. S. 330.

60 Hinzuweisen ist in diesem Zusammenhang auf die Einschätzungen von Hans N. Weiler (ehemaliger Rektor der Europa-Universität Viadrina, Prof. Emeritus der Standford University), der u.a. in seinem Beitrag „Hochschulen im Wettbewerb – Ein innovationsphilosophischer Blick von außen" folgende Einschätzung zur Situation an den ostdeutschen Hochschulen in den 90er Jahren gibt: „Ich glaube, dass eine der bedeutendsten Leistungen in der Entwicklung von Wissenschaft und Forschung in Ostdeutschland darin lag, angefangen zu haben mit einem Auslaufmodell – nämlich dem von den meisten Beobachtern der achtziger Jahre als reichlich hoffnungslos eingestuften westdeutschen Hochschulsystem – und daraus dennoch ein insgesamt bemerkenswert leistungsfähiges und in mancher Hinsicht innovatives Hochschulwesen aufgebaut zu haben. Denn eindrucksvoll ist es ja wirklich, was in den frühen neunziger Jahren an hochschulpolitischer Weisheit den neuen Ländern übergestülpt wurde – ein System, dem Jürgen Mittelstrass die ‚Reformunfähigkeit' attestieren musste und das Peter Glotz schon als ‚im Keim verrottet' bezeichnet hatte – als Modell für einen Neubeginn der Wissenschaft im Osten Deutschlands jedenfalls keine besondere Morgengabe. Die Begründung, dass es kein anderes Modell gab, hat mich nie überzeugt. Diejenigen von uns, die sich dann bereit fanden, aus der Rolle der externen Beobachter in die Rolle der Mitwirkenden zu wechseln, können ein Lied davon singen, wie verkrustete Gremienstrukturen, besitzstandswahrende Hochschullehrer, ein bemerkenswert orthodoxes Wissenschaftsverständnis und staatliche Über-Gängelei auch relativ bescheidene Reformansätze im Kein zu ersticken drohten. Das trotzdem zwar nicht überall, aber doch an vielen ostdeutschen Standorten – Dresden, Frankfurt (Oder), Chemnitz, Erfurt, Potsdam, Jena, um nur einige zu nennen – ebenso leistungsfähige wie innovative Hochschulstrukturen entstanden sind, ist bemerkenswert genug." Quelle: http://www.stanford.edu/~weiler/homepage_deutsch.htm.

geben wurde, mehr erreicht, wenn sie uns gelassen hätten. Das wollten sie nicht, sie wollten politisch tabula rasa machen. Eines der Argumente war, sie hätten sich ja sonst mit jedem einzelnen Mitarbeiter auseinandersetzen müssen. Und so wurde durch das Ende der Akademie-Strukturen alles kräftig durcheinander geschüttelt. Letztlich hatte das vielleicht sogar ein paar Vorteile. Wenn du ein System so nachhaltig zerstörst, kannst du sehen, wo sind tatsächlich die aktiven Leute und wo wächst etwas unter neuen Bedingungen. Es hat aber auch viel Verluste gegeben – unnötig und ungerecht. Wenn ich mir beispielsweise die Mitglieder der Leibniz-Sozietät[61] anschaue, wie kann sich eine Industrienation wie Deutschland es leisten, intellektuelle Potenziale ohne Not auf den Müllhaufen der Geschichte zu schmeißen – unglaublich!"

Und Langhoff, weiß wovon er spricht. Es ging ihm wie auch anderen Akteuren nicht um eine 1:1-Fortschreibung aller bestehenden Strukturen „Im Nachhinein muss man sagen", so Langhoff, „waren wir im ZWG eigentlich intern strukturiert wie Business-Zentren. Wir waren im ZWG insgesamt 1.700 Leute, konzentriert vor allem in Adlershof aber auch mit den Standorten in Liebenwalde, in Heiligenstadt und in Teltow. Das waren alles selbständige Unternehmen mit einem Chef an der Spitze. Wir haben 1989 immerhin für 100 Mio. DDR-Mark Geräte verkauft. Das war zwar hinsichtlich der Produktivität je Mitarbeiter unterkritisch – da hätten wir in der Marktwirtschaft nicht überleben können. Das war uns klar und wir hatten ja auch ein Konzept in Arbeit, wo wir gesagt haben, wir reduzieren das Ganze auf 250 Leute – machen aus einem Teil ein Fraunhofer-Institut, und aus anderen Teilen werden Unternehmen. Die Unternehmen sind ja dann mehr oder weniger auch entstanden. Aber nicht in der ursprünglichen Absicht als Komplex, sondern als selbständige Einheiten. Wäre das als Komplex geblieben. Ich garantiere, wir hätten viele internationale Konzerne in Angst und Schrecken versetzt – wirklich."[62]

Hieraus spricht das Selbstbewusstsein nicht nur des erfolgreichen Unternehmers des 1993 von ihm gegründeten Instituts für wissenschaftlichen Gerätebau – IfG[63] – dem heutigen Institut for Scientific Instruments. Sondern hier spricht

---

61 http://leibnizsozietaet.de

62 Vgl. Langhoff/Puder: Fragen des Wissenschaftsrates an die außeruniversitären Forschungseinrichtungen in der Deutschen Demokratischen Republik – beantwortet durch das Zentrum für wissenschaftlichen Gerätebau (ZWG) der Akademie der Wissenschaften, Berlin 27. August 1990 (unveröffentl.), S. 33.

63 Das IfG – Institute for Scientific Instrument GmbH wurde 1993 als IfG Institut für Gerätebau GmbH gegründet, woraus die Abkürzung resultiert, die bis heute beibehalten wurde. Die IfG GmbH knüpft an die Traditionen des Zentrums für wissenschaftlichen Gerätebau (ZW) der Akademie der Wissenschaften der DDR an, dessen Direktor Herr Prof. Dr.- Ing. Norbert Langhoff von 1970 bis 1991 war. Die Umbenennung erfolgte im Jahre 2005 und widerspiegelt konsequent die gewachsene

auch einer der Akteure, denen der Wissenschafts- und Technologiestandort Berlin-Adlershof seine positive Entwicklung in den letzten zwei Jahrzehnten verdankt. In Anerkennung dieser Leistungen kam man nicht umhin, Norbert Langhoff im Oktober 2011 mit dem Bundesverdienstkreuz auszuzeichnen. „Er habe wesentlich zum Aufbau des Wissenschafts- und Technologieparks Adlershof beigetragen, teilte das Bundespräsidialamt mit.“[64]

„Und der Grund war, dass ich hier aktiv mitgeholfen habe, Adlershof zu dem zu machen, was es heute ist. Und dafür gab es kein Geld, ich habe mich wirklich engagiert dafür, zunächst für die Ausgründungen der Leute aus dem ZWG und infolge auch für viele andere. In den ersten Jahren hat mir von den neuen Direktoren der Institute in Adlershof keiner die Hand gegeben, für die war ich Luft. Das hat sich inzwischen völlig umgekehrt. Jetzt bin ich schon so etwas wie die Graue Eminenz. Wenn irgendwelche Interviewanfragen kommen, von der Zürcher Zeitung oder der FAZ beispielsweise, bin ich Mode.“ Langhoff 2012 im Interview.

Und so heißt es beispielsweise in der Zürcher Zeitung vom 23. September 2005 unter dem Titel „Stille Stars mit DDR-Vergangenheit“: „Langhoff ist kein Einzelfall. Zahlreiche Firmen in Berlin-Adlershof werden von Wissenschaftlern geleitet, die früher in Instituten der Akademie der Wissenschaften der DDR tätig waren. Ihre Firmen sind in der Regel klein, doch erfolgreich.“[65 66]

Für die in der Fallstudie UKP befragten Wissenschaftler der UKP ist hier neben der von Christian Rempel gegründeten Firma Bestec auch die LTB Lasertechnik zu nennen. Letztere ist ein sehr erfolgreiches Familienunternehmen – viele Jahre unter Leitung von Dr. Matthias Scholz, der in der Fallstudie UKP u.a. für die Entwicklung des Lasers IGT 100 stand, Inzwischen ist ihm in der Geschäftsführung sein Sohn Christian Scholz gefolgt.[67] Zeichen des anhaltenden

internationale Zusammenarbeit mit den Kunden und der Forschung.
Der enge Kontakt zu führenden Wissenschaftseinrichtungen garantiert nachhaltig Spitzenleistungen im wissenschaftlichen Gerätebau. Im Jahre 1999 wurde aus der IfG GmbH das IAP – Institut für angewandte Photonik e. V. als gemeinnütziger Verein ausgegründet, dem Vertreter aus Forschung und Industrie angehören. http://www.ifg-adlershof.de/index.php?id=11

64 http://www.adlershof.de/meldung/bundesverdienstkreuz-fuer-prof-dr-ing-norbert-langhoff/

65 Stille Stars mit DDR-Vergangenheit, Zürcher Zeitung 23.09.2005, vgl.: http://www.nzz.ch/aktuell/startseite/articleD4VSU-1.172075

66 Zur Entwicklung des Standorts Adlershofs vgl. auch: Frank Lerch: Netzwerkdynamiken im Cluster: Optische Technologien in der Region Berlin-Brandenburg, Dissertationsschrift, Berlin 2009.

67 LTB Lasertechnik Berlin wird Familienunternehmen: LTB Lasertechnik Berlin GmbH, einer der weltweit führenden Hersteller von UV-Gas-Lasern und hochauflösenden Spektrometern mit Sitz im Wissenschafts- und Technologiepark Berlin-Adlershof, wurde durch Kauf von freiwerdenden Geschäftsanteilen in ein Familienunternehmen umgewandelt. Die finanzielle Transaktion fand mit aktiver Unterstützung der Commerzbank statt. Ab sofort agieren in einer Doppelspitze der bislang allein tätige Geschäftsführer, Dr. Matthias Scholz – künftig für die strategische Entwicklung des Unternehmens zuständig – und sein Sohn, Christian Scholz, der das operative Geschäft verantwortet. Beide halten je 50 Prozent der Geschäftsanteile.

Geschäftserfolgs ist auch 2012 der Baubeginn eines eigenen Firmengebäudes am WISTA-Standort in Berlin-Adlershof.[68]

Die dritte Firma (mit dem IfG von Prof. Langhoff die vierte) im Bunde der UKP-Ausgründungen des ZWG ist die LLA Umwelttechnische Analytik und Anlagen GmbH von Dr. Hartmut Lucht. Auf seine erfolgreiche Tätigkeit als Geschäftsführer der LLA wurde bereits im Zusammenhang mit der Entwicklung der Streakkameratechnik hingewiesen – ebenso auf die Karriere von Dr. Heinrich Endert in den USA und in Stahnsdorf im Auftrag von Newport Spectra Physics.[69]

Last, but not least noch ein besonderes Déjà-vu-Erlebnis zur Frage was wurde, was bleibt, was wirkt weiter. Wie die Ironie des Schicksals es will, hat Nobert Langhoff mit einer gemeinsamen Entwicklung seiner Firma (quasi eines der Nachfolgeunternehmen des ZWG) und des Max-Born-Instituts (also das Nachfolgeinstitut des ZOS) 2010 den Innovationspreis Berlin-Brandenburg erhalten. „Die von der IfG (Institute for Scientific Instruments) GmbH in Kooperation mit dem Max-Born-Institut für Nichtlineare Optik und Kurzzeitspektroskopie (MBI) entwickelte lasergetriebene Plasma-Röntgenquelle erlaubt den Zugang zu dynamischen Prozessen auf molekularer und atomarer Ebene."[70] Also ein Lehr-

---

Dr. Matthias Scholz, geboren 1947, war Physiker in der ehemaligen Akademie der Wissenschaften der DDR, hier unter anderem Leiter des Bereiches Lasertechnik im Zentrum für wissenschaftlichen Gerätebau. 1990 initiierte er die Gründung der LTB Lasertechnik und hat maßgeblichen Anteil an der bisherigen Erfolgsgeschichte.

Die Geschäftstätigkeit der LTB besteht in der Entwicklung, Herstellung und dem Vertrieb von Kurzpuls-Lasern im gesamten optischen Spektralbereich für die industrielle Analytik und medizinische Diagnostik; verschiedenen, hoch- und höchstauflösenden Spektrometern für Entwicklung und Fertigung von Lasern und für die Laserlithographie sowie von lasergestützter Messtechnik für die spektroskopische Materialanalyse, Prozessanalytik und medizinische Diagnostik. Das Unternehmen bestimmt sowohl bei den UV-Kurzpulslasern als auch bei den hoch- und höchstauflösenden Spektrometern den Stand der Technik weltweit mit. Das ELIAS-Spektrometer ist weltweit einzigartig.

68 http://www.ltb-berlin.de/Geschichte.167.0.html

69 http://www.newport.com/cms/brands/spectra-physics

70 „Die von der IfG (Institute for Scientific Instruments) GmbH in Kooperation mit dem Max-Born-Institut für Nichtlineare Optik und Kurzzeitspektroskopie entwickelte lasergetriebene Plasma-Röntgenquelle erlaubt den Zugang zu dynamischen Prozessen auf molekularer und atomarer Ebene. Das schon in Kleinserie von der IfG GmbH hergestellte System ermöglicht die Erzeugung von Röntgenimpulsen von etwa 100 Femtosekunden (= 10–15 Sekunden = ein Millionstel einer Milliardstel Sekunde) im Labor. Die Femtosekunden (fs)-Röntgenquelle und das von IfG entwickelte Analysegerät sind weltweit das einzige kommerziell erhältliche Untersuchungssystem seiner Art. Die Anwendungsfelder für diese Ultra-Kurzzeit-Röntgenanalytik sind vielfältig. Sie reichen von Nanotechnologie, Materialwissenschaft, Chemie und Pharmazie über die Entwicklung optischer und ultraschneller Schalter und Speicher (u.a. optische Computer) bis zur Untersuchung von Proteinmolekülen." Zitiert: http://www.innovationspreis-bb.de/preistr%C3%A4ger-und-finalisten/preistr%C3%A4ger/2010/ifg-institute-for-scientific-instruments-gmbh.html

beispiel aus der Akademie-Schule des Zusammenwirkens von naturwissenschaftlicher Grundlagenforschung und Geräteentwicklung. Und Norbert Langhoff hat auch die Courage, mit diesen positiven Kooperationserfahrungen aus DDR-Zeiten offensiv umzugehen: „Zu dieser Zusammenarbeit wäre es nie gekommen, wenn ich nicht so gedrängelt hätte: ‚Leute ich habe noch sehr gut in Erinnerung, wie das vor 20 Jahren gelaufen ist mit der Ultrakurzzeitspektroskopie. So etwas kann man jetzt im Femtosekunden-Bereich mit der Kombination von Laser- und Röntgentechnik realisieren.‘ Mit dieser Überzeugung habe ich die führende Leute im MBI bequatscht, das mit uns gemeinsam zu machen. Dabei hat uns auch geholfen, dass wir seit 2000 ein Kompetenznetzwerk Optische Technologien für Berlin-Brandenburg aufgebaut haben, dem heute über 60 Firmen und 30 wissenschaftliche Einrichtungen in unserer Region angehören."[71]

Stichwort wissenschaftliche Einrichtungen: was die Mitarbeiter zum Themenfeld UKP im Zentralinstitut für Optik und Spektroskopie betrifft, so war nach Aussage von Edgar Klose nicht ein einziger Mitarbeiter nach dem Ende der Akademie 1991 auch nur einen Tag arbeitslos gewesen. Im Nachfolgeinstitut des ZOS, dem Max-Born-Institut für Nichtlineare Optik und Kurzzeitspektroskopie, fanden nach 1991 Dr. Klaus Teuschner, Dr. Holger Stiehl und Dr. Dieter Leupold eine Festanstellung. Hinzu kamen, wie schon erwähnt, Dr. Frank Noack und Dr. Valentin Petrov (ehemals FSU Jena, dann ZOS Berlin).

Professor Siegfried Dähne war einer der rd. 200 Mitarbeiter aus verschiedenen wissenschaftlichen Instituten in Adlershof, die in der neu gebildeten Außenstelle der Bundesanstalt für Materialforschung und -prüfung (BAM) in Adlershof eingestellt wurden. Prof. Edgar Klose war aufgrund seiner früheren Position für solche institutionellen Karrierewege, wie er sagt, „nicht verwendungsfähig". Er startete in den 90er Jahren einen Neuanfang mit der Firma Biosquant (das Unternehmen konzentrierte sich vorrangig auf die Entwicklung von Geräten und Methoden für zeitaufgelöste optische Messungen). Heute engagiert sich Edgar Klose als Vorsitzender im Märkischen Institut für Technologie- und Innovationsförderung e.V. (MITI) in Straußberg.[72]

71 Kompetenznetz für Optische Technologien.
Optec-Berlin-Brandenburg (OpTecBB) e.V. ist das Kompetenznetz für Optische Technologien und Mikrosystemtechnik in den Ländern Berlin und Brandenburg. OpTecBB e.V. ist eine Initiative von Unternehmen und wissenschaftlichen Einrichtungen in Berlin und Brandenburg, die gemeinsame Wege zur Erschließung und Nutzung dieser Technologien gehen wollen. OpTecBB e.V. wurde am 14.9.2000 von Unternehmen, Forschungseinrichtungen, Universitäten und Verbänden mit Unterstützung der zuständigen Landesministerien Brandenburgs und des Senats von Berlin gegründet. Heute hat der Verein ca. 100 institutionelle Mitglieder.
Vgl.: http://optecbb.de/lang/de/mitgliederlisten/mitgliederliste.php

72 http://www.miti-ev.de/

Frank Fink konnte nach der Wende seine akademische Laufbahn fortsetzen und ist seit den 90er Jahren ordentlicher Professor für Physik an der Hochschule (vorher Fachhochschule) für Technik und Wirtschaft in Berlin. Im Berufungsverfahren hatte er sich als einer von 273 Bewerbern für die drei ausgeschriebenen Professuren durchsetzen können. Heute sind die Labore und Hörsäle des Physikprofessors im obersten Stockwerk eines sanierten gelben Backsteingebäudes auf dem Gelände des ehemaligen Kabelwerks Oberspree in Oberschöneweide beheimatet. Prof. Fink steht gemeinsam mit Dr. Hartmut Lucht zugleich für das An-Institut „Laser Labor Adlershof e.V." mit Sitz auf dem WISTA-Gelände[73] in Berlin-Adlershof. Gelegentlich des Interviews mit Prof. Fink im März 2012 kamen wir auf seine aktuellen Forschungen zu sprechen: Das Forschungsteam um Frank Fink ist beteiligt an einem Verbundprojekt „Dünnschicht- und Nanotechnologie für die Photovoltaik" gemeinsam mit dem Helmholtz-Zentrum Berlin für Materialien und Energie und erhält aus dem Programm des BMBF „Spitzenforschung und Innovation in den Neuen Ländern" für den Zeitraum 2009 bis 2014. Fördermittel von über 10 Mio. Euro. Damit wird u.a. das Kompetenzzentrum für Dünnschicht- und Nanotechnologie für Photovoltaik Berlin am Standort Berlin-Adlershof unter Ägide von Prof. Frank Fink (sowie Prof. Bert Stegemann und Prof. Volker Quaschni) gefördert.[74]

Abschließend noch ein Blick nach Jena: „Die Physiker aus unserem Bereich", so Bernd Wilhelmi 2012, „sind fast alle bei der Stange geblieben, natürlich oftmals in der Industrie oder in anderen Anwendungsbereichen. Unsere Physiker waren so gefragt, ich hätte wie viel auch immer vermitteln können, weil sie bei uns auch so gerätespezifisch ausgebildet wurden."

Von den Interviewpartnern in der Fallstudie ist Frau Dr. Heidrun Wabnitz an die Physikalisch-Technische Bundesanstalt (PTB) nach Berlin gegangen, und zwar an den Fachbereich Biomedizinische Optik. Sie macht – wie es Bernd Wilhelmi formuliert – „Ultrakurzzeit vom Feinsten", kümmert sich natürlich auch um andere Geräteentwicklungen und Anwendungen.[75] Dr. Klaus Vogler hat den

73 WISSTA = Wissenschafts- und Wirtschaftsstandort Adlershof.

74 Vgl. Innotech (Magazin der Technologieregion Berlin Südost) 01/2012, S. 15–17.

75 „Alle zwei Minuten erleidet ein Mensch in Deutschland einen Schlaganfall. Rund ein Drittel der Betroffenen überlebt den plötzlichen Blutmangel im Gehirn nicht, viele andere behalten schwere Behinderungen zurück. Denn das Gehirn ist ein Hochleistungsorgan mit immensem Energiebedarf – ist die Versorgung mit Sauerstoff unterbrochen, können Lähmungen, Sprach- und Sehstörungen die Folge sein. Um einen Baustein für das Verständnis der damit zusammenhängenden Prozesse im Gehirn zu liefern, entwickeln Forscher der Physikalisch-Technischen Bundesanstalt (PTB) neuartige Messmethoden: Sie erforschen den zeitlichen Zusammenhang zwischen dem Sauerstoffbedarf der Nervenzelle und der Sauerstoffbereitstellung durch das Blut. Dies ist ihnen erstmals direkt am Patienten mit einer Zeitauflösung von 100 ms gelungen. Um das genaue Ergebnis zu erzielen,

Weg in die Industrie gefunden, zunächst mit einer eigenen kleinen Festkörperlaser-Firma, zwischenzeitlich bei der Aesculap-Meditec GmbH Jena und später bei einer anderen Firma, die sich mit Laser für die Augenheilkunde beschäftigt.

Prof. Gerhard Wiederhold ist 1992 aus dem Universitätsdienst ausgeschieden und 2005 verstorben. Dr. Dieter Schubert ist inzwischen Rentner, hat aber nach der Wende in der westdeutschen Sensorindustrie Karriere gemacht, zuerst bei UBM Uwe Breitmeier[76], die Firma wurde dann von Polytec[77] übernommen. Prof. Volker Brückner war in den 80er Jahren Leiter der Sektion Physik und hatte somit an der Universität Jena nach 1990 keine Chance mehr. Er war dann eine Weile in Mexiko und ist später an die Hochschule für Telekommunikation der Telekom nach Leipzig gegangen, der er von 1998 bis 2007 als Rektor vorstand. Ernst Heumann, der in Jena die ersten Kurzpulslaser baute, erhielt eine Professur an der Universität Hamburg, Matthias Lenzner und Wolfgang Rudolph erhielten Professuren in den USA, Harald Bergner und Erhard Döpel in Jena, Karsten König (im 3. Studienjahr Wechsel von Rostock nach Jena wegen der Laser!), das außerdem Gründer und Chef einer medizinorientierten Jenenser Firma ist, wurde Professor in Saarbrücken. Die Mehrzahl der jungen Forscher ging in die Industrie, u.a. zu Jenoptik, Zeiss, Lambda Physik, Coherent und ASML. Die meisten bekleiden inzwischen führende Positionen, beispielsweise Uwe Stamm als Chef der strategischen Entwicklung bei ASML, Weltmarktführer auf dem Gebiet der Mikrolithographiemaschinen, oder Klaus Vogler als F&E-Chef von Wavelight.

Und Bernd Wilhelmi selbst? Seine berufliche Perspektive nach der Wende verbindet sich mit dem 1991 gegründeten Unternehmen Jenoptik. Anlässlich seiner Verabschiedung aus dem Wissenschaftlichen Beirat von Jenoptik Anfang November 2009 wurde ein längeres Interview im hauseigenen Magazin der Jenoptik-Gruppe veröffentlicht: „Als die Wende kam, wurde schnell klar, dass meine Arbeit an der Akademie nicht mehr so fortgesetzt werden konnte, da kam das Angebot aus Jena“, so Wilhelmi im Gespräch mit Katrin Lauterbach, die dann nachfragt: „Von Lothar Späth? – Bernd Wilhelmi: „Nein, schon etwas früher. Damals wurde ich noch von der Carl Zeiss Jena GmbH angesprochen. Als ich dann nach Jena kam, saß ich mit Lothar Späth beim Abendessen. ... Es ging zu-

arbeiten die PTB-Forscher mit zwei Messgeräten simultan: Die Gehirnströme erfasst ein DC-Magnetenzephalograf (MEG), während ein Nahinfrarot-Spektroskop die Konzentrationsänderung des Blutsauerstoffes im Gehirn misst.“ Vgl.: http://ib.ptb.de/de/org/8/Nachrichten8/2008/grundlagen/kopplung.html Ansprechpartner: Dr. Tillmann Sander-Thömmes und Dr. Heidrun Wabnitz.

76 UBM Ulrich Breitmeier Meßtechnik GmbH, Stuttgart.

77 Polytec GmbH, Waldbronn.

nächst um die Bewertung der vorhandenen Potenziale und Themen des Kombinats. Die Phase des Teilens von Jenoptik und Zeiss war extrem kompliziert. ... Da stand ja das Versprechen der mehr als 10.000 Arbeitsplätze. Und die waren wirklich das Wichtigste für die Region."[78] Seit seiner Gründung im Jahre 1995 ist Wilhelmi Mitglied des Wissenschaftlichen Beirates von Jenoptik, ab 1999 als Freiberufler und ab 2009 als Ehrenmitglied.[79]

Nur der Vollständigkeit halber, es sind nicht nur beachtliche wissenschaftliche Nachwende-Karrieren zu registrieren. Auch bei zwei ostdeutschen Politiker-Persönlichkeiten steht die Ultrakurzzeitphysik in der Vita. Das ist zum einen Gunter Fritsch, zunächst für die SPD Landrat in Straußberg und Märkisch-Oderland, dann Landesminister in Brandenburg und seit 2004 Präsident des Brandenburger Landtages. Von 1967 bis 1990 war Fritsch Labormechaniker und dann Entwicklungsingenieur im ZOS im Bereich von Prof. Klose und ist heute neben dem politischen Tagesgeschäft u.a. auch Mitglied des von Prof. Klose geleiteten MITI e.V. in Strausberg und unterstützt dessen Aktivitäten.

Auf eine zweite Politikerkarriere machte Norbert Langhoff aufmerksam. 2012 fand im Max-Born Institut in Adlershof ein Treffen mit dem Ministerpräsident von Sachsen-Anhalt, Dr. Reiner Haselhoff (CDU), statt. Unter den eingeladenen Gästen Prof. Langhoff, der folgendes Erlebnis schildert: „Ich hatte keine Ahnung, wer dieser Ministerpräsident ist. Ich komme also zum Treffen und er erzählt und guckt mich dabei immer schon so ein bisschen an. Und dann stellt sich raus, dass er Physiker ist, an der HUB studiert und hier im ZOS promoviert hat – und zwar auf dem Gebiet der zeitaufgelösten optischen Spektroskopie.[80] Er hat sich zwanzig Jahre danach noch bei mir wortreich bedankt für die Geräte, die er aus dem ZWG nutzen konnte, um sein Projekt erfolgreich zu Ende zu bringen."

Der Umstand, dass von der Partei DIE LINKE kein Spitzenpolitiker mit diesbezüglicher Physikerlaufbahn ausgemacht werden konnte, wird auf andere Weise kompensiert, als mit dem vorliegenden Buch – gefördert von der parteinahen Rosa-Luxemburg-Stiftung – eine Zeitzeugendokumentation zur Geschichte der UKP vorgelegt werden kann.

78 Katrin Lauterbach: Die Entwickler müssen zum Kunden! Bernd Wilhelmi im Interview, in: focus – Magazin der Jenoptik-Gruppe, Nr. 2 2009, S. 20.

79 Ebenda, S. 24.

80 Thema der Dissertation von Reiner Haselhoff an der Humboldt-Universität: „Entwicklung von Meßgeräten auf der Basis der linearen Laser-Absorptionsspektrometrie zur empfindlichen Molekülgas-Konzentrationsmessung unter dem Aspekt des Einsatzes in der Umweltkontrolle", Berlin 1991.

Fazit aus wissenschaftshistorischer Perspektive

Kommen wir auf die Einschätzungen von Hubert Laitko zur Fallstudie UKP zurück, die hier aus wissenschaftshistorischer Perspektive als Resümee stehen können: „In der Ultrakurzzeitphysik hatte die DDR, wie die Studie eingehend belegt, internationales Spitzenniveau erreicht und an einigen Stellen mitbestimmt. Im Gegensatz zur Verwendung des Terminus ‚Weltniveau' (‚Weltstand', ‚Weltspitze' usw.) in vielen politischen Texten der DDR als bloße Agitationsphrase wird hier unzweideutig ausgewiesen, in welchen Parametern die erzielten Leistungen weltstandsnah oder weltstandsbestimmend waren und in welchen nicht. Die Akademiestruktur einschließlich des forschungseigenen Gerätebaus hat sich danach – im Großen und Ganzen, die Aussage gibt einen Trendeindruck wieder und gilt nicht zwingend für jeden Einzelfall – als kreativitätsfördernd und produktiv erwiesen. Der für das Innovationsgeschehen kritische Punkt lag nicht innerhalb der Akademie, sondern in der Schwäche der industriellen Infrastruktur der DDR. Diese Schwäche zwang einen erheblichen Teil des an den wissenschaftlichen Einrichtungen beheimateten kreativen Potentials, Substitutionsarbeiten zur Entwicklung und Fertigung von Äquivalenten für Bauteile und ganze Geräte zu leisten, die im Prinzip kommerziell verfügbar, für diese Einrichtungen (oder auch für die DDR überhaupt) jedoch de facto nicht zugänglich waren. Die dafür gebundenen Potentiale fielen für das Hervorbringen von Ergebnissen mit internationalem Neuheitswert aus, obwohl sie nach ihrer Kompetenz und ihrem Niveau dazu grundsätzlich in der Lage gewesen wären. Zu einem gewissen Teil war die DDR durch die strategischen Embargomaßnahmen der NATO-Staaten (Cocom-Liste) vom legalen Zugang zu auf dem Weltmarkt angebotenen Spitzengeräten abgeschnitten. Das galt auch für die Lasertechnik. In der Studie wird das exemplarisch anhand der Streakkamera demonstriert, einem in den späten 1980er Jahren aktuellen Nachweisgerät mit hoher Zeitauflösung. Meiers Interviewpartner schilderten ihre Erfahrungen von der 1987 in München durchgeführten Fachveranstaltung (Messe und Kongress) ‚Laser 87', bei der Einrichtungen und Wissenschaftler der DDR stark vertreten waren. Sie hoben die offene und entgegenkommende Atmosphäre in ihren Kontakten zu den international führenden Herstellern lasertechnischer Geräte hervor und bemerkten zugleich, dass bei der Streakkamera, die den Embargobestimmungen unterlag, die Gesprächs- und Auskunftsbereitschaft sofort ein Ende hatte. Sowohl Meier selbst als auch seine Interviewpartner waren aber weit entfernt, das NATO-Embargo als das eigentlich verursachende Moment für die Infrastrukturschwäche der DDR-Industrie auf dem Hochtechnologiegebiet zu bewerten. Ganz offen war hier von einem „hausgemachten Embargo" die Rede. Diese Schwäche äußerte sich einerseits in der mangelhaften und in der späten DDR sogar noch weiter zurückgehenden forschungstechnischen Versorgung von Einrichtungen der naturwissenschaftlichen und technologischen Grundlagenforschung, andererseits in der eingeschränkten oder völlig fehlenden Fähigkeit der Industrie, die aus Akademie und Universitäten in durchaus beachtlicher Anzahl hervorgehenden Ergebnisse kommerziell zu verwerten. Aus der Verbindung dieser beiden Effekte ergab sich ein Circulus vitiosus, der die Produktivitätsentwicklung der DDR-Wirtschaft entscheidend bremste. Die Urteile der befragten Wissenschaftler über die Situation lassen an Deutlichkeit nichts zu wünschen übrig; das ist umso bemerkenswerter, als diese Studie 1988 nicht etwa in der Absicht geschrieben wurde, zur DDR auf Distanz zu gehen, sondern im Gegenteil als konstruktiver Beitrag zur Lösung ihrer Entwicklungsprobleme."[81]

Fünf Faktoren für Spitzenforschung

Es bleibt die Frage, was denn letztlich die Bedingungen für den Erfolg der Forschungsteams zur UKP in der DDR waren. Der Autor sieht vor allem fünf Faktoren, die hier abschließend eine kurze wissenschaftstheoretische und wissenschaftspolitische Würdigung erfahren sollen. Auf der zweitägigen Konferenz der Rosa-Luxemburg-Stiftung im November 2012 „Forschungsakademien in der DDR – Modelle und Wirklichkeit" wurde vom Autor folgendes Schaubild vorgestellt.

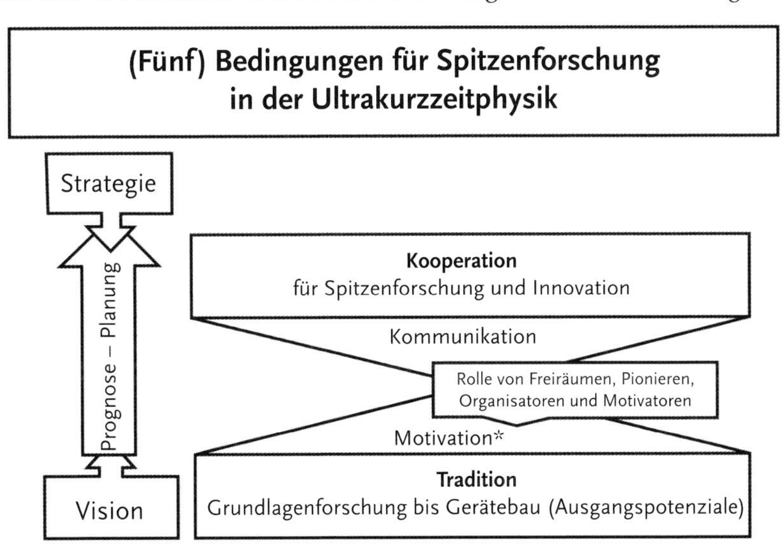

81 Hubert Laitko, Grundsätze zur wissenschaftshistorischen..., a.a.O., S. 2/3.

Tradition, Motivation, Kommunikation und Kooperation (verbunden mit intellektueller Kompetent) sind Voraussetzung und müssen in geeigneter Weise ineinandergreifen für komplexe interdisziplinäre und interinstitutionelle Forschungs- und Innovationsprojekte. Dies erfordert Akteure, die aus Visionen forschungsleitende Prognosen und Strategien entwickeln und in der Planung von Forschungsarbeiten und Kooperationsbeziehungen umsetzen. Es ist vor allem die Kombination der Faktoren, die das Geheimrezept eines über Jahrzehnte erfolgreichen Forschungsunternehmens wie der UKP in der DDR ausmacht, wobei in den einzelnen Phasen jeweils bestimmte Faktoren- und vor allem Akteurs-Konstellationen den entscheidenden Ausschlag geben können.

Da war als *erstes* die Rolle der Tradition – das Paradebeispiel dafür ist Jena mit seiner über 150-jährigen Tradition von Optik und wissenschaftlichem Gerätebau und ebensolcher Tradition in der Kooperationskultur zwischen Universität und wissenschaftsbasierter Industrie. Nicht zuletzt zeigt aber auch Berlin, wie aus Tradition und aktivem Standortmanagement Innovationskapital zu schlagen ist. So zu entnehmen etwa dem Clusterreport Optik 2012 mit seinen beeindruckenden Zahlen[82] oder dem Intro für die nächste „Laser-Optics Berlin 2014" (Internationale Fachmesse und Kongress für optische Technologie und Lasertechnik): „Leuchtende Perspektiven in Berlin! Die Innovationskraft optischer Technologien nimmt kontinuierlich zu. Mit einer einzigartigen Kompetenzdichte hat sich Berlin-Brandenburg zu einer der wichtigsten deutschen Wachstumsregionen für optische Technologien entwickelt."[83]

Der *zweite Faktor*, der sich vor allem in den persönlichen Berichten der Akteure der UKP äußerte, ist die Rolle der Motivation. Es mag heroisierend klingen, aber es muss so etwas wie Forschergeist und Entdeckermentalität vorhanden sein, der Wunsch, selbst ein Stück Wissenschafts- und/bzw. Technik-Geschichte zu schreiben. Das kennzeichnete den Aufbruch in das Laserzeitalter 1961/62 in der DDR, das kennzeichnete auch den Start in die Ultrakurzeitphysik 1967–69 mit Edgar Klose und Bernd Wilhelmi. Aber auch die Startup Unternehmen der

82 Nach vorläufigen Zahlen konnten die rund 390 Unternehmen des Clusters Optik in Berlin und Brandenburg im Jahr 2011 ihren Umsatz um 12 Prozent auf ca. 2,33 Mrd. Euro steigern. Sie übertrafen damit das mit durchschnittlich über 8 Prozent jährlich sehr hohe Wachstum der vergangenen Jahre noch deutlich. Auch die Zahl der Mitarbeiter ist mit rund 6 Prozent überdurchschnittlich gewachsen. Insgesamt beschäftigt die Branche heute 14.400 Menschen. Der Umsatz pro Mitarbeiter liegt 2011 bei etwa 161.000 Euro. Schwerpunkte der Unternehmen sind Lasertechnik, Lichttechnik, Optische Messtechnik und Sensorik, Optische Technologien in Biomedizin/Pharma, Photonische Kommunikationstechnik sowie Mikrosystemtechnik.
http://www.tsb-optik.de/

83 http://www.si-hotel.com/laser_optics_berlin_2014.aspx

90er Jahre, hervorgegangen insbesondere aus dem ZWG und dem ZOS, hatten diese „es-geht-nur-nach-vorn" und „wir-haben-das-Zeug-dazu"-Motivation.

In diesem Kontext ein aktuelles Statement aus der UKP-Forschungsszene von einem der Spitzenleute der Attosekunden-Technik, Prof. Dr. Ferenc Krausz vom Max-Planck-Institut für Quantenoptik in Garching: „Als ich zum ersten Mal mit Kurzpulslasern in Kontakt kam, kam mir dieser Gedanke: Wenn es in der makroskopischen Welt so eindrucksvoll und interessant ist, schnell bewegte Objekte zu erwischen, dann muss es noch einmal faszinierender sein, Ähnliches in der mikroskopischen Welt zu machen – in einer Welt, in der sich alles noch sehr viel schneller abspielt. Das setzt aber eine Lichtquelle voraus, die derartig kurze Blitze aussenden kann, und daran forsche ich eigentlich schon seit meiner Diplomarbeit an der Universität Budapest 1985 ... Danach habe ich über andere Arbeitsgebiete gar nicht mehr nachgedacht. Diese Neugier motiviert mich und mit dieser Motivation kann ich wiederum auch junge Leute ganz leicht begeistern. Das ist in der heutigen Forschung eine ganz wichtige Voraussetzung. Die Zeit der Einzelgänger ist längst vorbei. Wir brauchen im Team Mitglieder mit unterschiedlichen Erfahrungen und spezifischem Wissen, sonst können wir unsere Aufgaben nicht lösen. Es ist extrem wichtig, dass wir junge Talente für unsere Forschungsinteressen faszinieren. Wem das nicht gelingt, der ist mit seiner Forschung zum Scheitern verurteilt."[84] Hier ist es vor allem die Synthese von Tradition, Motivation und Langfristigkeit, die in der Grundlagenforschung den Weg in bisher unerforschte Regionen schlägt.

Die Ultrakurzzeitphysik in der DDR als ein aktiver Knotenpunkt der internationalen wissenschaftlichen Community

Ohne direkten Kontakt zur internationalen Forschungsfront wären die beachtlichen Ergebnisse der DDR-Wissenschaft zur Ultrakurzzeitphysik nicht möglich gewesen. Erinnert sei an den Laserstart in der DDR und die vorausgegangene Teilnahme von Prof. Wiederholt an der II. Konferenz für Quantenelektronik 1961 in Berkeley USA. Neben der Zusammenarbeit innerhalb der sozialistischen Länder galt es also immer auch den Kontakt zu führenden Wissenschaftlern im westlichen Ausland aktiv zu fördern, was unter den spezifischen Bedingungen der DDR schon eine politisch-organisatorische Herausforderung war.

84 http://www.laser-community.de/meinung/ich-bin-ein-gluckskind_4495/

Dazu eine kurze Reminiszenz von Prof. Klose: „Schon seit Mitte der 60ziger Jahre haben wir alle vier Jahre bei uns in der DDR die Konferenz ‚Laser und ihre Anwendungen' organisiert – beginnend 1966 in Berlin, danach immer in Dresden. Und da wir eine sehr intensive Kooperation mit der Sowjetunion zur Ultrakurzzeitphysik entwickelt hatten, haben wir ab 1978 die Ultrafast Phenomena in Spectroscopy (UPS) gemeinsam mit der Universität Jena und sowjetischen Kollegen organisiert. Es ging 1978 los in Tallinn, dann 1980 und 1985 in Reinhardsbrunn und 1987 in Vilnius und schließlich 1989 in Neubrandenburg. Über die 1985er und 1989er Tagungen liegen entsprechende Publikationen vor. Da ist ja wirklich die halbe Welt angereist. Und die westdeutschen Kollegen waren schon ein wenig neidisch, weil sie auf diesem Gebiet nicht Vergleichbares zu bieten hatten. Bei der 1985er Tagung UPS in Reinhardsbrunn waren beispielsweise unter den beteiligten 137 Wissenschaftlern, 46 aus anderen sozialistischen Ländern (einschließlich China) und 17 aus dem sogenannten kapitalistischen Ausland, davon sechs Kollegen aus der BRD und jeweils zwei Wissenschaftler aus den USA, Österreich, den Niederlanden und Frankreich."

Institutionenübergreifende Mobilität von Wissens- und Innovationsträgern ein Erfolgsrezept von Forschungskooperation und Innovation

Bei den Berichten zum Prozessverlauf forschungstechnischer Neuerungen zur UKP wie zu den persönlichen Entwicklungswegen der Akteure fällt auf, dass es den verantwortlichen Leitern an entscheidenden Stellen gelungen ist, eine Doppelstrategie umzusetzen. Und zwar zum einen die Förderung der Motivation des Einzelnen durch z.B. gezielte Mobilität im Interesse der wissenschaftlichen Qualifikation und zum anderen damit gleichzeitig die Förderung und Absicherung der interinstitutionellen Kooperation und des Wissenstransfer in Innovationsprozessen. Zweifellos war die gezielte Delegierung von Forschungskadern ein Erfolgsrezept bei der Entwicklung der UKP in der DDR. Personelle Mobilität spielte, wie das Beispiel der UKP zeigt, eine wichtige Rolle bei der konkreten Ausgestaltung der Zusammenarbeit etwa zwischen den Einrichtungen der Grundlagenforschung und dem Gerätebau. So kommt Matthias Scholz aus seinen Erfahrungen bei der Entwicklung der Stickstofflaser IGT 50 (LIF), IGT 100 (LIS) sowie MSG 350 zu folgender Einschätzung: „Bei der Zusammenarbeit und Überführung gibt es vielfältige Formen. Sie reichen von der Konsultation bis zur Delegierung. Wenn es um Überführungen von Geräteentwicklungen geht, halte ich es für günstig, wenn zumindest ein Wissenschaftler von den G-Stufen bis zu den K-Stufen durchgängig mitarbeitet. Das bedeutete in meinem Fall die

Delegierung vom ZOS an das ZWG. Im Übrigen bin ich der Auffassung, dass Wissenschaftler auch den Mut aufbringen müssen, ihr Kollektiv zu wechseln und sich neuen Problemen zu stellen. ... In einer gerätebauenden Einrichtung wie dem ZWG ist man z.T. mit ganz anderen Anforderungen an eine Geräteentwicklung konfrontiert. Dafür stand mir aber auch für die Entwicklung des MSG 350 ein Kollektiv von neun Mitarbeitern zur Seite." (FS UKP, S. 383) Aber auch in die andere Richtung – also von der Geräteentwicklung zur Grundlagenforschung – wurde aktiv Kadermobilität betrieben. So war Hartmut Lucht in der Anfangsphase der Geräteentwicklung ein Jahr im ZOS tätig, um sich mit den naturwissenschaftlichen und methodischen Grundlagen vertraut zu machen. (FS UKP, S. 384).

In fast allen Vitas der befragten Wissenschaftler finden sich solche Phasen von Arbeitsaufenthalten in kooperierenden Partnereinrichtungen bis hin zur Delegierung in wissenschaftliche Einrichtungen im Ausland. Das reicht vom Aufenthalt von Edgar Klose am Lebedew-Institut in Moskau 1966 bis hin zum Arbeitsbesuch von Christian Rempel 1986 in Göttingen.

Es war offensichtlich eine durchaus fruchtbar zu gestaltende Kommunikations- und Kooperationsszene (als *dritten* und *vierten* Faktor), wo sich staatlich und parteiseitig gewünschte Forderungen und Auflagen mit individuell genutzten Arbeits- und Kooperationsformen wie auch persönlichen Bekanntschaften und Karriereoptionen verbinden ließen. Edgar Klose kann dazu im Interview 2012 eine persönliche Episode beitragen: „1978 wurde ich für ein halbes Jahr vom ZOS ins ZWG delegiert. Bernd Wilhelmi durfte 1980 von der FSU für ein Jahr zu Zeiss gehen. Das war so üblich, wir sollten ja auch mal in der Praxis arbeiten und Industrieerfahrung sammeln. Als Wilhelmi 1983 Rektor wurde, kam er in seiner Eigenschaft als Chef der FSU regelmäßig zu Minister Böhme[85] nach Berlin. Da wir relativ wenig Zeit hatten – er als Rektor und ich als Verantwortlicher für die Kooperation mit der Sowjetunion und als Kombinatsbeauftragter des Präsidenten für Carl Zeiss (bis zu 70 Forschungsthemen waren zu koordinieren), haben wir Folgendes verabredet: Wenn er bei Böhme fertig war, rief er mich an und holte mich in Adlershof ab und wir fuhren mit seinem Dienstwagen zurück nach Jena und hatten so die ganze Fahrt Zeit uns auszutauschen. In Jena angekommen, ging es zu ihm nach Hause und wir haben bis in die Nacht hinein Programm gemacht. Dabei kam uns auch die Idee des Methodischen Zentrums für Ultrakurzzeitphysik. Mein Institutsdirektor war von dieser Idee zunächst

85 Hans-Joachim Böhme (* 25. April 1931 in Leipzig; † 11. Mai 1995 in Berlin) war Minister für Hoch- und Fachschulwesen der DDR.

nicht so begeistert, doch der Leiter des Forschungsbereiches Physik Günter Albrecht[86], der mit Bernd Wilhelmi befreundet war, hat uns grünes Licht gegeben. Und die meisten Leute brannten dafür. Wir haben gesagt, es kann nicht jeder alles machen. Also Bernd Wilhelmi, du bist Uni, du musst immer an vorderster Spitze sein, du gehst in die Femtosekunden. Und Klose in der Akademie kümmert sich um Applikationen und Geräteentwicklungen." So wurde 1985 das Methodische Zentrum Ultrakurzzeitphysik (MZ UKP) gegründet, an dem 15 Einrichtungen aus der Wissenschaft und der Industrie beteiligt waren. "Über dieses permanente Kommunikationsnetz verbreiteten sich Ideen und Informationen schnell, und es bildete die Grundlage, um von Fall zu Fall engere und verbindlichere Kooperationen zu bestimmten Forschungs- und Entwicklungszielen zu vereinbaren."[87]

Das MZ UKP war keine von Oben verordnete Maßnahme, sondern eine von den Akteuren selbst kreierte und getragene Innovation in den interdisziplinären und interinstitutionellen Kommunikations- und Kooperationsbeziehungen. Apropos politische Bevormundung: Norbert Langhoff schildert das Wechselspiel zwischen dem Agieren der zuständigen Partei- und staatlichen Funktionsträger und dem Handlungsspielraum der wissenschaftlichen Leiter am Beispiel des ZWG so: „Mit den Leuten, mit denen ich es zu tun hatte, ob das Günter Albrecht (Forschungsbereichsleiter) oder Ulrich Hofmann (Vizepräsident der AdW für Forschung) war oder Bernd Wilhelmi – letztlich auch Werner Scheler als Akademiepräsident – die haben uns freie Hand gelassen. Natürlich haben wir uns, wie sich das gehört, in die Akademiestrategie eingefügt – und uns entsprechend den Anforderungen bemüht, z.B. mehr für die Biotechnologie, die Mikroelektronik zu tun. Aber ansonsten, haben wir uns am Weltstand orientiert. Wir wussten Bescheid über die Entwicklung im internationalen Rahmen und haben daraus für die verschiedenen Gerätelinien Themenprogramme mit einem Zeithorizont von 5 bis 10 Jahren entwickelt (K.M.: hier der Hinweis auf die Rolle der prognostischen Arbeit, auf die Erarbeitung von Strategien und Plänen). Diese grundsätzlichen Entwicklungsrichtungen wurden natürlich mit Günter Albrecht, dem Leiter des Forschungsbereiches Physik, abgestimmt. Er kannte unsere Themenprogramme bzw. Vorhaben und wir haben erklärt, warum und wieso. Natürlich gab es auch Korrekturen, wenn sich zeigte, dass bestimmte Projekte nicht den

86 Günter Albrecht (* 14. Februar 1930 in Greußen, Landkreis Sondershausen) ist ein deutscher experimenteller Physiker, der sich mit Festkörperphysik, Tieftemperaturphysik und Supraleitung beschäftigt, und Hochschullehrer.

87 Hubert Laitko, a.a.O., S. 4.

Schwerpunkten der Forschung in der Akademie und dem Hochschulwesen entsprachen. Unter dem Strich bleibt jedoch die Aussage: wir sind nicht gegängelt worden."

Allerdings sahen dies nicht alle Akteure so. Es waren die nicht- oder kaum beinflussbaren Widrigkeiten und Hemmnisse, die im letzten Jahrzehnt der DDR auf das Arbeitsklima im Allgemeinen und die Forschungsbedingungen im Besonderen durchschlugen. Insbesondere die jüngere Wissenschaftlergeneration der UKP empfand dies sehr deutlich und demotivierend. Christian Rempel (Jahrgang 1953) bringt es auf folgenden Nenner: "Egal, was man anpackt, die Sache muss für den einzelnen überschaubar sein und spürbare Konsequenzen in Abhängigkeit von seinem Leistungsverhalten haben. Das ist ein Prinzip, das über die Wissenschaft hinausgeht. ... In dieser Welt (gemeint ist die Marktwirtschaft, K.M.) kann man wirklich agieren, es gibt keine unklaren Grenzen, wie es sie bei uns gab, wo man unter irgendeinem Vorwand im Knast landen konnte. Noch schlimmer war die Ermüdung, wenn man etwas bewirken wollte, weil einfach die Algorithmen des Entscheidungsprozesses nicht klar waren. Oft bekam man einfach keine Antwort, und die Sachen liefen sich tot."[88]

Auch Frank Fink sieht im Rückblick Motivationsdefizite sowohl gesellschaftlicher als auch individueller Natur: „Manche Personen waren in bestimmten Positionen schon gesetzt – schon von Parteiseite her, um die Kontrolle zu behalten. Das war nun wirklich systembedingt. Was mir aus heutiger Sicht persönlich mehr Ansporn gegeben hätte, wäre die Möglichkeit, einfach auch Kontakte aufzunehmen zur wissenschaftlichen Community im anderen Teil Deutschlands. Aber das wurde stark selektiert: der eine durfte, der andere durfte nicht. Andererseits ärgere ich mich heute noch über mich selbst: Wir hatten an der Akademie solche Möglichkeiten, wir hätten sie einfach konsequenter nutzen müssen. Das lag aber auch an der allgemeinen gesellschaftlichen Atmosphäre! Wenn ich heute mit meinem Team an der Uni von einer konstruktiven Atmosphäre spreche, dann arbeite ich ständig daran. Du suchst dir die Leute, die passen, die Themen, die passen und du hast, wenn du es richtig angehst, auch nicht das Konkurrenzproblem. Es geht immer um die Sache und darum, wie wir sie rechtzeitig und richtig voranbringen – Spitzenforschung Ost."

Ohne Zweifel haben die gesellschaftlichen Bedingungen in der DDR auch auf die Atmosphäre in den Forschungseinrichtungen durchgeschlagen. Indes gelang es gerade in der Grundlagenforschung, sich auch viele Freiräume für kreative wissenschaftliche Arbeit zu schaffen. Über eine solche Maßnahme berichtet

88 Christian Rempel, in: Karrieremuster, a.a.O., S. 323.

Edgar Klose: „Es gab Zeiten, da die Anforderungen von außen an die Akademieinstitute deutlich zunahmen, beispielsweise nach 1968, als wir uns verstärkt über Industrieprojekte finanzieren mussten. Und wir haben auch LVO-Projekte[89] gemacht, sowohl als Auflage und damit wir für unsere Forschungen Geld reinbekommen. Ich habe die Projekte aber immer so angelegt, dass jeder Mitarbeiter seine Aufgaben dazu in drei bis vier Tagen in der Woche schaffen konnte. Einen Tag in der Woche habe ich jedem freigegeben, sich mit irgendetwas zu beschäftigen, egal mit was. Und prompt beschwerten sich Außenstehende bei meinen Institutsdirektor, dass die Mitarbeiter von Klose auf der Bank sitzen, sich sonnen und angeregt unterhalten. Mir war es lieber, sie sitzen im Freien und diskutieren und produzieren vielleicht phantastische Ideen, als wenn sie am Schreibtisch sitzen und müde aus dem Fenster schauen. Wenn du Freiräume gibst, kommen auch neuen Idee. Hätte Wolfgang Becker wirklich einen weltstandsbestimmenden Boxcarintegrator entwickeln können, wenn er nur Dienst nach Vorschrift gemacht hätte?" Frank Fink, im Bereich von Edgar Klose im ZOS tätig, bestätigt dies aus Mitarbeiterperspektive: „Der ‚Aus-Tag – das war keine Legende, den gab es wirklich. Das war unheimlich wichtig und hatte mehrere Funktionen, zum einen, dass man mit örtlichen und mentalen Abstand von der Arbeitsstelle über Dinge in Ruhe nachdenken konnte. Die Sachen ließen sich so meist relativ schnell und effizient abarbeiten. Viele Dinge hat man an einem Tag geschafft, wo man sonst Wochen gebraucht hätte. Und es funktionierte auch deshalb so gut, weil man Aufgaben und Ideen angestaut hatte – und am Aus-Tag kam die schöpferische Entladung, nicht immer, aber wenn, war das sehr positiv."

Innovationsengpass DDR-Industrie

Sich die notwendigen Freiräume zu schaffen, dazu gehörte auch ein einfallsreicher Umgang mit den systemspezifischen Bedingungen und Möglichkeiten. Ließen es die Planaufgaben nicht zu, so musste halt eine Neuerervereinbarung zur Legitimierung der Arbeiten wie z.B. bei der anfänglichen Streakkamera-Entwicklung von Dr. Lucht herhalten. Oder es wurde mit einem zentralen Jugendobjekt Laserspektroskopie die notwendige Unterstützung für Kooperationsprojekte von ZWG, ZOS und anderen Einrichtungen organisiert.

89 Vgl.: Verordnung über Lieferungen und Leistungen an die bewaffneten Organe (LVO) vom 31.05. 1968.

Allerdings stieß das Innovationsgeschehen dort an Grenzen, wo planmäßige Überführungsleistungen wie beim LIS nicht eingelöst wurden oder sich gar nicht erst interessierte Überführungspotentiale in der Industrie fanden. Zur Ehrenrettung der DDR-Wirtschaft ist zu sagen, dass die DDR-Industrie in Zeiten fortgeschrittener internationaler Arbeitsteilung in der Doppelfunktion der Sicherung von Importunabhängigkeit und Innovationsfähigkeit überfordert war. Anderseits gab es auch umstrittene Interessenlagen und Entscheidungen wie die Absage von Zeiss bei der Überführung von LIS. „Zeiss stellte wie fast jeder Betrieb in der DDR, wenn du mit einer neuen Idee kamst, die Frage: Wer hat das schon in der Welt? Und wenn wir sagten, das hat noch keiner in der Welt, weil es eine absolute Neuheit ist, kriegten wir von Zeiss die Mitteilung, dann braucht es auch keiner. Hinzu kam der Ehrgeiz von Wolfgang Biermann[90], mit dem 1Mega-Bit-Speicher noch weiter Karriere zu machen. Gegen den Chip ist ja nichts zu sagen. Aber die chinesische Methode: was einer in hundert Tagen schafft, schaffen hundert an einem Tag, die ist in die Hose gegangen. Stichwort CoCom-Liste[91] und LIS: Die Eximer-Laser standen nicht auf der CoCom-Liste. Biermann brauchte Eximer-Laser für das Ätzen der Mikroelektronik-Chips. Für das LIS lagen bei Zeiss Interessenbekundungen und schon Bestellungen von fünf Einrichtungen vor, das hätte uns einige Millionen DM eingespielt. Und in dieser Situation hat Biermann gesagt: Schluss aus – und hat die ganze Linie zugemacht. Stattdessen musste der Eximer-Laser entwickelt werden, den wir in Göttingen hätten kaufen können. Der Hintergrund der Überlegung: möglichst vollständige Autarkie.“ – so Edgar Klose 2012 im Interview.[92]

---

90 Wolfgang Biermann war von 1975 bis 1989 Generaldirektor des VEB Carl Zeiss Jena.

91 CoCom (Coordinating Committee on Multilateral Export Controls; dt.: Koordinationsausschuss für mehrseitige Ausfuhrkontrollen; vorher: Coordinating Committee for East West Trade Policy) wurde am 22. November 1949 gegründet und nahm zum 1. Januar 1950 die Arbeit auf. Der Ausschuss mit Sitz in Paris wurde auf Betreiben der USA initiiert und sollte verhindern, dass die Länder unter sowjetischem Einfluss (RGW-Staaten) und die Volksrepublik China – zunächst im Rahmen von ChinCom – Zugang zu moderner Technologie bekommen. Dies betraf die Gebiete Waffen, Kernenergieanlagen und Industrieanlagen. Besondere Auswirkungen hatte dies neben reiner Rüstungstechnologie bei der damit verbundenen Mikroelektronik. Oft wurde dieser westliche Technologieboykott nur kurz als „CoCom-Liste“ bezeichnet, da darin die verbotenen Technologien aufgelistet wurden. Dabei wurde ältere Technologie freigegeben und neueste Technologie stattdessen aufgenommen. Aufgrund der den Ostblockstaaten entstehenden zusätzlichen Kosten und zunehmenden Entwicklungsrückstandes kann dieses Embargo als erfolgreich bezeichnet werden.
Zitiert aus: http://de.wikipedia.org/wiki/CoCom

92 Sehr verdienstvoll ist in diesem Kontext eine Fallstudie von Manuel Schramm zur Kooperation von Carl Zeiss Jena und dem ZOS auf dem Gebiet der Ultrakurzzeitspektroskopie. Seine Analyseergebnisse reichen vom Zeithorizont her noch über die hier diskutierte Fallstudie hinaus bis in die Jahre 1989/90. Dazu ein längeres, die damalige Situation sehr erhellendes Zitat: „1988 legte das ZOS in der Tat ein Konzept für das erwähnte LIS 302 mit einem verbesserten Farbstofflaser vor. Der Auftrag-

Norbert Langhoff führt zudem das Problem des staatlichen Außenhandelsmonopols ins Feld: „Wenn man den Kombinaten und auch uns im Wissenschaftsbereich ermöglicht hätte, eigenständig und eigenverantwortlich Außenhandel zu betreiben, da wäre vielleicht der eine oder andere auch weggeblieben, aber ich denke, wir hätten eine Menge zustande gebracht. Denn wir hatten eine vergleichsweise gute Divisenrentabilität, weil wir mit sehr intelligenzintensiven Produkten auf den Markt gegangen wären." Christian Rempel vom ZWG (später Fa. Bestec) sieht ähnlich wie Norbert Langhoff in dem einseitigen Primat der Autarkie gegenüber der Ökonomie eine Ursache für das zunehmende Effizienz- und Innovationsproblem der Industrie: „Wenn es wenigstens zum Teil gelungen wäre, unsere Industrie zum Weltmarkt und zur internationalen Konkurrenz zu öffnen und effizient zu machen, hätten wir jetzt (nach 1990; K.M.) weniger Anpassungsprobleme. Schon als der Sozialismus noch nicht zur Disposition stand, war ich ein großer Freund der Öffnungstheorie."[93] Was blieb war die Suche nach industriellen Überführungskapazitäten außerhalb der Kombinate etwa der bezirksgeleiteten Industrie oder die Idee der Schaffung neuer Potenziale auf einem wissenschaftsnahen Nährboden analog den im Westen in den 80er Jahren entstandenen Innovations- und Technologieparks.[94]

---

geber erkannte die Originalität der wissenschaftlichen Leistung durchaus und empfahl eine Weiterführung der Arbeiten. Finanzieren allerdings wollte er sie nicht, denn ‚Aufgrund der gegenwärtigen Situation im KCZ [Kombinat Carl Zeiss] erfolgt keine Überleitung in die Entwicklung und Fertigung. Der Ausstieg von Carl Zeiss beim ZWG erfolgte jedoch nicht erst 1988, sondern schon ein halbes Jahr eher. Anfang 1987 stornierte Carl Zeiss beim ZWG die Lieferverträge für die geplante Sonderfertigung des LIS 202, zunächst ohne Begründung. Erst auf Nachfrage erklärte der Forschungsdirektor Nordwig, dass Zeiss wegen anderer volkswirtschaftlicher Aufträge keine Sonderfertigung vornehmen werde. ... Das ZWG reagierte daraufhin verständlicherweise verärgert und verwies auf den hohen Einsatz an personellen wie materiellen Ressourcen, der bereits in die entsprechenden Forschungsthemen eingeflossen war. ... Der Hintergrund dieser für die Beteiligten überraschenden Entscheidung ist dennoch nicht schwer zu erraten, denn 1987 stieg das Kombinat auf Weisung der Staats- und Parteiführung in das Mikroelektronikprogramm der DDR ein. ... Das ZOS arbeitete 1988 bis 1990 weiter an verschiedenen Baugruppen für das neue LIS u.a. an einem neuen Farbstofflaser FL-Universal. Die Wellenlängendurchstimmbarkeit des Farbstofflasers bereitete offensichtlich immer noch Probleme. Dazu kam der unbefriedigende Stand in der Streakmesstechnik, die von Carl Zeiss nach wie vor gegenüber anderen Möglichkeiten favorisiert wurde. Das ZWG nahm 1989 eine Forschungsaufgabe an einem international konkurrenzfähigen Streakmesssystem auf." In: Manuel Schramm: Wirtschaft und Wissenschaft in DDR und BRD, Die Kategorie Vertrauen im Innovationsprozess, Köln/Weimar/Wien 2008, S. 130/31.

93 Christian Rempel in: Karrieremuster, a.a.O., S. 322.

94 Gründerzentrum oder auch *Existenzgründerzentrum*, Technologiezentrum oder Innovationszentrum, auch englisch *Business incubator* genannt, ist eine, oft öffentlich durch die entsprechenden Kommunen bzw. Städte (zunehmend auch mit privatwirtschaftlicher oder Hochschulbeteiligung) getragene Institution zur Unterstützung technologieorientierter (möglichst innovativer) Neugründungen und Jungunternehmen. Daneben sollen Technologie- und Gründerzentren vielerorts zur regionalen Wirtschaftsförderung beitragen. Das Konzept des *Business Incubation* stammt aus den USA, wo Joseph

Versuche zur Schaffung flexibler Innovationspotenziale

Die Forschungs- und Innovationsszene zur UKP war über weite Strecken mithin durch eine sehr kreative Ausnutzung und punktuelle Ausweitung der gesellschaftlichen Handlungsspielräume kennzeichnet. Ein gewichtiger Vorstoß zur Schaffung „flexibler Innovationspotentiale“ durch das ZWG ist allerdings nicht mehr umgesetzt worden. Er verdient dennoch eine kurze Darstellung mit Rückgriff auf die in der Fallstudie UKP entwickelte Argumentation: „Wie die internationale Entwicklung zeigt, entstehen heute solche Keimformen neuer Gebiete wissenschaftsintensiver Produktion vor allem in forschungsnahen Zentren, in denen sich Grundlagenforschung und Hochtechnologiefähigkeit verbinden und entsprechend günstige Rahmenbedingungen (Infrastruktur, Finanzierung u.a.) gegeben sind. Bei der Bildung solcher Zentren ist das Engagement von Staat, Wissenschaft und Industrie gleichermaßen gefordert. Es gibt keine systemspezifischen Barrieren, um in dieser Richtung nicht zu neuen, den sozialistischen Produktionsverhältnissen adäquaten organisatorischen Formen, ökonomischen Mechanismen und rechtlichen Regelungen zu kommen.“ (FS UKP, S. 426/7)

Im ZWG gab es mit der „Konzeption für das Technologiezentrum Altglienicke“ des Zentrums für wissenschaftlichen Gerätebau der AdW der DDR seinerzeit bereits sehr konkrete Vorschläge, wie die Hochtechnologiefähigkeit und rationelle Fertigungsmethoden des forschungseigenen WGB ausgebaut werden können. Zugleich war ein solches Zentrum auch als Entwicklungs- und Erprobungsfeld neuer Technologien und Erzeugnisse konzipiert. (FS UKP, S. 427/28). Noch Mitte 1990 versuchte des ZWG in Beantwortung von Fragen des Wissenschaftsrates an die außeruniversitären Forschungseinrichtungen in der DDR die besonderen Potenziale des forschungseigenen wissenschaftlichen Gerätebau deutlich zu machen, in dem die künftigen Perspektiven vor allem an drei leistungsfähige Funktionen festgemacht wurden: I. Teile des ZWG tragen typische Merkmale mittelständischer Betriebe, II. kann das ZWG Mittler zwischen Forschung, Industrie und Markt sein und III. vereinigt das ZWG in sich Merkmale eines Technologietransferzentrums sowie eines Innovations-und Technologieparks.[95]

Mancuso 1959 das *Batavia Industrial Center* in einem Warenhaus in Batavia, New York, eröffnete. In 1980er Jahren verbreitete es sich nach England und Kontinentaleuropa und nahm unterschiedliche Formen an (Innovationszentren, *pépinières d'entreprises*, Technopolen, Wissenschaftsparks, Hochschulinkubatoren).
Zitiert aus Wikipedia: https://de.wikipedia.org/wiki/Gr%C3%BCnderzentrum
Weltweit existieren fast 10.000, europaweit über 1.000 Gründerzentren, davon befinden sich circa 500 in Deutschland.

95 Vgl. Langhoff/Puder: Fragen des Wissenschaftsrates an die außeruniversitären Forschungseinrichtungen in der Deutschen Demokratischen Republik – beantwortet durch das Zentrum für wissenschaftlichen Gerätebau (ZWG), a.a.O., S. 4.

Heute stellt sich Adlershof als einer der erfolgreichsten Hochtechnologiestandorte Deutschlands dar, mit rd. 445 Unternehmen, zehn außeruniversitären Forschungsinstituten und sechs naturwissenschaftlichen Instituten der Humboldt-Universität zu Berlin. Und Norbert Langhoff resümiert: „Alles in allem, denke ich, dass das heute in Adlershof eine gute Situation ist. Und die Verantwortlichen haben inzwischen begriffen, dass sich dieses Wirtschafts- und Wissenschaftszentrum niemals so schnell auf ein solches Niveau entwickelt hätte, wenn es nicht diese Ausgangspotenziale der Akademie der Wissenschaften gegeben hätte."

Textzusätze

Mein Dank gilt an dieser Stelle Hubert Laitko. Er ermunterte mich durch sein Exposé zur Fallstudie UKP und die exzeptionell auf den Punkt gebrachten forschungsleitenden Fragen zur Neubeschäftigung mit dem Forschungsprojekt der Ultrakurzzeitphysik in der DDR. Mein Dank gilt ebenso Prof. Frank Fink, Prof. Edgar Klose, Prof. Norbert Langhoff und Prof. Bernd Wilhelmi, die mir auch 25 Jahre nach der Fallstudie zur UKP bereitwillig Auskunft über den Forschungsalltag in der DDR mit seinen Höhen und Tiefen gaben. Ihnen verdanke ich wertvolle Antworten auf die Frage nach den Faktoren für erfolgreiche Forschungs- und Innovationsprojekte – speziell unter den spezifischen Bedingungen in der DDR. Darüber hinaus erbrachte die Beschäftigung mit dem beruflichen Werdegang der Akteure der UKP nach der Wende einen nicht zu unterschätzenden wissenschaftstheoretischen und wissenschaftspolitischen Neuwert aber auch weiteren Diskussionsbedarf darüber, inwieweit die außergewöhnliche Häufung von beispielhaften Karrierewegen Rückschlüsse auf die Qualität der jeweiligen Wissenschafts- und Innovationssysteme zulassen.

Nachtrag

Es hätte den Rahmen und die Darstellungsweise des vorliegenden Beitrags gesprengt, sich ausführlicher mit Veröffentlichungen zum Wissenschafts- und Innovationssystem in der DDR auseinanderzusetzen.[96] Eine Publikation verdient jedoch unbedingt Beachtung. Es handelt sich dabei um eine Habilitationsschrift an der Philosophischen Fakultät der TU Chemnitz aus dem Jahre 2007, die sich unter dem Titel „Vertrauen in Innovationsprozessen" der Entwicklung der

96 Verwiesen sei in diesem Zusammenhang auch auf eine Publikation: Wolfgang Mühlfriedel, Edith Hellmuth: Carl Zeiss Jena 1945–1990, erschienen im Verlag Böhlau Wien, Köln, Weimar 2004.

Innovationkultur in beiden Teilen Deutschlands annimmt. Ihr Autor Manuel Schramm hat das rd. 350 Seiten umfassende Werk 2008 unter dem Titel „Wirtschaft und Wissenschaft in DDR und BRD. Die Kategorie Vertrauen in Innovationsprozessen" veröffentlicht.[97] Schramm behandelt fünf Fallbeispiele der Zusammenarbeit zwischen der DDR-Industrie und ausgewählten Universitäten und Akademie-Instituten auf den Technologiefeldern Optik, Lasertechnologie, Maschinenbau, Elektrotechnik und Biotechnologie. Als Paradebeispiele werden u.a. der hier erwähnte Laser-Mikrospektralanalysator von Zeiss LMA 1, die Farbstofflaser FL-1 und FL-2 sowie die LIF und LIS–Entwicklungen zur Ultrakurzzeitspektroskopie herangezogen und dabei insbesondere die Kooperation zwischen dem VEB Carl Zeiss Jena und dem Zentralinstitut für Optik und Spektroskopie näher beleuchtet. Diese Auswahl scheint nicht zufällig, versucht Manuel Schramm doch am Beispiel international beachtlicher Leistungen von Wissenschaft und Industrie eine analytisch untersetzte Kritik zur Innovationskultur „Made in GDR" zu entwickeln.

Wichtig für den vorliegenden Beitrag ist die aus den Fallbeispielen abgeleitete Einschätzung zum Niveau der Akademieforschung: „Für manche Autoren ergibt sich die Innovationsschwäche der DDR fast automatisch aus der mangelnden Forschung, die dort betrieben wurde. Vor allem die Vernachlässigung der Grundlagenforschung seit dem 70er Jahren habe zu einem Rückstand gegenüber dem Westen geführt. Diese Hypothese konnte hier nicht bestätigt werden. Vielmehr war die DDR-Forschung meist auf einem hohen Niveau."[98] Und bezogen auf die Entwicklungen zur Ultrakurzzeitspektroskopie, speziell zum LIS kommt Manuel Schramm zu folgendem Fazit: „Ob die Entwicklungen ohne die Wende 1989/90 zu einer erfolgreichen Innovation geführt hätten, kann und soll hier nicht abschließend beurteilt werden. Auffällig sind jedoch drei Tatsachen: Erstens ist mit der Ultrakurzzeitspektroskopie ein neues Gebiet zu einem im internationalen Vergleich frühen Zeitpunkt entdeckt worden. Zweitens erreichten die darauf folgenden Forschungs- und Entwicklungsarbeiten ein hohes wissenschaftliches und zum Teil auch technisches Niveau. Drittens kam jedoch keine Innovation zustande. In diesem Fall lag es nicht am Unvermögen oder Rückständigkeit der DDR-Wissenschaftler oder Techniker. Vielmehr spricht das Beispiel dafür, dass der Mechanismus der Vertragsforschung nicht funktionierte."[99]

97 Manuel Schramm, a.a.O.

98 Ebenda, SA. 216, und auf S. 271 heißt es: „Aus der Sicht der Betriebe und Kombinate der DDR bestanden hinsichtlich Innovationen zwei grundsätzliche Probleme. Zum einen mangelte es an betrieblicher Autonomie ... zum anderen existierten aber aufgrund des mangelnden Wettbewerbs in der DDR-Wirtschaft zu wenige Anreize, um eventuell riskante Innovationen einzuführen.

99 Ebenda, S. 131.

NORBERT LANGHOFF

Wie aus der Not eine Tugend wurde

Wissenschaftlicher Gerätebau im Spannungsfeld zwischen Forschung und Industrie

1. Einleitung

Bei der Aufnahme von Albert Einstein in die Berliner Akademie ging Max Planck in seiner Erwiderung auf das Verhältnis von Theorie und Experiment ein. Den Umstand, wonach jegliche naturwissenschaftliche, technische und medizinische Forschung auf Information angewiesen ist, die mit Hilfe von Experimenten gewonnen wird, hat Max Plank sinngemäß so charakterisiert:
Mit dem Experiment wird eine Frage an die Natur gestellt, und die Messung bedeutet die Entgegennahme der von der Natur darauf erteilten Antwort.

Aufgabe des wissenschaftlichen Gerätebaus ist es, die Voraussetzung zu schaffen, damit die an die Natur gerichteten Fragen einer Beantwortung nähergebracht sowie tiefere Einblicke in Gesetzmäßigkeiten und Zusammenhänge möglich werden und ihre wirtschaftliche Nutzung vorbereitet wird. Wie viele technische Disziplinen, so hat auch der wissenschaftliche Gerätebau als inzwischen selbständige wissenschaftlich-technische Fachrichtung seine Wurzeln in der Physik. Zwischen beiden haben sich sehr intensive Wechselbeziehungen entwickelt. Dabei ist die Abspaltung von der Physik als ein ständiger Prozess anzusehen. Es zeichnet sich zunehmend ab, dass Disziplinen wie die Biophysik, die Mikrobiologie und die Landwirtschaftswissenschaften neue methodische Entwicklungen stimulieren, die künftig große Bedeutung erlangen werden. In der Wechselwirkung zwischen wissenschaftlichem Gerätebau und anderen Disziplinen der Grundlagenforschung ist der Einfluss technischer und technologischer Fachrichtungen besonders stark. Elektrotechnik, Elektronik (vor allem Mikroelektronik), Hoch- und Höchstfrequenztechnik, Anlagen- und Apparatebau, technische Kybernetik und Mechanik sowie Kosmostechnik beeinflussen nachhaltig Fortschritte im wissenschaftlichen Gerätebau. Da in der Vergangenheit unterschiedliche Definitionen zum „wissenschaftlichen Gerätebau“ gegeben wurden, haben sich Gremien der Akademie der Wissenschaften der DDR in den 70er und 80er Jahren des vorigen Jahrhunderts im Interesse der Selbstverständigung und der erforderlichen Abgrenzung zur allgemeinen Gerätetechnik auf folgende Definition festgelegt:

Der wissenschaftliche Gerätebau ist eine forschungstechnologische Disziplin, und wissenschaftliche Geräte sind Arbeits- und Rationalisierungsmittel der experimentellen Forschung.

Er umfasst:

- alle Arten von Messgeräten mit einem hohen Verknüpfungsgrad,
- Geräte und Anlagen zur Herstellung, Aufrechterhaltung und Messung von extremen physikalischen Zuständen bei der Stoffdarstellung und –wandlung,
- Geräte zur Erfassung, Speicherung, Verarbeitung und Auswertung von Daten sowie zur Steuerung von Geräten im Zusammenhang mit dem Messprozess.

Wissenschaftliche Geräte sind demnach das Produkt der Arbeit von Wissenschaftlern, Ingenieuren, Technikern, Konstrukteuren und Forschungsfacharbeitern vorwiegend auf einem Gebiet, das bei extremen Leistungsanforderungen Präzision, Zuverlässigkeit und Komplexheit vereinigen muss.

2. Historie

Mit der schnell wachsenden Zahl von naturwissenschaftlichen, medizinischen und technischen Instituten der Deutschen Akademie der Wissenschaften (DAW), darunter seit Frühjahr 1950 der Institute des Forschungszentrums Adlershof, wurde der Ruf nach Forschungsgeräten und -anlagen immer hörbarer. Die wissenschaftlich-technische Revolution der 50er Jahre brachte neuartige Systeme wie die elektronische Datenverarbeitung (EDV) ins Spiel und revolutionierte auch die Forschungstechnik. Die Ressourcen der DDR waren begrenzt, die Mittel für den Kauf, vor allem aus den westlichen Ländern, sehr knapp bemessen. Dazu kam das auf Initiative der USA ab 1. Januar 1950 verhängte Verbot der Ausfuhr hochtechnologischer Erzeugnisse des Westens in die Länder des RGW, also auch in die DDR. Der „Koordinationsausschuss für mehrseitige Ausfuhrkontrollen“, auch „Co Com“ genannt, führte Listen mit den betreffenden Erzeugnissen, sowohl Kriegswaffentechnologien aber auch leistungsstarke Produktionsanlagen für die Mikroelektronik-Industrie, Computertechnik, kerntechnische Anlagen u.a.

Der Ministerrat der DDR empfahl deshalb am 18. Mai 1955 im Interesse der „weiteren Entwicklung und Verbesserung der Arbeit der DAW“ Werkstätten für die Einzelanfertigung von wissenschaftlichen Geräten und Anlagen einzurichten. Als Starthilfe hierfür diente die Ausgliederung des „VEB Entwicklung und Fabrikation Elektrischer Messinstrumente“ (EFEM) aus dem Ministerium für Allgemeinen Maschinenbau (Hauptverwaltung RFT) in der Wilhelminenhofstraße (Berlin-Oberschöneweide) und dessen Überführung in die DAW. Mit der Eingliederung am 1. Januar 1956 entstand im Rahmen des Forschungszentrums Adlershof an der Rudower Chaussee auf dem Südgelände der früheren DVL (Deutsche Versuchsanstalt für Luftfahrt) das „Institut für Gerätebau“ (IfG). Es sollte „aufgrund eigener Konstruktionen und unter Verwendung von industriellen Bauteilen für die Akademie, die Hochschulen und sonstige wissenschaftliche Einrichtungen Forschungsgeräte und Anlagen herstellen oder ihre Herstellung durch die Industrie veranlassen. Dazu kam der Auftrag, gewonnene Erfahrungen der Industrie zu vermitteln und Fachministerien in wissenschaftlich-technischen Fragen zu beraten. Angesichts der Devisen- und Embargoprobleme waren Nachentwicklungen und -fertigungen vorprogrammiert.

Zum Direktor des IfG wurde Dr. (ab 1959 Prof.) Hans Jancke berufen. Er hatte praktische wissenschaftliche Erfahrungen in der OSRAM GmbH KG und in Leuna erworben, war von 1946 bis 1952 Leiter wissenschaftlicher Arbeiten über Raketentreibstoffe und Triebwerke in der UdSSR und wurde nach Rückkehr stellvertretender Direktor des Instituts für Strahlenquellen der DAW (Deutsche Akademie der Wissenschaften zu Berlin). Sein Stellvertreter war Dipl.-Ing. H. Beetz. Damit begann ein wichtiges und bei allen Schwierigkeiten erfolgreiches Kapitel der Akademiegeschichte. Zudem wurde ein Kuratorium des IfG gegründet, dem namhafte Akademiemitglieder und Wissenschaftler wie die Professoren Paul Görlich, Erich Correns, Robert Rompe oder Peter-Adolf Thiessen angehörten. In den bewegten Folgejahren bis 1970 gab es lebhafte und auch konträre Diskussionen und etliche strukturelle Umwandlungen, bei denen sich besonders Prof. Rompe sehr engagierte. Anfang 1957 wurde auf Beschluss des Akademiepräsidiums die Abteilung Feinmechanik des Instituts für Optik und Feinmechanik (später IOS) in das IfG überführt.

Am 1. Juli 1962 erfolgte der Zusammenschluss des IfG und des Instituts für Mess- und Prüftechnik (IMP) zum „Neuen IfG“, das bis 1964 von Dipl.-Ing. H. Beetz geleitet wurde. Stellvertreter war ab September 1962 Ing. Gerhard Beyer, Technischer Direktor ab 1959 Oberingenieur G. Pietsch. Nachdem zunächst Bauten der DVL genutzt wurden, begann 1961 auf dem Nordgelände eine umfangreiche Bautätigkeit vorwiegend für das „Neue IfG“, u.a. wurden Laborgebäude (dreigliedrig mit Verbindungsgang, heute Carl-Scheele-Straße) und ein großes Werkstattgebäude (heute Schwarzschildstraße) fertiggestellt.

In diesen Jahren vertieften sich die Widersprüche zwischen der von Prof. Jancke vertretenen Strategie und den Erwartungen der Akademieleitung an den internen Gerätebau. Während Prof. Jancke den wissenschaftlichen Gerätebau als Forschungsgegenstand betrachtete und beispielsweise F/E-Arbeiten zu Methoden der physikalischen Analysenmesstechnik auf breiter Front vorantrieb, forderte die Akademieleitung insbesondere vertreten durch ihren Vizepräsidenten Prof. Leibniz (Leipzig) die Fertigung und Belieferung der Akademieinstitute mit Forschungstechnik. Diese Auseinandersetzungen führten schließlich Ende 1962 zur Ablösung von Prof. Jancke als Direktor des IfG. Nächster Schritt bei der Formierung des zentralen Gerätebaus der Akademie war die Umbenennung des IfG in „Akademie Werkstätten für Forschungsbedarf" (AWF) am 1. Januar 1963. 1967 übernahm der Physiker Dr. (Prof.) Rudolf Winkler die Leitung. Ihm folgte am 01.04.1970 Dr. (Prof.) Norbert Langhoff, der seit 1960 als wissenschaftlicher Mitarbeiter erfolgreich zunächst in den AWF arbeitete und später bis zur Abwicklung 1991 Direktor des ZWG blieb. (Bereits in den 60er Jahren entwickelte Langhoff in Zusammenarbeit mit dem Physiker Dr. J. Tilgner, die ersten Röntgenfluoreszenz-Spektrometer in der DDR, die dann seit Anfang der 70er Jahre bei Carl Zeiss Jena in die Produktion überführt wurden.) Die Zahl der Mitarbeiter hatte sich inzwischen von anfänglich etwa 100 (1950) auf 575 im Jahre 1970 erhöht. Schließlich erfolgte zum 15. Oktober 1973 die Umwandlung der AWF in das „Zentrum für Wissenschaftlichen Gerätebau" (ZWG). Damit fand der lange Prozess der Formierung des zentralen Wissenschaftlichen Gerätebaus der Akademie seinen Abschluss.

Das ZWG hatte die Aufgabe:

- auf ausgewählten Gebieten des wissenschaftlichen Gerätebaus Geräte, Anlagen und Baugruppen zu entwickeln und vorrangig für den Bedarf der Forschungseinrichtungen der AdW aber auch für das Hochschulwesen zu fertigen, sowie
- in enger Zusammenarbeit mit den Instituten der AdW und anderen Forschungseinrichtungen in der DDR neue, für den wissenschaftlichen Gerätebau, wie auch für die Mess-, Prüf- und Sensortechnik relevante Forschungsergebnisse aufzugreifen und in gerätetechnische Lösungen umzusetzen.

Zu weiteren Aufgaben zählte:

- die Koordinierung des wissenschaftlichen Gerätebaus in den Instituten der Akademie mit dem Hochschulwesen, der Akademie der Landwirtschaftswissenschaften und

- die Koordinierung der internationalen Zusammenarbeit mit den Akademien der Wissenschaften der früheren sozialistischen Länder.

Die wichtigsten Arbeitsschwerpunkte des ZWG waren:

1. Präzisionsmechanik
   - Ultrapräzisionsbearbeitung von Oberflächen
   - Submikrometer-Messtechnik geometrischer Parameter
   - Strömungsmechanik
2. Mehrdimensional auflösende analytische Verfahren
   - Röntgenspektrometrie
   - Laserspektrometrie und Lasertechnik
   - magnetische Resonanzverfahren
   - SQUID-Messtechnik
3. Kristallzüchtung und –Diagnose
   - Kristalldiagnostik
   - Oxidkristallzüchtung
   - Charakteristik von Halbleitermaterialien
   - Aufklärung der Natur von Punktdefekten
   - Dünnschichttechnik
4. Plasmatechnik
   - Plasmaätzen und -beschichten
   - Hochempfindliche optische Verfahren zur Schichtdickenmessung und Schichtcharakterisierung
5. Chromatographie und spezielle Detektortechnik
   - HPLC und andere der Chromatographie verwandte Verfahren
   - Hochselektive Verfahren zur Umweltanalytik
6. Biotechnologie/Biosensorik
   - Fernmentor-Technologie
   - Applikation von Biosensoren
7. Systemanalyse und Automatisierung
   - Analyse nichtstationärer Signale
   - Software zur Erfassung, Verarbeitung und Präsentation von Umweltdaten
8. Computerintegrierte Technologien und Geräte
   - computerintegrierte Fertigungsvorbereitung und Fertigung im Gerätebau
   - Mikrosystemtechnik
   - Akademische Aus- und Weiterbildung

Diese Arbeitsgebiete des ZWG entsprachen den Anforderungen der Forschungseinrichtungen und dem gesellschaftlichen Bedarf unter Berücksichtigung der

Arbeitsteilung mit anderen Forschungseinrichtungen, mit der Industrie der DDR und den RGW-Ländern. Veränderungen qualitativer und quantitativer Art ergaben sich durch die sich entwickelnde gesellschaftliche Relevanz solcher Arbeitsgebiete wie der Umweltmesstechnik, der Biotechnologie und der Präzisionstechnik.

Zur Erfüllung dieser Aufgaben und um das Geräteangebot zu erweitern beschloss der Ministerrat der DDR, dem ZWG in mehreren Etappen einige Kleinbetriebe sowie erfahrene Spezialisten zuzuführen. Diese Chancen für das ZWG ergaben sich vor einem politischen, wenig erfreulichen Hintergrund der frühen 70er Jahre. In dieser Zeit wurden die letzten privaten und halbstaatlichen Betriebe verstaatlicht. Die überwiegende Zahl der Betriebe wurde von Kombinaten übernommen, verloren damit ihre Selbständigkeit und was noch gravierender war, ihr hoch spezialisiertes know-how. Dieser Prozess hat der DDR-Wirtschaft großen Schaden zugefügt und sie verlor gewinnbringende Exporte.

Die von der Akademie übernommenen Betriebe haben sich unter dem Dach des ZWG jedoch zu leistungsfähigen Betriebsteilen unter Beibehaltung ihrer weitestgehenden Selbständigkeit entwickelt. Hierzu gehörten:

- der VEB Meteorologische Messgeräte Berlin (ab 1.1.1974 mit 85 Mitarbeitern)
- die PGH Feinmechanik Teltow (ab 1.1.1977 mit 30 Mitarbeitern)
- der VEB Mytron Heiligenstadt (ab 1.1.1978 mit ca. 100 Mitarbeitern)
- die Außenstelle Liebenwalde des ZIE (ab 1980 mit 20 Mitarbeitern)
- der VEB Chromatron Berlin (ab 1.1.1982 mit 100 Mitarbeitern)
- die Übernahme eines Teilbereiches des IHP in Berlin-Rahnsdorf (ab 1986 mit 50 Mitarbeitern)

Das ZWG wurde damit zur „größten zentralisierten Einrichtung der AdW für den wissenschaftlichen Gerätebau". Dabei spielten die engen Wechselbeziehungen mit nationalen und internationalen Instituten der Grundlagen- und angewandten Forschung eine entscheidende Rolle. Als Arbeitsmotto bildete sich heraus:

„Aus der Forschung für die Forschung."

Mit einem Stamm hochqualifizierter Mitarbeiter in Forschung, Entwicklung und Konstruktion sowie von Forschungsfacharbeitern wurde eine breite Palette von Projekten unterschiedlicher Fachgebiete bearbeitet.

Dazu gehörten:

– Anlagen und Verfahren zur Züchtung von physikalisch hochreinem einkristallinen Silizium für die Halbleiterindustrie.

Im ZWG wurden die Grundlagen für zonengefloatetes Silizium für die Halbleiterindustrie der DDR gelegt. Die Herstellung der Ziehanlagen übernahm der

VEB Steremat in Berlin-Treptow. Die Fertigung des zonengefloateten Siliziums fand in Freiberg (Sachsen) statt. Im Interesse der Qualitäts- und Produktivitätsziele wurden Verfahren zur prozeßnahen Messung von Parametern im Ziehprozess eingeführt. Für moderne optische Anwendungen wie z.B. Festkörperlaser und Halbleiterlaser wurden spezielle optische Kristalle wie GaAs u.a. auf dafür geschaffenen Anlagen hergestellt.

– Physikalische Analysenmessgeräte

Bereits von Prof. Jancke und unterstützt von Prof. Kriegsmann wurden über viele Jahre die Voraussetzungen für die Entwicklung und Fertigung physikalischer Analysenmessgeräte geschaffen. Bereits in den 1950er Jahren begann man mit Arbeiten zur

Kernresonanzspektrometrie

Schwerpunkt waren Arbeiten zu Elektromagneten, die es gestatten sehr konstante und homogene Felder zu erzeugen, anspruchsvolle Elektronik für Sender sowie pick-up-Spulen für Signalerkennung einschließlich empfindlicher Verstärker. Unterstützt wurden diese Arbeiten durch Forscherteams an der Friedrich-Schiller-Universität Jena.

Elektronenresonanzspektrometrie

Bei den Magneten könnte auf die Vorarbeiten der NMR zurückgegriffen werden. Hervorzuheben sind jedoch die eigenständige Entwicklung einer Vielzahl von Baugruppen der Mikrowellentechnik in cm- und mm-Bereich. Es erfolgte eine eigenständige Design und die Herstellung der Bauteile einschließlich der dafür benötigten Sondertechnologien. Dieses Methodengebiet wurde kontinuierlich ausgebaut, so dass das ZWG der marktbeherrschende Anbieter im RGW-Bereich wurde.

Optische Spektroskopie.

In Ergänzung zu den von Carl-Zeiss-Jena produzierten optischen Spektrometern hat das ZWG sich spezialisiert auf

- Infrarot-Fourierspektroskopie und
- Zeitaufgelöste optische Spektroskopie einschließlich von ps-Farbstofflasern, Boxcar-Integratoren, Streakröhren, Polychromatoren, Korrelatoren u.a.

Während der breiteren Anwendung die IR-FT-Spektroskopie die fehlende leistungsfähige Rechentechnik im Wege stand, konnte bei der *zeitaufgelösten Spektroskopie* Pionierarbeit in dem Sinne geleistet werden, dass damit das internationale Spitzenniveau bestimmt und viele Forschungsteams mit dieser neuen

Technik ausgestattet werden konnten. (vgl. dazu den Beitrag von Klaus Meier im vorliegenden Buch)

Ultrapräzisionsbearbeitung
Mit dem zunehmenden Einsatz von Leistungslasern (z.B. CO_2 -Laser) im Maschinenbau, insbesondere zur Blechbearbeitung stiegen die Anforderungen an Metallspiegel für die Führung des Laserlichtes. Zur Herstellung solcher Spiegel wurden Maschinen höchster Präzision benötigt. Da das ZWG über umfassende Erfahrungen auf dem Gebiet der Luftlagertechnik verfügte, wurde eine Maschine konzipiert und gebaut, die es gestattete, Formgenauigkeiten im μm-Bereich und Rauigkeiten im nm-Bereich unter Verwendung von luftgelagerten x-y-Schlitten und Drehspindeln zu erreichen. Von besonderem Vorteil, war die Integration von interferrometrischer Messtechnik in die Maschine.

Geräte für die Interkosmosforschung.
Diese Arbeiten wurden im Auftrag des Akademieinstituts für Kosmosforschung, das wiederrum sehr eng mit sowjetischen Instituten kooperierte, durchgeführt. Zu nennen wären:

- IR-FT-Spektrometer zur Sondierung der Erdatmosphäre
- Empfangs- und Bildaufzeichnungsgeräte für Weltsatelliten
- Magnetbandspeicher für große Datenmengen
- Mitarbeit an einer Multispektral-Kamera

Geräte und Messtechnik für die Biotechnologie
Mit der Übernahme des VEB Mytron Heiligenstadt standen Kapazitäten zur Verfügung, die es gestatten Forschungstechnik für die Ansprüche, die aus dem neuen Forschungsgebiet der Biotechnologie resultierten, zu entwickeln und zu produzieren. Mit Partnern aus der Tschechoslowakei wurde eine erste Generation von Laborfermentoren hergestellt. Schwerpunkt der Arbeiten waren Entwicklungen zu speziellen Messsensoren mit denen die Fermentationsprozesse überwacht und gesteuert werden konnten.

Erheblicher Aufwand wurde in die Erarbeitung von speziellen AdW-Standards als Ergänzung zu den TGL-Normen (DIN-Normen) investiert. Das betraf beispielsweise Baugruppen den UHV-Technik und Optik. Mit einem breiten Sortiment solcher Standardbaugruppen wurden die Institute aber auch Industriepartner versorgt.

Dazu kamen verstärkt Forderungen nach Geräteaustausch und Zusammenarbeit mit Akademien sozialistischer Länder. Rationalisierung und Arbeitskräftezufuhr in den Jahren 1971 bis 1975 ermöglichten es, das Geräteaufkommen (Warenproduktion) von 7,5 auf 13,5 Mio. Mark zu verdoppeln. Im Akademieaustausch erhöhten sich die Exporte von 1,248 auf 3,504 Mio. Mark, die Importe von 2,136 auf 6,046 Mio. Mark. Die Erfolge lassen nicht die Probleme übersehen, z.B. der Mangel an modernen Werkzeugmaschinen, durch den Rückstände bei vereinbarten Lieferungen für Institute auftraten.

Das ZWG legte großen Wert auf die Ausbildung des Nachwuchses von Forschungsarbeitern, auf die es bei der Fertigung der anspruchsvollen Bausteine und Geräte ankam. Bereits seit den 60er Jahren gab es eine betriebliche Lehrwerkstatt, die auch den Institutswerkstätten zugute kam. Mit Schulungen und Beratungen zu speziellen Themen des Gerätebaus unterstütze das ZWG die wissenschaftlich-technische Arbeit der Institute.

Das ZWG verfügte 1989 nach 20 Jahren Tätigkeit über 1.734 leistungsfähige Wissenschaftler, Ingenieure, Forschungsfacharbeiter und Angestellte, die im Verlauf weniger Jahre in zwölf Gerätebaulinien des Wissenschaftlichen Gerätebaus Erzeugnisse im Werte von 500 Millionen Mark produzierten. Darunter befanden sich 90 Spektrometer (NMR, EPR, IRF), 430 Lasersysteme (CO2-, N2-Farbstofflaser, Laserimpulsfluoreszenz-Messgeräte), 360 Laborfermentoren und Inkubatoren, 4.500 meteorologische Geräte und Ozonsonden. Industriepartner waren vor allem das EAW (Elektro-Apparate-Werke Berlin-Treptow), Robotron Dresden, Mikroelektronik Dresden, Carl-Zeiss-Jena, Narva Berlin, Kombinate des Werkzeugmaschinenbaus, z.B. „7. Oktober“ in Berlin.

Zu den Spitzentechnologien, die im ZWG zielstrebig verfolgt wurden, gehörte bereits seit den 60er Jahren die Kristallzüchtung. Kristalle wurden erforscht und gezüchtet, so z.B Indium-Phosphid-Einkristalle, wofür eine Hochdruck-Kristallzüchtungsanlage entwickelt wurde und in Betrieb ging, 1987 fiel die Grundsatzentscheidung für das Investitionsvorhaben „Technikum für Kristallzüchtung-Gemeinschaftsinvestitionen“ beim ZWG in Adlershof. Es wurde am 1. September 1990 in Betrieb genommen. Das war die Keimzelle des 1992 auf Empfehlung des Wissenschaftsrates gegründeten „Leibniz-Instituts für Kristallzüchtung“.

Als „Führende Wissenschaftler“ im ZWG wurden in den Evaluierungsunterlagen von 1991 genannt: Prof. Gehlhoff (Halbleiter Diagnostik), Dr. Haberkorn (SOUID-Messtechnik), Dr. Haschke, Dipl.-Phys. Eggert (Röntgenanalytik), Dr. Krüger/Dr. Schröder (Kristallzüchtungsverfahren), Prof. Langhoff (Gerätebau), Prof. Lauckner (Biotechnologische Gerätetechnik), Dr. Puder (Präzisionsmechanik), Dr. W. Schneider/Dr. Ewert (ESR Spektroskopie). Zum 31. Dezember 1991 wurde das Zentrum für Wissenschaftlichen Gerätebau (ZWG), die größte Akademieeinrichtung, geschlossen.

3. Transformationsprozess nach 1989

Das Zentrum für wissenschaftlichen Gerätebau war eine systemspezifische institutionelle Konstruktion und daher nach der Wiedervereinigung nicht überlebensfähig. Es war mit seinem beträchtlichen F/E-Potential einerseits einem Fraunhofer-Institut ähnlich, andererseits aber auch als produzierende Einrichtung ein mittelständiges Unternehmen und nicht zuletzt Monopolist auf dem Gebiet der Forschungstechnik in der DDR. Mit letzteren Aufgaben war das ZWG für AdW-Einrichtungen atypisch, da es kein Vertreter der akademischen Forschung im eigentlichen Sinne war. Andererseits war ich als Direktor des ZWG zugleich Mitglied des Rates der Direktoren im Forschungsbereich Physik und somit durchaus mit aktuellen Forschungsthemen hautnah konfrontiert.

3.1. Wie war die Anfangssituation 1989/91?

In der AdW der DDR arbeiteten ca. 24.000 Menschen, davon über 5.500 in Adlershof, darunter 4.100 hochqualifizierte Wissenschaftler. Der Standort wurde zu einem der wichtigsten naturwissenschaftlichen Forschungszentren Ostdeutschlands und hatte einen guten Ruf auf den Gebieten, der Optik, Chemie, Material- und Kosmosforschung und nicht zuletzt auch im wissenschaftlichen Gerätebau. Im Ergebnis der Evaluierung aller Akademieinstitute im Jahre 1990 durch den Wissenschaftsrat äußerte sich Prof. Simon, Vorsitzender des Wissenschaftsrates, in einem Spiegelinterview (27/1991) wie folgt:

„Spiegel: Wo ist oder war die DDR-Wissenschaft denn Weltklasse?

Simon: „Eine ganz hervorragende Qualität haben wir in einigen natur- und ingenieurwissenschaftlichen Disziplinen vorgefunden, etwa in der Mathematik, Geologie, der Kosmosforschung und in der Medizin. Zu der Astrophysik, so sagt uns jeder Experte, ist die Forschung in der DDR sogar deutlich besser als in der alten Bundesrepublik. Überraschend gut sind die Kollegen auch in den Bereichen, die bedauerlicherweise nicht mehr gebraucht werden, z.B. in der Nachkonstruktion von Apparaturen, die mangels Devisen und wegen Importbeschränkungen nicht eingeführt werden konnten. Da gab es glänzende Leistungen."

Diese Einschätzung wurde als Herausforderung betrachtet und daher Konzepte entwickelt für das Überleben unter den Bedingungen der freien Konkurrenz. Alles in allem ist dies auch gut gelungen. Mehr als 20 selbständige Unternehmen haben sich ausgegründet, die noch heute das technologische Bild von Adlershof nach außen prägen. Darüber hinaus sind das Leibniz-Institut für

Kristallzüchtung sowie das Thüringer Landesinstitut für Bioanalytik und -prozessmesstechnik in Heiligenstadt gegründet worden.

Etwa 75 Prozent der früheren Mitarbeiter haben auf diesem Wege neue Arbeitsplätze gefunden. Nicht gelungen ist die Gründung eines eigenständigen Fraunhofer-Instituts in Adlershof für den wissenschaftlichen Gerätebau. Die Voraussetzungen und Ressourcen dafür waren vorhanden. Ein solches Institut hätte die Tradition weiterführen und das Adlershofer Profil schärfen können. Es fehlte an politischem Wollen und der Unterstützung der in Westberlin angesiedelten Fraunhofer-Institute.

3.2 Wie präsentiert sich Adlershof heute

- Von den 11 außeruniversitären Forschungseinrichtungen mit 1.700 Mitarbeitern sind acht aus der AdW hervorgegangen. Ihre Leistungen werden international anerkannt. Zum Teil wird Spritzenforschung betrieben.
- Auf Beschluss des Landes Berlin wurden die naturwissenschaftlichen Institute der Humboldt-Universität zu Berlin nach Adlershof verlagert (außer Biologie); die Universität erhielt einen völlig neuen Campus mit sechs Instituten und einer phantastisch ausgestatteten Bibliothek, mit 140 Professoren und über 7.800 Studenten.
- Wir haben heute ca. 700 Unternehmen in unserem Technologiepark, mit 400 hoch spezialisierten Technik-Unternehmen, darunter das von mir 1993 gegründete IfG Institute for Scientific Instruments GmbH und dem IAP e.V. mit ca. 45 Beschäftigten.

Nach knapp 20 Jahren arbeiten über 14.000 Mitarbeiter in der neu geschaffenen Stadt für Wissenschaft, Wirtschaft und Medien. Das jährliche Wachstum lag immer zwischen 5 und 10 Prozent. Der Anteil öffentlicher Förderung an den Umsätzen sank auf unter 5 Prozent. Die Insolvenznote ist mit unter 1 Prozent sehr niedrig. Etliche Unternehmen, darunter solche die aus dem früheren ZWG entstanden sind, haben es in ihren speziellen Nischen zu führenden Positionen auf dem Weltmarkt gebracht.

In das Vorhaben Adlershof ist viel Geld investiert worden, rund 1,8 Milliarden Euro seit 1991. 80 Prozent des Geldes stammt aus unterschiedlichen öffentlichen Quellen (Land, Bund, EU). Das ist gut angelegtes Geld. Die Unternehmen tragen inzwischen mit jährlich über einer Milliarde Euro zum Brutto-Inlandsprodukt des Landes Berlin bei. Mit der jährlich abzuführenden Steuer der Unternehmen sind die Kosten der Anlauffinanzierung in den 90er Jahren vielfach abgezahlt. Der Blick auf die kommenden Jahre zeigt, dass hier voraussichtlich weitere 500 Millionen Euro, davon 350 Mio. von privaten Investoren bereitgestellt werden. Der Wirtschafts- und Wissenschaftsort Adlershof ist ein gutes und zukunftweisendes Beispiel für die enge Verbindung von Forschung, Wissenstransfer und kommerzieller Verwertung. Seine Vorteile werden perspektivisch noch stärker zu Geltung kommen, wenn komplexe Aufgaben der Gesellschaft wie urbane Fragestellungen zur Lösung anstehen.

Im Sinne einer Zusammenfassung kann zunächst auf der *Positiv-Seite* festgestellt werden:

- ein gutes bis ausgezeichnetes Niveau in der Forschung und Entwicklung
- gut ausgebildete und zum Teil hochqualifizierte Wissenschaftler, Ingenieure, Facharbeiter
- eine Sozialisierung mit positiven Effekten, wie
  - Wahrnehmung von gesamtgesellschaftlicher Verantwortung für Fortschritt und Arbeitsplätze
  - Gewinnstreben, persönliche Bereicherung steht hinten an
- Totalumbrüche im Leben fast aller Menschen befreiten verschüttete Potentiale und weckten Initiativen (es entstanden neue Produktideen, hohe Innovationsraten)
- Neue „alte Traditionen“ wurden weitergeführt wie
  - Unternehmerisches Denken; Verantwortung für Mitarbeiter;
  - Nur ausgeben, was mach vorher verdient hat; Keine Kredite soweit möglich;
- Hohes Missvertrauen gegenüber Banken und „uneigennützigen Investoren“

Bei der Betrachtung der *Negativ-Seite* und der Ursachen für die häufig katastrophale Situation und den Rückstand in der DDR, ist festzustellen:

- fehlende Investitionen, mangelhafte Infrastruktur und marode Gebäude
- fehlende Geräte und Rechentechnik
- kein Zugang zu den weltweiten Märkten und dem technologischen Background
- fehlende Konkurrenz und Kooperation mit Spitzeninstituten und -unternehmen
- Technologisches Niveau der RGW-Staaten zu niedrig. Zugang zu den sowjetischen Rüstungskonzernen versperrt
- fehlende Einbindung in die internationale Kooperation und Netzwerke
- es fehlte eine ostdeutsche Fraunhofer-Gesellschaft als industrieunabhängige Brücke zwischen Forschung und Wirtschaft. Erst in den 80er Jahren wurde die „Klasse Technikwissenschaftler“ in der Akademie gegründet.

Rückblickend erfüllt mich meine 20-jährige Tätigkeit als Direktor des „Zentrum für wissenschaftlichen Gerätebau“ der Akademie der Wissenschaften der DDR mit einem gewissen Stolz. In diesen Jahren wurden die Grundlagen für die Gründung von über 20 Instituten und Unternehmen, die nach der Akademieauflösung entstanden sind, gelegt. Fast alle haben die komplizierten Anfangsjahre überstanden und sich sowohl in der deutschen als auch internationalen Wissenschafts- und Technologielandschaft fest etabliert. Adlershof wäre ohne die intellektuellen Potentiale der Akademie nicht so schnell und auf einem so hohen Forschungs- und Technologielevel zu einem der international führenden Zentrum mit Modellcharakter weltweit geworden. Das Bild des technologisch geprägten Profils des Adlershofer Standortes wird nach wie vor durch Ausgründungen aus dem ZWG geprägt.

- Leibniz-Institut für Kristallzüchtung
- Institute for Scientific Instruments GmbH
- Institut für angewandte Photonik e.V.
- LLA Laserlabor Adlershof GmbH
- LTB Lasertechnik Berlin GmbH
- SENTECH Instruments GmbH
- BESTEC GmbH
- Bruker Nano GmbH (früher Röntec GmbH)
- Magnetech GmbH
- FMD GmbH
- FTM GmbH
- Galenius GmbH

Anlage

Die Situation in den Forschungsinstituten aus dem früheren Forschungsbereich Physik stellte sich an Beispielen wie folgt dar:

a) Zentralinstitut für Optik und Spektroskopie
b) Zentralinstitut für Elektronenphysik
c) Institut für Hochenergiephysik

a) Zentralinstitut für Optik und Spektroskopie (ZOS), Berlin

- Direktor: Prof. Dr. Klaus Junge
- Seit 1. Juli 1990 Prof. Dr. Witlef Brunner (beauftragt)
- Wahl des Wissenschaftlichen Rates im Dezember 1989
- Vorsitzender: Prof. Dr. Wolfgang Radloff

- Mitarbeiter im Juni 1990: 448/200 zum Zeitpunkt der Evaluierung: 413/186 am 30. November 1991: 338

Evaluierungsempfehlungen und -realisierungen:

1. Einrichtung eines Blaue-Liste-Instituts für Nichtlineare Optik und Kurzzeitspektroskopie mit 152/52 Mitarbeitern
   - Gründung des Instituts für Nichtlineare Optik und Kurzzeitspektroskopie
   - (INOK), später umbenannt in: Max-Born-Institut für Nichtlineare Optik und Kurzzeitspektroskopie (MBI) im Forschungsverbund am 9. August 1991 mit 150/72 Mitarbeitern.
2. Einrichtung einer Arbeitsgruppe der Max-Planck-Gesellschaft
   Gründung der Max-Planck-Arbeitsgruppe „Nichtklassische Strahlung"
3. Einrichtung eines Labors für spektroskopische Methoden der Stoffanalysen in Berlin als Außenstelle des Instituts für Spektroskopie (ISAS) in Dortmund mit 17/10 Mitarbeitern
4. Eingliederung von 30/10 Mitarbeitern in das zu gründende Blaue-Liste-Institut für Hochfrequenz-Kommunikationstechnik

b) Zentralinstitut für Elektronenphysik (ZIE), Berlin

- mit einer Außenstelle in Greifswald
- Direktor: KM Prof. Dr. Harald Gündel
- später Dr. K.-G. Schulz
- Wahl des Wissenschaftlichen Rates im November/Dezember 1989; Neuwahlen im November/Dezember 1990; konstituierende Sitzung am 3. Dezember 1990
- Vorsitzender: Dr. sc. Günther Jungk
- Mitarbeiter im Juni 1990: 700/264
- zum Zeitpunkt der Evaluierung: 690
- am 30. November 1991: 447, davon 49 in Greifswald

Evaluierungsempfehlungen und -realisierungen:

1. Einrichtung von Blaue-Liste-Instituten mit 227/86 Mitarbeitern
   Gründung des Ferdinand-Braun Institutes für Höchstfrequenztechnik (FBH) im Forschungsverbund Berlin am 18. Juli 1991 mit 125/60 Mitarbeitern

Gründung des Instituts für Niedertemperatur-Plasmaphysik (INP) an der Universität Greifswald
Gründung des Paul-Drude-Instituts für Festkörperelektronik (PDI)

2. Eingliederung von 6/3 Mitarbeitern in eine Universität
3. Eingliederung von 30/17 Mitarbeitern in das Hahn-Meitner-Institut
4. Einrichtung einer Abteilung in Berlin des Max-Planck-Instituts für Plasmaphysik (IOO), Garching bei München mit 50/25 Mitarbeitern
   Gründung des Bereichs Berlin des IPP, Garching bei München
5. Einrichtung einer Max-Planck-Arbeitsgruppe mit 10/5 Mitarbeitern
6. Eingliederung der Arbeitsgruppe Dünnfilm-Elektrolumineszenz in das Heinrich-Hertz-Institut Berlin

c) Institut für Hochenergiephysik (IFH), Berlin

- Direktor: Prof. Dr. Rudolf Leiste
- Wahl des Wissenschaftlichen Rates im Frühjahr 1990, Neuwahl am 6. Dezember
- 1990 Vorsitzender: Prof. Dr. Eberhard Wieczorek
- Mitarbeiter im Juni 1990: 217/77
- zum Zeitpunkt der Evaluierung: 180
- am 30. November 1991: 172

Evaluierungsempfehlungen und -realisierungen:

Errichtung einer Außenstelle von DESY (Stiftung Deutsches Elektronen-Synchrotron, Hamburg) in Zeuthen mit 140/70 Mitarbeitern

Gründung des DESY-Instituts für Hochenergiephysik in Zeuthen mit 136 Planstellen

Evaluierungsempfehlungen und -realisierung für den Betriebsteil Heiligenstadt (mit 32/13 Mitarbeitern zum Zeitpunkt der Evaluierung lautete:

Einrichtung eines Landesinstituts mit 20 Mitarbeitern
Gründung des Instituts für Bioprozess- und Analysenmesstechnik e. V. (IBA) in Heiligenstadt mit 25 Personalstellen und 5 weiteren drittmittelfinanzierten Mitarbeitern.

Nachtrag:
Ich bin anlässlich des 50-jährigen Geburtstages der Fa. Bruker Karlsruhe gebeten worden, hier in Adlershof den Festvortrag zu halten. Hintergrund war der Umstand, dass die Fa. Bruker die aus dem ZWG ausgegliederte Firmen Röntec GmbH gekauft und diese sich inzwischen zu einem weltweit führenden Unternehmen auf dem Gebiet von Halbleiter-Röntgendetektoren entwickelt hat. Ein Vergleich der Entwicklung des wissenschaftlichen Gerätebaues der Fa. Bruker mit dem Gerätebau der Akademie zeigte erstaunliche Parallelen aber auch gravierende Unterschiede. Die Bedeutung der physikalischen Analysenmesstechnik für die naturwissenschaftliche und medizinische Forschung wurde in beiden Einrichtungen etwa zur gleichen Zeit (50er Jahre) erkannt und durch F/E-Projekte in praktisches Handeln umgesetzt.

Die wesentlichen Unterschiede bestanden darin, dass Bruker frühzeitig auf internationale Kooperationen und weltweite Vermarktung sowie die Nutzung der Mikroelektronik und Rechentechnik setzen konnte. Alle diese Möglichkeiten blieben uns, bis auf die Zusammenarbeit mit den Akademien und der gerätebauenden Industrie Osteuropas, dagegen verschlossen. Im Ergebnis dieser unterschiedlichen Entwicklungen sowie Chancen war der Abstand zum internationalen Spitzenniveau Ende der 90er Jahre enorm angewachsen. Hinzu kam der Umstand, dass aufgrund fehlender mittelständischer Unternehmen, die traditionsgemäß spezielle Forschungstechnik herstellen, diese Aufgabe auch dem Gerätebau der Akademie zufiel. Damit entstand die paradoxe Situation, dass wir zu Ende der 80er Jahre für ca. 100 Mio. Ostmark jährlich Forschungstechnik für den Binnenmarkt und den Ostexport produzierten, für den Weltmarkt aber nicht adäquat aufgestellt waren. Diese Entwicklung war systemspezifisch und daher war auch das ZWG nach der Wiedervereinigung in seiner spezifischen Konstruktion so nicht überlebensfähig.

P. S.
Ich bedanke mich bei Herrn Rudi Hinte, früherer Mitarbeiter der Akademie der Wissenschaften und heute Chronist des Stadtteils Adlershof, sowie Herrn Dr. Peter Strunk, Leiter des Bereichs Kommunikation der WISTA GmbH, für viele zielgerichtete Recherchen und anregende Diskussionen.

HELMUT ABEL

Strahlenforschung in der AdW der DDR

Einleitende Bemerkungen

Alexander v. Schwerin schreibt in einem Artikel zur Geschichte der Strahlenforschung, dass „kaum ein wissenschaftlicher Gegenstand des 20. Jahrhunderts so politisch war wie Strahlen". Mit Strahlen war seit den Entdeckungen von Röntgen, Becquerel und den Curie's ein methodisches wie wissenschaftliches Instrumentarium entstanden, das allen Bereichen der naturwissenschaftlichen Forschung in Physik, Chemie, Biologie, Geologie wie insbesondere auch der Medizin und der Industrie neue Wege wies. Strahlen als breit nutzbares Instrument und gleichzeitig als populationsgenetisches Risiko standen im Mittelpunkt des wissenschaftlichen, politischen und öffentlichen Interesses. Auseinandersetzungen um Führungspositionen und Fördermittel entwickelten sich in den Jahrzehnten des 20. Jahrhunderts in zunehmend schärferer Form. Auch strahlen-biophysikalische Grundlagenforschung, Epidemiologie und staatlicher Strahlenschutz wurden zu Schwerpunktthemen, aber im Kampf um Fördermittel resultierte weniger ein Miteinander als ein Gegeneinander.

Bereits in den dreißiger Jahren stellte sich die Frage, ob die natürliche Strahlung aus kosmischen und terrestrischen Komponenten die spontane Mutationsrate bedingen könnte. Eine Forschungsgruppe der Abteilung Genetik im Kaiser-Wilhelm-Institut für Hirnforschung in Berlin-Buch (Timofeeff-Ressovsky, Zimmer und Delbrück) kam in experimentellen Untersuchungen zu dem Ergebnis, dass die natürliche Strahlung mindestens tausendmal zu schwach ist, um die spontane Mutationsrate erklären zu können. Für spontane Mutationen musste es also andere Ursachen geben. Das brachte Delbrück auf die Idee, für Gene als die Gebilde, in denen die Mutationen stattfinden, molekulare Strukturen aus geordneten milliardenfachen Atomen anzunehmen. Dann würden natürliche thermodynamische Schwankungen der atomaren Bindungsenergien fehlerhafte Bindungen verursachen und Ursachen für Mutationen sein. Delbrück schätzte aus der bekannten spontanen Mutationsrate die Größe der molekularen Strukturen ab. Die Vorstellung, dass Gene geordnete molekulare Strukturen sind, fand zwanzig Jahre später durch Watson und Crick mit der Strukturaufklärung der DNS eine glänzende Bestätigung. Daraus folgte in späteren strahlenbiophysikalischen Untersuchungen, dass im Bereich der natürlichen Strahlung diese nicht nur tausendmal zu schwach ist, um die spontane Mutationsrate erklären zu können, sondern über 100.000-mal zu schwach ist. Mit der Entdeckung von DNS-Reparaturgenen, die beim Entstehen von Fehlern in der DNS aktiviert werden, wurde deutlich, dass im Dosis-Bereich der natürlichen Strahlung strahleninduzierte Fehler zur Aufhebung naturbedingt zellinterner Fehler beitragen. Andererseits ließ sich experimentell zweifelsfrei nachweisen, dass Strahlen in Dosisbereichen um das hundertfache der natürlichen Strahlung Mutationen über das spontane Maß hinaus hervorrufen. Damit war die entscheidende Frage entstanden, ob es einen Dosis-Bereich gibt, in dem Strahlung nicht nur keinen Beitrag zur Auslösung krankheitserregender Mutationen gibt, sondern sogar diese reduziert. Die Beantwortung dieser Frage wurde zum Schwerpunktthema in Grundlagenforschung und Epidemiologie, nicht ein Miteinander, sondern ein Gegeneinander auslösend.

Heute ist festzustellen, dass die Thematik Strahlen weltweit die Bevölkerungen ängstigend irritiert und Regierungsprogramme durcheinander bringt. Im Bericht der Vereinten Nationen aus dem Jahre 2005 über die Folgen der Tschernobyl-Katastrophe vor 20 Jahren wird betont, dass Mythen und Fehlauffassungen in Bezug auf die Strahlungsgefahr zu einem „lähmenden Fatalismus“ bei den Einwohnern der betroffenen Gebiete geführt haben. Die Folgen für die psychische Gesundheit müssen als „das größte öffentliche Gesundheitsproblem, das vom Unfall verursacht wurde“ eingeschätzt werden.

Entstehung der Strahlenforschung in der AdW

Als 1955 die UdSSR und die DDR ein Regierungsabkommen abschlossen über den Aufbau eines Kernforschungszentrums in der DDR mit Lieferungen eines Forschungsreaktors und weiterer kernphysikalischer Großgeräte aus der UdSSR, wäre zu erwarten gewesen, dass Strahlenforschung, sowohl grundlagenorientiert als auch anwendungsorientiert, ein Schwerpunktthema in der DDR werden wird. Doch die Forschungsakademie der DDR, die AdW, war in die Entstehungsphase der DDR-Kernforschung nicht einbezogen. Der Aufbau und die wissenschaftsthematische Orientierung waren folglich nicht Diskussionsthemen in den Klassensitzungen der AdW.

Strahlenforschung für die Entwicklung und Nutzung der Kernforschung reduzierte sich im neu entstandenen Institut für Kernforschung in Rossendorf bei Dresden auf Strahlenmesstechnik und Kontrollen im Strahlenschutz. Aufgebaut wurde in dieser etwa 2 bis 3 Jahre andauernden Zeit im Kernforschungszentrum eine Abteilung Dosimetrie und Strahlenschutz. Ihr oblagen die Entwicklung der Strahlenmesstechnik, die Ausbildung von Dosimetristen, die individuelle personelle Strahlenschutzkontrolle sowie die Umgebungsüberwachung auf Radioaktivität in Luft, Wasser, Böden und Pflanzen. Alle Kontrollmessungen orientierten sich an Empfehlungen zur maximal zulässigen Dosis der Internationalen Kommission für Strahlenschutz (ICRP), die bereits 1928 entstanden war und in Jahresabständen ihre Empfehlungen publizierte. Wie in der Einleitung bereits kurz dargestellt, war der Zusammenhang zwischen einer als zulässig anzusehenden Dosis und Strahlenrisiken, insbesondere Krebsrisiken, noch Streitpunkt zwischen Grundlagenforschung und Epidemiologie.

Erst 1965 gelang es im Kernforschungszentrum Rossendorf, inzwischen in die Forschungsgemeinschaft der AdW der DDR eingebunden, ergänzend zur Abteilung Dosimetrie und Strahlenschutz und aus Erkenntnissen dieser Abteilung heraus, eine Abteilung Biophysik für grundlagenorientierte Strahlenforschung zusätzlich aufzubauen. Sie wurde 1967 als Außenstelle in das Institut für Biophysik der AdW in Berlin-Buch eingegliedert, in dem in Folge darauf im gleichen Jahr ein aus vier Abteilungen bestehender Bereich Strahlenbiophysik entstand. 1970/71 wurde der Bereich in das Zentralinstitut für Molekularbiologie (ZIM) der AdW in Berlin-Buch integriert. Die Forschung dieses Bereiches wurde orientiert auf „Untersuchungen zur intrazellulären Reparatur strahleninduzierter DNS-Schäden". Es gelang diesem Bereich über eine mehrjährige Zusammenarbeit mit der von Timofeeff-Ressovsky geleiteten Abteilung Genetik und Radiobiologie des Instituts für Medizinische Radiologie in Obninsk (UdSSR) eine Außenstelle im Kernforschungszentrum der sozialistischen Länder in Dubna nahe Moskau aufzubauen. Damit war in der AdW der DDR Strahlenforschung mit modernsten Experimentiermöglichkeiten für vergleichende strahlenbiophysikalische Untersuchungen mit unterschiedlichen Strahlenarten entstanden (hochenergetische Photonen in Berlin-Buch, leichte Atomkerne in Rossendorf und schwere Kerne in Dubna). Die Variationsmöglichkeit der Strahlenart war deshalb von großer Bedeutung, weil sich mit der Strahlenart die relativen Verhältnisse der Schadensarten an den primär empfindlichen intrazellulären Strukturen, der DNS, ändern und Analysen möglich machen.

Diese breite Basis der DDR-Strahlenforschung führte zu Mitwirkungen im Forschungsprogramm der Interkosmosforschung und auch zur Zusammenarbeit mit dem AdW-Zentralinstitut für Krebsforschung (ZIK) in Berlin-Buch beim Aufbau der Neutronentherapie am Rossendorfer Zyklotron. Es gelang dem Bereich Strahlenbiophysik des ZIM der AdW der DDR in den siebziger Jahren mehrere internationale Symposien mit herausragender Beteiligung von Wissenschaftlern aus Ost und West durchzuführen.

Streichung der Strahlenforschung in der AdW

Anfang der achtziger Jahre wurde in Berlin-Buch über einen Rückstand von Forschungen in der AdW der DDR auf dem Gebiet der Gen- und Biotechnolgie diskutiert. Ohne Diskussionen und Beratungen in der Klasse Naturwissenschaft und anderen für die Strahlenforschung zuständigen Gremien der AdW erfolgte ihre Streichung. Mitarbeiter des Bereiches Strahlenbiophysik in Berlin-Buch wurden in der Abteilung Sicherheit des ZK der SED und auch beim Staatlichen Amt für Atomsicherheit und Strahlenschutz der DDR vorstellig, fanden Gehör und Zustimmung ihres Protestes gegen die Streichung. Doch es blieb bei der Streichung. Erst 1986, nach der Katastrophe in Tschernobyl, wurde in der AdW erkannt, dass sie über keine wissenschaftliche Kompetenz in Fragen der Strahlenrisiken mehr verfügte. Der Wiederaufbau von Strahlenforschung in Berlin-Buch, nun im Zentralinstitut für Krebsforschung der AdW wurde beschlossen und im Verlaufe der Wende 1991 erneut gestrichen.

Am Beispiel Strahlenforschung lässt sich der Vorteil einer Forschungsakademie mit eingebundenen Instituten gegenüber Gelehrtengesellschaften nicht belegen. In der BRD wurden allerdings etwa zur gleichen Zeit der Streichung der Strahlenforschung in der AdW der DDR ebenfalls z.B. Strahlenbiophysik-Lehrstühle an mehreren Universitäten aufgelöst. Im Jahr 2000 stellte die Strahlenschutzkommission der BRD fest, dass der Abbau der Strahlenforschung an deutschen Forschungseinrichtungen ein bedrohliches Ausmaß erreicht habe. Im Jahre 2006 betonte sie, dass sich die Situation gegenüber dem Jahr 2000 weiter verschlechtert habe.

GÜNTER PASTERNAK

Notizen zu Biowissenschaften und Medizin an der Akademie der Wissenschaften der DDR

Schwerpunkt: Zentralinstitute in Berlin

Kurzer geschichtlicher Abriss der Entstehung des Forschungszentrums Berlin-Buch

Das 1930 errichtete Kaiser-Wilhelm-Institut für Hirnforschung am Lindenberger Weg in Berlin-Buch ist als Keimzelle des späteren Forschungszentrums zu betrachten, das nach dem 2. Weltkrieg zum Zentrum biomedizinischer Forschung in der DDR entwickelt wurde. Die Bezeichnung „Biomedizinisches Forschungszentrum Berlin-Buch" ist gebräuchlich aber kein offizieller Terminus.

Beträchtliche Bauinvestitionen nach dem zweiten Weltkrieg, verbunden mit personellen Erweiterungen, ermöglichten eine breite Grundlagenforschung, insbesondere auf den Gebieten Krebs, Herz-Kreislauf und Molekularbiologie. Speziell für die Molekularbiologen waren traditionell die früheren genetischen Arbeiten in Buch der dreißiger Jahre von besonderer Bedeutung, da sie methodisch und inhaltlich moderne Entwicklungen auf diesem Gebiet einleiteten. Während der Kriegsjahre waren jedoch zahlreiche Wissenschaftler auch auf Gebieten tätig, die „kriegswichtig" waren bzw. Verbindungen zu Tötungverbrechen der Nazis aufwiesen. So wurden in Buch nicht nur Gehirne von kopfschußverletzten Soldaten untersucht sondern auch von Euthanasieopfern. Dem Kaiser-Wilhelm-Institut für Hirnforschung war damals schon eine Klinik, wenn auch mit geringer Bettenzahl, zugeordnet.

Der Gründung der Deutschen Akademie der Wissenschaften 1946 folgte 1947 die Übergabe des Medizinisch-Biologischen Instituts an die Akademie.

Zu den Investitionen gehörten u. a. das Neutronenhaus (1954/1955), die Erweiterung der Klinik (1955), der Bau für die Co^{60}-Bestrahlungsanlage (1957), das Röntgenhaus (1959), das Laborgebäude der Kreislaufforschung (1965) und das Laborgebäude für die Molekularbiologie (1980). (Detaillierte Darstellung der Entwicklungen in Buch in: Heinz Bielka: Geschichte der Medizinisch-Biologischen Institute Berlin-Buch; Springer-Verlag 2001).

Leitungs- und Wissenschafts-Strukturen waren in den mehr als 40 Jahren bis 1990 einem häufigen Wandel unterworfen, der volkswirtschaftlichen und gesellschaftlichen Erfordernissen, aber auch personellen Gegebenheiten, zugeordnet werden muss.

Ende der fünfziger Jahre des vorigen Jahrhunderts wurden aus den Wissenschaftlichen Bereichen Institute gebildet, denen ein Direktorium zur Koordinierung der Aufgaben vorstand. Walter Friedrich wurde ab 1958 für zwei Jahre erster Direktor und durfte sich „Präsident des Medizinisch-Biologischen Forschungszentrums Berlin-Buch" nennen. Ab 1961 war Friedrich Jung, ein Pharmakologe, „Geschäftsführender Direktor". Nach mehreren weiteren organisatorischen Veränderungen wurde 1969 Kurt Geiger, ein Militär, als Direktor berufen. Von dem ehemaligen General im Medizinischen Dienst der NVA und Leiter verschiedener Aufgaben im Gesundheitswesen hatten hohe staatliche und Parteistellen eine straffere Führung im Bucher Zentrum erwartet. Vor der Belegschaft stellte er sich wie folgt vor: „Ich bin Arzt, ich bin Soldat, ich bin Kommunist". Als Arbeitsmotto forderte er: „Geht nicht, gibt's nicht, Erfolg ist Pflicht". Das Auditorium der „Zivilisten" schwieg und viele blickten finster in die Runde. 1971 wurde Kurt Geiger von seiner Funktion entbunden.

Mit der Berufung von Werner Scheler 1971/1972 erfolgte die Bildung der Zentralinstitute für Molekularbiologie (ZIM), Krebsforschung (ZIK) und Herz-Kreislauf-Forschung (ZIHK) in Berlin-Buch im Bestand des neugebildeten Forschungszentrums für Molekularbiologie und Medizin. Zum Forschungszentrum, unter Leitung von Werner Scheler, gehörten weitere biowissenschaftliche Einrichtungen in der DDR, so das Zentralinstitut für Mikrobiologie und Therapie, Jena, das Zentralinstitut für Ernährungsforschung, Potsdam-Rehbrücke, das Zentralinstitut für Genetik und Kulturpflanzenforschung, Gatersleben, das Institut für Biochemie der Pflanzen, Halle, und einige Jahre später das Institut für Wirkstoffforschung, Berlin-Fiedrichsfelde, die Forschungsstelle für Wirbeltiere im Tierpark Friedrichsfelde und das Institut für Neurobiologie, Magdeburg.

Die Personalbestandserfassung für die Bucher biomedizinischen Institute ergab folgendes Bild (Juli 1990):
Gesamtzahl der Mitarbeiter von ZIM, ZIK und ZIHK: 1673
davon Wissenschaftler 579; Wissenschaftlich-technisches Personal (inkl. Krankenhauspersonal): 787; Sekretariate und Dokumentation in den Instituten: 90; technisches Personal: 34; Verwaltung und Dienstleistungseinrichtungen: 183.
Die Anzahl der Wissenschaftler im Zentralinstitut für Molekularbiologie betrug etwa 280.

Aufgaben des ZIM (aus der Arbeitsordnung vom 14. August 1987)

Das Potential sollte darauf konzentriert werden, auf ausgewählten Gebieten der molekular- und zellbiologischen Grundlagenforschung den Vorlauf für die Entwicklung neuer biotechnologischer Verfahren und Produkte für das Gesundheitswesen, die Land- und Nahrungsgüterwirtschaft, die chemische Industrie und den Umweltschutz zu schaffen, vorrangig Untersuchungen an ausgewählten humanen, tierischen und viralen Genen und Genprodukten, Untersuchungen zur gezielten Expression von Genen in Säugerzellen und Mikroorganismen und Forschungen zur enzymatischen Stoffwandlung und Analytik durchzuführen und Beiträge zur disziplinären Entwicklung der Molekular- und Zellgenetik, der Zellbiologie, der Enzymologie, der Immunologie, der Virologie, der Molekularbiophysik und Biomathematik zu leisten.

Diese umständlich formulierte Thematik umfasste fast vollständig das methodische und inhaltliche Spektrum biowissenschaftlicher Forschung mit der Zielsetzung ihrer praktischen Anwendung und erlaubte auch die Bearbeitung grundlegender molekular- und zellbiologischer Prozesse ohne vordergründigen Praxisbezug.

Aufgaben der Medizinischen Zentralinstitute

Die rein medizinische Forschung an der Akademie betrug 1972 sechs Prozent des Gesamtpotentials der Akademie. Der Hauptanteil der Forschung konzentrierte sich auf die beiden medizinischen Institute ZIK und ZIHK in Berlin-Buch. Der prozentuale Anteil hatte sich bis 1990 kaum verändert. Das ZIK war sogenannte Leiteinrichtung mit koordinativen Aufgaben für die klinische und experimentelle Forschung auf dem Gebiet der Krebserkrankungen in der DDR. Das ZIHK war unter Federführung der Charité mit verantwortlich für Forschungen zu Herz-Kreislauferkrankungen. Die beiden medizinischen Zentralinstitute hatten nur marginal Industriebindung, die u.a. am ZIK die Arzneimittelentwicklung und Narkosetechnik betraf. ZIK und ZIHK besaßen neben ihren Kliniken ein erhebliches experimentelles Forschungspotential, das am ZIK strukturell mit den klinischen Aufgabenstellungen fusioniert war. Es gab die Bereiche „Experimentelle und Klinische Immunologie", „Experimentelle und Klinische Chemotherapie" sowie „Experimentelle und Klinische Strahlentherapie". Die Themen „Onkogene Viren" und „Chemische Kanzerogenese" waren davon unabhängig experimentell orientiert.

Das Zusammenwirken von Klinikern mit den vorwiegend experimentell arbeitenden Wissenschaftlern konnte durch die strukturelle Vereinigung nur punktuell verbessert werden, d. h. die „traditionellen" Grenzen zwischen den ärztlich und experimentell tätigen Kollegen bestanden weiterhin. Das Streben nach dem gemeinsamen Wirken unter dem Motto „vom Experiment zum Krankenbett" ist nach wie vor, auch international, eine aktuelle Zielsetzung der medizinischen Forschung.

Das ZIHK befasste sich mit Forschungsvorhaben zur Klärung pathogenetischer Mechanismen von Herz- Kreislaufkrankheiten, speziell der arteriellen Hypertonie. Die Thematik hatte u. a. die Beziehungen von Stoffwechselerkrankungen zur Hypertonie zum Inhalt. In das ZIHK wurde im Zuge der Zentralinstitutsbildung das experimentell orientierte Institut für Kreislaufforschung integriert. Forschungen über biochemische Vorgänge im Herzmuskel waren inhaltlicher Schwerpunkt.

Gründung einer Medizinischen Akademie der Wissenschaften?

Erwähnenswert ist die in den siebziger Jahren mehrfach angeschnittene Frage, ob die beiden medizinischen Einrichtungen der Akademie nicht besser mit weiteren Kliniken zu einer Akademie der Medizinischen Wissenschaften zusammengeführt werden sollten. Ein entsprechendes Vorbild existierte in der UdSSR, wo es neben der „großen Akademie" eine Akademie der Medizinischen Wissenschaften gab. Damit wäre strukturell eine Situation wie in der Sowjetunion entstanden. Eine Medizinische Akademie wäre wie dort dem Ministerium für Gesundheitswesen zugeordnet worden. Die Folge für die Forschungseinrichtungen in Berlin-Buch wäre eine administrative Spaltung der vorhandenen Strukturen gewesen, die die Institute direkt betroffen hätte. Rudolf Baumann und Hans Gummel, die Direktoren der Zentralinstitute für Herz-Kreislaufforschung und für Krebsforschung, wehrten sich bereits in den siebziger Jahren vehement gegen eine derartige Neustrukturierung, die auch erhebliche Nachteile, insbesondere in ökonomischer Hinsicht, aber auch bezüglich der Verbindungen von Medizin mit Physik, Chemie und Mathematik, wie sie an der AdW bestanden, mit sich gebracht hätten. Nicht unwichtig war in diesem Zusammenhang auch der Widerstand der Direktoren auf Grund ihrer Persönlichkeitsstruktur.

Die relativ großzügige finanzielle Förderung der Kliniken durch die Akademie wäre verloren gegangen, man hätte sich die bescheideneren Mittel im Gesundheitswesen mit zahlreichen anderen Kliniken teilen müssen. Im übrigen war auch das Potential der medizinischen Grundlagenforschung außerhalb von

Akademie und Universitäten relativ gering. Eine der Hauptbegründungen der beiden Klinikdirektoren für ein Verbleiben an der Akademie war das enge Zusammenwirken von Medizin und Naturwissenschaften in der Gelehrtengesellschaft und in der staatlichen Leitung. In einem Akademiekolloqium im November 1974 gab Kurt Hager schließlich die Entscheidung bekannt, dass es nicht vorgesehen sei, in der DDR eine Akademie der Medizinischen Wissenschaften zu gründen[1]. Nach dieser Entscheidung war die Bildung einer Medizinischen Akademie als Thema abgeschlossen.

Der Notwendigkeit der Zusammenarbeit der medizinischen Akademieinstitute mit entsprechenden Einrichtungen der Universitäten und des Gesundheitswesens trug man dadurch Rechnung, dass gemeinsame Forschungsverbände/ Hauptforschungsrichtungen gebildet wurden. Ihre Koordinierung erfolgte im Auftrag des Ministerium für Gesundheitswesens. Eine weitere Maßnahme zur engeren Zusammenarbeit war der territoriale Zusammenschluss medizinischer Forschung 1989 zum Zentrum für Medizinische Wissenschaft an der Akademie in Berlin-Buch.

Das Forschungszentrum in Berlin-Buch Ende der achtziger Jahre

Das Forschungszentrum der Akademie in Berlin-Buch, das aus den drei Zentralinstituten für Molekularbiologie, Krebsforschung (ZIK) und Herz-Kreislaufforschung (ZIHK) bestand, existierte 1989 nur noch formell als Einheit. Die Institute gehörten nunmehr zwei verschiedenen Forschungsbereichen an. Während die beiden medizinischen Institute, ZIK und ZIHK, denen jeweils eine Forschungsklinik für die hochspezialisierte Betreuung von Patienten angeschlossen war, den Forschungsbereich „Medizin" an der Akademie bildeten, gehörte das ZIM mit sieben anderen biowissenschaftlichen Instituten, die über die ganze DDR verteilt waren, zum Forschungsbereich „Biowissenschaften". Der Forschungsbereich „Medizin" wurde durch Prof. St. Tanneberger, Direktor des ZIK, „koordiniert", der Forschungsbereich „Biowissenschaften" durch Prof. M. Ringpfeil, der außerdem Leiter der Arbeitsstelle für Technische Mikrobiologie in Berlin-Buch war. Beide standen ursprünglich den Forschungsbereichen als „Staatliche Leiter" vor, die in der Leitungshierarchie der Akademie zwischen den Institutsdirektoren und dem Präsidenten standen. Nach massiven Kritiken zahlreicher Institutsdirektoren an dieser Struktur wurden die Institutsdirektoren im

1 Redaktionsbeitrag: „Akademiekolloquium in Neubrandenburg", in: *spektrum*, Heft 2 (1975), S. 2–7.

Verlauf des Jahres 1989 dem Präsidenten direkt unterstellt. Die bisherigen Forschunsbereichsleiter wurden zu „Wissenschaftssekretären" mit koordinativer und administrativer Funktion.

Die gesellschaftliche Wirksamkeit der Institute wurde seit Jahren zunehmend nach ihrer ökonomisch messbaren Leistung für die Industrie bewertet. Sowohl die industrienahe Forschung der naturwissenschaftlichen Akademieinstitute als auch ein Teil ihrer Grundlagenforschung wurden durch sogenannte Leistungsverträge mit der Industrie finanziert. Diese Situation war Folge des seit Jahrzehnten sukzessiven Abbaus der Industrieforschung zugunsten ihrer Produktionsaufgaben. Oftmals wurden die Betriebe und Kombinate, entsprechend Regierungsbeschluss, durch ihre übergeordneten Leitungen (z. B. dem Ministerium für Wissenschaft und Technik) gezwungen, Forschungsthemen zu finanzieren, die, wenn überhaupt, erst langfristig die erwarteten Ergebnisse versprachen. Andererseits waren Industriebetriebe häufig nicht darauf vorbereitet oder in der Lage, Ergebnisse der Forschung zu verwerten.

Im ZIM wurden 1989 anwendungsorientierte Projekte der „Gen-, Zell- und Immuntechnik" schwerpunktmäßig bearbeitet. Durch Gentransfer auf Säugerzellen sollten in der In-vitro-Kultur Wachstumshormon, Gewebeplasminogenaktivator und andere Wirkstoffe produziert werden. Die Projekte waren 1989 labormäßig unterschiedlich weit fortgeschritten, mit der monoklonalen Antikörpertechnik (Immuntechnik) konnten mehrere Produkte für die Krebsdiagnostik hergestellt werden. Die DDR-Industrie war auf die Übernahme der Ergebnisse überhaupt nicht vorbereitet, so dass beispielsweise mehrere monoklonale Antikörper produzierende Zelllinien ins westliche Ausland verkauft wurden und damit „Devisen" für den Staat erwirtschaftet werden konnten. Für das ZIM stand vom Erlös nur eine kleine Summe zur freien Verfügung.

Erste Schritte zur Veränderung der desolaten Situation bei der Überführung biotechnologischer Forschungsergebnisse in die Praxis wurden vom Pharmazeutischen Kombinat „GERMED" (PKG) eingeleitet. Das PKG war der Hauptkooperationspartner des ZIM. Noch 1989 wurde mit der Errichtung des „Forschungszentrums für Biotechnologie" in Berlin-Rummelsburg durch das PKG begonnen, in dem die Forschungsergebnisse des ZIM und anderer Institute in die Produktion überführt werden sollten. Als Direktor der Institution wurde ein Wissenschaftler mit Erfahrungen auf dem Gebiet der Gentechnik aus dem ZIM berufen. Im ZIM selbst liefen die ersten konkreten Vorbereitungen für einen Neubau „Biotechnikum" (Versuchsanlage), in dem Pilotproduktionen gentechnisch herstellbarer Präparate und auch von monoklonalen Antikörpern geplant waren. Devisen sollten zunächst vor allem Antikörper-Testbestecks und Biosensoren bringen, deren Qualität international vergleichbar war. Eine Finanzierung von

Bau und Ausrüstung war von Seiten des Büros von Schalck-Golodkowski in Berlin-Grünau (Leitung Herr Mendiburo) zugesichert worden. Die Idee für das „Vorhaben Biotechnikum" entstand bereits 1988.

Von der „erkundenden Grundlagenforschung" des ZIM, die nicht von der Industrie sondern über die Akademie finanziert wurde, waren „Spitzenleistungen" gefordert, die das internationale Niveau der Forschung bestimmen oder zumindest mitbestimmen sollten. Das am Institut für Themen der Grundlagenforschung eingesetzte Potential war verhältnismäßig gering. Ob angewandte Forschung oder Grundlagenforschung, die materiell-technische Basis war generell ungenügend und dürftig. Es betraf Großgeräte, Rechner sowie auch Bio-, Labor- und Feinchemikalien. Ein großer Teil des wissenschaftlichen und technischen Personals (mehr als 50 Personen, d. h., nahezu 10% des Gesamtpersonals des ZIM) war mit der Produktion von Forschungshilfsmitteln, einschließlich von Bio-, Labor- und Feinchemikalien, beschäftigt.

Das Forschungszentrum und die Beziehungen zu den Klassen

Im Jahre 1980 hatte die Klasse Biowissenschaften 20 Ordentliche und Korrespondierende Mitglieder, von denen neun aus den biowissenschaftlichen Instituten des damals noch Forschungszentrum für Molekularbiologie und Medizin (FZMM) genannten Forschungsbereiches kamen. Sechs weitere Wissenschaftler, die sämtlich Instituten der Akademie angehörten, wurden bis 1989 zugewählt. Die Zahl erhöhte sich, abzüglich der verstorbenen Mitglieder, bis 1990 auf 23. Eine vergleichbare zahlenmäßige Entwicklung nahm die Klasse Medizin. Im Jahre 1980 hatte sie 25 Mitglieder, darunter sieben aus den Akademieeinrichtungen. Die Dominanz der Mitglieder aus dem Universitätsbereich ergab sich daraus, dass an der Akademie nur zwei medizinische Einrichtungen, das Zentralinstitut für Krebsforschung (ZIK) und das Zentralinstitut für Herz- Kreislauf-Forschung (ZIHK), mit einer begrenzten Zahl medizinischer Fachgebiete bestanden. Bei der interdisziplinären Zusammensetzung der Klasse mussten die Vertreter der meisten Disziplinen außerhalb der Akademie rekrutiert werden. Ihre von der Akademie unabhängige Position war ein wesentlicher Faktor für kritische Sachdiskussionen zur medizinischen Forschung im Bereich der Akademieinstitute. Anders ausgedrückt, abweichende Meinungen zur inhaltlichen Strategie der medizinischen Akademieinstitute konnten zwar diskutiert werden, hatten aber, bedingt durch die Leitungsstrukturen an der Akademie de facto wenig Einfluss. Die Zusammensetzung der Klasse blieb in etwa gleicher Proportion bis zur Abwicklung bestehen. Bis 1990 wurden acht Mediziner, darunter drei aus den Akademieinstituten, zugewählt.

Die Präsenz von Wissenschaftlern der Akademie der Wissenschaften in der Akademie der Landwirtschaftswissenschaften und umgekehrt beschränkte sich auf wenige Personen.

Das Zentrum für Medizinische Wissenschaft an der Akademie

Am 13. Januar 1989 konstituierte sich im Plenarsaal der Akademie das Zentrum für Medizinische Wissenschaft an der Akademie (ZMW). Das Zentrum, das die Rechtsstellung einer Kooperationsgemeinschaft besaß, schloss 38 Kliniken und Institute der Akademie, des Städtischen Klinikums Berlin-Buch und des Ministeriums für Gesundheitswesen zusammen. Die Leitungshierarchien in den einzelnen staatlichen Bereichen blieben unberührt. Das Zentrum wurde als territoriale Struktur in Berlin-Buch gebildet, weil dort eine Konzentration der biomedizinischen Forschung und von Krankenhausbetten vorlag. Sie sollte eine bessere Durchgängigkeit der biomedizinischen Grundlagenforschung bis hin zur klinischen Anwendung der Ergebnisse ermöglichen. Außerdem sollte die medizinische Forschung in ihrer Leistungsfähigkeit verstärkt und ein hohes Niveau der medizinischen Betreuung gesichert werden. Als territorial begrenzte Einrichtung ohne übergeordnete Verwaltungs- und Leitungsorgane hatte das Zentrum keine Analogien zu der früher diskutierten Möglichkeit der Bildung einer Medizinischen Akademie.

Die Bildung des Zentrums für Medizinische Wissenschaft ging auf einen Beschluss der Partei- und Staatsführung vom September bzw. Oktober 1987 zurück. Politischer Hintergrund waren erstens die Notwendigkeit, die knapper werdenden Mittel für den medizinischen Gerätepark, insbesondere für Großgeräte, konzentriert einzusetzen und die Geräte durch alle territorialen Einrichtungen nutzbar zu machen, sowie zweitens, die Überführung klinisch nutzbarer Ergebnisse zu beschleunigen. Als Hindernis für ein engeres Zusammenwirken der Städtischen Kliniken mit den Akademieinstituten in Berlin-Buch hatten sich seit Jahrzehnten persönliche Differenzen zwischen den Leiterpersönlichkeiten erwiesen, deren Ursachen nicht zuletzt auf die bessere materielle Ausstattung der Akademieinstitute und den Machteinfluss ihrer Leiter zurückgeführt werden müssen. Die Ernennung des Direktors des Zentralinstituts für Krebsforschung der Akademie zum Vorsitzenden des ZMW hatte dieses Problem keinesfalls gelöst.

Als eine konsequente Folge dieser strukturellen Maßnahmen ist die endgültige Trennung von Biowissenschaften und Medizin an der Akademie anzusehen. Sie wurde am 27. April 1989 auf der Grundlage des Beschlusses des Ministerrats zur Änderung des Statuts der AdW der DDR vorgenommen, nach dem für die Wissenschaftsgebiete an der Akademie Sekretäre berufen wurden. Sie waren damit nicht mehr Forschungsbereichs-Leiter, sondern Koordinatoren; die Institute wurden dem Präsidenten direkt unterstellt. Im Forschungsbereich Biowissenschaften und Medizin wurde Manfred Ringpfeil Sekretär für Biowissenschaften und Stefan Tanneberger Sekretär für Medizin. Als Resultat des Beschlusses entstanden also de jure aus einem Forschungsbereich zwei Koordinierungsstrukturen.

Mit Ausnahme der Institutsleitungen von Krebs- und Herz-Kreislaufforschung standen alle anderen Institutsdirektoren des ehemaligen gemeinsamen Forschungsbereiches einer derartigen Trennung von Biowissenschaften und Medizin von Anfang an skeptisch gegenüber, da sie nicht nur Probleme aufwarf, die mit der örtlichen Situation in Berlin-Buch zusammenhingen, sondern auch zu separaten Dienstbesprechungen von Biowissenschaften und Medizin führte. In Berlin-Buch war das Zentralinstitut für Molekularbiologie eindeutig dem Wissenschaftsgebiet Biowissenschaften zugeordnet, die Immunologie und die Humangenetik dieses Instituts waren aber auch im ZMW verankert. Die Zuordnung dieser Abteilungen zum ZMW und damit zur medizinischen Forschung war erst auf Einspruch der Leitung des ZIM erfolgt, die befürchtete, daß das gesamte Institut bei der ausschließlichen Zuordnung zu den Biowissenschaften die traditionelle Orientierung auf biomedizinische Problemstellungen zugunsten einer industrienahen biotechnologischen Forschung hätte aufgeben müssen.

Publikationswesen

Wie in allen Einrichtugen der Akademie waren Veröffentlichungen entsprechend der Publikationsordnung genehmigungspflichtig. Die Manuskripte waren dem Institutsdirektor vorzulegen. Ein kritischer Punkt war für die Autoren die Zeitschriftenwahl für ihre Publikation, da erhebliche Qualitätsunterschiede zwischen den Publikationsorganen bestanden. In der biomedizinischen Forschung konnten die Autoren gewöhnlich sehr wohl ihre erzielten Ergebnisse im Vergleich zum internationalen Stand einschätzen. Es gab am ZIM keine Restriktionen beim Einreichen von Manuskripten an international führende meist englischsprachige Zeitschriften. Die Autoren unterzogen sich damit der Beurteilung durch internationale Gutachter, die im Allgemeinen objektive Bewertungen abgaben. Die Veröffentlichung in derartigen Zeitschriften wurden von den Autoren und der Institutsleitung als herausragenden Erfolg angesehen. Deutschsprachige Publikationen erfolgten vor allem in Zeitschriften, deren Redaktionen im Bucher Forschungszentrum lokalisiert waren. Dazu gehörten die „Biomedica Biochimica Acta", das „Archiv für Geschwulstforschung" und die „studia biophysica". In diesen Zeitschriften erschienen die meisten Arbeiten Bucher Wissenschaftler. Da die Qualität der Arbeiten im Vergleich zu denen in international führenden Zeitschriften oftmals geringer war und dieses Auswirkungen auf das Renommee der „hauseigenen" Zeitschriften hatte, gab es einige Polemiken gegen eine Veröffentlichung der besten Arbeiten im Ausland. Dazu wurde die Meinung vertreten, dass derartige Arbeiten in einer DDR-Zeitschrift zum internationalen Ansehen von Wissenschaft und Zeitschrift beitragen würden.

Buchveröffentlichugen bzw. Buchbeiträge in westlichen Verlagen erforderten weiterhin die Zustimmung des „DDR-Büros für Urheberrechte", einer außerhalb der Akademie bestehenden Einrichtung.

Bei der Leistungseinschätzung von Wissenschaftlern bedienten sich die Institutsdirektoren inoffiziell des „Citation Index" und des „Impact Factor" der Zeitschriften.

Tagungen und Studienaufenthalte im Ausland

Die Teilnahme von Wissenschaftlern an Tagungen in den sozialistischen Ländern bzw. von Studienaufenthalten waren unproblematisch und nicht an eine Bestätigung als Reisekader gebunden. Abkommen zwischen den Akademien und auch Instituten regelten planbar den Aufenthaltsmodus. Die Ergebnisse gemeinsamer Arbeiten waren punktuell recht erfolgreich, im Allgemeinen aber mehr oder weniger bescheiden. Ein besonderer Erfolg war die in gemeinsamer Arbeit mit den sowjetischen Molekularbiologen gelungene Isolierung eines bedeutenden Enzyms für gentechnisches Arbeiten. Allerdings weigerten sich junge Molekularbiologen am ZIM, längere Studienaufenthalte in sowjetischen Instituten zu absolvieren. Ihre Begründung war, dass dort der Mangel an Biochemikalien gleichfalls, wenn nicht gravierender, bestehen würde.

Der Besuch von Tagungen im kapitalistischen Ausland und Studienaufenthalte waren seit Einführung des „Reisekaderstatus" an bestimmte Voraussetzungen gebunden. Die Bestätigung der Kader war an Entscheidungsträger außerhalb der Institute gebunden. Seitens der Institutsleitung erfolgten lediglich die Anträge für die in Frage kommenden Wissenschaftler, die über die Kaderleitungen weiter gereicht wurden.

Seitens der Akademie wurden Verträge über den Wissenschaftleraustausch und die Kooperation mit Forschungseinrichtungen kapitalistischer Länder abgeschlossen, so mit der National Academy of Sciences der USA, dem British Medical Council und einer Reihe anderer Organisationen im kapitalistischen

Ausland. Schwierigkeiten bei der Gestaltung der Beziehungen ergaben sich vor allem aus dem Fakt, dass die akademischen Partnerorganisationen oftmals nicht über Institute verfügen konnten. Interinstitutionelle Vertäge kamen für die Akademie der Wissenschaften der DDR nicht in Frage. Aus diesem Grunde kam z. B. der 1989 angestrebte Vertrag mit der Max-Planck-Gesellschaft nicht zustande.

Zu der Reisekaderangelegenheit ist noch Folgendes erwähnenswert: Mitarbeiter der Forschungsbereichsleitung, die einen direkten Draht zur „Abteilung Auswertung und Kontrolle" der Akademie besaßen, hatten zur „Unterstützung" der Leitungstätigkeit im Forschungsbereich ein schriftliches Material mit der Bezeichnung „Aufgabenbezogene Beurteilung für Reisekader" erarbeitet. Im folgenden sind die Punkte aufgeführt; die zur Ermittlung der Eignung eines potentiellen Reisekaders Berücksichtigung finden sollten:

1. Fachliche Aussagen
1.1. Wesentliche fachliche Kenntnisse und Fähigkeiten sowie Grad der Beherrschung des Fachgebietes und der Randgebiete bezogen auf die Reiseaufgabe.
1.2. Fähigkeit zur kritischen Wertung eigener und fremder fachlicher Leistungen, Aufnahmefähigkeit für neue Erkenntnisse, Reaktionsschnelligkeit in der wissenschaftlichen Diskussion.
1.3. Fähigkeit zur Einschätzung und Beurteilung von wissenschaftlichen Partnern nach Leistungen, Interessen, Kooperationsmotiven, Zweckmäßigkeit weiterer Zusammenarbeit.
1.4. Sprachkenntnisse.

2. Politische Aussagen.
2.1. Politische Grundhaltung, Bereitschaft zum politischen Engagement (konkrete Erscheinungsformen des Engagements), Reaktionen in politischen Spannungssituationen.
2.2. Politische und wissenschaftspolitische Kenntnisse und Interessen.
2.3. Fähigkeiten zum Erkennen politischer Aspekte der wissenschaftlichen Tätigkeit und des wissenschaftlichen Problemkreises, Reaktionsfähigkeit in politischen und wissenschaftspolitischen Diskussionen sowie auf Provokationen.

3. Aussagen zum Charakter.
3.1. Fähigkeit zur Arbeit in fremder Umgebung, Anpassungsfähigkeit, Kontaktfähigkeit, Umgangsformen.

3.2. Einsatz: Fleiß, Ordentlichkeit in der Arbeit, Tiefgründigkeit, Zähigkeit im Verfolgen von Aufgaben, Zielstrebigkeit etc.
3.3. Charakterliche Besonderheiten: Zuverlässigkeit, Ehrlichkeit, Verhalten gegenüber Schmeicheleien, Prestigedenken, Umgang mit Geld (Geiz und erhöhtes Interesse an materiellen Gütern), Verhalten zu Frauen, Alkohol.

4. Angaben zu den Familienverhältnissen
5. Angaben zu privaten und dienstlichen KA-Kontakten.

Diese Vorgaben zur Beurteilung gelangten nicht in die Hände der Leiter von Forschungsgruppen, möglicherweise arbeiteten die Kaderabteilungen danach. Es handelte sich jedenfalls nicht um ein offizielles Dokument der Akademie. Dem Justitiar, der sämtliche offiziellen Schriftstücke der Akademie vor Weitergabe an die Adressaten durchzusehen hatte, wäre der kleine Formfehler im Text bestimmt aufgefallen, nämlich dass der Verfasser nur männliche Kandidaten im Sinn hatte: In punkt 3.3 ging er davon aus, dass nur Männer Reisekader werden konnten (siehe „Verhalten zu Frauen“).

Das Programm Biowissenschaften einschliesslich naturwissenschaftlicher Grundlagen der Medizin

Das Programm war ab 1975 Nachfolger von MOGEVUS (Molekulare Grundlagen der Entwicklungs-, Vererbungs- und Steuerungsprozesse), einem Forschungsprogramm Anfang der siebziger Jahre, an dem Forschungsgruppen der Akademie- und Universitätsinstitute teilgenommen hatten. In ihrer Verantwortung für die Grundlagenforschung hatte die Akademie Koordinierungsfunktionen zwischen Forschungseinrichtungen unabhängig vom Unterstellungsverhältnis zu übernehmen.

In dem Nachfolgeprogramms hieß es: „Das Forschungsprogramm Biowissenschaften einschliesslich naturwissenschaftlicher Grundlagen der Medizin vereint diejenigen biowissenschaftlichen Potentiale, die auf Schwerpunktgebieten tätig sind. Verantwortlich für das Forschungsprogramm sind der Präsident der Akademie der Wissenschaften und der Minister für Hoch- und Fachschulwesen. Der vom Präsidenten der Akademie der Wissenschaften berufene Beauftragte für das Foschungsprogramm hat koordinative Aufgaben. Er koordiniert die 14 Hauptforschungsrichtungen, insbesondere hinsichtlich der inhaltlichen Aufgabenstellung bzw. der strategischen Zielstellung. Grundlage der Orientierung für den Beauftragten des Forschungsprogrammes sind die Direktive des

X. Parteitages, die Ministerrats- und Politbürobeschlüsse zur langfristigen Entwicklung der naturwissenschaftlichen Grundlagenforschung sowie zur medizinischen Forschung und im Bereich der Akademie die langfristige Forschungskonzeption der Akademie."[2]

Koordinierung bedeutet, dass Forschungsgruppen mit gleicher oder ähnlicher Thematik in Strukturen eingebunden werden,um die Voraussetzungen für eine effektive Zusammenarbeit zu schaffen. Die Einbindung erfolgte auf weitgehend freiwilliger Basis, da das Programm die Schwerpunkte der biowissenschaftlichen Grundlagenforschung repräsentierte und damit die Hoffnung auf Förderung der materiell-technischen und personellen Versorgung verbunden war.

Das Programm „Biowissenschaften" war im Vergleich zu MOGEVUS thematisch breiter angelegt und umfasste ein umfangreiches Potential der biowissenschaftlichen und biomedizinischen Grundlagenforschung. Das Programm „Biowissenschaften" hatte zunächst 14, später 15 Hauptforschungsrichtungen (HFRn), von denen folgende, in denen auch biomedizinische Grundlagenforschung enthalten war, zu nennen sind (Koordinatoren im Jahr der Gründung):

HFR 1 – Biopolymerstruktur und Selbstorganisation (OM[3] F. Jung, ZIM, Berlin-Buch)
HFR 2 – Enzymologie (OM E. Hofmann, Biochemisches Institut der Universität, Leipzig))
HFR 3 – Biomembranforschung (Prof. K.Repke, ZIM, Berlin-Buch)
HFR 4 – Molekular- und Zellgenetik (OM H. Böhme, ZIGuK, Gatersleben)
HFR 7 – Genexpression (OM S. Rosenthal, ZIM, Berlin-Buch)
HFR 8 – Stoffwechselregulation (OM S. M. Rapoport, Biochemisches Institut der Humboldt-Universität, Berlin)
HFR 9 – Neurobiologie und Hirnforschung (OM H.-J. Matthies, Institut für Neurobiologie und Hirnforschung, INH, Magdeburg)
HFR 10 – Immunologie (OM H. Ambrosius, Sektion Biowissenschaften der Universität, Leipzig)
HFR 11 – Wirkstoffforschung (OM P. Oehme, Institut für Wirkstoffforschung, IWF, Berlin)
HFR 13 – Ökologie (KM R. Schubert, Sektion Biowissenschaften der Universität, Halle)
HFR 14 – Ernährung (OM H. Haenel, Zentralinstitut für Ernährung, ZfE, Rehbrücke)

In den achtziger Jahren wurde noch die HFR 15 „Biotechnologie" (OM M. Ringpfeil) gegründet.

2 Pasternak, Unterlagen des Programmrats Biowissenschaften, Archivmaterial des Autors
3 OM = Ordentliches Mitglied der Akademie

Jede HFR hatte einen verantwortlichen Koordinator, der für die Arbeitsweise innerhalb dieser Struktur verantwortlich war und der sein Aufgabengebiet im Programmrat Biowissenschaften vertreten konnte. Anhand der Koordinatoren zeigt sich die enge Verflechtung von Akademiemitgliedschaft und Verantwortlichkeit im Programm.

Der Programmrat bestand entsprechend der HFR-Gliederung aus den Koordinatoren (Beauftragten) der HFRn, denen der vom Präsidenten berufene Beauftragte vorstand. Sein Stellvertreter wurde vom Minister für Hoch- und Fachschulwesen aus dem Hochschulbereich berufen. Die HFR-Beaufragten, die aus Instituten der Akademie kamen, hatten meist einen Stellvertreter aus dem Universitätsbereich und umgekehrt, d.h. die Stellvertreter wurden jeweils aus dem anderen Bereich rekrutiert. Die HFR-Beauftragten stützten sich bei ihrer Arbeit auf einen HFR-Rat. In gewisser Weise war auch im Programm eine hierarchische Struktur vorhanden, die ohne jegliche staatliche Weisungsbefugnis war.

Die Verbindlichkeit von Beschlüssen und Empfehlungen des Programmrats oder der HFR-Beauftragten ist differenziert zu betrachten. Der Programmbeauftragte des Präsidenten war gleichzeitig Direktor des Forschungszentrums für Molekularbiologie und Medizin (FZMM) (später Forschungsbereich Biowissenschaften und Medizin; FB B/M), so dass die Umsetzung von Empfehlungen aus dem Programmrat Biowissenschaften oder den HFRn über seine Funktion als staatlicher Leiter innerhalb der FZMM-Institute, jedoch nicht der Universitätsinstitute, erfolgen konnte. Sein für den Universitätsbereich zuständiger Vertreter hatte es ungleich schwerer, da ihm nur sein eigenes Institut unterstellt war und er die Empfehlungen in Form staatlicher Weisungen nur über die Zustimmung der Rektoren realisieren konnte.

Obwohl die Vertreter von Programmrat und HFRn keine direkte staatliche Weisungsbefugnis hatten, waren einzelne HFR-Beauftragte mehr oder weniger erfolgreich, ihre Funktion als Leiter-Funktion zu benutzen. Im übrigen hatte sich allgemein für die Koordinatoren die Bezeichnung „HFR-Leiter" durchgesetzt. Im allgemeinen herrschte in denjenigen HFRn, in denen der Beauftragte keine Leiterambitionen zeigte, eine gute wissenschaftliche Atmosphäre.

Die HFR-Beauftragten hatten einen erheblichen Einfluss auf die Zusammensetzung ihrer HFR. Mitarbeiten sollten vor allem jene Gruppen, die wissenschaftlich ausgewiesen und an Schwerpunkten der Forschung tätig waren. Den Gruppen wurde die Möglichkeit gegeben, ihre Arbeiten vorzustellen und die formlose Aufnahme in die HFR zu beantragen. Andererseits wurde von Seiten einiger HFR-Beauftragte auch Druck auf Gruppen ausgeübt, um sie in die entsprechende HFR zu pressen.

Der Beauftragte für das Programm, sein Stellvertreter und einige HFR-Beauftragte waren Mitglieder der Akademie-Gelehrtengesellschaft. Die Strukturen innerhalb der staatlichen Leitung und der HFR-Beauftragten waren voneinander unabhängig. Es gab Institutsdirektoren an der Akademie, die gleichzeitig HFR-Beauftragte waren und auch Direktoren ohne entsprechende HFR-Funktion. Andererseits konnten Mitarbeiter eines Instituts HFR-Beauftragter sein, ohne dass der Direktor eine derartige Funktion innehatte.

Die Komplexe Forschungsaufgabe Biotechnologie (KFAB)

Mitte der achtziger Jahre stieg seitens der Akademie- und Forschungsbereichsleitung der Druck, die Bindungen zur Industrie enger zu gestalten, um Ergebnisse der praxisorientierten Forschung zügig in die Produktion zu überführen. Der Abschluss von Leistungsverträgen mit der Industrie sollte einerseits die Kombinate dazu zwingen, die entsprechenden Forschungen an der Akademie zu finanzieren und sie andererseits in die Pflicht zu nehmen, die Ergebnisse zu nutzen. Als Orientierung für die Institute galt, etwa 50% der Aufgaben durch Leistungsverträge mit der Industrie zu finanzieren. Auf das Aufgabenprofil eines Instituts wurde dabei, mit Ausnahme der medizinischen Einrichtungen, wenig Rücksicht genommen. In den Forschungsgruppen der Institute wurde heftig darüber diskutiert, bis in welche Struktureinheiten, Bereiche, Abteilungen, Arbeitsgruppen, diese 50% Industriefinanzierung durchgängig Berücksichtigung finden muss. Eine Streitfrage war häufig, welche Gruppe bzw. Struktureinheit sich ausschliesslich der heren Grundlagenforschung widmen darf und warum andere nicht dafür infrage kamen. Für das ZIM, das bisher einen hohen Anteil an Grundlagenforschung hatte, bedeutete diese Orientierung auf 50% eine gravierende Umstellung, die besonders die gentechnisch und immunologisch arbeitenden Gruppen betraf, erwartete man doch von Gentechnik und Immuntechnik, als „moderne Biotechnologien“, einen entscheidenden Beitrag für die Volkswirtschaft und das Gesundheitswesen.

Die KFAB basierte auf einem Beschluss des Präsidiums des Ministerrates vom 3.10.1985 über „Massnahmen zur Sicherung des wissenschaftlich-technischen Vorlaufs zur Profilierung und Koordinierung der Grundlagenforschung im Rahmen einer komplexen Forschungsaufgabe Biotechnologie auf der Grundlage der Hauptrichtungen von Naturwissenschaft und Technik im Zeitraum 1986 bis 1990 einschliesslich der materiellen und personellen Sicherung“. Aus der KFAB resultierte für das ZIM die Staatsplanaufgabe Wissenschaft und Technik „Entwicklung und Bereitstellung von CAD-Verfahren für gen- und proteintechnische Manipulation bzw. Produktion (Biomolekül-Design)", für das unter Umgehung der Embargobestimmungen der VAX 11785-Rechner installiert wurde.

In der Direktorendienstberatung des FB B/M am 24. 10. 85 wurde eine Übersicht über den Stand der KFAB gegeben, die von der Akademie der Wissenschaften koordiniert wurde. Wissenschaftlicher Inhalt und methodische Themen bildeten 2 Hauptgruppen der „Komplexen Forschungsaufgabe". Insgesamt wurden 11 inhaltliche Komplexe formuliert, zu deren Bearbeitung Koordinatoren und Kokoordinatoren aus verschiedenen staatlichen Bereichen eingesetzt wurden. Sie sollten Arbeitsgruppen bilden, in denen gleiche inhaltliche Zielsetzungen bestehen. Hinzu kamen noch acht „Methodische Komplexe". Die Strukturen in den beiden Hauptgruppen waren wie folgt:[4]

Komplexe Forschungsaufgaben (inhaltlich gegliedert)

1. Biokatalyse (Prof. Vetterlein, Prof. Schellenberger)
2. Hochveredelung (Prof. Ruttloff, Prof. Babel)
3. Wirkstoffe (Prof. Bergter, Prof. H.A. Rosenthal)
4. Pflanzenproduktion (Prof. Mettin, Prof. Börner)
5. Tierproduktion (Prof Rohde, Dr. Pitra)
6. Lignozellulosen (Prof. Meier, Prof. Zimmermann)
7. Metallurgie (Prof. Graf, Prof. M. Köhler)
8. Extremophile Bakterien (Dr. Heinritz, Prof. M. Köhler)
9. Sensoren (Prof. Scheller, Dr. Hamann)
10. Umwelt (Prof. Schubert)
11. Abprodukte (Prof. Kehr, Dr. Rickert)

Methodische Komplexe

1. Reaktortechnik (Prof. Laukner, Dr. Voss)
2. Aufbereitung (Prof. Laukner, Dr. Rüdiger)
3. Massstabsvergrösserung (Prof. Setzermann, Dr. Knorre)
4. Analytik/Diagnostik (Prof Werner, Dr. Nagel)
5. Biomathematik (Dr. Zinke, Dr. Krug)

---

4 Pasternak, Direktorendienstberatung, Archivmaterial des Autors

6. Gentechnik (Prof. Liebscher, Dr. Hagemann)
7. Zelltechnik (Prof. Pasternak, Prof. Göhring)
8. Proteintechnik (Dr. Malke, Prof. Kopperschläger)

Auffallend in dieser Liste ist das fast völlige Fehlen von Akademiemitgliedern in der Verantwortung von Koordinatoren. Als Grund ist der schwache Entwicklungsstand der Biotechnologie in der DDR auf wichtigen Gebieten anzunehmen und das Fehlen von Fachleuten, die als Akademiemitglieder in Frage gekommen wären. Das ZIM war an einem einzigen inhaltlichen (Nr. 9) und zwei methodischen Komplexen (Nr. 5 u. 7) beteiligt. Der FB stellte insgesamt zehn Koordinatoren und Kokoordinatoren. Die dargestellten inhaltlichen und methodischen Komplexe sollten wiederum durch Projekte untersetzt werden. Innerhalb des Komplexes „Wirkstoffe" sollten es fünf Projekte werden, für die jeweils Verantwortliche benannt werden sollten. Die Projekte sollten unter Beachtung der Industriezweigkonzeptionen von der Ideenfindung bis zur Produktion durchgängig gestaltet werden.

Für die Zusammenarbeit mit der Industrie hatte die Akademieleitung Kombinatsbeauftragte ernannt, die für die Koordinierung des Zusammenwirkens mit der Industrie verantwortlich waren. So gab es Beauftragte aus dem Akademiebereich u.a. für die Kombinate CKB, Chemieanlagenbau, ACK, PCK, Robotron, SKET, Kosmetik, PKG, KOVID, Nahrungsmittel und Kaffee, Spirituosen/Wein/Sekt, Öl/Margarine. Für das Chemiekombinat Bitterfeld (CKB) waren die OM Nowak und OM Schreiber die Beauftragten, für das Kombinat Veterinärimpfstoffe Dessau (KOVID) OM Pasternak.

Ausgangspunkt für die oben genannten Strukturierungen und Verantwortlichkeiten war die zu diesem Zeitpunkt im Entwurf fertiggestellte neue Forschungsverordnung der Akademie, die dem Ministerrat zugeleitet worden war sowie der Ministerratsbeschluss zur Forschungsfinanzierung (Leistungsverträge).

Das Programm der medizinischen Forschung

Anfang der achtziger Jahre waren die medizinischen Forschungsvorhaben in Hauptforschungsrichtungen (HFRn) und Projekte organisiert, die vom Rat für Medizinische Wissenschaft (RMW), dem Beratungsgremium für den Minister für Gesundheitswesen, koordiniert wurden. Der RMW war Nachfolger des „Rates für Planung und Koordinierung der Medizinischen Wissenschaft" beim Ministerium für Gesundheitswesen, unter dessen Regie die Forschungsverbände in den siebziger Jahren gebildet worden waren.

In HFRn und Projekten, die von Mitgliedern der Akademie koordiniert wurden, waren u.a. folgende Forschungskomplexe zusammengefasst:

- Ischämische Herzkrankheiten und Hypertonie (Vorsitzender: OM H. Heine, ZIHK)
- Geschwulstkrankheiten (Vorsitzender: OM St. Tanneberger, ZIK)
- Chronische Niereninsuffizienz (Vorsitzender: OM M. Mebel, Charité, HUB)
- Biomaterialien und künstliche Organe (Vorsitzender: OM H. Klinkmann)

Besonders bedeutsame Arbeiten liefen unter dem Begriff „Sonderforschungsvorhaben". Dazu gehörten die Arbeiten von M. von Ardenne zur Krebstherapie und bis Mitte der siebziger Jahre eine Testentwicklung zur Krebsdiagnostik, die sich später als Fehlentwicklung herausstellte.

Ende der achtziger Jahre sollte unter Federführung des RMW das „Komplexprogramm der medizinischen Forschung einschliesslich der naturwissenschaftlichen Grundlagen" erarbeitet werden, das sich strukturell und inhaltlich abgestimmt an das Programm Biowissenschaften anlehnen sollte. Es blieb bis Ende 1989 bei den konzeptionellen Vorarbeiten. Die Erarbeitung des „Programms der medizinischen Forschung" der achtziger Jahre und die Verwirklichung lagen im Verantwortungsbereich des Gesundheitsministers, der die Weisungsbefugnis jedoch nur für die Einrichtungen hatte, die dem Ministerium direkt unterstellt waren. Zu den Inhalten der medizinischen Forschung an der Akademie und den Universitäten konnte er Entscheidungen nur über den Präsidenten bzw. den Minister für Hoch- und Fachschulwesen durchsetzen. Regelmässige Beratungen auf Minister- und Präsidentenebene dienten der Abstimmung der Aktivitäten.

Das „Programm Biowissenschaften" und das „Programm der medizinischen Forschung" hatten, obwohl in der Struktur ähnlich, unterschiedliches Gewicht. Das „Programm Biowissenschaften" war nur ein Programm unter mehreren naturwissenschaftlichen Programmen, für das die Akademie verantwortlich zeichnete. Entsprechend gab es mehrere Programmräte. In der Medizin gab es nur ein Programm und einen RMW. Während der Akademiepräsident für mehrere Programme der Grundlagenforschung Verantwortung zu tragen hatte, war der Minister für Gesundheitswesen nur für ein einziges Forschungsprogramm verantwortlich. Daraus und entsprechend der gesundheitspolitischen Bedeutung resultierte die besondere Stellung des RMW, an dessen Sitzungen ständig ein Stellvertretender Gesundheitsinister und des öfteren auch der Gesundheitsminister selbst teilnahmen. Darüber hinaus war die Abteilung „Gesundheitspolitik" des ZK der SED mit ihrem Vorsitzenden, OM K. Seidel, und mit weiteren Mitarbeitern vertreten.

Für die naturwissenschaftliche Grundlagenforschung an der Akademie war die Abteilung „Wissenschaft“ des ZK zuständig, in deren Bereich sicherlich die Technikwissenschaften mit der Mikro- und Optoelektronik und weiteren Schlüsseltechnologien grössere Bedeutung zugemessen wurde als den Biowissenschaften. Die Sitzungen des Programmrats Biowissenschaften fanden stets ohne den Präsidenten der Akademie und ohne den Leiter der Abteilung „Wissenschaft“ im ZK statt.

Aufgabenspektrum und Leitung in den achtziger Jahren

Die Strukturen der biowissenschaftlichen und medizinischen Forschung und die Leitungs- und Koordinierungsaufgaben hatten in den achtziger Jahren einen Stand erreicht, der sich außerordentlich hemmend auf die eigentliche Arbeit erwies. Zwar bestand mit den Instituten, ihren Direktoren und der übergeordneten Akademieleitung eine verbindliche Leitungshierarchie und Verantwortlichkeit. Die Programme der biowissenschaftlichen und auch in geringerem Maße der medizinischen Forschung mit ihren Verflechtungsbeziehungen über die Institute hinaus schufen allerdings eine zweite Ebene von Verantwortlichkeiten. Das inhaltliche Profil der Institute stimmte häufig nicht mit den Themenwünschen von HFRn überein. Neben sachlichen Gründen spielten auch subjektive Einflüsse eine Rolle. In den Programmen von Biowissenschaften und Biotechnologie, an denen das ZIM in Buch einen wesentlichen koordinativen Anteil hatte, gab es erhebliche inhaltliche Überschneidungen.

Die Teilung des ursprünglichen Forschungsbereiches „Biowissenschaften und Medizin“ in einen Forschungsbereich „Biowissenschaften“ und einen Forschungsbereich „Medizin“ führte, wie bereits erwähnt, zu einer administrativen Trennung zwischen dem ZIM einerseits und den beiden medizinischen Instituten ZIK und ZIHKR andererseits. Da eine Reihe von Aufgaben des ZIM inhaltlich medizinische Forschung darstellten, erfolgte ihre Koordinierung im Programm „Medizin“, obwohl sie strukturell dem Forschungsbereich „Biowissenschaften“ angehörten. Mit den Programmen „Biowissenschaften“, „Medizin“ und der „Komplexen Forschungsaufgabe Biotechnologie“ sowie der Gründung des „Forschungszentrums Medizin“ entstanden nicht mehr überschaubare Koordinierungsstrukturen, mit denen die wissenschaftlichen Leiter konfrontiert wurden.

Die Leitungs- und Koordinierungsverantwortungen sowie akademische Funktionen des Forschungsbereichsleiters in Berlin-Buch waren umfangreich. So häuften sich die Funktionen wie folgt:

Direktor des Forschungszentrums für Molekularbiologie und Medizin bzw. Forschungsbereichsleiter (zeitweilig)
Mitglied des Präsidiums der Akademie
Mitglied des Forschungsrates der DDR und Leiter der Gruppe Biologie
Vorsitzender des Programmrats Biowissenschaften (zeitweilig)
Stellvertreter des Beauftragten für eine Hauptforschungsrichtung (Immunologie) des Programms Biowissenschaften
Vizepräsident des Rates für medizinische Wissenschaft beim Minister für Gesundheitswesen
Mitglied des Rates für wissenschaftliche Graduierungen beim Forschungsbereich (zeitweilig)
Vorsitzender der Klasse Medizin
Leiter einer wissenschaftlichen Abteilung im Akademieinstitut
Mitglied des erweiterten Vorstandes des Zentrums für Medizinische Wissenschaft in Buch
Mitglied des Wissenschaftlichen Rates am VE Forschungszentrum Biotechnologie Berlin
Kombinatsbeauftragter für das Kombinat Veterinärimpfstoffe, Dessau
Stellvertreter des Leiters der Arbeitsgruppe „Kosmische Biologie und Medizin"
Mitglied der Führungsgruppe der Zivilverteidigung im Territorium der Akademie in Buch
Vorsitzender der Arbeiter- und Bauerninspektion im Territorium der Akademie in Buch (zeitweilig)

Die eigentliche fachspezifische Forschung eines Leiters war infolge des hohen administrativen Aufwands, verschärft durch Auflagen von Akademieleitung und Ministerien, zwangsläufig auf ein Minimum beschränkt, ein Zustand, der einer Bürokratisierung Vorschub leistete. Vorwürfe dieser Art kamen häufig aus den Forschungskollektiven. Der notwendige Abbau „überflüssiger Aufgaben und Auflagen" war unter den gegebenen Bedingungen jedoch unmöglich. Die Leiter anderer Forschungsbereiche an der Akademie beklagten eine ähnliche Fülle administrativer Aufgaben, die nur teilweise von den „Stabsorganen" bewältigt werden konnten.

Mit Einführung der auftragsgebundenen Forschung erweiterte sich das Aufgaben- und Verantwortungsspektrum speziell der molekular- und zellbiologischen Forschung in Berlin-Buch. Hauptpartner der Industrie für das ZIM wurde das Kombinat „GERMED“, in dem gen- und zelltechnische Ergebnisse bzw. Produkte der Forschung verwertet werden sollten. Als Institution für eine Pilotproduktion erfolgte die Neugründung des zum Kombinat gehörenden VE Forschungszentrums Biotechnologie in Berlin-Rummelsburg, dessen Leiter aus dem ZIM berufen wurde.

Vielfältig waren auch die Beziehungen zu Forschungseinrichtungen der Akademie der Landwirtschaftswissenschaften. Partner waren das Kombinat für Veterinärimpfstoffe, Dessau, das Friedrich-Löffler-Institut auf der Insel Riems, das Forschungszentrum für Tierproduktion, Dummerstorf.

Wissenschaftler des Dessauer Instituts waren an dem „Sonderforschungsvorhaben zur Krebsdiagnostik“ beteiligt, das vom Ministerium für Gesundheitswesen koordiniert und finanziell abgesichert wurde. Neben den Bucher Kollegen arbeiteten maßgeblich Wissenschaftler der Universität Rostock an dem Projekt. Die Forschungsarbeiten standen unter Kontrolle der „Abteilung Gesundheitspolitik“ des Zentralkomitees der SED. Arbeiten an dem Diagnoseverfahren wurden nach einigen Jahren wegen Praxisuntauglichkeit aufgegeben.

Gemeinsame Arbeiten zwischen den Bucher Instituten und der Landwirtschaft betrafen Themen zur Rinderleukose und zur Steigerung des „Fleischansatzes“ in der Tierzucht und Tierhaltung. Weitaus umfangreichere Kooperationsbeziehungen zur Landwirtschaft hatten das zum Forschungsbereich Biowissenschaften gehörende Zentralinstitut für Genetik und Kulturpflanzenforschung in Gatersleben und das Institut für Biochemie der Pflanzen in Halle.

Die Aufgaben der Landwirtschaft und die Beteiligung der Akademieforschung waren Gegenstand gemeinsamer Beratungen auf Präsidentenebene, die gemeinsam mit den Direktoren der Institute durchgeführt wurden. In den achtziger Jahren fand die Tagung unter Leitung der Präsidenten Scheler und Rübensam statt. Für die praktische Umsetzung der Aufgaben waren der Forschungsbereichsleiter „Biowissenschaften“ und der Vizepräsident der AdL zuständig, die sich regelmäßig zu Konsultationen, zumeist ohne die Institutsdirektoren, trafen.

Rückblick

Das biomedizinische Forschungszentrum in Berlin-Buch war Anfang der achtziger Jahre Bestandteil des Forschungsbereichs „Biowissenschaften und Medizin“, vormals als „Zentralinstitut für Molekularbiologie und Medizin“, der Akademie der Wissenschaften der DDR benannt. Zum Bereich gehörten 11 Institute und Einrichtungen in der DDR mit etwa 5000 Mitarbeitern, die das größte strukturell zusammenhängende biowissenschaftliche Forschungspotential der DDR darstellten. Medizinische Forschung konzentrierte sich auf die beiden Zentralinstitute für Krebsforschung und für Herz-Kreislauf-Forschung. Das Zentralinstitut für Molekularbiologie und die beiden medizinischen Institute bildeten das biomedizinische Forschungszentrum in Berlin-Buch, wobei dieser Terminus eine gebräuchliche aber nicht offizielle Bezeichnung war. Die molekular- und zellbiologische Forschung am ZIM hatte traditionell und auf Grund der lokalen Gegebenheiten in erster Linie medizinische Orientierung. Die Bereichsleitung für die 11 Institute und Einrichtugen war mit ihrem adminitrativen Stab in Berlin-Buch angesiedelt, was einen einfachen und direkten Zugriff zu den drei Instituten ermöglichte.

Die Spaltung dieser Bereichsstruktur Mitte der achtziger Jahre ist im Rückblick als eine durch objektive Kriterien nicht begründbare Maßnahme anzusehen. Aus dem Bereich „Biowissenschaften und Medizin" scherten die beiden medizinischen Institute in Berlin-Buch aus und bildeten den neuen Bereich „Medizin" an der Akademie, der vom Direktor des Zentralinstituts für Krebsforschung geleitet wurde. Zu diesem Zeitpunkt gab es keine Diskussion mehr zur Bildung einer „Medizinischen Akademie". Das Zentralinstitut für Molekularbiologie verblieb im Bereich „Biowissenschaften", zu dessen Leitung der Direktor des „Instituts für technische Mikrobiologie", Leipzig, berufen wurde. Durch Neugründung einer Arbeitsstelle für „technische Mikrobiologie" im Bucher Territorium hatte sich der neue Bereichsleiter eine wissenschaftliche Arbeitsgrundlage gegeben.

Offizielle Begründung für die Etablierung zweier Forschungsbereiche waren die inhaltlich abgrenzbaren Spezifika der Aufgabenstellungen und die sachbezogene Trennung der Leitungsverantwortung. Verbunden mit der Trennung war der Versuch, die molekular- und gentechnische Forschung in Berlin-Buch für biotechnologische Aufgabenstellungen zu „profilieren". „Forschung soll nicht Geld Kosten, sondern Geld bringen" war das Motto des Bereichsleiters „Biowissenschaften". Eine der Zielsetzungen war die Nutzung der Gentechnik für die qualitative und quantitativeVerbesserung der mikrobiellen Stoffproduktion. Natürlich spielten auch die Leiterpersönlichkeiten eine Rolle bei der Bereichsbildung.

Mit dem Programm „Biowissenschaften, einschließlich naturwissenschaftlicher Grundlagen der Medizin", das 1975 mit 14 Hauptforschungsrichtungen gegründet worden war, waren die inhaltlichen Vorgaben nach eingehender Diskussion der beteiligten Arbeitsgruppen schwerpunktmäßig festgehalten. Die Bedeutung der Struktur bestand vor allem darin, dass in den Hauptforschungsrichtungen Wissenschaftler und Arbeitsgruppen aus der gesamten DDR, unabhängig von der Lokalisation ihrer Forschungseinrichtung und dem Unterstellungsverhältnis, zusammengeführt waren. Die regelmäßigen Tagungen wurden zu Qualitätseinschätzungen der Ergebnisse genutzt und sie führten häufig zu gemeinsamen Forschungen.

Die Ende der achtziger Jahre vom Bereichsleiter „Biowissenschaften" (mit Unterstützung durch das Ministerium für Wissenschaft und Technik) gegründete „Komplexe Forschungsaufgabe Biotechnologie", war in 11 „Komplexe Aufgabenstellungen" und 8 „Methodische Komplexe" unterteilt. Über die Gründung hinaus kam es jedoch nicht mehr zum Tragen.

Mit den Koordinierungsstrukturen der biowissenschaftlichen, biotechnologischen und medizinischen Forschungder DDR entstanden zum Teil schwer überschaubare interinstitutionelle Verflechtungsbeziehungen und ein erheblicher bürokratischer Aufwand auf Leitungsebene. Mit der Bildung des „Zentrums für Medizinische Wissenschaft" in Berlin-Buch entstand eine weitere Koordinierungsstruktur. Für das „Zentralinstitut für Molekularbiologie" in Berlin-Buch ergab sich dadurch, dass Arbeitsgruppen in sämtlichen Programmen vertreten waren, eine Zersplitterung des Potentials. Nicht nur die koordinative Überregulierung von Arbeitsaufgaben, sondern auch die Vielfalt der Leitungsverantwortlichkeiten von Direktoren, die nichts mit der direkten wissenschaftlichen Arbeit zu tun hatten, hemmten die Kontinuität wissenschaftlicher Arbeit.

In den Abteilungen und Arbeitsgruppen der Institute konnte noch vorwiegend wissenschaftlich gearbeitet werden. Die gerätetechnische Ausstattung und das Fehlen von Bio-, Labor- und Feinchemikalien behinderten bekanntermaßen anspruchsvolles experimentelles Arbeiten. Politisch-ideologisch verheerend wirkte sich die Zweiteilung der Wissenschaftler in Reisekader und Nicht-Reisekader aus, wie auch in forschende und produzierende (Biochemikalien, Geräte) Mitarbeiter. Während die in der biowissenschaftlichen Grundlagenforschung Tätigen in Zeitschriften publizieren durften, erlaubte die industrienahe Forschung nur interne Berichte als „Vertauliche Dienstsache". Die medizinische Grundlagenforschung in den drei Bucher Instituten hatte dagegen kaum Restriktionen bei der Publikation.

Rückblickend zeichnet sich ein Bild erfolgreicher wissenschaftlicher Arbeit trotz der für die meisten Mitarbeiter unüberschaubaren inhaltlichen Koordinierungsstrukturen, den Mängeln an der materiellen Basis und den Restriktionen für wissenschaftliche Reisetätigkeit. Das Forschungszentrum in Berlin-Buch hatte einen internationalen Bekanntheitsgrad, der nicht zuletzt auf dem erreichten Forschungsniveau basierte. Noch 1990 wurde das ZIM in das „Unesco Global Network for Molecular and Cell Biology" als „Member Institution" aufgenommen.

HORST BERGER

Das Institut für Soziologie und Sozialpolitik im Spannungsfeld von Wissenschaft und Politik

Das Institut für Soziologie und Sozialpolitik (ISS) gehörte zu den jüngeren Instituten der Akademie der Wissenschaften der DDR (AdW). 1978 gegründet, entwickelte sich das ISS in den vierzehn Jahren seiner Existenz zum größten sozialwissenschaftlichen Forschungsinstitut der DDR. Die kurze „Lebensdauer" beeinflusste natürlich den Charakter, die Struktur und das Leistungsvermögen des Instituts. Die relativ späte Gründung des ISS in der Verbindung von Soziologie und Sozialpolitik war ein Novum in der Entwicklung der Sozialwissenschaften der DDR und durchaus nicht unumstritten. Die Gründung des ISS erfolgte vor allem aus politischen Zwecksetzungen. (M. Krause, 1992) Das Institut sollte einen Beitrag zur engeren Verbindung von Soziologie und Sozialpolitik leisten und effektivere wissenschaftliche Erkenntnisse zur Verwirklichung der angestrebten Einheit von Wirtschafts- und Sozialpolitik erbringen. (G. Winkler, 1980) Die Ausgangspositionen waren dabei für die Soziologie und die Sozialpolitik – hier als wissenschaftliche Disziplin verstanden – durchaus unterschiedlich.

1. Vorgeschichte

Nach Wiedereröffnung der Universitäten in der damaligen sowjetischen Besatzungszone wurde auch die Ausbildung in den Lehrfächern Soziologie und Sozialpolitik wieder aufgenommen. Seit Reformierung der Gesellschaftswissenschaften an den ostdeutschen Universitäten Ende der vierziger/Anfang der fünfziger Jahre, die eine Auflösung der sozialwissenschaftlichen Fakultäten zur Folge hatte, waren beide Wissenschaftszweige dann nicht mehr existent. (H.F. Wolf, 1989)

Mitte der fünfziger Jahre gab es wieder erste Ansätze der Soziologie in der Lehre und später auch in der Forschung an den Universitäten in Berlin, Leipzig und Rostock. (H. Steiner, 1987) An den Universitäten war die Sozialpolitik als Lehrfach jedoch weiterhin nicht vertreten. Gleichwohl wurden vor allem in ökonomischen Lehrfächern an verschiedenen Universitäten und Hochschulen sozialpolitische Themen behandelt. Besonders sei in dieser Hinsicht auf das Lehrfach Arbeitsökonomie an der Karl-Marx-Universität Leipzig (Prof. Dr. Horst Bley), den Lehrbereich Planung des Lebensniveaus an der Hochschule für Ökonomie Berlin (Prof. Dr. Günter Manz), die Forschungsgruppe Sozialpolitik an der Martin-Luther-Universität Halle-Wittenberg (Prof. Dr. Josef Bernard) und den Lehrbereich Finanzen der sozialkulturellen Bereiche an der Wirtschaftswissenschaftlichen Fakultät der Humboldt-Universität Berlin (Prof. Dr. Johannes Gurtz) verwiesen. (R. Walther, 2001)

An der Gewerkschaftshochschule Bernau wurde 1963 ein Institut für Sozialpolitik gegründet, das aber vor allem auf Probleme der betrieblichen Sozialpolitik orientiert war. (G. Winkler, 2001) An der Akademie der Wissenschaften bildete Kurt Braunreuther, der vordem an der Wirtschaftswissenschaftlichen Fakultät der Humboldt-Universität als Professor tätig war, mit Unterstützung der Akademiemitglieder Jürgen Kuczynski und Fred Oelßner innerhalb des Zentralinstituts für Wirtschaftswissenschaften 1963/64 eine soziologische Arbeitsgruppe mit relativ kleinem Personalbestand.

Braunreuther, 1964 zum Akademiemitglied gewählt, gehörte zu den Mitbegründern der DDR-Soziologie und hat bereits Ende der fünfziger Jahre in seinen Vorlesungen „Geschichte der ökonomischen Lehrmeinungen" auch soziologische Lehrmeinungen vorgetragen. (K. Braunreuther, 1978) Seine Arbeitsgruppe befasste sich zunächst mit dem Fluktuationsgeschehen in Industriebetrieben (K. Braunreuther u.a., 1967) sowie mit Sozialstrukturanalysen (H. Steiner, 1998) und konzentrierte sich in der Folgezeit auf theoretische Grundlagen einer soziologischen Organisationsanalyse. (K. Braunreuther/Hg. Meyer, 1967)

Die Existenz dieser Arbeitsgruppe unter Leitung von Kurt Braunreuther war aber von kurzer Dauer; sie wurde Ende der sechziger Jahre aufgelöst. Massive Angriffe gab es vor allem von Philosophen, die in dem Vorwurf gipfelten, Braunreuther und Mitarbeiter folgten bürgerlichen Theorieansätzen und verwendeten bürgerliche Begriffe. Braunreuther musste auf Drängen der Akademieparteileitung die Funktion des Gewerkschaftsvorsitzenden übernehmen und befasste sich in seiner wissenschaftlichen Tätigkeit fortan mit der Geschichte der Soziologie, die er auch als Honorarprofessor an der Humboldt-Universität bis zu seinem Tode (1975) lehrte. (K. Braunreuther in: G. Aßmann/R. Stollberg, 1977)

Manfred Lötsch holte man als Mitarbeiter an das Institut für Soziologie der Akademie für Gesellschaftswissenschaften beim ZK der SED; er leitete dort die Fachrichtung Sozialstruktur und war bis zu seinem frühzeitigen Tode führender Repräsentant der Sozialstrukturforschung in der DDR. (I. Lötsch/Hg. Meyer, 1998)

Helmut Steiner wich in die Sowjetunion aus und absolvierte dort einen zweijährigen Studienaufenthalt; kam dann aber wieder an die Akademie zurück und arbeitete vor allem zur Geschichte der Wissenschaften und speziell der Soziologie sowie zu theoretischen Grundlagen der marxistischen Soziologie. (H. Steiner, 1982)

Hansgünter Meyer leitete nunmehr die Arbeitsgruppe unter Aufsicht des Philosophieinstituts, die gemeinsam mit der Gruppe um Manfred Lötsch und der Gruppe um Hans Röder (Bereich Soziologie der TH Karl-Marx-Stadt) in den Folgejahren die ersten großen Sozialstrukturuntersuchungen in der DDR durchführte. (H. Röder 1998) Anfang der siebziger Jahre kam es zu erneuten ideologischen Auseinandersetzungen. Hansgünter Meyer wurde von seiner Leitungsfunktion entbunden und in das Institut Theorie und Organisation der Wissenschaften eingegliedert und erforschte dort vor allem Probleme des Forschungspotentials. Der Rest der Arbeitsgruppe verblieb am Zentralinstitut für Philosophie,

Nach einem Beschluss des Politbüros des ZK der SED zu „Aufgaben und Maßnahmen zur weiteren Entwicklung der soziologischen Forschung in der DDR" vom 15.09.1964, in dem festgestellt wurde, dass in der DDR verstärkt soziologische Untersuchungen durchgeführt werden, kam es zu einer offiziellen Reinstitutionalisierung der Soziologie an den Universitäten Berlin, Leipzig, Halle, Dresden und Rostock (Dokumente: Soziologie und Meinungsforschung, in: H. Best, 1992).

Zur ideologischen Absicherung sowie zur Leitung, Planung und Kontrolle der weiteren Soziologieentwicklung installierte man am damaligen Institut für Gesellschaftswissenschaften beim ZK der SED (der späteren Akademie für Gesellschaftswissenschaften) mit der Bildung einer Soziologieabteilung (später Institut für Soziologie) und eines „Wissenschaftlichen Rates für soziologische Forschung" eine Leiteinrichtung. (R. Weidig, 1997) Wie die Sozialwissenschaften und insbesondere die Soziologie im Laufe der Zeit unter SED-Parteihegemonie gerieten, zeigt eine quellengestützte Studie des ehemaligen stellvertretenden Leiters des Forschungsbereichs Gesellschaftswissenschaften der AdW. (M. Krause, 1992)

10 Jahre später wurde 1974 an der Akademie der Wissenschaften der DDR ein „Wissenschaftlicher Rat für Sozialpolitik und Demographie" gegründet. Vor allem von diesem Rat gingen mannigfache Initiativen aus, um die sozialpolitische Forschung in der DDR zu konzentrieren und es wurden ab 1975 entsprechende Vorarbeiten für eine Institutsgründung geleistet. (G. Winkler, 2001)

2. Institutsgründung

1977 delegierten verschiedene wissenschaftliche Institutionen auf zentrale Anweisung Mitarbeiter an die Akademie, um am Aufbau eines künftigen Instituts für Soziologie und Sozialpolitik mitzuwirken: Prof. Dr. Joachim Rittershaus von der Akademie für Gesellschaftswissenschaften, Prof. Dr. Horst Berger von der Humboldt-Universität zu Berlin, Dr. Hans Röder von der Technischen Hochschule Karl-Marx-Stadt, Dr. Elvir Ebert vom Ministerium für Handel und Versorgung u.a. Dies geschah zunächst innerhalb einer Arbeitsgruppe im Zentralinstitut für Philosophie. Der designierte Direktor, Professor Dr. Gunnar Winkler, von der Gewerkschaftshochschule Bernau kam etwas später hinzu und übernahm die unmittelbare Leitung der Institutsgründung. Des weiteren gehörten zum Gründungspersonal eine an der Akademie existierende Frauenforschungsgruppe unter Leitung von Professor Herta Kuhrig und die am Zentralinstitut für Philosophie verbliebenen Mitarbeiter der ehemaligen Arbeitsgruppe Soziologie. Der Schwerpunkt der Tätigkeit in dem Vorbereitungsjahr 1977 bestand in der Ausarbeitung des künftigen Forschungsprofils des Instituts und von Forschungskonzeptionen für die Bereiche Soziologie, Sozialpolitik und Methodologie/Methodik. (Konzeption zur Arbeit des Instituts für Soziologie und Sozialpolitik an der Akademie der Wissenschaften der DDR, in: H. Best, 1992) Die Institutsgründung erfolgte mit Wirkung vom 1. Januar 1978.

Nach einer Orientierungs- und Stabilisierungsphase des ISS kam es zu einer Ausdifferenzierung der Forschungsthemen und strukturellen Veränderungen. Danach gliederte sich das Institut in folgende Bereiche:

- Theorie und Geschichte der Soziologie (Leiter: Prof. Dr. Helmut Steiner/ Prof. Dr. Uta Meier);
- Lebensweise im Sozialismus (Leiter: Prof. Dr. Joachim Rittershaus/ Prof. Dr. Toni Hahn);
- Bevölkerungsentwicklung (Leiter: Prof. Dr. Wulfram Speigner);
- Frau/Familie/Ältere Bürger (Leiter: Prof. Dr. Herta Kuhrig/Dr. Heidrun Radtke, Dr. Jutta Gysi,, Dr. Klaus-Peter Schwitzer);
- Methodologie/Methodik bzw. Soziologisch-Methodisches Zentrum (Leiter: Prof. Dr. Horst Berger).

Einige Jahre später wurde eine Forschungsgruppe Sozioökologie (Leiter: Prof. Dr. Horst Paucke) vom Zentralinstitut für Philosophie an das Institut für Soziologie und Sozialpolitik verlagert und eine Arbeitsgruppe Soziologische Friedensforschung gebildet (Leiter: Dr. Hans-Joachim Brandt). Die Besetzung der Leitungspositionen erfolgte nach Abstimmung mit der Abteilung Wissenschaften des ZK der SED durch den Leiter des Forschungsbereichs Gesellschaftswissenschaften der AdW. Die Einstellung der künftigen Institutsmitarbeiter erfolgte durch die Institutsleitung bzw. die Bereichsleiter. Im Unterschied zum Wissenschaftssystem in der BRD wurden die Stellen nicht öffentlich ausgeschrieben und es wurden keine externen Gutachter herangezogen, um den besten Kandidaten für die Besetzung der Stellen zu ermitteln. Freilich muss beachtet werden, dass es auch keine allzu große Auswahlmöglichkeiten angesichts der relativ geringen Anzahl von Soziologen in der DDR gab. Um die komplexen Zielstellungen in der Forschung zu erreichen, wurden indessen nicht nur Soziologen eingestellt, sondern auch Ökonomen, Psychologen, Juristen und andere Sozialwissenschaftler. Damit sollte eine interdisziplinäre Struktur des Instituts erreicht werden.

3. Schwerpunkte der Forschung

Das Institut für Soziologie und Sozialpolitik (ISS) befand sich seit seiner Gründung wie kaum ein anderes sozialwissenschaftliches Institut im Spannungsfeld von Wissenschaft und Politik. Entsprechend dem wissenschaftspolitischen Auftrag, durch die Verbindung von soziologischer, sozialpolitischer und demographischer Forschung wissenschaftliche Grundlagen für die Partei- und Staatsführung der DDR zu erarbeiten, entwickelte das ISS ein Profil, das sich vor allem auf folgende Forschungen konzentrierte: (G. Winkler, 1980)

- Forschungen zur Theorie und Geschichte von Soziologie und Sozialpolitik;
- Forschungen zur Lebensweise und Bedürfnisentwicklung in der DDR;
- Methoden- und Indikatorenforschung;
- Forschungen zur Bevölkerungs- und Familienentwicklung;
- Forschungen zu den Lebensbedingungen spezifischer sozialer und demographischer Gruppen(Frauen, Ältere Bürger, Mitarbeiter im Binnenhandel etc.);
- Forschungen zur Gestaltung und zum Schutz der natürlichen Umwelt.

Die wissenschaftlichen Problemstellungen und Forschungsprogramme orientierten sich weitgehend an den Parteitagen bzw. ZK-Tagungen der SED; die konkrete Ausformung richtete sich jedoch nach den Interessen und Konzeptionen der Forschungsgruppen bzw. ihrer Leiter. Für das Institut waren der Rat für soziologische Forschung in der DDR und der Rat für Sozialpolitik und Demographie zuständig. Diese Räte hatten zwar kein Weisungsrecht, übten dennoch einen koordinierenden und kontrollierenden Einfluss auf das ISS aus. Der Direktor des ISS Prof. Dr. Gunnar Winkler war Leiter des Wissenschaftlichen Rates für Sozialpolitik und Demographie und Leitungsmitglied des Wissenschaftlichen

Rates für die soziologische Forschung und in diesen Funktionen entscheidend an den Forschungsorientierungen und Forschungsstrategien für die Soziologie, Sozialpolitik und Demographie beteiligt.

Die Planung, operative Leitung, Kontrolle und Abrechnung der Forschungsprozesse vollzog sich natürlich im Rahmen des Forschungsbereichs Gesellschaftswissenschaften der AdW. Die Forschungsgruppen konnten eigene Vorschläge für die Pläne der verschiedenen Ebenen einreichen. Insofern hatten die profilbestimmenden Wissenschaftler einen nicht geringen Einfluss auf die Realisierung ihrer Forschungsinteressen.

Das galt besonders hinsichtlich des Zentralen Plans der gesellschaftswissenschaftlichen Forschung (ZP). Ein Projekt des zentralen Plans hatte eine höhere Priorität, unterlag zwar stärkerer Kontrolle, eröffnete aber auch größere Möglichkeiten und Chancen seiner Realisierung. Dies war vor allem für Publikationen wichtig. Allerdings war die Aufnahme einer Buchpublikation in den Zentralen Plan kein Garantieschein für eine schnelle Veröffentlichung. So wurde beispielsweise das „Handbuch der soziologischen Forschung – Methodologie, Methoden, Techniken" (H. Berger/H.F. Wolf/A. Ullmann, 1989) im Frühjahr 1986 druckfertig beim Akademie Verlag eingereicht; konnte aber wegen mangelnder Druckkapazität und Papierknappheit erst 1989 erscheinen.

Gleichwohl war das ISS hinsichtlich der Publikationstätigkeit in einer günstigeren Situation als andere soziologische Einrichtungen der DDR. Seit 1980 wurde ein Jahrbuch für Soziologie und Sozialpolitik herausgegeben und seit 1982 eine Schriftenreihe Soziologie und Sozialpolitik – Beiträge aus der Forschung. In beiden Publikationsreihen konnten vielfältige Forschungsergebnisse veröffentlicht werden. Ausgenommen waren allerdings brisante empirische Studien mit VD- bzw. VVS-Charakter. Außerdem gab das ISS seit 1987 Protokollbände „Symposien und Kolloquien" heraus. Da diese Symposien und Kolloquien mit internationaler Beteiligung durchgeführt wurden (auch westdeutsche Kollegen nahmen daran teil), konnte eine beträchtliche Außenwirkung erreicht werden. Vom ISS wurden vier internationale wissenschaftliche Veranstaltungsreihen durchgeführt (ISS, Informationsmaterial, 1990, S. 47):

I. Internationales Sozialpolitisches Symposium

1982: „Gegenstand, Aufgaben und Funktion der marxistisch-leninistischen Sozialpolitik"

1984: „Ökonomisches Wachstum und Sozialpolitik"

1986: „Neue Technologien und Sozialpolitik"

1988: „Die Sozialpolitik sozialistischer Länder – Strategien und System der Ausgestaltung"

1989: „Sozialpolitik und neue Strategien für die soziale Integration älterer Bürger"

II. Internationales Symposium zur Theorie und Geschichte der Soziologie"
1985: „K. Marx und Friedrich Engels – ihr Einfluss und ihre Wirksamkeit in der Geschichte und Gegenwart der soziologischen Theorie"
1987: „Wirtschaftswachstum und Soziologie"
1988: „Wissenschaftlich-technische Revolution – Bedürfnisentwicklung und -befriedigung"

III. Internationales demographisches Seminar
1983: „Soziologie und sozialpolitische Aspekte der Bevölkerungsentwicklung"
1985: „Zur Verschiebung der Altersstruktur in der DDR – Ursachen und Auswirkungen"
1987: „Frauenforschung in der DDR – gesellschaftliche Entwicklung – Berufstätigkeit der Frau – demographische Prozesse – Information und Dokumentation"
1989: Nationale Bevölkerungskonferenz der DDR „Bevölkerungsentwicklung und -politik in der DDR"

IV. Internationales Symposium für Soziologie und Frieden
1983: „Soziologie und Frieden"
1987: „Friedensbewegung – Sozialstruktur – Massenbewusstsein"
1989: „Frieden und soziale Entwicklung"

Schließlich publizierte der dem ISS angegliederte Rat „Die Frau in der sozialistischen Gesellschaft" in periodischen Abständen „Protokolle und Informationen zur Frauenforschung".

Die internen Publikationsreihen des ISS waren zwar vor allem den Institutsmitarbeitern vorbehalten, standen aber auch Wissenschaftlern anderer wissenschaftlicher Einrichtungen zur Verfügung, sofern sie soziologische bzw. sozialpolitische Themen betrafen oder tangierten. Dies war insofern von Bedeutung, da die Soziologen der DDR trotz mehrfacher Versuche keine eigene wissenschaftliche Zeitschrift herausgeben konnten. Die vom Rat für soziologische Forschung herausgegebenen „Informationen zu soziologischen Forschung", von denen immerhin ca. 50 Hefte erschienen, konnten dieses Manko nicht ausgleichen. (R.Weidig, 1997) Die internen Publikationen des ISS hatten freilich nicht solch einen großen Wirkungskreis wie „normale" Publikationen, zumal sie nicht über den Buchhandel vertrieben werden konnten. Gleichwohl sind sie ein wichtiger Indikator für die Leistungsfähigkeit der Mitarbeiter des ISS. Besonders ab Mitte der achtziger Jahre, als das ISS sich stabilisiert hatte, seine geplante Struktur erreicht hatte und wichtige Forschungsergebnisse vorlagen, wurde ein beachtliches Maß an Veröffentlichungen erreicht.

Von 1986 bis 1990 wurden folgende Publikationen veröffentlicht: 43 Monographien, 552 Aufsätze bzw. Artikel, 125 Rezensionen und 6 Bibliographien. Weiterhin wurden 215 Studien bzw. Forschungsberichte vorgelegt und 18 Analysen erarbeitet. (ISS, Informationsmaterial, 1990, S. 44)

Trotz der begrenzten Publikationsmöglichkeiten erreichte das ISS auch in der Buchproduktion Fortschritte.

Folgende Buchpublikationen sind besonders hervorzuheben:

H. Kuhrig/W. Speigner (Hg.): Zur gesellschaftlichen Stellung der Frau in der DDR, Leipzig 1978

W. Hartmann: Geometrische Modelle zur Analyse empirischer Daten, Berlin 1979

H. Berger/E. Priller (Hg.): Indikatoren in der soziologischen Forschung, Berlin 1982

G. Manz/G. Winkler (Hg.): Sozialpolitik 1987

W. Speigner u.a.: Kind und Gesellschaft, Berlin 1987

G. Winkler (Hg.): Lexikon der Sozialpolitik, Berlin 1987

T. Hahn/R. Welskopf (Hg.): Innovation und Motivation in Forschung, Entwicklung und Überleitung, Berlin 1988

H. Berger/H.F. Wolf/A. Ullmann (Hg.): Handbuch der soziologischen Forschung, Berlin 1989

J. Gysi (Hg.): Familienleben in der DDR, Berlin 1989

G. Winkler (Hg.): Geschichte der Sozialpolitik, Berlin 1989

H. Berger (Hg.): Sozialreport Ost-Berlin (gemeinsam mit dem Statistischen Amt Berlin), 1990

H. Paucke/G.Streibel: Ökonomie contra Ökologie? Ein Problem unserer Zeit, Berlin 1990

K.P. Schwitzer/G. Winkler (Hg.): Altenreport 90, Berlin 1990

G. Winkler (Hg.): Sozialreport 90 – Daten und Fakten zur sozialen Lage in der DDR, Berlin 1990

G. Winkler (Hg.): Frauenreport 90, Berlin1990

M. Häder (Hg.): Denken und Handeln in der Krise, Berlin 1991

Die Forschung am Institut für Soziologie und Sozialpolitik (ISS) war vor allem problem- und anwendungsorientiert. Davon zeugen die vielfältigen Publikationen und die unveröffentlichten Studien zu den Arbeits- und Lebensbedingungen sozialer und demographischer Gruppen. (D. Kusior/W. Reymann, 1989)

Besonders die Forschungen zur Bevölkerungspolitik der DDR, zur Bedürfnisentwicklung, zur sozialen Lage von Frauen, Familien sowie älteren Bürgern und zur Entwicklung eines Systems sozialer Indikatoren der sozialistischen Lebensweise orientierten sich an der Einheit von Theorie und Empirie als grundlegendem Forschungsprinzip. Es wurde davon ausgegangen, die soziale Wirklichkeit in ihrer Totalität, ihren strukturellen Beziehungszusammenhängen, Funktionsmechanismen und Entwicklungstendenzen zu erforschen. Um dies erreichen zu können bedurfte es gründlicher und allseitiger Analysen, die Informationen vermitteln, wie die sozialen Prozesse tatsächlich verlaufen, unter welchen konkreten Voraussetzungen bestimmte Wirkungen hervorgebracht werden, wie sich objektive und subjektive Faktoren wechselseitig verhalten und welchen Einfluss die nationalen und internationalen Bedingungen auf die Richtung und das Tempo der sozialen Entwicklung ausüben. Dies war indessen nur bedingt möglich. Sowohl bei der Themenauswahl als auch bei der Durchführung repräsentativer Untersuchungen gab es starke Restriktionen. Die Situation in den einzelnen Forschungsgruppen ist allerdings differenziert einzuschätzen. Gesamtgesellschaftliche Analysen waren nahezu unmöglich; günstiger war die Situation indessen bei Analysen in Teilbereichen der Gesellschaft oder bei Untersuchungen von speziellen sozialen Gruppen.

Die Forschungsstrategie des ISS war darauf ausgerichtet, soziologische und sozialpolitische Gesellschaftsanalysen durchzuführen. Dies schloss die verschiedenen Ebenen und Bereiche der Gesellschaft als selbstständige Objekte der Forschung ein. Aus der inneren Einheit und Wechselwirkung der Sphären, Bereiche und Ebenen der Gesellschaft ergibt sich, dass sie sich einander durchdringen und bedingen; allerdings mit unterschiedlichen Modifikationen.

Aus soziologischer Sicht wurden folgende Ebenen sozialer Verhältnisse und Beziehungen, Strukturen und Prozesse unterschieden:

- Gesamtgesellschaftliche Verhältnisse, Beziehungen, Strukturen und Prozesse (vor allem der Klassen. Schichten und Makrogruppen);
- Soziale Organisationen, Institutionen und territoriale Einheiten;
- Soziale Kleingruppen (Kooperations- und Kommunikationsbeziehungen);
- Soziales Verhalten der Individuen (unmittelbare soziale Beziehungen, soziale Aktivitäten, Determinanten der Persönlichkeitsentwicklung etc.);
- Besonders seit 1986 wurden verstärkt Untersuchungen zu sozialen Problemen wissenschaftlich-technischer Veränderungen in der Industrie durchgeführt;

Seit Mitte der sechziger Jahre setzte sich im internationalen Maßstab die Auffassung durch, dass fundierte Gesellschaftsanalysen der Ausarbeitung von Systemen sozialer Indikatoren bedürfen. (R.A. Bauer 1966) Dies veranlasste auch internationale Organisationen wie die UN, UNESCO und OECD zu entsprechenden Aktivitäten. Besonders stimulierend wirkte in dieser Hinsicht ein internationales Expertenseminar der UNESCO 1976 in Moskau unter Leitung des damaligen Präsidenten der International Political Science Association Karl Deutsch zum Thema „Soziale und kulturelle Indikatoren in den globalen Modellen der Welt", auf dem auch vom Autor dieser Abhandlung ein Konzept zur Ausarbeitung von Indikatoren der sozialen Entwicklung in der DDR vorgestellt wurde. (I. W. Bestuschew-Lada 1980)

Die Sozialindikatorenforschung etablierte sich allerdings erst Ende der siebziger Jahre innerhalb der DDR-Soziologie. Einer der Gründe für die späte Entwicklung der Sozialindikatorenforschung war sicherlich die Tatsache, dass die Soziologie der DDR in ihren Anfangsjahren mit Ausnahme der Sozialstrukturforschung nicht hinreichend auf soziologische Gesellschaftsanalysen ausgerichtet war. In den Gründerjahren dominierten vielmehr empirische Studien in Teilbereichen der Gesellschaft, insbesondere in der Industrie und Landwirtschaft.

Mit der Gründung des ISS 1978 bot sich die Möglichkeit, die Sozialindikatorenforschung intensiver zu betreiben. Vor allem drei Voraussetzungen waren dafür maßgebend:

1. Die Ausstattung des ISS mit einem interdisziplinären sozialwissenschaftlichen Forschungspotential in angemessener Größe;
2. Die Zusammenführung von soziologischer und sozialpolitischer Forschung erschloss neue Forschungsfelder wie die Entwicklung der Lebensweise, demographische Prozesse, soziale Entwicklung spezifischer Gruppen und Schichten.
3. Durch die Mitarbeit in der Multilateralen Problemkommission der Akademien sozialistischer Länder, insbesondere in der Arbeitsgruppe „Leitung und Planung der sozialen Entwicklung", wurden entsprechende Ansätze aus Polen, der Sowjetunion, der Tschechoslowakei und Ungarn aufgenommen und die Möglichkeit vergleichender Studien ausgelotet.

Für die Etablierung der Sozialindikatorenforschung in der DDR gab es zumindest vier Gründe:

1. Ein soziologisches Erkenntnisinteresse (Forschungsrelevanz),
2. ein sozialpolitisches Verwertungsinteresse (Planungs- und Leitungsrelevanz),
3. Ein komparatives Interesse (Internationale Vergleichsstudien),
4. Ein Interesse an der Selbstaufklärung der Gesellschaft (Informationsrelevanz).

Auf Antrag des ISS wurde das Forschungsprojekt „System sozialer Indikatoren der sozialistischen Lebensweise" (SSIL) 1981 in den Zentralen Plan der gesellschaftswissenschaftlichen Forschung in der DDR aufgenommen (Abschnitt Theoretische Grundfragen der Sozialpolitik zur Entwicklung der Lebensweise im Sozialismus, Z-Planposition 08.02-01.01) und im November 1983 konnte das

„System sozialer Indikatoren der sozialistischen Lebensweise. Forschungsbericht und Methodik" (Verfasser: H. Berger, T. Hanf, W. Hinrichs, E. Priller, D. Rentzsch) erfolgreich verteidigt werden. Obgleich der Forschungsbericht keinerlei Daten enthielt, wurde er als „Nur für den Dienstgebrauch" (NfD) eingestuft und war somit der Öffentlichkeit nicht zugänglich.

Gleichwohl fand im Dezember ein vom Soziologisch-Methodischen Zentrum (SMZ) des ISS und vom Problemrat Methodologie und Methodik soziologischer Forschung organisiertes Symposium mit internationaler Beteiligung statt, auf dem Konzept und Methodik des Indikatorensystems vorgestellt und diskutiert wurden. Theoretischer Ausgangspunkt des Indikatorensystems ist ein auf die Aneignung der realen Lebensbedingungen gerichteter handlungsorientierter Begriff der Lebensweise. Er wird definiert als „konkret-historisch bestimmte Art und Weise der Gestaltung des gemeinschaftlichen und individuellen Lebens in allen Tätigkeitsbereichen, in der Produktion ebenso wie in politischen Organisationen, in den verschiedenen Bereichen des gesellschaftlichen Lebens, in der Arbeit und Freizeit, im Wohngebiet, in der Familie und im Freundeskreis" (H. Berger, T. Hanf, W. Hinrichs, E. Priller, D. Rentzsch, 1984). Die so definierte Lebensweise ist vor allem in sozialökonomischer, sozialstruktureller, demographischer und territorialer Hinsicht differenziert.

Beim Aufbau des Indikatorensystems wurde zwischen Grundlagen und Bestandteilen der Lebensweise unterschieden. Sie bilden die erste systembildende Strukturdimension. Zu den Grundlagen der Lebensweise gehören vor allem die ökonomischen, sozialen, politischen, demographischen und geistig-kulturellen Grundlagen. Bei der Bestimmung der Elemente der Lebensweise wurden materielle Lebensbedingungen, Lebenstätigkeiten, soziale Beziehungen und geistige Regulative (individuelle Reflexionen und Werte) einbezogen. Die Lebensbedingungen wurden als Ergebnis der Tätigkeiten/Handlungen im gesellschaftlichen Reproduktionsprozess definiert; die Lebenstätigkeiten als individuelle Aneignung der Lebensbedingungen, die sozialen Beziehungen als Formen zur Realisierung der Tätigkeiten und die subjektiven Reflexionen als Ausdruck des Wohlbefindens bzw. der Zufriedenheit.

Als zweite systembildende Strukturdimension wurden relevante Bedürfniskomplexe einbezogen: Arbeit, Ernährung, Bekleidung, Wohnen, Gesundheit, soziale Fürsorge, Bildung, Kunst/Kultur, Information/Kommunikation, Umwelt, Transport/Verkehr, Sport/Erholung. Den Dimensionen wurden Merkmalsbereiche und dementsprechende Indikatoren (ca. 600) zugeordnet, um den Realisierungsgrad sozialer Ziele und den Grad der Bedürfnisbefriedigung messen zu können. Aus diesem Grunde sollten aus der Verfassung der DDR abgeleitete soziale Zielstellungen (Verfassungsgebot) mit dem jeweiligen Entwicklungsniveau in der sozialen Wirklichkeit (Verfassungsrealität) verglichen werden. Das Indikatorensystem sollte zwei Funktionen erfüllen: Erstens ein methodologischer Rahmen für die Lebensweiseforschung sein und zweitens eine solide Informationsbasis für die Leitung und Planung sozialer Prozesse schaffen.

Die Methodik des Indikatorensystems konnte zwar 1984 publiziert werden – seine Umsetzung, d.h. die Ausfüllung mit entsprechenden Daten kam wegen staatlicher Restriktionen zur Informationsgewinnung nicht zustande. Der Versuch, auch in der DDR eine den internationalen Normen entsprechende Sozialberichterstattung zu installieren, scheiterte an der nicht vorhandenen Bereitschaft für empirisch begründete Gesellschaftsanalysen und an der übertriebenen Geheimhaltung von Informationen über die reale ökonomische und soziale Entwicklung, was unter anderem zum Scheitern der DDR beigetragen hat.

Trotz der massiven Beschränkungen in der empirischen Forschung, versuchte das ISS seine weiter vorn beschriebene Forschungsstrategie umzusetzen. Es wurden methodische Konzepte entwickelt und Möglichkeiten gesucht, um die Beschränkungen empirischer Forschung zu umgehen. So konnten beispielsweise Minister und Bezirksvorsitzende Genehmigungen für Untersuchungen in ihrem Verantwortungsbereich erteilen.

Folgende soziologische und sozialpolitische Untersuchungen des ISS sind besonders nennenswert:

- Objektive und subjektive Faktoren der Geburtenentwicklung (KW 82);
- Familienentwicklung in der DDR (Fam 82);
- Soziologische und demographische Analyse zum Kinderwunsch sowie zur Geburtenentwicklung in den 80er Jahren (KW 87);
- Analyse der Arbeits- und Lebensbedingungen im sozialistischen Binnenhandel (DL 78, 82, 88).

Über die angeführten Untersuchungen wurden umfängliche Forschungsberichte angefertigt, die Untersuchungsergebnisse wurden indessen nur teilweise publiziert (W. Speigner, 1986, J. Gysi, 1989) bzw. konnten erst nach 1990 veröffentlicht werden (E. Ebert, 1997).

Hauptergebnisse der Untersuchungen zur Geburtenentwicklung und zum Kinderwunsch (W. Speigner, 1990):

- Die überwiegende Mehrheit der Frauen hat sich ihren Kinderwunsch auch tatsächlich erfüllt.
- Die Erfüllungsquote beim Kinderwunsch betrug 80%.
- Freiwillige Kinderlosigkeit war in der DDR kaum anzutreffen.
- Der Anteil von Kindern unverheirateter Mütter ist seit den siebziger Jahren beständig gestiegen; 1970 betrug er 13% und 1987 bereits 33%.

- Die sozialpolitisch angestrebte einfache Bevölkerungsreproduktion konnte dennoch nicht verwirklicht werden; die Nettoproduktionsziffer 1 wurde letztmalig 1971 erreicht.
- Die Bevölkerung im Stamm des Lebensbaums schrumpfte zusehends.
- Die traditionellen Generationsproportionen verschoben sich zugunsten der Generationen im mittleren und höheren Lebensalter.
- Insgesamt verringerte sich die Bevölkerungsgröße und die regionalen Unterschiede in den Bevölkerungsbeständen nahmen zu.

Hauptergebnisse der familiensoziologischen Untersuchungen (J. Gysi, 1988):

- Kernfamilien waren die vorherrschende Familienform in der DDR.
- Die Mehrheit der Kernfamilien beruhte auf Ehe.
- Die Eheschließungsquote war seit 1978 tendenziell sinkend.
- Das durchschnittliche Heiratsalter bei Eheschließungen betrug 1985 bei Männern 24 Jahre und bei Frauen 22 Jahre.
- Der Anteil der Wiederverheiratungen an den Eheschließungen hat in den Jahren 1970 bis 1980 nur langsam, zwischen 1980 und 1984 aber relativ schnell zugenommen.
- Die Tendenz außerehelicher Geburten verstärkte sich seit Ende der siebziger Jahre.
- In den achtziger Jahren lebten ca, 20% der Männer und Frauen in Lebensgemeinschaften.

Hauptergebnisse der Untersuchungen im Binnenhandel (E. Ebert, 1997):

- Der Investitionszuwachs in der Leicht- und Lebensmittelindustrie sowie im Binnenhandel war in Relation zu anderen Wirtschaftsbereichen gering (mit sinkender Tendenz) und dementsprechend der Verschleißgrad der Grundmittel besonders hoch (mit steigender Tendenz).
- Seit 1978 hat sich das Warenangebot zunehmend verschlechtert, dementsprechend stieg die Unzufriedenheit der Mitarbeiter im Handel mit der Warenbereitstellung ständig an.
- Der Handel selbst hatte nur geringe Einflussmöglichkeiten auf eine bedarfsgerechte Produktion.
- Der chronische Mangel auf allen Gebieten des Konsums, insbesondere hochwertiger Konsumgüter schürte zunehmende Unzufriedenheit sowohl beim Verkaufspersonal, als auch bei den Kunden.
- Auf Grund des relativ geringen Mechanisierungsgrades im Handel waren die körperlichen Belastungen für das Verkaufs- und Lagerpersonal (vorwiegend Frauen) außerordentlich hoch.

- Die nervlichen Belastungen waren im untersuchten Zeitraum von 1978 bis 1988 sowohl beim Verkaufspersonal als auch auf den verschiedenen Leitungsebenen des Handels mit steigender Tendenz außerordentlich hoch.

Da die meisten empirischen Untersuchungen des ISS auf Grund der staatlichen Restriktionen nicht repräsentativ waren, hatten sie nur eine begrenzte Aussagefähigkeit. Gleichwohl förderten sie für die untersuchten Bereiche interessante Detailergebnisse zutage. Ihre Durchführung hing entsprechend den gesetzlichen Vorschriften mehr oder weniger vom Leiter des jeweiligen Untersuchungsbereichs ab (Volkswirtschaftsbereich, Bezirk, Betrieb, Kommune etc.).

Ab 1986 wurde bedingt durch zentrale Vorgaben zu Erwirtschaftung von finanziellen Mitteln (insbesondere Valuta) bezahlte Auftragsforschung betrieben (ISS, Informationsmaterial, 1990):
- Erarbeitung von Überblicksdarstellungen zu ausgewählten Bereichen der sozialen Lage für internationale Organisationen;
- Analysen zur Familien. Frauen- und Bevölkerungspolitik für Ministerien;
- Untersuchungen zu sozialen Wirkungen wissenschaftlich-technischer Neuerungen und zur betrieblichen Sozialpolitik;
- Beiträge für internationale Konferenzen zur Soziologie und Sozialpolitik.

Um einer Zersplitterung der inzwischen umfangreichen Forschungsthemen entgegen zu wirken und die theoretische Positionsbestimmung zu den wichtigsten Forschungsrichtungen des ISS zu qualifizieren, regte die Institutsleitung 1986 eine bereichsübergreifende theoretische Diskussion zu folgenden Forschungsproblemen des Instituts an:
- Zusammenhang von soziologischer und sozialpolitischer Forschung;
- Dialektik von Ökonomischem und Sozialem
- Bestimmung sozialer Ziele der ökonomischen Strategie;
- Zusammenhang von Sozialstruktur und Entwicklung der Lebensweise;
- Anforderungen an die Disponibilität und Mobilität des gesellschaftlichen Arbeitsvermögens;
- Soziale Aspekte des Leistungsverhaltens bei der Entwicklung und Nutzung des wissenschaftlich-technischen Fortschritts;
- Soziale Determiniertheit demographischer Prozesse.

Dabei ging es insbesondere darum, stärker die Zusammenhänge und den Wirkungsmechanismus zwischen, ökonomischer, wissenschaftlich-technischer und sozialer Entwicklung in den verschiedenen Bereichen und Ebenen der Gesellschaft zu analysieren, präziser die sozialen Prämissen wissenschaftlich-technischer Entwicklung zu fixieren, prinzipieller die Verflechtung von Produktivkraftentwicklung, Kollektiventwicklung und Persönlichkeitsentwicklung zu erkunden und differenzierter die Wechselwirkungen von Arbeitsbedingungen, Arbeitsinhalt, Arbeitsanforderungen, Arbeitsregime, Arbeitsvermögen, Leitung und Organisation der Arbeit zu erforschen.

Eine gesellschaftlich wirksame soziologische, sozialpolitische und demographische Forschung setzt rechtzeitige und umfassende Problemanalysen, subtile theoretische Grundlagen und eine solide empirisch-soziologische Informationsbasis voraus. Nicht zu allen Forschungsproblemen konnten aber übereinstimmende und theoretisch ausgereifte Positionen erreicht und dargestellt werden: So zur Theorie und Geschichte der Soziologie, zur Gesetzesproblematik, zu den Subjekten sozialistischer Lebensweise und zum Wirkungsmechanismus von Bedürfnissen und Interessen. In Auswertung dieser Diskussionen wurde eine umfängliche Publikation zu grundsätzlichen formationsspezifischen sozialen Prozessen erarbeitet. (Autorenkollektiv des ISS, 1987)

Im 1. Kapitel wird die Herausbildung einer Soziologie des Sozialismus beschrieben und ihre Stellung im System der Gesellschaftswissenschaften dargestellt.

Im 2. Kapitel wird ausgehend vom erreichten Stand der gesellschaftlichen Entwicklung in der DDR die soziale Strategie der SED erläutert und es werden Gegenstand, Aufgaben und Funktionen einer Soziologie des Sozialismus bestimmt. Dabei wird vor allem auf den fundamentalen Zusammenhang von sozialen Verhältnissen und sozialem Verhalten verwiesen und Anforderungen an die Methodologie und Methodik soziologischer Forschung formuliert.

Im 3. Kapitel werden Gesetzmäßigkeiten der Sozialstruktur, der Bevölkerungsreproduktion, der Lebensweise und des geistigen Lebens beschrieben.

Im 4. Kapitel wird zunächst der fundamentale Zusammenhang von wissenschaftlich-technischem und sozialem Fortschritt herausgearbeitet sowie die Entwicklung und Nutzung des gesellschaftlichen Arbeitsvermögens bei der Durchsetzung von Schlüsseltechnologien charakterisiert. Schließlich werden entsprechende Konsequenzen für werktätige Frauen und ältere Bürger abgeleitet.

Das 5. Kapitel thematisiert theoretische und praktische Fragestellungen der Bedürfnisentwicklung, den Zusammenhang von Lebensniveau und Bedürfnisentwicklung sowie die Gestaltung und den Schutz der natürlichen Umwelt als elementarem Bedürfnis der Menschen.

Das abschließende 6. Kapitel behandelt den Beitrag der Soziologie zur Leitung, Planung und Prognostizierung sozialer Prozesse.

Neben dem vorrangigen Anliegen dieser Schrift, die akademiespezifische soziologische Forschung zu qualifizieren und die Ausarbeitungen zur Geschichte,

Theorie und Methodologie weiter voranzubringen, sollte der Meinungsstreit unter DDR-Soziologen zu theoretischen Positionen und neuen Forschungsansätzen stimuliert werden. Dies wurde nur bedingt erreicht. Das mag an der mitunter zu normativen Darstellung und der weitgehenden Ausklammerung der Widersprüche in der sozialen Wirklichkeit (die in den vertraulichen Studien aufgezeigt wurden) gelegen haben. Inzwischen ist diese Publikation in ihren wesentlichen Aussagen obsolet, da es die als Sozialismus bezeichnete Gesellschaftsordnung in der DDR nicht mehr gibt. Sie ist dennoch ein wichtiges wissenschaftshistorisches Zeugnis von dem Bemühen von DDR-Soziologen, die soziale Entwicklung in der DDR zu erforschen und Schlussfolgerungen für deren Gestaltung abzuleiten.

Seit Ende der siebziger/Anfang der achtziger Jahre wurde indessen deutlich, dass sich die empirische Sozialforschung der DDR in einem Dilemma befand: Einerseits ergaben die empirisch begründeten Studien, dass sich die proklamierte Einheit von Wirtschafts- und Sozialpolitik schwerlich realisieren ließ, andererseits sollte der wissenschaftliche Nachweis einer fortschreitenden gesellschaftlichen Entwicklung erbracht werden. Einerseits wurden die Soziologen aufgefordert, fundierte Informationen über praktische Probleme der gesellschaftlichen Entwicklung zu liefern, andererseits wurde die Durchführung empirischer Untersuchungen und die Veröffentlichung ihrer Ergebnisse erheblich erschwert. Repräsentative Untersuchungen für die Gesamtgesellschaft wurden weiterhin unterbunden. Die konkrete Forschungssituation differierte allerdings je nach politischer Relevanz des Forschungsthemas. Bei sozialpolitisch relevanten Themen wie der Frauen- und Familienforschung und der demographischen Forschung war der Druck bzw. die Einflussnahme seitens der entsprechenden Abteilungen des ZK der SED besonders stark.

Seit Mitte der achtziger Jahre wurden vom ISS unter Beteiligung von Mitgliedern des Rates für Sozialpolitik und Demographie jährlich umfangreiche Analysen zur sozialen Lage in der DDR durchgeführt. (G. Winkler, 2001) Sie offenbarten, dass sich die Widersprüche zwischen ökonomischer, sozialer, ökologischer und territorialer Entwicklung zunehmend verschärften. Die entsprechenden Studien (Sekundäranalysen) wurden als Vertrauliche Verschlusssache (VVS) in siebenfacher Ausfertigung an die Partei- und Staatsführung übergeben. Sie fanden (zumindest offiziell) keinen Widerhall. Die Datenbasis der internen Studien mit dem Titel „Soziale Ziele und Bedingungen der ökonomischen Strategie" entstammte Bereichen der amtlichen Statistik, des fachlichen Berichtswesens von Ministerien, speziellen Kennziffernsammlungen (z. Bsp. des Gesundheitswesens), Umfragen der Marktforschung und Ergebnissen empirischer soziologischer Untersuchungen.

Der strukturelle Rahmen dieser Studien fußte zwar auf dem weiter vorn beschriebenen System sozialer Indikatoren der Lebensweise in der DDR, das zwischen 1981 und 1983 ausgearbeitet worden war, musste aber auf Grund der konkreten Datenlage und aus praktischen Erwägungen erheblich modifiziert werden. Die Datenbeschaffung selbst erfolgte durch informelle Kanäle. Es war also eine durch die staatlichen Restriktionen bedingte eingeschränkte Sozialberichterstattung, die in ihrer Gliederung auf Grundelementen der Kennziffernsammlung Sozialstatistik, Bedürfniskomplexen der Volkswirtschaftsplanung und Zielbereichen der Sozialpolitik fußte.

Die 1989 verfasste Studie „Soziale Ziele und Bedingungen der ökonomischen Entwicklung in der DDR" (ISS, 1989) hat folgende Gliederung:

1. Soziale Entwicklung und ökonomische Strategie
   - Soziale Ziele der ökonomischen Strategie
   - Ökonomisches Wachstum und soziale Entwicklung

2. Entwicklung der Sozialstruktur und der Struktur der Volkswirtschaft
   - Klassen- und Schichtstruktur
   - Struktur der Volkswirtschaft

3. Entwicklung der Bevölkerungsstruktur
   - Bevölkerungsentwicklung und Veränderung der Altersstruktur
   - Zur Vereinbarkeit von Berufstätigkeit und Mutterschaft
   - Familienentwicklung

4. Entwicklung und Nutzung des Arbeitsvermögens
   - Entwicklung des Beschäftigungsgrades
   - Arbeitssicherheit und Gesundheitsschutz
   - Mobilität
   - Entwicklung des Automatisierungs- und Mechanisierungsgrades
   - Arbeitsbedingungen und Arbeitszeit
   - Qualifikationsstruktur und qualifikationsgerechter Einsatz

5. Die Entwicklung der Geldeinnahmen und -ausgaben der Bevölkerung
   - Die Entwicklung der Geldeinnahmen
   - Die Entwicklung der Einkommensverwendung

6. Die Entwicklung ausgewählter Lebensbedingungen
   - Die Entwicklung des Einzelhandelsumsatzes und seiner Struktur
   - Dienstleistungen für die Bevölkerung

- Die Versorgung mit Wohnungen
- Gesundheitliche und soziale Betreuung
- Erholung
- Entwicklung des Tourismus
- Mobilität der Bevölkerung
- Entwicklung des kulturellen Lebensniveaus

7. Entwicklung der Umweltgestaltung
   - Nutzung der begrenzten Bodenfläche und Ausbau von Landschaftsschutzgebieten
   - Wasserbereitstellung und Abwasserbehandlung
   - Grad der Luftverunreinigung und Schädigung von Mensch und Umwelt (Waldschäden)
   - Lärmbelästigung und Maßnahmen seiner Reduzierung

8. Gesellschaftliche Aktivität spezieller sozialer Gruppen

Durchgängiges Gliederungsprinzip dieser sozialpolitisch orientierten Analysen der Lebenslage der Bevölkerung ist die sozialstrukturelle, demographische und territoriale Differenzierung. Damit sollte der Zusammenhang von sozialer Lage, ökonomischer Mittelverausgabung und Leistung der sozialen Subjekte (soziale Effektivität) für die gesellschaftliche Entwicklung aufgedeckt werden und Möglichkeiten zur effektiveren und gerechteren Verbindung von ökonomischer Leistung und sozialpolitisch erforderlicher Verteilung erkundet werden.

Auf einem Kolloquium zum Thema „Sozialstuktur- und Sozialindikatorenforschung in der Bundesrepublik Deutschland und in der DDR", das vom 3.–5.11.1989 in der Europäischen Akademie Otzenhausen (Saarland) stattfand, wurden erstmals die wichtigsten Ergebnisse dieser Studie und anderer Institutsstudien des ISS der Öffentlichkeit präsentiert. (H. Timmermann, 1990) Die Studie ergab, dass sich in den siebziger und achtziger Jahren erhebliche Veränderungen im Inhalt und in der Struktur der Bedürfnisse vollzogen haben. Höhere Qualität in den Konsumtionsbedürfnissen, wachsende Bedürfnisse nach demokratischer Mitwirkung in gesellschaftlichen Angelegenheiten, nach Entfaltung der Individualität, nach Kommunikation und Reisefreiheit und vor allen nach intakter Umwelt sind dafür ein Indiz. Die Studie wies aber auch nach, dass sich die soziale, territoriale und demographische Differenziertheit weiter verstärkt hatte und dass aus eigenständigen Interessen der verschiedenen sozialen Subjekte beträchtliches Handlungspotential zur Veränderung der gegebenen sozialen und politischen Situation erwuchs.

Einige der in der Studie genannten Problemfelder sollen hier exemplarisch dargestellt werden. Als besonders gravierend wurde der desolate Zustand der natürlichen Umwelt und der Infrastruktur bezeichnet:

- Durch Eindringen von Agrochemikalien und Nährstoffen in Seen, Flüsse und Talsperren hatte sich die Wasserbeschaffenheit stark verschlechtert. 1985 waren 66 Prozent der Fließgewässer stark beeinträchtig und nur bedingt für Trinkwasser, Bewässerung und Industrie nutzbar.
- Durch Staub, Abgase und Geruchsstoffe nahm die Luftverunreinigung ständig zu, ca. 37 Prozent der Wälder waren geschädigt.
- Durch wachsende Verkehrsdichte und verschlechternde Fahrbahnzustände war der Lärmpegel besonders in den Städten stark angewachsen.
- Zunehmender Verfall der Infrastruktur (Innenstädte, Krankenhäuser, kommunale Straßen, kulturelle und sportliche Einrichtungen, Ausrüstungen der Stadtwirtschaft).

Ursachen für den zunehmenden Verschleißgrad der Ausrüstungen und Gebäude war der Rückgang der Akkumulation und von Investitionen in fast allen Bereichen der Volkswirtschaft seit den siebziger Jahren. Die Widersprüche zwischen Produktion und Konsumtion, zwischen ökonomischer, ökologischer und sozialer Entwicklung verschärften sich zudem in den achtziger Jahren. Es vergrößerte sich die Kluft zwischen sozialer Wirklichkeit und geschönter Darstellung in den Medien mit dem Ergebnis, dass die Unzufriedenheit großer Teile der Bevölkerung und insbesondere unter der Jugend wuchs.

4. Internationale Kontakte und Beziehungen

Die internationalen Kontakte und Beziehungen des ISS beschränkten sich im Prinzip auf die ehemals sozialistischen Länder. Das Institut für Soziologie und Sozialpolitik war insbesondere über die Multilaterale Problemkommission von Soziologen der Akademien der Wissenschaften sozialistischer Länder „Soziale Prozesse in der sozialistischen Gesellschaft" (MPK 3), die Internationale Soziologische Gesellschaft, das „Europäische Koordinationszentrum für Forschung und Dokumentation in den Sozialwissenschaften" (Wiener Zentrum) und die UNESCO-Kommission in das Geflecht der internationalen Wissenschaftsbeziehungen eingebunden.

Zum Zeitpunkt der Institutsgründung im Jahre 1978 waren die DDR-Soziologen bereits Mitglied der International Sociological Association (ISA) und nahmen im Rahmen ihrer kollektiven Mitgliedschaft mit einer relativ kleinen Delegation an den Weltkongressen der ISA teil. Auf Grund der vor allem aus finanziellen Gründen bedingten Beschränkung konnte jeweils nur der Direktor des ISS der DDR-Delegation zu den Weltkongressen angehören.

Umfangreicher war die Mitgliedschaft und Mitarbeit in den Forschungskomitees (RC) der ISA.

Vom ISS waren folgende Mitarbeiter Mitglieder der Researchcomitees (R. Weidig 1996):

- Prof. Dr. Helmut Steiner im RC 8 (Geschichte der Soziologie);
- Prof. Dr. Gunnar Winkler im RC 19 (Soziologie der Armuts-, Wohlstands- und Sozialpolitik);
- Prof. Dr. Horst Berger im RC 33 (Logik und Methodologie der Soziologie);
- Dr. sc. Jutta Gysi im RC6 (Familiensoziologie).

Das RC 33 der ISA führte vom 2.–6. Oktober 1989 in der DDR (Holzhau) einen vom ISS der AdW organisierten Workshop zum Thema „Computergestützte soziologische Forschung" durch, an dem auch Nichtmitglieder des Researchcomitees aus Ost- und Westdeutschland teilnahmen (J. Gladitz/K. Troitsch, 1991).

Die Mitarbeit des ISS im Wiener Zentrum erfolgte relativ spät. Erst als Dr. Bernd Weidig vom ISS 1986 die Funktion des Wissenschaftlichen Sekretärs am Wiener Zentrum übernahm, wurde die Mitarbeit durch die Teilnahme von ISS-Mitarbeitern intensiviert. An folgenden Projekten des Wiener Zentrums war das ISS beteiligt. (R. Weidig, 1996)

- DEM II: State and Structure of the Families: Evaluation of the Influence of Population Policy (Prof. Dr. Wulfram Speigner, Dr. Klaus-Peter Schwitzer);
- ECO II: Industriell und Agricultural Production and the Regulation of Enviromental Problems (Dr. Jährig);
- WOM: Women´s Participation in Positions of Reposibility in Careers of Sciences and Technology (Dr. sc. Heidrun Radtke).

Die Mitarbeit des ISS innerhalb der MPK war durch die politische Situation bedingt intensiver als in den vorstehend genannten internationalen Organisationen bzw. Institutionen. Seit 1979 war der Direktor des ISS Gunnar Winkler ständiges Mitglied des Leitungsgremiums der MPK 3. Die MPK 3 tagte jährlich abwechselnd in den beteiligten sozialistischen Ländern. Die MPK-Tagungen waren verbunden mit wissenschaftlichen Konferenzen zu relevanten Themen der sozialen Entwicklung, an denen weitere Mitarbeiter des ISS teilnahmen.

Die eigentliche Forschungskoordination und Diskussion der Forschungskonzepte und -ergebnisse erfolgte indessen in den 8 Arbeitsgruppen. Folgende ISS-Mitarbeiter waren ständige Mitglieder von Arbeitsgruppen. (R. Weidig, 1996):

- Prof, Dr. Horst Berger in Arbeitsgruppe 2 „Planung und Prognostizierung sozialer Prozesse";
- Dr. Horst Miethe in der Arbeitsgruppe 3 „Soziale Faktoren der Erhöhung der Effektivität der Arbeit";
- Dipl.Psych. Rainer Schubert in der Arbeitsgruppe 4 „Methoden der Erforschung der öffentlichen Meinung";
- Prof. Dr. Toni Hahn in der Arbeitsgruppe 5 „Herausbildung der sozialistischen Lebensweise";
- Prof. Dr. Wulfram Speigner in der Arbeitsgruppe 7 „Demographische Prozesse in der sozialistischen Gesellschaft";
- Dr. Jutta Gysi in der Arbeitsgruppe 7.1 „Familie in der sozialistischen Gesellschaft"

Zu den Beratungen, die jeweils zweimal im Jahr abwechselnd in den beteiligten Ländern stattfanden, wurden je nach konkreter Themenstellung weitere Mitarbeiter des ISS hinzugezogen. Eng verbunden mit der multilateralen internationalen Zusammenarbeit waren die bilateralen Beziehungen zu Soziologieinstituten der Akademien sozialistischer Länder. Besonders enge Beziehungen gab es zur Polnischen Akademie der Wissenschaften, zur Sowjetischen Akademie der Wissenschaften, zur Tschechoslowakischen Akademie der Wissenschaften und zur Ungarischen Akademie der Wissenschaften. Auf Grund der gegebenen politischen Situation waren die Beziehungen zu Akademien kapitalistischer Länder eher spärlich. Lediglich zur Finnischen Akademie der Wissenschaften und zur Österreichischen Akademie der Wissenschaften gab es stärkere Kooperationsbeziehungen.

Nach den politischen Umbrüchen 1989/1990 fanden die Forschungen des Instituts für Soziologie und Sozialpolitik vor allem zur Sozialberichterstattung auch international große Aufmerksamkeit und es fand ein reger Meinungsaustausch statt, insbesondere mit Kollegen aus Westdeutschland. Dies änderte sich schlagartig, als die Weichen auf eine schnelle Vereinigung der beiden deutschen Staaten gestellt wurden. Danach schwand zunehmend das Interesse an einer Zusammenarbeit mit ostdeutschen Soziologen.

5. Neuorientierung und Abwicklung des ISS

Die zweite Hälfte des Jahres 1989 und das Jahr 1990 waren voller Turbulenzen am Institut. Bereits im November 1989 wurden die bisherigen Bereiche aufgelöst und es bildeten sich Projektgruppen auf freiwilliger Basis. (K.P. Schwitzer, 1996) Die Bereichsleiter wurden damit ihrer Funktion enthoben und leiteten eigene Projektgruppen. Der Institutsdirektor Prof. Dr. Gunnar Winkler wurde durch Wahl in seinem Amt bestätigt und leitete das Institut bis zu dessen Abwicklung. Die neue Institutsleitung bestand nunmehr aus dem Direktor, gewählten Vertretern aus den ehemaligen Bereichen und dem Vorsitzenden des neugewählten Personalrates.

Die neu gebildeten Projektgruppen entfalteten eine vielfältige Aktivität, um die rasant vor sich gehenden politischen und sozialen Veränderungen wissenschaftlich begleiteten zu können. Auf Grund des Tempos der politischen Entwicklung wurden auch die Arbeiten zur Sozialberichterstattung forciert. Ein Schwerpunkt der Arbeit im Zeitraum von Oktober bis Dezember 1989 war die Vorbereitung einer eigenständigen empirischen Untersuchung zu den Lebensbedingungen und zum sozialen Wohlbefinden unter den veränderten gesellschaftlichen Verhältnissen in dieser Zeit des politischen Umbruchs. Bereits im Sommer 1989 ist am ISS ein detailliertes Untersuchungsprogramm für repräsentative soziale Analysen ausgearbeitet worden und in relativ kurzer Zeit wurde nunmehr ein Interviewernetz aufgebaut, um repräsentative Daten ermitteln zu können.

Die Forschungsgruppe Sozialindikatoren/Sozialstatistik des ISS erarbeitete neue „Grundsätze zur Durchführung von Bevölkerungsbefragungen und auf dem Gebiet der Meinungsforschung in der DDR". Nach Beratung am Runden Tisch hob der Ministerrat der DDR die Beschränkungen über die Durchführung von Bevölkerungsumfragen auf und veröffentlichte am 9. Februar 1990 eine „Bekanntmachung über Maßnahmen zur Neugestaltung von Rechtsvorschriften auf dem Gebiet der Bevölkerungsbefragung und der Meinungsforschung". (Gesetzblatt der DDR, 1990) Nun waren die Hindernisse für repräsentative Untersuchungen beseitigt. Erste Ergebnisse der im Januar 1990 durchgeführten Institutsuntersuchung konnten im Sozialreport 90 aufgenommen werden. Der erste Sozialreport der DDR wurde bereits Anfang März 1990 veröffentlicht. In kurzer Folge erschienen dann weitere Reports: „Frauenreport 90", „Altenreport '90" und „Sozialreport Ost-Berlin" (letzterer gemeinsam mit dem Statistischen Amt Berlin). Ausführlicher wurden die Untersuchungsergebnisse später in einer gesonderten Publikation dargestellt. (M. Häder 1991)

Beginnend mit dem Sozialreport 1992 folgten dann in periodischen Abständen umfassende Darstellungen zur sozialen Situation, zu wesentlichen Lebensbedingungen und zu den Denk- und Verhaltensweisen der Bürger in den neuen Bundesländern. Dabei stützte sich das SFZ auf eigene Analysen, insbesondere auf die repräsentative Untersuchung „Leben in Ostdeutschland" und auf Daten des Statistischen Bundesamtes, des Instituts für Arbeitsmarkt- und Berufsforschung der Bundesanstalt für Arbeit sowie wissenschaftlicher Einrichtungen wie dem Deutschen Institut für Wirtschaftsforschung (DIW), dem Zentrum für Umfragen, Methoden und Analysen Mannheim (ZUMA) und dem Institut für Marktforschung Leipzig. (G. Winkler, Sozialreport 1992)

Bereits im Mai/Juni 1990, also vor der Wirtschafts- und Währungsunion, führte die Projektgruppe „Das sozio-oekonomische Panel" des Deutschen Instituts für Wirtschaftsforschung (DIW) in enger Kooperation mit der Forschungsgruppe Sozialindikatoren/Sozialstatistik des ISS eine Basisbefragung (SOEP-Ost) in der DDR durch. Damit stand eine mikroanalytische Ausgangsbasis für die Erforschung der Lebensbedingungen privater Haushalte zur Verfügung, die noch DDR-Verhältnisse widerspiegelt und der Ausgangspunkt für eine über mehrere Jahre dauernde Längsschnittuntersuchung zur wissenschaftlichen Begleitung des Vereinigungsprozesses war.

Die Hauptaufgabe des Instituts bestand in der ersten Hälfte des Jahres 1990 in der Vorbereitung auf die anstehende Begutachtung des Instituts durch eine Gruppe des Wissenschaftsrates. Mitte 1990 konnte ein umfangreiches Informationsmaterial an die Begutachter des Wissenschaftsrates übergeben werden, in dem auch die neu gebildeten Projektgruppen ihre Konzeptionen für die weitere Forschung präsentierten. (ISS, Informationsmaterial, August 1990) Doch die anfänglich gehegten Hoffnungen auf eine modifizierte Weiterführung des ISS mit verkleinertem Personalbestand erfüllten sich nicht. Das ISS wurde wie die anderen Institute des Forschungsbereichs Gesellschaftswissenschaften der Akademie mit der Begründung abgewickelt, Grundlagenforschung sei an den Universitäten angesiedelt.

Die Soziologie charakterisierte die Gruppe des Wissenschaftsrates wie folgt: „In der DDR war die Soziologie in begrenztem Maße institutionalisiert; sie hat qualifizierte Absolventen ausgebildet, die zum Teil in der Wissenschaft verblieben sind, sowohl an den Hochschulen wie an Instituten der Akademie. Die Soziologie war im ganzen zwar politisch kontrolliert, konnte sich aber in ihrer empirischen und anwendungsbezogenen Forschung teilweise vom dogmatischen und normativen Marxismus/Leninismus verselbständigen. Aus dem Kreis der Soziologen ist daher ein kleiner, wissenschaftlich qualifizierter Personenbestand hervorgegangen. Ein nicht unerheblicher Teil dieses Potentials befindet sich an

Akademieinstituten. Der Verlust dieses Personals wäre für die Erforschung des Übergangsprozesses und den Neuaufbau der Soziologie in den neuen Bundesländer nicht zu vertreten. Gehört doch die Vertrautheit mit den Strukturformen und den Lebensbedingungen in der ehemaligen DDR zu dem unverzichtbaren Kontextwissen für die soziologische Forschung auf dem Gebiet der neuen Bundesländer und für die Reflexion der Umstellungen und Veränderungen in diesem Gebiet." (Gutachten des Wissenschaftsrates der Bundesrepublik Deutschland, Mainz 1991)

Für das ISS wird im Wissenschaftsratsgutachten festgestellt, dass am Institut Gruppen mit interessanten Vorhaben bestehen, die durch eine Anbindung an bestehende Einrichtungen der Bundesrepublik weiter gefördert werden sollten. Eine Weiterführung des ISS wurde indessen nicht empfohlen. Als wichtigste Gründe wurden genannt: Mangelnde Kohärenz der Forschungsplanung, Notwendigkeit der Durchmischung mit qualifizierten westdeutschen Wissenschaftlern und Einbindung in unterschiedliche Arbeitszusammenhänge. Diese Einschätzung bezog sich auch auf das neu erarbeitete Forschungsprogramm des ISS, das nach Auffassung des neu gebildeten Direktoriums mit 30 wissenschaftlichen und 15 technischen Mitarbeitern bewältigt werden könne. Der Wissenschaftsrat empfahl lediglich, die Arbeitsgruppen Sozialindikatoren/Sozialstatistik, Methodik, Demographische Forschung und Soziökologische Forschung weiterzuführen und an bestehende Institutionen der BRD anzubinden. (Gutachten des WR, Vademecum, S. 255/256). Des Weiteren wurde vorgeschlagen, 10 Wissenschaftler im Rahmen der KSPW bzw. im WIP zu fördern. Diese Empfehlungen wurden indessen nur zum Teil umgesetzt. Der Widerstand maßgeblicher politischer Entscheidungsträger (besonders in Berlin) war zu groß.

Die Gruppe Sozialindikatoren/Sozialstatistik wurde in die Abteilung Sozialberichterstattung des Wissenschaftszentrums Berlin für Sozialforschung (WZB) eingegliedert und konnte ihre spezifischen Kompetenzen in dort bestehende Arbeitszusammenhänge einbringen. (W. Zapf/R. Habich, 1996) Im Rahmen des DFG-Schwerpunktprogramms „Sozialer und politischer Wandel im Zuge der Integration der DDR-Gesellschaft" wurde über mehrere Jahre ein Projekt „Soziale Lage der privaten Haushalte im gesellschaftlichen Umbruch Ostdeutschlands" bearbeitet. Die Hauptergebnisse dieser Forschung gingen in das Buch „Privathaushalte im Vereinigungsprozess – Ihre soziale Lage in Ost- und Westdeutschland" ein. (H. Berger u.a., 1999)

Die Mitarbeiter der Gruppe Methodik wurden in das Zentrum für Umfragen und Methoden in Mannheim (ZUMA) bzw. in das Zentralarchiv Köln eingegliedert und leisteten dort eine anerkannte Arbeit. (M. Häder/S. Häder, 1995) Zwei Kollegen der Gruppe Sozioökologie wurden an eine entsprechende Einrichtung der Freien Universität Berlin (FU) angebunden und die reduzierte Gruppe Demographie an das Institut für Bevölkerungsforschung (BIB). Weitere Kollegen erhielten die Möglichkeit, für eine gewisse Zeit im Rahmen der Kommission für die Erforschung des politischen und sozialen Wandels in den neuen Bundesländern (KSPW) bzw. des sogenannten Wissenschaftlerintegrationsprogramms (WIP) bestimmte Themen zu bearbeiten.

Der beabsichtigte Zweck des WIP erfüllte sich indessen nicht. Nur in einzelnen Fällen gelang eine wirkliche Integration in die westdeutsche Wissenschaftslandschaft. Die KSPW gab zwar Themen für Studien aus und finanzierte auch die Bearbeiter, die zusammenfassenden Publikationen blieben im Prinzip westdeutschen Kommissionsmitgliedern vorbehalten. Es erschienen 6 umfängliche KSPW-Bände. Der Bericht 2 behandelt Probleme der Ungleichheit und Sozialpolitik (R. Hauser u.a., 1996) und stützt sich in einem beachtlichen Umfang auch auf Forschungsergebnisse ehemaliger Mitarbeiter des Instituts für Soziologie und Sozialpolitik (ISS) und des aus dem ISS hervorgegangenen Sozialwissenschaftlichen Forschungszentrums Berlin-Brandenburg (SFZ).

Die Mehrheit der Mitarbeiter des ISS wurden zunächst mit ABM-Stellen aufgefangen und ältere Mitarbeiter wurden in den vorzeitigen Ruhestand geschickt. Für viele Mitarbeiter blieb nach dem Auslaufen der ABM-Stellen nur die Alternative Aufnahme einer nichtwissenschaftlichen Tätigkeit oder Arbeitslosigkeit. Gleichwohl ist bemerkenswert, dass dennoch eine beträchtliche Anzahl ostdeutscher Sozialwissenschaftler, darunter ehemalige Mitarbeiter des ISS, auch nach dem Verlust ihrer Arbeitsplätze weiterhin wissenschaftlich tätig waren. (W. Hinrichs/E. Priller, 2001) Über den Verbleib der Mitarbeiter nach der Abwicklung des ISS gibt eine detaillierte Studie Auskunft. (K.P. Schwitzer, in: H. Bertram, 1997)

1991 gründeten der Direktor des ISS und einige ehemalige Mitarbeiter einen gemeinnützigen Verein, das Sozialwissenschaftliche Forschungszentrum Berlin-Brandenburg (SFZ), und setzten unter den veränderten Bedingungen ihre Arbeit an der Sozialberichterstattung fort.

Das SFZ konzentrierte sich auf 3 Forschungslinien:

- Analyse der sozialen Lage in den neuen Bundesländern,
- Analysen zu Lebenslage spezifischer sozialer und demographischer Gruppen,
- Forschungen zur Arbeitszeitentwicklung im Ost-West-Vergleich (Winkler, 2001).

Die besondere Leistung des SFZ besteht darin, seit 1990 in periodischen Abständen einen „Sozialreport – Daten und Fakten zur sozialen Lage in den neuen Bundesländern“, herauszugeben, an dessen Ausarbeitung in den ersten Jahren auch die an das WZB angebundene Gruppe Sozialindikatoren/Sozialstatistik beteiligt war. Daneben erschienen weitere spezielle Reports wie der Seniorenreport, der Frauenreport u.a.. Diese Sozialreports sind ein unverzichtbarer und anerkannter Bestandteil der Sozialberichterstattung in Deutschland und haben ihre Existenzberechtigung neben dem vom Statistischen Bundesamt herausgegebenen Datenreport längst bewiesen. (R. Habich/W. Zapf, 1994)

6. Fazit

Das ISS hat in der kurzen Zeit seiner Existenz durchaus beachtliche Forschungsergebnisse erzielt, die teilweise auch internationale Anerkennung fanden. Gemessen an der Größe des Instituts mit mehr als 100 wissenschaftlichen Mitarbeitern ist diese Aussage aber zu relativieren. Die Forschungsergebnisse wurden nur von einem Teil der wissenschaftlichen Mitarbeiter erbracht. Wichtige Gründe für die nicht hinreichende Effektivität der Forschung waren: Unzureichende periodische Begutachtung der Forschungsergebnisse durch externe Gremien; mangelhafte technische Ausstattung; keine befristeten Anstellungen, die eine gewisse Rotation der wissenschaftlichen Mitarbeiter bewirkt hätten; begrenzter Zugang zu westlichen Forschungsergebnissen (geringe Teilnahme an internationalen Veranstaltungen und kaum internationale Kooperationsbeziehungen mit westlichen Wissenschaftlern) etc.. Da das ISS durch den Staatshaushalt finanziert wurde, gab es auch keine Bemühungen und keinen Wettbewerb um finanzielle Mittel zur Forschungsförderung. Entscheidend war aber die Tatsache, dass das ISS angehalten war, vor allem wissenschaftliche Ergebnisse für die Partei- und Staatsführung zu erbringen. Dies schränkte von vornherein eine selbstbestimmte Forschung weitgehend ein.

Die Institutsleitung war sich in der Vorbereitung auf die Evaluation durch den Wissenschaftsrat darüber im klaren, dass die Größe des Instituts kaum zu halten sei und ging beim wissenschaftlichen Personal von einer Mitarbeiterzahl von ca. 30 aus, um die neu formulierten Forschungsthemen bearbeiten zu können. (ISS, Informationsmaterial, 1990) Ein großer Teil der bisherigen Forschungsrichtungen (Theorie und Geschichte der marxistischen Soziologie, Entwicklung und Ausprägung der sozialistischen Lebensweise, Theorie und Geschichte der Sozialpolitik) wurde ohnehin auf Grund der veränderten gesellschaftspolitischen Bedingungen und des Versuchs einer konzeptionellen Neubestimmung der Forschungslinien abgebrochen.

Einige Forschungsrichtungen konnten aber auch unter den veränderten gesellschaftlichen Bedingungen ihr Forschungsprofil bis zur Auflösung des ISS im

Jahre 1991 beibehalten; freilich mit bestimmten Modifikationen (Analyse der sozialen Lage der ostdeutschen Bevölkerung, soziale Dimensionen und Komponenten von Arbeitsmarkt und Beschäftigung, soziale Gleichstellung der Geschlechter, Lebensbedingungen und Zukunftsperspektiven älterer Menschen, Sozialindikatoren und Sozialstatistik, familiensoziologische Forschung, demographische Forschung, sozio-ökologische Forschung). Mit der Auflösung des ISS endete auch die strukturelle Grundlage für diese Forschungsrichtungen. Nur ein Teil der Forschungsthemen konnte durch Anbindung an vorhandene Institute der Bundesrepublik sowie durch das neu gegründete Forschungszentrum Berlin-Brandenburg und befristete Anstellungen im Rahmen der weiter vorn erwähnten Beschäftigungsprogramme (WIP-Programm. KSPW und ABM) fortgesetzt werden.

HERBERT WÖLTGE

Zu den Statutenentwürfen der AdW 1989/90

In den wenigen Monaten vom Herbst 1989 bis Ende 1990 entstanden an der AdW zahlreiche Entwürfe für ein neues Statut, Beschlussentwürfe und Grundsatzdokumente zur Position der Akademie in der Gesellschaft und zu ihrer Struktur. In den Akten finden wir mindestens 18 verschiedene Dokumente dieser Art. Die Entwürfe wurden in den verschiedenen Gremien der Akademie – neuen wie alten – behandelt, diskutiert, verändert, angenommen oder abgelehnt. Keiner von ihnen erlangte jemals Rechtskraft und normative Verbindlichkeit. Sie wurden von den jeweiligen Regierungen nicht bestätigt. Auf eine Ausnahme wird noch Bezug genommen.

Hier soll zunächst nur auf die Existenz dieser Entwürfe hingewiesen werden. Ihre Durchsicht erfolgt unter der Annahme, dass sich unser Problem *Forschungsakademie* in den Statutenentwürfen dieser Zeit im jeweils beschriebenen Verhältnis von Gelehrtengesellschaft und AdW-Forschungspotenzial zeigen lässt. Die dem inhaltlich vorangehende Frage, wie die Stellung der AdW in Wissenschaft und Gesellschaft in den Entwürfen jeweils gesehen wird und sich entwickelt hat, bleibt ausgespart. Es soll angedeutet werden, wie Idee und Realität der Forschungsakademie in der letzten Phase der AdW verblieben sind.

In dem Zeitraum Herbst 1989 bis Ende 1990 versuchte die AdW, sich auf die sich sehr schnell und radikal verändernden inneren und äußeren Rahmenbedingungen einzustellen. Sie durchlief eine basisdemokratisch und reformerisch geprägte Entwicklung, die tief in die bisherigen Verhältnisse und Strukturen eingriff. Sowohl die Leitungsgremien als auch die Gruppen und Gremien der demokratischen Entwicklung an der Akademie arbeiteten daran, für die vorgenommenen Veränderungen entsprechende statutarische Regelungen zu finden.

Die Entwürfe lassen sich in Gruppen zusammenfassen:

1. Eine **erste Gruppe** von Entwürfen entstand als Ergebnis der frühen reformerischen und basisdemokratischen Bewegung an der Akademie (die hier nicht weiter beschrieben wird). Die Frage nach dem Verhältnis von Gelehrtengesellschaft und den Forschungsinstituten und Einrichtungen, dem eigentlichen For-

schungspotenzial der Akademie, war in dieser Bewegung anfangs noch eine Randfrage, sie wurde erst aufgeworfen, als erste Überlegungen und Maßnahmen zu Statutenänderungen auf die Tagesordnung kamen. Im ersten zeitgenössischen Dokument mit Grundsatzcharakter, der Erklärung des Präsidiums vom 31. Oktober 1989, ist davon noch keine Rede. In dem Dokument des Akademiepräsidiums „Die Akademie der Wissenschaften der DDR im Prozess der Erneuerung der sozialistischen Gesellschaft – ein Angebot zur Diskussion" vom 28. November 1989 wurde der Terminus *Forschungsgemeinschaft* eingeführt, der in dem bis dahin gültigen Statut der Akademie vom 28. Juni 1984 und auch davor nicht enthalten ist.[1]

Forschungsgemeinschaft sollte die bisher unter Forschungs- bzw. Wissenschaftsbereiche zusammengefasste Gliederung der nach dem Prinzip der Einzelleitung geführten Institute/des Potenzials/ aufheben. Die Akademie wurde als Einheit von Gelehrtengesellschaft und Forschungsgemeinschaft gesehen, es wurde eine klare organisatorische Abgrenzung beider Teile vorgeschlagen. Damit wurde reagiert auf (minderheitliche, aber gewichtige) Stimmen in der außerordentlichen Geschäftssitzung des Plenums am 16. November 1989 und den folgenden Geschäftssitzungen im Januar/Februar 1990, die zu einer Trennung von Gelehrtengesellschaft und Forschungsinstituten (im Interesse einer zu festigenden Forschungsgemeinschaft) rieten. Es wurde die Notwendigkeit gesehen, diese – und natürlich viele andere – Veränderungen in einem geänderten Statut verbindlich zu fixieren. Dazu wurden Arbeitsgruppen gebildet, in denen die Reformkräfte mitarbeiteten.[2]

Der erste Statutenentwurf der Arbeitsgruppe des Plenums lag Mitte Januar vor, der Text ging dann bis etwa Anfang Februar durch die Instanzen Präsidium und Kollegium, er hatte jeweils veränderte Fassungen durch die Einarbeitung der Diskussionsergebnisse. Das Dokument wurde auch in der Erklärung einer Direktorenkonferenz von Ende Januar bekräftigt. In den Entwurf waren die Ergebnisse der Debatten um Demokratisierung und Strukturveränderungen der AdW eingeflossen.[3]

---

1 Auch der Terminus Gelehrtengesellschaft wird vor 1989 in Verlautbarungen und in den konstitutiven Dokumenten der Akademie als Bezeichnung für die Gesamtheit der Akademiemitglieder nicht verwendet. Die Statuten der Akademie von 1946 bis 1984 sprechen von der Gemeinschaft hervorragender Gelehrter, der Gemeinschaft hervorragender Wissenschaftler und Persönlichkeiten (Statuten 1963 und 1969) und der Gemeinschaft von Gelehrten (1946, 1954). Die Gesamtheit der Akademiemitglieder wird in diesen Statuten als Plenum bezeichnet.

2 Die ersten Änderungen am Statut der AdW von 1984 betrafen auf dem Plenum im Dezember 1989 zunächst die Passagen zur Rolle der SED an der Akademie, die vom Plenum gestrichen wurden, da kurz zuvor auch die Verfassung der DDR durch die Volkskammer entsprechend geändert wurde.

3 Die zeitweilige Aufnahme der früheren Bezeichnung Deutsche Akademie der Wissenschaften zu

Die Entwürfe bekräftigten die Vorstellung, dass die Akademie aus den beiden Teilen Gelehrtengesellschaft und Forschungsgemeinschaft bestehen sollte, deren Struktur und Aufgaben ausführlich beschrieben wurden. Und: Es blieb zunächst auch bei der Verantwortung der Akademie für Grundlagenforschung im Lande. Inhaltlich schlossen diese Entwürfe die Periode der Bindung der Akademie an den Sozialismus und dann auch an die DDR ab. Sie betonten nun vor allem die Autonomie der Akademie gegenüber dem Staat und die Autonomie für die Grundlagenforschung.

2. Ende Januar änderte sich die Umgebungslage grundsätzlich, es begann *Deutschland einig Vaterland* (Modrow). In der Akademie waren die Vorbereitungen auf einen Runden Tisch im Gange, der ab 8. Februar seine Tätigkeit aufnahm und der sich intensiv auch mit der statutarischen Bewältigung der Veränderungen befasste.

In dieser Zeit – etwa von Mitte Februar bis Ende Mai 1990 – kann man eine **zweite Gruppe** von Entwürfen konstatieren, in denen – in wechselnden Fassungen – die gesellschaftlichen Veränderungen in Staat, Gesellschaft und Akademie reflektiert wurden, vor allem durch das Wirken des Runden Tisches der AdW, der die Ergebnisse der basisdemokratischen und reformerischen Einwirkungen auf die strukturellen Verhältnisse der Akademie einarbeitete. Eine Fassung wurde an der Akademie in Umlauf gegeben und öffentlich diskutiert, nachdem der Runde Tisch und das Präsidium der Akademie sie gebilligt hatten. Im April wurden die dazu erhaltenen Vorschläge eingearbeitet. Der so gewonnene Text sollte die statutarische Grundlage für die Berechtigung/Existenz/Tätigkeit eines Konsiliums und die Wahl der neuen Leitungsgremien Senat und Vorstand der Forschungsgemeinschaft, des Präsidenten der Akademie und des Vorsitzenden der Forschungsgemeinschaft bilden. Grundlagenforschung und Angewandte Forschung waren danach weiterhin Aufgabe der Akademie; die Akademie war eine einheitliche Körperschaft mit den Gliedern (nicht mehr Grundeinheiten) Gemeinschaft der Akademiemitglieder und Forschungsgemeinschaft, die bei voller Eigenverantwortung wissenschaftlich miteinander verbunden sind.

In dieser Zeit verschoben sich die Akzente für die Weiterexistenz der Akademie erneut stark und gaben dem Erfordernis breiten Raum, die Akademie in eine absehbare gesamtdeutsche Forschungslandschaft einzuordnen. Hier sah die Akademie vor allem Gefahren für die Weiterexistenz des Forschungspotenzials.

Berlin anstelle von AdW der DDR wurde im Diskussionsverlauf wenig später fallengelassen, aber später wieder aufgegriffen.

Konzentriert finden sich Aussagen dazu in einer *Rahmenvorstellung zur Erhaltung des Wissenschaftspotenzials der Akademie* /ANA 1(1990)2 vom 6. April/. Dieses Papier nahm einen deutlichen Abgleich mit dem Wissenschaftssystem der BRD vor, hielt aber an der Einheit von Gelehrtengesellschaft und Forschungsgemeinschaft „als einem lockeren Verbund" fest. Für die Forschungsgemeinschaft selbst waren ebenfalls zwei locker verbundene Grundeinheiten vorgesehen, die für eine Einordnung für geeigneter gehalten wurden: Leibniz-Gesellschaft und Helmholtz-Gesellschaft. Leibniz: Kern der Forschungsgemeinschaft, Einheit von Grundlagenforschung und Angewandter Forschung einschließlich Sozial- und Geisteswissenschaften; Helmholtz: erzeugnis- und verfahrensorientierte Forschung.

Indessen war der Entwurf vom April sozusagen nur akademieintern, nicht amtlich, von der Regierung nicht bestätigt und demzufolge ohne Rechtskraft. In Eile und immer drängender wurde versucht, von der Regierung de Maizière eine Bestätigung des Entwurfs und einen Beschluss des Ministerrates über die Akademie der Wissenschaften zu erhalten. Doch die Regierung zögerte aus vielerlei Gründen damit, die Ergebnisse der Reformbemühungen der Akademie rechtlich abzusichern. Das Konsilium musste schließlich beschließen, die Mai-Fassung des Statutenentwurfs als provisorische Grundlage für die Schaffung der neuen Organe der Akademie und für die Wahl des Präsidenten zu deklarieren. Das Statut ging als das später berühmte Provisorische Reglement in die Akademiegeschichte ein.

3. Eine **dritte Gruppe** begann mit der Verordnung des Ministerrates über die Tätigkeit der Akademie. Der Ministerrat konnte Ende Juni dazu gebracht werden, diese Verordnung zu verabschieden. Die Verordnung war die endlich erreichte verbindliche Rechtsnorm. Sie stieß außerhalb der Akademie sogleich auf heftigen und prinzipiellen Widerstand und wurde sowohl im DDR-Ministerium für Forschung und Technologie, vom BMFT, vom Justizministerium als auch von der Berliner Senatsverwaltung strikt abgelehnt. Als gültiger Rechtsakt wurde die Verordnung mit dem Hauptargument konfrontiert: sie widerspräche dem föderalen Länderprinzip in einem wiedervereinigten Deutschland. Da die Verordnung keine Unterteilung der Akademie in Gelehrtengesellschaft und Forschungsgemeinschaft vorsah, diese aber auch nicht ausdrücklich ausschloss und nur eine unstrukturierte AdW der DDR kannte, richteten sich die Einsprüche unverkennbar direkt gegen die Weiterführung der Akademie als Gemeinschaft von Gelehrtengesellschaft und Forschungsgemeinschaft.

Der zur Verordnung gehörende Beschluss des Ministerrats forderte die Akademie auf, einen neuen Statutenentwurf auszuarbeiten und gab ihr den Auftrag, einen Satzungsentwurf vorzulegen, Termin dafür Ende Juli 1990. Das löste weitere statutarische Aktivitäten des neuen Senats der Akademie aus. Er berief ein Konsilium ein, um den Entwurf zu einer Satzung der DAW zu beschließen. Dieser Entwurf sah die Existenz einer Gemeinschaft der Akademiemitglieder und einer Gemeinschaft wissenschaftlicher Institute und Einrichtungen vor.[4]

Der Entwurf durfte dann dem Konsilium (Ende Juli 1990) nur zur Kenntnis, nicht zur Annahme gegeben werden, denn als er vorlag, hatte die erste Runde um den Text des Einigungsvertrages schon begonnen, der den Entwurf gegenstandslos machte. DDR-Wissenschaftsminister Terpe und Bildungsminister Meyer hatten ohnehin auch diesen Entwurf bereits zurückgewiesen, weil nicht mit Textvorschlägen des Einigungsvertrages übereinstimmend, die eine Länderverantwortung für die Institute und die Gelehrtengesellschaft vorsahen; eine Verabschiedung eines Statuts vor der Bildung der Länder – so wurde dringlich empfohlen – sei unzweckmäßig.

Der Textentwurf des Einigungsvertrages sprach von vornherein von der Auflösung der Akademie, er konnte erst durch langwierige zähe Verhandlungen der Akademie im Juli und August abgemildert werden; das Problem Gelehrtengesellschaft wurde dem Land Berlin zugeordnet.

Ab Anfang August 1990 trennte sich die Akademie von dem Gedanken eines Weiterbestehens einer wie auch immer gearteten Einheit von Gelehrtensozietät und Forschungsgemeinschaft. Am 23. August beschloss die Volkskammer der DDR den Beitritt zur Bundesrepublik, am 31. August wurde der Vertrag unterzeichnet. Damit waren alle Debatten über einen eigenen Weg der Akademie beendet. Das Ende der Forschungsakademie war besiegelt. Die Akademie hatte, wie die Dokumente zeigen, lange versucht, die Einheit von Gelehrtengesellschaft und Forschungsgemeinschaft als Grundsubstanz der Akademie aufrecht zu halten und zu verteidigen, aber zuletzt zunehmend um die bloße Weiterexistenz des Forschungspotenzials, nicht mehr um einen Verbund mit der Gelehrtengesellschaft gerungen.

---

4 Dieser Auftrag an die Akademie wurde zu einem Zeitpunkt erteilt, als die eigentlichen Entscheidungsgremien außerhalb der Akademie schon längst zu der Übereinkunft gekommen waren, das Forschungspotenzial der Akademie nicht als eigenständige Institution fortzuführen. Spätestens im Mai war die Meinungsbildung dazu in den Führungsgremien der bundesdeutschen Wissenschaftsorganisationen abgeschlossen, sie waren dabei in Übereinstimmung mit der Ministerialbürokratie in Bund und Ländern. Ihren Fixpunkt setzten sie am 3. Juli auf dem berühmten Kamingespräch, in der die Art der Einordnung der DDR-Potenziale in die bundesdeutsche Wissenschaftslandschaft verkündet wurde. So erschien der Auftrag des Ministerrates eher eine Beschäftigungstherapie zu sein als der Weg zu einer Neuordnung der Akademie.

In der verbleibenden Zeit bis zum Beitritt der DDR versuchte der Senat der Akademie auf seinen letzten Sitzungen die Voraussetzungen für die Konsolidierung der Gelehrtensozietät zu sichern und Regelungen für einen verwaltungstechnisch gesicherten Übergang der Institute auf die Länder zu treffen, sofern sein Verantwortungsbereich ihm überhaupt noch Handlungsmöglichkeiten erlaubte. Er beschloss am 14. September die Neuordnung der AdW der DDR und gab den Auftrag, noch vor Toresschluss eine Satzung für die Akademie als Gelehrtensozietät auszuarbeiten. Sie kam nicht mehr zustande. Mit dem Beitritt am 3. Oktober 1990 gingen die Institute in Ländereigentum über, die Forschungsgemeinschaft als Verbund der Institute erlosch, die Institute wurden evaluiert und aufgelöst. Von der Forschungsakademie blieb die Gemeinschaft der Akademiemitglieder, sie existierte weiter als Gelehrtensozietät.

4. Die Arbeit an der Schaffung eigener statutarischer Voraussetzungen der Akademie als Gelehrtensozietät, wie sie nun hieß, endete mit einem **letzten Versuch**, der Gelehrtensozietät zumindest die Möglichkeit und die Berechtigung zuzugestehen, eine wenn auch schmale Forschungsbasis zu unterhalten. In einem Dokument „Vorschlag für eine Satzung der Leibniz-Akademie der Wissenschaften" wurde formuliert: *Die Leibniz-Akademie der Wissenschaften ist eine Gemeinschaft hervorragender Gelehrter und Trägerin wissenschaftlicher Unternehmungen.* Damit waren gemeint „wissenschaftliche Aufgaben, die mittel- oder längerfristigen Charakter tragen und den Klassen zugeordnet sind", die Parallele zu den sogenannten Langzeitprojekten ist offenkundig. Die Zwecksetzung Grundlagenforschung oder Angewandte Forschung war darin nicht mehr enthalten.

Dieser Entwurf wurde am 29. November 1990 vom Plenum beschlossen und der zuständigen Senatsverwaltung für Wissenschaft übergeben. Die Senatorin Riedmüller-Seel (SPD) lehnte sofort und entschieden ab.

Danach gab es keinen Versuch der Gelehrtensozietät mehr, ein eigenes Statut vorzulegen. Sie musste sich auf die Aufgabe zurückziehen, eine Überlebensform für die Akademie als Gelehrtensozietät zu finden. Im Dezember 1990 und Januar 1991 wurden verschiedene Vorschläge und eine „Konzeption zur Neuordnung der Akademie-Mitgliedschaft in Vorbereitung auf die Konstituierung der Leibniz-Akademie" ausgearbeitet. Sie blieben wirkungslos.

Der weitere Verlauf ist bekannt: Nur acht Akademiemitglieder wurden in die 1992 gegründete Berlin-Brandenburgische Akademie der Wissenschaften aufgenommen. Ein Teil der Mitgliedschaft formierte sich 1992/1993 als der eingetragene Verein Leibniz-Sozietät. Wie sich hier unser Problem entwickelt hat, ist in einer kürzlich veröffentlichten Studie beschrieben (Leibniz intern spezial vom 15.12.2011, *www.leibnizsozietaet.de*). „Wir sind zurück gekehrt", wird Rapoport kurze Zeit später sagen, „zur Gelehrtengesellschaft als freiem Zusammenschluss von unabhängigen, vielseitig interessierten und wissenschaftlich ertragreichen Forschern, frei von einengenden Patronaten durch Landesherrscher, ohne Verbeamtung und verkrustete Strukturen."

Die Leibniz-Sozietät stützte sich auf die Forschungsleistungen ihrer Mitglieder, die dann akademiegemäß im wissenschaftlichen Dialog behandelt wurden. Dieser Dialog war und ist das Kernstück ihrer Tätigkeit. Sie formulierte an keiner Stelle statutarisch die Aufgabe, eigene Forschungen anzustreben oder zu betreiben, etwa in Analogie zur Forschungsakademie. Auch als sie nach zehn Jahren in bescheidenem Maße Fördermittel des Landes erhielt, waren diese für die Diskussion und Publizierung der Ergebnisse der Forschungen ihrer Mitglieder vorgesehen, nicht für die Unterhaltung einer eigenen Forschungsbasis.

Schlussbemerkung: Der Weg der AdW verlief somit anders als der der anderen Forschungsakademien, der Akademie der Landwirtschaftswissenschaften, der Akademie der Pädagogischen Wissenschaften und der Bauakademie. Von der Akademie der Wissenschaften hat sich mit der Leibniz-Sozietät ein Restbestand erhalten, der sich zu einer eigenständigen und möglicherweise neuartigen Institution entwickelt und strukturiert hat. Geblieben ist darin die Besinnung auf ihre Herkunft und die Verantwortung für die Wahrung der Tradition der Leibnizschen Gründung. Den Gedanken der Forschungsakademie hat sie nicht weitertragen können.

Die anderen Forschungsakademien sind mit dem Beitritt ohne Nachfolge verschwunden, wie auch heute geschildert wurde. Ihre Gelehrtengesellschaften haben aufgehört zu existieren, wir haben kein Zeichen dafür gesehen, dass sie sich in irgendeiner Weise hätten behaupten wollen oder dies in anderer Form auch taten. Ihre Forschungspotenziale sind verstreut, manche überlebend, manche untergegangen.

GÜNTER WILMS

Zur Entwicklung und zu den Aufgaben der Akademie der Pädagogischen Wissenschaften der DDR (APW) – Forschungen für die pädagogische Praxis und zur Entwicklung der pädagogischen Theorie

Zunächst eine Vorbemerkung:

Für heutige Aussagen und Untersuchungen zur APW der DDR liegt als eine wichtige Quelle eine Arbeit vor, die 1989 von einem Autorenkollektiv unter der Leitung von Prof. Dr. Eberhard Meumann unter dem Titel „Zur Geschichte der APW der DDR" veröffentlicht wurde. Außer einem kurzen Überblick über die Geschichte der Akademie enthält die Publikation eine Zeittafel mit allen wichtigen Fakten zur Arbeit der APW bis Frühjahr 1989 sowie eine Reihe ausgewählter wichtiger Dokumente. Auch die nachfolgenden Ausführungen stützen sich u.a. auf diese Quelle.

1. Zur Gründung der APW und zu ihrer Vorgeschichte

Die Gründung der APW der DDR erfolgte am 15. September 1970. Zum gleichen Zeitpunkt trat das vom Ministerrat der DDR verabschiedete Statut in Kraft. Dem ersten Plenum der Akademie gehörten 40 Ordentliche und 30 Korrespondierende Mitglieder an, davon 18 Wissenschaftler, die in den Instituten und Arbeitsstellen der Akademie tätig waren, sowie 28 Wissenschaftler von den Universitäten und Pädagogischen Hoch- und Fachschulen, 8 Vertreter anderer wissenschaftlicher Disziplinen, 10 aus Politik und staatlicher Administration sowie 6 aus der pädagogischen Praxis. Zum Präsidenten wurde Prof. Dr. Gerhart Neuner (bisher Direktor des Deutschen Pädagogischen Zentralinstituts, DPZI) berufen, zum Generalsekretär Prof. Dr. H.-G. Hofmann (bisher DPZI), zu Vizepräsidenten

Prof. Dr. K.-H. Günther (bisher DPZI), Prof. Dr. G. Wilms (bisher Institutsdirektor an der Pädagogischen Hochschule Potsdam) und Prof. Dr. H. Kaiser (bisher Stellvertreter des Ministers für Volksbildung).

Mit dem Statut wurden der APW die folgenden Aufgaben übertragen:
- aktiv an der Ausarbeitung und Realisierung der politisch-ideologischen und bildungspolitischen Aufgabenstellung der Partei der Arbeiterklasse und des sozialistischen Staates mitzuwirken;
- die marxistisch-leninistische Pädagogik als Disziplin der marxistisch-leninistischen Gesellschaftswissenschaften schöpferisch zu entwickeln;
- an der Ausarbeitung der Prognose des einheitlichen sozialistischen Bildungssystems mitzuwirken und wissenschaftlichen Vorlauf für heranreifende schulpolitische Entscheidungen zu sichern;
- die wissenschaftliche Gemeinschaftsarbeit auf dem Gebiet der pädagogischen Wissenschaften allseitig zu entwickeln, Wissenschaftler verschiedener Disziplinen zur Lösung schulpolitisch bedeutsamer Projekte zusammenzuführen;
- das geistige Leben und den schöpferisch-produktiven Meinungsstreit auf dem Gebiet der pädagogischen Wissenschaften allseitig zu fördern und pädagogische Erkenntnisse und Erfahrungen zu popularisieren;
- an der Ausbildung und Weiterbildung von Lehrern, Erziehern und Schulfunktionären aktiv mitzuwirken, wissenschaftliche Kader auf dem Gebiet der pädagogischen Wissenschaften heranzubilden;
- Zusammenarbeit und Kooperation mit den wissenschaftlichen Einrichtungen der Sowjetunion und anderen sozialistischen Ländern zu organisieren.

Die Akademie verstand sich in ihrer gesamten Tätigkeit als Erbin des fortschrittlichen pädagogischen Denkens der Vergangenheit, und zwar sowohl der progressiven bürgerlichen Pädagogik als auch der Arbeiterbewegung. Ausdruck hierfür war die Amtskette des Präsidenten, in der die Bildnisse der folgenden Pädagogen eingeprägt waren:
Johann Heinrich Pestalozzi
Friedrich Adolf Wilhelm Diesterweg
Nadeshda Konstantinowna Krupskaja
Dr. Theodor Neubauer

Die Gründung der APW erfolgte 1970 zweifellos mit dem Ziel, die Potenzen der in den verschiedensten Einrichtungen der DDR institutionalisierten pädagogischen Wissenschaften zu „bündeln“ und sie für die Gestaltung und Entwicklung des Bildungswesens – insbesondere der Volksbildung – produktiv zu machen.

Das schloss auch Wissenschaftsdisziplinen ein, die – ohne zu den pädagogischen Wissenschaften zu gehören – vor allem für die inhaltliche Ausgestaltung des Volksbildungswesens bedeutsam waren und sind. Damit verbunden war auch die Absicht, mit der Gründung der APW eine zentrale Führung des Gesamtprozesses der Entwicklung der pädagogischen Wissenschaften zu gewährleisten und durch die Anbindung der APW an das Ministerium für Volksbildung dessen unmittelbaren Einfluss auf diese Entwicklung zu sichern.

Natürlich spielten bei der Gründung der APW der DDR die Erfahrungen der UdSSR eine Rolle. Allerdings hatten schon in den 1960er Jahren an den Universitäten tätige führende pädagogische Wissenschaftler – genannt sei hier Prof. Dr. Heinrich Deiters, langjähriger Dekan der Pädagogischen Fakultät der Humboldt-Universität Berlin – über die Gründung einer speziellen Pädagogischen Akademie nachgedacht und einen solchen Vorschlag an das Ministerium für Volksbildung und an das Zentralkomitee der SED herangetragen. Die Gründung der APW und deren skizzierte Ziel- und Aufgabenstellung hatten aber nicht zuletzt auch mit den Erfahrungen zu tun, die das Ministerium für Volksbildung mit dem 1959 gegründeten Wissenschaftlichen Rat gesammelt hatte. Er war unter der Leitung des damaligen Ministers für Volksbildung, Prof. Dr. Alfred Lemmnitz, mit dem Ziel gebildet worden, für die Arbeit des Ministeriums und für die Entwicklung der Volksbildung (Oberschulentwicklung, neue Lehrpläne und Lehrbücher, polytechnische Bildung und Erziehung u.a.) eine wissenschaftliche Fundierung zu schaffen. Die Vielzahl der sich entwickelnden Sektionen und überhaupt die Größe des Rates – es waren um die 200 Mitglieder – waren von dem hauptamtlichen Vorsitzenden, Prof. Dr. Helmut König, und seinem kleinen Sekretariat nicht zu steuern. Hinzu kamen Probleme in der Zusammenarbeit mit dem DPZI, obwohl ein stellvertretender Direktor des DPZI neben dem Leiter der Abteilung Lehrerbildung und pädagogische Forschung des Ministeriums einer der stellvertretenden Vorsitzenden des Wissenschaftlichen Rates war. Auch der Einfluss der Bereiche des Ministeriums auf die Arbeit des Wissenschaftlichen Rates bzw. der Sektionen, die nicht einfach „Zuarbeiter" für das Ministerium sein und sich unter dem Druck der Entwicklung der Lehrerbildung an den Universitäten stärker mit der Entwicklung der jeweiligen Wissenschaftsdisziplinen beschäftigen wollten, war nicht allzu groß bzw. gar nicht vorhanden.

Trotz dieser Probleme gab es Erfahrungen, die für die Arbeit der APW bedeutsam waren. Das gilt vor allem für das Wirken des Plenums der APW und für die Arbeit der bei den Instituten/Arbeitsstellen gebildeten Wissenschaftlichen Räte. Es gilt also die Einschätzung, dass der Wissenschaftliche Rat außer dem DPZI, die gewissermaßen die institutionalisierte Basis der APW wurde, zur Vorgeschichte der APW gehört.

Allerdings: Während in den ersten Jahren der APW in deren Leitung und in der Mehrzahl ihrer 1970 gegründeten Institute und Arbeitsstellen ständig auf das DPZI als „Vorläufer“ Bezug genommen wurde und vielfach die APW als eine einfache Fortsetzung des DPZI verstanden wurde – die Mehrzahl der Institute/Arbeitsstellen war ja aus Struktureinheiten des DPZI hervorgegangen – spielte der Wissenschaftliche Rat praktisch keine Rolle, und andere Einrichtungen, die nun außer dem DPZI zur APW gehörten, hatten Schwierigkeiten, integriert zu werden bzw. sich zu integrieren. Es brauchte mehrere Jahre, bis die neue Qualität der APW und ihrer Institute/Arbeitsstellen im Denken und Handeln der Leitung und der Mitarbeiter wirklich verstanden und das in der praktischen Arbeit, vor allem in der Zusammenarbeit mit den Universitäten und Hochschulen, wirksam und spürbar wurde.

Das Plenum der Akademie bestand aus Ordentlichen und Korrespondierenden Mitgliedern, die für die Erstberufung zur Gründung der Akademie am 15. September 1970 durch ein vom Minister für Volksbildung berufenes Gremium für eine Wahlperiode von 4 Jahren gewählt worden waren. Nach Ablauf der ersten Wahlperiode erfolgte die Wiederwahl oder eine Neuwahl durch das Plenum der Ordentlichen Mitglieder, wobei die Wahlperiode auf 5 Jahre verlängert wurde – entsprechend der Laufzeit der langfristigen Forschungspläne. Die Mitglieder der Akademie erhielten eine monatliche Dotation. Mitglieder der Akademie waren nicht nur Wissenschaftler der verschiedenen pädagogischen Disziplinen, die hauptberuflich an den Universitäten und Pädagogischen Hochschulen tätig waren, sondern auch Wissenschaftler anderer Fachdisziplinen – Gesellschaftswissenschaftler, Naturwissenschaftler, Mediziner. Bedeutsam für die Wirksamkeit der Akademie war auch die Tatsache, dass ihrem Plenum einige hervorragende Praktiker – Lehrer und Schuldirektoren – angehörten.

Im Rahmen der Akademie wurden 15 wissenschaftliche Institute und Arbeitsstellen gebildet – der inneren Struktur der pädagogischen Wissenschaften folgend –, die in der Regel von einem Akademiemitglied geleitet wurden. Alle diese Institute und Arbeitsstellen gründeten Wissenschaftliche Räte, in die die auf dem jeweiligen Fachgebiet in der DDR führenden, an den Universitäten und Pädagogischen Hochschulen tätigen Wissenschaftler und vor allem bewährte Lehrer und Schuldirektoren berufen wurden. Auch in diesen Räten wirkten Wissenschaftler aus benachbarten Fachdisziplinen mit. Die Akademiemitglieder arbeiteten entsprechend ihrer Fachkompetenz in dem jeweiligen Wissenschaftlichen Rat mit. Die Wissenschaftlichen Räte berieten zur Forschungsplanung und über Konzeptionen für die einzelnen Forschungsvorhaben. Sie diskutierten Forschungsergebnisse und deren mögliche Überführung in die Praxis der Oberschulen. Gegenstand der Arbeit der Wissenschaftlichen Räte waren nicht zuletzt Grundfragen und Probleme der Entwicklung der entsprechenden Wissenschaftsdisziplin.

2. Zu einigen Fragen des Wirkens und der Arbeitsweise der Akademie

Der Charakter der APW als wissenschaftliche Gelehrtengesellschaft, unmittelbar forschende Einrichtung und für die gesamte DDR forschungsleitende Institution hatte Konsequenzen für die Leitung und die Leitungsstruktur. Die APW als forschende Einrichtung war in das Gesamtsystem der gesellschaftswissenschaftlichen Forschungsinstitutionen der DDR, deren Leiter regelmäßig berieten und die Arbeit koordinierten, eingebunden, und sie war als eine der zentralen Bildungsforschungseinrichtungen (APW, Zentralinstitut für Berufsbildung, Institut für Hochschulbildung, Institut für Hygiene des Kindes- und Jugendalters) verantwortlich für deren Zusammenarbeit. Der Präsident der APW wurde vom Ministerrat der DDR berufen, der Generalsekretär und die Vizepräsidenten vom Minister für Volksbildung, die Institutsdirektoren und die Leiter der Arbeitsstellen vom Präsidenten der Akademie.

Es gab in der APW Vizepräsidentenbereiche; das bedeutete, dass dem Generalsekretär und den Vizepräsidenten bestimmte Institute/Arbeitsstellen und bestimmte Funktional-(Dienstleitungs-) Organe zugeordnet waren. Auch dem Präsidenten waren ein Institut und disziplinübergreifende wissenschaftliche Gremien zugeordnet. Die Vizepräsidenten leiteten ihre Bereiche eigenverantwortlich. Der Präsident beriet (in der Regel) wöchentlich mit den Vizepräsidenten und den Leitern der zentralen Funktionalorgane (Direktorat für Forschung, Kaderabteilung) und außerdem ebenfalls (in der Regel) wöchentlich individuell mit den einzelnen Vizepräsidenten. Er selber hatte wöchentlich eine Konsultation bei der Ministerin. Außerdem gab es etwa einmal im Monat eine Arbeitsberatung des Präsidenten mit allen Direktoren/Leitern der Institute/Arbeitsstellen und der Funktionalorgane.

Zur Realisierung der forschungsleitenden Funktion der APW gegenüber den Universitäten, Hochschulen und anderen Lehrerbildungseinrichtungen gab es einen Koordinierungsrat für pädagogische Forschung, dem Vertreter aller beteiligten Institutionen incl. der Institute/Arbeitsstellen der APW angehörten. Er wurde vom Generalsekretär der APW geleitet und konnte sich auf das Potential des Funktionalorgans „Direktorat für Forschung“ stützen.

Die Arbeit der Gelehrtengesellschaft vollzog sich vor allem in etwa jährlich 3 bis 4 Plenartagungen und in einer großen Anzahl von Arbeitsgemeinschaften des Präsidiums. Das gesamte Wirken der Gelehrtengesellschaft, also des Plenums und der Arbeitsgemeinschaften, wurde durch das Präsidium geleitet.

Die folgende Auswahl der Themen von Plenartagungen aus allen vier Wahlperioden zeigt, dass das Plenum sich mit allen damals als wesentlich verstandenen Themen der pädagogischen Wissenschaft beschäftigte und zugleich durch die Erörterung der Entwürfe der zentralen langfristigen Forschungspläne und die Debatten über Kernfragen der Wissenschaftsentwicklung Einfluss auf die Forschungsarbeiten der Institute/Arbeitsstellen und der Lehrerbildungseinrichtungen nahm:

- Aufgaben, Probleme bei der Realisierung des Perspektivplanes der pädagogischen Forschung (1971)
- Entwurf des Planes der pädagogischen Forschung (1976–1980, 1981–1985, 1986–1990)
- Einheit von Theorie und Empirie in der pädagogischen Forschung
- Theoretische und methodologische Probleme einer praxisnahen Erziehungsforschung
- Persönlichkeitstheorie und inhaltliche Ausgestaltung der Oberschulentwicklung
- Wissenschaftlich-technischer Fortschritt und Schule
- Informatik und Allgemeinbildung
- Ergebnisse und Probleme der effektiven Gestaltung des Unterrichtsprozesses und der koordinierten Weiterentwicklung der Disziplinen der Unterrichtsforschung
- Wesen und Funktion der Unterrichtsmethoden
- Erhöhung der geistigen Aktivität der Schüler im Lernprozess
- Ideologische Erziehung im Unterricht
- Inhaltliche Profilierung der Unterstufe und der Klasse 4
- Ergebnisse und Forschungen zur Sonderpädagogik
- Erfahrungen und Probleme bei der Ausbildung von Diplomlehrern in Pädagogik, Psychologie und ausgewählten Methodiken

Die Bildung von Arbeitsgemeinschaften des Präsidiums war vor allem der Notwendigkeit, viele Probleme der Theorieentwicklung interdisziplinär zu bearbeiten, geschuldet. Das galt auch für nicht wenige Erfordernisse der pädagogischen Praxis. Die Arbeitsgemeinschaften des Präsidiums trugen also in der Regel interdisziplinären Charakter und konzentrierten sich auf übergreifende Problemstellungen sowie auf die Erarbeitung von Positionen bzw. bildungspolitisch geforderten Materialien (Vorschlägen). Einige Arbeitsgemeinschaften wirkten mehrere Jahre, andere kurzfristiger. Solche Arbeitsgemeinschaften waren:

- Methodologie und Wissenschaftsorganisation
- Theorie und Methodologie der Pädagogik (Ständiges Seminar)
- Elektronische Datenverarbeitung im Bildungswesen und in der pädagogischen Wissenschaft
- Weiterentwicklung des Volksbildungswesens, später:
- Vervollkommnung und Weiterentwicklung des Volksbildungswesens im einheitlichen sozialistischen Bildungssystem
- Herausbildung sozialistischer Persönlichkeiten
- Leitung und Organisation des pädagogischen Prozesses in der Schule
- Grundlegende Publikationen zum Lehrplanwerk
- Auseinandersetzung mit der imperialistischen Schulpolitik und Pädagogik
- Bildung und Erziehung im Unterricht
- Grundlagen der kommunistischen Erziehung der Schuljugend, später:
- Kommunistische Erziehung der Schuljugend
- Abiturstufe
- Bildungsfernsehen und -funk

Die Akademie hatte das Recht, wissenschaftliche Mitarbeiter mit den erforderlichen Voraussetzungen zur Berufung zu Ordentlichen und Außerordentlichen Professoren sowie zu Hochschuldozenten vorzuschlagen. Die Berufung erfolgte auf der Grundlage der Hochschullehrerberufungsordnung durch den Minister für Hoch- und Fachschulwesen. Innerhalb der Akademie war ein von einem Vizepräsidenten geleiteter „Rat für akademische Grade", dem die berufenen Hochschullehrer der Institute und Arbeitsstellen angehörten, für die Prüfung der Vorschläge verantwortlich.

Die APW war Herausgeber verschiedener Publikationen, darunter eine Reihe von grundlegenden Werken, die für die Aus- und Weiterbildung der Pädagogen zentrale Bedeutung hatten. Dazu gehörten z.B. „Allgemeinbildung-Lehrplanwerk-Unterricht" (1972), „Allgemeinbildung und Lehrplanwerk" (1988) sowie das gemeinsam mit der APW der UdSSR erarbeitete Buch „Pädagogik" (Erstausgabe 1981, 8. Auflage 1989). Auch spezielle Schriftenreihen, die sich aus Bedürfnissen und Erfordernissen der pädagogischen Praxis ergaben, z.B. Reihen zu praktischen Fragen der Unterrichtsgestaltung und zu Problemen der Erziehung in der Schule und zur Gestaltung der außerunterrichtlichen Tätigkeit der Schüler, wurden herausgegeben.

Ein spezieller Publikationsrat koordinierte die entsprechenden Arbeiten und entschied für jene Publikationen, die als offizielle Publikationen der APW erscheinen sollten, über die Übergabe an den Volk und Wissen Verlag zum Druck.

Die APW war auch Herausgeber verschiedener Periodika, darunter die Zeitschrift „Pädagogik“ mit einer monatlichen Auflage von über 30.000 Exemplaren und einem „Beiheft für Leiter im Volksbildungswesens“ mit einer Auflage von ca. 12.000 Exemplaren.
Außerdem erschienen als Periodika
„Pädagogische Forschung“
„Vergleichende Pädagogik“
„Informationen des Präsidiums“.

Zur Akademie gehörte auch die Pädagogische Zentralbibliothek“ (Berlin und Leipzig) und das Archiv, die heute als Bibliothek für Bildungsgeschichtliche Forschung des Deutschen Instituts für internationale pädagogische Forschung weitergeführt werden – auch das ehemalige Archiv gehört dazu!

Schließlich führte die APW eine eigenständige Zentralstelle für pädagogische Information und Dokumentation, die aus ihrer laufenden Arbeit Publikationen veröffentlichte.

3. Zu einigen Inhalten der wissenschaftlichen Arbeit der APW

Die APW wurde in den lehrerausbildenden und pädagogisch forschenden Einrichtungen der DDR in den 20 Jahren ihrer Existenz ganz maßgeblich in ihrer Funktion als forschungsleitende Institution wahrgenommen. Die Akademie orientierte auf Forschungsschwerpunkte, empfahl Forschungsthemen an bestimmte Einrichtungen bzw. Wissenschaftler, beriet Forschungsanträge – lehnte sie ab oder bestätigte sie und erteilte z.T. Auflagen. Für Wissenschaftler an den Universitäten und Pädagogischen Hochschulen war es schwer, außerhalb dieses Gefüges eigene Forschungsvorhaben zu realisieren, vor allem wenn sie empirische Untersuchungen in Schulen durchführen wollten. Von der Bestätigung der Forschungsvorhaben hing auch in der Regel ab, ob und wie viel Geld zur Verfügung gestellt wurde. Es muss in diesem Gefüge auch beachtet werden, dass die Bereiche des Ministeriums bzw. dessen Abteilung Wissenschaft sehr unmittelbaren Einfluss auf die Forschungsthemen und die vorgesehenen empirischen Untersuchungen nahmen. Dies alles ist ein sehr komplexes und kompliziertes Problem, auch weil es in den verschiedenen Fachdisziplinen unterschiedliche Erfahrungen gab und auch Veränderungen im Laufe der Jahre eine Rolle spielen.

Nicht unberücksichtigt dabei darf die Tatsache bleiben, dass auch Forschungsvorhaben der Akademieinstitute im Rahmen dieses Gefüges geprüft und auch manche strittige wissenschaftliche Fragen innerhalb der Akademie auf die Bestätigung von Forschungsthemen Einfluss hatten. Dies alles ist also ein sehr eigenes und spezielles Thema, zu dem gesonderte Untersuchungen erforderlich wären. Ich kann und will sie nicht mehr auf mich nehmen.

Mir geht es in den folgenden Ausführungen mehr um die Frage, welches die hauptsächlichen Inhalte und Schwerpunkte der wissenschaftlich-forschenden Tätigkeit der APW und ihrer Institute und Arbeitsstellen waren. Auch hier gab es vielfach eine sehr einseitige Wahrnehmung der APW: die APW als „Lehrplanfabrik"! Dieses Bild entspricht aber nicht der Wirklichkeit, zumal es mehrere Institute und Arbeitsstellen der APW gab, die nicht unmittelbar mit den Lehrplanarbeiten befasst waren, z.B. die Institute für Theorie, für Ökonomie und Planung, für Leitung und Organisation des Volksbildungswesens oder die Arbeitsstelle für Auslandspädagogik. Allerdings kann und soll nicht bestritten werden, dass zeitweise große Kapazitäten für dieses Aufgabengebiet, das aber nicht auf das „Schreiben von Lehrplänen" reduziert werden darf, verwendet werden mussten. Es sei hier eingefügt, dass nicht erst im Statut der APW von 1970 auf die Notwendigkeit der Entwicklung der marxistisch-leninistischen pädagogischen Theorie verwiesen wurde, sondern schon bei der Gründung des DPZI im Jahr 1949 Paul Wandel, der damalige Minister für Volksbildung, betonte, dass es dringend erforderlich sei, „einen ständigen, lebendigen Zusammenhang und eine ständige lebendige Wechselwirkung zwischen der Theorie und der Praxis zur Befruchtung beider aufrechtzuerhalten" (nachzulesen in „Zur Geschichte der APW der DDR").

Lehrplanarbeiten prägten zu bestimmten Zeiten den „wissenschaftlichen Alltag" vor allem der sog. Unterrichtsinstitute und auch der Leitung der APW. Einbezogen waren hier viele Wissenschaftler der entsprechenden Disziplinen aus den Lehrerbildungseinrichtungen, aber auch aus anderen wissenschaftlichen Institutionen wie der Akademie der Wissenschaften und der Akademie für Gesellschaftswissenschaften, und nicht zuletzt auch viele Praktiker. Zu diesen sog. Lehrplanforschungen gehörten z.T. umfangreiche Analysen der pädagogischen Praxis, der konkreten Wirksamkeit der Lehrpläne und dabei auftretender Probleme, vergleichende Arbeiten und ganz wesentlich Arbeiten zur wissenschaftlich fundierten Unterstützung der pädagogischen Praxis, die sowohl von den entsprechenden Wissenschaftlern der Lehrerbildungseinrichtungen als auch von Wissenschaftlern der APW-Institute entwickelt wurden. Dazu gehörten Arbeiten an Schulbüchern und anderen Materialien für das Lernen der Schüler, Arbeiten an Unterrichtshilfen für die Hand der Lehrer, die Lehrpläne erläuternde und interpretierende Publikationen u.a. in den methodischen Fachzeitschriften. Ganz wesentlich waren im Rahmen der Unterrichtsforschung und der Untersuchungen zur Allgemeinbildung Forschungen zu den Wechselwirkungen zwischen den einzelnen Unterrichtsfächern und der inhaltlichen Abstimmung zwischen den Fächern und im Ablauf der Schuljahre. Ohne Kooperation der verschiedenen Fachdisziplinen wären diese Arbeiten nicht zu leisten gewesen.

Für die Entwicklung der pädagogischen Theorie waren die Arbeiten zur Methodologie und zur Forschungsmethodik sowie die international hoch anerkannten Arbeiten zur Geschichte der Erziehung (mit der Gründung der APW kam die bisher zur Akademie der Wissenschaften gehörende „Kommission für deutsche Erziehungs- und Schulgeschichte" zur APW) von grundlegender Bedeutung, Aber auch solche Vorhaben, wie die zur Theorie der Allgemeinbildung und zur Persönlichkeitsentwicklung, die zwar mit unterschiedlichem Aufwand, aber kontinuierlich Bestandteil der wissenschaftlichen Arbeit der APW waren, trugen ganz wesentlich zur theoretischen Fundierung der auf praktische Bedürfnisse gerichteten Arbeiten bei.

Das Problem der Persönlichkeitsentwicklung war ein übergreifendes Dauerthema in der Akademie, für das vor allem das Institut für Theorie zuständig war, an dem aber mehr oder weniger alle Institute und Arbeitsstellen beteiligt waren und eine breit zusammengesetzte Arbeitsgemeinschaft des Präsidiums die Untersuchungen zusammenführte. Es handelt sich schließlich um ein Problem, das nur interdisziplinär zu bearbeiten möglich ist: außer Pädagogen verschiedener Disziplinen, Psychologen, Philosophen, Soziologen, Juristen, Mediziner u.a.. Hier wirkte sich die wissenschaftlich breit gefächerte Zusammensetzung des Plenums der Akademie sehr positiv aus. Im Zentrum der Untersuchungen standen das Verständnis über die allseitige Entwicklung des Menschen und die Möglichkeiten der Verwirklichung dieses Ideals unter den konkret-historischen Bedingungen der sozialistischen Entwicklung in der DDR. Dabei stützten sich die Forschungen auf die klassischen humanistischen Ideen und die Ideen der utopischen Sozialisten von einer Gesellschaft freier, allseitig entwickelter Menschen. Herausgearbeitet wurde die bestimmende Rolle der Tätigkeit und darin eingeschlossen die Rolle der Arbeit für die Entwicklung der Persönlichkeit. Allseitige und harmonische Entwicklung der Persönlichkeit erfordert von jedem einzelnen und letztlich von allen Menschen die aktive Aneignung der menschlichen Kultur und die Mitwirkung an deren Fortentwicklung. Und nicht zuletzt ging es um die Entwicklung der Persönlichkeit im Kollektiv und ihren Beitrag zur Entwicklung des Kollektivs, d.h. um die Entwicklung des Kollektivs als einer grundlegenden Bedingung für die Entwicklung der Persönlichkeit eines jeden Mitglieds des Kollektivs. Die Frage nach dem Menschenbild, von dem sich die sozialistische Pädagogik, die sozialistische Schule leiten lassen soll, war dabei ein bis zuletzt heftig umstrittenes Thema. Es zeigte sich in der Debatte z.B. um die sehr zugespitzt formulierte Frage: Objektbezogene Vermittlungspädagogik oder subjektorientierte, aktive Aneignungspädagogik? Dem lagen Arbeiten zum sog. Tätigkeitsprinzip aus dem Institut für Psychologie zugrunde.

Es war gewiss nicht zufällig, dass die APW im Jahr 1974 Ausrichter der II. Konferenz der Pädagogen sozialistischer Länder war, denn in allen Ländern des Sozialismus standen solche Fragen auf der Tagesordnung wie die Entwicklung des Individuums, das Verhältnis von Individuum und Kollektiv, gesellschaftliche Rahmenbedingungen für die Persönlichkeitsentwicklung u.a.. Die APW konnte zu diesem Zeitpunkt bereits erste Ergebnisse vorstellen und erhielt andererseits eine Vielzahl von Anregungen für weitere Forschungen. Die polnischen Kollegen griffen die Ergebnisse dieser Konferenz auf und organisierten drei Jahre später 1977 in Warschau die III. Konferenz der Pädagogen sozialistischer Länder zu dem Thema: „Die Rolle des Lehrers und seine Persönlichkeitsentwicklung".

Die Frage nach Inhalt und Struktur der Allgemeinbildung und ihre fundierte Beantwortung war von grundlegender Bedeutung für die Entwicklung der Oberschule (und der erweiterten Oberschule) und deren Charakter. Was soll das verbindliche Bildungsgut für alle Schüler sein? Dabei ging es nicht nur um Wissen und Kenntnisse, sondern maßgeblich auch um die Herausbildung von entsprechenden Fähigkeiten und politisch-moralischen Persönlichkeitsqualitäten. Die Debatten über den Anteil der einzelnen Wissenschafts- und Lebensbereiche an der von der Schule zu vermittelnden Allgemeinbildung spiegelte sich z.T. im heftigen Streit über die Stundentafel und die Zuordnung der Inhalte zu den einzelnen Schuljahren wider. Die immer wieder neu aufgeworfenen Fragen nach dem Inhalt und der Struktur der Allgemeinbildung ergaben sich aus gesellschaftlichen Anforderungen, die zeitweise auch zu Überhöhungen einzelner Inhalte führte (so z.B. im Zusammenhang mit dem sog. Chemieprogramm), aber auch und vor allem aus den Analysen und Erfahrungen der Praxis. Immer wieder kam es zu Debatten zu der Frage, ob das eine oder andere Stoffgebiet wirklich von allen Schülern angeeignet werden muss. Es gab also eine Wechselwirkung zwischen wissenschaftlichen Untersuchungen zur Theorie der Allgemeinbildung und den praktischen Lehrplanarbeiten.

Die Oberschule, deren Besuch in der DDR für alle Kinder und Jugendlichen verpflichtend war, trug nicht zufällig den offiziellen Namen „Zehnklassige **allgemeinbildende** polytechnische Oberschule". Ein Blick auf das gegenwärtige Schulsystem in Deutschland macht deutlich, dass von einer Allgemeinbildung für alle nicht die Rede sein kann. Nach wie vor gibt es eine Aufspaltung in

Massen- und Elitebildung. Für die verschiedenen Schularten (Hauptschule, Realschule, Gymnasium, Sonderschule) gibt es in den Niveauanforderungen z.T. extrem unterschiedliche Lehr- bzw. Rahmenprogramme, so dass schon mit dem 10. bzw. in Berlin und in Brandenburg mit dem 12. Lebensjahr de facto entschieden wird, welche Bildung und damit in der Regel auch welche Lebenschancen die jungen Menschen haben werden. Im pädagogischen und bildungspolitischen Diskurs wird auch kaum noch von Allgemeinbildung gesprochen, sondern vor allem von den in der Schule zu erwerbenden Kompetenzen, nicht zuletzt befördert durch die sog. PISA-Erhebungen. Hinzu kommt, dass die Meinungen darüber, was Kompetenzen sind und wie sie erworben werden sollen, weit auseinandergehen. Auf diesem Hintergrund erscheint es angebracht, die in der APW – vor allem von ihrem Präsidenten Prof. Dr. Neuner – erarbeiteten grundlegenden Erkenntnisse und Positionen knapp zu skizzieren – nicht zuletzt auch deshalb, weil mit den Forschungen zur Allgemeinbildung ein wesentlicher Beitrag zur Theorie der Persönlichkeitsentwicklung geleistet wurde:

- Unser Bildungsverständnis gründet auf der Überzeugung von der Bildungs- und Entwicklungsfähigkeit jedes Menschen und der Achtung vor seiner Würde und Persönlichkeit. Es geht davon aus, dass jeder Mensch das Recht auf Bildung und Ausbildung entsprechend seinen Fähigkeiten, Neigungen und Interessen hat. Bildung soll soziale Kompetenz ausprägen, gesellschaftlich-kritisches Denken und gesellschaftlich-soziales Engagement befördern.
- Allgemeinbildung verstehen wir als allgemeine Bildung für alle Kinder und Jugendlichen. Junge Menschen erwerben die Grundlagen ihrer Allgemeinbildung in der Schule; sie ergänzen und vervollkommnen ihre Allgemeinbildung durch Nutzung unterschiedlichster Angebote und Möglichkeiten außerhalb der Schule, nicht zuletzt durch individuelles Engagement.
- Bei der Bestimmung der Inhalte von Allgemeinbildung muss möglichst genau abgegrenzt werden, was auf welche Art und Weise und auf welchem Niveau sich alle jungen Menschen in der Pflichtschulzeit aneignen sollen und welche inhaltlichen Differenzierungen – vor allem für die älteren Schüler – möglich bzw. erforderlich sind.
- Allgemeinbildung ist auf die Entwicklung der Persönlichkeit als Ganzes gerichtet. Sie soll auf allen Stufen der Individualentwicklung und in jeweils altersgemäßer Weise stets auf eine ganzheitliche Entwicklung der Persönlichkeit zielen. Dabei sind individuell differenzierte Entwicklungsvoraussetzungen zu beachten, und es gilt zugleich, die Vielfalt persönlicher Leistungsmöglichkeiten zu fördern.
- Die Entwicklung des Bildungswesens lehrt, dass es einen Grundbestand an Allgemeinbildung gibt, der sich allmählich herausgebildet hat und der sich

durch eine relative Konstanz auszeichnet, was einschließt, dass dieser Grundbestand auch Veränderungen unterliegt, allerdings in der gesamten neueren Schulgeschichte auch nie generell in Frage gestellt worden ist.

- Allgemeinbildung ist mehr als die Vermittlung und Aneignung von Faktenwissen. Sie beinhaltet auch ganz wesentlich die Entwicklung und Herausbildung von Fähigkeiten, Fertigkeiten und Gewohnheiten – darunter die Befähigung zu lebenslangem Lernen – und die Ausprägung grundlegender Charaktereigenschaften und Wertvorstellungen sowie entsprechender Verhaltensweisen.
- Allgemeinbildung umfasst alle Bereiche des menschlichen Lebens und beinhaltet Inhalte aus sehr verschiedenen Bildungsbereichen: Muttersprache und Fremdsprachen, Mathematik und Naturwissenschaften, Arbeitswelt, Technik, Ökonomie, Ökologie und Umwelt, Geschichte und Zeitgeschichte, Politik, Ästhetik und kulturelles Leben, Körperkultur und Gesundheit, Ethik und Lebensgestaltung, Medien und Kommunikation.
  Die detaillierte Bestimmung der einzelnen Inhalte und ihre „Komposition" einschließlich der Zuordnung auf Fächer, Fächergruppen und Klassenstufen sind Sache wissenschaftlicher Forschung und auf dieser Grundlage verantwortungsbewusster bildungspolitischer Entscheidung.
- Die gegenwärtige als Medien- und Wissensgesellschaft bezeichnete Etappe der Gesellschaftsentwicklung hat zweifellos Konsequenzen für den Inhalt der Allgemeinbildung – ohne dass dabei auf einen Grundbestand verzichtet werden kann. Mindestens ebenso oder vielleicht noch stärker ergeben sich Konsequenzen für die Art und Weise der Aneignung von Allgemeinbildung.

Ein bedeutsames Arbeitsfeld mit großer Bedeutung für die pädagogische Praxis waren die Forschungen zur vorschulischen Bildung, Erziehung und Betreuung, insbesondere für die pädagogische Arbeit in den Kindergärten. Obwohl sie natürlich ihren eigenständigen Gegenstand bearbeiteten, leisteten sie doch zugleich einen wesentlichen Beitrag im Rahmen der Forschungen zur Persönlichkeitsentwicklung der Kinder. In Anbetracht der seit PISA intensivierten Bemühungen in der Bundesrepublik für die frühkindliche Bildung der Kinder sei darauf hingewiesen, dass es in der APW in Kooperation mit der Humboldt-Universität, dem Institut für Hygiene des Kindes- und Jugendalters und den Pädagogischen Schulen für Kindergärtnerinnen umfassende Untersuchungen zu diesem Problem gab, die in der pädagogischen Praxis wirksam wurden. Ihre Ergebnisse werden in der Bundesrepublik offiziell nicht zur Kenntnis genommen, aber bei der Erarbeitung von Programmen und manchen Entscheidungen stillschweigend, d.h. in der Regel ohne Aussagen zu den Quellen, genutzt.

Gewissermaßen zusammenfassendes Ergebnis der Untersuchungen waren das „Programm für die Bildungs- und Erziehungsarbeit im Kindergarten" und das „Programm für die Erziehungsarbeit in Kinderkrippen", beide nach gründlichen Erprobungen 1985 bzw. 1986 erschienen. Beide Programme differenzierten ihre Aussagen und Ziele bezogen auf das Lebensalter der Kinder. Zum Beispiel gibt es im Programm für die Kindergärten sehr konkrete Vorschläge und Empfehlungen für die pädagogische Arbeit der Erzieherinnen für die jüngere, die mittlere und die ältere Gruppe zur Gestaltung des Lebens im Kindergarten, zum Spiel, zur Arbeit, zur Beschäftigung, zu den inhaltlichen Aussagen der Sachgebiete, zu Muttersprache und Kinderliteratur, zum Bekanntmachen mit dem gesellschaftlichen Leben, zum Bekanntmachen mit der Natur, zu Sport, zu bildnerisch-praktischen und konstruktiven Tätigkeiten und zum Betrachten von Kunstwerken sowie zur Musik. Für die mittlere und die ältere Gruppe gab es außerdem Aussagen zur Entwicklung elementarer mathematischer Vorstellungen. Diese Breite der Angebote, Vorschläge und Empfehlungen macht deutlich, dass die pädagogische Arbeit in den Kindergärten darauf gerichtet war, möglichst vielgestaltige und vielseitige Möglichkeiten für die Persönlichkeitsentwicklung der Jüngsten zu gewährleisten und zugleich eine langfristig angelegte Vorbereitung der Kinder auf den Schulbesuch zu verwirklichen.

Zu den zentralen Themen der wissenschaftlichen Arbeit der APW gehörten ständig Fragen der Unterrichtsforschung und Forschungen zu sozialistischen Erziehung. An ihnen waren nicht nur die entsprechenden Fachinstitute beteiligt, sondern faktisch immer auch die Institute für Theorie und für Psychologie. Es ging z.B. um Lernstrategien, Methodenvielfalt, Leistungsbewertung, Entwicklung und Einsatz von Unterrichtsmitteln, Ausbau des Fachunterrichtsraumsystems, um die Beziehungen zwischen Unterricht und Außerunterrichtlichem, um die Vielfalt der außerunterrichtlichen Betätigungsmöglichkeiten, die Aneignung moralischer Eigenschaften und die politische Erziehung. Ein bis zuletzt nicht gelöstes Problem war das Problem der Differenzierung der Bildungsinhalte in den oberen Klassen der Oberschule. Hier gab es aus den Forschungen zur Allgemeinbildung z.T. sehr konkrete Empfehlungen, sie scheiterten aber in der Praxis der Umsetzung an der konkreten Frage, welche Inhalte von welchen Fächern in den fakultativen Teil der Schulbildung verlagert werden sollten.

Für die pädagogische Praxis von großer Bedeutung waren Untersuchungen zum Tages-, Wochen- und Schuljahresablauf. Was ist zu welcher Zeit, in welchem Alter von den Schülern leistbar? Was kann ein Schüler in einem bestimmten Alter in einem Schuljahr leisten? Welche Faktoren bestimmen den Schulalltag für Schüler unterschiedlichen Alters, welche Auswirkungen hat das für die zeitliche Zuordnung der Fächer? Wie muss das Schuljahr aus pädagogischer, psychologischer und medizinischer Sicht organisiert werden, welche Rolle können und dürfen dabei gesellschaftliche Rahmenbedingungen wie Zeiten für den Urlaub von Eltern mit ihren Kindern oder die Auslastung der Ferienobjekte für Erwachsene und Kinder spielen? All das waren Themen, die entsprechende interdisziplinär zusammengesetzte Forschungsgruppen faktisch ständig beschäftigten, weil immer wieder neue Erkenntnisse und Bedürfnisse bedacht werden mussten. Zu diesen Untersuchungen gehörten auch Analysen und die Erarbeitung entsprechender Vorschläge zur Einführung der 5-Tage-Unterrichtswoche. Es lag dazu ein begründetes und ausgearbeitetes Konzept vor – aber in der „Wendezeit" wurde einfach administrativ deklariert mit nicht gerade positiven Auswirkungen.

Zu den grundlegenden Arbeiten zur Theorieentwicklung mit Konsequenzen für die schulpolitische Orientierung gehörten die Forschungen zur Vergleichenden Pädagogik, insbesondere Untersuchungen zur Entwicklung des Bildungswesens in den sozialistischen Ländern und ausgewählten Ländern des Kapitalismus und die Auseinandersetzung mit der bürgerlich-imperialistischen Pädagogik. Im Verlauf der Existenz der APW gewannen vergleichende Untersuchungen zur Entwicklung des Bildungswesens in jungen Nationalstaaten, besonders in solchen, in denen die DDR das Bildungswesen praktisch unterstützte, an Bedeutung.

Schließlich sei darauf verwiesen, dass bildungsökonomische Untersuchungen einerseits Grundlage für langfristige Prognosen lieferten und andererseits auch ganz konkrete Schlussfolgerungen für aktuelle schul- und bildungspolitische Entscheidungen unterbreiteten, z.B. im Zusammenhang mit der demographischen Entwicklung. Auch in der DDR gab es ein „auf und ab" der Schülerzahlen. Das war aber nicht mit Schulschließungen, Reduzierung der Zahl der tätigen und auszubildenden Lehrer verbunden – wie wir es in den vergangenen über 20 Jahren in den östlichen Bundesländern erlebt haben.

Abschließend will ich nun noch einige kurze Ausführungen zu zwei Aufgabengebieten der APW machen, für die ich als Vizepräsident bzw. als Institutsdirektor persönliche Verantwortung trug.

4. Zur Ausbildung von wissenschaftlichem Nachwuchs

Wie auch andere Akademien verstand die APW die Ausbildung von wissenschaftlichem Nachwuchs als eine ihrer Aufgaben. Bereits im DPZI gab es Aspiranten, die in einem dreijährigen Prozess zur Promotion zum Dr. paed. geführt wurden. Da das DPZI nicht über das Promotionsrecht verfügte, wurden die Promotionsverfahren an Universitäten bzw. der Pädagogischen Hochschule Potsdam durchgeführt.

Mit der Gründung der APW erhielt diese durch den Minister für das Hoch- und Fachschulwesen das Recht zur Verleihung der akademischen Grade „Dipl.-Päd.", „Dr. paed.", „Dr. sc. paed." und der „facultas dozendi". Ab Herbst 1970 promovierten die Aspiranten der APW an der APW selber. Dazu war nach der Gründung der APW ein Promotionsrat berufen worden, dem die berufenen Hochschullehrer der Institute/Arbeitsstellen der Akademie angehörten und der von einem Vizepräsidenten geleitet wurde.

Jährlich begannen 30 bis 40 Pädagogen eine dreijährige Aspirantur an der APW. Die Ausbildung war durch einige Besonderheiten gekennzeichnet:

- Zur Führung des Prozesses der Auswahl der Aspiranten und überhaupt der gesamten Ausbildung wurde mit der Gründung der APW eine besondere Struktureinheit gebildet: „Abteilung Aus- und Weiterbildung wissenschaftlicher Kader".
- Die Aufnahme in die Aspirantur erfolgte auf Vorschlag der Institute/Arbeitsstellen der APW und/oder auf Bewerbung durch die Pädagogen; auch die Volksbildungsorgane unterbreiteten Vorschläge. Die letzte Entscheidung über die Aufnahme erfolgte durch das Präsidium der APW, nachdem vorher die zuständigen Volksbildungsorgane der Freistellung vom Schuldienst zugestimmt bzw. eine Delegierung ausgesprochen hatten.
- Das Präsidium entschied auch über den beruflichen Einsatz der Absolventen der Aspirantur – auf Vorschlag der Institute/Arbeitsstellen, auf Anforderung durch Universitäten, Hochschulen und Lehrerbildungseinrichtungen oder durch staatliche Dienststellen.
- Da die Aspiranten in der Regel zwar über eine Ausbildung als Diplom-Lehrer verfügten, aber nicht über ein darüber hinausgehendes Studium der Pädagogik und der Psychologie, wurde im ersten Jahr der Aspirantur ein spezielles Studium dieser Disziplinen organisiert, wobei die führenden Wissenschaftler der APW als Lehrende wirkten. Im Übrigen diente das erste Jahr der Aspirantur der Themenfindung – in Zusammenarbeit mit den Wissenschaftlern der Institute/Arbeitsstellen, die dann auch die Betreuung übernahmen – und einer speziellen Ausbildung zur Forschungsmethodologie und Forschungsmethodik. In der Regel hatten die Aspiranten am Ende des ersten Jahres der Aspirantur die Konzeption ihrer Dissertation in ihrem Institut verteidigt. Das zweite und dritte Jahr der Aspirantur diente der Durchführung der (oft empirischen) Untersuchungen, der Niederschrift der Dissertation und der öffentlichen Verteidigung. Die Mehrzahl der Aspiranten konnte die dreijährige Ausbildungszeit einhalten.

- Als Bestandteil der internationalen Zusammenarbeit der APW der DDR mit der Akademie der Pädagogischen Wissenschaften der UdSSR gab es in den 20 Jahren der Existenz der APW insgesamt 10 bilaterale Seminare von Aspiranten beider Länder – alternierend in der DDR und in der UdSSR durchgeführt –, an denen von jedem Land jeweils 50 Doktoranden teilnahmen. Ihnen wurden hier durch führende Wissenschaftler beider Länder neueste Erkenntnisse der Pädagogik und der Psychologie vermittelt, und sie erhielten aktuelle Informationen über die bildungspolitische Situation in beiden Ländern. Der Hauptinhalt der Seminare war jedoch die Diskussion und Verteidigung der Konzeptionen und der ersten Untersuchungsergebnisse vor einem „gemischten" Publikum aus beiden Ländern.
- Eine „höhere" Form der Zusammenarbeit waren in den 20 Jahren insgesamt 6 internationale Seminare von Nachwuchswissenschaftlern der UdSSR, der DDR und der anderen sozialistischen Länder – jeweils in einem anderen Land durchgeführt (in der DDR 1977 in Oberhof) –, wo es in der Regel um Informationen über die Ergebnisse abgeschlossener Untersuchungen und die Diskussion dazu in einem multilateral zusammengesetzten Teilnehmerkreis ging. Bis zu 30 Doktoranden bzw. bereits promovierte junge Wissenschaftler aus der DDR nahmen jeweils daran teil.
- Insgesamt war dieser bi- und multilaterale Austausch von eminenter Bedeutung für die wissenschaftliche Profilierung der Beteiligten und trug auch Früchte bei der internationalen Zusammenarbeit in den folgenden Jahren.

5. Qualifizierung der Schuldirektoren und der leitenden Mitarbeiter der Volksbildungsorgane

Ein Spezifikum der APW war, dass ihr vom ersten Tag ihrer Existenz an neben ihren Forschungsaufgaben und der Entwicklung der internationalen wissenschaftlichen Kooperation auch Lehrverpflichtungen auferlegt wurden. Das betrifft vor allem die Qualifizierung der Schuldirektoren und anderer leitender Mitarbeiter der Volksbildung.

Zur Realisierung der der APW übertragenen Aufgabe der Qualifizierung der Schuldirektoren und der leitenden Mitarbeiter der Volksbildung wurde das bis 1970 zur Pädagogischen Hochschule Potsdam gehörige Institut für Planung und Leitung des Volksbildungswesens als selbständiges Institut in die APW eingegliedert. In Abgrenzung zu dem in der APW gebildeten Institut für Ökonomie und Planung des Volksbildungswesens führte das Potsdamer Institut ab 1970 den Namen *Institut für Leitung und Organisation des Volksbildungswesens*. Fragen der langfristigen Planung des Volksbildungswesens waren Gegenstand der

Forschungen des IÖP, Fragen der Arbeitsplanung in den Schulen und Einrichtungen sowie in den staatlichen Volksbildungsorganen waren Gegenstand von Lehre und Forschung am ILO.

Das ILO – so wurde das Institut in der Akademie, im Ministerium für Volksbildung und in der Volksbildung überhaupt in der Regel genannt – war nicht einfach ein Institut unter mehreren anderen Instituten bzw. Arbeitsstellen der APW. Seine Stellung innerhalb der APW ist zumindest durch die folgenden drei Besonderheiten gekennzeichnet:

1. Das ILO war nicht – wie die meisten anderen Institute und Arbeitsstellen – eine Nachfolgeeinrichtung des DPZI, sondern vor der Gründung der APW und seiner Eingliederung in die APW ein Institut der Pädagogischen Hochschule Potsdam, also einer Einrichtung, die entsprechend ihrem Charakter Lehre und Forschung miteinander verband, und das vor allem mit dem Blick auf die Ausbildung von Lehrern für die Oberschulen der DDR.

2. Das ILO unterschied sich von allen anderen Instituten und Arbeitsstellen der APW dadurch, dass es mit dem größeren Teil seiner Kapazität Lehraufgaben realisierte, und zwar zur Qualifizierung von Schuldirektoren und anderem Leitungspersonal im Volksbildungswesen der DDR. Wie bei jeder universitären Einrichtung war die Einheit von Lehre und Forschung Prinzip der Arbeit der ILO, wobei der Umfang der Forschungsarbeiten weitgehend von den personellen Möglichkeiten abhing, die über die Lehrverpflichtungen hinaus und durch die Mitwirkung der Studierenden zur Verfügung stand.

3. Die Tatsache, dass am ILO tätige bzw. zukünftige Schuldirektoren studierten und sich leitende Mitarbeiter des Volksbildungswesens der Kreis- und Bezirksebene in einer Vielzahl von Lehrgängen qualifizierten, brachte eine besondere Nähe des Instituts zur pädagogischen Praxis und auch zum Ministerium für Volksbildung mit sich. Studienpläne und Lehrprogramme wurden in enger Zusammenarbeit mit Praktikern und den jeweils zuständigen Bereichen des Ministeriums erarbeitet. Die Delegierung der Teilnehmer zum Studium bzw. zu den Lehrgängen erfolgte durch das Ministerium für Volksbildung bzw. die entsprechenden Kreis- und Bezirksabteilungen Volksbildung. Ausdruck dieser Besonderheit war eine spezielle „Ordnung über die Aufgaben, die Stellung und die Arbeitsweise des Instituts für Leitung und Organisation des Volksbildungswesens" und ein spezieller „Struktur-, Funktions- und Stellenplan" vom Januar 1980.

Das ILO war also ein Institut der APW und zugleich zentrale Institution des Ministerium für Volksbildung für die Qualifizierung der Schuldirektoren und der leitenden Mitarbeiter des Volksbildungswesens.

Die mit der Eingliederung des ILO in die APW ihm übertragenen Aufgaben waren sehr umfangreich:

- Jährlich waren ca. 400 Teilnehmer in einem postgradualen- bzw. Spezialstudium für die Tätigkeit als Schuldirektor zu qualifizieren.
- Jährlich waren bis zu 6 vierwöchige Lehrgänge zur Weiterbildung von Kreisschulräten und Mitarbeitern der Kreisabteilungen Volksbildung durchzuführen – jeweils mit etwa 220 bis 250 Teilnehmern.
- Kontinuierlich waren die Leiter und Mitarbeiter der Bezirksschulen für die Qualifizierung der Schulfunktionäre zu qualifizieren; außerdem waren Mitarbeiter des ILO und anderer Institute der APW in diesen Bezirksschulen als Lektor tätig.
- Ständig waren leitende Mitarbeiter des Volksbildungswesens aus etwa 20 jungen Nationalstaaten in Lehrgängen mit einer Dauer von 4 Wochen bis zu einem halben Jahr zur Qualifizierung am Potsdamer Institut. Zeitweise liefen zwei bis drei Lehrgänge parallel.

Bis 1970 waren die anfallenden Lehrveranstaltungen zur Pädagogik und zur Psychologie von den entsprechenden Instituten der Pädagogischen Hochschule Potsdam durchgeführt worden. Mit der Eingliederung des ILO in die APW wurde das zu einer Aufgabe der APW und ihrer Institute/Arbeitsstellen. Allerdings erwies sich, dass die APW-Institute die Vielzahl der regelmäßig anfallenden Lehrveranstaltungen nicht bewältigen konnten. Das galt vor allem für die Seminare. Deshalb wurde in den 1980er Jahren am ILO ein spezieller Bereich für Pädagogik und Psychologie aufgebaut, von dem die Seminare und z.T. auch Vorlesungen zur Pädagogik übernommen wurden. Vor allem die Themen zu den Unterrichtsfächern, zur Auslandspädagogik und zur Geschichte der Erziehung wurden bis zuletzt von den entsprechenden Fachwissenschaftlern der APW-Institute gestaltet.

Als Institut der APW waren die Forschungsaufgaben des ILO Bestandteil der Forschungsplanung der Akademie. Die Forschungsvorhaben beinhalteten sowohl auf konkrete Bedürfnisse der Leitungspraxis in der Volksbildung gerichtete Untersuchungen, z.B. zur Schulordnung und zu Leitungshilfen für periodisch wiederkehrende Aufgaben bei der Leitung einer Schule, als auch auf wissenschaftlich-theoretische Grundlagen für die Leitung der Volksbildung und damit auf die Erarbeitung einer Theorie der Planung, Leitung und Organisation des

Volksbildungswesens als einer Disziplin im Ensemble der pädagogischen Wissenschaften, gerichtete Forschungen.

Alle Forschungsarbeiten am ILO zielten gleichzeitig mehr oder weniger auf die Sicherung einer hohen Qualität der Lehrtätigkeit. Dabei wurden Erkenntnisse gewonnen, die selbstverständlich in der Lehre wirksam wurden, aber darüber hinaus über Publikationen in die gesamte Leitungspraxis im Volksbildungswesen Eingang fanden und auch für die Leitungspraxis in anderen gesellschaftlichen Bereichen bedeutsam sind. Solche Erkenntnisse sind z.B.:

- Leitung ist immer vorrangig Arbeit mit Menschen!
- Es gibt keine Leitung „an sich", Leitung ist immer an konkrete Inhalte gebunden, auf die Verwirklichung bestimmter inhaltlicher Aufgaben gerichtet.
- Leitung erfordert auch immer eine bestimmte Leitungsstruktur, die sich aus dem Charakter des zu leitenden Prozesses und der zu leitenden Institution ableitet.
- Leitung erfordert ein spezifisch qualifiziertes Personal.

Daraus wurde für die Leitung der Oberschulen abgeleitet, dass Inhalt und Leitung des pädagogischen Prozesses eine dialektische Einheit bilden und dass der Hauptinhalt der Leitung der Schule durch den Direktor darin besteht, durch lebendige Arbeit mit den Pädagogen und Pädagoginnen und durch das Schaffen und Vervollkommnen von grundlegenden Bedingungen für deren Tätigkeit entscheidende Voraussetzungen für ein hohes Niveau der Bildung und Erziehung aller Schülerinnen und Schüler zu sichern.

DIETER KIRCHHÖFER

Funktionsanalytische Sichtweisen auf die APW

Die APW gehörte zu den Forschungsinstitutionen, die nach der Wende heftigster Kritik ausgesetzt waren und bis heute geblieben sind. Die Anwürfe kamen nicht nur aus den Reihen westdeutscher Kollegen, sondern auch aus den Reihen anderer Forschungseinrichtungen des Landes und eigener Kollegen, die der APW Staats- und Parteinähe vorwarfen, ihre Tätigkeit als selbständige Forschungseinrichtung in Frage stellten und ihr den Status als Akademie nicht zugestehen wollten. Ich weiß um diese Sichtweisen und befinde mich seit 20 Jahren in einem ständigen Verteidigungs- und Rechtfertigungsstreben. Erlauben Sie mir heute darauf zu verzichten und mich der Frage zuzuwenden, welche Funktion außeruniversitäre, nicht produktionsgebundene Bildungsforschung in einer modernen Industrie- und Dienstleistungsgesellschaft hat, wobei ich keinen Zweifel daran lassen will, dass die DDR eine solche Gesellschaft anstrebte.

Die Zugänge zur Analyse außeruniversitärer Forschungseinrichtungen können je nach dem Involviertsein des Betrachters in die Entstehungs- und Entwicklungsprozesse der jeweiligen Institution sehr unterschiedlich sein. Biographische (oft dabei narrative), strukturelle, organisatorische oder auch historische Sichtweisen wechseln dabei und jeder dieser Zugänge hat seine Berechtigung und wissenschaftliche Ergiebigkeit im Erkenntnisprozess, wobei die Herausforderung einer noch ausstehenden institutionellen Geschichtsschreibung darin bestehen wird, diese unterschiedlichen Perspektiven zu bündeln und in einer synthetisierenden Sicht nicht nur zusammenzufügen, sondern zu einer ganzheitlichen Betrachtung zusammenzuführen.

Auch meine funktionale Perspektive kann deshalb nur bruchstückhaft einen Aspekt betrachten, der allerdings meiner Ansicht nach schon eine zentrierende Aufgabe ausfüllen könnte: die Analyse der *Funktion* der Akademie der Pädagogischen Wissenschaften als Einrichtung einer außeruniversitären Bildungsforschung. Dabei muss ich schon zu Beginn eine Einschränkung vornehmen: die außeruniversitäre Bildungsforschung war nicht nur durch die APW repräsentiert, sondern erfolgte auch in den relativ selbständig agierenden und anderen Ministerien unterstehenden Instituten für Hochschul-, Fachschul-, Berufsbildung oder dem Institut für Hygiene im Kinder und Jugendalter und an den zumindest partiell autonom agierenden Universitäten und Hochschulen.[1]

Gestatten Sie mir drei Vorbemerkungen:[2]
1. Die Theorie und Praxis forschender Beobachtung und experimenteller Begleitung der Bildungsprozesse ist in Deutschland seit dem späten 18. Jh. bekannt und erreicht mit dem Philanthropin in Dessau (Basedow, Campe, Trapp), der Anstalt Schnepfenthal oder dem Lehrerseminar Halberstadt einen ersten Höhepunkt, dessen konzeptionelle Entwürfe von Immanuel Kant als Revolution des Erziehungswesens bezeichnet wurden. Über zwei Jahrhunderte hinweg bestimmten die Intentionen der Philantropisten, zu denen u.a. auch Friedrich Eberhard Rochow gehörte, das pädagogische Denken dieser Zeit. Noch vor Ausbruch des 1. Weltkrieges 1914 wird in Berlin das Zentralinstitut für Erziehung und Unterricht gegründet. Es sei festgehalten, dass die APW insofern in einer langen historischen Tradition wurzelt und nicht einen Nachvollzug eines sowjetischen Akademiemodells darstellte, ohne die engen Bindungen an diese Akademie unterschätzen zu wollen.

2. Im 20. Jahrhundert erfuhr Bildungsforschung in den fortgeschrittenen Staaten durch staatliche Gründung, Finanzierung und administrativer Kontrolle entsprechender Institutionen verstärkte Aufmerksamkeit. International anerkannte außeruniversitäre Institute sind z.B. die Laboratoriumsinstitutionen in den USA, z.B. mit der bekannten John Deway-Laboratory School in Chicago, das Genfer Rousseau-Institut mit Piaget oder das Centre for Contemporary Cultur Studies in Birmingham. Auch hier soll festgestellt werden, die Konstituierung und Zentrierung außeruniversitärer Bildungsforschung war ein international zu beobachtendes Phänomen.

3. Nach 1945 bildeten sich in beiden deutschen Staaten Institutionen, die wissenschaftliche Forschung außerhalb der Universitäten und Politikberatung vereinten. In der BRD waren es z.B. das Deutsche Institut für Internationale Pädagogische Forschung in Frankfurt/M. (DIPF), das Max-Planck-Institut für Bildungsforschung (MPI) oder das Institut für naturwissenschaftliche Bildung (INB), in der DDR das Deutsche Pädagogische Zentralinstitut (DPZI), der Wis-

1 Ich verfügte z.B. als Rektor einer pädagogischen Hochschule über einen Anteil von ca. 20 bis 30 Prozent der Forschungskapazität der Hochschule für die sog. R(Rektor)Forschung, die ich vor allem für regionale Forschungen einsetzen konnte.
2 Ich folge in den Vorbemerkungen einem Denkansatz von Elmar Tenorth (2007).

senschaftliche Rat beim Ministerium für Volksbildung und seit 1971 die APW. Die Konstituierung zentraler außeruniversitärer Bildungsforschung stellte insofern ein systemübergreifendes Prinzip dar.

Entgegen meiner eingangs erklärten Absicht, keine Rechtfertigungsstrategie zu verfolgen, unterliege ich mit der folgenden zusammenfassenden Vorbemerkung doch wieder einer Legitimationsattitüde:

Die Zentrierung der außeruniversitären Bildungsforschung ist keine Idee autoritär regierter Staaten und der Unterordnung der Bildungssysteme unter politische Machtkalküle von Parteiführungen, sondern Ausdruck der Modernisierung staatlicher Steuerung von Bildungssystemen.

Zur Funktion der Akademie der Pädagogischen Wissenschaften

Die APW – wie auch andere Akademien in ihren Wissenschaftsressorts – bildete eine gesellschaftliche Einrichtung der *Beobachtung und Selbstbeobachtung des Bildungssystems* und entsprechender gestalterischer Maßnahmen der Bildungspolitik. Zentrierendes Moment war dabei die Curricula-Entwicklung, die im MPI für Bildungsforschung (S. B. Robinsohn) eine Entsprechung fand. Emile Durkheim folgend, stellte sie als wesentliche Funktion der Bildungsforschung insofern *eine reflektierte Reflexion* der Entwicklung, Begründung, Erprobung und Evaluierung des Bildungssystems dar. Die Lehrplanentwicklung erwies sich dabei als eine komplexe Aufgabe, die theoretische Grundlagenforschung mit einer effektiven Gestaltungsaufgabe vereinte. Die zu sichernde Komplexität forderte die Bearbeitung von theoretischen Fragen des Schulfunk- und Schulfernsehens, der Unterrichtsmittel (s. Beitrag v. Horst Weiß), der Schulbuchentwicklung, der Funktionsbestimmung von Unterrichtshilfen, Methodikhandbüchern und anderen methodischen Hilfen.

Aus dieser zentralen Funktionsbestimmung ergaben sich eine Reihe weiterer Funktionsbestimmungen, die ich als widersprüchliche Verhältnisse fasse:

1. Einrichtungen dieser Art dienten der *Konzentration der außeruniversitären Bildungsforschung auf die Erfordernisse einer modernen Volkswirtschaft im weiteren Sinne der Fort- und Weiterentwicklung des Bildungssystems. Sonja Häder hat ohne Zweifel recht, wenn sie feststellt, dass eine funktionale Besonderheit der von der APW betriebenen erziehungswissenschaftlichen Forschung* die "Orientierung bzw. Rückbindung an pädagogische Praxis – was vor allem Schulpraxis meinte – und auf deren „Verbesserung“ und „Vervollkommnung“ gerichtet war. (Häder 2007,

S. 144) Im besonderen Maße galt es dabei für Bildungsforschung die Entwicklung des Arbeitsmarktes und der notwendigen Qualifikationsanforderungen vorauszudenken und zu verfolgen. Dabei galt es die widersprüchliche Beziehung zwischen ökonomischer Ressourcenentwicklung und allgemeiner Menschenbildung zu beachten, die im humboldtschen Sinne nicht auf den Menschen als künftiger Produktivkraft zu reduzieren war und sich auch nicht auf eine Vorbereitung auf den künftig auszuübenden Beruf beschränken konnte, sondern Menschenbildung darstellte. Wenn etwas der APW vorzuwerfen ist, dann, dass sie diese Widersprüchlichkeit nicht konsequent genug wahrgenommen und die Innovationen im Bildungswesen nicht ausreichend in diesem Sinne vorangetrieben hat.

2. Diese Einrichtungen der Steuerung außeruniversitärer Bildungsforschung erbrachten eine *staatsnahe/politiknahe Leistung*, die bis hin zur unmittelbaren Politikberatung führen konnte, so wie es Helmut Becker am MPI oder die Gutachter für die Kultusministerkonferenz in der BRD leisteten. Diese Politikorientierung und -bindung war also kein Makel wissenschaftlicher Produktion und Verzicht auf Theorieentwicklung. Die Funktion der Akademie war es im Sinne einer „Systembetreuungswissenschaft" (Niklas Luhmann Frankfurt 2002) gleichsam ein Monitoring der Bildungsprozesse zu ermöglichen und die Auskunftsfähigkeit über den Zustand und die Entwicklung des Bildungssystems für die politische Führung des Landes zu sichern, was sich u.a. in der Einordnung des Planes der Pädagogischen Forschung in den Zentralen Forschungsplan der marxistisch-leninistischen Gesellschaftswissenschaften ausdrückte. Um dieser Funktion der Systembetreuung willen bedurfte es mit der Bindung an Politik und Staat zugleich einer gewissen Distanz. Wissenschaftliche Führung (Planung, Kontrolle) und wissenschaftliche Beratung durften nicht in der Bildungspolitik aufgehen, mit ihr verschmelzen, sondern mussten ihr vorausgehen, gegebenenfalls auch neben ihr stehen. Dieses Verhältnis zwischen Distanz und Bindung brachte auch sich selbstorganisatorisch regelnde Vernetzungen und wissenschaftsinterne Regelungen hervor.

3. Insofern charakterisierte die Arbeitsweise der Akademie weniger der innertheoretische Diskurs der Grundlagenforschung, sondern der Diskurs und Dialog mit den Subjekten dieses Veränderungsprozesses (den Lehrern und Schul- und Wirtschaftsfunktionären), die diesen Prozess gestalten sollten. Der Forschungstyp ist in der westlichen Welt als action research- oder Handlungsforschung oder

in der DDR als nutzerorientierte Grundlagenforschung geläufig. Die APW verfügte über ein Netz von Basiskreisen, Forschungsschulen, Stützpunktschulen, um diesen Dialog zu realisieren.

Es ist deshalb einseitig, wenn Malycha behauptet, dass die „... an die Pädagogik gestellten gesellschaftspolitischen Forderungen zumeist nur „Theorien zweiten Grades" zuließen, die praktikable pädagogische Handlungsanweisungen und unmittelbar verwertbares Orientierungswissen bereit zu stellen versprachen" (Malycha 2007, S. 49). Um die Curriculaentwicklung voranzutreiben war es z.B. nicht nur erforderlich, die Theorie der Allgemeinbildung voranzutreiben (s. Wiegmann 1997, S. 433–454),theoretische Grundlagenfragen der Aneignung im Sinne der Einheit von Aneignungsgegenstand, Aneignungsweise und Aneignungssubjekt zu entwickeln oder auch Fragen der Einheitlichkeit und Differenzierung in der Einheit von äußerer und innerer Differenzierung als eine theoretisch bis heute nicht gelöste Frage optimaler Schulstrukturen zu beantworten. Grundlagenforschung konnte deshalb gar nicht „in der zwanzigjährigen Geschichte der APW randständig bleiben" (Malycha 2007, S. 49), sondern musste um eine handlungssteuernde Funktion zu erfüllen, theoriebildend wirken. Es ist also auch die Feststellung von Sonja Häder zu hinterfragen, dass „der von der DDR-Pädagogik erhobene Anspruch nach praxisverändernder Forschung und Theoriebildung zwangsläufig nicht eingelöst werden konnte"(Häder 2007, S. 173).

Eine solche enge Verbindung der Subjekte der Gestaltungsprozesse und der Wissenschaftsbildung führte zu einer vielleicht von anderen Wissenschaften und Wissenschaftlern unterschiedenen Sprachkultur, die im Interesse wirksamer Popularisierung auf Verständlichkeit und Transparenz orientiert war und deshalb anfänglich im innerdeutschen Dialog zu Irritationen führte und den Vorwurf mangelnder Theoriehaltigkeit nährte.

4. Es ist wiederum eine folgerichtige Implikation dieser Forschungsorganisation, dass sie die Dialektik von weiterer Ausdifferenzierung und generalisierender Komplexitätssicherung bewältigen musste, was u.a. die Bündelung einer Vielzahl von Einzelwissenschaften notwendig machte, die gerade in der Funktion praxisanleitend zu sein, wissenschaftlichen Höchststand erreichen mussten, wie z.B. in der Deutsch-Methodik mit Bütow, Friedrich, Kreisel (s. Kreisel im vorliegenden Band) oder in der pädagogischen Psychologie oder Lernpsychologie mit Lompscher und Kossakowski. Insofern konnten und wollten die an der APW vertretenen Wissenschaftsdisziplinen einen „doktrinär abverlangten, ausdrücklichen Verzicht auf disziplinäre Selbstreflexion" (Malycha 2007, S. 49) nicht leisten.

Die Verortung einer Gelehrtengesellschaft innerhalb dieser Einrichtung erweist sich als schwierig und lässt zumindest für die APW die Frage nach der Funktion einer solchen Gelehrtengesellschaft entstehen. Es entsteht bei mir der Verdacht, dass mit einer solchen Institution ein bestimmter Legitimations- und Privilegierungsbedarf vergangener Jahrhunderte gesichert werden sollte, was in entsprechenden Dotationen Bestätigung fand. Aus einer gutwilligen Perspektive heraus könnte man die Plenartagungen der APW als eine solche Gelehrtengesellschaft deuten. Die gewählten Mitglieder wurden zwei- oder dreimal im Jahr zu Plenartagungen einberufen, auf denen aktuelle und/oder langfristige Entwicklungen des Bildungssystems beraten wurden, z.B. Wissenschaftlich-technischer Fortschritt und Bildung; Informatik und Allgemeinbildung; Persönlichkeitstheorie und inhaltliche Ausgestaltung der Oberschulentwicklung; Erhöhung der geistigen Aktivität (vgl. Günter Wilms im vorliegenden Band). Zentrales Moment dieser Plenartagungen war weniger der fachwissenschaftliche Diskurs, sondern die interdisziplinäre Erörterung zukünftiger Entwicklungen des Bildungssystems. Die Mitglieder, in der Regel jeweils führende Vertreter ihrer Wissenschaften (u.a. Hans Koch, Erich Hahn, Klaus-Peter Becker, Walter Friedrich, Friedhart Klix) wurden durch Zuwahl nach Bestätigung durch das Ministerium für Volksbildung berufen

Darüber hinaus existierten zeitweilige oder ständige Arbeitsgemeinschaften wie z.B. die AG Methodologie und an den Instituten wissenschaftliche Räte der jeweiligen Disziplin, in denen disziplinäre wissenschaftlich-theoretische Diskurse vorangetrieben wurden. Es waren diese Gremien, die sich als wesentliche Momente der Theoriebildung der jeweiligen Fachdisziplin erwiesen und an denen die Fragen eines theoretischen Leistungsniveaus gestellt werden müssten. An dieser Stelle sei noch einmal betont, dass es ob dieser Spezialisierung und Differenzierung der einzelwissenschaftlichen Disziplinentwicklung nicht haltbar ist, eine Akademie generalisierend zu werten und pauschalen vergleichenden Kriterien ihrer Wissenschaftlichkeit zu unterwerfen.

CHRISTA UHLIG

Die Akademie der Pädagogischen Wissenschaften der DDR (1970–1990) – Anmerkungen zu ihrer Geschichte[1]

Neben grundsätzlichen Übereinstimmungen und Gemeinsamkeiten mit den anderen hier vorgestellten Akademien weist die Akademie der Pädagogischen Wissenschaften (APW) als jüngste und kleinste Forschungsakademie der DDR eine Reihe von Besonderheiten auf. Sie betreffen erstens den vergleichsweise späten Zeitpunkt ihrer Gründung im Jahre 1970 einschließlich ihrer Vorgeschichte(n), zweitens vermutlich auch Aspekte ihrer Funktionen, Strukturen, Arbeitsweisen sowie ihres Leistungsspektrums und drittens ihre Bewertung und schließlich ihre Abwicklung im Jahre 1990.[2]

---

1 Grenzen sind dem Beitrag in dreierlei Hinsicht gezogen: *erstens* beruht er nicht durchgehend auf *eigenen* Quellenforschungen zur APW; *zweitens* stellt er, wie die meisten Darstellungen auf dieser Tagung, eine Binnenperspektive dar, die Voreingenommenheit und Subjektivität weder ausschließen kann noch will; *drittens* gehörte ich weder zum inneren Zirkel noch zum Plenum der APW. Erst ab Ende 1989 war ich als Mitglied der provisorischen Geschäftsführenden Leitung in Planungs- und Leitungsprozesse involviert.

2 Als neuere Arbeiten zur APW vgl. Sonja Häder/Ulrich Wiegmann (Hrsg.): *Die Akademie der Pädagogischen Wissenschaften der DDR im Spannungsfeld von Wissenschaft und Politik.* Frankfurt a. M. [u.a.] 2007; Andreas Malycha: *Die Akademie der Pädagogischen Wissenschaften der DDR 1970–1990. Zur Geschichte einer Wissenschaftsinstitution im Kontext staatlicher Bildungspolitik.* Leipzig 2008; außerdem Wolfgang Eichler/Christa Uhlig: *Die Akademie der Pädagogischen Wissenschaften der DDR im Spannungsfeld von Forschungskooperation und Leiteinrichtung.* In: Peter Dudek/H.-Elmar Tenorth (Hrsg.): Transformationen der deutschen Bildungslandschaft. Lernprozeß mit ungewissem Ausgang. Weinheim und Basel 1994, S. 115–126; Gerd Geißler/Ulrich Wiegmann (Hrsg.): *Außeruniversitäre Erziehungswissenschaft in Deutschland. Versuch einer historischen Bestandsaufnahme.* Köln [u.a.] 1996; als institutsgeschichtliche Darstellung z.B. Adolf Kossakowski/Horst Kühn: *Pädagogische Psychologie im Spannungsfeld von Wissenschaft und Politik.* Frankfurt a.M. [u.a.] 2008; als autobiographische Darstellungen z.B. Gerhart Neuner: *Zwischen Wissenschaft und Politik: ein Rückblick aus lebensgeschichtlicher Perspektive.* Köln [u.a.] 1996; Karl-Heinz Günther: *Rückblick. Nach Tagebuchnotizen aus den Jahren 1938–1990.* Frankfurt a.M. [u.a.] 2002.

Zur Vorgeschichte der APW

Wie die anderen Akademien entstand auch die APW nicht voraussetzungslos. Ihre Geschichte ist eingebettet in eine Wissenschaftslandschaft, die nach dem weitreichenden politischen Bruch mit dem vorangegangenen nazistischen System und seinen ideellen Wurzeln in der deutschen Wissenschaftsgeschichte ein eigenes Profil erst noch zu gewinnen hatte und zugleich einem neuen, Wissenschaft als Grundlage begreifenden Gesellschaftssystem nutzbar sein sollte. Reduziert man ihre Betrachtung allein auf die zwanzig Jahre ihrer institutionellen Existenz, kann die APW leicht als traditionsarme, temporär funktionale Wissenschaftseinrichtung erscheinen, die den Kriterien an Forschungsakademien, wie sie auf dieser Tagung vor allem mit dem Blick auf die Akademie der Wissenschaften der DDR (AdW) erörtert worden sind, nur bedingt zu genügen vermochte. Stellt man sie hingegen in größere historische Zusammenhänge, weist die APW mehrfache Bezüge zu Traditionen außeruniversitärer institutionalisierter pädagogischer Forschung in Deutschland und darüber hinaus[3] auf und steht gleichermaßen in einer eigenen, nach 1945 herausgebildeten Traditionslinie pädagogischen Wissenschaftsverständnisses. Ich stelle im Folgenden drei für die APW relevante Vorläuferinstitutionen heraus. Die ersten beiden können als ihre unmittelbaren Vorläufer angesehen werden, die dritte, weiter zurück reichend und für die APW eher peripher, ist mit der Akademiegeschichte unmittelbar verknüpft.[4]

---

3 Vgl. Tenorth, Heinz-Elmar: Die APW im Kontext außeruniversitärer Bildungsforschung in Deutschland. In: Häder/Wiegmann 2007, S. 15–38.

4 Ich schließe damit an die von Geißler bereits 1984 aufgezeigten Traditionslinien an. Vgl. Gert Geißler: *Fortschrittliche Denkansätze und Institutionen in der Geschichte der pädagogischen Forschung als Traditionen der Akademie der Pädagogischen Wissenschaften der DDR*. In: Jahrbuch der APW 1984. Berlin 1984, S. 833–348.

Das Deutsche Pädagogische Zentralinstitut (DPZI)[5]

Als zu Beginn der 1950er Jahre in der DDR neben der Deutschen Akademie der Wissenschaften (DAW) weitere Akademien gegründet wurden, stand eine pädagogische Forschungsakademie mit Gelehrtengesellschaft offiziell nicht zur Debatte. Allerdings war bereits mit dem 1949 gegründeten DPZI eine außeruniversitäre pädagogische Forschungseinrichtung geschaffen, in deren Entwicklung der Akademiegedanke mitschwang, aber vor dem Hintergrund der immensen praktischen bildungspolitischen und pädagogischen Aufgaben und Probleme bei der Umgestaltung des Bildungswesens nach dem Ende des Zweiten Weltkrieges nicht realisierbar schien. Die Funktion des DPZI galt primär der Ausarbeitung eines neuen Typs von Schule, der Findung adäquater pädagogischer Theorien und der Aus- und Weiterbildung des pädagogischen Personals. Zugleich wurde es als Koordinierungsstelle bzw. Korrektiv der zu dieser Zeit noch stark differenzierten universitären Pädagogik gebraucht. Aus heutiger Perspektive ist bemerkenswert, dass zu jener Zeit (entgegen aller Sowjetisierungsbehauptungen) nicht vordergründig an das Modell der 1943 gegründeten Akademie der Pädagogischen Wissenschaften der UdSSR angeschlossen wurde, sondern an deutsche Traditionen außeruniversitärer pädagogischer Einrichtungen und Initiativen, z.B. die 1875 gegründete Deutsche Lehrerbücherei (bis 1908 Deutsches Schulmuseum), die 1890 entstandene „Gesellschaft für deutsche Erziehungs- und Schulgeschichte" oder das 1915 eingerichtete „Zentralinstitut für Erziehung und Unterricht", das als ein erster bedeutender Versuch zur Zentralisierung erziehungswissenschaftlicher Forschung und pädagogischer Information angesehen werden kann.[6] Alle diese Einrichtungen dienten einem mehrfachen Zweck, der sie zugleich von universitären Aufgaben und Möglichkeiten unterscheidet – sie wollten das pädagogische Wissen ihrer Zeit zusammenführen, weiterentwickeln und für die pädagogische Praxis bereitstellen. Im Falle des Zentralinstituts, in dessen Arbeit eine Vielzahl namhafter Pädagogen eingebunden

5 Vgl. *Zur Geschichte der Akademie der Pädagogischen Wissenschaften der Deutschen Demokratischen Republik. Dokumente und Materialien.* Ausgearbeitet und zusammengestellt von einem Autorenkollektiv unter der Leitung von Eberhard Meumann. Berlin 1989 (fortan zitiert: *Zur Geschichte der APW ... 1989*); Gert Geißler: *Zur Gründungsgeschichte des Deutschen Pädagogischen Zentralinstituts (DPZI).* In: Gert Geißler/Ulrich Wiegmann (Hrsg.): Außeruniversitäre Erziehungswissenschaft in Deutschland. Versuch einer historischen Bestandsaufnahme. Köln [u.a.] 1996, S. 137–148; Nicole Zabel: *Zur Geschichte des DPZI. Eine institutionsgeschichtliche Studie.* Dissertation, TU Chemnitz 2009 (online: www.qucosa.de).

6 Vgl. Geißler 1984; Heinz-Elmar Tenorth: *Das Zentralinstitut für Erziehung und Unterricht. Außeruniversitäre Erziehungswissenschaft zwischen Politik, Pädagogik und Forschung.* In: Geißler/Wiegmann 1996, S. 113–135.

war, geschah dies in unmittelbarer Verbindung mit Kultusministerium und Schulbehörden. Es entsprach dem Geist dieser Traditionen, wenn die Gründung des DPZI, die bereits seit 1946 in Absprache mit der SMAD angebahnt wurde, nachdrücklich „in Ausführung der Verordnung vom 31. März 1949 über die Erhaltung und Entwicklung der deutschen Wissenschaft und Kultur" vollzogen wurde.[7] Zwar war die Gründung dieser Einrichtung mit klaren Zielvorgaben erfolgt, über deren konkrete inhaltliche Ausformung indessen herrschte anfangs keineswegs Konsens. Unterschiedliche Vorstellungen betrafen besonders den Wissenschaftscharakter dieser Einrichtung – pendelnd zwischen den Polen objektiver Tatsachenforschung und Kampfinstrument gegen bürgerliche Theorien – sowie den gesellschaftlichen Status bzw. die wissenschaftliche Zuordnung des DPZI.[8] Neben der Variante einer selbständigen, den Universitäten gleichgestellten Institution war auch der Gedanke einer gewerkschaftlichen Anbindung im Gespräch. Beides wurde schließlich im Statut eindeutig geregelt. Das DPZI wurde dem Minister für Volksbildung unterstellt und arbeitete nach den Anweisungen des Ministeriums.[9] Und auch die wissenschaftliche Arbeit wurde als Teil eines gesellschaftlichen Gesamtkonzepts primär bildungspolitisch nach den Bedürfnissen der Praxis bestimmt. Das DPZI stand somit von Anfang an in einem Spannungsfeld: Es stellte sich einerseits in eine nationale Bildungs- und Wissenschaftstradition und hatte andererseits einen klaren, auf die Gestaltung des Bildungssystems der DDR abgegrenzten Auftrag: „die Erhöhung der wissenschaftlichen und pädagogischen Qualifikation aller Lehrer", „die Verbesserung des Unterrichts", das Studium, die Auswertung und Verbreitung von Praxiserfahrungen sowie die Planung und Koordinierung „der wissenschaftlichen Forschungsarbeit auf dem Gebiet des Erziehungswesens" und deren Förderung „durch eigene Untersuchungen"[10] oder, wie es der damalige Präsident der Deutschen Verwaltung für Volksbildung, Paul Wandel, auf den Punkt brachte, die „Schaffung einer neuen Pädagogik"[11]. Eine „beratende Funktion" kam dabei einem vom Minister für Volksbildung berufenen Beirat zu, bestehend aus Vertretern der pädagogischen Praxis, der pädagogischen Wissenschaft und aus politischen und gesellschaftlichen Organisationen.[12] Unter den wechselvollen

7 Statut vom 2. März 1950. In: *Zur Geschichte der Akademie* ... 1989, S. 181.
8 Vgl. Bericht über die Verhandlungen mit Vertretern der SMAD über die Einrichtung eines Pädagogischen Zentralinstituts. Vom 11. September 1948. In: *Zur Geschichte der APW* ... 1989, S. 161–163.
9 Ebd.
10 Ebd.
11 Eröffnungsansprache des Präsidenten der Deutschen Verwaltung für Volksbildung, Paul Wandel. In: *Zur Geschichte der APW* ... 1989, S. 172.
12 Statut vom 2. März 1950. In: *Zur Geschichte der APW* ... 1989, S. 181.

gesellschaftlichen Auseinandersetzungen und Spannungen der 1950er Jahre (Kalter Krieg, offene nationale Frage, Diskussion um Erbe- und Tradition, Formalismus- und Revisionismusdebatte u.a.) erlebte das DPZI nicht nur z.T. gravierende Modifikationen und Diskussionen seiner erziehungspolitischen und pädagogischen Aufgaben (Polytechnik, Zehnklassenschule, Lehrplangestaltung, patriotische Erziehung u.a.), sondern auch personelle Turbulenzen, bis es sich in den 1960er Jahren als Forschungs- und Leiteinrichtung stabilisierte und die (Schul)Pädagogik in der DDR fortan maßgeblich repräsentierte.[13]

Der Wissenschaftliche Rat beim Ministerium für Volksbildung

Neben dem DPZI trat im Vorfeld der APW ein zentrales Wissenschaftsgremien in Erscheinung, das als interdisziplinäres wissenschaftskonzipierendes, politikberatendes und forschungsführendes Gremium eine vergleichsweise hohe Kompetenz erlangte – der 1959 beim Ministerium für Volksbildung in Kooperation mit dem Sekretariat für Hoch- und Fachschulwesen und dem DPZI eingerichtete überinstitutionelle Wissenschaftlicher Rat. Ihm gehörten neben pädagogischen Wissenschaftlern verschiedenster pädagogischer Einrichtungen auch solche anderer Disziplinen an, ebenso Schulfunktionäre und Lehrer. Unter der Leitung des Wissenschaftlichen Rates entstanden bis 1964 17 Sektionen sowie 120 Forschungsgemeinschaften und Arbeitsgruppen, die projektorientiert an zentralen Forschungs- und Entwicklungsaufgaben arbeiteten. Wichtigste Ergebnisse waren zum einen das 1963 zur öffentlichen Diskussion als Entwurf vorgelegte, 1965 verabschiedete und bis zum Ende der DDR gültige „Gesetz über das einheitliche sozialistische Bildungssystem" und zum anderen das erste komplexe „Programm der pädagogischen Forschung in der DDR 1966–1970", mit dem das Profil der Erziehungswissenschaften in der DDR nachhaltige Prägung erhielt. Obwohl der Wissenschaftliche Rat über akademietaugliche wissenschaftliche Potentiale verfügte und als Basis für eine Akademiegründung offensichtlich im Gespräch war, ging sein Einfluss Ende der 1960er Jahre zurück. Nicht dieses Gremium, sondern das DPZI wurde 1968 zur Leiteinrichtung der pädagogischen Forschung bestimmt.[14]

13 Zu einer anderen Bewertung kommt Zabel 2009. Sie sieht das DPZI als „Verwaltungsdienststelle des Ministeriums für Volksbildung" eher in einer Verfallsgeschichte.

14 Vgl. zum Wissenschaftlichen Rat beim Ministerium für Volksbildung den Beitrag von Günther Wilms in der vorliegenden Publikation; außerdem *Zur Geschichte der APW* ...1989, S. 19ff., 185–188; Günther 2002.

Die Kommission für deutsche Erziehungs- und Schulgeschichte

Schließlich sei auf eine kleine, scheinbar randständige wissenschaftliche Institution verwiesen, die eine Traditionslinie von der APW über die Deutsche Akademie der Wissenschaften (DAW) bis zurück zur Preußischen Akademie der Wissenschaften zieht. Die 1955 an der DAW wieder eingerichtete Kommission für deutsche Erziehungs- und Schulgeschichte geht auf die 1890 auf Anregung von Karl Kehrbach gegründete „Gesellschaft für deutsche Erziehungs- und Schulgeschichte" zurück, in der sich pädagogische Wissenschaftler und Lehrer unterschiedlicher Provenienz unter dem Ziel zusammengefunden hatten, „auf dem Gebiete des Erziehungswesens durch die von ihr herausgegebenen Schriften ‚der Gegenwart aus der Vergangenheit die Zukunft zu erhellen'. Diese Aufgabe könne, so heißt es in dem Aufruf zur Konstituierung der Gesellschaft weiter, ‚in wissenschaftlich genügender Weise nur gelöst werden durch die einheitliche Arbeit vieler Kräfte, welche den weithin zerstreuten Bemühungen auf diesem Gebiete einen Mittelpunkt schaffen... Zu ihren Mitgliedern gehörten Gelehrte, wie Dilthey, Rein, Münch, Euler, Harnack, Sallwürk, Willmann, Paulsen, Windelband, Ziegler und Spranger, aber auch *viele Lehrer aller Schulgattungen* (Hervorhebung im Original, ChU.)."[15] Schon seit etwa „1904 hatte der Plan bestanden, die Gesellschaft mit der damaligen Preußischen Akademie der Wissenschaften in Verbindung zu bringen"[16]; das aber gelang erst 1931 unter Eduard Spranger, der zu dieser Zeit als stellvertretender Vorsitzender, dann von 1934–38 als Vorsitzender fungierte. Nachdem staatliche Zuschüsse nach 1933 wegefallen waren[17], wurde die „Gesellschaft" 1938 aufgelöst, jedoch als „Kommission für deutsche Erziehungs- und Schulgeschichte" bis 1944 weitergeführt.[18] Irritationen über die Rechtsnachfolge der Kommission und die Rechte an ihren umfang-

15 [Gerda Mundorf]: *Pflegestätte wertvoller Traditionen. Aus der Arbeit der Kommission für deutsche Erziehungs- und Schulgeschichte der Deutschen Akademie der Wissenschaften zu Berlin.* In: Pädagogik 18(1963), H. 7, S. 640–645, hier S. 642 (Obwohl nicht genannt, gilt G.M. als Autorin des Beitrages, vgl. Christine Lost: *Zum Wirken Gerda Mundorfs (1919–1983) in der Kommission für deutsche Erziehungs- und Schulgeschichte.* In: Jahrbuch für Erziehungs- und Schulgeschichte, Jg. 30(1990), Berlin 1990, S. 74–86); Helmut König: *Vor 100 Jahren – Gründung der „Gesellschaft für deutsche Erziehungs- und Schulgeschichte".* In: Ebd., S. 57–68; Derselbe: *Vor 25 Jahren – Wiederaufnahme der Arbeit der Kommission für deutsche Erziehungs- und Schulgeschichte.* In: Jahrbuch für Erziehungs- und Schulgeschichte, Jg. 20(1980), Berlin 1980, S. 97–109; Klaus-Peter Horn: *Die „Gesellschaft für deutsche Erziehungs- und Schulgeschichte" (1890 bis 1938).* In: Geißler/Wiegmann 1996, S. 91–112.

16 Mundorf 1963, S. 642.

17 Ebd.

18 König 1990, S. 62f.

reichen Sammlungen und Materialien, darunter seit 1909 ein Teil des Nachlasses von Friedrich Fröbel[19], verhinderten nach dem Ende des Zweiten Weltkrieges zunächst Bestrebungen zur Reaktivierung der Gesellschaft bzw. Kommission.[20] 1955 dann gelang auf Initiative von Johannes Irmscher, Robert Alt und Hans Ahrbeck im Kontext nationaler Erberezeption ihre Neugründung an der DAW. 1958 erhielt die unter dem Vorsitz von Robert Alt tätige Kommission eine eigene, von Gerda Mundorf bis 1963 geleitete Arbeitsstelle[21], die, vergleichsweise randständig und autonom, zur Planungs- und Koordinierungsstelle der historisch-pädagogischen Forschung in der DDR avancierte und mit der Reihe „Monumenta Paedagogica" und dem „Jahrbuch für deutsche Bildungs- und Erziehungsgeschichte" unmittelbar an die Herausgebertätigkeit der früheren „Gesellschaft" anschloss.[22] Zeitgleich wurde die Sektion Geschichte der Pädagogik im Zuge von Umstrukturierungen am DPZI geschlossen.[23] Die Profilierung der historischen Pädagogik in den 1950er und 1960er Jahren zu einer auch über die Grenzen des Landes hinaus anerkannten Wissenschaftsdisziplin hatte ihr Zentrum demzufolge an der DAW/AdW. Mit Gründung der APW 1970 wurden die Kommission und ihre Publikationsreihen an diese Akademie angegliedert. Ihre Archivgüter gingen in den Besitz der APW über. Damit entstand eine neue Rechtsträgersituation, die zu DDR-Zeiten belanglos erschien, 1990 aber Bemühungen um den Fortbestand der Kommission verhinderte und die Rettung des Archivgutes zumindest erschwerte. Nach langwierigen Verhandlungen fand letzteres schließlich einen Platz im Archiv der Bibliothek für Bildungsgeschichtliche Forschung des Deutschen Instituts für Internationale Pädagogische Forschung in Berlin (BBF/DIPF).

---

19 Bericht über die Übernahme der Bibliothek der ehemaligen Fröbelschen Erziehungsanstalt in Keilhau. In: Unterlagen der Arbeitsstelle der Kommission zum Verbleib historischer Quellen. Deutsche Akademie der Wissenschaften zu Berlin, Kommission für deutsche Erziehungs- und Schulgeschichte 1955–1963, BBF/DIPF/Archiv, Signatur: ADW 16390.

20 Vgl. Nachforschungen zu den im 2. Weltkrieg ausgelagerten Sammlungen der Gesellschaft für deutsche Erziehungs- und Schulgeschichte (masch.), dazu die Abschrift eines Briefes an Eduard Spranger. In: Ebd.; Verbleib der Sammlungen der Gesellschaft für deutsche Erziehungs- und Schulgeschichte. Deutsches Pädagogisches Zentralinstitut, Archiv, Kommission für deutsche Erziehungs- und Schulgeschichte 1955–1963. BBF/DIPF/Archiv, Signatur: DPZI 16390; König 1990, S. 67.

21 Von 1963–1970 arbeitete sie als stellvertretende Leiterin. Leiter der Arbeitsstelle war in dieser Zeit Robert Alt.

22 Zu den herausragenden Leistungen der „Gesellschaft" gehört die Herausgabe der Reihe „Monumenta Germaniae Paedagogica". Eine Übersicht der Titel ist im Gesamtinhaltsverzeichnis des Jahrbuchs für Erziehungs- und Schulgeschichte, Jg. 1–30 (1961–1990), Berlin 1990, enthalten.

23 Vgl. Günther 2002, S.214f.

Ob und wieweit diese drei „Vorgeschichten“ in die APW hineingewirkt, ihr wissenschaftliches Profil beeinflusst haben bzw. im Bewusstsein der Mitarbeiterinnen und Mitarbeiter präsent waren, wäre einer spezifischen Untersuchung wert.

Gründung, Funktionen und Strukturen der APW[24]

Gründungszusammenhänge[25]

Die Entscheidung für die Gründung der APW als Forschungsakademie mit Gelehrtengesellschaft fiel bereits in den 1960er Jahren. Dabei mag der Einfluss der seit 1963 im Amt befindlichen Ministerin Margot Honecker eine Rolle gespielt haben, vor allem aber die im internationalen Wettbewerb forcierte Wissenschaftspolitik und das Wissenschaftsverständnis der 1960er Jahre. Wie die Gesellschaftsentwicklung insgesamt war auch die Entwicklung des Bildungs- und Erziehungssystems in der DDR als wissenschaftsgestützter Prozess gedacht. Das galt erst recht nach dem „Gesetz über das einheitliche sozialistische Bildungssystem der DDR“ (1965), mit dem ein nachhaltiger struktureller Rahmen geschaffen war, dessen systematische Ausgestaltung folgen sollte. Der Trend dieser Jahre ging zudem zu komplexen, interdisziplinären und systemischen Forschungen („sozialistische Großforschung“, „interdisziplinäre kollektive Gemeinschaftsarbeit“[26]) sowie zur Rationalisierung von Wissenschaftsorganisation, -planung und -leitung. Symbolisierte die APW auf der einen Seite diesen Trend, verbunden mit einer deutliche Statuserhebung der pädagogischen Wissenschaften, blieb sie auf der anderen Seite in ihrem inhaltlichen Profil, in ihren Strukturen und auch personell stark in der Kontinuität des DPZI. Wie dieses war sie dem Minister für Volksbildung und somit einem funktionalen Ressortdenken unterstellt[27], das ihre oft kritisierte enge Fokussierung auf Schule, schulische Bildung und Lehrplanentwicklung maßgeblich zur Folge hatte und die Integration anderer Bildungs- und Wissenschaftsbereiche in die APW erschwerte, die dann, wie Berufsbildung, Fach- und Hochschulbildung oder Jugendforschung, in eigenen Institutionen verblieben. Mit Gerhart Neuner, bereits seit 1961 Direktor des DPZI, erhielt die APW einen Präsidenten, der diese Kontinuität zusätzlich repräsentierte. Es handelte sich daher eher um eine Umwandlung als um eine qualitative Neugründung.

---

24 Einige der folgenden Passagen stützen sich auf Eichler/Uhlig 1994.
25 Vgl. hierzu *Zur Geschichte der APW*... 1989; auch das Jahrbuch der APW 1971, Berlin 1971.
26 Vgl. *Philosophenkongreß der DDR 1970*. Teil IV: Wissenschaft und Sozialismus. Berlin 1970, S. 12.
27 Statut der APW. In: *Zur Geschichte der APW*... 1989, S. 244.

Aufgaben, Strukturen und Leistungsspektrum

Ihrem Statut nach war die APW sowohl Forschungsinstitution als auch zentrale Leiteinrichtung für die pädagogischen Wissenschaften der DDR.[28] Zu ihren grundlegenden Aufgaben gehörten (und das wäre auch ein Referenzrahmen für die Bewertung ihrer Leistungen)

- die Mitwirkung an der Ausarbeitung der Bildungspolitik, die Erforschung der Gesetzmäßigkeiten des konkreten Bildungs- und Erziehungsprozesses, die Nutzung des pädagogischen Erfahrungswissens und die Praxisumsetzung pädagogischer Forschungsergebnisse;
- die Entwicklung der „Pädagogik als Disziplin der marxistisch-leninistischen Gesellschaftswissenschaft" und die „Auseinandersetzung mit imperialistischen pädagogischen Theorien";
- die Mitwirkung an der Prognose des Bildungssystems und die Sicherung von Vorlaufforschung;
- die Entwicklung wissenschaftlicher Gemeinschafts- und interdisziplinärer, bildungspolitisch relevanter Projektarbeit;
- die Förderung des „geistigen Lebens" und des „schöpferisch-produktiven Meinungsstreits" und die Popularisierung pädagogischer Erkenntnisse und Erfahrungen;
- die Aus- und Weiterbildung sowie wissenschaftliche Kaderentwicklung;
- die Zusammenarbeit und Kooperation mit wissenschaftlich-pädagogischen Einrichtungen der Sowjetunion und anderer sozialistischer Staaten[29] sowie die Vertretung der DDR „in nichtstaatlichen internationalen wissenschaftlichen Organisationen" auf „bestimmten Gebieten der pädagogischen Wissenschaft".[30]

Neben einer deutlichen bildungspolitischen und pädagogisch-praktischen Orientierung lässt sich unschwer der Wunsch nach einer Wissenschaftskultur der Kooperation und Gemeinschaftsarbeit herauslesen, die sich partiell auch zu entwickeln schien und insbesondere in der Zusammenarbeit mit Universitäten und Hochschulen eingefordert wurde.

Unter der Doppelherrschaft von Akademieleitung und Ministerium weitete die APW ihr wissenschaftliches und wissenschaftspolitisches Profil in den

28 Ebd., S. 243f.
29 Ebd., S. 244f.
30 Ebd., S. 246.

1970er Jahren rasch aus. Mitte der 1980er Jahre hatte sie insgesamt ca. 850, davon 560 wissenschaftliche Mitarbeiter und Mitarbeiterinnen in 20 disziplinär ausgerichteten Instituten und Arbeitsstellen, die jeweils Vizepräsidentenbereichen zu- bzw. untergeordnet waren. Zentrales Beratungs- und Entscheidungsgremium war das Präsidium, das in Abstimmung mit dem Ministerium für Volksbildung bzw. auf dessen Weisung alle wesentlichen inneren und nach außen gerichteten Arbeitsprozesse lenkte.

Die APW besaß das Promotionsrecht A und B[31] und bildete jährlich zwischen 30 und 50 Aspirantinnen und Aspiranten, später auch Diplompädagoginnen und -pädagogen aus und profilierte sich damit auch auf dem Gebiet der akademischen Lehre. Sie gab drei Zeitschriften[32], zwei Jahrbücher – das interdisziplinäre „Jahrbuch der APW" und das fachspezifische, von der Kommission für Erziehungs- und Schulgeschichte herausgegebene „Jahrbuch für Bildungs- und Erziehungsgeschichte" – sowie verschiedene Informationsdienste und Schriftenreihen heraus. Wegen ihres im Vergleich zu den Universitäten und Hochschulen beachtlichen Potentials – sie konzentrierte fast 40% der erziehungswissenschaftlichen Forschungskapazität der DDR auf sich – sicherte sie sich nicht nur einen beachtlichen Anteil am pädagogischen Publikationsgeschäft, sondern bestimmte die Publikationspolitik[33] maßgeblich mit.

Mit Gründung der APW wurde ihr die auf die Deutsche Lehrerbücherei zurückgehende Pädagogische Zentralbibliothek, der auch die vom Leipziger Lehrerverein 1871 gegründete Comeniusbücherei und die Bibliothek der Gehörlosenschule Leipzig angeschlossen waren, zugeordnet. Die APW verfügte über einen zentralen pädagogische Information- und Dokumentationsdienst, ein historisch-pädagogisch bedeutsames Archiv, ein Forschungs- und Rechenzentrum in Dresden und seit 1987 über ein eigenes Schulmuseum.

Ihre Praxisbeziehungen realisierte sie in Kooperation mit 22 Forschungsschulen, zwei Forschungskindergärten, drei Basiskreisen und sechs Forschungsstützpunkten. Diese Dimension der Praxisforschung, die ein umfangreiches Netz an Forschungslehrerinnen und -lehrern[34] einschloss, ermöglichte eine breite

31 Die Promotion B entsprach in Verbindung mit der Erteilung der facultas docendi der Habilitation. Das Promotionsrecht B nahm die APW auch für einen Teil der Pädagogischen Hochschulen wahr.

32 Dabei handelt es sich um die Zeitschriften „Pädagogik", „Vergleichende Pädagogik" und „Pädagogische Forschung".

33 Maßgeblich mitbestimmt durch den Publikationsrat der APW und ein umfangreiches Begutachtungssystem.

34 Dem lag ein Forschungsverständnis zugrunde, das Forschungslehrerinnen und -lehrer nicht primär als Materialbeschaffer, sondern als eigenständige Subjekte pädagogischer Forschung ansah. U.a. in Pädagogischen Lesungen konnten sie ihre Forschungsergebnisse präsentieren. Ein Teil dieser Lesungen ist in der Bibliothek für Bildungsgeschichtliche Forschung (BBF) in Berlin aufbewahrt.

Feldforschung auf unterschiedlichsten Gebieten, deren Ergebnisse vermutlich bis heute nicht vollständig (und sinnvoll) erschlossen sind.[35]

International kooperierte die APW vor allem mit den damaligen sozialistischen Ländern, über die UNESCO pflegte sie Beziehungen zu Entwicklungsländern. Verbindungen zu Institutionen Österreichs, Frankreichs und Finnlands bahnten sich ebenso an wie die Mitwirkung in internationalen Wissenschaftsorganisationen, obwohl das Ministerium für Volksbildung Kontakten mit dem westlichen Ausland eher ablehnend gegenüberstand. Wissenschaftler und Wissenschaftlerinnen der APW hatten im Vergleich zu ihren Kollegen und Kolleginnen an den Universitäten, vermutlich auch an den anderen Akademien, bis auf wenige Ausnahmen[36] geringere Möglichkeiten zur Teilnahme an internationaler Kommunikation über die sozialistischen Staaten hinaus.

Plenum/Gelehrtengesellschaft/Wissenschaftliche Räte

Als „höchstes wissenschaftliches Organ“[37] galt das Plenum der Akademie mit vorwiegend wissenschaftsberatender, partiell auch beschlussfassender Funktion. Hier sollten Grundfragen der pädagogischen Wissenschaft, der wissenschaftlich-pädagogischen Arbeit und der Entwicklung des Bildungssystems aufgeworfen und erörtert, zentrale Forschungsaufgaben der APW in Kooperation mit anderen, vor allem universitären pädagogischen Forschungspotentialen des Landes bestimmt und koordiniert und Schwerpunkte der Perspektivplanung der pädagogischen Forschung konzipiert und beschlossen werden.[38]

Die Mitglieder dieses Gremiums wurden nicht, wie in Gelehrtengesellschaften üblich, auf Lebenszeit gewählt, sondern für einen befristeten Zeitraum (zunächst für 4, dann entsprechend der Forschungsplanung für 5 Jahre). Ihre Wahl

---

35 Vgl. hierzu z.B. Dietrich Benner/Wolfgang Eichler/Karl-Franz Göstemeyer/Horst Sladek (Hrsg.): *Quellentexte zur Theorie und Geschichte der Reformpädagogik*, T.3.1: Staatliche Schulreform und Schulversuche in der SBZ und DDR, Weinheim [u.a.] 2004; Dieter Kirchhöfer [Hrsg.]: *Vergessene Experimente. Schulversuche in der DDR*, Baltmannsweiler 2005; Dieter Kirchhöfer/Christa Uhlig (Hrsg.): *„Verordnete“ Einheit versus realisierte Vielfalt. Wissenschaftliche Schulenbildung in der Pädagogik der DDR*. Frankfurt a.M. [u.a.] 2011.

36 Über umfangreiche Reisetätigkeit berichtet z.B. Günther 2002. Vgl. auch das Kapitel „Reisekader“ in Malycha 2008.

37 Statut der APW. In: *Zur Geschichte der APW ...* 1989, S. 250f.; vgl. auch Malycha 2008, S. 83f. (Geschäftsordnung des Plenums der APW 1970).

38 In der Zeit der APW wurden vier Zentrale Forschungspläne verabschiedet, an denen Schwerpunktsetzungen und zugleich Entwicklungstendenzen der pädagogischen Forschung ablesbar sind.

bedurfte jeweils der Bestätigung durch die Ministerin[39], die selbst Mitglied des Plenums war – ein Wahlmodus, der vermutlich eher auf Wohlverhalten als auf die wissenschaftliche Souveränität der Gelehrtengesellschaft zielte. Dem Plenum gehörten 40 ordentliche und 30 korrespondierende Mitglieder an, davon kamen 18 Wissenschaftler aus der APW, 28 aus Universitäten, Hoch- und Fachschulen, 8 aus anderen Wissenschaften und wissenschaftlichen bzw. wissenschaftspolitischen Gremien (AdW, Akademie für Gesellschaftswissenschaften, Institut für Marxismus-Leninismus), 10 aus Politik und Administration und 6 aus der pädagogischen Praxis. Von den 40 ordentlichen Akademiemitgliedern waren 7, von den 30 korrespondierenden Mitgliedern 4 Frauen.[40]

Diese Zusammensetzung des Plenums zeigt nicht nur eine intendierte enge Verflochtenheit von Politik, Wissenschaft und Praxis, sondern auch das Bestreben, wissenschaftliche Potentiale aus Akademie, Universitäten und Hochschulen zu bündeln. Der vergleichsweise hohe Anteil von Wissenschaftlern und Wissenschaftlerinnen aus den Universitäten und Hochschulen und die damit objektiv gegebene Möglichkeit der Einflussnahme auf Forschungsplanung und wissenschaftlichen Diskurs widerlegt zugleich manche in der „Wendezeit" vorgebrachten Kritiken an der Dominanz und der Deutungshoheit der APW, mit denen sich etliche Vertreter aus Universitäten und Hochschulen gleichsam in eine Opferrolle bzw. eine Gegnerschaft zur APW begaben und so unter den gesellschaftlichen Umbruchbedingungen auf neue Legitimität hofften. Mit dieser Anmerkung sollen machtpolitisch motivierte Eingriffe in die wissenschaftliche Arbeit und ihre Folgen für die Wissenschaftsentwicklung wie für die Betroffenen nicht kleiner gemacht werden. Es ist aber auch nicht zu übersehen, dass Kooperation zwischen den Einrichtungen – bei allem Unmut über ausufernde Bürokratie und Kontrolle[41] – bis dahin wissenschaftliche Normalität schien. Berufungen in die Gremienarbeit und die Einbindung in zentrale Forschungspläne der APW wurden (ähnlich z. B. der heutigen Vergabe von DFG-Mitteln) eher als Statuserhebung und karrierefördernd denn als Zumutung gewertet. Und auch die Plenumsveranstaltungen zwischen 1970 und 1989 ließen grundsätzlichen Dissens in wesentlichen Grund- und Entscheidungsfragen der pädagogischen Wissenschaft so gut wie nicht erkennen.[42] Ungeachtet unterschiedlicher individueller Sicht-

39 Statut der APW. In: *Zur Geschichte der APW* ... 1989, S. 250f.

40 Namentliche Aufführung der Gründungsmitglieder vgl. *Zur Geschichte der APW* ... 1989, S. 226–230; vgl. auch Malycha 2008, S. 89. Die Angaben beziehen sich nur auf die erste Wahlperiode. Ob und aus welchen Gründen Plenumsmitglieder ausgeschieden sind, wäre weiter zu untersuchen.

41 Die damit einhergegangenen Entscheidungs- und Wirkungsmechanismen unterschieden sich nicht wesentlich von der nach 1990 zu erlebenden Vergabepraxis von Forschungsmitteln und -möglichkeiten. (Abhängigkeiten von Mainstream, Netzwerken, Lobbyismus, Protektion u.a.).

weisen im Einzelnen überwogen weltanschauliche und politische Übereinstimmungen und eine wissenschaftliche Kultur, die stärker auf Konsens als auf Auseinandersetzung ruhte. Deutlicher als auf der Ebene des Plenums schien wissenschaftlicher Meinungsstreit auf der disziplinären Ebene ausgeprägt, vor allem in den Wissenschaftlichen Räten. Neben Wissenschaftlern und Wissenschaftlerinnen der APW gehörten ihnen die jeweils führenden Fachvertreter aus allen Universitäten und Pädagogischen Hochschulen sowie aus einigen gesellschaftlichen und anderen kooperierenden wissenschaftlichen Einrichtungen an. Berufen wurden sie vom Präsidenten der APW für jeweils 4 Jahre.[43] Angebunden an die jeweiligen Fachinstitute der APW und meist unter dem formalen Vorsitz der Institutsleiter wurden hier grundlegende inhaltliche, theoretische, methodologische, publizistische und forschungspraktische Angelegenheiten der Wissenschaftsdisziplinen diskutiert und koordiniert. Das geschah zwar unter dem administrativen Dach der APW, in der Realität jedoch konnten sich die Wissenschaftlichen Räte durchaus zu wissenschaftlichen Kommunikationszentren entwickeln, deren Stil weniger von administrativen Hierarchien als von wissenschaftlichen Kompetenzen geprägt wurde.[44] Das galt für die Ratssitzungen ebenso wie für die Mehrzahl der wissenschaftlichen Tagungen, die von den Wissenschaftlichen Räten (oder ihren Mitgliedern) regelmäßig ausgetragen wurden. Mit der Ausarbeitung von Disziplin- und Kaderprogrammen lag nicht nur die Zukunft disziplinärer Forschung in der Hand der Wissenschaftlichen Räte; von ihnen gingen gleichermaßen Impulse für die akademische Lehre[45] und die Ausbildung des wissenschaftlichen Nachwuchses[46] aus. Und nicht zuletzt waren es die Wissenschaftlichen Räte, in denen manche kontraproduktiven Tendenzen der Wissenschaftspolitik der APW kritisch wahrgenommen und mehr oder weniger offen diskutiert wurden.[47] Das geschah zunehmend Ende der 1980er Jahre, be-

42 Themen und Berichte des Plenums wurden jeweils in den Jahrbüchern der APW abgedruckt.

43 Vgl. Statut der APW. In: *Zur Geschichte der APW* ... 1989, S. 255.

44 Im Wissenschaftlichen Rat für Geschichte der Erziehung beispielsweise zählte die Meinung solcher Forschungszentren wie die an der Universität Halle (Hans und Rosemarie Ahrbeck, Franz Hofmann) oder der Mitglieder der erwähnten Kommission für Erziehungs- und Schulgeschichte deutlich mehr als die der Arbeitsstelle für Geschichte der Erziehung an der APW.

45 Das geschah vor allem durch Zusammenarbeit mit der Zentralen Fachkommission Pädagogik, die unter der Leitung des Ministeriums für Volksbildung für die pädagogische Ausbildung an Universitäten und Pädagogischen Hochschulen zuständig war.

46 Die Wissenschaftlichen Räte richteten regelmäßig Seminare für Doktoranden aus, in denen Forschungsergebnisse zur Diskussion gestellt werden konnten.

47 Auch hier kann ein Beispiel nur aus dem mir bekannten Bereich angeführt werden: Der Wissenschaftliche Rat für Geschichte der Erziehung verabschiedete am 2. November 1989 eine öffentliche Erklärung mit dem Titel *„Lehren aus der Geschichte annehmen – eine Voraussetzung für die Erneuerung unserer Schule“*, die eine kritische Auseinandersetzung zu Aufgaben und Leistungen der Disziplin anbahnen sollte. In: Pädagogik 44(1989), H. 12, S. 962–966.

sonders aber im Umfeld des IX. und letzten Pädagogischen Kongresses im Frühjahr 1989, als die APW, auch vor dem Hintergrund beginnenden Reformdenkens in der Sowjetunion und anderen osteuropäischen Ländern, mit dem Vorwurf zunehmenden Realitätsverlusts und mangelnder Reformbereitschaft konfrontiert war[48] – sicherlich eine im Prinzip berechtigte, nicht aber auf die Gesamtheit der APW pauschal übertragbare Kritik. Welche Rolle das Plenum als interdisziplinäre wissenschaftliche Instanz in diesen Zusammenhängen spielte, ob und wieweit es über Potentiale eines wissenschaftlichen Korrektivs zum politischen Kurs jener Jahre verfügte oder, wie in jüngsten Publikationen dargestellt, „als echtes Diskussions- und Entscheidungsforum" „nicht gesehen werden [könne], weil die eigentlichen Entscheidungen bereits im Vorfeld der Plenartagungen" durch MfV [Ministerium für Volksbildung] und Präsidium der APW gefallen seien, die Wirkung des Plenums daher auf „politisch-propagandistische Außendarstellung der Akademie"[49] reduzierbar sei, bedarf m.E. – auch im Vergleich zu den Wissenschaftlichen Räten oder gar der Gelehrtengesellschaft der anderen Akademien – weiterer Untersuchungen.

Akademiereform und Abwicklung 1990

Die APW wurde nach einem monatelangen Täuschungsmanöver der damals zuständigen Behörden[50] ohne Evaluierung zum 31.12.1990 geschlossen. Sie war die erste der Akademien, die der Wissenschaftspolitik im Vereinigungsprozess zum Opfer fiel. Vorausgegangen war der Versuch einer aus eigener Kraft initiierten Akademiereform, die auf die oben erwähnte Kritik der Reformträgheit eine Antwort versuchte. Das in wenigen Monaten ausgearbeitete Reformkonzept[51] fand

48 Dabei stand die APW wohl eher symbolhaft für kritisierte Erscheinungen des gesamten Bildungssystems. Vgl. als Beispiel Christa Wolf: *Das haben wir nicht gelernt.* In: Reden im Herbst. Berlin 1990; Volkhard Peter: *Wie wir uns die Schule neu denken.* In: Weißbuch: Bildungswesen und Pädagogik im Beitrittsgebiet. Hrsg. von Gerd Buddin u.a. Berlin 1994, S. 485–505.

49 Malycha 2008, S. 84.

50 Daran beteiligt waren vor allem der damalige Bildungsminister Hans-Joachim Meyer, das Wissenschaftsministerium unter Jürgen Möllemann (FDP), besonders der zuständige Staatssekretär Fritz Schaumann (FDP) sowie die Senatsverwaltung für Wissenschaft und Bildung des Berliner Senats.

51 Vgl. *Thesen zur Schulreform.* In: Deutsche Lehrerzeitung Nr. 51 (1989); *Informationen und Leistungsangebote der Institute für Bildungsforschung und Erziehungswissenschaft.* Akademie der Pädagogischen Wissenschaften. Berlin, Oktober 1990 (fortan Informationen 1990); Hans-Joachim Vogler: *Die Reformbemühungen der Akademie der Pädagogischen Wissenschaften der DDR vor und während der „Wende". Zur Ausformulierung der Themenfelder Schule und Unterricht durch die APW.* Arbeitsbericht der Projektgruppe 5 „Transformation der Lehrerrolle in den neuen Bundesländern". Forschergruppe „Bildung und Schule im Transformationsprozeß von SBZ, DDR und neuen Ländern". Hrsg. von Peter Hübner. [Freie Universität Berlin], Berlin 1997.

in Fachkreisen wie in der damaligen Administration trotz kontroverser Standpunkte vielfach Akzeptanz, lange Zeit wurde die Hoffnung genährt, dass eine außeruniversitäre zentrale erziehungswissenschaftliche Forschungseinrichtung möglich und im Prozess der Transformation von Schule und Pädagogik geradezu notwendig sei. Bestärkt wurde dies durch ein starkes Interesse westdeutscher und westeuropäischer Erziehungswissenschaftler an Kontakten und Kooperation, das vermutlich zum einen auf die jahrzehntelangen Kontaktdefizite zurückzuführen ist, zum anderen aber nicht selten aus der Hoffnung auf eine gesamtdeutsche Bildungsreform resultierte, zumal das Bildungssystem der DDR zumindest in struktureller, allgemeinbildender und sozialer Hinsicht lange Zeit als bedenkenswerter Gegenentwurf zum föderalen dreigliedrigen Schulsystem der BRD gesehen wurde.[52] Beides trat in dem Maße zurück, in dem nach den Wahlen im März 1990 die Perspektiven der Vereinigungspolitik offensichtlich wurden – aus heutiger Sicht ein Lehrstück für die Anpassungsbereitschaft der Wissenschaft auch im Westen.

Intentionen der Akademiereform

In einem Prozess geistiger Emanzipation entwickelte die APW Reformintentionen, die vor allem auf fünf Schwerpunkte fokussiert waren:

- die Auseinandersetzung mit der eigenen wissenschaftlichen Verantwortung und Leistung;
- die inhaltliche Neubestimmung der Wissenschafts- und Leitungsstrukturen der APW, einschließlich des Plenums, das als unabhängiges Beratungsgremium weiterbestehen sollte;
- die Beteiligung an der landesweiten inhaltlichen Diskussion über eine Schulreform;
- die Demokratisierung der Kooperation mit den erziehungswissenschaftlichen Einrichtungen der Universitäten und Hochschulen;
- die wissenschaftliche Öffnung der Akademie für nationale und internationale Kommunikation, besonders für pädagogische Reformkräfte in der Sowjetunion und anderer osteuropäischer Länder.

52 Z.B. *Vergleich von Bildung und Erziehung in der Bundesrepublik Deutschland und in der Deutschen Demokratischen Republik.* Hrsg. von einer wissenschaftlichen Kommission unter Leitung von Oskar Anweiler. (Materialien zur Lage der Nation, hrsg. vom Bundesministerium für innerdeutsche Beziehungen). Köln 1990.

Gedacht war an eine Assoziation gleichberechtigter Institute bzw. Forschungsprojekte, die sich mit ihren Kompetenzen und Leistungsangeboten der Evaluierung zu stellen bereit waren und eine schrittweise und partielle Dezentralisierung ermöglichen sollten.[53] Das Konzept sah vor

- einige vor allem der nicht in Berlin ansässigen Einrichtungen in die Rechtsträgerschaft der entsprechenden Länder zu überführen[54],
- Einrichtungen, die aufgrund ihres Profils dafür geeignet schienen, schrittweise und mit der erforderlichen Anschubfinanzierung zu verselbständigen[55],
- im Rahmen einer Stiftung „Wissenschaft und Bildung" gemeinnützige Aufgaben der Beschaffung, Bewahrung, Erschließung, Pflege und Vermittlung wissenschaftshistorischer und pädagogischer Kulturwerte zu vereinen[56],
- Einrichtungen mit entsprechenden Entwicklungspotentialen entsprechend Artikel 91b des Grundgesetzes durch Bund-Länder-Vereinbarungen oder Vereinbarungen von Ländergemeinschaften entsprechend Artikel 14 des Einigungsvertrages zu erhalten[57].

Die Abwicklung

Es gehört zu den auffälligen, bis heute nicht hinreichend aufgeklärten Phänomenen jener Zeit, dass das damalige Ministerium für Bildung und Wissenschaft dem Reformkonzept der APW noch im Juli 1990 weitgehend zustimmte, es sogar als „modellhaft für den Umbau auch anderer Wissenschaftsinstitutionen der DDR bezeichnet[e]", und der Umstrukturierung genügend Zeit gegeben wer-

53 Informationen 1990, S. 9ff.

54 Dazu gehörten das Forschungsinstitut für schulische Bildung und Unterricht, das Wissenschaftliche Zentrum Gesamtschule (beide Berlin), das Institut für Fort- und Weiterbildung Potsdam, das Pädagogische Zentrum Halle, das Bildungsforschungszentrum für das deutsch-sorbische Gebiet Bautzen, das Projekt Bildungsbauten Dresden.

55 Das galt für das Forschungs- und Rechenzentrum Dresden und das Institut für Unterrichtsmittel Berlin.

56 Hierzu zählten die Pädagogische Zentralbibliothek, das Fachinformationszentrum Bildung, das Schulmuseum Berlin, das Forschungsarchiv, einschließlich einer Arbeitsstelle für Erziehungs- und Schulgeschichte.

57 Das sollte gelten für das Institut für Angewandte Entwicklungspsychologie und Sozialisationsforschung, das Institut für Familie und Sozialpädagogik, das Institut für Pädagogik der Bildungsstufen, das Institut für Internationale Bildungspolitik und Pädagogik, die Forschungsstelle für Allgemeine Pädagogik und Wissenschaftsgeschichte, das Institut für Lern- und Lehrforschung, das Institut für Bildungsökonomie und Bildungsplanung.

den sollte.[58] Im September dann hieß es, dass der Einigungsvertrag keine Übergangsregelung für die APW vorgesehen habe; am 24. Oktober 1990 verkündete der Staatssekretär im Bundesministerium für Bildung und Wissenschaft Fritz Schaumann das Ende der APW[59], das dann nach einer Phase erfolgloser Interventionen am 19. Dezember 1990 in einer Versammlung aller Instituts- und Arbeitsstellenleiter von eben demselben Staatssekretär geradezu zelebriert wurde.[60] Über die beruflichen Wege des wissenschaftlichen Personals der APW nach 1990 ist wenig bekannt. Für die meisten blieben die akademischen Türen forthin verschlossen, für wenige öffneten sie sich schmal für zeitbegrenzte Projektarbeit. Der Verlust an wissenschaftlicher Kompetenz gerade auf einem Gebiet, auf dem ein Reformstau eklatant zu Tage trat (und noch immer tritt), ist noch nicht gemessen.[61]

Über die Gründe, mit der APW anders als mit anderen Wissenschaftseinrichtungen (z.B. der AdW) umzugehen, lässt sich nur spekulieren. Wurden bislang Ursachen vor allem in ihrer politischen Nähe zum Ministerium für Volksbildung und in ihrem Anteil am schlechten Image des Bildungs- und Erziehungssystems in der unmittelbaren Vorwendezeit gesehen und wurde somit Kritik primär nach innen gerichtet, lassen sich aus heutiger Perspektive auch andere Gründe denken, z.B.

- die Statuierung eines machtpolitischen Exempels, das in dieser frühen, desolaten Phase des Transformationsprozesses, begünstigt durch Entsolidarisierungsprozesse, Sündenbockstrategien und existentielle Konkurrenzen, möglich schien, sich dann aber auf die Abwicklung der anderen, größeren Akademien so kostengünstig und rasch nicht mehr übertragen ließ;
- das Tempo des Vereinigungsprozesses, das in einer „Rette-sich-wer-kann"-Atmosphäre Reformkonzepte und -ideen schlichtweg überrollte – eine Situation, die nicht nur die DDR-Wissenschaftlerinnen und Wissenschaftler betraf, sondern auch die Verteilungskämpfe in der westdeutschen Wissenschaft um Macht, Einfluss und Stellen in Ostdeutschland;
- oder einfach die Unfähigkeit der Politik (über die wir heute ausreichend belehrt sind), mit der Situation umzugehen und die APW in das Institutionengefüge der BRD sinnvoll oder gar innovativ einzufügen.

58 Aktennotiz H.-J. König vom 12. Juli 1990, zitiert nach Malycha 2008, S. 161.

59 Vgl. Malycha 2008, S. 162f.

60 Vgl. Eichler/Uhlig 1994, S. 115.

61 Vgl. zur Abwicklung der Wissenschaften der DDR Jürgen Kocka: *Wissenschaften und Wiedervereinigung: Gedanken nach 20 Jahren.* In: Sitzungsberichte der Leibniz-Sozietät der Wissenschaften zu Berlin 109(2011), 113–119. Er verweist darauf, dass „noch nie in der deutschen ja der europäischen Geistesgeschichte ...in so kurzer Zeit eine solche Menge von Wissenschaftlern von den Hochschulen [und auch aus der außeruniversitären Forschung, ChU.] verwiesen worden" seien. (S. 116)

Für letzteres spräche, dass es nach Abwicklung der APW in zähem Ringen und durch Interesse und Engagement einzelner Wissenschaftler bzw. wissenschaftlicher Institutionen aus den alten Bundesländern doch noch gelang, die z. T. wertvollen materiellen Güter der APW (Bibliothek, Archivbestände, Informationszentrum) mit einer kleinen erziehungswissenschaftlichen Arbeitsstelle als Berliner Außenstelle an das von der Bund-Länder-Kommission finanzierte Deutsche Institut für Internationale Pädagogische Forschung (DIPF) in Frankfurt a. M. anzuschließen[62] und damit ein Konstrukt zu realisieren, das im Rahmen der Akademiereform bereits vorgedacht war.

Entwickelte und abgewickelte Forschungsschwerpunkte

Betrachtet man die in der Reformphase 1989/90 erarbeiteten, wissenschaftlich und personell solide fundierten Forschungsangebote der APW aus heutiger Perspektive und vor dem Hintergrund der seither im bundesdeutschen Wissenschaftssystem gemachten Erfahrungen, tritt der strukturelle Wahnsinn der damaligen Abwicklungshysterie noch deutlicher als damals zutage. Eine ganze Reihe der entwickelten und dann abgewickelten Forschungsprojekte zielte auf Fragen und Probleme, die nicht nur den Transformationsprozess im Bildungswesen zu unterstützen bzw. zu erleichtern in der Lage gewesen wären[63], sondern sich alsbald im gesamtgesellschaftlichen Rahmen als Kernfragen einer immer dringender eingeforderten Bildungsreform erweisen sollten. Vieles, was in den letzten zwanzig Jahren und besonders nach dem PISA-Schock die öffentliche Debatte über Schule, Bildung und Erziehung erregte und nicht selten als pädagogisches Neuland deklariert wurde, war bereits thematisiert, problematisiert und zum Teil durch Forschungserfahrungen unterlegt. Nur einige der avisierten Forschungsschwerpunkte seien hier exemplarisch genannt:

62 Vgl. die Internet-Präsentation der Bibliothek für Bildungsgeschichtliche Forschung des Deutschen Instituts für Internationale Pädagogische Forschung (www.bbf.dipf.de); außerdem Christian Ritzi/ Gert Geißler (Hrsg.): *Wege des Wissens. 125 Jahre Bibliothek für Bildungsgeschichtliche Forschung*. Berlin 2001.

63 Von Vorteil hätten sich dabei vor allem die „umfassenden Lagekenntnisse“ des ostdeutschen Bildungssystems erweisen können. Erinnert sei auch daran, dass die Angleichung der Bildungssysteme in den ost- und westdeutschen Ländern damals als Moment des Prozesses der europäischen Integration gesehen wurde. Vgl. Informationen 1990, S. 84 und 17.

aus dem Forschungsinstitut für schulische Bildung und Unterricht:
„Schulvielfalt und Schulprofile, Schulabschlüsse, Lehrpläne und Unterrichtsmaterialien, Integration behinderter Kinder in die Schule, Übergang von der einphasigen zur zweiphasigen Lehrerbildung, Konzept eines schülerorientierten Unterrichts“[64];

aus dem wissenschaftlichen Zentrum Gesamtschule:
„Schule als sozialer Organismus, Schulumwelt und ihre Gestaltung als Bedingung für Individualitätsentwicklung; schulstrukturelle Konsequenzen pädagogischer Konzepte, Differenzierungsmodelle und ihre stufenspezifische Umsetzung einschließlich der Förderung von Begabungen und der Verhinderung des Zurückbleibens; ganzheitliche Veränderung des schulischen Lebens in der Einheit von Unterricht und außerunterrichtlichen Bildungsangeboten, Öffnung der Schule zur Lebenswelt und zur ‚Welt der Arbeit‘, Team-Kleingruppen-Modell“[65];

aus dem Pädagogischen Zentrum Halle für Schulentwicklung, Wirtschaftsbildung, Technikbildung und Berufsorientierung:
Grundlagenforschung „zur Theorie und Methodik der polytechnischen Bildung ..., zum Übergang von der Allgemeinbildung zur Berufsbildung, zum Strukturwandel in der Wirtschaft und den Konsequenzen für die Allgemeinbildung, zur Integration von Informatik in die Allgemeinbildung, zur Förderung technisch Hochbegabter, zur Zusammenarbeit von Schule und Betrieb“[66];

aus dem Institut für Unterrichtsmittel:
„medienpädagogische Forschungen ... für die fach-didaktische Nutzung von Bildungsmitteln, eine mediengerechte und schülergemäße Gestaltung [und Testung] von Bildungsmitteln“[67];

aus dem Institut für Angewandte Entwicklungspsychologie:
„Herausbildung von Leistungsfähigkeit und Leistungsbereitschaft in der Ontogenese, Entwicklung von Sozialbeziehungen und sozialer Kompetenz, Erhaltung und Förderung psychophysischer Gesundheit der Kinder im Rahmen von Erziehung und Bildung, psychophysische Belastung und Beanspruchung, Suchtprävention und -beratung, Erziehungs- und Familienberatung“[68],

64 Informationen 1990, S. 19.
65 Ebd., S. 21f.
66 Ebd., S. 27.
67 Ebd., S. 43.
68 Ebd., S. 62f.

aus dem Institut für Familie und Sozialpädagogik:
„Analysen zum Wandel der Lebenswelt und zu Entwicklungsbedingungen und Sozialisationsverläufen von u.a. auch behinderten und ausländischen Kindern, Jugendlichen und Erwachsenen in den ostdeutschen Bundesländern und in Osteuropa", „Bedingungen, Entwicklung und Ursachen von gruppenspezifischen und individuellen Problemlagen", „Ausgestaltung von sozialen Lernfeldern in den unterschiedlichen Entwicklungsabschnitten und -bereichen der Ontogenese", „Medien im Alltag von Kindern und Jugendlichen", Sozialpädagogische Forschungen zur sozio-kulturellen Gestaltung von Lebensräumen", „Integrative und interkulturelle Erziehungsaufgaben", „Schule als soziale Lebensstätte"[69];

aus dem Institut für Pädagogik der Bildungsstufen:
„Gestaltung des pädagogischen Prozesses im Kindergarten" („muttersprachliche Bildung und Erziehung, Herausbildung schöpferischer Fähigkeiten, vorschulgemäßes Lernen und Lehren u.a."), „Funktion der Unterstufe im Leben des Kindes, zur Ganztagserziehung, gesundheitsfördernden Gestaltung des Tages- und Wochenablaufes[70]", zur pädagogischen Arbeit im Schulhort, „Durchsetzung moderner Auffassungen eines problemhaften, schülerorientierten, altersgemäßen und differenzierten Unterrichts durch Entwicklung des methodischen Könnens der Lehrer"[71];

aus dem Institut für Lern- und Lehrforschung:
Aufdeckung von Wechselbeziehungen zwischen Aneignung und Lehrstrategien als Voraussetzung für die Lösung vielfältiger konkreter Probleme der Bildung, Probleme und Strategien des Sprachenerwerbs, „Verhinderung und Überwindung von funktionalem Analphabetismus", „zur Entwicklung von Bewußtheit, Sinnhaftigkeit und Handlungsfähigkeit bei der integrativen Aneignung naturwissenschaftlich-ökologischer Grundbildung", „zu interindividuellen Unterschieden in Aneignungsprozessen und entwicklungsfördernder Individualisierung", Verallgemeinerung von Forschungsergebnissen für Bildungspraxis und Bildungspolitik;

---

69 Ebd., S. 67ff.
70 Grundlage hierzu waren Langzeitforschungen in Strausberger Schulen (Strausberger Experiment).
71 Informationen 1990, S. 72ff.

aus dem Institut für Bildungsökonomie und Bildungsplanung:
„Wechselbeziehungen von Bildungs- und Wirtschaftsentwicklung, von Bildung und Beschäftigung, von Bildung und Sozialisationsprozessen, insbesondere das gesamte Spektrum der ‚inneren Ökonomie' des Bildungswesens und seiner Einrichtungen" u.a.m.

Es gehörte zu den strukturellen Vorzügen der APW, diese und andere Forschungsfragen als Momente eines Gesamtprozesses der Schulentwicklung koordinieren und damit komplexe Aufgaben realisieren zu können, die so von der universitären pädagogischen Forschung allein nicht zu bewältigen waren und sind. Das gilt insbesondere für die Zusammenführung von Erfahrungen und Resultaten praxisgestützter und praxisbegleitender Forschungen. Dass mit der Vernichtung einer zentralen erziehungswissenschaftlichen Forschungseinrichtung nicht nur Möglichkeiten einer vernünftigeren bildungspolitischen und pädagogischen Entwicklung und Koordination der durch die föderale Zersplitterung der Schulentwicklung und durch Vereinzelung pädagogischer Forschung ohnehin geschwächten Schullandschaft in Deutschland verschmäht wurden, sondern auch die dazu gehörenden wissenschaftlichen Potentiale, war damals einer wissenschaftsideologischen Borniertheit geschuldet, die sich nicht an Inhalten und Leistungen, sondern an Vorurteilen orientierte. Aus heutiger Sicht mag das manchem bedauerlich erscheinen, aufzuholen sind die Versäumnisse wohl kaum noch.

HORST WEISS

Über die wissenschaftliche Forschungs- und Entwicklungsarbeit des Instituts für Unterrichtsmittel

Ich werde mich über die Funktionsweise der Akademie der Pädagogischen Wissenschaften der DDR vor allem auf Grund meiner langjährigen wissenschaftlichen Verantwortung für die materielle Ausstattung der Einrichtungen des Bildungswesens der DDR mit Lehr-, Lern- und Beschäftigungsmitteln und der Schulausstattung äußern. Seit Gründung der Akademie war ich Ordentliches Mitglied der Gelehrtengesellschaft. Zuvor war ich zehn Jahre lang seit 1958 für die inhaltliche und materielle Sicherstellung des naturwissenschaftlichen Unterrichts verantwortlich – als leitender Mitarbeiter im Ministerium für Volksbildung. Seit Gründung der Akademie leitete ich das Institut für Unterrichtsmittel (IU) bis Ende 1986.

Es soll in meinem Beitrag insbesondere belegt werden, wie wissenschaftlich fundiert und bildungsökonomisch abgesichert die materielle Basis für Lehr- und Lernprozesse, für Betätigungs- und Betreuungsprozesse auf allen Bildungsstufen konzipiert und realisiert wurde. Konzentrieren will und muss ich mich nachfolgend auf die Gewährleistung der erforderlichen materiellen Bedingungen für die mathematisch-naturwissenschaftlichen Unterrichtsfächer. In einer gesonderten Publikation des IU (im Jahre 1987) sind viele Berichte über die Entwicklung und Bereitstellung der verschiedenartigen Lehr- und Lernmittel auch für andere Bildungsbereiche veröffentlicht worden.[1]

Mit der Gründung der APW ergab sich eine enge Verbindung der Unterrichtsmittelforschungs- und -entwicklungsarbeiten mit allen anderen erziehungswissenschaftlichen, lernpsychologischen und didaktischen Disziplinen sowie mit vielen Hoch- und Fachschulen der DDR. Die Unterrichtsmittel und die Schulausstattung wurden detailliert konzipiert für alle Unterrichtsfächer der Zehnklassigen Allgemeinbildenden Polytechnischen Oberschule (POS), für die Erweiterte Oberschule (EOS – Klassen 9 bis 12) sowie für die Kindergärten und die beruflichen

1 Unterrichtsmittel-Information. APW der DDR/IU, Heft 2/1987.

Grundlagenfächer. Gewissermaßen waren sie die materialisierte Inkarnation von vielen Erkenntnissen und Ergebnissen erziehungswissenschaftlicher und fachdidaktischer Disziplinen, einschließlich der vorgelagerten entwicklungs- und lernpsychologischen Grundlagenwissenschaften.

Eine solche Sicht auf Unterrichtsmittel war für die verschiedenen erziehungswissenschaftlichen Lehr- und Forschungsdisziplinen in den Anfangsjahren der DDR allerdings keineswegs charakteristisch. Zumindest kann man – wenn man pädagogisch-didaktische Abhandlungen aus der unmittelbaren Nachkriegszeit nachliest – feststellen, dass darin kaum Schlussfolgerungen und Quintessenzen für die Entwicklung und den Einsatz von Unterrichtsmitteln oder für die Schulausstattung insgesamt enthalten waren. Eigentlich – aus späterer Sichtweise – völlig unverständlich, denn mit dem Aufbau und der weiteren Ausgestaltung eines demokratischen Schulwesens in der damaligen sowjetischen Besatzungszone und dann in den Anfangsjahren der Existenz der Deutschen Demokratischen Republik war die Wiedereinrichtung und materielle Ausstattung der Schulen eine nicht hoch genug zu wertende ökonomisch-finanzielle Leistung.

Im Fünf-Jahr-Plan-Rhythmus bzw. im Rhythmus mit der Überarbeitung des Lehrplanwerks für die Oberschule wurden vom Institut für Unterrichtsmittel Gesamtausstattungspläne (für die Kindergärten, für die zehnklassigen polytechnischen Oberschulen und für die erweiterten Oberschulen) erarbeitet und dann vom Ministerium für Volksbildung erlassen. Bereits Ende der sechziger Jahre wurde der erste „Gesamtbedarfsplan für Unterrichtsmittel für die allgemeinbildende polytechnische Oberschule 1971 bis 1975“ erarbeitet und veröffentlicht.

Im Rückblick auf die 60er und 70er Jahre kann und muss man somit feststellen und bilanzieren – und dies keineswegs nostalgisch:

Die Unterrichtsmittelforschung, die Unterrichtsmittelentwicklung und erst recht dann die unterrichtspraktische Nutzung der Unterrichtsmittel konnte auf den soliden, fundierten wissenschaftlichen Erkenntnissen zur Sicherung einer hohen Effektivität der unterrichtlichen Lehr- und Lernprozesse, der bildnerisch-erzieherischen Wirksamkeit jeglichen Unterrichts aufbauen. In den damaligen und späteren entwicklungs- und lernpsychologischen Publikationen wurde in vielfältigen Zusammenhängen auf die Bedeutung „materialisierter Handlungen“ eingegangen und deren Notwendigkeit begründet.[2] In den allgemeindidaktischen Publikationen wurde im Kontext mit der „Ziel – Stoff – Methode – Relation“ immer öfter auch auf die „materialisierten Methoden und Mittel“ des Unterrichts und deren Bedeutung für aktive Aneignungstätigkeiten der Schüler verwiesen.

2 Unterrichtsmittel-Information, APW der DDR/IU, Heft 3/1983, S. 5–16.

Die wissenschaftlichen Mitarbeiter des IU haben jahrelang mit einer Vielzahl von Dissertationen, wissenschaftlichen Abhandlungen, mit der Entwicklung von Unterrichtsmitteln und entsprechenden Einsatzempfehlungen dafür gewirkt und dazu beigetragen, dass immer öfter und immer fundierter die Problematik der Unterrichtsmittelnutzung zur Gewährleistung einer hohen Unterrichtseffektivität in den einzelnen Fachmethodiken, in den Unterrichtshilfen und den Schulbüchern sowie in den allgemeindidaktischen Publikationen ihren Platz und pädagogisch-didaktischen Stellenwert zuerkannt bekam.[3] Die Ergebnisse dieser Forschungs- und Entwicklungsarbeiten wurden ab 1967 in einer Publikationsreihe „Unterrichtsmittel – Information" veröffentlicht.

Für diese wissenschaftlich fundierte Entwicklungsarbeit hatte das IU mit der Gründung der APW der DDR alle rechtlichen, strukturellen und personellen Bedingungen. Insbesondere die fächer- und disziplinübergreifende personale Zusammensetzung und die Arbeitsweise des dann gegründeten Wissenschaftlichen Rates für Unterrichtsmittel waren dafür eine weitere günstige Bedingung. In ihm wirkten Wissenschaftler aus den verschiedensten Disziplinen, vor allem viele Fachmethodiker aus den Hochschuleinrichtungen der DDR, von Greifswald bis Erfurt, mit.

Für die schulpraktische Erprobung der konzipierten Unterrichtsmittel und Schulausstattungselemente standen dem IU mehrere Forschungsschulen und ein sogenannter Basiskreis Merseburg zur Verfügung.[4] Zur Unterstützung der Lehrerschaft in Bezug auf die unterrichtliche Nutzung der Lehr- und Lernmittel waren nunmehr in allen Kreisen der DDR die Kreisstellen für Unterrichtsmittel (KfU) aktiv tätig und es wurden viele spezifische Anleitungsmaterialien für die jeweiligen Fachlehrer herausgegeben.

Eine hohe effektive Funktion und Praxiswirksamkeit hatte seit Herbst 1969 die INTERSCOLA – ein Ausstellungsteil alljährlich auf der Leipziger Herbstmesse. Es wurden dort die verschiedensten Lehr- und Lernmittel und Ausstellungselemente sowie komplett ausgestattete Fachunterrichtsräume (besonders für die naturwissenschaftlichen Fächer) den Besuchern präsentiert. Der Besucherandrang von Praktikern des Bildungswesens war stets sehr hoch.

---

3 „Allgemeinbildung – Lehrplanwerk – Unterricht", Volk und Wissen Volkseigener Verlag, Berlin 1973, S. 518 ff.

4 Informationen, Institut für Unterrichtsmittel und Abteilung Volksbildung beim Rat des Kreises Merseburg. Sonderheft März 1972; Unterrichtsmittel-Information, APW der DDR/IU, Heft 3/1982.

Bereits in den sechziger und siebziger Jahren gab es umfassende Bemühungen in den naturwissenschaftlichen Unterrichtsfächern, zum Beispiel im Physikunterricht, den Experimentiercharakter der physikalischen Wissenschaft auch im schulischen Unterricht zu realisieren. Also: Weg von der „Kreidephysik", hin zu vielfältigen Demonstrationsexperimenten durch den Lehrer und dann auch (besonders in den siebziger Jahren) zu vielseitigen Schülerexperimenten von der 6. bis zur 10. bzw. zur 12. Klasse. So wurden in dieser Zeit bereits 17 verschiedene Schülerexperimentiergerätesätze (SEG) fachmethodisch konzipiert, industriell konstruiert und produziert und sodann in wenigen Jahren an alle ca. 6.000 Schulen ausgeliefert, also den Lehrern und Schülern real zur Verfügung gestellt. In der zweiten Hälfte der achtziger Jahre waren es dann schließlich 25 Schülerexperimentiergerätesätze für die naturwissenschaftlichen Unterrichtsfächer. Damit wurden in allen Schulen der DDR materiell-didaktische Bedingungen geschaffen, die eine völlig neue, andere Qualität von „Lehr- und Lernkultur" ermöglichten und somit in den naturwissenschaftlichen Fächern Biologie (ab Klasse 5), Physik (ab Klasse 6) und Chemie (ab Klasse 7) auch real beförderten.

Auf eine besondere Leistung bei der Ausstattung aller Schulen der DDR für den Mathematikunterricht mit Beginn der achtziger Jahre soll an dieser Stelle noch verwiesen werden. Dies war die Bereitstellung eines elektronischen Taschenrechners (ETR) in den Fachunterrichtsräumen für Mathematik ab Klasse 7 für alle Schüler. Und dies nach einer umfassenden schulpraktischen Erprobung. Ein Prototyp des ETR wurde vom Institut für Unterrichtsmittel in Verbindung mit der Universität Halle entwickelt. Die Herstellung erfolgte im Röhrenwerk Mühlhausen. Dieser Taschenrechner kostete 130,00 DM. Falls Schüler diesen Rechner auch persönlich haben wollten, brauchten die Eltern nur 30,00 DM zu bezahlen.

In den sechziger und siebziger Jahren wurde in den zehnklassigen allgemeinbildenden Oberschulen der DDR und auch in den erweiterten Oberschulen das pädagogisch und schulorganisatorisch nicht unumstrittene sogenannte Fachunterrichtsraumsystem eingeführt. Für alle Unterrichtsfächer wurden damit spezifisch ausgestattete Fachunterrichtsräume eingerichtet – also nicht nur für die Fächer, welche auch schon früher in speziellen Räumlichkeiten unterrichtet wurden, wie die Naturwissenschaften, Kunst und Musik, Werken (in den unteren Klassen) oder auch Sport, sondern nunmehr auch für Geographie, Deutsch und Geschichte, Mathematik und für den Fremdsprachenunterricht.[5]

5 „Fachunterricht – Unterrichtsmittel – Fachunterrichtsräume", Volk und Wissen Volkseigener Verlag, Berlin 1974.

Durch die spezifische Ausstattung der Fachräume, insbesondere mit fachspezifischen Lehr- und Lernmitteln, wurden in allen diesen Fächern den Schülern Tätigkeitsinhalte und -formen ermöglicht, die bisher nur in sehr geringem Umfang und mit einem besonderen Arbeitsaufwand der Fachlehrer möglich waren. Um es mit dem Begriff Aneignung zu formulieren: Es wurden die verschiedensten Aneignungstätigkeiten (sprachlich-kommunikativer bis praktisch-gegenständlicher Art und dem jeweiligen Lern- und Entwicklungsstand der Schüler angemessen) ermöglicht, die vom jeweiligen Fachlehrer in dessen Unterricht nunmehr wesentlich leichter und effektiver zu realisieren waren als zuvor im jeweiligen Klassenraum.

Überaus bedeutsam für diese Forschungs- und Entwicklungsarbeiten – insbesondere nach Gründung der APW – war die internationale Kooperation mit den jeweiligen Instituten und Einrichtungen der sozialistischen Länder. Im Vordergrund stand dabei verständlicherweise die Kooperation mit dem Institut für Schulausstattung (SCHOTSO) der UdSSR. Diese internationale Zusammenarbeit begann schon in der Zeit der Existenz des Deutschen Zentralinstituts für Lehrmittel (DZL) und dann des Deutschen Pädagogischen Zentralinstituts (DPZI). Bereits im April 1962 fand in Berlin das „I. Internationale Lehrmittelseminar der sozialistischen Länder“ statt. Hier trafen sich erstmalig Wissenschaftler aus der UdSSR, der VR Bulgarien, der CSSR, der VR Polen, der Rumänischen VR und der Ungarischen VR zu einem Erfahrungsaustausch auf dem Gebiet der Unterrichtsmittel. Das Einleitungsreferat konnte ich damals zu dem Thema halten: „Die Bedeutung der mathematisch-naturwissenschaftlichen Lehrmittel. Probleme ihrer Entwicklung am Beispiel für den Physikunterricht“.[6]

In den folgenden Jahren fanden fünf internationale Konferenzen zu Problemen der Unterrichtsmittel- und Schulausstattung statt: die erste in Moskau 1973, die zweite in Brno 1975, die dritte in Budapest 1977, die vierte in Poznan 1980 und die fünfte, als letzte, in Halle/Saale 1985. Zwischenzeitlich trafen sich alljährlich leitende Vertreter der jeweiligen Unterrichtsmittel- und Schulausstattungsinstitutionen in einem Expertenrat der sozialistischen Länder, um über Erfahrungen und Konsequenzen für die Kooperation auf wissenschaftlichem Gebiet zu beraten, woraus sich auch Vorschläge für Produktion und Handel ergaben. Es würde hier zu weit führen, würde ich Ausführungen machen über die Inhalte, Ergebnisse und Vorteile dieser internationalen Kooperation für die wis-

6 Schriftenreihe Unterrichtsmittel des Deutschen Zentralinstituts für Lehrmittel, Berlin 1963, Heft 26.

senschaftlich-pädagogische Entwicklungsarbeit unseres Instituts. Deshalb verweise ich auf die jeweiligen Publikationen des IU zu diesen Konferenzen.[7]

Die gesamte Forschungs- und Entwicklungsarbeit auf dem Gebiet der Unterrichtsmittel und Schulausstattung erfolgte zu DDR-Zeiten in engster Kooperation mit den jeweiligen Produktionsbetrieben, insbesondere mit dem VEB Polytechnik Karl-Marx-Stadt und mit dem Leipziger Staatlichen Kontor für Unterrichtsmittel und Schulausstattung (SKUS). Über Leistungen und Erfahrungen bei der Versorgung von Bildungseinrichtungen mit Unterrichtsmitteln und Schulmöbeln in der DDR kann in den Materialien zur 4. internationalen Konferenz in Poznan nachgelesen werden.

Eines muss noch besonders hervorgehoben werden: Alle Unterrichtsmittel, die auf Grund der wissenschaftlich-didaktischen Forschungen für unbedingt notwendig angesehen, begründet, erprobt und dann jeweils von der Hauptverwaltung Unterrichtsmittel und Schulversorgung des Ministeriums für Volksbildung bestätigt wurden, wurden ohne jede Ausnahme und jede finanziell-bildungsökonomische Einschränkung produziert und an die ca. 6.000 Oberschulen ausgeliefert. Das galt auch für die Spiel- und Beschäftigungsmaterialien der Kindergärten. In den achtziger Jahren verfügten die Oberschulen der DDR entsprechend des Gesamtausstattungsplanes für Unterrichtsmittel 1981 bis 1985 somit über 2.858 hochwertige Unterrichtsmittel mit einem Gesamtwert von 22.4390,00 Mark (der DDR) für eine zweizügige Schule. Darunter befanden sich u.a. 954 audiovisuelle Unterrichtsmittel, 25 Schülerexperimentiergerätesätze und 339 grafische Unterrichtsmittel.

7 1. Konferenz: Moskau November 1973. Zu Problemen der Unterrichts- und Schulausstattung in den sozialistischen Ländern, Schriftenreihe Unterrichtsmittel des Instituts für Unterrichtsmittel der APW, Volk und Wissen Volkseigener Verlag, Berlin 1976
2. Konferenz: Brno November 1975, Unterrichtsmittel-Information, APW der DDR/IU, Heft 4/1976
3. Konferenz: Budapest Oktober 1977, Unterrichtsmittel-Information, APW der DDR/IU, Heft 4/1977 und Heft 1/2/1978
4. Konferenz: Poznan Oktober 1980, Unterrichtsmittel-Information, APW der DDR/IU, Heft 2/3/1981 und Heft 1/1982
5. Konferenz: Halle/Saale. September 1985, Unterrichtsmittel-Information, APW der DDR/IU, Heft 2/3/1986.

Zusammenfassend kann ich also im Rückblick auf das Institut für Unterrichtsmittel der APW feststellen und bilanzieren: Die Unterrichtsmittelforschung, die Unterrichtsmittelentwicklung und erst recht dann die unterrichtspraktische Nutzung der Lehr- und Lernmittel konnte auf den soliden fundierten wissenschaftlichen Erkenntnissen zur Sicherung einer hohen Effektivität der unterrichtlichen Lehr- und Lernprozesse, der bildnerisch-erzieherischen Wirksamkeit eines jeglichen Unterrichts aufbauen. In unserer Forschungs- und Entwicklungsarbeit ging es uns letztlich immer darum, die pädagogisch-didaktischen Wirkungsbedingungen für die auf den einzelnen Bildungs- und Schulstufen beruflich Tätigen zu verbessern, ja zu optimieren – insbesondere durch gute materiell-gegenständliche und unterrichtsorganisatorische Bedingungen. Ein Arbeits- und Problemfeld also, das in den heutigen bildungspolitischen Debatten kaum erörtert und bearbeitet wird.

Vielerorts wird heute über die sogenannte Lernmittelfreiheit debattiert. Aber ebenso unterschiedlich wie es um die Schulpolitik und die Bildungslandschaft in den einzelnen Bundesländern bestellt ist, sieht es mit der Auslegung des Begriffes Lernmittelfreiheit aus. Die materielle Ausstattung der Schulen ist äußerst unterschiedlich, da sie abhängig ist von den zur Verfügung stehenden Finanzen auf Landes- und kommunaler Ebene sowie von den regionalen Kontakten der einzelnen Schulen. Für heute und morgen wäre es wünschenswert, dass in dieser doch um vieles reicheren Bundesrepublik nur annähernd so viel Kollektivität, Interdisziplinarität, Wissenschaftlichkeit und Praxisverbundenheit in der Entwicklung, Herstellung und Bereitstellung von Unterrichtsmitteln und Schulbüchern (also neudeutsch: von Bildungsmedien) investiert würde, wie das in der DDR ermöglicht war.

MARINA KREISEL

„… lässt sich der Unterschied mit Begriffen wie Systematik, Gründlichkeit und Professionalität beschreiben“[1] –

Erfahrungen, Probleme und Ergebnisse aus der Arbeit in der Abteilung Deutsche Sprache und Literatur/Akademie der Pädagogischen Wissenschaften der DDR. Sichten einer wissenschaftlichen Mitarbeiterin

Vorbemerkung

Anfangs hatte es mich nicht gereizt, mich hier in einem eigenen Beitrag über die Akademie der Pädagogischen Wissenschaften der DDR (APW) zu äußern; je mehr ich mich jedoch mit dem Tagungsthema und seinen Aspekten befasste, auch Diskussionen in vorangegangenen Workshops der RLS verfolgte bzw. erlebte, in der es u.a. um die Frage ging, inwieweit es sich bei der APW überhaupt um eine Akademie gehandelt habe, desto aufgeschlossener stand ich dieser Arbeit gegenüber. Mein nun vorliegender Text versteht sich als ein spezifischer Versuch der Annäherung an das Rahmenthema dieser Tagung; er wendet sich zunächst allerdings der APW am Ende ihrer Existenz zu sowie Wertungen, die zu diesem Zeitpunkt über sie getroffen worden sind.

1 Ich zitiere hier aus einer Veröffentlichung von Harro Müller-Michaels 1990, damals Deutschdidaktiker an der Ruhr-Universität Bochum. Sie bezieht sich auf seine vergleichende Untersuchung zum Deutschunterricht in der BRD und DDR, im Jahre 1988–1989 durchgeführt, im Jahre 1990 veröffentlicht: Deutschunterricht, in: Oskar Anweiler (Hg.): Vergleich von Bildung und Erziehung in der BRD und DDR, Köln 1990, S. 236–253.

1. Zur Situation der APW in den Jahren 1989/1990 ff.

Die APW, ebenso die Abteilung Deutsche Sprache und Literatur[2] als ein Teil von ihr, war gleich zu Beginn des gesellschaftlichen Umbruchs 1989, eine aufgeheizte Bildungsdiskussion einschließend, plötzlich[3] besonders „Mode" geworden.[4] Als Vertreter anderer Akademien und Einrichtungen noch an das Überleben ihrer eigenen Institutionen glaubten, erschien sie unter dem Eindruck teilweise berechtigter, allerdings auch pauschaler, rigoroser Kritik, allgemeiner Aufregung, Verrisse usw.[5] gegenüber Erziehungswissenschaft, Schule[6] und Deutschunterricht usw. in mancherlei Text als Inbegriff von Unfähigem, wissenschaftlicher Rückständigkeit[7]

2 Hierbei handelt es sich um einen Arbeitsbereich von Methodikern des Deutschunterrichts.

3 Vgl. den Beitrag von Christa Uhlig in vorliegendem Band zum Verhältnis von Vertretern aus APW und Hochschulen/Universitäten vor der Umbruchsituation. Zu Recht verweist sie darauf, dass in der Umbruchsituation manche der nunmehr vorgebrachten Kritiken an der Dominanz und Deutungshoheit der APW etlichen Vertretern aus Hochschulen und Universitäten dazu dienten, sich mit ihnen „gleichsam in eine Opferrolle bzw. Gegnerschaft zur APW" (ebd., S. 284) zu begeben „und so unter den gesellschaftlichen Umbruchbedingungen nach neuer Legitimität" (ebd., S. 284) zu suchen. Ebenso vgl. Andreas Malycha: Die Akademie der Pädagogischen Wissenschaften der DDR 1970–1990. Zur Geschichte einer Wissenschaftsinstitution im Kontext staatlicher Bildungspolitik, Leipzig 2008, hier: S. 89.

4 Dass es sowohl kollegiale Zusammenarbeit als auch zeitweilig Unstimmigkeiten zwischen Deutschmethodikern von APW und Hochschulen/Universitäten gegeben hatte, war bereits vor 1990 intern bekannt. Darauf wurde später gelegentlich in Veröffentlichungen hingewiesen, z.T. relativ vage. Vgl. Bodo Friedrich, Robert Gerlach, Patrick Lang (Hg.): Geschichte der Deutschmethodik in der SBZ und DDR in Biographien, Frankfurt a.M. 1999; ebenso vgl. Ingrid Kunze: Individuelle didaktische Theorien von Deutschlehrerinnen und Deutschlehrern. Habilitationsschrift, Hamburg 2001, hier: S. 198.

5 Erinnert sei in diesem Zusammenhang hier vorzugsweise an den Auftritt der Schauspielerin Steffi Spira am 4. November 1989 auf der Großdemonstration auf dem Alexanderplatz in Berlin, ebenso an Veröffentlichungen im Jahre 1989/1990 von Rudolf Bahro, Freya Klier, Christa Wolf, Hans-Joachim Maaz, die große Auflagen erreichten und spürbaren Einfluss auf die öffentliche Diskussion nahmen. So sind in Hans-Joachim Maaz' Buch „Der Gefühlsstau. Ein Psychogramm der DDR" (Berlin 1990) „Schulen [...] die Zuchtanstalten der Nation" (ebd., S. 27). Zu Reaktionen auf Christa Wolfs Artikel „Das haben wir nicht gelernt" in der „Wochenpost" vgl. Petra Gruner: Angepaßt oder mündig? Briefe an Christa Wolf im Herbst 1989, Berlin 1990. Aufschluss über sehr wohl unterschiedliche Positionen und Veränderungsbestrebungen besonders von Deutschlehrern, -methodikern, Germanisten geben auch zahlreiche Beiträge in der Rubrik „Dialog. Deutschunterricht in der Diskussion", die in dieser Zeit in der Zeitschrift „Deutschunterricht" erscheinen.

6 Eine besondere Rolle spielt in der damaligen Situation die Relegierung von Schülern der Carl-von-Ossietzky-Oberschule in Berlin-Pankow, bereits im Oktober 1988 erfolgt, aber nun erst zu einem öffentlichen Thema geworden. Vgl. Jörn Kalkbrenner: Urteil ohne Prozeß. Margot Honecker gegen Ossietzky-Schüler, Berlin 1990.

7 Vgl. Hannegret Biesenbaum: Die Floskel von der „allseits gebildeten Persönlichkeit", in: Frankfurter Rundschau 45/1990, S. 9. H. B., aus der Bundesrepublik Deutschland stammend, im Jahre 1987 promoviert über ein Thema zu sprachlichem Handeln und integrativem Sprachunterricht, anschließend bis heute vornehmlich journalistisch tätig zu verschiedenen Themen aus Bildung, Politik, Gesellschaft.

dargestellt, als „einst rechte Hand des Ministeriums"[8]; nach dem Eindruck der Lehrer in den Schulen – so Sabine Reh[9] in einem Tagungsbericht (1992) – galt die pädagogische Wissenschaft als „insgesamt willfährige [...] Magd des Systems"[10]. Wolfgang Eichler (1991), als westdeutscher Sprachdidaktiker vorübergehend an der Rostocker Universität tätig, zitierte in dieser Zeit einen älteren Kollegen von dort anonym mit den Worten: „Wie Tanzbären haben sie uns in Abhängigkeit gehalten und herumgeführt."[11] Allein die APW war es – wie Wolfgang Eichler „von vielen Kollegen glaubhaft berichtet"[12] worden sei und von ihm auf dieser Basis wiedergegeben –, die „westliche Literatur kannte und kennen durfte".[13]

---

8 Hannegret Biesenbaum: „Aufrichtig und parteilich". Ansprüche und Widersprüche im Lehrplan Deutsche Sprache und Literatur der DDR, in: Praxis Deutsch 17 (1990) 102, S. 4–6, hier: S. 4. Aber vgl. hierzu Entgegnung von Bodo Friedrich: Von der Schwierigkeit, die unmittelbare Vergangenheit als Geschichte zu begreifen. Zur Aufarbeitung der Geschichte des Deutschunterrichts in der DDR, in: Praxis Deutsch 17 (1990) 102, S. 4–5.

9 S. R., aus der Bundesrepublik stammend, zu diesem Zeitpunkt u. a. Vorsitzende des Ausschusses junger Lehrer und Erzieher in der GEW, Referentin im Pädagogischen Landesinstitut Brandenburg (PLIB) unter Leitung von Prof. Dr. Klaus-Jürgen Tillmann, Erziehungswissenschaftler aus Hamburg; u.a. Professorin für Erziehungswissenschaften an der TU Berlin, seit Ende 2012 Direktorin der Bibliothek für Bildungsgeschichtliche Forschung. In ihrem Beitrag zur Tagung am PLIB im Januar 1992 heißt es über die dortige emotionalisierte Diskussion: „Als eine Wissenschaftlerin [Marina Kreisel – M. K.] über die Entwicklung zentraler Vorgaben im Muttersprachlichen Unterricht und die Rolle der Zensierung berichtete, entstand bei den Zuhörenden ungeheure Unruhe. Die Kluft zwischen der Praxis, die vielfältigen Zugriffen und Zwängen ausgesetzt war, und dem, was die Wissenschaftler erforschten und an Verbesserungen vorschlugen, schien riesengroß zu sein [...]" (Ebd., S. 12)

10 Reh, Sabine: Erinnerungen für die Zukunft, in: Erziehung und Wissenschaft, Hg.: Gewerkschaft Erziehung und Wissenschaft im DGB, H 2/1992, S. 12–13. Hier beginnt sich bereits jene Atmosphäre bemerkbar zu machen, in der ein „bis zur Unkenntlichkeit verzeichnete[s] DDR-Bild" (Daniela Dahn: Westwärts und nicht vergessen. Vom Unbehagen in der Einheit, Berlin 1996, S. 10) hervorgebracht worden ist. Noch im Mai 1990 hatte der Konsistorialpräsident der Evangelischen Kirche Berlin-Brandenburg in einem Zeitungsinterview unterstrichen, dass „[d]ie DDR-Bürger [...] lange Zeit keine tiefgreifenden sozialen Spannungen gekannt haben" (ebd., S. 9) und ein Erbe in „ein einheitliches marktwirtschaftlich orientiertes Deutschland" (ebd., S. 9) mit hineintragen werden „aus der Zeit, in der die Ideen der Gleichheit und der zwischenmenschlichen Solidarität Modelle waren, die in diesem Land gelebt werden konnten". Manfred Stolpe: Kein Kopfsprung in die Marktwirtschaft, bei dem die Menschen auf den Kopf fallen, in: „Neues Deutschland", Beilage, 5./6. Mai 1990, S. 9.

11 Wolfgang Eichler: Von der Lehrplanmethodik zur pluralistischen Didaktik. Schwierige Annäherung an ein anderes Bildungssystem und Forschungsverständnis, in: Diskussion Deutsch 22 (1991) 122, S. 638–641. In eine ähnliche Richtung geht die von Ingrid Kunze [s. Anm. 4] angeführte Kritik anonym bleibender Deutschmethodiker bezüglich „Gängelung und Beschränkung der Fachmethodiker durch das Ministerium für Volksbildung und der Forschung an den Universitäten und Pädagogischen Hochschulen durch die APW" (ebd., S. 198).

12 Wolfgang Eichler: Von der Lehrplanmethodik zur pluralistischen Didaktik [s. Anm. 11], S. 639.

13 Ebd., S. 639. Dass das trotz vorhandener Unterschiede so nicht zutreffend sein konnte, hätte schon ein Blick auf Arbeiten von Deutschmethodikern außerhalb der APW ergeben, ebenso von Psychologen sowie Sprachwissenschaftlern; ihre Veröffentlichungen nutzten Deutschmethodiker häufig. Vgl. z.B. Marianne Heidrich: Untersuchung zur Entwicklung des mündlichen Sprachkönnens, in: Potsdamer Forschungen Reihe C, Heft 43, Potsdam 1980. Zugleich war der Zugang zu westlicher

Genau entgegengesetzt hatte Hannegret Biesenbaum zuvor in ihrem Beitrag in einer großen überregionalen Tageszeitung (1990) notiert: „Den Blick über die wissenschaftlichen und nationalen Grenzen hinaus hat man in der ‚Abteilung Deutsche Sprache und Literatur' der APW in Berlin wohl nicht genügend geübt. Dort scheint wie bisher das alte Kommunikationsmodell in Gebrauch: Sprache gilt vornehmlich als Vermittlungsinstrument von Informationen [...]"[14]

Ähnlich war die von Gotthard Lerchner (1990) vorgenommene Kennzeichnung, in der es zur Entwicklung des Faches Deutsche Sprache und Literatur hieß: „Mit der diktatorischen[15] Festlegung des Muttersprachunterrichts[16] auf ein

Literatur insgesamt stark kritik- und verbesserungsbedürftig; das bringen Methodiker des Muttersprachunterrichts sowie des Literaturunterrichts aus verschiedenen Institutionen gleichermaßen zum Ausdruck. Vgl. Bodo Friedrich, Robert Gerlach, Patrick Lang (Hg.): Geschichte der Deutschmethodik in der SBZ und DDR [s. Anm. 4].

14 Hannegret Biesenbaum: Die Floskel von der „allseits gebildeten Persönlichkeit" [s. Anm. 7], S. 9.

15 Entgegen dieser Wertung sei darauf verwiesen, dass z. B. der Einführung des „Lehrplans für Deutsche Sprache und Literatur. Teil Muttersprachunterricht. Klassen 5 bis 10" (1982) ebenso wie die der „Anweisung zur Bewertung und Zensierung im Fach Deutsche Sprache und Literatur" (1982) ein umfänglicher öffentlicher Diskussionsprozess vorausgegangen war, das vor allem unter Mitwirkung der Zeitschrift „Deutschunterricht". Vgl. Standpunkte zur Überarbeitung der Bewertungs- und Zensierungsrichtlinien für das Fach Deutsche Sprache und Literatur. Aufruf zur Diskussion, in: Deutschunterricht 33 (1980) 4, S. 184–193; ebenso vgl. Hartmut Herrmann, Marina Kreisel, Brunhilde Schrumpf, Inge Waniek: Antworten auf Fragen aus der Diskussion zur Überarbeitung der Bewertungs- und Zensierungsrichtlinien im Fach Deutsche Sprache und Literatur, in: Deutschunterricht 34 (1981) 6, S. 313–327. Gleichermaßen verhielt es sich beispielsweise mit der öffentlichen Diskussion zum Lehrplan für den Literaturunterricht. Vgl. Martina Langermann, Dieter Schlenstedt: Zeitzeugen. Im Gespräch mit Wilfried Bütow, in: Berliner LeseZeichen H 3/1998, S. 5–35. Allerdings stimmten – wie auch heute in derartigen Fällen üblich (so z.B. die Inklusion im Lande Brandenburg betreffend) – an Diskussionen Beteiligte mit deren Ergebnis nicht stets überein. Voraussetzungen, Wert und Qualität dieser Diskussionen in der DDR werden oft bereits grundsätzlich geringgeschätzt, so in Hans Döbert, Christian Führ: Zu Entwicklungen in den neuen Ländern zwischen 1990 und 1995, in: Handbuch der deutschen Bildungsgeschichte. Band VI 1945 bis zur Gegenwart. Zweiter Teilband: Deutsche Demokratische Republik und neue Bundesländer, hg. v. Christoph Führ u. Carl-Ludwig Furck, München 1998, S. 377–389. „Das, was als öffentliche ‚Diskussion' ausgegeben wurde, war ‚von oben' mehr oder weniger gelenkt. Sie fand stets in einem thematisch und ideologisch klar abgegrenzten Feld statt. Was sich als ‚Meinungsstreit' darstellte" – so Hans Döbert und Christian Führ sehr pauschal –, „waren in Wirklichkeit lediglich unterschiedliche Nuancen des gleichen Ansatzes. Wer aus dem Denkschema heraus wollte, fand keine Publikationsmöglichkeit [...]" (Ebd., S. 377). Abgesehen davon, dass z.B. ergebnisorientierte Diskussionen und bildungspolitische Vorgaben nicht a priori negativ sein müssen, zeigt sich bei differenzierter Betrachtung zudem: Das Problem ergebnisoffener Diskussionen etwa im Rahmen von Bürgerbeteiligungen kristallisiert sich unter anderen Bedingungen u.a. in der Bundesrepublik mehr und mehr offenbar als ein zentrales Thema heraus, besonders dort, wo „der neoliberale Staat seinen Gestaltungsanspruch und die dazugehörigen rechtlichen wie finanziellen Instrumente ein gutes Stück weit aus der Hand gegeben hat, [...] von privater Wirtschaftsmacht erpressbar geworden". DIE LINKE. Fraktion im Landtag Brandenburg: Heimat Brandenburg gerecht, solidarisch, nachhaltig. Entwurf für ein Leitbild 2020 plus. Stand 13. November 2012, hier: S. 43. URL: http://www.dielinke-fraktion.brandenburg.de/fileadmin/dateien/download/publikationen/sonderformate/wir_veraendern/2012/Broschuere_Leitbild.pdf (abgerufen: 28.12. 2012, 20:05 UTC).

16 In der DDR verwiesen der Begriff *Muttersprache und damit verbundene Ableitungen* lediglich auf den

theoretisches Konzept, das Sprache ausschließlich funktional-kommunikativ zu begreifen erlaubt, ist so etwas [Beziehungen zwischen Muttersprach- und Literaturunterricht – M. K.] selbst bei bestem Willen eigentlich nicht zu realisieren. Individualität der Sprachverwendung, Kreativität eines regelbeherrschenden und regelverändernden Sprachgebrauchs, die originäre Existenzweise von Sprache als Sprachspiel oder gar die Vorstellung, daß die Poesie die Muttersprache des Menschen sei, sind da kein Thema und können es da auch nicht sein, wo Sprache in das Prokrustesbett einer als primär angesehenen Befriedigung gesellschaftlicher Bedürfnisse gezwängt erscheint. Diese Ansicht über Sprache und Sprachwissenschaft, hinter dem Schutzschild unangreifbarer ideologischer Verbrämung in der gesamten Volksbildung zum ausschließlichen Gebrauch verordnet und noch heute de facto schulbeherrschend, hat im Bereich sprachästhetischer Bildung und Erziehung so viel an Versäumnissen verschuldet, daß es Jahre auchen wird, um die in der Ausbildung ganzer Generationen entstandenen Defizite zu beheben."[17]

Und aus Hannegret Biesenbaums Sicht müssen nun „[d]ort, wo die Wissenschaftler versagt haben, [...] die Lehrer neben ihrer praktischen Arbeit auch noch nach Wegen zu neuen Inhalten, Zielen und Methoden für den Deutschunterricht forschen".[18]

Umstand, dass für die überwiegende Zahl der Lernenden das Deutsche die Erstsprache war; zugleich wurde in bewusster Unterscheidung zwischen Muttersprache einerseits und Fremdsprache andererseits Sprachunterricht als Muttersprachunterricht oder als Fremdsprachenunterricht bezeichnet.

17 Gotthard Lerchner: Gefallen und weiter gar nichts. Vom „schlimmen" Vergnügen an Literatur im Unterricht, in: Deutschunterricht 43 (1990) 7/8, S. 345–348, hier: S. 348. Der Ansatz – Werkzeugcharakter der Sprache und Zweckcharakter von Kommunikation – war und ist reizvoll. Er besitzt Vorzüge und Nachteile. Vgl. Sprachliche Kommunikation und Gesellschaft. Von einem Autorenkoll. unter Leitg. v. Wolfdietrich Hartung, Berlin 1974; ebenso vgl. Bodo Friedrich: Muttersprachunterricht heute und morgen, in: Deutschunterricht 43 (1990) 2/3, S. 103–111. Aus den Eigenschaften des o.g. Ansatzes erklärt sich maßgeblich, dass er zum damaligen Zeitpunkt innerhalb der Deutschdidaktik ebenfalls verbreitet war, einhergehend mit Kritik gegen „eine von zu vielen Schülern lustlos absolvierte Zwangsveranstaltung zur Herstellung von fast durchweg pragmatischen Texten". Valentin Merkelbach: Sind wir nun doch alle Dichter? Zur Geschichte des Kreativen im Aufsatzunterricht nach 1945, in: Deutschunterricht 43 (1990) 7/8, S. 356–365, hier: S. 364. Interessanterweise spielt der Werkzeugcharakter – Sprache als Mittel des Lernens und Lehrens – erneut eine wichtige Rolle in gegenwärtigen Diskussionen innerhalb und außerhalb der Deutschdidaktik. Vgl. jüngst u.a. Sabine Schmölzer-Eibinger: Sprache als Werkzeug des Lernens im Fach (Arbeitsfassung 2012); ebenso vgl. Marina Kreisel: Sprache und fachliches Lernen: Zum Umgang mit einem Thema. Versuch eines Beitrags zur Bestandsaufnahme, in: Meier, Bernd (Hg.): Arbeit und Technik in der Bildung. Modelle arbeitsorientierter technischer Bildung im internationalen Kontext, Frankfurt a. M. 2012, S. 123–137.

18 Hannegret Biesenbaum: Die Floskel von der „allseits gebildeten Persönlichkeit" [s. Anm. 7], S. 9. Die hier von ihr angenommene Trennung Lehrender und Wissenschaftler hat in der Realität so nicht existiert. Vgl. Ruth Wolt: Interview, in: Bodo Friedrich, Robert Gerlach, Patrick Lang (Hg.): Geschichte der Deutschmethodik in der SBZ und DDR [s. Anm. 4], S. 339–371. Mit Blick auf andere Unterrichtsfächer vgl. besonders Karlheinz Weber: Mathematikunterricht und mathematikmethodische Forschung in der DDR – wesentliche schul- und wissenschaftspolitische Rahmenbedingungen, in:

In dieser Phase, in der die Schule der DDR häufig als „gescheitert“[19] bezeichnet wurde, als eine staatliche Repressionsinstanz, in der „[u]nter der zynisch-perfiden Parole der ‚allseitig gebildeten Persönlichkeit‘ [...] jedem das ‚Rückgrat gebrochen wurde‘“[20], und Lothar de Maizière in seiner Regierungserklärung im April 1990 „[e]in katastrophales Erbe [...] von der SED-Herrschaft auch im Bildungswesen“[21] betonte, fanden Analyseergebnisse und Einschätzungen, wie sie

Herbert Henning (Hg.), Peter Bender (Hg.): Didaktik der Mathematik in den alten Bundesländern. Methodik des Mathematikunterrichts in der DDR. Bericht über eine Doppeltagung zur gemeinsamen Aufarbeitung einer getrennten Geschichte. Tagungsband, Otto-von-Guericke-Universität Magdeburg, Fakultät Mathematik / Universität Paderborn. Fakultät für Elektrotechnik, Informatik und Mathematik, O. O., O. J. URL: www.math.uni-magdeburg.de/private/henning/tagung.pdf (abgerufen: 28.12. 2012, 20:40 UTC); ebenso vgl. Eberhard Rossa: Naturwissenschaftlicher Unterricht am Scheideweg, in: Dieter Kirchhöfer, Christa Uhlig (Hg.): Naturwissenschaftliche Bildung im Gesamtkonzept von schulischer Allgemeinbildung, Frankfurt a. M. 2009, S. 91–108.

19 Joachim Schiller: Zwischen Stagnation und Reform: Schule in der DDR. Nicht alles war schlecht. Aber: Keine Reform ohne Enthusiasmus von Lehrern, in: Weltspiegel 13585, Sonntagsbeilage Tagesspiegel vom 3. Juni 1990, S. 1.

20 Hans-Joachim Maaz: Der Gefühlsstau. Ein Psychogramm der DDR, Berlin 1990, S. 27.

21 Lothar de Maizière: Regierungserklärung des Ministerpräsidenten Lothar de Maizière, abgegeben vor der Volkskammer der DDR am 19. April 1990. Stand: 14. Juni 2007. URL: www.kas.de/wf/de/71.4432 (abgerufen: 13.12.2012, 17:55 UTC). Vgl. aber besonders Val Rust. Wiedergabe nach Aufzeichnungen von Wolfgang Mitter über die Diskussion auf der Jahrestagung der nordamerikanischen Comparative and International Education Society (CIES) in der Arbeitsgruppe, die sich mit Bildungsfragen in Deutschland nach der Wende in der DDR befasste, in: Wolfgang Mitter: Das deutsche Bildungswesen in internationaler Perspektive, in: Christoph Führ, Ludwig Furck (Hg.): Handbuch der deutschen Bildungsgeschichte. Band VI. 1945 bis zur Gegenwart. Zweiter Teilband. Deutsche Demokratische Republik und neue Bundesländer, München 1998, S. 409–428. Nach der Auffassung dieses amerikanischen Erziehungswissenschaftlers (im Gegensatz zu anderen Kollegen dort) seien – so laut Wolfgang Mitters Aufzeichnungen vom 24. März 1990 – „die ostdeutschen Bundesländern im Begriff [...], ein ‚fortschrittliches‘ durch ein ‚rückwärtsgewandtes‘ Schulsystem zu ersetzen [...]“ (ebd., S. 416). In der sachlichen, differenzierenden Darstellung anderer Autoren heißt es u.a. thesenhaft: „Bei allen strukturellen Unterschieden im einzelnen hat sich in beiden deutschen Staaten ein leistungsfähiges Bildungswesen entwickelt, das auch im internationalen Vergleich einen relativ hohen Stand aufwies. Das galt für die DDR besonders gegenüber anderen sozialistischen Staaten, z.B. im Bereich der polytechnischen Bildung und der beruflichen Ausbildung. In fachlicher Hinsicht fielen die Unterschiede zwischen den beiden Bildungssystemen geringer aus als in den politischen Grundsätzen und Orientierungen.“ Bildungspolitik in Deutschland 1945–1990. Ein historisch-vergleichender Quellenband, hg., eingel. und erläut. v. Oskar Anweiler, Hans-Jürgen Fuchs, Martina Dorner, Eberhard Petermann. Opladen 1992, hier: S. 29. Im Deutschunterricht zeigten Schüler aus der DDR/Ostdeutschland in Vergleichsuntersuchungen teilweise bessere Leistungen als Schüler aus der BRD/Westdeutschland. Hierzu seien stellvertretend genannt: Peter May, Heiko Ballhorn: kein patt zwischen ost und west. Untersuchung zur rechtschreibfähigkeit in Hamburger, Rostocker und Zwickauer grundschulen, in: Grundschule 5 (1991) 46, S. 52–57; Wilfried Bütow: Über Lesen wird vielerorts geredet, in: Deutschunterricht 45 (1992) 12, S. 562–564; Rainer H. Lehmann, Rainer Peek, Iris Pieper, Regine v. Stritzky: Leseverständnis und Lesegewohnheiten deutscher Schüler und Schülerinnen, Weinheim/Basel 1995; Wilfried Hartmann, Hartmut Jonas (Hg.): Deutschunterricht im Umbruch. Die Aufsatzstudie-Ost von 1991, Frankfurt a.M. 1996. Nach der nicht nur von Gesine Schwan vertretenen Auffassung müssten auch die „‚Errungenschaften‘ im Kindergarten- oder Schul-

z.B. Jürgen Baurmann[22], Harro Müller-Michaels[23], Erika Dingeldey[24], Renate Valtin[25] zeitgleich vorlegten, gar positive Wertungen über Leistungen u.a. von Deutschmethodikern an der APW kaum Gehör; das traf erst recht dann zu, wenn es Deutschmethodiker aus dieser Institution waren, die sich über den Muttersprach- und Literaturunterricht äußerten, auch selbstbewusst, weil aus der Sache heraus argumentierend und unter Beachtung allgemeiner übernationaler Entwicklungstrends, auf dem internationalen Vergleich bestehend, ohne verbreitete „oft übersteigerte Selbstkritik"[26] zu üben.[27] Fast zeitgleich unterstrichen Behörden wie die Berliner Senatsschulverwaltung in Übereinstimmung mit den Bezirksschulräten (Ost), dass u.a. „Mitarbeiter der APW [...] künftig auch grundsätzlich als Schulleiter nicht geeignet"[28] sind. Schließlich setzte nach dem Ende der APW am 31.12.1990 nunmehr die Zerschlagung weiterer wissenschaftlicher Einrichtungen ein; sie ging einher mit Massenkündigungen, auch hier wie im Falle der APW[29] häufig zugleich verbunden mit Abwertungen von Personen und Leis-

system immer wieder unter diesem fundamental einschränkenden Vorzeichen – [die DDR als Diktatur – M. K.] – gesehen werden". Dies.: In der Falle des Totalitarismus, in: DIE ZEIT Archiv, Jg. 2009, Ausg. 27, URL: http://www.zeit.de/2009/27/Oped-Schwan (abgerufen: 29.12.2012, 09:20 UTC); ebenso vgl. Thomas Großbölting: Die DDR im vereinigten Deutschland, in: Zukunft der Erinnerung, in: APuZ 25–26/2010. 21. Juni 2010. Beilage zur Wochenzeitschrift Das Parlament, S. 35–41, hier: S. 40.

22 Vgl. Jürgen Baurmann: Gegen vorschnelle Besserwisserei. Zu H. Biesenbaums beitrag im Heft 102, in: Praxis Deutsch. 17 (1990) 102, S. 6.

23 Vgl. Harro Müller-Michaels: Deutschunterricht, in: Oskar Anweiler (Hrsg.): Vergleich von Bildung und Erziehung [s. Anm. 1], S. 236–253.

24 Vgl. Erika Dingeldey: Versuch zum Dialog – über die Mauern von gestern hin. Nachdenkliches, angeregt durch die Lektüre einer Literaturgeschichte für Schüler in der DDR 1989, in: Diskussion Deutsch 22 (1991) 122, S. 545–564.

25 Vgl. Renate Valtin: Grundschule in Deutschland – wie sollte sie aussehen? Zeitgespräch, in: Deutsche Lehrerzeitung 51/52/1990, S, 4–5.

26 Joachim Schiller: Zwischen Stagnation und Reform [s. Anm. 19], S. 1.

27 Vgl. Wilfried Bütow: Quo vadis? Überlegungen zur Weiterentwicklung des Literaturunterrichts, in: Deutschunterricht 43 (1990) 2/3, S. 111–118; ebenso vgl. Marina Kreisel: anpassung an westmodelle ist nicht die lösung, in: berliner lehrererinnenzeitung, hg. v. d. GEW Berlin. H 6/1991, S. 13–14; Bodo Friedrich: Die Entwicklung des Muttersprachunterrichts in der DDR – dargestellt an Lehrplanveränderungen von 1946–1982, in: Diskussion Deutsch 22 (1991) 122, S. 565–593. Bodo Friedrich wurde angesichts seines Vortrages auf der Freiburger Tagung 1991 – so meine Erinnerung – in der Pause von einem Kollegen aus der DDR vorgeworfen, dass er nicht selbstkritisch genug sei. Vgl. Bodo Friedrich: Lehrplanentwicklung im internationalen Kontext, in: Abels, Kurt (Hg.): Deutschunterricht in der DDR 1949–1989, Frankfurt a.M. 1992, S. 105–117.

28 Hans-Joachim Munte: Auswertung des Personalbogens. Bezirksstadtrat für Bildung und Kultur, Bezirksamt Köpenick, Berlin 1991, in: Wolfgang Richter: UNFRIEDEN IN DEUTSCHLAND. WEISSBUCH. Diskriminierung in den neuen Bundesländern, o.O. 1992, S. 325–328, hier: S. 325.

29 Nach meiner Kenntnis war ich eine der wenigen Mitarbeiter aus der APW mit einer Klage gegen ihre Abwicklung. Der Prozess endete mit einem Vergleich vor dem Arbeitsgericht Berlin 1992.

tungen.[30] Dieter Simon, im Jahre 1990 Vorsitzender des Wissenschaftsrates in der Bundesrepublik, wird drei Jahre später u.a. hinsichtlich der Vernichtung der APW feststellen: „Der Wissenschaftsrat hat kein Mandat für die Evaluierung bekommen. Ich bin sicher, daß dahinter eine politische Entscheidung steckt, aber ich weiß nicht, wer sie zu verantworten hat. Man wollte von Anfang an, dass nichts von der Pädagogen-Akademie übrig bleibt. Wenn der Wissenschaftsrat evaluiert hätte, wäre es möglicherweise anders gelaufen. Das kommt raus, wenn die Wissenschaft der Politik überlassen wird."[31]

2. Die APW als ein Gegenstand wissenschaftlicher Untersuchungen und des Erinnerns von Zeitzeugen – Anmerkungen einer Unterrichtsmethodikerin

Seitdem sind mehr als zwei Jahrzehnte vergangen. Die unter den Verhältnissen der DDR betriebene Wissenschaft wurde zu einem abgeschlossenen Objekt historischer Untersuchung.[32] Heute, im Jahre 2012, existieren weitere Veröffentlichungen auch zur APW[33], gestützt auf unterschiedliche Untersuchungsansätze, aus einer näheren oder ferneren zeitlichen Distanz heraus geschrieben, unter gesellschaftlichen Bedingungen eines in weiten Kreisen als „Unrechtsstaat mit

30 Doris Kretzen, Monika Gibas, Torsten Bultmann u.a.: „Wegen mangelnder persönlicher Eignung". Diskussion über die „personelle Erneuerung" im Osten, in: Forum Wissenschaft H. 3/1992, Dossier, S. I–XII, hg. v. Bund demokratischer Wissenschaftlerinnen und Wissenschaftler, Marburg 1992. Aufschlüsse über diese Situation, belegt mit einer Vielzahl von Dokumenten, liefern z.B. Veröffentlichungen der Gesellschaft zum Schutz von Bürgerrecht und Menschenwürde. Vgl. Wolfgang Richter (Hg.): UNFRIEDEN IN DEUTSCHLAND [s. Anm. 28]; auch vgl. Ingrid Matschenz, Kurt Pätzold, Erika Schwarz, Sonja Striegnitz (Hg.): Dokumente gegen Legenden. Chronik und Geschichte der Abwicklung der MitarbeiterInnen des Instituts für Geschichtswissenschaften an der Humboldt-Universität zu Berlin, Berlin 1996.

31 Dieter Simon, zitiert nach Landtag Brandenburg Drucksache 1/2197. Antwort der Landesregierung auf die Kleine Anfrage 399 des Abgeordneten Harald Petzold. Fraktion der PDS-LL. Abwicklung der ehemaligen Akademie der Pädagogischen Wissenschaften, Potsdam 1993. URL: http://www.parldok.brandenburg.de/parladoku//w1/drs/ab%5F2100/2197.pdf (abgerufen: 29.12.2012, 09:55 UTC). Dass die Abwicklung im Bereich der Wissenschaft – anders als von Dieter Simon betrachtet – nicht nur ein Werk von Politikern, sondern beispielsweise auch von Vertretern der Wissenschaft war, weist u.a. jüngst Werner Röhrs Arbeit umfänglich nach. Vgl. ders.: Abwicklung. Das Ende der Geschichtswissenschaft der DDR, Bd. 1: Analyse einer Zerstörung, Berlin 2011.

32 Vgl. Hubert Laitko: Die DDR als Wissenschaftsstandort: Gegenstand historischer Analyse und komparativer Bewertung, in: Zur Geschichte wissenschaftlicher Arbeit im Norden der DDR 1945 bis 1990, Rostock-Warnemünde 2007. URL: http://www.mv.rosalux.de/fileadmin/ls_mvp/dokumente/publikationen/wissenschaftl.Arbeit_Norden-DDR_45-90_0903.pdf (abgerufen: 29.12.2012, 10:00 UTC).

33 Vgl. zsfd. Andreas Malycha: Die Akademie der Pädagogischen Wissenschaften der DDR [s. Anm. 3].

Menschenrechtsverletzungen"[34] bezeichneten Gemeinwesens DDR.[35] Dabei liegen verschiedene Sichten auf die APW und ihre einzelnen Bereiche vor; sie werden beschrieben aus der Fremdperspektive, aus der Innenperspektive, aus der Erinnerung heraus, als „Rückblicke aus lebensgeschichtlicher Perspektive"[36] einerseits, als quellengestützte analytische Blicke, als historische Studien auf diese Institution und ihren Vorläufer, das Deutsche Pädagogische Zentralinstitut, andererseits,[37] einerseits als eine Akademie in der DDR mit Sonderstatus im Wissenschaftsbetrieb[38], andererseits „im Kontext außeruniversitärer Bildungsforschung in Deutschland"[39], „mit einer wesentliche[n] Gemeinsamkeit jenseits aller Differenz"[40]: „staatlich gegründet, finanziert und kontrolliert, [...] zumindest staatlich alimentiert".[41] Jeder der gewählten Ansätze – nicht nur jener sich auf Erinnerung von Zeitzeugen[42] stützende – weist Vorzüge und Grenzen auf.

---

34 Thomas Großbölting: Die DDR im vereinigten Deutschland [s. Anm. 21], S. 40.

35 Vgl. aber Deutscher Bundestag, Wissenschaftliche Dienste: Definition des Begriffs „Unrechtsstaat" in der wissenschaftlichen Literatur. Kurzinformation. WD 1-061/08, Berlin 2008.

36 Andreas Malycha: Wissenschaft und Politik. Die Akademie der Pädagogischen Wissenschaften der DDR und ihr Verhältnis zum Ministerium für Volksbildung, in: die hochschule H 2/2009, S. 168–189, hier: S. 170.

37 Vgl. Nicole Zabel: Zur Geschichte des Deutschen Pädagogischen Zentralinstituts der DDR. Eine institutionsgeschichtliche Studie. Dissertation, Chemnitz 2009.

38 Vgl. Andreas Malycha: Bildungsforschung für Partei und Staat? Zum Profil und zur Struktur der APW, in: Sonja Häder, Ulrich Wiegmann (Hg.): Die Akademie der Pädagogischen Wissenschaften der DDR im Spannungsfeld von Wissenschaft und Politik, Frankfurt a.M. 2007, S. 39–76, hier: S. 40.

39 Heinz-Elmar Tenorth: Die APW im Kontext außeruniversitärer Bildungsforschung in Deutschland, in: Sonja Häder, Ulrich Wiegmann (Hg.): Die Akademie der Pädagogischen Wissenschaften der DDR [s. Anm. 38], S. 15–38, hier: S. 17. Ebenso vgl. Ulrich Wiegmann: Zum Verhältnis von universitärer und außeruniversitärer Erziehungswissenschaft, in: Gert Geißler, Ulrich Wiegmann: Schule und Erziehung in der DDR, Neuwied, Kriftel, Berlin 1995, S. 127–146.

40 Heinz-Elmar Tenorth: Die APW im Kontext außeruniversitärer Bildungsforschung [s. Anm. 39], S. 17.

41 Ebd., S. 17. Diese Gemeinsamkeit scheint sich offenbar vor allem im letzten Jahrzehnt immer stärker herauszubilden: nunmehr angesichts der Entwicklungen im Bereich der von OECD und Kultusministerkonferenz (KMK) initiierten empirischen Bildungsforschung, die u.a. Klaus Klemm laut Tagungsbericht in der Zeitschrift „Erziehung und Wissenschaft" in der Gefahr sieht, „in einem Gestrüpp von Interpretationshoheit, medialer Vermarktung und politischer Inanspruchnahme wieder schnell ‚jäh' abzustürzen". Bärbel Rosenzweig: Es rumort in der Szene. Lässt sich Schulforschung politisch instrumentalisieren?, in: Erziehung und Wissenschaft 7/8 (2008), S. 28. Der nicht neuen Frage, inwieweit sich die Schulforschung politisch instrumentalisieren lässt, ging die Tagung zum 100. Geburtstag der Zeitschrift „Die Deutsche Schule" unter dem Motto „Die (Un-)Abhängigkeit von Wissenschaft – Politik – Medien" nach (vgl. ebd.).

42 Begriff, Funktion und Wert von Zeitzeugen werden nicht nur in der öffentlichen Meinung sehr unterschiedlich, auch widersprüchlich betrachtet, unter Umständen stark beeinflusst von moralischen Aspekten. Vgl. u.a. Volkhardt Knigge: Zur Zukunft der Erinnerung, in: Zukunft der Erinnerung, in: APuZ 25–26/ 21. Juni 2010, Beilage zur Wochenzeitschrift Das Parlament, S. 10–16.

In Veröffentlichungen zur APW bestätigen sich besonders jene zwei Aufgaben – Forschung und Dienstleistung[43] –, die ihr Profil prägten und – bei Unterschieden im Detail – zugleich als „ihr Dilemma"[44] angesehen wurden. Dieses Dilemma[45] stellte sich nach Wilfried Bütow[46], einer charismatisch zu nennenden Persönlichkeit[47] an der APW mit langjährigen Erfahrungen u.a. in der Lehrplanentwicklung zum Deutschunterricht, folgendermaßen dar: „Die Akademie war eine Einrichtung, an der geforscht wurde und die pädagogische Forschungen leitete. Sie arbeitete dem Ministerium für Volksbildung[48] zu, und zwar in allen wesentlichen Fragen, die mit der Weiterentwicklung der Schule verknüpft waren. Sie war zum einen für die Ausarbeitung und Erprobung von Lehrplänen sowie für die Untersuchungen über deren Wirksamkeit zuständig. In dieser Funktion war sie eine Art Dienstleistungskombinat für das Ministerium. Von der Satzung her war sie zum andern eine Forschungseinrichtung mit einem weiten Forschungsfeld: Fragen wie die Weiterentwicklung der Allgemeinbildung, wie Bildungsinhalte und Formen, die Voraussetzungen und Bedingungen eines effek-

---

43 Diese Gegenüberstellung scheint nicht in jedem Falle differenziert genug. Für Ruth Wolt ergibt sich hier die Frage, „[w]ieso eigentlich eine Dienstleistung, die auf wissenschaftlicher Arbeit hohen Niveaus beruht, keine Wissenschaft im Sinne von wirklichem Erkenntnisgewinn aus philosophischer Sicht" sei. Dies.: E-Mail an Marina Kreisel vom 25.10.2012, S. 1.

44 Martina Langermann, Dieter Schlenstedt: Zeitzeugen. Im Gespräch mit Wilfried Bütow, in: Lese-Zeichen 3/1998, S. 5–35, hier: S. 7; vgl. auch Sonja Häder: Theorie und Empirie in den Forschungen der APW – Vorgaben, Ambitionen und Sackgassen, in: Sonja Häder, Ulrich Wiegmann: Die Akademie der Pädagogischen Wissenschaften der DDR [s. Anm. 38], S. 141–173.

45 Nach meinem Überblick zeichnen sich Dilemmata auch bezüglich zahlreicher Forschungen im Gefolge bzw. im Umfeld von PISA ab. Hier handelt es sich um Auftragswerke/Dienstleistungen, die inzwischen ein zuvor nie gekanntes Ausmaß im deutschen Schulwesen erreicht haben und nicht nur ein umfängliches Forschungspotenzial, häufig erst entstanden, binden. Wie das Verhältnis von Politik und Wissenschaft in diesem Rahmen beschaffen ist, welche Steuerungsmechanismen hier wirken, welchen Einfluss Politik bzw. von ihr erhobene Vorgaben direkt oder indirekt nehmen auf einzelne Forschungsprojekte, aber auch auf Entwicklungen beispielsweise innerhalb und außerhalb der Deutschdidaktik (Praxis-Theorie-Beziehungen, veränderte Ziele und Akzentsetzungen, neue institutionelle und personelle Bedingungen wie das Institut zur Qualitätsentwicklung im Bildungswesen an der Humboldt-Universität zu Berlin usw.) – das alles bedarf m.E. gründlicher Analyse. Inwieweit dabei vorliegende Ansätze und Ergebnisse aus Studien zum DPZI und der APW herangezogen werden könnten, würde sich im konkreten Falle entscheiden.

46 Wilfried Bütow, in der DDR über Jahrzehnte Redaktionsmitglied der Zeitschrift „Deutschunterricht", ist nach 1990 u.a. einer ihrer Herausgeber und bleibt auch dem Verlag Volk und Wissen (später Cornelsen Verlag) über lange Zeit als einer seiner wichtigen Autoren erhalten.

47 Vgl. Hartmut Jonas: Differenzierungsprozesse in der DDR Literatur-Methodik der 1980er Jahre, in: Dieter Kirchhöfer, Christa Uhlig: „Verordnete" Einheit versus realisierte Vielfalt. Wissenschaftliche Schulenbildung in der Pädagogik der DDR, Frankfurt a.M. 2011, S. 139–151, hier: S. 149; ebenso vgl. Wolfgang Brekle, Hartmut Jonas: Nachruf für Wilfried Bütow, in: Symposion Deutschdidaktik e.V. Mitgliederbrief 23/2008, S. 1–2.

48 Im weiteren Text als MfV bezeichnet.

tiven Zusammenwirkens reichten ins Künftige. [...] Die ‚führende Rolle des Ministeriums' machte allen zu schaffen, wenn auch in unterschiedlichem Maße."[49]

Aus der APW selbst äußerten sich rückschauend vorzugsweise leitende Personen wie Institutsdirektoren, der Präsident, Abteilungsleiter,[50] oft über längere Zeit, gar über Jahrzehnte in einer solchen Position tätig, vereinzelt auch jene, die in ihr immer den Status eines wissenschaftlichen Mitarbeiters innehatten.[51] In quellengestützten Arbeiten interessiert besonders – so im Falle von Andreas Malycha (2008) – auf der personellen Ebene „die so genannte erste Leitungsebene [...], um aufzeigen zu können, mit welchem Personal und auf welche Weise geplant, gesteuert, koordiniert und kontrolliert wurde"[52].

Mir als Unterrichtsmethodikerin scheint vorzugsweise mit Blick auf quellengestützte analytische Arbeiten zur Institution APW eines besonders auffällig: Unterrichtsfächer und die ihnen zugrunde liegenden Unterrichtsmethodiken kommen dort nicht bzw. relativ oberflächlich, relativ randständig vor, obwohl sie – wie auch Andreas Malycha (2008) anhand des Personalbestandes nachweist – einen wesentlichen Bereich der APW bildeten.[53] Veröffentlichungen über diese zentrale pädagogische Großforschungseinrichtung, die sich auf Unterrichtsfächer und ihre Träger an der APW konzentrieren – hier auf die Abteilung Deut-

49 Martina Langermann, Dieter Schlenstedt: Zeitzeugen [s. Anm. 44], S. 7; ebenso vgl. Anke Huschner: „Schulpolitisch abrechnungspflichtige Forschung" und „Forschung, die in der Forschung selbst zu verantworten ist". Probleme der Forschungspraxis an der APW, in: Sonja Häder, Ulrich Wiegmann: Die Akademie der Pädagogischen Wissenschaften [s. Anm. 38], S. 175–206.

50 Genannt seien hier stellvertretend: Adolf Kossakowski: Abwicklung der Akademie der Pädagogischen Wissenschaften, in: Klaus Himmelstein, Wolfgang Keim (Hg.): Jahrbuch der Pädagogik 1992. Erziehungswissenschaft im deutsch-deutschen Vereinigungsprozeß, Frankfurt a.M. 1992, S. 87–101; zu Joachim Lompscher in: Bernd Fichtner: Kulturhistorische Schule und Tätigkeitstheorie in ihrer Bedeutung für die Erziehungswissenschaft unter besonderer Berücksichtigung ihrer Rezeption in der DDR – ein Interview mit Joachim Lompscher, in: Klaus Himmelstein, Wolfgang Keim (Red.): Jahrbuch für Pädagogik 1992. Erziehungswissenschaft im deutsch-deutschen Vereinigungsprozeß, Frankfurt a.M. 1992, S. 213–231; Wolfgang Eichler, Christa Uhlig: Die Akademie der Pädagogischen Wissenschaften der DDR, in: Transformationen der deutschen Bildungslandschaft. Lernprozeß mit ungewissem Ausgang. Hg. v. Peter Dudek und Heinz-Elmar Tenorth, Weinheim, Basel 1994, S. 115–125; Gerhart Neuner: Zwischen Wissenschaft und Politik. Ein Rückblick aus lebensgeschichtlicher Perspektive, Frankfurt a. M. 1996; Karl-Heinz Günther: Rückblick. Nach Tagebuchnotizen aus den Jahren 1938 bis 1990. Von Gert Geißler zur Drucklegung ausgewählt u. bearb., Frankfurt a.M. 2002; Heinz Sallmon: Ein ostpreußischer Junge. Jahrgang 1925, Selbstverlag, Berlin 2005; Horst Weiß: Über die wissenschaftliche Fundierung der Unterrichtsmittel- und Schulausstattung, in: Horst Weiß, Günter Wilms: Bildung Pädagogik Gesellschaft – gestern – heute – morgen, Schkeuditz 2012, S. 229–234.

51 Sich vornehmlich daraus erklärende unterschiedliche Arbeitsbeziehungen zum MfV und zu seinen Leitungsebenen schlagen sich in Veröffentlichungen deutlich nieder. Vgl. Ruth Wolt: Interview [s. Anm. 18]; ebenso vgl. Gerhart Neuner: Zwischen Wissenschaft und Politik [s. Anm. 50].

52 Andreas Malycha: Die Akademie der Pädagogischen Wissenschaften der DDR [s. Anm. 3], S. 32.

53 A.a.O., S. 147.

sche Sprache und Literatur –, stammen nach meinem Überblick vornehmlich von Methodikern selbst.[54] Andreas Malychas (2008) – ich nenne es vorsichtig – Ausflug zum Literaturlehrplan und zum Leseunterricht füllt diese Leerstelle nach meiner Auffassung ebenfalls nicht aus; denn Literaturlehrplan und Leseunterricht sind von ihm lediglich als ein Beispiel – neben Geografie – eingeordnet in knappe Ausführungen zu Lehrplanarbeiten in Unterrichtsfächern.[55] Dabei wiederum geht es auch in diesem Zusammenhang vorrangig um „ein weites Feld von Eingriffsmöglichkeiten"[56] der Fachabteilungen des MfV – von ihnen genutzt –, es geht vor allem um das Erfassen externer und interner Einflüsse auf die pädagogischen Forschungen an der APW.[57] Diese Einflüsse wiederum werden bezüglich anderer Bereiche und Projekte[58] relativ umfänglich analysiert und gewertet, das heißt, ein umfassenderes Interesse z.B. am Fach Deutsche Sprache und Literatur und an der entsprechenden Abteilung in der APW ist hier nicht zu erkennen,[59] unabhängig davon, dass der Deutschunterricht in der Schule von SBZ und DDR – vielfältige Probleme und Widersprüche aufweisend – immer als wichtig galt.[60] Auch die Hinwendung zum Deutschunterricht sowie zu dort agie-

54 Zu ihnen zähle ich die bereits o.g. Interviews mit den Deutschmethodikern Bodo Friedrich o.J., Ruth Wolt 1996, Wilfried Bütow 1998. Ebenso vgl. Gabriele Czech (Hg.): „Geteilter" deutscher Himmel? Zum Literaturunterricht in Deutschland in Ost und West von 1945 bis zur Gegenwart, Frankfurt a.M. 2007. Zudem wird die Abteilung Deutsche Sprache und Literatur in der APW im Zusammenhang mit anderen Sachfragen berührt. Vgl. u.a. Marina Kreisel: Leistungsermittlung und Leistungsbewertung im Muttersprachunterricht der DDR. Klassen 5 bis 10. Determinanten und Tendenzen, Frankfurt a.M. 1996; auch vgl. Gerhild Schenk: Weil ich immer wieder etwas Neues entdecke. Rückblicke auf pädagogische Leseforschung in der DDR, in: Hubert Ivo, Kristin Wardetzky: aber spätere Tage sind am weisesten. Zur literarisch-ästhetischen Bildung im politischen Wandel. Festschrift für Wilfried Bütow, Berlin 1997, S. 127–138.

55 Vgl. Andreas Malycha: Die Akademie der Pädagogischen Wissenschaften der DDR [s. Anm. 3], S. 183–193. Bemerkenswert erscheint, dass sich hier der Blick überhaupt auf Unterrichtsfächer richtet; denn die Zurückhaltung gegenüber diesem Bereich lieferte auch auf der Tagung „Die Akademie der Pädagogischen Wissenschaften der DDR im Spannungsfeld von Wissenschaft und Politik" einen Bezugspunkt für Kritik, wird aber im Vorwort des gleichnamigen Sammelbandes nicht widergespiegelt.

56 Andreas Malycha: Wissenschaft und Politik [s. Anm. 36], hier: S. 179.

57 Vgl. Andreas Malycha. Die Akademie der Pädagogischen Wissenschaften der DDR [s. Anm. 3], hier. S. 168–323.

58 Dabei handelt es sich um folgende Bereiche und Projekte: Pädagogische Psychologie, Didaktik, Bildungssoziologie mit ausgewählten Buchmanuskripten.

59 Das zeigt sich auch in Nicole Zabels umfänglicher Dissertation 2009 über das Deutsche Pädagogische Zentralinstitut, den Vorgänger der APW [s. Anm. 37].

60 Hier seien aus der Fülle von Arbeiten, zu denen Lehrpläne gehören, stellvertretend genannt: Johannes Zech: Systemfragen der muttersprachlichen Bildung und Erziehung in der sozialistischen Schule. Sprachliche Bildung und Erziehung in der DDR-Schule, Frankfurt a.M. 2011, zugleich Diss. (B) an der Päd. Hochsch. „Karl Liebknecht" Potsdam, Potsdam 1973; auch vgl. Methodik Deutsch Muttersprache. Ausgearb. v. e. Autorenkoll. unter Leitg. v. Wilfried Bütow, Anneliese Claus-Schulze, Berlin 1977; vgl. Bodo Friedrich: seine beiden Veröffentlichungen [s. Anm. 27].

renden Personen, wie sie in Andreas Malychas (2009) Beitrag „Wissenschaft und Politik. Die Akademie der Pädagogischen Wissenschaften der DDR und ihr Verhältnis zum Ministerium für Volksbildung" erfolgt, geschieht – so meine Interpretation – weiterhin vorzugsweise unter dem Aspekt von Konflikten[61], hier zwi-

61 In Kenntnis damaliger Konflikte und Rahmenbedingungen betrachte ich Andreas Malychas (2008) Analyse hinsichtlich der „erhebliche[n] Schwierigkeiten, Böll in den Lesekanon des Literaturunterrichts aufzunehmen" [s. Anm. 3], S. 189, als nicht tiefgründig genug. Abgesehen davon, dass Lehrplanentwicklungen bestimmten Positionen und Kriterien unterliegen (im Prozess ggf. Veränderungen unterworfen), die auch im Interesse solider Analysen und Wertungen später zu beachten sind, spielen im Falle „Heinrich Böll" spezifische, zufällige historische Momente für das Handeln von Personen eine gewichtige bzw. wohl die entscheidende Rolle: So hatte z.B. die zeitweilige Ablehnung Heinrich Bölls für den Lehrplan der Abiturstufe nach meiner Erinnerung (und abgeglichen mit Arbeitsmaterialien aus der APW) vornehmlich zu tun mit dessen Haltung gegenüber Alexander Solschenizyn. Nach dem Eintreffen in der Bundesrepublik Deutschland – begleitet von großer medialer Aufmerksamkeit in westlichen Ländern – nahm ihn Heinrich Böll bei sich zu Hause auf. Die Ausbürgerung des sowjetischen Schriftstellers als Dissidenten im Jahre 1974 und das Engagement des deutschen Nobelpreisträgers machten es aus der Sicht der Leitung des MfV schwer, Heinrich Böll etwas später im Lektürekanon eines neuen Lehrplans zu platzieren. Zur Situation um Alexander Solschenizyn vgl. auch Werner Fuld: Das Buch der verbotenen Bücher. Universalgeschichte des Verfolgten und Verfemten von der Antike bis heute, Berlin 2012, S. 251–255. Das hatten die Literaturmethodiker an der APW, maßgeblich gestützt auf die mehrjährige Arbeit der Fachkommission Abiturstufe/Deutsch, zunächst vorgesehen mit dem Vorschlag „Wanderer, kommst du nach Spa …", zumal der Insel Verlag Leipzig Böll-Titel bereits herausgebracht hatte und die Helsinki-Konferenz 1975 ein Ausdruck politischen Tauwetters zu sein schien. Aber dieser Vorschlag führte im MfV zu massiver Kritik an den Literaturmethodikern in der Abteilung Deutsche Sprache und Literatur. In der Folge blieb Heinrich Böll im Lehrplan (1979) ungenannt: auch trotz gegenteiliger Auffassung von Hans Koch, dem Direktor des Institutes für Kultur-und Kunstwissenschaft an der Akademie für Gesellschaftswissenschaften und Mitglied des ZK der SED. In seiner Stellungnahme zum Text „Konzeption und Stoffplan für den überarbeiteten Lehrplan Deutsch – Abiturstufe, Teil Literaturunterricht" (Februar 1977) – mit Anschreiben vom 02.06.1977 an den Präsidenten der APW, Gerhart Neuner, gerichtet – heißt es: „Unbedingt notwendig ist die Aufnahme von Kroetz; auch Walser ist empfehlenswert. Ich melde jedoch Bedenken an, wenn a) Böll im Grunde genommen zugunsten von Walser, Lenz und Andersch gestrichen wird (Böll bleibt trotz seines mehr als dubiosen politischen Engagements ein bedeutender humanistischer Dichter) […]" (ebd., S. 2–3 in BBF/DIPF/ Archiv: APW Mappe 0.0.1. 554 Bl). Dass er nicht mehr im Lehrplan erscheinen soll, wird in „Konzeption und Stoffplan …": u.a. folgendermaßen gekennzeichnet:„Heinrich Böll, der sich in letzter Zeit eindeutig antikommunistisch engagiert hat, wird aus dem Lektüreangebot gestrichen." (Ebd., S. 9 in BBF/DIPF Archiv: APW Mappe 9231,1, S. 1–10, hier: S. 9). Er ließ sich jedoch über Angaben von Schriftstellern und Werken – im Sinne einer offenen Reihe angelegt – vom Lehrer ggf. berücksichtigen. In der 2. Auflage des Lehrplans (1988) war Heinrich Böll dann mit seinem Werk „Die verlorene Ehre der Katharina Blum" vertreten. Der Vollständigkeit halber sei in diesem Zusammenhang hier ebenfalls erwähnt: Auch in der Geschichte u.a. der Bundesrepublik und Österreichs wurden Künstler wie beispielsweise Richard Wagner, Bertolt Brecht, Peter Hacks, Henry Miller zeitweilig Opfer politischer und anderer „Einschränkungen" (Werner Fuld, S. 294), unter Umständen zugleich Gegenstand von Anti-Kampagnen; die Verbreitung ihrer Werke wurde auf verschiedene Weise boykottiert (vgl. a.a.O., S. 299), ggf. bis hin zur Nichtaufnahme in den Lektürekanon für den Literaturunterricht, der meines Wissens ohnehin vielerorts besonderen Bedingungen unterliegt. „Kanon und Zensur sind, wie die Geschichte zeigt, ein unzertrennliches Paar". Wilfried Bütow: Kanon und Literaturunterricht in der DDR, in: Gabriele Czech (Hg.): „Geteilter" deutscher Himmel? [s. Anm. 54], S. 74; ebenso vgl. Bodo

schen „Germanisten, Deutsch-Methodikern und der zuständigen Fachabteilung des Ministeriums“[62].

Ja, die Sicht auf Konflikte ist wichtig für das Verständnis von Entwicklungen, ihren Ursachen und Resultaten. Aber was auf diese Weise – bei (Über)betonung und Bevorzugung von Konflikten – alles unbeachtet bleibt, fehl- oder oberflächlich interpretiert erscheint, inwieweit Entwicklungen – hier im Bereich der Lehrpläne und des Lesens – nicht erfasst oder verzerrt werden, macht ein wirklicher Vergleich allein z.B. mit Wilfried Bütows Arbeit „Kanon und Literaturunterricht in der DDR“ (2007) deutlich, mit Gerhild Schenks o.g. „[...] Rückblick auf pädagogische Leseforschung in der DDR“ (1997), mit Harro Müller-Michaels (1990) vergleichender Untersuchung zum Deutschunterricht[63], die sich, Teil einer vergleichenden Untersuchung über Bildung und Erziehung in BRD und DDR, „im wesentlichen mit der *Lehrplanentwicklung* des letzten Jahrzehnts in beiden deutschen Staaten“[64] beschäftigt.[65] Zu dem Unberücksichtigten gehört (auf der Basis

---

Friedrich, Marina Kreisel, Viola Oehme: Quellen des Literaturunterrichts in der SBZ/DDR, in Gabriele Czech: „Geteilter“ deutscher Himmel [s. Anm. 54], S. 35–47; vgl. Dietrich Löffler: Buch und Lesen in der DDR. Ein literatursoziologischer Rückblick, Berlin 2011. Sie bilden, was ein Blick in die Gegenwart offenbart, ebenso eine unendliche Geschichte, immer wieder gestützt auf unterschiedliche, manchmal ähnliche oder gar übereinstimmende Begründungen. Vgl. Werner Fuld: Das Buch der verbotenen Bücher, S. 282–330.

62 Andreas Malycha: Wissenschaft und Politik [s. Anm. 36], hier: S. 182. Ein wesentlicher Grund für Probleme und Konflikte mit dem MfV liegt wohl in der „generellen Beschränktheit von Bürokraten und Ministerialen gegenüber der Wissenschaft – unabhängig vom System [...] Es ist ja auch von Leuten, die in einer Verwaltung arbeiten, gar nicht zu erwarten, daß sie in ähnlicher Weise die wissenschaftliche Literatur verfolgen, wie das ein Wissenschaftler tun muß.“ Bodo Friedrich; Patrick Lang: Interview zu Beate Friedrich, in: Bodo Friedrich, Robert Gerlach, Patrik Lang: Geschichte der Deutschmethodik in der SBZ und DDR [s. Anm. 4], hier: S. 456.

63 Hervorgehoben sei an dieser vergleichenden Untersuchung: „Ungeplant entstand [...] ein Band, der noch einmal den [präziser: einen – M. K.] westdeutschen wissenschaftlichen Blick auf die DDR unter den Bedingungen ihres Bestehens dokumentiert, zugleich aber einen genauen, unretuschierten Überblick über Fakten, Institutionen und Inhalte von Bildung und Erziehung in den beiden deutschen Staaten im Augenblick ihres Endes bietet.“ Thomas Roberg, Sebastian Susteck, Harro Müller-Michaels: Geschichte des Deutschunterrichts von 1945–1989 (Teil 2). Deutschunterricht im Widerstreit der Systeme, Frankfurt a. M. 2010, S. 8.

64 Harro Müller-Michaels: Deutschunterricht [s. Anm. 1], S. 236.

65 Wendet man sich weiteren Forschungsfeldern zu – etwa Untersuchungen zur Orthographiereform oder zur Sprachontogenese –, die zeitweise mit Arbeitskontakten zu anderen wissenschaftlichen Einrichtungen verbunden waren (z.B. zur Nerius-Gruppe, zu Wissenschaftlern der AdW wie Renate Baudisch, Dieter Herberg, Katharina Meng), wird diese Diskrepanz erst recht deutlich. Vgl. Ingrid Borchert: Untersuchung zu den zu erwartenden Auswirkungen der gemäßigten Kleinschreibung auf die Gestaltung und Rezeption schriftlicher Texte durch Schüler der Klasse 10 der polytechnischen Oberschule der DDR. Diss. (A), Akad. der Pädag. Wiss. der DDR, Berlin 1979; ebenso vgl. Heidrun Neudeck: Untersuchungen zu den zu erwartenden Auswirkungen einer möglichen Reformierung der das-daß-Schreibung auf die orthographischen und Leseleistungen der Schüler der Mittel- und Oberstufe der polytechnischen Oberschule der DDR, Akad. der Pädag. Wiss. der DDR. Diss. (A), Berlin 1983. Später u.a. auch Ruth Wolt: Interview [s. Anm. 18].

der vergleichenden, Kritikpunkte und Widersprüche ermittelnden Lehrplananalyse) folgender Befund:

„Bezieht man in die Betrachtung der Lehrpläne der DDR die begleitende Literatur in Unterrichtshilfen, Fachzeitschriften, Pädagogischen Lesungen und Forschungen mit ein, dann lässt sich der Unterschied mit Begriffen wie Systematik, Gründlichkeit und Professionalität beschreiben. In der Bundesrepublik glaubt man auf professionell konzipierte und gestaltete Lehrplanwerke deshalb verzichten zu können, weil es in den Ländern eine professionelle Lehrerausbildung und damit selbständig entscheidende und handelnde Lehrer gibt. Während in der DDR die wissenschaftliche Didaktik zentral (in der Akademie der Pädagogischen Wissenschaften) in die Erstellung der Lehrpläne eingebunden ist, werden in den Ländern der Bundesrepublik Hochschuldidaktiker selten und nur in Ausnahmefällen an der Erarbeitung der Lehrpläne beteiligt. Im Idealfall bilden ihre Arbeit und Gedanken die Quelle, aus denen sich die freien Entscheidungen der Lehrer speisen. Wie weit das System noch tragen wird, wenn der Hochschulbesuch vieler der heute tätigen Lehrer länger als zehn Jahr zurückliegt und völlig neue Lehrpläne eingeführt werden müssen, ist vorläufig nicht abzusehen. [...]"[66]

Nun gibt es – wie z.B. Sonja Häder, Ulrich Wiegmann (2007) anführen – sehr wohl verschiedene Gründe, Möglichkeiten, Ansätze, „kognitive Leistungen der APW"[67] zu erfassen und zu bewerten – allerdings eben auch, wie sich zeigt, auf Kosten von Unterrichtsfächern und -methodiken. Das führt ggf. bis dahin, dass beispielsweise grundlegende Aufgaben von Deutschunterricht und Deutschmethodik weitgehend unbeachtet bleiben, so etwa angestrebte oder erreichte Leseleistungen von Schülern aus der DDR, unterrichtet u.a. auf der Basis zentral ausgearbeiteter Lehrpläne. Vgl. aber Bodo Friedrich (Hg.): Geschichte des Deutschunterrichts von 1945–1989. Teil 1. Unterricht nach Plan? Untersuchungen zur Schule in der SBZ/DDR, Frankfurt M. 2006.

---

66 Harro Müller-Michaels: Deutschunterricht [s. Anm. 1], S. 238. Grundsätzlich positive Wertungen hatte es rund 20 Jahre früher zum „Präzisierten Lehrplan Deutsche Sprache und Literatur" vereinzelt gegeben. Hermann Helmers (1970), Autor des in der Bundesrepublik Deutschland erstmals 1966 erschienenen Standardwerks „Didaktik der deutschen Sprache", urteilte damals u.a: „Der Anfang für moderne Lehrpläne des Faches Deutsche Sprache und Literatur, die wissenschaftlichen Kriterien standhalten, ist gemacht. [...] Man mag [...] dieses oder jenes didaktisch bemängeln: fest steht immerhin, daß in der didaktischen Systematik und wissenschaftlichen Akribie dieser Lehrplan seinesgleichen in der bisherigen Geschichte der Lehrpläne des Deutschunterrichts sucht." Hermann Helmers, zitiert nach Wolfgang Brekle: Zur Theorie und Praxis des Literaturunterrichts der achtziger Jahre in der DDR, in: Kurt Abels: Deutschunterricht in der DDR 1949–1989. Beiträge zu einem Symposion in der Pädagogischen Hochschule Freiburg. Frankfurt a.M. 1992, S. 85–94, hier: S. 89.

67 Sonja Häder, Ulrich Wiegmann (Hg.): Die Akademie der Pädagogischen Wissenschaften [s. Anm. 38], S. 9.

Leseleistungen sowie andere muttersprachliche Leistungen waren am Ende der DDR bzw. am Anfang der 90er Jahre erstmals mit Hilfe von Vergleichsuntersuchungen (Ost/West) ermittelt worden; die Leistungen östlicher Schüler fielen – wie oben bereits angesprochen – teilweise besser aus als die von Schülern aus Westdeutschland.[68] Andreas Malychas (2008) Verweise u.a. auf den von der Fachabteilung des MfV und der Akademieleitung erhobenen „absurden Vorwurf [...], die von ihm [Bütow – M. K.] favorisierte Methodik gefährde den Leseunterricht“[69], halte ich in vorliegender Form für unzureichend – nicht zuletzt deshalb, weil Andreas Malycha zwar wertet, sich jedoch inhaltlich über die in Rede stehende Lesemethodik gar nicht äußert. Sie und die Auseinandersetzung darüber zeichnet Gerhild Schenk[70] (1997) folgendermaßen nach: „Das Beherrschen von Fähigkeiten und Fertigkeiten auf verschiedenen Niveaus warf die Frage nach einem variablen und akzentuierten Übungskonzept auf. Kritische Äußerungen betrafen vor allem die Enge des Übungskonzeptes, das einerseits den Zusammenhang zwischen Lesenkönnen, Sprachkönnen und den kognitiven Fähigkeiten zu wenig beachtete, zum anderen mit der Konzentration auf Lesefertigkeit dem Lesen künstlerischer Literatur sowie der Ganzheitlichkeit in der künstlerischen Wahrnehmung nicht gerecht wurde. Zu diesen Fragen führte nicht zuletzt auch die Lektüre der in der lesemethodischen Literatur zur Lesefertigkeit und zu ihrer Weiterentwicklung gemachten Ausführungen. Verglichen mit der Vielzahl lesemethodischer Literatur, die in der Bundesrepublik Deutschland zur Verfügung stand, einschließlich der Publikationen aus den USA, fehlten zu dieser Zeit in der DDR alternative Angebote zur Lesemethodik. Mit dem Verharren auf dem ‚bewährten Weg‘ wurden neuere lesepsychologische Untersuchungen aus westlichen Ländern zurückgewiesen und zugleich kritische Praxisbefunde negiert.“[71]

In diesem Prozess spielte Inge Büchners[72] Dissertation[73] (1983) eine zentrale Rolle. Die Autorin „entwickelte und erprobte eine inhaltlich erweiterte Übungs-

68 Vgl. zsfd. Marina Kreisel: Auf den Spuren des Deutschunterrichts zwischen gestern und heute: Vergleichsuntersuchungen und ihre Befunde als dokumentierte Herausforderung, in: Horst Weiß, Günter Wilms: Bildung Pädagogik Gesellschaft – gestern –heute – morgen, Schkeuditz 2012, S. 154–178.

69 Andreas Malycha: Die Akademie der Pädagogischen Wissenschaften [s. Anm. 3], S. 190.

70 Gerhild Schenks Dissertation zu Leseleistungen von Schülern (1986) ist Teil des von Wilfried Bütow geleiteten Forschungsprojektes zu realen Lesevorgängen, zu Leseinteressen und Leseverhalten von Schülern unterer und oberer Klassen.

71 Gerhild Schenk: Weil ich immer wieder etwas Neues entdecke [s. Anm. 54], hier: S. 133.

72 Doktorandin von Wilfried Bütow, nach 1990 u.a. zeitweilig Präsidentin der Gesellschaft für Lesen und Schreiben Deutschland.

73 Vgl. Inge Büchner: Effektive Formen der Leseübung in Klasse 4. Diss. (A) Akad der Pädag. Wiss. der DDR, Berlin 1983.

konzeption, ‚der die Auffassung vom Lesen als einem komplexen Denkvorgang zugrunde lag‘ (Büchner 1983, 163). [...] Die mit den Untersuchungen von Büchner aufgeworfene Frage nach einem effektiven Übungskonzept löste im Zusammenhang mit der kritischen Sicht auf Lesefertigkeit als einer einengenden Handlungsorientierung (vgl. hierzu Bütow 1978,1982) eine offizielle Debatte aus, in der ideologische und fachliche Argumente auf fatale Art miteinander verknüpft waren. In der vom Ministerium für Volksbildung initiierten Auseinandersetzung wurde als politisch-ideologische Fehlhaltung gewertet, [...] daß in empirischen Untersuchungen der Forschungsgemeinschaft Lesen das ungleich breitere und reichere methodische Angebot für den weiterführenden Leseunterricht in methodischen Schriften der Bundesrepublik Deutschland Aufnahme gefunden hatte‘. (Bütow 1992, Teil 3, 15) Vorschläge für eine veränderte Zielbestimmung, die auf Lesenkönnen als einen reicheren und stärker differenzierenden Orientierungsbegriff gerichtet waren, der die Lesefertigkeit einschloss, wurden als schulpolitisch gefährlich gewertet. Vorschläge für veränderte Ziel-Stoff-Beziehungen, wurden u.a. als Aücken von bewährten Positionen scharf verurteilt‘.“[74]

Ich bin geneigt, die von mir oben problematisierte Leerstelle, Unterrichtsfächer und -methodiken betreffend, im Zusammenhang zu sehen mit jenen Ursachen, wonach in bisher vorliegender Literatur zur APW – sofern nicht von Methodikern selbst hervorgebracht – „die Analyse (und nicht selten auch die Verurteilung) der politischen, sozialen und institutionellen Realität dominiert, während die Beschäftigung mit den Inhalten von Forschungen, Lehre und Anwen-

74 Gerhild Schenk: Weil ich immer wieder etwas Neues entdecke [s. Anm. 54], hier: S. 133–134. Dort finden sich auch Aussagen zum weiteren Verlauf dieses Prozesses und zu später erfolgten Korrekturen. Wie vielschichtig Situation und Probleme tatsächlich waren – eingeschlossen die sehr kontroversen Positionen in der westlichen Deutsch- und Grundschuldidaktik selbst –, geht u.a. aus späteren Äußerungen westdeutscher Didaktiker über die Lesemethodik in der DDR hervor, hier bezogen auf den Erstleseunterricht. So stellt Renate Valtin (1990) mit Verweis auf positive Ansätze in der Deutschmethodik z.B. fest: „Ich habe an einer Fibel mitgearbeitet, die seit vielen Jahren die am meisten benutzte in der Bundesrepublik ist. Wir haben darin ganz explizit die analytisch-synthetische Methode von Dathe [aus der DDR – M. K.] übernommen. Die analytisch-synthetische Leselernmethode ist in der alten Bundesrepublik weit verbreitet.“ Dies.: Grundschule in Deutschland [s. Anm. 25], hier: S. 4. Zugleich bestand dort – häufig im Zusammenhang mit offenem Unterricht –Ablehnung gegenüber einem als „Fibeltrott“ (a.a.O., S. 5) bezeichneten Vorgehen. Hierzu vgl. Leonhard Blumenstock: Die Diskussion um die Didaktik des Schriftspracherwerbs (Erstlesen/Erstschreiben) in den neuen Bundesländern aus der Sicht eines westdeutschen Deutschdidaktikers, in: Günter Rudolph, Jürgen Schäfer (Hg.): Deutschunterricht in den neuen Bundesländern seit 1990, Frankfurt a.M. 1996, S. 11–26. Leonhard. Blumenstock konstatiert in seinem Beitrag „die aus bundesrepublikanischer Sicht unglaubliche Kontinuität der Fibelentwicklung [in der DDR – M. K.]“ (ebd., S. 16) und sieht sich angesichts „der [seiner Auffassung nach – M. K.] völligen Übereinstimmung aller für den Lernprozeß Verantwortlichen“ (a.a.O., S. 18.) zu der Feststellung veranlasst, man könne „noch 1990 fast von einer unterrichtsmethodischen ‚Gleichschaltung‘ sprechen“ (ebd., S. 18).

dung und der Entwicklung dieser Inhalte darüber zurückbleibt. Hier besteht [auch im Jahre 2012 – M. K.] ein erheblicher Nachholebedarf [...] Den Akteuren von damals, die durch den zeitlichen Abstand ebenso wie durch die Differenz der Verhältnisse zu reflektierenden Historikern ihrer Sache geworden sind, fällt dabei [trotz nicht auszuschließender Gefährdung von höchstmöglicher Distanz – M. K.] eine einzigartige Aufgabe zu, die von professionellen, an die Objekte ihrer Untersuchungen von außen herantretenden Wissenschaftshistorikern nicht in gleicher Qualität erfüllt werden kann."[75]

Diese Aufgabe vermögen allerdings inzwischen immer weniger Personen zu erfüllen. Noch gehöre ich zu denen, denen das möglich ist und die dazu willens sind, wohl wissend: Ich bin vermutlich mit diesem Text dem verbreiteten Vorwurf einer Selbstrechtfertigung[76] – was immer darunter von wem verstanden wird – ausgesetzt.

3. Angaben zur Person als Deutschmethodikerin an der APW

Wenn ich mich hier über die APW äußere, tue ich das als (einstige) wissenschaftliche Mitarbeiterin dort. Diesen Status hatte ich von 1976–1990 inne, mit Unterbrechung während des Babyjahrs und während der Freistellung im Rahmen meiner planmäßigen Dissertation (B)[77]. Im o.g. Zeitraum arbeitete ich, anknüpfend an meinen bisherigen beruflichen Werdegang,[78] in der Abteilung Deutsche Sprache und Literatur, Bereich Muttersprachunterricht. Meine Tätigkeit umfasste dort im angegebenen Zeitraum vornehmlich folgende Aufgaben:

- Forschungskoordinierung und -organisation für die Nordbezirke;
- Leitung von Arbeitsgruppen zur Weiterentwicklung der Prüfungen im Fach Deutsch (Abschlussprüfung in Klasse 10 und Abitur) und zur Leistungsermittlung und -bewertung;

75 Hubert Laitko 2007, [s. Anm. 32] S. 13–14.

76 Vgl. Andreas Malycha: Akademie der Pädagogischen Wissenschaften [s. Anm. 3], S. 22.

77 Mein Beispiel ist ein Beleg dafür, dass eine planmäßige Dissertation (B) auch möglich war ohne vorgesehene Leitungstätigkeit. Ob es weitere Fälle dieser Art an der APW gegeben hat, entzieht sich meiner Kenntnis.

78 Besuch des Instituts für Lehrerbildung Berlin mit Abschluss als Lehrerin für die Klassen 1–4; Fernstudium an der Pädagogischen Hochschule Potsdam. Abschluss: Lehrerin für das Fach Deutsche Sprache und Literatur, Klassen 5–10; mehrere Jahre tätig als Lehrerin unterer und oberer Klassen in Berlin-Friedrichshagen im Fach Deutsche Sprache und Literatur sowie Werken; Diss. (A) im Bereich Deutschmethodik bei Prof. Dr. Johannes Zech an der Pädagogischen Hochschule Potsdam, Diss. (B) an der APW.

- Mitarbeit an Praxisanalysen zum Mutterspracheunterricht in der DDR;
- Durchführung eigener empirischer und theoretischer Untersuchungen zum Mutterspracheunterricht in den Klassen 8 bis 12;
- Mitarbeit an Lehrplänen für den Mutterspracheunterricht;
- wissenschaftliche Betreuung und Begutachtung von Forschungsarbeiten von Lehrern;
- wissenschaftliche Begutachtungen u.a. von Unterrichtsmitteln;
- Lehrtätigkeit in der Lehrerfortbildung.[79]

Zudem war ich Sekretär des Wissenschaftlichen Rates Methodik des Mutterspracheunterrichts; ergänzend füge ich an: Im genannten Zeitraum vertrat ich gelegentlich meinen Forschungsgruppenleiter, Bodo Friedrich, aber eine derartige Leitungstätigkeit dauerhaft auszuüben, das reizte mich aus mehreren Gründen nie. Immer war ich jedoch von meinem Gegenstand gewissermaßen besessen, insofern also eine „Überzeugungstäterin".[80] Das gilt bis in die Gegenwart hinein, in der ich mich – institutionell nicht eingebunden – unter teilweise komplizierten Bedingungen mit zahlreichen Veröffentlichungen am wissenschaftlichen Diskurs in der Deutschdidaktik beteilige.

79 Vgl. Joachim Lompscher: Zeugnis für Marina Kreisel, Akademie der Pädagogischen Wissenschaften, Institut für Lern- und Lehrforschung, Dezember1990. Während der kurzen Dauer seines Bestehens gehörte ich dem genannten Institut an, das nach der Umstrukturierung der APW gebildet und von Prof. Dr. Joachim Lompscher geleitet wurde. Aus dem Bereich der Deutschmethodik waren auch Wilfried Bütow, Beate Friedrich, Bodo Friedrich, Bianca Ploog, Carmen Schier und Gudrun Schulz in dieses Institut gegangen. Die interdisziplinäre Forschung, die dort von den Beteiligten geplant wurde, richtete sich z.B. auf eine „praxisbezogene Grundlagenforschung, die weiterführende Antworten auf Fragen der muttersprachlichen und literarischen Bildung [...] gibt" (Forschungsbereich Deutsche Sprache und Literatur o.J., S. 1), so „zur Ontogenese des Spracherwerbs vom Vorschulalter bis ins Erwachsenenalter" (ebd., S. 2). Es sollte einerseits fortgeführt und vertieft werden, womit sie sich zuvor bereits beschäftigt hatten, andererseits sollten neue Erkenntnisse gewonnen werden, etwa „zur Spezifik der ästhetischen Aneignung und der Wechselbeziehungen zwischen den verschiedenen Aneignungsformen" (ebd., S. 4); ebenso vgl. Joachim Lompscher: Konkretisierung des Vorschlags zur Schaffung eines Instituts für Lern-Lehr-Forschung (s. Kurzkonzeption vom April 1990), Berlin Mai 1990. Unveröff., Privatarchiv.

80 Diese Aussage bringt mir möglicherweise den Vorwurf ein, mir fehle die für wissenschaftliches Arbeiten erforderliche Distanz. Aber vgl. Helmut Weck: Gutachten zu der von Frau Dr. Marina KREISEL unter dem Thema: „Leistungsermittlung und Leistungsbewertung im Mutterspracheunterricht der DDR, Klassen 5–10 – Determinanten und Tendenzen" vorgelegten Dissertation (B), Berlin 1987. Unveröff., Privatarchiv.

4. Angaben zur Abteilung Deutsche Sprache und Literatur an der APW

Die Abteilung Deutsche Sprache und Literatur umfasste bei meiner Ankunft in der APW im Jahre 1976 drei Bereiche: Deutsch-Unterstufe [Klasse 1–3 – M. K.] und Klasse 4, Muttersprache (Klasse 5 bis 12) und Literatur (Klasse 5–12).[81] Sie wurde bis 1983 von Wilfried Bütow[82] geleitet – danach von Hartmut Herrmann[83] – und war im Institut für gesellschaftswissenschaftlichen Unterricht angesiedelt. Mit Wilfried Bütows Ablösung als Abteilungsleiter[84], vor allem zurückgehend auf die vom Ministerium für Volksbildung abgelehnte Lesekonzeption sowie auf die versuchte Umsetzung in den Lehrplänen der Unterstufe,[85] wurde zugleich der Bereich „Deutsch-Unterstufe herausgenommen und mit anderen Fächern der Unterstufe (außer Mathematik) eine Arbeitsstelle für Unterstufe gebildet".[86] Von da an bestand die Abteilung Deutsche Sprache und Literatur – wei-

81 Vgl. Martina Langermann, Dieter Schlenstedt: Zeitzeugen [s. Anm. 15], S. 8. Im Verlaufe der 60er Jahre wurden im Zuge von Umstrukturierungen am DPZI, wie sie auch Nicole Zabel in ihrer Dissertation [s. Anm. 37] beschreibt, „Mitarbeiter für das Fach Deutsch (Unterstufe) [...] mit den Mitarbeitern für Deutschunterricht in den Klassen 5 bis 10 bzw. bis 12 zu einem Fach zusammengeführt, später die Abteilung Deutsche Sprache und Literatur". Ruth Wolt: Interview [s. Anm. 18], hier: S. 345. Darin sieht Ruth Wolt, von 1963–1988 Mitarbeiterin in diesem Bereich, einen „ganz entscheidende[n] Umstand für die weitere Entwicklung der Methodik des Deutschunterrichts [...]" (ebd.).

82 Zur Person Wilfried Bütow [s. Anm. 46, 47]; ebenso vgl. Michael Franz: Utopie und Verantwortung. Warum ich nicht aufgehört habe, Lukács zu lesen, in: Hubert Ivo, Kristin Wardetzky: aber spätere Tage sind am weisesten. [s. Anm. 54], S. 13–23 (Erstveröffentlichung 1988). M. F. erlebte W. B. als seinen Deutschlehrer an einer Berliner Schule.

83 Zuvor im MfV Referent für den Muttersprachunterricht. Die Einführung u.a. des Lehrplans für den Muttersprachunterricht (1982) war untrennbar mit seinem Engagement verbunden.

84 Danach war Wilfried Bütow bis zum Ende der APW/DDR als Leiter der Forschungsgruppe „Literaturunterricht" tätig.

85 Vgl. Martina Langermann, Dieter Schlenstedt: Zeitzeugen [s. Anm. 15]. In der differenzierten Darstellung von Gerhild Schenk (1998) wird deutlich, dass die Leitung des MfV dem Lesenkönnen eines jeden Schülers bildungspolitisch einen hohen Stellenwert beimaß; sie wollte offensichtlich nicht riskieren, dass eine neue, in der breiten Schulpraxis noch nicht bewährte Lesekonzeption – obgleich auf verschiedene Weise untersucht und erprobt – möglicherweise zu einer Verschlechterung der Leseleistungen führte. Nicht nur dort war man sich damals bewusst, was Mechthild Dehn (2006) – hier mit Blick auf „Beispiele täglicher Schulmisere" (ebd., S. 17) in der Bundesrepublik Deutschland – feststellt: „dass Schwierigkeiten mit den Lese- und Schreibanfängern auch eine politische Dimension haben". Dies.: Mechthild Dehn: Zeit für die Schrift: Lesen und Schreiben können, Berlin 2006, hier: S. 17. Und nach Ruth Wolts (1996) Auffassung [s. Anm. 18] sind mit grundsätzlichen Fehlentscheidungen in der Deutschmethodik bzw. -didaktik – gestern wie heute – immer auch Schicksale von Kindern verbunden, insbesondere „sind dann Kinder aus den unteren sozialen Schichten benachteiligt. [...] Das läßt Behinderungen, diese übergroße Vorsicht, [von Mitarbeitern des MfV – M. K.] noch aus einem anderen Licht erscheinen" (ebd., S. 360), trotz berechtigter Kritik an der im MfV vorhandenen „Neigung zu Dogmatismus und einer gewissen Enge [...] eine[r] bemerkenswerte[n] Ängstlichkeit, etwas zu verändern " (a.a.O., S. 359).

86 Martina Langermann, Dieter Schlenstedt: Zeitzeugen [s. Anm. 15], S. 8. Andreas Malycha beschreibt den Vorgang folgendermaßen: „Seit April 1976 wurde die Abteilung ‚Fachgebiet Didaktik der Unter-

terhin dem o.g. Institut zugeordnet – nur noch aus zwei Bereichen: Literatur und Muttersprache. Damit waren strukturelle und zugleich personelle Veränderungen vorgenommen worden, die Deutschdidaktiker in der Abteilung Deutsche Sprache und Literatur von Anfang an kritisch sahen, die sie jedoch unter den genannten realen Bedingungen der Deutschmethodik in der APW zu diesem Zeitpunkt – anders als im Falle der Methodik des Mathematikunterrichts dort möglich[87] – nicht zu verhindern vermochten. Es gab zwar, wie es Bodo Friedrich (1995) in seiner Laudatio für Marianne Heidrich[88] zutreffend charakterisiert, „in der DDR eine Handvoll Deutschmethodiker, die – teils auf Grund persönlicher Bindung und eines spezifischen Werdegangs – die offizielle Trennung der Lehrerbildung und der Forschung in einen Sektor für die Unterstufe (Klassen 1–4)[89] und einen für die Mittel- und Oberstufe (Klassen 5–12) und für die Deutschmethodik als Wissenschaft nicht akzeptierten und sich ständig Grenzüberschreitungen schuldig machten"[90], indem sie sich mit der Sprachentwicklung von

stufe' aus dem Institut für Didaktik herausgelöst und zu einer Arbeitsstelle für Unterstufe neu konstituiert. Zum Aufgabenprofil gehörten Arbeiten zum Problem der Persönlichkeitsentwicklung in der Unterstufe [und Klasse 4 – M. K.], zu schulpolitischen, pädagogischen und didaktischen Fragen des Bildungs- und Erziehungsprozesses in den unteren Klassen sowie zum Inhalt, zu den Methoden und Organisationsformen der Bildung und Erziehung im Hort. [...]" Ders.: Bildungsforschung [s. Anm. 38], S. 65. Zur Situation im Bereich Methodik des Mathematikunterrichts vgl. auch Karlheinz Weber: Mathematikunterricht und mathematikmethodische Forschung in der DDR [s. Anm. 18]. Mit Wilfried Bütows Ablösung gingen in der Abteilung neben o.g. weitere personelle Veränderungen einher, die aus meiner Sicht das Arbeitsklima in ihr z.T. ungünstig beeinflussten – nicht zuletzt deshalb, weil Bodo Friedrich, einer der wohl anregendsten Methodiker des Muttersprachunterrichts, mit Hartmut Herrmann einen Methodiker des Muttersprachunterrichts als Leiter „vor die Nase gesetzt" bekam, in seiner Art und in seinem Leitungsstil gänzlich anders als Wilfried Bütow. Zudem erhielt Bodo Friedrich – anders als Hartmut Herrmann – erst im Jahre 1988, fünf Jahre nach seiner Habilitation, eine Professur. Der Wechsel an eine Hochschule, von Bodo Friedrich versucht, wurde ihm (in der APW oder im MfV?) nicht gestattet.

87 Vgl. Karlheinz Weber Mathematikunterricht und mathematikmethodische Forschung in der DDR [s. Anm. 18].

88 Leipziger Hochschullehrerin, vornehmlich befasst mit Problemen der Sprachentwicklung in unteren Klassen; maßgeblich beteiligt an der Entwicklung des Lehrplans, Bereich Mündliches Darstellen. Vgl. u.a. Petra Hanke (Hrsg.): Sprachentwicklung in der Grundschule. Ergebnisse ausgewählter empirischer Untersuchungen. Festschrift zum 60. Geburtstag von Prof. Dr. Marianne Heidrich, Köln 1995.

89 Die offizielle Sprachregelung hierzu war z.T. widersprüchlich; es hieß auch Klasse 1 bis 3 und Klasse 4 bzw. Unterstufe und Klasse 4. Dabei erschien Klasse 4 weder als Teil der Unterstufe noch der Mittelstufe. Gründe dafür weist Ruth Wolt differenziert aus in ihrer informativen Arbeitsfassung „Entwicklungslinien in den Lehrplänen für das Fach Deutsch (Klassen 1 bis 4)", S. 29. E-Mail vom 27.06.2012 an Marina Kreisel.

90 Bodo Friedrich: Zur Ethik in der Deutschmethodik. Laudatio für Prof. Dr. sc. Marianne Heidrich, in: Petra Hanke (Hg.): Sprachentwicklung in der Grundschule [s. Anm. 88], S. 8–9.

Schülern in der gesamten Schulzeit beschäftigten,[91] dennoch existierte die Wunde bis zum Ende von APW/DDR: auch im „Programm der Disziplin- und Kaderentwicklung der Methodik des Muttersprachunterrichts“ [92] ausgewiesen unter dem Aspekt einer erforderlichen, jedoch fehlenden „Einheitlichkeit und Kontinuität der sprachlich-kommunikativen Entwicklung“[93], bezeichnet „als ein verhängnisvoller Fehler“[94]. Darin heißt es zur Abtrennung der Klassen 1–4 und eingeordnet als Teil eines weiterreichenden Forschungsproblems: „Aus der Sicht der Forschung hat sie sich nicht bewährt.[95] Wesentliche Prozeßlinien, Voraus-

---

91 Das trifft nach meinem Überblick besonders zu auf Marianne Heidrich und Theodor Heidrich sowie Beate Friedrich und Bodo Friedrich. Vgl. Bodo Friedrich, Patrick Lang: Interview zu Beate Friedrich [s. Anm. 62]. Ihre Doktoranden arbeiteten zeitweilig an Themen, die sich auf Schüler unterer und oberer Klassen bezogen. Vgl. Ingrid Marx: Das Erschließen von kausalen Inferenzen in Sachtexten durch Schüler der Klassenstufen 3, 5 und 9. Diss. (A). Akad. der Pädag. Wiss. der DDR, Berlin 1986; ebenso vgl. Viola Tomaszek: Untersuchungen zur Befähigung der Schüler der Klassenstufen 4, 6 und 8 zum Erkennen und Formulieren der Kommunikationsabsicht und des Autorenstandpunktes aus geschriebenen Sachtexten. Diss. (A). Akad. der Pädag. Wiss. der DDR, Berlin 1986. Grenzüberschreitend erfolgte auch Wilfried Bütows langjähriges Projekt zur Leseforschung, das untere und obere Klassen einschloss. Demnach bestand die Möglichkeit, das vereinzelt zu tun, trotz aller Hindernisse und Einschränkungen im Bereich von MfV und APW.

92 Das Programm liegt mir in meinem eigenen Bestand in zwei Fassungen vor: als Entwurf (o.J., unvollständig) und als weitere Fassung (Mai 1989); nur das als 2. Fassung ausgewiesene Programm konnte ich im Archiv der BBF einsehen. Den Entwurf betrachte ich als den kritischeren Text. Er war – so meine Erinnerung – entstanden unter der Maßgabe, besonders Bilanz und Defizite in der Forschung der Methodik des Muttersprachunterrichts deutlich zu kennzeichnen. Unter veränderter Vorgabe vornehmlich des Zwecks änderten sich in der 2. Fassung auch Akzentuierungen, ebenso teilweise Art und Platzierung von Formulierungen. Aber diese Fassung war laut Festlegungsprotokoll vom 22.05.1989 in BBF/DIPF/Archiv: APW 11221/2 ebenfalls „gründlich zu überarbeiten. Dabei ist der Schwerpunkt der Darlegungen auf die Klassen 5–10 (12) zu legen.“ (Ebd., S. 1). Es ist das „im Bereich Methodik bisher Geleistete stärker sichtbar zu machen [...] Wertungen von Erreichtem und noch zu Bewältigendem bedürfen größerer Ausgewogenheit [...] Der Anteil des Muttersprachunterrichts an der (ideologischen) Erziehung ist deutlicher herauszuarbeiten [...]“ (Ebd., S. 1). Eine erneut überarbeitete Fassung (3.), die „bis zum 15. Juli 1989 in fünf Exemplaren an den Generalsekretär zur Beratung mit Vertretern der Ministerien einzureichen ist“ (ebd., S. 2) und am 14. September 1989 laut „Ergänzung zum Protokoll“ (ebd., S. 1) diskutiert wurde, konnte ich bisher im Archiv der BBF nicht finden. Die „Diskussionsschwerpunkte zum Disziplin- und Kaderprogramm ...“ beinhalten weitere „Hinweise für die [nächste geforderte – M. K.] Überarbeitung“ (ebd., S. 1).

93 Entwurf, S. 22.

94 Ebd., S. 22.

95 Wer den Text zu lesen verstand, wusste sehr wohl, dass es hier nicht nur um den Bereich der Forschung ging. Vgl. aber Helmut Weck: Zum Verhältnis von Erziehungswissenschaften und Bildungspolitik in der DDR – aus didaktischer Sicht. Entwurf, in: Deutsche Gesellschaft für Pädagogik. Erziehungswissenschaften – Bildungspolitik – Schulreform. Konferenzband der 1. Konferenz im September 1990, Berlin 1990, S. 163–179. Helmut Wecks kritische Anmerkungen richten sich gegen derartige Produktions- und Rezeptionsbedingungen sowie gegen sich dadurch herausbildende taktische Varianten und Verhaltensweisen von Wissenschaftlern (vgl. ebd., S. 170–173). Zu Helmut Weck vgl. auch Andreas Malycha: Die Akademie der Pädagogischen Wissenschaften [s. Anm. 3].

setzungen und Zusammenhänge konnten nach der Aufsplitterung der Forschung nicht mehr untersucht werden. [...] Die zukünftigen Aufgaben der Methodik des Mutterspachunterrichts lassen sich auf der Grundlage dieser Organisation der Forschung nicht mehr lösen.“[96] Auf Vorschläge zur Überwindung dieser Situation gehe ich an anderer Stelle ein.[97]

Übrigens schien es inhaltlich folgerichtig, dass z.B. Methodiker des Muttersprachunterrichts aus der APW noch im Jahre 1990 im Rahmen des neu gegründeten, interdisziplinär ausgerichteten Instituts für Lern- und Lehrforschung Untersuchungen konzipierten, auf einem Ansatz fußend, mit dem Sprachentwicklung von Kindern und Jugendlichen (nicht nur als Schüler) vom Schulbeginn an erfasst werden sollte;[98] ihre Realisierung war zwar eingeleitet worden, sie hatte sich allerdings dann mit dem Ende von APW/DDR erledigt.

5. Skizzierung des „Programms der Disziplin- und Kaderentwicklung der Methodik des Muttersprachunterrichts“

Vor dem vorangehend umrissenen Hintergrund wende ich mich nunmehr dem „Programm der Disziplin- und Kaderentwicklung der Methodik des Muttersprachunterrichts“ (Mai 1989) etwas eingehender zu, „einem Arbeits- und Diskussionsmaterial“[99] – zugleich in wesentlichen Teilen ein Text der Selbstreflexion einer Wissenschaftsdisziplin.[100] Das Programm ist – ebenso wie das der Methodik des Literaturunterrichts – zeitgleich mit anderen Bilanzierungsmaterialien in der APW entstanden.[101] Es handelt sich nach meiner Kenntnis um eine der

96 Entwurf, S. 32.

97 Siehe unter Ziff. 6 des vorliegenden Beitrags.

98 Vgl. Joachim Lompscher: Konkretisierung des Vorschlages zur Schaffung eines Instituts für Lern-Lehr-Forschung [s. Anm. 79]; ebenso vgl. Beate Friedrich: Wie Kristin, Tom und andere Kinder schreiben lernen. Eine Untersuchung zur Entwicklung des Schreibenkönnens, in: Die Unterstufe 1/1991, S. 13–15; Marina Kreisel: Zum Schriftspracherwerb von Kindern des frühen und mittleren Schulalters unter den Bedingungen selbstgewählter außerunterrichtlicher Schreibanlässe, in: Symposium Deutsch – Didaktik. Ontogenetische Aspekte der Aneignung von Sprache und Literatur. 3. bis 7. Juni 1991 an der Pädagogischen Hochschule Erfurt/Mühlhausen. Protokollband 2, Erfurt 1992, S. 88–97.

99 Programm der Disziplin- und Kaderentwicklung der Methodik des Muttersprachunterrichts. Akad. der Päd. Wiss. der DDR, Mai 1989, unveröff., Privatarchiv, hier: S. 1.

100 Vgl. hierzu differenzierte Sichten in Dieter Kirchhöfer: Zum Wissenschaftsverständnis in der DDR, in: Sonja Häder, Ulrich Wiegmann: Die Akademie der Pädagogischen Wissenschaften [s. Anm. 38], S. 207–218.

101 Vgl. BBF/DIPF/Archiv: APW 11221/1, 11221/2. Ebenso vgl. Dietrich Hoffmann, Hans Döbert, Gert Geißler (Hg.): Die „unterdrückte“ Bilanz. Zum Verhältnis von Erziehungswissenschaft und Bildungspolitik am Ende der DDR, Weinheim 1999. In diesem Band lassen sich auch genauere Angaben

letzten Arbeiten aus der Forschungsgruppe „Muttersprachunterricht" der APW, „in der inhaltlichen Linienführung und Schwerpunktsetzung mit den Methodikbereichen der Universitäten und Hochschulen abgestimmt und beraten"[102]. Bei der Ausarbeitung des PPF[103] 1991–1995 sollten „weitere Konkretisierungen bzw. Präzisierungen zu den vorgesehenen Forschungseinrichtungen"[104] erfolgen. Dazu kam es aus bekannten Gründen nicht mehr.

Dieses Programm – bisher schwer zugänglich und weithin unbekannt – zähle ich zu den Dokumenten, die mir zur Spurensicherung innerhalb der Deutschmethodik/Deutschdidaktik wichtig scheinen – auch deshalb, weil es, wie ich meine, auf eine sehr komprimierte Weise einige Aspekte zur Tätigkeit, zu Problemen und zu Ergebnissen der Abteilung Deutsche Sprache und Literatur deutlich macht; ebenso gibt es – das ist mir vor allem wichtig – Aufschlüsse über Entwicklungen in der Methodik des Muttersprachunterrichts, über Ursachen, Resultate und vorgesehene künftige Forschungsrichtungen. Das alles kann ich in meinem Beitrag höchstens andeuten, mehr nicht: So vollziehen sich in diesem als vielschichtig, widerspruchsvoll beschriebenen Prozess zur Methodik des Muttersprachunterrichts z.B. die „Profilierung ihres Gegenstandes zur Theorie der Entwicklung des sprachlich-kommunikativen Könnens der Schüler unter den Bedingungen pädagogischen Einwirkens im systematischen Unterricht"[105], „die Differenzierung ihrer Funktionen als Lehr- und Forschungsdisziplin"[106], ebenso auch die Funktion „der unmittelbaren Umsetzung der Lehrpläne"[107] sowie ihre zunehmende „Gliederung in Teildisziplinen (Theorie der Grundlagen-Lehrplantheorie-Prozeßtheorie; Methodik der Entwicklung sprachlichen Könnens – Methodik der Entwicklung sprachlich-kommunikativen Könnens – Methodik der Unter-, Mittel- und der Ober-/Abiturstufe; Methodik des Muttersprachunterrichts – Methodik der allgemeinen muttersprachlichen Bildung und Erziehung; Geschichte der Methodik des Muttersprachunterrichts; Konfrontative Methodik des Muttersprachunterrichts)"[108].

zu ihrer Einordnung und Entstehungsgeschichte finden, ebenso über pädagogische Bilanzen und ihre Wirkung auf Bildungspolitik; sehr grundsätzlich wird auch das Verhältnis von Pädagogik/Erziehungswissenschaften und Bildungspolitik in beiden deutschen Staaten angesprochen: mit Gemeinsamkeiten und Unterschieden.

102 Programm, S. 1.

103 PPF = Plan der Pädagogischen Forschung.

104 Programm, S. 1.

105 A.a.o., S. 4.

106 Ebd., S. 4.

107 A.a.O., S. 8.

108 A.a.O., S. 4.

Das Programm, selbst ein „Kind“ eines weitgehend, jedoch nicht ausschließlich zentralisierten Forschungssystems, ist entsprechend seiner Zwecke in diesem Rahmen mindestens geprägt von Funktionen der Koordinierung (Ausweisung von Kooperationsbeziehungen, Zuordnung von Aufgaben), der Synthetisierung (von Erkenntnissen, Ergebnissen, Ansätzen), der Planung (Schwerpunktsetzung, Personal). Es widerspiegelt in beiden Fassungen – ich versuche das als namenlose[109] Mitautorin möglichst distanziert zu formulieren – wissenschaftliche Ansprüche und strategisches Denken, unabhängig davon, inwieweit als ausreichend aufgefasst. Zudem betrachte ich es als Beispiel und Ausdruck für Konzentration und Bündelung von Forschungspotenzial in der Methodik des Deutschunterrichts, hier im Bereich Methodik des Muttersprachunterrichts, gerichtet auf eine „arbeitsteilige Lösung gemeinsamer Aufgaben“[110]. Insgesamt liegt mit dem Programm ein Versuch einer Bestandsaufnahme zur Methodik des Muttersprachunterrichts vor, die ich für so prägnant und relativ umfassend halte wie keine mir bisher bekannte andere aus dem o.g. Zeitraum.[111] Dazu gehört die Unterscheidung und Kennzeichnung von „Lücken in der Methodik des Muttersprachunterrichts als Lehrdisziplin“[112] und von „Lücken in der Methodik des Muttersprachunterrichts als Forschungsdisziplin (Lücken in der Theorie)“[113]. Über die Lücken in der Methodik als Lehrdisziplin heißt es: „Die wesentliche ‚Lücke‘ in der Methodik des Muttersprachunterrichts als Lehrdisziplin besteht offensichtlich in der fehlenden oder nicht genügend verdeutlichten Synthese der vielen, außerordentlich differenzierten, z.T. auch divergenten einzelnen elementaren methodischen Orientierungen zu einer Gesamtstrategie, die unterrichtsmethodisches Handeln regulieren und spezielle methodische Vorschläge in eine

109 Auf diese Situation, in der sich Mitarbeiter der Abteilung Deutsche Sprache und Literatur vornehmlich beim Verfassen offizieller Texte befanden (z.B. Lehrpläne), wird differenzierter eingegangen in Marina Kreisel, Bodo Friedrich, Viola Oehme, Patrick Lang: Interview zu Gerhard Schreinert, in: Bodo Friedrich, Robert Gerlach, Patrick Lang (Hg.): Geschichte der Deutschmethodik in der SBZ und DDR [s. Anm. 4], S. 287–317.

110 Programm, S. 18.

111 Dass sich darin allerdings alle Aussagen zur muttersprachlichen Bildung auf die Muttersprache Deutsch beschränkten, entsprach der damaligen Situation in der DDR, aber auch außerhalb. So bemerkte Eduard Haueis mit Blick auf Unterricht in der Standardsprache in europäischen Ländern: „Daß der Unterricht in der Standardsprache immer noch als Muttersprache konzipiert ist, obwohl dies angesichts der Sprachverhältnisse in vielen Ländern längst nicht mehr adäquat sein mag, hat [...] etwas mit den aktuellen politischen, sozialen und kulturellen Gegebenheiten zu tun, unter denen der betreffende Unterricht stattfindet.“ Ders.: Muttersprachlicher Unterricht in Europas Schulen. Editorial, in: Muttersprachlicher Unterricht an Europas Schulen, hg. v. Eduard Haueis, in: Osnabrücker Beiträge zur Sprachtheorie 48 (1994), S. 5–12, hier: S. 6.

112 Entwurf, S. 16.

113 A.a.O., S. 21.

System integrieren kann.[114] Dies hängt mit einer jahrzehntelang kultivierten Theorieabstinenz und vordergründigen Orientierung auf unmittelbare (praktizistische) Praxiswirksamkeit unterrichtsmethodischer Unterweisungen und Publikationen (von Unterrichtshilfen bis zu Artikeln im „Deutschunterricht") eng zusammen. Unterrichtsmethodik (als Technologie des Unterrichtens verstanden) wurde weniger als Theorie, denn als Sammlung von konkreten Vorschlägen für den Unterricht gefordert und entwickelt. [...]"[115]

Als Lücken in der Theorie werden „ausgewählte Probleme der gegenwärtigen Theorieentwicklung der Methodik des Muttersprachunterrichts charakterisiert, die als die zentralen Probleme und als Ansatzpunkte für die künftige Forschung angesehen werden"[116]. Hier sind – z.T. noch immer aktuell bzw. theoretisch unbefriedigend bewältigt (wenn auch unter veränderten, komplizierteren Bedingung[117]) – ausgewiesen: 1. Entwicklungstheoretische Begründung des Muttersprachunterrichts; 2. Lerntheoretische Begründung des Muttersprachunterrichts; 3. Kommunikative Orientierung des Muttersprachunterrichts; 4. Niveau der Methodologie der Methodik des Muttersprachunterrichts; 5. Wissenschaftliche Publikation von Forschungsergebnissen. Eines dieser Probleme, das auf besondere Weise bis in die Gegenwart nachwirkt, sei hier etwas deutlicher gemacht: das Problem der wissenschaftlichen Publikation von Forschungsergebnissen. Dazu wird im Programm (Mai 1989) festgestellt: „Wesentlich stärkerer Aufmerksamkeit im Interesse der Theorieentwicklung bedarf auch die [...] wissenschaftliche Publikation. [...] Woran es bisher mangelte, das war (1) die Publikation von Forschungsergebnissen der Methodik des Muttersprachunterrichts, (2) insbesondere die systematische Darstellung theoretischer und strategischer Vorstellungen einzelner Wissenschaftler. Dies ist ein Grund dafür, daß es zu verschiedenen Grundlagenproblemen der Methodik des Muttersprachunterrichts eine zu geringe Zusammenarbeit von Wissenschaftlern in der DDR gibt (markante Beispiele: Forschungen zur Sprachpsychologie, zur Ontogenese sprachlicher Entwicklung, zur Diagnostik sprachlicher Leistungen). Dies führt weiter

114 Eine ähnliche Forderung kommt fast zwei Jahrzehnte später wiederholt u.a. aus der Deutschdidaktik, hier z.B. bezüglich des Fehlens „eine[r] synthetisierte[n] Konzeption zur langfristigen und komplexen Kompetenzentwicklung und Prozessgestaltung Mündlichen Sprachgebrauchs von der Primarstufe bis zur Sekundarstufe II". Vgl. Marianne Polz: Mündlicher Sprachgebrauch, in: Heinz-Jürgen Kliewer, Inge Pohl (Hg.): Lexikon Deutschdidaktik. Band 2, Baltmannsweiler 2006, S. 523–535, hier: S. 525; sie sei zu erarbeiten „aus den vorhandenen Forschungsinteressen, den partiellen Erkenntnissen und empirischen Befunden" (ebd., S. 525).

115 Entwurf, S. 17.

116 A.a.O., S. 21.

117 Hierzu findet sich jüngst eine ausführliche Darstellung in Gerlind Belke: Mehr Sprache(n) für alle. Sprachunterricht in einer vielsprachigen Gesellschaft, Baltmannsweiler 2012.

dazu, daß Ergebnisse[118] der DDR-Methodik (Muttersprachunterricht) national nur begrenzt wirken und international nur sporadisch zur Kenntnis genommen werden."[119]

Als eine Folge derartiger Publikationspraxis in der DDR – gepaart mit anderen Ursachen auch nach dem Jahre 1990 – erklärt sich, „dass manche interessanten wissenschaftlichen Ergebnisse unbekannt oder verkannt geblieben sind"[120], dass sie deshalb bis heute im Wissenschaftsdiskurs kaum wirksam geworden sind bzw. werden. Das wiederum erweist sich nicht zuletzt als ein Nachteil für die Deutschdidaktik, in der in Unkenntnis von Entwicklungen z.B. Zäsuren falsch gesetzt werden, es zu unangemessenen Wertungen und Pauschalaussagen kommt, manches als neu dargestellt wird, was nicht neu ist.[121]

118 Zu den Ergebnissen im Zeitraum 1970–1989, hier lediglich sehr grob angegeben, zählen z.B. neben 18 Lehrplänen, neuen Muttersprachlehrbüchern und Unterrichtshilfen (zu den jeweiligen Lehrplänen), 20 monographischen Publikationen, umfangreiche Praxisanalysen und Problemmaterialien „mehr als 50 Dissertationen (A) und 10 Dissertationen (B)" (Entwurf, S. 7). Bis heute sind nach meinem Überblick nur wenige dieser Dissertationen als Publikationen erschienen und uneingeschränkt außerhalb von Lesesälen zugänglich, beispielsweise die Arbeit von Erfried Manasterski: Transferlernen im situativ-kommunikativen Deutschunterricht, Hamburg 1994; von Annemarie Mieth: Literatur und Sprache im Deutschunterricht der Reformpädagogik. Eine problemgeschichtliche Untersuchung, Frankfurt a.M. 1994; von Marina Kreisel [s. Anm. 54]; von Johannes Zech [s. Anm. 60].

119 Programm, S. 20–21; so stellt Joachim Riehmes in Frankfurt a.M. (1987) erschienener Titel „Rechtschreibung" meines Wissens wohl die einzige Arbeit von Deutschmethodikern aus der DDR dar, die in westlichen Ländern – hier in der BRD – veröffentlicht worden ist. Es ist mir auch nur J. R., Professor an der Karl-Marx-Universität Leipzig, als Deutschmethodiker (DDR) bekannt, der offiziell Kontakt zu westlichen Kollegen herzustellen vermochte; er nahm im Herbst 1986 an der in Antwerpen stattgefundenen Tagung der Internationalen Mother Tongue Education Network (IMEN) teil. Vgl. Eduard Haueis: Irritationen durch Fachlichkeit, in: Hubert Ivo, Kristin Wardetzky (Hg.): aber spätere Tage sind am weisesten [s. Anm. 54], S. 69–73.

120 Hartmut Jonas, Marina Kreisel: Muttersprachliche Bildung und Erziehung in der DDR – eine Herausforderung, in: Johannes Zech: Systemfragen muttersprachlicher Bildung [s. Anm. 60], S. 9–44, hier S. 29. Ebenso vgl. Marianne Polz: Arbeit an Sachtexten und mündliches Sprachhandeln, in: Wolfgang Brekle, Marianne Polz: Der Dialog geht weiter. Historisches und Aktuelles zu Lehrerbildung, Schule und Deutschunterricht. Festschrift zum 80. Geburtstag von Prof. Dr. Theodor Heidrich am 04. Mai 2005, Weimar 2005, S. 42–48. Etwas anders könnte die Situation im Bereich von Unterrichtshilfen aus der DDR gewesen sein. Sie seien – wie ich von Kollegen aus dem Westen der Bundesrepublik hören kann – dort sehr eifrig für Unterrichtsvorbereitungen genutzt worden. Empirische Befunde, die diese Aussage seriös stützen, liegen mir nicht vor.

121 Ich werde nicht müde, darauf seit mehr als zwei Jahrzehnten immer wieder hinzuweisen. Vgl. z.B. jüngst Marina Kreisel: Sprache und fachliches Lernen: Zum Umgang mit einem Thema [s. Anm. 17].

6. Das „Programm der Disziplin- und Kaderentwicklung der Methodik des Muttersprachunterrichts“ als Beispiel und Ausdruck für Konzentration und Bündelung von Forschungspotenzial

Im folgenden Teil des Beitrages geht es um jenen Aspekt, der – hier vorzugsweise im Programm – eine zentrale Rolle spielt: Konzentration und Bündelung von Forschungspotenzial. Sie zeigen sich innerhalb dieses 38 Seiten umfassenden Textes in verschiedenen Zusammenhängen, auch bereits in der Gliederung. Sie lautet: Vorbemerkung; 1. Gegenstand und Aufgaben der Methodik des Muttersprachunterrichts; 2. Bilanz der Entwicklung der Methodik des Muttersprachunterrichts; 2.1 Herausbildung der Methodik des Muttersprachunterrichts als Lehr- und Wissenschaftsdisziplin; 2.2 Entwicklungsschub um und nach 1970; 2.3 Wertung der Forschungsführung; 3. Schwerpunkte der Entwicklung des Muttersprachunterrichts; 3.1 Forschungsrichtung; 3.2 Wege zur Realisierung der Aufgabenstellung; 3.2.1 Aufgaben, die an der APW bearbeitet werden müssen; 3.2.2 Aufgaben, die von den Kooperationspartnern zu bearbeiten sind; 4. Kaderentwicklung; 4.1 Gegenwärtiger Stand der Besetzung mit wissenschaftlichen Kadern; 4.1.1 Besetzung des Stellenplans im IG, Fg Muttersprachunterricht; 4.1.2. Einschätzung der Kaderlage in den Hochschulen und Universitäten; 4.1.3 Arbeit der ZFK[122], des WR[123] und Kaderqualifizierung; 4.2 Perspektivische Entwicklungen.

Die Entwicklung der Methodik des Muttersprachunterrichts in der DDR wird wissenschaftsorganisatorisch – darin eingebettet auch das hier interessierende Dokument – im Programm gekennzeichnet „durch die Formierung der ‚Zentralen Fachkommission Methodiken des Unterrichtsfaches Deutsche Sprache und Literatur‘, der ‚Zentralen Fachkommission Deutsch-Methodik (Unterstufe)‘ und der ‚Forschungsgemeinschaft Methodik des Muttersprachunterrichts‘ (1972), seit 1986 ‚Wissenschaftlicher Rat Methodik des Muttersprachunterrichts‘ an der APW“[124], zudem durch die Erarbeitung von Plänen der pädagogischen Forschung und Ausrichtung wissenschaftlicher Konferenzen (vgl. Mai 1989, S. 4). Hier wie in späteren Veröffentlichungen[125] wird die Konzentration und Bünde-

122 ZFK = Zentrale Fachkommission.

123 WR = Wissenschaftlicher Rat.

124 Programm, S. 4.

125 Verwiesen sei hier z.B. auf Bodo Friedrich, Patrick Lang: Anstelle eines Vorwortes. Interview mit Bodo Friedrich zum Projekt „Geschichte der Deutschmethodik in der SBZ und DDR in Biographien“, in: Bodo Friedrich, Robert Gerlach, Patrick Lang: Geschichte der Deutschmethodik in der SBZ und DDR“ [s. Anm. 4], S. 9–28; auch vgl. Waldemar Freitag, Marion Höfner: Erfahrungen und Probleme bei der Ausbildung von Lehrern für den Literaturunterricht in der DDR, in: Gabriele Czech: „Geteilter“ deutscher Himmel? [s. Anm. 54], S. 221–240.

lung eines relativ geringen Forschungspotenzials – ob in der Methodik des Muttersprachunterrichts oder des Literaturunterrichts – unter maßgeblicher Mitwirkung der APW u.a. als wesentlich für die Entwicklung beider Methodiken unter Bedingungen der DDR charakterisiert, kann doch – so Bodo Friedrich – „unter den Bedingungen beschränkter Ressourcen – also nicht nur knapper Sachmittel, finanzieller Mittel, sondern auch eingeschränkter personeller Möglichkeiten – ein Optimum an Forschungsergebnissen herausgeholt werden“[126]. Hartmut Jonas (2011), im Zusammenhang mit Entwicklungen der Literaturmethodik ein „System der Koordinierung, Integration, Abstimmung und auch Kontrolle der Ergebnisse“[127] beschreibend mit unterschiedlichen, widersprüchlichen Wirkungen, unterstreicht zugleich: „Dabei darf nicht übersehen werden, dass diese vielfältige institutionelle Verflechtung auch einen tiefen Grund hatte – die Bündelung des relativ geringen Kräftepotenzials.“[128]

Im Programm wird das z.B. auf folgende Weise angestrebt und hervorgehoben: Es erfolgt „eine Konzentration der Forschung auf die Forschungsaufgaben, die“ – so die Annahme – „von besonderer Produktivität für die Theorieentwicklung und zugleich von Relevanz für die Unterrichtspraxis sind und die zugleich bei Konzentration der Kräfte (unter den gegenwärtigen Kaderbedingungen) bearbeitet werden können“[129].

Ins Zentrum werden deshalb „im wesentlichen zwei Aufgaben gerückt, die mit Bezug aufeinander und gleichzeitig zu leisten sind [...]:

(1) für den Muttersprachunterricht die tiefere Erforschung des Prozesses der Vermittlung und des Erwerbs sprachlich-kommunikativen Könnens im Unterricht zum Zwecke der Lehrplanrealisierung[130] und
(2) die zielstrebige Entwicklung eines entwicklungs- und lerntheoretisch begründeten stufenspezifischen und aufeinander abgestimmten Konzeptes von Klasse 1 bis 10 (12) in den 90er Jahren“[131].

126 Bodo Friedrich, Patrick Lang: Anstelle eines Vorwortes [s. Anm. 125], S. 23.
127 Hartmut Jonas: Differenzierungsprozesse in der DDR [s. Anm. 47], hier: S. 149.
128 Ebd., S 149. Aber vgl. Oliver Müller: Wissenschaftlicher Beirat Germanistik und Zentrale Fachkommission Deutsch – archivalische Untersuchung zur Fachgeschichte der Germanistik in der DDR, in: Gabriele Czech: „Geteilter“ deutscher Himmel? [s. Anm. 54], S. 191–219, hier: S. 207.
129 Programm, S. 24.
130 Lehrplanrealisierung wird hier nicht als Selbstzweck aufgefasst; es geht vielmehr darum, „allen Schülern [unabhängig von ihrer Herkunft – M. K.] ein solides muttersprachliches Wissen und Können zu vermitteln, das sie befähigt, die deutsche Literatursprache in Wort und Schrift im wesentlichen zu beherrschen“ Lehrplan Deutsche Sprache und Literatur [s. Anm. 15], S. 7.
131 Programm, S. 25.

Zudem wird im Programm davon ausgegangen, dass sich beide Aufgaben in Einheit realisieren lassen, weil sie sich auf „die gleichen Forschungsaufgaben richten und eine einheitliche Forschungsstrategie verfolgt werden kann"[132]. Forschungsaufgaben der Kooperationspartner „werden im Perspektivzeitraum im Interesse der Konzentration und auf Grund der Komplexität der Forschungsgegenstände übergreifenden Forschungsprojekten zugeordnet"[133]. Im Falle des „Forschungsprojekts ‚Untersuchungen zur Entwicklung der geschriebenen Sprache im Unterricht'"[134] – um ein Beispiel vorzustellen – bedeutet das: Es „arbeiten alle Einrichtungen zusammen,

- die sich mit der Entwicklung des grammatischen und orthographischen Könnens befassen (PHP, KMUL; FSUJ; PHM; HUB);
- die Prozesse der schriftlichen Textproduktion untersuchen (PHP, HUB, KMUL, PHE);
- die Prozesse des Lesens und der Entwicklung rezeptiven Könnens erforschen (PHD, PHM, MLUH-W) [...]"[135].

Hier noch eine zusätzliche Anmerkung: Die Frage der Konzentration und Bündelung von Forschungspotenzial wird fast zeitgleich auch außerhalb der DDR in der Deutschdidaktik zumindest angesprochen. So hält es Albert Bremerich-Vos (1991) für nötig, zur Forschungssituation der Sprachdidaktik in der Bundesrepublik Deutschland festzustellen: „In der Regel ist die Ausstattung vor Ort schlecht, es kommt normalerweise allenfalls zu Forschungsprojekten im Kleinformat. Liegt es angesichts dessen nicht nahe, auf Selbsthilfe zu setzen, die Ressourcen zu bündeln?"[136] Und ich antworte darauf an anderer Stelle: „Was A. Bremerich-Vos vorschlägt, war in der DDR weit verbreitete Praxis der Sprachdidaktik; so wurden Materialien (z.B. Aufsätze von Schülerinnen und Schülern, Diktate, andere Kontrollarbeiten) häufig von interessierten Forschungsgruppen genutzt und untereinander ausgetauscht, unabhängig davon, wer sie in der Schulpraxis gewonnen hatte. (Mindestens von daher ist auch die verbreitet anzutreffende Reduzierung der Forschungsorganisation u.ä. in der DDR auf ihre negativen Seiten

132 Ebd., S. 25.

133 A.a.O., S. 30.

134 Ebd., S. 30.

135 Ebd., S. 30. PHP = Pädagogische Hochschule Potsdam; KMU = Karl-Marx-Universität Leipzig; FSUJ = Friedrich-Schiller-Universität Jena; PHM = Pädagogische Hochschule Magdeburg; HUB = Humboldt-Universität zu Berlin; PHD = Pädagogische Hochschule Dresden; MLUH = Martin-Luther-Universität Halle-Wittenberg.

136 Albert Bremerich-Vos: Kooperation: Ja bitte!?, in: Postille des Symposions Deutschdidaktik e.V. 1991, S. 20.

mehr als fragwürdig.)"[137] Nach fast einem Jahrzehnt wiederum sieht sich Hubert Ivo (2001) veranlasst, angesichts einer unbefriedigenden Forschungssituation in der Deutschdidaktik – offenbar begünstigt durch Entwicklungen im Hochschulwesen nach 1990[138] – seine „Skizze eines Programms verabredeter Arbeitsteiligkeit"[139] vorzustellen: gedacht als ein Versuch, „als wissenschaftliche Sozietät und nicht als Aggregat Einzelner unsere Forschungsarbeit zu leisten"[140].

7. (K)ein Fazit

Ich verzichte darauf – entgegen der üblichen Vorgehensweisen –, ein Fazit zu formulieren. Das überlasse ich dem Leser. Und wenn er sich davon freizumachen vermag, meine Darlegungen von vornherein zwischen Dichtung und Wahrheit anzusiedeln, sie als eine bloße Selbstrechtfertigung anzusehen ohne wissenschaftlichen Wert, hat er die Chance, Einsichten zu gewinnen in Entwicklungen der Deutschmethodik – hier Methodik des Muttersprachunterrichts – in der DDR, über einen längeren Zeitraum verbunden mit dem Zusammenwirken von universitären und außeruniversitären Bereichen dieser Wissenschaftsdisziplin, mit Potenzen und Grenzen. Vielleicht entdeckt er dabei zugleich manches, worüber heute erneut in der Deutschdidaktik diskutiert wird, im Fundus der Deutschmethodik – gespeist auch aus Leistungen von Methodikern aus der APW – in Gestalt von Bedingungen, Fragestellungen, Ansätzen, Ergebnissen usw., die jedoch bis heute oft unbekannt oder verkannt geblieben sind – nicht zum Vorteil der Deutschdidaktik.

---

137 Marina Kreisel: Forschungsergebnisse effektiver nutzen!, in: LLF-Berichte. BiL, Bildungsinnovation und individuelle Lernförderung e.V. Berlin, H. 4 b/1993, S. 166–171; ebenso vgl. Marina Kreisel: Forschungstätigkeit unter Bedingungen eines zentral geleiteten Staates (DDR) – nur eine Sackgasse und sonst gar nichts? Vortrag, gehalten auf dem 9. Symposion Deutschdidaktik. „Veränderte Lebenswelten, veränderter Deutschunterricht", Universität Nürnberg 1992.

138 Vgl. Dieter Simon: Wiedervereinigung des deutschen Hochschulwesens, in: Handbuch der deutschen Bildungsgeschichte [s. Anm. 15], S. 390–397.

139 Hubert Ivo: Normierung und Allegorese. Deutschdidaktik als wissenschaftliche Disziplin, in: Cornelia Rosebrock, Martin Fix (Hg.): Tumulte. Deutschdidaktik zwischen den Stühlen, Baltmannsweiler 2001, S. 158–170; hier: S. 162.

140 A.a.O., S. 165; auch vgl. Bodo Friedrich, Patrick Lang: Anstelle eines Vorworts [s. Anm. 125], S. 23–24. Nicht nur B. F. hat die dort von ihm angesprochene Singularisierung und Individualisierung der Forschung als Verlust erlebt.

SIEGFRIED KUNTSCHE

Die Akademie der Landwirtschaftswissenschaften als Zweigakademie

Die Gründung der Akademie[1]

In der Politik der SED zur Neugestaltung der gesellschaftlichen Verhältnisse in Ostdeutschland auf antikapitalistischer Grundlage hatte die Landwirtschaft ein besonderes Gewicht. Das resultierte erstens aus ihrem volkswirtschaftlichen Rang. Die Landwirtschaft war Anfang der 1950er Jahre mit 17 Prozent am Bruttosozialprodukt beteiligt. Die prekäre Ernährungslage als Folge des Krieges, aber auch die Aufgliederung der Gutsbetriebe durch die Bodenreform gaben zudem diesem Sektor ein besonderes Gewicht, machte die agrare Produktionssteigerung sogar zu einer Schlüsselfrage. Wollte die SED als Staatspartei Anerkennung gewinnen, musste sie die Ernährungsfrage lösen. Zweitens galt als Orientierungswert marxistischer Parteien, die Masse der bäuerlichen Bevölkerung auf ihre Seite zu ziehen, um die politische Macht zu erringen. Schon Lenin hatte postuliert: „Ein konsequenter Kämpfer für die Demokratie kann nur das Proletariat

---

1 Grundlagen für diese Darstellung der Gründung und der Entwicklung Akademie in den 1950er Jahren entstanden durch Publikationen der Arbeitsgruppe im Institut für Agrargeschichte und Ausländische Landwirtschaft der AdL: Dietrich Gayko/Siegfried Kuntsche/Inge Nickel/Uta Puls (Red.): Geschichte der Agrarwissenschaften der DDR 1945–1961. Thesen und Zeittafel zur Entwicklung von Aufgabenstellung und Potential, Berlin (AdL) 1986; Siegfried Kuntsche/Dietrich Gayko (Red.): Geschichte der Agrarwissenschaften der DDR (Symposium der AdL und der Historiker-Gesellschaft, November 1986), Tagungsbericht AdL Nr. 254, 1987; Uta Puls: Die Neuformierung der Agrarwissenschaft 1945 bis 1951. Zur Gründungsgeschichte der Deutschen Akademie der Landwirtschaftswissenschaften zu Berlin, Studie (NfD AdL 1984 – in überarbeiteter Form: Jahrbuch für Wirtschaftsgeschichte 1987/3, S. 49–68). Mit der Abwicklung der AdL und ihrer Institute 1991 endete die systematische Bearbeitung der Akademiegeschichte.
Zur Rolle von Hans Stubbe bei der Akademiegründung siehe jetzt vor allem Edda Käding: Hans Stubbe, Genetiker und Züchtungsforscher. Eine Biographie, Müncheberg 1999 (ZALF-Bericht Nr. 36), S. 92–99 (Eine Akademie wird gegründet), und auch Siegfried Kuntsche: Zur Geschichte der Akademie der Landwirtschaftswissenschaften der DDR, Exkurs 1, in: Siegfried Kuntsche (Hg.): Agrarwissenschaften in Vergangenheit und Gegenwart, Diekhof (vanDerner) 2012, S. 35–42.

sein. Ein siegreicher Kämpfer für den Demokratismus kann das Proletariat nur unter der Bedingung werden, daß sich die Masse der Bauernschaft seinem revolutionären Kampf anschließt."[2] Nach der Oktoberrevolution von 1917 urteilte er, die Revolution habe nur dadurch gesiegt, dass dies gelungen sei. Dieser Erfahrungswert im riesigen Agrarland Russland wurde Handlungsmaxime nach 1945 in den Ländern des sowjetischen Einflussbereiches, in denen mit Ausnahme Tschechiens und der DDR die Agrarwirtschaft einen vorrangigen Platz im Wirtschaftsgefüge einnahm.

In den ersten Nachkriegsjahren betrieb man mit großer Kraftanstrengung den Wiederaufbau der landwirtschaftlichen Lehr- und Forschungsstätten. Die landwirtschaftlichen Fakultäten der Universitäten Halle, Jena, Berlin und Rostock nahmen 1946 ihren Lehrbetrieb wieder auf. Die Deutsche Verwaltung für Land- und Forstwirtschaft bemühte sich gemeinsam mit den Landesregierungen darum, die vorhandenen außeruniversitären Forschungsstellen nicht nur wieder in Gang zu setzen, sondern auch auszubauen. Beispielsweise nahm das Friedrich-Loeffler-Institut Insel Riems nach der im Sommer 1945 erfolgten Demontage bereits Ende 1946 die Produktion der Vakzine zur Bekämpfung der Schweinepest und auch die Forschungsarbeiten wieder auf.[3] Auf der Basis des durch die Bodenreform enteigneten Züchtungsbetriebs Dippe in Quedlinburg wurde ein Institut für Pflanzenzüchtung formiert. Die jetzt den Landesregierungen unterstellten landwirtschaftlichen Lehr- und Versuchsanstalten begannen, Einfluss auf die landwirtschaftliche Praxis zu nehmen. Auf der Basis von Landesgütern aus der Bodenreform wurden in zentraler Lenkung die Saatgut- und Tierzüchtung aufgebaut. In der Deutschen Akademie der Wissenschaften (DAW) wurde nach der Wahl von Alfred Eilhardt Mitscherlich zum Ordentlichen Mitglied in der mathematisch-naturwissenschaftlichen Klasse die Agrarforschung entwickelt. In Paulinenaue entstand im Oktober 1947 eine Forschungsanstalt zur Steigerung der Pflanzenerträge. Das Institut für Kulturpflanzenforschung in Gatersleben ging an die Akademie über.[4] Mit der Wahl von Stubbe (Landwirtschaftliche Genetik) und von Mangold (Ernährungsphysiologie der Tiere) konstituierte sich am 24. Februar 1949 eine eigenständige Gruppe Landwirtschaft, aus der wenig

2 W.I. Lenin: Zwei Taktiken der Sozialdemokratie in der demokratischen Revolution [1905], in: W. I. Lenin, Ausgewählte Werke in sechs Bänden, Berlin (Dietz Verlag) 1980, Bd. II, S. 67.

3 Siehe Jens Thiel: Wiederaufbau und Neuausrichtung. Der Riems zwischen 1945 und 1970, in: Annette Hinz-Wessels/Jens Thiel, Das Friedrich-Loeffler-Institut 1910–2010. 100 Jahre Forschung für die Tiergesundheit, Berlin 2010, S. 130–132.

4 Gerald Diesener: Kulturpflanzenforschung und Pflanzengenetik in Gatersleben von der Mitte der vierziger bis Ende der sechziger Jahre, in: Clemens Burrichter/Gerald Diesener (Hg.): Auf dem Weg zur „Produktivkraft Wissenschaft", Leipzig 2002, S. 184. Siehe auch Käding, Hans Stubbe, S. 85.

später die Landwirtschaftliche Klasse mit acht Mitgliedern hervorging. Sie vertrat die Disziplinen Bodenkunde, Pflanzenernährung, Tierernährung, Genetik, Pflanzenzüchtung, Veterinärmedizin, Forstwirtschaft und Landwirtschaftliche Betriebslehre (Stand Juli 1949). Ein von der Deutschen Verwaltung für Land- und Forstwirtschaft einberufener agrarwissenschaftlicher Kongress Ende 1947 brachte erstmals Wissenschaftler aus den weitgehend getrennt voneinander tätigen Forschungs- und Lehrstätten zusammen und gab damit dem Neuaufbau Auftrieb – ohne allerdings eine Koordinierung auf den Weg bringen zu können. Gering war die Ausrichtung der Forschungen auf volkswirtschaftliche Erfordernisse.

Als 1950 die Regierung der DDR konzeptionelle Arbeiten für einen Fünfjahrplan der Volkswirtschaft aufnahm, stand eine Reorganisation der Agrarwissenschaften an. Mitte 1950 legte Bruno Skibbe, Leiter der Forschungsstelle für Agrarwirtschaft und Agrarpolitik der VdgB, ein Memorandum zur Bildung eines agrarwissenschaftlichen Zentrums vor.[5] Die verschieden unterstellten Forschungseinrichtungen sollten zu einem Zentralinstitut mit einem Senat als Beschlussgremium vereinigt werden. Man erwog, dieses Zentralinstitut an die Landwirtschaftliche Klasse der DAW anzubinden und beim Landwirtschaftsministerium einen Forschungsrat zur Wissenschaftsplanung und -lenkung zu bilden. Die Erteilung der Forschungsaufträge im Rahmen einer Wissenschaftsplanung sollte dem Ministerium obliegen. Dies wurde schließlich zwischen dem Ministerium für Land- und Forstwirtschaft, das die Verantwortung für die Reorganisation trug, und der DAW, die sich als universelles wissenschaftliches Zentrum sah, vereinbart.

Auf dem III. Parteitag (20.–24.07.1950) begründete SED-Generalsekretär Walter Ulbricht die Bildung eines agrarwissenschaftlichen Zentralinstituts mit der Zielsetzung, die Leistungssteigerung in der Landwirtschaft voranzubringen in enger Verbindung von Wissenschaft und Praxis.[6] Das Heft des Handelns lag

---

5 Eingehend dargestellt bei Puls: Neuformierung, S. 52–64. Überlieferung des Memorandums mit Varianten: BArch, DK 1, Nr. 6846.

6 Walter Ulbricht: Fünfjahrplan, S. 369–370: „Bisher wurden die wissenschaftlichen Arbeiten auf agrarwirtschaftlichem Gebiet nicht nach einem festen Plan durchgeführt. Unseren Agrarwissenschaftlern wurde nicht die erforderliche Unterstützung gewährt. Damit die wissenschaftliche Arbeit auf dem Gebiet der Agrarwirtschaft auf eine höhere Stuf gehoben wird, schlagen wir der Regierung vor, **unverzüglich ein Zentralinstitut für Wissenschaft und Forschung in der Landwirtschaft** zu schaffen. Diesem Zentralinstitut sollen alle Forschungs- und Versuchsanstalten unterstellt werden. Das Institut soll der Akademie der Wissenschaften angegliedert werden, erhält jedoch die Forschungsaufträge direkt vom Ministerium für Land- und Forstwirtschaft und wird auch von dort kontrolliert. Das Zentralinstitut soll das Recht haben, zum Zwecke des Erfahrungsaustausches direkt mit werktätigen Bauern und Landarbeitern in Verbindung zu treten."

nachfolgend bei Kurt Vieweg, dem Generalsekretär des Zentralvorstands der VdgB, der durch den III. SED-Parteitag ZK-Mitglied und damit als Mitglied des Sekretariats für das Ressort Landwirtschaft verantwortlich wurde.[7] Statt ein Zentralinstitut in Anbindung an die DAW vorzubereiten, wurde Kurs genommen auf die Bildung einer selbständigen Zweigakademie.

Im August erbat Ernst Hansch, Leiter der Abteilung Landwirtschaft des Sekretariats des ZK der SED und Vertrauter von Kurt Vieweg,[8] von führenden Agrarwissenschaftlern Vorschläge für die Ausarbeitung einer normativen Grundlage zur Bildung einer Zweigakademie. Am 14. August 1950 unterzeichneten die Pflanzenzüchter Gustav Becker und Rudolf Schick sowie der Genetiker Hans Stubbe ihre Empfehlungen.[9] Oft schon wurde aus diesem Schreiben folgende Passage zitiert: „Um die in den anlaufenden Wirtschaftsplänen geforderte

7 Vieweg sah sich selbst als Hauptakteur der Akademiegründung. Siehe Fußnote 14. Zur Biographie siehe Michael F. Scholz: Bauernopfer der deutschen Frage. Der Kommunist Kurt Vieweg im Dschungel der Geheimdienste, Berlin 1997. Vgl. auch: Wer war wer in der DDR?, Berlin 2010, 5. Auflage, S. 1358–1359 (Kuntsche, Ergänzung durch Helmut Müller-Enbergs). Durch die Recherchen von Scholz wurde offenbar, dass Vieweg als Schlüsselfigur im Gesamtdeutschen Arbeitskreis für Land- und Forstwirtschaft nicht nur im Sinne der Wiedervereinigungspolitik der DDR agierte, sondern zugleich im Auftrag des sowjetischen Geheimdienstes die Beziehungen zu Persönlichkeiten in der Bundesrepublik für eine geheimdienstliche Tätigkeit nutzte. Zur Rolle der SKK siehe Elke Scherstjanoi: SED-Agrarpolitik unter sowjetischer Kontrolle 1949–1953. München 2007 – leider unter Ausklammerung der Einwirkung auf die Wissenschaftspolitik.

8 Ernst Hansch wirkte von Januar bis August 1950 als Abteilungsleiter. Vorweg und nachfolgend war er in Funktionen im Zentralsekretariat der VdgB und im Gesamtdeutschen Arbeitskreis für Land- und Forstwirtschaft. Biographie in: Wer war wer in der DDR, Berlin 2010, Bd. 1, S. 485–486 (Autor: Bernd-Rainer Barth). Siehe auch Scholz: Bauernopfer, besonders S. 69–70.

9 Überliefert sowohl in den Akten des Ministeriums für Land- und Forstwirtschaft (BArch, DK 1, Nr. 6846) als auch im Teilnachlass von Hans Stubbe im Archiv der AdW. Zum Entstehen des Votums gibt es folgende Aussagen einer Zeitzeugin: „Im Sommer 1950 fand in Groß Lüsewitz die Beratung zum Entwurf eines Schreibens an das Ministerium für Land- und Forstwirtschaft Berlin statt, in dem die Vorschläge zur Errichtung einer Deutschen Landwirtschaftsakademie unterbreitet wurden und zwar zwischen den Herren Prof. Dr. H. Stubbe, Prof. Dr. G. Becker und Prof. Dr. R. Schick. Ich bin während der Beratung zugegen gewesen, denn ich sollte die ersten Formulierungen als Stenogramm aufnehmen. Ich schlug jedoch vor, daß mir der Entwurf Stück für Stück gleich in die Maschine diktiert wird, damit jeder der Herren schnell eine Durchschrift zur weiteren Beratung und Ausbesserung in die Hand bekommt. So lief das Ganze auch ab. Die Herren waren guter Laune und gaben sich recht leger, indem sie quer in den Sesseln saßen und mit den Beinen baumelten." Spaar fügte hinzu: „Diese Beratung führte zum Schreiben vom 14. August 1950 an das Ministerium für Land- und Forstwirtschaft Berlin, nachdem es Prof. Dr. Stubbe noch einmal verbessert hatte." Dieter Spaar: Zum Geleit, in: Hans Wagemann (Hg.): Von der Deutschen Akademie der Landwirtschaftswissenschaften zu Berlin zur Akademie der Landwirtschaftswissenschaften der DDR, Berlin 2006, Bd. I/1, S. 12. Eine Nachbemerkung von Dieter Spaar könnte erklären, weshalb das Schreiben aus Gatersleben ausging, nicht aber aus Groß Lüsewitz. Die Stellungnahme selbst ging entweder direkt auch an das Ministerium oder es wurde diesem durch die Abteilung Landwirtschaft der SED-Führung zur Kenntnis gegeben.

Ertragssteigerung auf allen Gebieten der Landwirtschaft zu erreichen, bedarf es einer planvollen Zusammenarbeit und administrativen Zusammenfassung der gesamten Landwirtschaftswissenschaft, die eine enge Zusammenarbeit der Landwirtschaftswissenschaft mit den Planungs- und Verwaltungsstellen der Regierung ermöglicht. Nach den Erfahrungen fortschrittlicher Länder können diese Aufgaben am besten im Rahmen einer selbstständigen Akademie der Landwirtschaftswissenschaften gelöst werden. Die überragende Bedeutung der W.I.-Lenin-Akademie der Landwirtschaftswissenschaften der Sowjetunion für die Realisierung der Wirtschaftspläne gibt hierfür das eindrucksvollste Beispiel."[10]

Die drei Agrarwissenschaftler als Initiatoren der Bildung einer Forschungsakademie statt eines Zentralinstituts? Es wurde bisher übersehen, dass es sich hier um eine Passage der vorgeschlagenen Präambel eines Normativaktes zur Akademiegründung handelt. Im Schreiben selbst heißt es eingangs: „**Wunschgemäß** überreichen wir Ihnen unsere Vorschläge ... Dabei haben wir uns bemüht, **die von Ihnen gegebenen grundsätzlichen Gedankengänge** zu verarbeiten." Am Ende versichern die Autoren: „Wir hoffen, daß **unser Vorschlag Ihren Vorstellungen entspricht.**" [jeweils Hervorhebung durch mich, S.K.]

Die Verhandlungen zwischen dem Landwirtschaftsministerium und der DAW zur Bildung eines Zentralinstituts – jetzt allerdings Akademie genannt – liefen auf der Basis des Projekts von Bruno Skibbe bis in den September hinein weiter. Am 2. Oktober aber fasste das Sekretariat des ZK der SED den Beschluss, eine Zweigakademie neben der DAW zu bilden. Am 11. Januar 1951 beschloss der Ministerrat der DDR die Errichtung der Deutschen Akademie der Landwirtschaftswissenschaften zu Berlin und am gleichen Tag verabschiedete das SED-Zentralsekretariat Satzungen der Akademie.

Die langwierige Gründungsgeschichte mit einem mehrmaligen Aufschub des Konstituierungstermins kann nach der Öffnung des SED-Archivs nun im Einzelnen nachgezeichnet werden, nicht aber die Umschaltung vom Konzept eines an die DAW angelehnten Instituts zur Zweigakademie. Welche Interessen waren im Spiel, welche Entscheidungsträger wirkten im Hintergrund? Es ist nicht auszuschließen, dass Interessen der Hegemonialmacht UdSSR im Spiel waren, ihr System der Symbiose von Gelehrtengesellschaft und Forschungsinstituten und von Zweigakademien neben der Universalakademie zur Geltung zu bringen. Dafür könnten neben der auffallenden Parallele der Bildung einer Bau-Akademie in der DDR Quellenzeugnisse neuer Forschungen zur Genese der Landwirt-

10 Erstmals bei Puls: Neuformierung, S. 58–63.

schaftsakademie in der Tschechoslowakei sprechen.[11] Das zähe Ringen um die Platzierung eines Vertreters des Lyssenkoismus in der Zweigakademie könnte ebenfalls ein Indiz dafür sein, zumal eine Quelle direkt von Wünschen seitens der Sowjetischen Kontrollkommission (SKK) spricht.[12] Es scheint verbürgt zu sein: Walter Ulbricht befürwortete die Bildung einer Zweigakademie, nachdem er am 15. September in Leipzig die Demonstration von 100.000 Bauern anlässlich der Eröffnung der Landwirtschaftsschau erlebte hatte.[13]

---

11 Doubravka Olšáková: Zur Geschichte der Tschechoslowakischen Akademie der Landwirtschaftswissenschaften 1952 bis 1962, in: Kuntsche (Hg.): Agrarwissenschaften, S. 63–78, hier Seite 67. (Vortrag einer tschechischen Wissenschaftlerin im Kolloquium „Agrarwissenschaften in Vergangenheit und Gegenwart", Oktober 2011 im Thünen-Museum Tellow), in einem Archivdokument aus der Tätigkeit des ZK der KP zum Gesetz über die Bildung der Akademie wird wortwörtlich ausgeführt: „Es [das Gesetz] wurde nach dem Vorbild der Sowjetischen Lenin-Akademie für Landwirtschaftswissenschaften ... ausgearbeitet. An der Ausarbeitung des Entwurfs arbeiteten im Ministerium für Landwirtschaft sowjetische Experten mit." Die Autorin berichtete auf Grund ihrer Archivrecherchen im Weiteren: „Außer der Lenin-Akademie für Landwirtschaftswissenschaften wurde die AdL der DDR als Vorbild für die zu bildende Akademie genannt, und zwar als erstes Beispiel einer Adaption der sowjetischen Methoden in der Landwirtschaft in den volksdemokratischen Ländern." Die Autorin konstatiert: „Die sowjetische Akademie galt stets als ein – unerreichbares – Vorbild." Ehrenmitglied der Akademie wurde unter anderem T. D. Lyssenko.

12 BArch, DK 1, Nr. 6845: Bericht über eine Aussprache mit den Professoren Becker und Stubbe am 13.07.1951 zur Konstituierung des Präsidiums der Landwirtschaftsakademie, 17.07.1951: „Als Grundgedanken aus der ganzen Unterhaltung zwischen dem Genossen Vieweg und Herrn Prof. Dr. Stubbe stellte der Letztere heraus, daß Genosse Vieweg einmal hat erkennen lassen, daß es der Wunsch unserer sowjetischen Freunde ist, Genossen Prof. Dr. Schneider in der Akademie zu sehen ..." Georg Schneider vertrat entschieden Positionen der Lyssenkoisten und verleumdete 1951 Prof. Stubbe vor der Akademiegründung.
Eine Passage im angeführten Schreiben der drei Agrarwissenschaftler an die Abteilung Landwirtschaft der SED vom 14.08.1950 könnte auch wie folgt interpretiert werden: Die drei Unterzeichner wussten, die SKK steht hinter dem Konzept der Bildung einer Zweigakademie und erwartet eine Orientierung an der sog. Modernen Agrobiologie. Mit welchem taktischen Kalkül die drei Wissenschaftler einer Konfrontation auswichen, zeigt folgende Textpassage: *„Wir erlauben uns, Sie darauf aufmerksam zu machen, dass wir nach reiflicher Überlegung nicht den Vorschlag machen, ein einzelnes Institut für Agrarbiologie zu errichten, da nach unserer Überzeugung eine wirklich moderne agrobiologische Wissenschaft alle Zweige der Landbauwissenschaft umfassen muß, so daß die Akademie in ihrer Gesamtheit die große agrobiologische Forschungsstätte Deutschlands sein wird."*

13 Bisher einziges Zeugnis dafür sind Erinnerungen von Erich Knorr, Chemnitz, als Zeitzeuge. Vieweg selbst soll sich seinerzeit als Initiator der Akademiegründung gesehen haben. Erich Knorr war zu diesem Zeitpunkt Stellvertreter von Kurt Vieweg in dessen Funktion als VdgB-Generalsekretär (später auch Nachfolger in dieser Funktion). Vieweg hatte den Altkommunisten Knorr im Sommer 1952 aus dem von Gustav Becker geleiteten Institut für Pflanzenproduktion in Quedlinburg weggeholt, wo er als sog. Kulturleiter für die Politik der SED zu wirken hatte und in engen Kontakt zu Becker und auch zu Rudolf Schick gekommen war. Siehe Brief an den Autor vom 19.01.2009 nach einem Gespräch zur Akademiegründung: „Von Becker erfuhr ich alles über Stubbe, dessen Biographie und internationale Bedeutung (Wawilow etc.) – auch seine Position oder Prätention in puncto Akademie. An der maßgeblichen Position bei der Bildung der Akademie gibt es bei mir keinerlei Zweifel, seinen diesbezüglichen Kampf im Sekretariat. Nach Kurt Viewegs Information kam es zum Durchbruch der Akademiebildung nach der VdgB-Demo im September 1950 – im Gästehaus

Nachdem der Ministerrat der DDR die Errichtung der Landwirtschaftsakademie beschlossen hatte, richtete die DAW, die sich als Universalakademie sah, ein Protestschreiben an den Ministerpräsidenten Otto Grotewohl. Theodor Roemer hatte schon am 14. Oktober 1950 dem Widerstreben vieler prominenter Agrarwissenschaftler Ausdruck gegeben: „Wenn nunmehr die Abtrennung einer besonderen Akademie der Landbauwissenschaften von der DAW diskutiert wird, so würde die Verwirklichung die bedauerliche Degradierung der Landbauwissenschaft gegenüber allen anderen Wissenschaftszweigen sein. ... Jede solche Absplitterung der DAW in eine Spezialakademie würde nicht nur im Inland, sondern auch im Ausland das Ansehen der deutschen Wissenschaften beeinträchtigen und schmälern."[14] Auch Mitscherlich war zunächst gegen eine Zweigakademie. Er trat für die Stärkung der Grundlagenforschung in der DAW ein und meinte, die Anwendungsforschung sei Sache des Landwirtschaftsministeriums. Die Abteilung Landwirtschaft der SED-Führung und das Landwirtschaftsministerium erwarteten eine solche enge Verbindung zwischen Agrarwissenschaft und Landwirtschaft, wie sie die DAW nicht leisten konnte oder wollte.

Die Akademiegründung kam nicht wie zunächst geplant im Januar 1951 zustande, sondern wurde für den 27. Februar vorgesehen: Man schickte zunächst führende Agrarwissenschaftler der DDR und auch Nachwuchswissenschaftler unter der Leitung des SED-Landwirtschaftssekretärs Kurt Vieweg nach Moskau, um sie mit der Arbeit der dortigen Landwirtschaftsakademie bekannt zu machen. Welche Bedeutung dieser Visite zugemessen wurde, ist allein schon daraus abzulesen, dass sie eine der ersten Delegationsreisen von DDR-Bürgern in die UdSSR überhaupt war.

---

der Partei in Leipzig in einem Gespräch mit Professor Mitscherlich. Mitscherlichs Antwort auf die Frage nach der Rolle der Steigerung der landwirtschaftlichen Produktion war für Ulbricht von ganz unmittelbarer Bedeutung. In dieser Unterredung sagte Ulbricht – nachdem, was mir Kurt anschließend sagte – definitiv zu. Eine wichtige Entscheidung war gefallen, über die bis zu diesem Zeitpunkt im Sekretariat [des ZK der SED] ganz andere Auffassungen bestanden haben sollen." Und ergänzend dann zum Gründungsakt im Oktober 1951: „Am Tage vor der offiziellen Gründung der Akademie, dem offiziellen Gründungsakt, übergab Ulbricht Kurt Vieweg den Entwurf seiner Rede für diesen Akt, den der ZK-Apparat erarbeitet hatte und der nach Ulbricht nicht zu gebrauchen war. Im Dienstzimmer von Kurt im Haus der Bauern, musste dieser Redeentwurf für Walter in die gewünschte Form gebracht werden. Meine Meinung: Kurt Vieweg war in dieser Zeit immer noch und unbedingt der Mann von Ulbricht in Sachen Agrarpolitik." Am 18.07.2009 ergänzte Erich Knorr im ad-hoc-Gespräch: „Wie ich schon früher erzählte, ging die Gründung der Akademie auf eine Initiative von Vieweg zurück. In Gesprächen betonte er das mehrfach. Zugleich sagte er mir, dass es dazu im Sekretariat des ZK der SED heftige Auseinandersetzungen gab. Vieweg wollte unbedingt in engen Kontakt zu führenden Agrarwissenschaftlern kommen."

14 Zitiert bei Puls, Neuformierung, S. 60.

Auch Ende Februar kam es nicht zur Konstituierung der Akademie. Die Studienreise hatte zwiespältige Ergebnisse. Einerseits waren die DDR-Wissenschaftler beeindruckt vom Leistungsvermögen der Agrarwissenschaften in der UdSSR, insbesondere von deren engen Verbindung mit der Praxis. Andererseits erlebten sie bei einer Begegnung, wie Lyssenko den Fragen von Hans Stubbe auswich und der Bitte nicht entsprochen wurde, „einmal Weizenähren zu sehen, die Roggen-, Hafer- oder Gerstenkörner enthielten".[15] 1948 hatte Lyssenko als Präsident der W. I. Lenin-Akademie der Landwirtschaftswissenschaft in Moskau seine Auffassung von der Vererbung erworbener Eigenschaften als „materialistische Biologie" administrativ als offizielle Lehrmeinung durchgesetzt und die Genetik als von USA-Wissenschaftlern ausgehende Irrlehre verunglimpft.

Die Repräsentanten der SED und die Agrarpolitiker meinten die von Lyssenko geprägte Agrobiologie, wenn von der „fortgeschrittensten Wissenschaft" die Rede war. So postulierte Landwirtschaftsminister Paul Scholz (DBD) nach einer zweiten Studienreise von Agrarwissenschaftlern in die UdSSR: „Im Rahmen des Fünfjahrplanes ... sind von unserer Landwirtschaft und damit auch unserer Agrarwissenschaft große Aufgaben zu lösen. Die Lösung dieser Aufgaben wird umso leichter und schneller möglich sein, je besser und umfassender wir es verstehen, die Erfahrungen der Landwirtschaft der sozialistischen Sowjetunion für unsere Verhältnisse auszuwerten und anzuwenden. Das Studium der Lehren von Mitschurin und Wiljams, die von T.D. Lyssenko vereinigt und zu einer einheitlichen agrobiologischen Wissenschaft weiterentwickelt wurden, bildet die Grundlage für eine erfolgreiche und der Praxis dienende wissenschaftliche Arbeit."[16]

Einem Beschluss des Sekretariats der SED folgend, sollte 1951 Lyssenko Ehrenmitglied der Akademie und Georg Schneider, Jena, als Vertreter seiner Lehren Plenarmitglied werden. Bei der Vorbereitung der Akademiegründung wurde damit zum Grundproblem, auf welcher theoretischen Grundlage die Akademie basieren solle: auf dem Boden der sog. modernen Agrobiologie[17] oder auf der theoretischen Basis der Genetik? Diese Fragestellung stand hinter allen

15 So Hans Stubbe in seinem detaillierten Bericht über die Gespräche mit Lyssenko in der 1. Agrarpolitischen Konferenz der Abteilung Landwirtschaft des ZK der SED am 25./26.05.1951 (SAPMO-BArch, DY 30 IV 2/1.01, Nr. 153). Käding: Hans Stubbe, S. 105–108, gibt den Bericht von Stubbe wieder.

16 Geleitwort von Paul Scholz in: Klaus Dyhrenfurth (Red.): Sowjetische Agrarwissenschaft. Berichte von einer Studienreise junger deutscher Agrarwissenschaftler (Mai–Juni 1953), Berlin 1954, S. 5, im Weiteren verweist Scholz auf „die Anwendung ... der Erfahrungen der sowjetischen Neuerer".

17 Zu den Lehren von Lyssenko, zur Rezeptionsgeschichte und den experimentellen Arbeiten im Institut für Kulturpflanzenforschung Gatersleben in den 50er Jahren siehe vor allem Helmut Böhme: Einige Bemerkungen zu wissenschaftspolitischen Aspekten genetischer Forschungen der fünfziger Jahre in der DDR im Zusammenhang mit der Lyssenko-Problematik, in: Sitzungsberichte der Leibniz-Sozietät, Bd. 29 (1998), S. 55–79 (mit Literaturnachweis).

Personalentscheidungen. Mit dem Rückhalt weiterer prominenter Agrarwissenschaftler stemmte sich Hans Stubbe dagegen, Vertreter der sog. Modernen Agrobiologie in die Akademie aufzunehmen. Das war auch der Fall, als Landwirtschaftsminister Scholz am 16. März 1951 mit führenden Agrarwissenschaftlern zusammentraf und eine Vorschlagsliste für Plenum und Präsidium präsentierte. In der streckenweise konträr geführten Diskussion bestand von vornherein in einem Punkt Konsens unter den Agrarwissenschaftlern: Georg Schneider ist von der Liste zu streichen. Die Debatte über Präsident und Präsidium führte schließlich zur Kandidatur von Hans Stubbe für das Präsidentenamt. Der Bodenkundler Erwin Plachy, Mitglied der SED, sollte als Akademiedirektor die laufenden Geschäfte führen. Noch im März berief das Ministerium ein geschäftsführendes Präsidium. Die Akademie selbst trat aber nicht in die Öffentlichkeit. Die Konstituierung wurde wiederum aufgeschoben. Die Ursache: Die SED-Führung hielt an einer Kandidatur von Georg Schneider fest. Im Zeitraum von Ende Mai bis Ende Juli 1951 befasste sich das Sekretariat fünfmal mit der Vorbereitung der Akademiegründung, insbesondere mit den Personalfragen – speziell hinsichtlich einer Mitgliedschaft von Georg Schneider –, einmal sogar in dessen Anwesenheit.[18] Diese starre Positionierung blieb Stubbe nicht verborgen. Als dann Schneider eine Verleumdungskampagne initiierte, lehnten Stubbe und Becker ab, Verantwortung für die Geschicke der Akademie zu übernehmen. Ein von der SED-Führung veranlasster Vermittlungsversuch von Kurt Vieweg blieb ergebnislos. Stubbe und Becker teilten der SED-Führung schriftlich ihre Position mit. So scheint Walter Ulbricht Ende Juli erkannt zu haben: Ohne Stubbe und andere führende Köpfe wird die neue Institution bedeutungslos sein und die erhofften Wirkungen im gesamtdeutschen Rahmen ausbleiben. Nach der Sekretariatssitzung am 26. Juli lud Walter Ulbricht Hans Stubbe und weitere Agrarwissenschaftler sowie Kurt Vieweg und andere für die Agrarpolitik verantwortliche Persönlichkeiten zu einer Aussprache am 1. August ein. Hier hob Ulbricht die Bedeutung der zu bildenden Akademie für die Landwirtschaft hervor und bekräftigte, man werde die Arbeit der Agrarwissenschaftler fördern.[19] Die in Ulbrichts

18 SAPMO-BArch, DY 30/J IV 2/3, Nr. 218. Georg Schneider war seinerzeit Leiter der Sektion Landwirtschaft der Gesellschaft für deutsch-sowjetische Freundschaft. Als Emigrant in der UdSSR war er mit Walter Ulbricht in Kontakt gekommen und 1945/46 leitend am Aufbau der Landesorganisation Thüringen der KPD beteiligt gewesen.

19 Im Schlusswort der 8. Tagung des ZK der SED am 23.02.1952 bekräftigte dann Walter Ulbricht: „Wir sind daran interessiert, daß die Arbeit der Agrarwissenschaftler gefördert wird, weil sie eine große und wichtige Arbeit leisten; Diskussionen über bestimmte wissenschaftliche Fragen der Agrobiologie usw. müssen in kameradschaftlicher Weise erfolgen und nicht in Form eines Kampfes, wie mit Vertretern feindlicher Ideologien, die im Auftrage westlicher Agenten arbeiten." Zitiert nach Erwin Plachy: Walter Ulbricht und die Agrarwissenschaft, in: Die Deutsche Landwirtschaft, 4. Jg. 1953, Nr. 7 (Juli), S. 337/338 bei Puls: Neuformierung, S. 66/67.

Auftrag erstellte Personalliste lag dann dem Ministerratsbeschluss vom 27. September zur Berufung der Akademiemitglieder zugrunde.[20] So war der Weg frei für die Bildung einer Landwirtschaftsakademie mit Hans Stubbe an der Spitze – ohne Georg Schneider als Plenarmitglied.

Dass die Gründung der Landwirtschaftsakademie auf der Basis der Genetik erfolgte, war das Verdienst insbesondere von Hans Stubbe, der sich dabei auf prominente Agrarwissenschaftler stützen konnte. Es sollte aber nicht übersehen werden, dass trotz der staatlichen Spaltung enge persönliche Beziehungen zwischen Wissenschaftlern in Ost und West existierten und politische Kräfte wechselseitig Einfluss auf die Meinungsbildung im anderen deutschen Staat nahmen.

Am 17. Oktober 1951 wurde die Akademie in einem feierlichen Staatsakt der Regierung der DDR im Berliner Admiralspalast in breiter Öffentlichkeit und unter Teilnahme von Wissenschaftlerdelegationen aus den befreundeten Ländern sowie einiger Agrarwissenschaftler aus der BRD konstituiert.[21] Nach der Begrüßungsrede von Landwirtschaftsminister Paul Scholz sprach Walter Ulbricht in seiner Eigenschaft als Erster Stellvertreter des Ministerpräsidenten über „Landwirtschaft und Agrarwissenschaft im Fünfjahrplan“. Dabei erklärte er, die Tätigkeit der Akademie sei „auch von Bedeutung für die Einheit der deutschen Wissenschaft und für die Wiederherstellung der Einheit unseres deutschen Vaterlandes“.[22] Auf der Grundlage des Ministerratsbeschlusses vom 27. September berief Staatspräsident Wilhelm Pieck 21 Persönlichkeiten zu Ordentlichen Mitgliedern: 19 Agrarwissenschaftler sowie die beiden Agrarpolitiker Edwin Hoernle und Kurt Vieweg. Hans Stubbe, Carl Arthur Scheunert[23] und Gustav Becker wurden zu Mitgliedern des Präsidiums berufen. Die Aufgaben der Landwirtschaftlichen Klasse der DAW gingen auf die Gelehrtengesellschaft der DAL über.

---

20 Hier ist anzumerken, dass die Namensliste weitgehend mit jener im Sekretariatsbeschluss vom 2.10. 1951 und der Namensliste im Schreiben der drei Agrarwissenschaftler vom 14.08.1950 übereinstimmt.

21 Namensvorschlägen der führenden Agrarwissenschaftler folgend, waren Einladungen an zahlreiche Wissenschaftler ergangen. In seinem Absageschreiben vom 18.10.1951 ließ Prof. Becker, Staatliche Lehr- und Forschungsanstalt in Weihenstephan, wissen, dass seine Dienstherren im Bayerischen Staatsministerium von einer Reise nach Ostberlin abrieten. (BArch, DK 1, Nr. 1291, Akte Ministerbüro Paul Scholz). Das dürfte wohl nicht der einzige Fall gewesen sein. Auch dieses Faktum lässt es als unerlässlich erscheinen, die Geschehnisse in der DDR im Kontext der deutsch-deutschen Gegensätzlichkeit zu sehen und zu untersuchen – ein methodischer Ansatz, der in der Bundestags-Enquete 1993 vorsätzlich unbeachtet blieb.

22 Festschrift aus Anlass der Eröffnung der Deutschen Akademie der Landwirtschaftswissenschaften zu Berlin, Berlin [1952], S. 39.

23 Biographie von Scheunert u.a. in: Wer war wer in der DDR?, Berlin 2010, 5. Auflage, S. 1135 (Kuntsche, Ergänzung durch Bernd-Rainer Barth). Siehe jetzt vor allem Roland Thimme, Carl Arthur Scheunert: Ein Naturwissenschaftler im nationalsozialistischen und im real-sozialistischen Herrschaftssystem, in: Zeitschrift für Geschichtswissenschaft 60 (2012) 1, S. 5–27. Scheunert wird beschuldigt, Experimente an Häftlingen im Gefängnis Waldhaus über die Wirkung des Entzugs bestimmter Vitamine veranlasst zu haben.

Vier Jahrzehnte des Wirkens als Zweigakademie
Die 1950er Jahre[24]

Noch im Oktober und November 1951 konstituierten sich Plenum und Präsidium sowie die Sektionen. Die Sektionen entsprachen den Klassen in der DAW; nach österreichischem Vorbild wurden die Vorsitzenden als Sekretare bezeichnet. Nach Verhandlungen des Präsidiums mit dem Landwirtschaftsminister erfolgte schon im Januar 1951 eine Zuwahl von Ordentlichen Mitgliedern als Vertreter weiterer Wissenschaftsdisziplinen. Das ermöglichte eine Komplettierung der Liste der Sekretare der Sektionen.

Die Tätigkeit der Akademie beruhte möglicherweise zunächst auf einem Satzungsentwurf des Ministeriums für Land- und Forstwirtschaft, der im Wesentlichen einem Beschluss des Sekretariats des ZK der SED vom 11.01.1951 entsprach.[25] Als Teil der Vorlage für den Ministerratsbeschluss zur Akademiegründung war ein Statutenentwurf nicht wirksam geworden, weil das Zentralamt für Forschung und Technik aus Kompetenzgründen die Zustimmung verweigert hatte. Erst fünf Jahre später wurde die Akademie statutenmäßig auf eine Rechtsgrundlage gestellt: Im Oktober 1955 übergab der Minister für Land- und Forstwirtschaft Hans Reichelt dem Akademieplenum ein Statut.[26] Es war unter bestimmenden Einfluss des Akademiepräsidenten Stubbe entstanden, baute aber bei den Regelungen zur inneren Konstitution auf dem Satzungsentwurf von Anfang 1951 auf. Im Unterschied zum Satzungsentwurf von 1951, der die Tätigkeit der Akademie expressis verbis an Aufträge des Landwirtschaftsministeriums im Rahmen der Volkswirtschaftspläne binden und somit in die Rolle einer wissenschaftlichen Hilfseinrichtung des Ministeriums bringen wollte, lag dem Statut das Prinzip der Eigenverantwortung im Rahmen der staatlichen Rechtsnormen zugrunde.

---

24 Der Zeitraum der 1950er Jahre kann bereits als gut erforscht gelten. Vgl. Dieter Gayko u.a.(Hg.): Thesen und Zeittafel und Rosemarie Sachse: Zur Entwicklung der Agrarwissenschaft aus historischer und aktueller Sicht, in: Gayko/Kuntsche (Red.): Geschichte der Agrarwissenschaften, S. 9–34 und Wagemann (Hg.): DAL/AdL, Bd. I/1, S. 19–153. Grundlage für die Darstellung von Entwicklungen in den nachfolgenden Jahrzehnten bieten neben den bereits erwähnten Sammelbänden Wagemann (Hg.): DAL/AdL, Bd.I/1und Bd.I/2 und Bd.II jetzt auch folgende Sammelbände: Erich Rübensam/ Hans Wagemann (Hg.): Erinnerungen von Zeitzeugen an ihr Wirken in der Agrarwissenschaft in der DDR, Diekhof 2011 (vanDerner) und Kuntsche (Hg.): Agrarwissenschaften in Vergangenheit und Gegenwart, Diekhof 2012.

25 Erstabdruck bei Andreas Malycha: Geplante Wissenschaft. Eine Quellenedition zur DDR-Wissenschaftsgeschichte, Leipzig 2003. S. 338–344 (Dokument Nr. 79).

26 GBl. DDR Teil I, Nr. 89, 1955, S. 700–709: Anordnung vom 17.10.1955. Der Entwurf war Beratungsgegenstand der Plenartagung am 18.03.1955.

Das Statut von 1951 charakterisierte die Akademie als „höchste wissenschaftliche Einrichtung zur Förderung aller Zweige der Land- und Forstwirtschaft". Dem Minister für Land- und Forstwirtschaft unterstellt, war sie eine juristische Person mit Sitz in Berlin und Trägerin von Volkseigentum. Sie arbeitete mit Mitteln aus dem Staatshaushalt gemäß einem Einzelplan. Sie fungierte als „Gesellschaft von Wissenschaftlern" und hatte „eigene wissenschaftliche Institutionen" zu unterhalten. Die statuarischen Regelungen banden die DAL in folgender Weise an den Minister für Land- und Forstwirtschaft: Bestellung des Wissenschaftlichen Direktors durch den Minister nach seiner Wahl durch das Plenum, Verantwortlichkeit des Wissenschaftlichen Direktors gegenüber dem Präsidenten und dem Minister hinsichtlich der Geschäftsführung für die Akademie,[27] Errichtung und Auflösung von Instituten, Bestätigung der Berufung der Institutsdirektoren sowie der fachspezifischen Mitarbeiter der Sektionen.[28] Die Wahl des Präsidenten und der Vizepräsidenten bedurfte der Bestätigung durch den Präsidenten der DDR.[29]

Allgemeine Aufgaben: „Pflege des bedeutenden Erbes und der großen Traditionen der deutschen Landwirtschaftswissenschaften", Weiterentwicklung der Agrarwissenschaften und Schaffung der „wissenschaftlichen Grundlage für die ständige Weiterentwicklung der Land- und Forstwirtschaft" und damit Förderung der „Steigerung der land- und forstwirtschaftlichen Produktion", womit sie „der landwirtschaftlichen Praxis und damit gleichzeitig der gesamten Volkswirtschaft (dient)".

Spezielle Aufgaben: Unterstützung der wissenschaftlichen Arbeit aller Mitarbeiter, Koordinierung aller agrarwissenschaftlichen Arbeiten, Erarbeitung von Gutachten und Stellungnahmen für die Regierung, Wirken als „wissenschaftlich beratendes Organ des Ministers für Land- und Forstwirtschaft", „Verbreitung neuer wissenschaftlicher Erkenntnisse in der landwirtschaftlichen Praxis" und Unterhaltung einer „Zentralen Landwirtschaftlichen Bibliothek", Förderung der „Ausbildung des wissenschaftlichen Nachwuchses, Pflege „des wissenschaftlichen Erfahrungsaustausches mit anderen Ländern".[30]

---

27 Im Ministerratsbeschluss zur Akademiegründung vom 11.1.51 heißt es: „Für die Leitung, Geschäftsführung, die personal- und verwaltungstechnischen Aufgaben wird ein Direktor durch den Minister für Land- und Forstwirtschaft der DDDR bestellt." Das Statut von 1955 bestimmte: Wahl des Wissenschaftlichen Direktor durch das Plenum, Bestellung durch den Minister.

28 Der Sekretariatsbeschluss zur Satzung von 1951 beinhaltete auch eine Bestätigung der Wahl der Ordentlichen Mitglieder durch den Minister. In der Praxis erfolgten Zuwahlen jeweils nach Absprachen mit dem Landwirtschaftssekretär der SED und nach einer Vorabstimmung mit dem Minister.

29 Der Satzungsbeschluss von 1951 hatte nur eine Bestätigung durch den Minister für Land- und Forstwirtschaft vorgesehen.

30 Es ist auffällig, dass zwei Aufgabenstellungen der vom Sekretariat der SED-Führung beschlossenen Satzung fehlen bzw. nur allgemein enthalten sind. Dort sind auch folgende Aufgaben vorgegeben:

Zusammensetzung der Gelehrtengesellschaft aus Ordentlichen Mitgliedern („Wissenschaftler deutscher Staatsangehörigkeit von Rang ..., die durch ihre Arbeit in besonderem Maße zur Entwicklung der Landwirtschaftswissenschaften beigetragen haben und an den Aufgaben der Akademie regelmäßig mitarbeiten"), aus Korrespondierenden Mitgliedern („deutsche und ausländische Wissenschaftler von Rang ...") und Ehrenmitgliedern.

Organe der Akademiesollten sein: das Plenum als „höchstes Organ der Akademie"; Sektionen und deren Kommissionen als fachspezifische Zusammenführung der Plenarmitglieder mit berufenen Fachspezialisten; Präsidium (Präsident, Vizepräsidenten und Wissenschaftlicher Direktor); Erweitertes Präsidium (Präsidiumsmitglieder und Sekretare der Sektionen); Akademiedirektion. Im Beschluss des SED-Sekretariats vom Januar 1951 war weder von Sektionen noch von einem Erweiterten Präsidium die Rede gewesen. Offenbar ist an dieser Stelle im Statut die Hand von Hans Stubbe spürbar.

Das Plenum als höchstes Organ wurde als Wahlgremium ausgewiesen. Seine Funktion als oberstes beschließendes Organ ist nur aus anderen Passagen des Statuts ersichtlich.[31] Den fachspezifischen Sektionen werden folgende Aufgaben gestellt: Beratung fachspezieller Fragen, Begutachtung der Forschungspläne und Erarbeitung von Entwürfen zu Gutachten für das Präsidium. Zur Funktion des dem Plenum verantwortlichen Präsidiums heißt es recht pauschal: „Das Präsidium leitet die Arbeit der Akademie, wacht über die Einhaltung der Statuten und hat die Verantwortung für den geregelten Ablauf der Arbeiten der Akademie".

„Studium der Ergebnisse und der Erfahrungen der Agrarwissenschaft und Agrotechnik der Sowjetunion sowie Schaffung von Verbindungen mit den agrarwissenschaftlichen Einrichtungen der Sowjetunion, der Volksdemokratien und der anderen Länder" und „aktive Förderung der demokratischen Neugestaltung Deutschlands durch materielle und ideelle Unterstützung der staatlichen Verwaltung, demokratischen Organisationen und der kulturellen Einrichtungen auf dem Lande".

31 Im Sekretariatsbeschluss zur Satzung 1951 heißt es hingegen: „Das Plenum ist das oberste Organ der Akademie. Es entscheidet in allen wichtigen Angelegenheiten, besonders in solchen, die die Gesamtaufgaben der Akademie, deren Auftreten in der Öffentlichkeit und deren Einrichtungen grundsätzlich betreffen." Der Satzungsentwurf für die Ministerratsvorlage weist die funktionale Stellung des Plenums noch detaillierter aus: Das Plenum „berät und entscheidet alle wichtigen Angelegenheiten der Akademie, besonders solche, welche die Gesamtaufgaben, die wissenschaftlichen Unternehmungen und die Einrichtungen der Akademie grundsätzlich betreffen. Es beschließt über Denkschriften von besonderer Bedeutung. Das Plenum entscheidet in allen grundsätzlichen Angelegenheiten über das Auftreten der Akademie und ihrer Einrichtungen in der Öffentlichkeit." Es „diskutiert wichtige wissenschaftliche Probleme" und nimmt Stellung zu den Arbeiten der Institute der Akademie und den Forschungsplänen. Es wählt die Mitglieder des Plenums, den Präsidenten, die Vizepräsidenten, den Wissenschaftlichen Direktor und die Sekretare der Sektionen." Es konnte bisher nicht geklärt werden, warum diese detaillierten Funktionsbeschreibungen nicht in das Statut von 1955 eingingen, während ausführliche Passagen für die Sektionen und das Erweiterte Präsidium sowie für die Wahlverfahren enthalten sind.

Eingehend werden hingegen die Aufgaben des erst 1953 unter Einbeziehung der Sekretare der Sektionen gebildeten Erweiterten Präsidiums dargestellt: Bestätigung und Kontrolle der jährlichen Arbeits-, Haushalts- und Investitionspläne, Koordinierung der von den Sektionen vorgelegten Forschungspläne und Vorbereitung des Forschungsplans und aller anderen Dokumente zur Beschlussfassung durch das Plenum, Stellungnahme zu den von den Sektionen erarbeiteten Materialien, Prüfung der Stellenpläne der Institute und der Akademiedirektion.

Für die Geschäftsführung der Akademie als juristische Person machte das Statut den Wissenschaftlichen Direktor verantwortlich: „Der Wissenschaftliche Direktor unterhält die für die ständige Tätigkeit der Akademie notwendigen Verbindungen mit Dienststellen, Institutionen, Organisationen und Personen außerhalb der Akademie im In- und Ausland." Zur Wahrnehmung dieser Funktion stützt er sich auf die Akademiedirektion.

Wie die Dokumentenüberlieferung zeigt, vollzog sich in den 1950er Jahren und auch im folgenden Jahrzehnt – hier allerdings mit einigen Veränderungen – die Arbeit der DAL statutengemäß, mithin in den traditionellen akademischen Formen. Am Vortag der monatlichen Plenarsitzungen kamen die Plenarmitglieder in den Sektionen zusammen. Das Präsidium lenkte in wöchentlichen Beratungen die Arbeit der Akademie. Das Erweiterte Präsidium beriet 14-tägig die Planung und Realisierung der Forschungsaufgaben sowie die Ergebnisübermittlung an die Öffentlichkeit. Stabilität und Kontinuität sicherte die vom Wissenschaftlichen Direktor geleitete Akademiedirektion mit dem Verwaltungsdirektor und den Geschäftsführern der Sektionen. Schon in den 1950er Jahren setzte ein struktureller Ausbau in Gestalt von Ressortabteilungen ein, so u.a. einer Kaderabteilung, einer Auslandsabteilung, eines Haushaltsreferats. Das war mit einer Erweiterung der Personalstellen verbunden. Der Wissenschaftliche Direktor unterhielt durch seinen Persönlichen Referenten einen ständigen Kontakt zum Landwirtschaftsministerium und zur Abteilung Landwirtschaft des ZK der SED.

Ausschlaggebend für das Wirken des Plenums war, dass sich das Plenum aus Wissenschaftlern zusammensetzte, die in ihren Fachdisziplinen internationales Ansehen hatten. Viele wurden in den 1950er Jahren mit dem Nationalpreis der DDR ausgezeichnet. Sie trugen den wissenschaftlichen Höchststand der Vorkriegszeit in das Plenum und in die Sektionen hinein.[32] Die Zusammensetzung

32 Siehe hierzu Volker Klemm: Agrarwissenschaften in Deutschland. Von den Anfängen bis 1945, St. Katharinen 1992, besonders S. 274–353,.und ders.: Agrarwissenschaften in der Zeit der faschistischen Diktatur – ihre Rolle als wissenschaftliches Erbe, in: Kuntsche/Gayko (Red.): Geschichte der Agrarwissenschaften, S. 35–54.

des Plenums verbürgte, dass in der Landwirtschaftsakademie die sowjetische Agrobiologie mit ihrem Kern, dem Lyssenkoismus, nicht Fuß fassen konnte. Das war auch in der jeweils von der Akademie gestalteten „Halle der Wissenschaft" in der DDR-Landwirtschaftsausstellung in Markkleeberg sichtbar – im Unterschied zu den vom Landwirtschaftsministerium gestalteten Schauflächen.[33] Es blieb also ohne Folgen, dass Walter Ulbricht im Referat und Wilhelm Pieck in seiner Ansprache beim Festakt zur Akademiegründung eindringlich die Orientierung an der Sowjetwissenschaft und insbesondere an den Thesen von Lyssenko forderten.[34]

Die Plenarmitglieder waren fast alle Hochschullehrer und viele von ihnen Direktoren von Universitätsinstituten. 18 von den 34 Ordentlichen Mitgliedern leiteten ein Forschungsinstitut der DAL. Vor der Akademiegründung hatten nur wenige Agrarwissenschaftler infolge der disziplinmäßigen Spezialisierung miteinander Kontakt gehabt. Alle Plenarmitglieder hatten ihre Sozialisation in den Vorkriegsjahren. Ein Dutzend war in der Nazizeit parteipolitische Bindungen eingegangen. Nach 1945 traten nur wenige der SED oder einer anderen Partei bei. Eine Minderheit – allen voran Hans Stubbe – identifizierte sich mit dem Entwicklungsweg im Osten Deutschlands, während die große Mehrheit ihre Bindung an den ostdeutschen Staat in loyaler Pflichterfüllung sah. Sieben Plenarmitglieder gehörten gleichzeitig der DAW an.

Im Unterschied zur DAW, die bei ihrer Eröffnung 1946 Akademiemitglieder der ehemaligen Preußischen Akademie der Wissenschaften zusammenzuführen hatte (sofern sie nicht als belastete Nazi-Aktivisten ausgeschieden waren), fehlten der Landwirtschaftsakademie solche Wurzeln. So kam es darauf an, eine arbeitende Gemeinschaft zu formen. Das Präsidium schlug einen produktiven Weg ein. In den ersten Jahren berichtete jeweils ein Plenarmitglied über den Forschungsstand seiner Disziplin und über die Arbeiten des von ihm geleiteten Instituts. Diese Informationen weiteten den Blick über die eigene Disziplin hinaus. Erstmals im Oktober 1957 – in der wissenschaftlichen Tagung zum 6. Jahrestag

33 Siehe dazu jetzt Sven Schultze: Die DAL auf den Landwirtschaftsausstellungen der DDR in Leipzig-Markkleeberg in den 1950er Jahren, in: Kuntsche (Hg.): Agrarwissenschaften, S. 173–183 (hier S. 177).

34 Siehe Festschrift 1952, besonders S. 33 und 45. Die im gesamten Zeitraum der 1950er Jahre offiziell betriebene Propaganda und Oktroyierung von angeblichen „Neuerermethoden" aus der sowjetischen Landwirtschaft und ihre Negativwirkungen in der DDR-Landwirtschaft bedürfen noch einer quellennahen Analyse. Die DAL widersetzte sich hartnäckig solchen agrarwirtschaftlichen Vorgaben wie der Einführung des Quadratnestpflanzverfahrens bei Kartoffeln. Dieses Verfahren entsprach den Bedingungen einer durch die riesigen Verluste an landwirtschaftlichen Arbeitern und Fachpersonal in der UdSSR unabdingbar gewordenen extensiveren Wirtschaftsweise.

der Akademiegründung – kam es dazu, dass mehrere Plenarmitglieder aus ihrer Sicht zu einem Thema sprachen, nämlich zur Mechanisierung der Land- und Forstwirtschaft. Nachfolgend fanden immer öfter interdisziplinäre Plenartagungen statt – zumeist in Auswertung der Bauernkongresse. Von Anbeginn an referierten der Minister und später auch der Landwirtschaftssekretär der SED-Führung mindestens jährlich einmal zu Grundfragen der Politik. Zu Grundsatzfragen beriet das Präsidium gemeinsam mit dem Landwirtschaftsminister und/oder mit dem Landwirtschaftssekretär der SED-Führung.

Hatte bei der Gründung die Einflussnahme auf die landwirtschaftliche Praxis den Staatsgütern und den neu- und altbäuerlichen Höfen gegolten, so befand sich die DAL nach der 2. Parteikonferenz der SED in einem veränderten Wirkungsfeld. Die privatbäuerliche Landwirtschaft sollte durch einen genossenschaftlichen Zusammenschluss in den Sozialismus hineinwachsen. Darauf hatten sich die Agrarwissenschaftler einzustellen. Ihr Mitwirken war gefordert. Institute der Akademie bauten Konsultations- und Stützpunkte in LPG auf. Im März 1960 begrüßte das Präsidium in einer öffentlichen Erklärung den vollgenossenschaftlichen Zusammenschluss – trotz der Skepsis vieler Agrarwissenschaftler. Die Stellungnahme hatte zur Folge, dass sich Korrespondierende Mitglieder aus der Bundesrepublik von der DAL abwandten.

Das bei der Gründung der Akademie zugeordnete Forschungspotential war unausgewogen. Pflanzenzüchtung und Pflanzenschutz dominierten und es bestanden Lücken im disziplinären Spektrum. Für Züchtungsforschung und Pflanzenzüchtung war ungünstig, dass die im Ministerratsbeschluss festgelegte Einbeziehung des Instituts für Kulturpflanzenforschung Gatersleben nicht erfolgte. Vorrangig war der Aufbau von Kapazitäten der Mechanisierungsforschung. Die Mechanisierung von Pflanzen- und Tierproduktion war eine der wichtigsten Voraussetzungen der agrarwirtschaftlichen Leistungssteigerung. Besonders dringlich war auch der Aufbau der betriebswirtschaftswissenschaftlichen und agrarökonomischen Einrichtungen. Ihnen kam eine Schlüsselrolle bei der Ausrichtung der übrigen Disziplinen auf die neuen gesellschaftlichen Bedingungen zu. Mit welchen Anstrengungen bestehende Institute ausgestaltet wurden, ist beispielhaft am Institut für Acker- und Pflanzenbau in Müncheberg[35] und am Institut Kleinmachnow erkennbar, das – als Biologische Zentralanstalt firmierend – den Verlust der in Westberlin verbliebenen Einrichtung auszugleichen hatte. Als die Landesregierungen aufgelöst wurden, gelangten am 1.01.1953 die fünf In-

35 Siehe Erich Rübensam: 70 Jahre Forschung Müncheberg. Vom Kaiser-Wilhelm-Institut für Züchtungsforschung zum Institut für Acker- und Pflanzenbau 1928–1968, Frankfurt/Oder 1998.

stitute des landwirtschaftlichen Versuchs- und Untersuchungswesens (LVU-Institute) zur Akademie. Neu gebildet wurden das Institut für bakterielle Tierseuchenforschung in Jena, das Institut für Landesforschung und Naturschutz in Halle – als erstes Forschungsinstitut für Naturschutz in Deutschland[36] – und die Forschungsstelle für Agrargeschichte. Bis 1955 bildete sich die geplante Grundstruktur der DAL heraus. Nach dem Tod von E. Alfred Mitscherlich († 3.02.1956) kam das Institut der DAW zur Steigerung der Pflanzenerträge in Paulinenaue zur DAL und wurde zum Institut für Grünland und Moorforschung umfunktioniert.

Die Aufbaujahre der Akademie waren geprägt von einem bemerkenswerten staatlichen Investitionsprogramm zur Errichtung moderner Institutsgebäude an traditionsreichen Standorten sowie neuer Institute zur Verdichtung des Netzes der wissenschaftlichen Einrichtungen. Das Netz der Institute mit ihren Außenstellen spannte sich über das gesamte Staatsgebiet, war aber in Thüringen und im Raum von Quedlinburg konzentriert. Es erfolgte die massive Zuführung von Fachkräften – Agrarwissenschaftler der ersten Generation, die eine Ausbildung nach 1945 erfahren hatten. 1961 zählte die Akademie 9.000 Mitarbeiter, darunter 831 Wissenschaftler. Die DAL verfügte allerdings nur über die Hälfte des Forschungspotentials. An den Universitäten und Hochschulen bestanden etwa 100 agrarwissenschaftliche Institute und Lehrstühle. Sie hatten vor allem in der Tierzuchtforschung und Tierzüchtung Gewicht. Dem Landwirtschaftsministerium selbst waren die zentralgeleiteten Staatsgüter für Saatgutzüchtung und -vermehrung sowie der Tierzüchtung unterstellt. Die Grundlagenforschung, auf der die Anwendungsforschung und ergebnisorientierte Forschung der DAL aufbauen musste, war in der DAW konzentriert. So stand die Landwirtschaftsakademie von vornherein vor der Aufgabe, ein enges Zusammenwirken zu organisieren.

Es gelang der DAL rasch, Beziehungen zu wissenschaftlichen Einrichtungen in RGW-Ländern aufzubauen, insbesondere in den Nachbarländern Polen und der Tschechoslowakei und auch in Ungarn. Es hat allerdings den Anschein, dass in der Amtszeit von Lyssenko die Beziehungen zur Moskauer Lenin-Akademie der Landwirtschaftswissenschaften trotz Drängens staatlicher Stellen sporadisch blieben. Von vornherein bestanden dank persönlicher Bekanntschaft intensive Kontakte zu agrarwissenschaftlichen Universitätseinrichtungen in der BRD. Sie zogen allerdings nicht, wie von der DDR erhofft, Berufungen auf Lehrstühle in

36 Lutz Reichhoff/Uwe Wegener: Institut für Landschaftsforschung und Naturschutz Halle. Forschungsgeschichte des ersten deutschen Naturschutzinstituts, hg. v. Institut für Umweltgeschichte und Regionalentwicklung e.V. an der Hochschule Neubrandenburg, Neubrandenburg 2011.

der Bundesrepublik nach sich, wiewohl die mit der Akademiegründung beabsichtigten Bindungen durchaus eintraten. Die Korrespondierenden Mitglieder setzten sich 1961 fast paritätisch aus Wissenschaftlern sozialistischer und kapitalistischer Länder zusammen. Von den 49 Korrespondierenden Mitgliedern kamen beispielsweise 9 aus der UdSSR und allein 12 aus der Bundesrepublik.[37]

Die Landwirtschaftsakademie entwickelte schon in den ersten Jahren ihres Wirkens eine breite Publikationstätigkeit. Ende der 1950er Jahre gab sie neben ihren Schriftenreihen die Jahrbücher der DAL, das Landwirtschaftliche Zentralblatt, die Monatszeitschrift *Die Deutsche Landwirtschaft* und 16 fachwissenschaftliche Zeitschriften heraus.[38] Zielstrebig wurde die Landwirtschaftliche Zentralbibliothek aufgebaut. Mit ihren zweijährigen Festveranstaltungen anlässlich der Akademiejubiläen – stets mit wissenschaftlichen Tagungen verbunden – erreichte die Akademie eine breite Öffentlichkeit.

Die Beziehungen zwischen der Akademieleitung und den Repräsentanten der Staats- und SED-Führung gestalteten sich in den 1950er Jahren auf Augenhöhe. Die DAL erreichte im wissenschaftlichen Leben ein relativ hohes Maß an Selbstbestimmung. Viele Ordentliche Mitglieder, die Akademie- oder Universitätsinstitute oder auch beides in Personalunion leiteten, sahen jedoch gemäß dem überkommenen Wissenschaftsverständnis in der Akademie einen „Staat im Staate".[39]

Unter den gegebenen Machtverhältnissen konnte die Landwirtschaftsakademie allerdings nicht den im Statut von 1955 verankerten Anspruch umfassend durchsetzen, dass sie „durch ihre Tätigkeit die wissenschaftliche Grundlage für die ständige Weiterentwicklung der Land- und Forstwirtschaft (schafft)". Als Kurt Vieweg – einer der beiden Gründungsinitiatoren der Akademie und nunmehrige Direktor des Akademieinstituts für Agrarökonomik in einer Schlüsselposition – als Reflex auf Deformationen im produktionsgenossenschaftlichen Agrarsektor und mit Blick auf den Wiedervereinigungsanspruch – intern ein alternatives Agrarkonzept erarbeitete, kam es zum Eklat. Das Präsidium konnte nicht verhindern, dass dessen Zurückweisung durch die SED-Führung zur Niederlegung aller Ämter durch Vieweg führte.[40] Der Ausgang dieser Affäre signalisierte der

37 Namensliste in: Jahrbuch der DAL 1959/1960, Berlin 1961, S. 22–30.

38 Siehe die Aufstellung bei Wagemann: DAL/AdL, Bd. I/1, S. 117–118.

39 SAPMO-BArch, DY 30 IV 2/7, Nr. 554: Analyse der Abteilung Landwirtschaft des ZK der SED vom 24.06.1961 „Die Lage in den Agrarwissenschaften".

40 Siehe dazu Scholz, Kurt Vieweg, und jetzt auch Kuntsche: Zur Geschichte der Akademie der Landwirtschaftswissenschaften der DDR, Exkurs 2: Der Agrarpolitiker Kurt Vieweg und die Akademie, in: Kuntsche (Hg.), Agrarwissenschaften, S. 27–54 (hier S. 43–45).

Akademieleitung: Die agrarpolitische Grundlinie sieht die SED-Führung als ihre alleinige Sache an. Hier war ein Haltesignal gesetzt, das durch alle Jahrzehnte wirkte.

Ungeachtet der gesellschaftlichen Umbrüche vollzog sich im Plenum ein Prozess der Selbstfindung. An der Schwelle zu den 1960er Jahren konnte schließlich von einer corporate identity gesprochen werden. Zur Ausprägung eines Wir-Gefühls trug die enge Verzahnung von Gelehrtengesellschaft, Forschungsinstituten und Leitungsorganen bei. Die Landwirtschaftsakademie war in der kurzen Zeit von zehn Jahren zu einem institutionellen Organismus mit stabilen Arbeitsformen gewachsen und erlangte in ihrer Gesamtheit wissenschaftliche und gesellschaftliche Anerkennung.

Die 1960er Jahre

Aus der Sicht der SED-Führung endete nach der Schaffung der Grundlagen des Sozialismus in den 1950er Jahren die Übergangsperiode vom Kapitalismus zum Sozialismus mit dem „Sieg der sozialistischen Produktionsverhältnisse". Wie der VI. Parteitag (15.–21.01.1963) proklamierte, trat der ostdeutsche Staat in eine neue Entwicklungsetappe – den „umfassenden Aufbau des Sozialismus" - ein. Mit der Grenzabriegelung am 13. August 1961 in Berlin befand sich auch die DAL in einer veränderten politischen Situation. In einem von der Abteilung Landwirtschaft des ZK der SED erarbeiteten Konzept vom 27.09.1961 für eine Änderung des Statuts der DAL – faktisch Neufassung – ist zu lesen:[41] „Das jetzige Statut der DAL stammt aus dem Jahre 1955. Erstens: In wesentlichen Punkten entspricht es nicht den neuen gesellschaftlichen Bedingungen in der DDR, besonders der vollgenossenschaftlichen Landwirtschaft. Zweitens: Es enthält nicht die sich daraus ergebenden neuen Aufgaben und die größere Rolle und Verantwortung der Agrarwissenschaft (Wissenschaft als ständige Produktionspotenz und unmittelbare Produktivkraft). Drittens: Es widerspiegelt nicht die Entwicklung, die die DAL selbst in den 10 Jahren ihres Bestehens durchlaufen hat." Es seien vor allem solche Änderungen notwendig, „die die Entwicklung der DAL zu einer sozialistischen Akademie fördern". Die Ausarbeitung eines Statutenentwurfs folgte dieser Richtungsweisung. Es scheint nach bisherigen Untersuchungen so zu sein, dass die Landwirtschaftsakademie keinen direkten Anteil an der Ausarbeitung des Entwurfs hatte. Am 5.12.1961 beriet das Politbüro des ZK der

41 SAPMO-BArch, DY 30 IV 2/7/544.

SED ein neues Statut der Akademie im Konnex mit einer komplexen Aufgabenstellung für die Agrarwissenschaften. Hans Stubbe und Akademiedirektor Erwin Plachy wurden als Gäste eingeladen und konnten am Nachmittag zuvor Einblick in die Vorlage nehmen. In der Beratung machte Stubbe mehrere grundsätzliche Bedenken gegen den Statutenentwurf geltend.[42] Erstens monierte er, dass die Akademie künftig als Deutsche Akademie der Landwirtschaftswissenschaften der Deutschen Demokratischen Republik firmieren sollte. Er argumentierte: „Die Deutsche Akademie der Landwirtschaftswissenschaften ist die einzige deutsche Akademie dieser Art in beiden deutschen Staaten, sie kann also nicht mit irgendeiner anderen Akademie verwechselt werden. Ich halte die Einschränkung der Akademie auf die Deutsche Demokratische Republik für nicht vorteilhaft und halte es für notwendig, den künftigen Anspruch auf eine deutsche Akademie der Landwirtschaftswissenschaften in einem geeinten sozialistischen Deutschland aufrecht zu erhalten. Ich bitte zu bedenken, dass es auch eine Sozialistische Einheitspartei Deutschlands und eine Deutsche Akademie der Wissenschaften zu Berlin gibt.“ Zweitens bedauerte Stubbe, dass im Entwurf der Wahlspruch der Akademie „Im Frieden für Wahrheit und Fortschritt“ fortgefallen war. Er sei so allgemeingültig, „dass er weiterhin eine Richtlinie unserer Arbeit sein sollte. Er ist am Eingang vieler Institute in großen Lettern dargestellt, und es würde wohl nicht verstanden werden, wenn dieser Wahlspruch wegfallen soll.“ Unter dem Blickwinkel, begabte Nachwuchswissenschaftler anzuspornen, begrüßte Stubbe die Einführung des Status eines Kandidaten des Plenums als Vorstufe zur Vollmitgliedschaft. Formal in Form eines „Vorschlags“ drängte Stubbe schließlich dazu, „dass dieser Statuten-Entwurf nunmehr in die Akademie kommt und dass wir darüber eingehend diskutieren. Es sind dabei noch eine Reihe von Fragen zu behandeln, die Diskussionen hervorrufen werden, wie z.B. das Verschwinden des Erweiterten Präsidiums ...“ Die Einwände von Stubbe wurden berücksichtigt.[43] In einer Sondersitzung bestätigte das Akademieplenum am 20. März dann einstimmig den Statutenentwurf, obwohl mehrere Plenarmitglieder den Präsidenten grundsätzliche Bedenken hatten wissen lassen.

---

42 Ebenda.

43 Es ist bemerkenswert, dass es eine Parallele zum Festhalten am bisherigen Namen der Akademie gibt, wie es Hans Stubbe gefordert hatte. Das Politbüro billigte bei der Beschlussfassung am 17.07.1962 über eine Vorlage zur Reorganisation der DAW die vorgesehene Namensänderung nicht: „Der Name Deutsche Akademie der Wissenschaften zu Berlin bleibt bestehen.“ Siehe Peter Nötzeldt: Die DAW zu Berlin in Gesellschaft und Politik, in: Jürgen Kocka u.a. (Hg.): Die Berliner Akademien der Wissenschaften im geteilten Deutschland 1945–1990, Berlin 2002, S. 69.

Am 30. März 1962 erging der Beschluss des Ministerrats der DDR „über die Arbeit der Agrarwissenschaften in der Deutschen Demokratischen Republik" mit dem neuen Statut der „Deutschen Akademie der Landwirtschaftswissenschaften zu Berlin".[44] Dieses Statut kennzeichnet in der Präambel die Akademie als „zentrale agrarwissenschaftliche Institution der Deutschen Demokratischen Republik". Sie führe „ihre Arbeit auf der Grundlage der Beschlüsse der Sozialistischen Einheitspartei Deutschlands, der Volkskammer, des Staatsrates und der Regierung der Deutschen Demokratischen Republik" durch und erfülle „ihre Aufgaben zum Aufbau des Sozialismus unter Führung der Arbeiterklasse und ihrer Partei". Sie sei auf dem Wege zu einer sozialistischen Akademie der Landwirtschaftswissenschaften. Ziel sei, „auf sämtlichen Gebieten der Landwirtschaftswissenschaften der Deutschen Demokratischen Republik ein solches Niveau zu erreichen, daß der Welthöchststand mitbestimmt wird und unsere sozialistische Landwirtschaft gegenüber der kapitalistischen in jeder Hinsicht überlegen ist." Die Akademie entwickle „eine enge brüderliche Zusammenarbeit mit wissenschaftlichen Institutionen der Sowjetunion und der anderen Länder des sozialistischen Weltsystems" und sei „bereit, mit allen friedliebenden Wissenschaftlern ... zusammenzuarbeiten". Bei der gegenüber dem Statut von 1955 detaillierteren Beschreibung von Aufgaben und Arbeitsmethoden wird die „sozialistische Gemeinschaftsarbeit als Hauptprinzip der Arbeit" hervorgehoben.

In den Festlegungen zum Innenverhältnis der Akademie baut das neue Statut auf dem Statut von 1955 auf, bestimmt die Funktionen der Gremien aber prinzipieller hinsichtlich des Grundsatzes der geplanten Wissenschaft und Verantwortung für die Praxisüberführung der wissenschaftlichen Ergebnisse. Das Plenum ist nach wie vor in der Rolle des höchsten Organs, das „alle grundsätzlichen Angelegenheiten der Akademie (entscheidet)". Zur Funktion des Präsidiums als Leitungsgremium heißt es nun: „Das Präsidium koordiniert mit Unterstützung des Erweiterten Präsidiums die von den Sektionen aufgestellten Forschungsschwerpunkte und legt dem Plenum den Forschungsplan der Agrarwissenschaft zur Bestätigung vor. Es bereitet die vom Plenum zu fassenden Beschlüsse vor."

Teilweise noch detaillierter als das Statut enthalten das „Programm zur Arbeit in der Agrarwissenschaft" und das „Programm über die Aufgaben der Tierzuchtforschung" Festlegungen zur funktionalen Stellung, zu den Aufgaben und zur Arbeitsweise der DAL und ihrer Institute. Beide Dokumente ordneten die wis-

44 GBl. DDR, Teil II, Nr. 39, 1972, S. 438–442. Der Beschluss beinhaltete ein „Programm zur Arbeit der Agrarwissenschaften" und ein „Programm über die Aufgaben der Tierzuchtforschung zur weiteren Entwicklung der Viehwirtschaft" sowie das Akademiestatut.

senschaftliche Arbeit in das System zentralistisch geplanter und geleiteter Wissenschaft ein und fixierten eine Ausrichtung auf den Aufbau der sozialistischen Landwirtschaft. Sie gaben der DAL und ihren Instituten ein Leitungs- und Planungsmodell vor, das in den kommenden Jahrzehnten weiter differenziert wurde. Sozialistische Gemeinschaftsarbeit sowie Konzentration und Spezialisierung der Agrarforschung sollten deren Wirksamkeit erhöhen. Strikter als aus dem Statut ersichtlich, wurden die Akademie und ihre Institute verantwortlich für die Einführung des wissenschaftlich-technischen Fortschritts in die landwirtschaftliche Praxis. Forschungsergebnisse waren auch in anderen Betrieben in vertraglich eingebundenen „Stützpunkten“ zu erproben.

Die internationale wissenschaftliche Zusammenarbeit wurde vor allem auf die Sowjetunion und die anderen sozialistischen Länder orientiert, während man die Beziehungen zum kapitalistischen Ausland und vor allem zur Bundesrepublik zunehmend einschränkte.

Mitte der 1960er Jahre begannen gravierende Veränderungen in der Leitung der Akademie. Im April 1965 wurde auf der Basis eines veränderten Geschäftsverteilungsplans das im Statut nicht vorgesehene Amt eines 1. Vizepräsidenten mit einem eigenen Büro geschaffen. Auf den 1. Vizepräsidenten als nunmehr ständigen Vertreter des Akademiepräsidenten gingen die Aufsichts- und Kontrollfunktion gegenüber den Sektionen und die Weisungsrechte gegenüber den Forschungseinrichtungen über. In diese Schlüsselfunktion kam der 1963 zum Vizepräsidenten gewählte Direktor des Instituts für Acker- und Pflanzenbau Müncheberg Erich Rübensam. Erich Rübensam war seit 1960 (und bis 1967 wirkender) stellvertretender Leiter der Abteilung Landwirtschaft des ZK der SED, die Bruno Kiesler als Funktionalorgan des SED-Landwirtschaftssekretärs Gerhard Grüneberg leitete.

Ein weiterer Schritt beim Umbau der Akademie erfolgte im Oktober 1967 mit der Bildung von sechs Bereichskommissionen zur fachspezifischen Leitung der Agrarforschung.[45] Ihre Vorsitzenden – Plenarmitglieder, jedoch nicht Direktoren von DAL-Instituten – wurden zu Mitgliedern des Präsidiums. Die Kommissionen hatten die Forschungsprogramme zu beraten, die Verteidigung der Planentwürfe der Institute vorzunehmen und die Umstellung der Forschungen auf die wirtschaftliche Rechnungsführung zu lenken. Alle Plenarmitglieder und Insti-

45 Beschluss des Präsidiums vom 13.10.1967 zur Bildung folgender Kommissionen: Ökonomik und Mechanisierung, Bodenfruchtbarkeit, Pflanzenproduktion, Tierproduktion, Nahrungsgüterwirtschaft, Forst- und Holzwirtschaft. Übersicht über die Zusammensetzung der Kommissionen, in: Jahrbuch der DAL 1967/68, Berlin 1969, S. 59–66.

tutsdirektoren wurden in die Arbeit dieser Kommissionen einbezogen, außerdem auch Vertreter staats- und wirtschaftsleitender Organe. Die Sektionen – in ihrer Funktion eingeengt – setzten ihre Tätigkeit mit Vorträgen zu fachspezifischen Problemen und mit der Durchführung der Promotionsverfahren fort.

Nach Erreichen der Altersgrenze schied Hans Stubbe 65-jährig im Mai 1968 aus der Funktion des Präsidenten aus, blieb aber der Akademie in der neu geschaffenen Stellung eines Ehrenpräsidenten verbunden und nahm bis zu seinem Ableben vor allem an Beratungen zur Pflanzenzüchtung teil. An seiner Stelle wurde Erich Rübensam zum Präsidenten gewählt. Schon mit der Konstituierung des Amtes eines 1. Vizepräsidenten hatte eine straffe Zentralisierung der Leitung eingesetzt. Die Anfang der 1960er Jahre eingeführten Beratungen des Präsidenten mit den Institutsdirektoren als Abstimmungsrunden wurden zu Dienstbesprechungen, in deren Mittelpunkt die neuen Leitungsinhalte standen. Eine Kontrollgruppe zur Überprüfung der Institute wurde gebildet. Ab 1968 wurden in mehreren Instituten Direktorien mit einem geschäftsführenden Direktor eingeführt, Anfang der 1970er Jahre allerdings wieder aufgegeben. Waren schon seit Anfang der 1960er Jahre bisherige Institutsdirektoren von ihrer Leitungsfunktion entbunden worden, so setzte sich dies bis in die frühen 1970er Jahre fort. Generell kam so eine jüngere Wissenschaftlergeneration in die Verantwortung.

Internationalen Trends folgend wies die SED im vom VI. Parteitag 1963 beschlossenen neuen Programm der Wissenschaft als „unmittelbare Produktivkraft" eine Schlüsselfunktion bei der Verwirklichung ihrer Gesellschaftsstrategie zu. Gravierende Veränderungen in der Wissenschaftsorganisation vollzogen sich sowohl in den Akademien als auch im Hochschulwesen.[46] In der DAL wurden als Elemente des Neuen Ökonomischen Systems der Planung und Leitung eine umfassende Wissenschaftsplanung, Prinzipien der wirtschaftlichen Rechnungsführung anstelle der bisherigen Haushaltsfinanzierung der Institute und eine Vertragsforschung im Rahmen von Forschungskooperationsgemeinschaften wirksam.

Beginnend in der Mitte der 1960er Jahre wirkte die Akademiezentrale nicht nur schlechthin als Mittlerin und Lenkerin, sondern nahm mehr und mehr Züge eines staatlichen Leitungsorgans an. Die bereits 1967 dem Landwirtschaftsrat der DDR (bisher Ministerium für Landwirtschaft, Erfassung und Forstwirtschaft)

46 Siehe Hubert Laitko: Das Reformpaket der sechziger Jahre – wissenschaftliches Finale der Ulbricht-Ära, in: Dieter Hoffmann/Kristie Macrakis (Hg.): Naturwissenschaft und Technik in der DDR, Berlin 1997, S. 35–57 (besonders S. 53–55).

und der DAL als nachgeordneter Einrichtung übertragene Verantwortung für die gesamte Agrarforschung erweiterte sich 1968 auf Forschung und Entwicklung im Bereich der Nahrungsgüterwirtschaft, da diese leitungsmäßig mit der Land- und Forstwirtschaft verbunden wurde.

Auch im Plenum vollzogen sich gravierende Veränderungen. Mit der Zuwahl von 22 Ordentlichen Mitgliedern und 27 Nachwuchswissenschaftlern und Praktikern als Kandidaten trat eine Verjüngung ein und wuchs in diesem Gremium der Einfluss der SED quantitativ und vor allem auch qualitativ. Das Plenum vergrößerte sich auf mehr als 60 Mitglieder. 1968 wurde Bruno Kiesler, Leiter der Abteilung Landwirtschaft des ZK der SED, Ordentliches Mitglied des Akademieplenums. Die tradierten Formen der Plenarberatungen blieben erhalten: Bericht des Präsidiums und Bestätigung, Referat zum Thema und anschließende Diskussion, Beschlussfassung. Das Plenum tagte nun sechs Mal im Jahr und beschäftigte sich verstärkt mit Prognosen der Produktivkraft- und Wissenschaftsentwicklung sowie mit den Problemen des wissenschaftlichen Vorlaufs für die Intensivierung der Agrarproduktion. Erstmals fanden Plenarsitzungen in Akademie-Instituten statt. Eine Sitzung in der LPG Neuholland als Schrittmacher bei der Einführung des Neuen Systems der Planung und Leitung und Entwicklung von Kooperationsbeziehungen in der Landwirtschaft setzte Zeichen einer verstärkten Hinwendung der Akademie zu den Problemen der landwirtschaftlichen Praxis.

In den Instituten etablierten sich Grundorganisationen der SED und gewannen zunehmend Einfluss. Nach und nach entwickelte sich die Gemeinschaftsarbeit und – von oben gelenkt – auch eine Wettbewerbsbewegung. Die Akademiezentrale initiierte eine Spezialisierung und Konzentration der Agrarforschung – zunächst dadurch, dass Forschungsthemen zu Komplexthemen zusammengefasst und Leitinstitute festgelegt wurden, am Ende des Jahrzehnts durch die beginnende Bildung von Komplexinstituten. Es entstanden spezielle Institute für die Getreidezüchtung, für die Rinderproduktion, für Bodenkunde, für die Düngungsforschung und für Operationsforschung und Elektronische Datenverarbeitung. Ein Institut für Landwirtschaftliche Information und Dokumentation wurde aufgebaut. 1966 kam das Institut für Impfstoffe Dessau in den Akademieverband. Hingegen verlor die Akademie Potentiale durch die Ausgliederung des landwirtschaftlichen Versuchswesens und dessen Zuordnung zu den neu aufgebauten Bezirksinstituten für Landwirtschaft, den späteren Wissenschaftlich-Technischen Zentren (WTZ) bei den Räten der Bezirke. Das Institut für Binnenfischerei wurde 1966 der VVB Binnenfischerei zugeordnet. Durch die Zuführung von Absolventen der Hoch- und Fachschulen erhöhte sich das wissenschaftliche und wissenschaftlich-technische Potential erheblich.

Den gesellschaftlichen Wandlungen entsprechend wurden Forschung und Entwicklung nun auf die Intensivierung der Agrarproduktion und die Herausbildung sozialistischer Großbetriebe durch Konzentration, Spezialisierung und Kooperation sowie auf die Entwicklung von Formen industrieähnlicher Produktionsmethoden ausgerichtet. Die vorrangig auf volkswirtschaftlichen Schwerpunkten basierenden Forschungsprogramme führten zu einer engeren Zusammenarbeit von wissenschaftlichen Einrichtungen der Akademie mit Instituten im Hochschulwesen und bei anderen Akademien sowie mit Einrichtungen in den dem Landwirtschaftsrat unterstellten VVB und Staatlichen Komitees. Dafür wurden Forschungskooperationsgemeinschaften (FKG) gebildet. Sie galten zugleich als Arbeitsgruppen des Forschungsrats der DDR. In den Instituten wurden Wissenschaftliche Räte konstituiert. Sie setzten sich aus Wissenschaftlern, Praktikern, Mitarbeitern des Staatsapparates und Vertretern gesellschaftlicher Organisationen zusammen.

Als Anfang der 1960er Jahre sichtbar geworden war, dass die Anwendungsforschung immer weniger vom tradierten Schatz an Erkenntnissen der Grundlagenforschung zehren konnte, hatten Hans Stubbe und andere Gründungsmitglieder die Verstärkung der anwendungsorientierten Grundlagenforschung auf die Tagesordnung gesetzt. Dies wurde alllerdings in starkem Maße von volkswirtschaftlichen Interessen einer praxisnahen Anwendungsforschung überlagert, blieb aber eine Grundlinie.[47]

Die 1970er Jahre

Mit dem Machtwechsel von Walter Ulbricht zu Erich Honecker begann eine neue Entwicklungsphase in der DDR. Als Generallinie proklamierte der VIII. Parteitag (15.–19.06.1971) den weiteren Aufbau der entwickelten sozialistischen Gesellschaft in der Einheit von Wirtschafts- und Sozialpolitik. Vor der Landwirtschaft stand die Aufgabe einer weiteren Intensivierung der Agrarproduktion mit zunehmender betrieblicher Arbeitsteilung und Konzentration und dem Übergang zu industriemäßigen Produktionsmethoden. Nach dem Parteitag verstärkte sich die Zentrierung der Macht im Politbüro, dem Gerhard Grüneberg seit 1966 als Mitglied angehörte. So wie Günter Mittag in der Industrie, entwickelte Grüneberg

47 Erich Rübensam, der kurz zuvor gewählte Akademiepräsident, notierte nach einem orientierenden Gespräch bei Gerhard Grüneberg, Sekretär für Landwirtschaft der SED-Führung, am 15.08.1968 u.a. als Stichwort „Grundlagenforschung intensivieren." BArch, DK 107, Nr. 11082.

ein System der persönlichen Macht, wobei er sich auf den durchsetzungsstarken Leiter der Abteilung Landwirtschaft des ZK der SED Bruno Kiesler stützte. Das hatte auch Folgen für die Landwirtschaftsakademie. Die 1970er Jahre wurden zum schwierigsten Zeitabschnitt in der Geschichte der Akademie. Sie musste unter agrarpolitischen Rahmenbedingungen wirken, die weitgehend ohne ihr Mitwirken inauguriert wurden.

Trends eines Entwicklungspfades in entwickelten kapitalistischen Ländern aufnehmend, wurden Wege der Modernisierung der Landwirtschaft eingeschlagen, die zwar den genossenschaftlich-sozialistischen Gegebenheiten Rechnung tragen sollten, dabei jedoch stark von einem technizistischen Denken beeinflusst waren und zunehmend administrativ, „von oben“, durchgesetzt wurden. Es ging um die Herausbildung einer agraren Großproduktion auf der Basis einer industriemäßigen Organisation sowohl auf dem Feld als auch im Stall und um eine Umgestaltung bei Beibehaltung des dominanten genossenschaftlichen Eigentums. Der Weg betrieblicher Spezialisierung und Konzentration sowie der Kooperation wurde von der Landwirtschaftsakademie und durch ihre Institute gefördert. Jedoch setzten die Parteiorgane eine generelle betriebliche Trennung von Pflanzen- und Tierproduktion durch und nahmen neben der Bildung genossenschaftlicher Großbetriebe neuen Zuschnitts Kurs auf den Aufbau überdimensionierter Großanlagen der Tierproduktion im staatlichen Sektor, die aus dem regionalen agraren Reproduktionsprozess weitgehend herausfielen und wo die Schaffung von Bedingungen einer artgerechten Haltung und einer Verwertung des Abfallproduktes Gülle wissenschaftliche Vorleistungen erfordert hätte. Solche Vorleistungen konnten aber nicht kurzfristig erbracht werden. Es handelte sich generell um einen gravierenden Umbruch in der Landwirtschaft der DDR, der eine umfassende wissenschaftliche Diskussion nachgerade herausforderte.

Am 27. Oktober 1971 beschloss das Politbüro der SED „Grundsätze für die Vervollkommnung der Organisation der agrarwissenschaftlichen Forschung“,[48] nachfolgend am 10. November auch der Ministerrat. Es wurden hier die Aufgaben und Methoden der Planung und Lenkung der Agrarwissenschaften systematisiert. Der Minister für Land-, Forst- und Nahrungsgüterwirtschaft sollte mit dem Staatsplan Wissenschaft und Technik die Tätigkeit aller agrarwissenschaftlichen Einrichtungen unabhängig von ihrer leitungsmäßigen Unterstellung (also auch Forschungs- und Entwicklungs-Einrichtungen der Industrie) zusammenführen. Im Zentrum stand die Vorlaufforschung für die Intensivierung der Agrarproduktion mit den Schwerpunkten Mechanisierung, großflächige Melio-

48 SAPMO-BArch, DY 30/J IV 2/2/1361: Protokoll Nr. 20/Oktober 1971.

ration, Chemisierung, Erhöhung der Bodenfruchtbarkeit, Züchtung leistungsfähiger Kulturpflanzen und Tierrassen. Der Ministerratsbeschluss verlangte auch, verstärkt die Grundlagenforschung auf den Gebieten der Genetik, der Biophysik und Biochemie sowie – in der Phytopathologie – zur Resistenzproblematik zu entwickeln. Dabei sollte die DAL als sozialistische Forschungsakademie stärker wirksam werden. Ein besonderer Abschnitt legte Grundsätze fest, die nachfolgend zu Leitlinien für die Erarbeitung eines neuen Statuts wurden.

Nach Zustimmung des Plenums in einer außerordentlichen Sitzung am 6.06.1972 erlangte ein neues Statut auf dem Verordnungswege Gesetzeskraft.[49] Die Namensgebung „Akademie der Landwirtschaftswissenschaften der DDR" (AdL) wies die Akademie nun eindeutig als Einrichtung des ostdeutschen Staates aus mit der Aufgabe, den „wissenschaftlichen Vorlauf für die industriemäßige Produktion einer intensiven hochentwickelten sozialistischen Landwirtschaft zu erarbeiten". Auf der Basis des zentralen Plans Wissenschaft und Technik für den Bereich Land-, Forst- und Nahrungsgüterwirtschaft waren Entscheidungsgrundlagen für den Minister zu erarbeiten: zur Wissenschaftsentwicklung, zur Anwendung der Forschungsergebnisse in der Produktion, zur Koordinierung aller Arbeiten mit den Einrichtungen des Hochschulwesens, der AdW und der Bauakademie,[50] mit wirtschaftsleitenden Organen im Bereich der Land-, Forst und Nahrungsgüterwirtschaft sowie mit Einrichtungen in anderen Volkswirtschaftsbereichen. Außerdem waren die Mitwirkung bei der Überleitung der Ergebnisse in die Praxis und die Entwicklung der internationalen Forschungskooperation auf der Grundlage des RGW-Komplexprogramms als Aufgaben gestellt.

Dem Grundprinzip der staatlichen Leitung des sozialistischen Staates „Einzelleitung mit kollektiver Beratung" entsprechend wurde im Statut festgelegt: „Der Präsident leitet die Akademie nach dem Prinzip der Einzelleitung." Das Plenum – bisher im Rang des höchsten, beschließenden Organs –wurde zu einem Beratungsgremien für den Akademiepräsidenten. Es hatte Grundfragen der Agrarforschung zu beraten, an der Forschungsstrategie und an langfristigen Programmen zur Sicherung des wissenschaftlichen Vorlaufs mitzuwirken sowie im „wissenschaftlichen Meinungsstreit" zu Theorien und Lehrmeinungen eine sachkundige Meinungsbildung zu sichern. Weiter hieß es: „Das Plenum erarbei-

49 GBL. DDR Teil I 1972, S. 438–442. Die Genese des neuen Statuts bedarf noch der Analyse. Arbeiten an einem neuen Statut hatten in der DAL bereits 1966 begonnen, kamen aber in Erwartung agrarpolitischer Strategieentscheidungen jahrelang nicht zum Abschluss. Von der Tendenz her war eine Stärkung der Rolle des Plenums als oberstes Organ beabsichtigt. Landwirtschaftsminister Georg Ewald drängte wiederholt auf eine kontinuierliche Rechenschaftslegung des Präsidiums im Plenum. Das Statut von 1972 hingegen basiert auf einer gegenläufigen Position.

50 Mit der Bauakademie war die AdL durch eine gemeinsame Sektion Ländliches Bauwesen verbunden.

tet Empfehlungen zu Grundfragen der Entwicklung der Agrarwissenschaft sowie der Land-, Forst- und Nahrungsgüterwirtschaft." Wie bisher hatte das Plenum die Ordentlichen Mitglieder und Kandidaten zu wählen, deren Zahl von 40 auf 81 verdoppelt wurde. Mit dem neuen Statut verschwanden in der bisherigen Form die fachspezifischen Sektionen als zweites Arbeitsfeld aller Plenarmitglieder neben dem Plenum. Sie wurden zu zeitweiligen problemorientierten Gremien. Auch das Erweiterte Präsidium kam in Wegfall. Hingegen tauchten im Statut die Forschungskooperationsgemeinschaften auf „zur Förderung der sozialistischen Gemeinschaftsarbeit, des wissenschaftlichen Meinungsstreites und zum Erfahrungsaustausch" in Anbindung jeweils an ein Akademieinstitut.

Zum wichtigsten Beratungsorgan des Präsidenten wurde das um Direktoren für die Wissenschaftszweige und um weitere Mitglieder vergrößerte Präsidium: „Das Präsidium ist das kollektive Beratungsorgan des Präsidenten zur Vorbereitung von Entscheidungen über die Leitung, Planung und Organisation der Forschung und des wissenschaftlichen Lebens in der Akademie."

Mit dem neuen Statut wurde die Akademie in die staatliche Leitungspyramide eines zentralistisch geprägten Machtsystems eingefügt. Der Präsident und der Vizepräsident waren nicht mehr vom Plenum zu wählen, sondern übten nunmehr das Amt als berufene Leiter aus. Die Berufung des Präsidenten erfolgte durch den Vorsitzenden des Ministerrates auf Vorschlag des Landwirtschaftsministers, dem zugleich die Berufung des Vizepräsidenten oblag. So manifestierte das neue Statut eine Zäsur im inneren Gefüge der Landwirtschaftsakademie. Der Akademiepräsident stand als Einzelleiter sowohl den Gremien als auch den Instituten vor. Damit bestand die dualistische Einheit fort. Zugleich gewann die im Statut gar nicht erwähnte, dem Präsidenten zugeordnete Akademiezentrale als staatliche Verwaltungs- und Leitungsstelle zunehmend ein Eigengewicht. Es trat nun ein, was mit Blick wohl auf die DAW schon für die 1960er Jahre konstatiert wurde: Unter Verdrängung von Elementen korporativer Selbstverwaltung der Gelehrten bildete sich „eine hierarchische Pyramide verantwortlicher staatlicher Einzelleiter" heraus.[51]

Mit dem neuen Statut prägte die Akademie Charakterzüge eines Großforschungszentrums aus. Das Plenum – bisher zweites Glied in einem dualistischen Gefüge – wurde dem Präsidenten, also der staatlichen Leitung, untergeordnet und wirkte fortan faktisch als wissenschaftlicher Beirat. Die konstitutiven Merkmale der 1951 gebildeten Akademie verschwanden. Es wäre zu diskutieren, ob diese wissenschaftsorganisatorische Form – als „sozialistische Forschungs-

51 Laitko: Reformpaket der sechziger Jahre, a.a.O., S. 54.

akademie" ausgewiesen – als Charakteristikum einer zentral geleiteten und geplanten Wissenschaft in einem staatssozialistischen System zu werten ist.

Was Mitte der 1960er Jahre mit der Ausprägung von Merkmalen einer sog. sozialistischen Forschungsakademie begonnen hatte – Beschlüsse der SED-Führung und des Ministerrats als Handlungsgrundlage, Wissenschaftsplanung, Gemeinschaftsarbeit in Forscherkollektiven, Organisierung von Wettbewerben und der sog. Neuererbewegung – verfestigte sich. Erweiterte Anforderungen entstanden vor allem durch die Koordinierungsaufgaben. Das Zusammenwirken mit jeweils 30 bis 50 Partnern innerhalb des Akademiebereichs, mit Instituten im Hochschulwesen und auch mit den F/E-Einrichtungen im Leitungsbereich des Landwirtschaftsministeriums und auch in anderer Unterstellung erforderte eine arbeitsaufwendige Koordinierung. Der Ministerrat machte am 9.12.1974 den Minister für Wissenschaft und Technik dafür verantwortlich, alle Forschungs- und Entwicklungs-Einrichtungen mit Vorlaufleistungen für die Ernährungswirtschaft planerisch zusammenzuführen. Bei diesem Ministerium wurde ein Interministerieller Rat gebildet. Hier wirkte der Akademiepräsident in seiner Verantwortung für den Planteil der AdL mit.

Die quantitativ wie qualitativ gewachsenen Aufgaben erforderten eine Erweiterung und Differenzierung des Leitungsapparats. Die Akademiezentrale bekam eine neue Leitungsstruktur durch die Bildung von drei Direktionsbereichen: Planung und Ökonomie, Pflanzenproduktionsforschung, Tierproduktionsforschung. Die Direktoren für Pflanzenproduktions- und für Tierproduktionsforschung hatten die Institute anzuleiten und zu kontrollieren. Das Präsidium wurde erweitert. Neben dem Präsidenten, dem Ehrenpräsidenten Hans Stubbe und dem Vizepräsidenten Eberhard Wojahn (ab 1977 Dieter Spaar) sowie den Akademiedirektoren gehörten ihm die Direktoren der drei Schlüsselinstitute für Bodenfruchtbarkeitsforschung in Müncheberg, für pflanzliche Züchtungsforschung in Quedlinburg und für Tierproduktion in Dummerstorf-Rostock an. Die Durchsetzung des Prinzips der Einzelleitung gemäß den Normen des neuen Statuts wurde begleitet von einer Intensivierung der Beratung von Grundsatzfragen und Leitungsentscheidungen im Präsidium, im Plenum und auch in den Direktorenkonferenzen. In seiner neuen Zusammensetzung tagte das Präsidium 14-tägig. Methoden der modernen Leitungswissenschaft gelangten in der Weise zur Anwendung, dass jeweils auf der Basis von Vorlagen beraten und auf leitungsmäßige Schlussfolgerungen hingearbeitet wurde. Obwohl statutenmäßig ein beratendes Organ des Präsidenten, lassen die Präsidiumsprotokolle erkennen, dass um eine gemeinsame Positionierung gerungen wurde. Das Präsidium befasste sich mit Grundfragen der Agrarwissenschaft: Prognosen der Entwicklung der Landwirtschaft, langfristige Forschungskonzeptionen, Forschungen im RGW-Rahmen, disziplingebundene Schwerpunkte der Agrarforschung, Fragen der Profilierung des Forschungspotentials und seiner institutionellen Strukturen. Funktional waren die Arbeiten des Präsidiums einerseits auf das Entscheidungsfeld des Ministers, andererseits auf die Forschungsarbeit in den Instituten ausgerichtet. Beispielsweise wurden für die ministerielle Leitungstätigkeit ab 1976 Jahresanalysen der Pflanzenproduktion und ab 1978 auch Analysen für die Tierproduktion erarbeitet. Das Präsidium bewertete jährlich die Ergebnisse von Forschung, Entwicklung und Überleitung, entwickelte Handlungsprogramme und stellte diese in den Mittelpunkt einer Erweiterten Plenartagung.

Im Ergebnis einer gemeinsamen Beratung der Präsidien von AdL und AdW im Januar 1975 im Schweinezucht- und -mastkombinat Eberswalde begann eine systematische Zusammenarbeit beider Akademien auf der Basis von Vereinbarungen.[52] Solche Beratungen wurden zu einer festen Leitungsform. Gemäß einem Politbüro-Beschluss von 1974 in Auswertung der Erfahrungen der Allunionsakademie der Landwirtschaftswissenschaften in Moskau entstand beim Präsidium der AdW eine Kommission für wissenschaftliche Grundlagen der Landwirtschaft. Die stabilste Brücke zwischen beiden Akademien war die schon länger bestehende Kooperation des AdW-Instituts für Kulturpflanzenforschung Gatersleben und des AdL-Institut für Züchtungsforschung Quedlinburg. Es wurden nun weitere Forscherkollektive zusammengeführt. Die Beratungen der Präsidien gaben der AdL Impulse für den Ausbau der anwendungsbezogenen Grundlagenforschung, insbesondere auf dem Gebiet der Biotechnologie.[53] Man wirkte im wissenschaftlichen Gerätebau und bei der Herstellung von Laborchemikalien zusammen.

In den 1970er Jahren veränderte sich nicht nur die personelle Zusammensetzung, sondern auch der Charakter des Plenums. Nachdem fast alle Ordentlichen Mitglieder des Plenums der 1950er Jahre durch Emeritierung ausgeschieden waren, verlor das Plenum endgültig den elitären Charakter der Stubbe-Zeit.[54]

52 Vgl. dazu Manfred Scheler: Von der Deutschen Akademie der Wissenschaften zu Berlin zur Akademie der Wissenschaften der DDR, Berlin 2000, S. 285–286.

53 Im September 1979 bestätigte das Präsidium beispielsweise eine Konzeption zur Gemeinschaftsarbeit der Institute für Phytopathologie Aschersleben, für Kartoffelforschung Groß Lüsewitz und für Züchtungsforschung Quedlinburg mit dem AdW-Zentralinstitut für Genetik und Kulturpflanzenforschung bei der Anwendung der Zell- und Gewebekultur in der Resistenzzüchtung bei Kartoffeln. Angeblich kamen die Anregungen dazu aus einer Information der DDR-Botschaft über Arbeitsergebnisse des USA-Forschers Dr. Shepard.

54 Hier sei erinnert an den Vorsatz bei der Gründung der DAL, Wissenschaftler mit internationaler Reputation zu berufen, die eine Wahl als Ordentliches Mitglied als höchstes Lebensziel ansehen konnten. Partiell hatte man sich in den frühen Jahren gegen die Einbeziehung karrierebewusster Nachwuchswissenschaftler gesträubt.

Nicht nur, dass sich das Plenum zahlenmäßig auf 81 Personen vergrößerte – vor allem veränderten sich die Prinzipien der Zuwahl. Bereits 1962, 1965 und 1968, vor allem aber 1972 und 1977, kamen wie bisher neben Wissenschaftlern der Schwerpunktdisziplinen der AdL – zumeist in einer Leiterfunktion – sowie Wissenschaftlern aus dem Hochschulbereich und aus der AdW nun auch Leiterpersönlichkeiten aus den dem Ministerium unterstellten VVB Saat- und Pflanzgut sowie Tierzucht und dem VEB Landbauprojekt Potsdam in das Plenum. Es entstand ein Kompetenzzentrum neuer Art in Entsprechung zu den Kooperationsbeziehungen bei Forschung und Entwicklung.

Die im Ministerratsbeschluss vom November 1971 fixierte Zielsetzung einer Erhöhung der Rolle der Akademie als agrarwissenschaftliches Zentrum wurde dadurch konterkariert, dass man einige Forschungsbereiche aus der Akademie herauslöste. War noch verständlich, dass die forstwissenschaftliche Forschung dem Staatlichen Komitee für Forstwirtschaft gleichsam als dessen WTZ zugeordnet wurde, so bleibt unverständlich, dass die agrarökonomischen und betriebswirtschaftlichen Potentiale sowie das mit intensiven Anstrengungen aufgebaute Institut für Operationsforschung und elektronische Datenverarbeitung ausgegliedert wurden.[55] Mit Agrarökonomie und Betriebswirtschaft verlor die Akademie Kernbereiche, die einerseits für die volkswirtschaftliche Zielbestimmung der Forschungsarbeiten unabdingbar waren, andererseits eine Brückenfunktion dabei hatten, Wissenschaft und Praxis direkt miteinander in Verbindung zu bringen. Nach drei Jahren kehrte das Institut für Agrarökonomik zur AdL zurück,[56] das Institut in Gundorf allerdings erst 1982.

1970 wurden die Institute in Dummerstorf und in Müncheberg als Forschungszentren ausgestattet. Durch die Eingliederung des Bereichs Tierernährung Rostock und die erhebliche Erweiterung der Potentiale vor allem in der anwendungsorientierten Grundlagenforschung entstand das europagrößte Tierzuchtinstitut (Juni 1990 mit 1.353 Personalstellen). Der Ausbau des Instituts in Müncheberg zum Forschungszentrum reflektierte den Rang der erweiterten

55 Das Institut für Agrarökonomik Netzow kam zum Institut für Ökonomik und Preise des Ministeriums, das Institut für landwirtschaftliche Betriebs- und Arbeitsökonomik Gundorf an die Hochschule für LPG in Meißen. Besonders schmerzlich empfand die Akademieleitung den Verlust des Instituts für Operationsforschung und elektronische Datenverarbeitung. Es war gebildet worden, um die Effektivität vieler Forschungen zu erhöhen, Grundlagen für ein Informationssystem zu schaffen und zur Verwissenschaftlichung der Leitungstätigkeit beizutragen.

56 Durch die Zusammenführung der beiden DAL-Institute mit dem Institut für Ökonomie und Preise war ein inhomogenes Mammutinstitut entstanden. Es wurde bald wieder aufgegliedert, da es leitungsmäßig nicht beherrschbar war. Der agrarökonomische Teil kehrte unter Leitung von Helmut Schieck zur AdL zurück, während der preispolitische Strukturteil im Ministerium verblieb. Siehe Klaus Schmidt/Gerald Schmidt: Das Institut für Agrarökonomie der AdL der DDR, in: Rübensam/Wagemann (Hg.): Zeitzeugen, S. 429.

Reproduktion der Bodenfruchtbarkeit für eine nachhaltige industrieähnliche Pflanzenproduktion. Auch hier erfolgten eine starke Kapazitätserweiterung und der Ausbau der Grundlagenforschung. Am 1.01.1977 wurde das Forschungszentrum für Mechanisierung Schlieben-Bornim als drittes Forschungszentrum der Akademie geschaffen. Es hatte einerseits eng mit den für die Verfahrensforschung zuständigen Akademieinstituten zusammenzuwirken und andererseits die Brücke zur landtechnischen Industrieforschung zu schlagen.

Das naturwissenschaftliche, technologische und technische Potential der AdL wurde in den 1970er Jahren stark erhöht. Die Entwicklung einer Verfahrensforschung war in beinahe allen Instituten eine unabdingbare Voraussetzung für die Intensivierung der Praxisüberleitung von Forschungsergebnissen. Die Zahl der Wissenschaftler wuchs um 500 auf 2.380, die Gesamtzahl der Beschäftigten um 2.000 auf 11.600. Forschungs- und Investitionsmittel verdoppelten sich. Nach wie vor war die Praxisüberführung der Ergebnisse von Forschung und Entwicklung ein essentielles Arbeitsfeld der Zweigakademie. Im Vordergrund stand die Demonstration von Leistungen in Praxisbetrieben. Schon in den 1950er und ganz besonders auch in den 1960er Jahren hatte die Erprobung und Demonstration in den Lehr- und Versuchsgütern Breitenwirkung erreicht.[57] Neu dazu gekommen waren Konsultationspunkte in anderen Landwirtschaftsbetrieben. Mitte der 1970er Jahre gerieten die Lehr- und Versuchsgüter in den Sog der generellen Umstrukturierung der Landwirtschaft durch die betriebliche Trennung von Pflanzen- und Tierproduktion, so dass der Akademie diese Güter als „verlängerter Arm“ fast völlig verloren gingen. Es verblieben nur die den Instituten angeschlossenen Versuchsgüter. Die Akademie konzentrierte sich deshalb darauf, in vorbildlich geführten LPG und auch VEG feste Partner zu gewinnen und vertraglich zu binden. Beim Aufbau eines solchen Netzes wirkte sich günstig aus, dass eine ganze Reihe namhafter VEG-Direktoren und LPG-Vorsitzende in die Akademiegremien und in Forschungskooperationsgemeinschaften einbezogen wurden. Präsidiums- und auch Plenartagungen in beispielgebenden Betrieben ließen langfristige Partnerschaften entstehen.

Durch das RGW-Komplexprogramm vom Juli 1971 entstanden neue politische Grundlagen für die internationale Kooperation. Bereits 1974 waren 30 Prozent aller Forschungsaufgaben in RGW-Leistungen eingebunden. Verstärkt bemühte sich die AdL um konkrete Vereinbarungen. Am effektivsten gestaltete

---

57 Siehe Ulrich Krielke: Lehr- und Versuchsgüter, in: Klaus Schmidt (Hg.): Landwirtschaft in der DDR, o.O. (Agrimedia GmbH) 2009, S. 52–57. Konkret zu den Leistungen der Güter Müncheberg und Heinersdorf siehe auch Erich Rübensam: Wirken als Präsident der AdL der DDR, in: Rübensam/Wagemann (Hg.): Zeitzeugen, S. 32–34.

sich die zweiseitige Zusammenarbeit, und dies vor allem in der Pflanzenzüchtung. Zwei AdL-Institute wurden zu Koordinierungszentren für gemeinsame Forschungs- und Entwicklungsaufgaben: das Institut für Düngungsforschung in Leipzig für die RGW-Gemeinschaftsforschung zur Mehrnährstoff-Mineraldüngung, das FZT Dummerstorf-Rostock für die Tierzüchtungsforschung, so v.a. für den Embryotransfern beim Rind. Erstmals kamen 1977 die Präsidien der AdL und der Akademie der Landwirtschaftswissenschaften der UdSSR zu gemeinsamen Beratungen zusammen. Zunächst erfolgte eine wechselseitige Information, dann aber auch eine Zusammenarbeit. Gemeinsame Präsidiumssitzungen fanden auch mit den Akademien der SSR und Bulgariens statt. Vereinbarungen zur Zusammenarbeit bestanden zu entsprechenden Gremien in Polen, Rumänien und Ungarn, in Nordkorea und China.

Gegenläufig zu den RGW-Beziehungen waren in den 1970er Jahren die Beziehungen zur Bundesrepublik und zum kapitalistischen Ausland insgesamt. Die Direktbeziehungen zu agrarwissenschaftlichen Einrichtungen wurde abgebrochen, die Teilnahme an internationalen Tagungen auf einige wenige sog. Reisekader beschränkt. Eine Zuwahl von Korrespondierenden Mitgliedern aus diesem Bereich unterblieb. Erst als die DDR nach der Aufnahme beider deutscher Staaten in die UNO in vertragliche Beziehungen zu einer Vielzahl von Staaten des kapitalistischen Auslands kam, begannen sich auch für die Akademie die Schranken zu öffnen. Das Durchbrechen der bisherigen Isolation scheint aber im Vergleich zur AdW mit erheblichem Zeitverzug erfolgt zu sein. Einen starken Anstoß gab der Internationale Graslandkongress im Mai 1977, der dank des Drängens der UdSSR von der internationalen Organisation nicht an die BRD, sondern an die DDR vergeben wurde und in Leipzig stattfand.

Die 1980er Jahre

Entgegen der Erwartungen vieler vollzog der X. Parteitag der SED (11.–16.04. 1981) nicht die wegen der gravierend verschlechterten außenwirtschaftlichen Bedingungen und der wachsenden inneren Schwierigkeiten notwendige ökonomische Kurskorrektur, sondern beschloss nur Modifikationen. Die ökonomische Strategie der Ressourceneinsparung hatte für die Landwirtschaft vor allem den Abbau der Getreideimporte für die Großanlagen der Tierproduktion zum Ziel. Mit der Wahl von Werner Felfe zum SED-Landwirtschaftssekretär in der Nachfolge von Gerhard Grüneberg[58] begannen einige vorsichtige agrarpolitische

58 Gerhard Grüneberg verstarb am 10.04.1981. Siehe die Kurzbiographie in: Wer war wer in der DDR, 5. Auflage 2010, S. 447. Kurzbiographie von Werner Felfe ebenda, S. 314–315.

Akzentverschiebungen. Der Landwirtschaftsakademie war es nach einem Jahrzehnt der Bevormundung nun möglich, statutengemäß wieder eigenverantwortlich auf der Grundlage der Beschlüsse von Partei- und Staatsführung tätig zu werden. Als Werner Felfe am 24.02.1982 mit dem Präsidium zu einem Arbeitsgespräch zu Folgerungen aus dem Parteitag zusammenkam, betonte er die Eigenverantwortung der Akademie. Er erklärte in seinem Schlusswort, die AdL möge um die Erhöhung ihrer Autorität ringen: durch ein Mitwirken an der Vorbereitung strategischer Entscheidungen der SED-Führung, bei Grundsatzentscheidungen des Ministeriums für Land-, Forst- und Nahrungsgüterwirtschaft, durch die forschungsorganisatorische Zusammenführung der wissenschaftlichen Potenziale auch außerhalb der Akademie. Zudem vertrat er den Standpunkt, es sollten „Wissenschaftler von internationalem Rang und Namen" in die Gremien der Akademie berufen werden, um das Ansehen der Gelehrtengesellschaft zu erhöhen. Felfe forderte Höchstleistungen in der Forschung mit dem Maßstab des Welthöchststandes.

Am 1.09.1983 trat ein neues Akademie-Statut in Kraft.[59] Es liest sich weitgehend als Fortschreibung des Statuts von 1972 in etwas anderer Redaktion, reflektierte eine den wirtschaftlichen Möglichkeiten entsprechende Politiklinie[60] und weitete die Aussagen vor allem zu den Koordinierungsaufgaben aus. In einigen Punkten setzte sich das Statut von den vorangegangenen statuarischen Regelungen ab. Erstens schrieb es fest, dass der Präsident, die Vizepräsidenten und die Direktoren der Akademie vom Plenum zu wählen sind. Es erhöhte damit wieder den Rang des Plenums. Zweitens sanktionierte es eine bereits 1982 vollzogene Veränderung der Leitungsstruktur mit einem 1. Vizepräsidenten als Ständigen Vertreter des Präsidenten und weiteren Vizepräsidenten für fachwissenschaftliche Schwerpunktaufgaben.[61] Drittens glich das Statut die Bezeichnung der Plenarmitglieder wieder internationalen Gepflogenheiten an: Ordentliche Mitglieder, Korrespondierende Mitglieder (als Vorstufe zum Vollstatus, bisher als „Kandidaten" bezeichnet) und Auswärtige Mitglieder.[62]

---

59 GBL DDR Teil I 1983, Nr. 26, S. 249–253.

60 Die von der Akademie geforderte Vorlaufforschung bezog sich nun auf die „weitere Entwicklung und den ständigen Leistungsanstieg der Landwirtschaft". Im Statut von 1972 war von einer „industriemäßigen Produktion einer hochentwickelten, intensiven sozialistischen Landwirtschaft" die Rede gewesen.

61 Anordnung des Ministers vom 5.07.1982.

62 Mit diesen Umbenennungen wird auch für die AdL eine Anordnung des Vorsitzenden des Ministerrats vom 20.11.1981 wirksam. Der Titel eines Kandidaten war mit dem Statut von 1962 nach dem Beispiel der Akademien der UdSSR eingeführt worden,

Am 9.12.1982 beschloss der Ministerrat auf der Basis eines Politbüro-Beschlusses ein von der Akademie und dem Ministerium im Zusammenwirken mit den Kooperationspartnern ausgearbeitetes langfristiges Forschungsprogramm bis 1990. Die neuen Anforderungen wurden in einer Erweiterten Plenartagung im Beisein des SED-Landwirtschaftssekretärs Werner Felfe mit den Repräsentanten aller Kooperationspartner im Leitungsbereich des Ministeriums für Land-, Forst- und Nahrungsgüterwirtschaft, in den Akademien und im Hochschulwesen beraten. Erstmals waren auch die Direktoren aller Wissenschaftlich-technischen Zentren (WTZ) der Bezirke einbezogen.

Im Vorfeld des XI. SED-Parteitags 1986 nahm die AdL dann gemeinsam mit den Kooperationspartnern Arbeiten an einem präzisierten und auf den Zeitraum bis 2000 ausgedehntes Programm auf. Es ging nun um verbindliche Aufgabenstellungen für alle Forschungs- und Entwicklungseinrichtungen im Bereich des Ministeriums.[63] Es wurden nicht nur die Potentiale der Akademien und des Hochschulwesens einbezogen, sondern auch – erstmals – jene der produktionsmittelerzeugenden Industrie.[64] Das Politbüro der SED und der Ministerrat autorisierten dieses „Programm der Forschung und Entwicklung für die Land-, Forst- und Nahrungsgüterwirtschaft bis zum Jahre 2000" am 24. März bzw. am 1. April 1987. Das Programm enthielt 560 Schwerpunktaufgaben unter Einschluss von Verpflichtungen im RGW-Rahmen. Im Mittelpunkt standen die sog. Schlüsseltechnologien Mikroelektronik, Biotechnologie und Gentechnik.[65] Die Aufgaben dieses Programms wiederum wurden in einer Erweiterten Plenarsitzung am 15. April 1987 unter Teilnahme des Ministers mit den Repräsentanten der Kooperationspartner beraten.

Durch die konzeptionellen Vorarbeiten und das koordinierende, organisierende Mitwirken gelangte die Landwirtschaftsakademie hinsichtlich der Wissenschaftsplanung und -lenkung in eine neue Qualität von Verantwortung im DDR-Maßstab. Der Akademiezentrale, den Instituten und den Koordinierungsgremien – Wissenschaftliche Räte, Forschungskooperationsgemeinschaften (FKG) und Züchtergemeinschaften – erwuchsen aus den langfristig konzipierten Forschungsprogrammen zunehmende Arbeitslasten, zumal jede Teilmaßnahme

---

63 Vgl. die detaillierte Aufstellung über 31 Institutionen bei Wagemann (Hg.): DAL/AdL, Bd. I/1, S. 80.

64 Grundlage dafür waren Regelungen des Ministers für Land-, Forst- und Nahrungsgüterwirtschaft analog zu Grundsätzen für die ökonomischen Beziehungen zwischen den Kombinaten der Industrie und den Einrichtungen der AdW und des Hochschulwesens, wie sie ein Politbürobeschluss vom 10.09.1985 festgelegt hatte.

65 Siehe Zusammenstellung von Projekten einer gemeinsamen anwendungsorientierten Grundlagenforschung bei Wagemann (Hg.): DAL/AdL, Bd. 1/1, S.79.

abrechenbar gemacht werden musste. Dies verlangte einen Ausbau des Leitungsapparats in der Akademiezentrale.

Gemäß der schon erwähnten Anordnung des Ministers vom Juli 1982 wurden Vizepräsidenten für Pflanzenproduktionsforschung (Otto Hagemann), für Tierproduktionsforschung (Peter Rybka)[66] und für Agrarökonomie und Mechanisierungsforschung (Helmuth Schieck) berufen. Sie stützten sich bei den spezifischen Leitungsaufgaben auf die Gremien der Akademie und auf wissenschaftliche Räte. 1986 nahm ein Beauftragter des Präsidenten für Mikroelektronik (Hans-Günther Lehmann) seine Tätigkeit auf. Anfang 1987 wurde ein Büro des Präsidenten gebildet, dessen Leiter zugleich als Sekretär von Plenum und Präsidium wirkte. Vom Präsidenten berufene Direktoren leiteten die Querschnittsressorts Ökonomik und materiell-technische Versorgung, Kader und Bildung sowie Internationale Zusammenarbeit.

In den 1970er Jahren war bereits eine Aktivierung des Plenums zur Beratung von Grundsatzfragen erstrebt worden. Dies setzte sich in den 1980er Jahren verstärkt fort. Die Problemdiskussionen bezogen sich auf die Forschungsstrategie und ihre Umsetzung gemäß den langfristigen Programmen. Damit erhöhte sich der Rang des Plenums als Kompetenzzentrum, obwohl es statutenmäßig dabei blieb, dass das Plenum nur Empfehlungen beschließen konnte.

Die Akademie stand durch ihre Potenziale in drei Forschungszentren und 20 Forschungsinstituten im Zentrum der Agrarforschung der DDR. Die 1972 ausgegliederten Einrichtungen der Forstwissenschaften blieben durch das Plenum, seit 1987 auch durch das Präsidium, mit der Akademie verbunden. Jedoch wurden die beiden veterinärwissenschaftlichen Institute Insel Riems und Dessau wegen ihrer für den Export wichtigen Produktionskapazitäten aus der Akademie ausgegliedert und dem Ministerium direkt unterstellt.[67]

In den außeruniversitären Einrichtungen waren (am 30.09.1990) 3.300 Wissenschaftler an die AdL gebunden. 2.900 Wissenschaftler wirkten in 22 Forschungs- und Entwicklungseinrichtungen im direkten Leitungsbereich des Ministeriums.[68] Diese Potentiale waren seit den 1960er Jahren erheblich gewachsen, so auch in den wissenschaftlich-technischen Zentren (WTZ) der unterstell-

---

66 Siehe Peter Rybka: 23 Jahre im Dienste der AdL der DDR, in: Rübensam/Wagemann (Hg.): Zeitzeugen, S. 67–68.

67 Sekretariatsbeschluss vom 27.96.1984. Vgl. auch Jens Thiel: Das Friedrich-Loeffler-Institut auf dem Riems 1952 bis 1985 ein Akademieinstitut im Spannungsfeld zwischen Forschung und Produktion, in: Kuntsche (Hg.): Agrarwissenschaften, S. 113–126 (hier S. 125).

68 Übersichten in: Wissenschaftsrat. Stellungnahmen zu den außeruniversitären Forschungseinrichtungen der ehemaligen DDR auf dem Gebiet der Agrarwissenschaften, Köln 1992, S. 12.

ten VVB, zu den seit Ende der 1960er Jahre auch die der Nahrungsgüterwirtschaft zählten.

Im Hochschulwesen waren 1.350 Wissenschaftler in agrarwissenschaftlichen Bereichen tätig.[69]

Auch in den 1980er Jahren dominierte die Anwendungsforschung in einem Geflecht wechselseitiger Beziehungen der naturwissenschaftlichen, ökonomischen, technischen und technologischen Disziplinen. Dies war unverzichtbar für eine leistungsfähige, stabile Agrarwirtschaft. Hier sei beispielhaft auf die Vorleistungen für die Pflanzenproduktion hingewiesen: Erhaltungszüchtung und Züchtung eines neuen Sortiments an Kulturpflanzen mit höheren Ertragsleistungen in der mechanisierten Pflanzenproduktion, mit angereicherten Inhaltsstoffen und einer Resistenz gegenüber Krankheitserregern; Maßnahmen gegen Bodenverdichtungen; systematische Bodenuntersuchung; effektive Verfahren der Pflanzenproduktion, z.B. pfluglose Bestellung und Spurverfahren bei Einsaat, Pflege und Düngung sowie Ernte; Melioration und Bewässerung; bedarfsgerechte Düngung und Pflanzenschutzmaßnahmen. Trotz der engen Zusammenarbeit der RGW-Länder bei der Pflanzenzüchtung waren auch in den achtziger Jahren Anstrengungen nötig, um bei den wichtigsten Kulturpflanzen an die internationalen Spitzenwerte heranzukommen und mit dem Züchtungsfortschritt Schritt zu halten. Hinsichtlich der ökologischen Aspekte der Landbewirtschaftung konnte die Akademie auf langen Traditionen aufbauen, aber erst im Dezember 1988 standen im Plenum ökologische Zielstellungen der Agrarproduktion komplex zur Debatte. Damit nahm die AdL einen Wissenschaftstrend auf, der in entwickelten kapitalistischen Industrieländern einige Jahre früher eingesetzt hatte.

Die Verstärkung der ergebnisorientierten Grundlagenforschung wurde in den 1980er Jahren fortgesetzt. Es war immer deutlicher geworden, dass die wissenschaftlich-technische Revolution mit Molekularbiologie, Biotechnologien und Mikroelektronik der Agrarforschung neue Möglichkeiten eröffnete. Das Zusammenwirken mit der AdW förderte die Hinwendung zu den neuen Forschungsfeldern und -methoden. Im November 1980 wurde ein Zusammenwirken auf folgenden Gebieten festgelegt: Stickstoff-Fixierung im Boden, mikrobielle Synthese von Humanproteinen wie Insulin, biotechnologische Gemeinschaftsarbeit, gemeinsame Gülle-Forschung. In einer Beratung am 9.07.1981 vereinbarte man die Ausarbeitung einer gemeinsamen Konzeption zum Aufbau von Kapazitäten

69 Wissenschaftsrat. Empfehlungen zu den Agrar-, Gartenbau-, Forst-, Haushalts- und Ernährungswissenschaften sowie zu Lebensmitteltechnologie und Veterinärmedizin an den Hochschulen der neuen Länder und Berlin, Düsseldorf 5.07.1991, S. 5 (MS-Druck).

der biotechnologischen Forschung und zum Einsatz der Mikroelektronik im Bereich des AdL. Im April 1985 verabschiedeten das Ministerium und die Akademieleitung ein Programm zur Entwicklung der Biotechnologie. Es wurde sichtbar, dass die DDR bei der Molekularbiologie in einen Rückstand von 5 bis 10 Jahren geraten war. Die Anstrengungen der AdL stießen auf Hemmnisse bei den materiell-technischen Grundlagen. Mess- und Laborausrüstungen und Feinchemikalien konnten nur sehr beschränkt importiert werden. Um die dringlichsten Engpässe zu überwinden, taten sich die beiden Akademien im Gerätebau und bei der Herstellung von Feinchemikalien zusammen. Im FZT Schlieben-Bornim wurden Kapazitäten für den Eigenbau geschaffen. Die meisten naturwissenschaftlichen Institute bemühten sich notgedrungen bereits seit Jahren um den Eigenbau von Geräten.[70]

1985 kamen im AdL-Bereich die ersten Personalcomputer zum Einsatz, aber eine breite Einführung der Mikroelektronik mit ihrer Schlüsselfunktion kam nur langsam voran. Nachdem 1976 im FZT Dummerstorf-Rostock das erste Kalb im Embryotransfer geboren wurde, konnte 1986 das Verfahren praxisreif dem VE Kombinat Tierzucht übergeben werden.[71] Die schon in den 70er Jahren begonnene Fundierung von Produktionsverfahren auf der elektronischen Datenverarbeitung wurde in neuer Qualität fortgesetzt und brachte Systeme der computergestützten Boden- und Bestandsführung, eines Produktionssteuerungs- und Kontrollsystems in der industriemäßigen Tierproduktion, ein Düngungssystem[72] und die rechnergestützte Versuchsplanung und -auswertung CAD/CAM[73] hervor.

Ein weiteres Hauptfeld war das Bemühen um eine enge Verbindung von Wissenschaft und Praxis. Bei der Breitenanwendung der Ergebnisse von Forschung und Entwicklung waren die WTZ der Bezirke das wichtigste Zwischenglied. Erst durch den Abschluss von Vereinbarungen in der ersten Hälfte der 1980er Jahre konnte ein systematisches Zusammenwirken erreicht werden. Die Akademie bemühte sich um den Aufbau eines Netzes von Stützpunkten in Landwirtschaftsbetrieben, nachdem sie in der Mitte der 70er Jahre ihre Lehr- und Versuchsgüter bis auf wenige institutsgebundene Betriebe verloren hatte. Anknüpfend an lang-

70 Vgl. Dietrich-E. König/Richard Ahne/Gottfried Hirrich: Zum Aufbau und Einsatz der Rechentechnik, Mikroelektronik und Forschungsbasis für die Züchtungsforschung und Pflanzenzüchtung im Institut für Züchtungsforschung Quedlinburg, in: Rübensam/Wagemann: Zeitzeugen, S. 277–301.

71 Ingo König: Leistungen der Tierzuchtforschung am Standort Dummerstorf, in: Kuntsche (Hg.): Agrarwissenschaften, S. 267–274.

72 Vgl. dazu Erhard Albert: Düngungsforschung in der DDR, ebenda, S. 151–172.

73 Computer Aided Design (Konstruieren per Computer)/Computer Aided Manufacturing (Übertragung der mit CAD erstellten Unterlagen in die Steuerung von Maschinen).

jährige Kontakte wurden mit 320 Betrieben Leistungsvereinbarungen zu Produktionsexperimenten und zu Forschungsaufgaben abgeschlossen, in 239 Betrieben des Pflanzenbaus Höchstertragsexperimente und in 6 Tierproduktionsbetrieben Höchstleistungsexperimente durchgeführt.[74] 38 Landwirtschaftsbetriebe wirkten als zentrale Konsultationsbetriebe. Eine wichtige Form der Überleitung waren die Anwenderseminare für die Forschungsergebnisse. Das Haupthindernis einer Einführung neuer Verfahren der Pflanzen- und Tierproduktion blieb die unzureichende Materialisierung von Forschungs- und Entwicklungsleistungen durch die produktionsmittelerzeugende Industrie. Es verstärkte sich in dem Maße, wie im volkswirtschaftlichen Reproduktionsprozess Krisenerscheinungen hervortraten.

Im November 1986 beging die Akademie in einem Festakt unter Teilnahme der Präsidenten der AdW und der Bauakademie sowie von Repräsentanten des Hochschulwesens und unter Teilnahme von Delegationen aus RGW-Ländern das 35-jährige Bestehen. Eine festliche Plenarsitzung am 9.10.1987 markierte leitungsmäßig dann einen neuen Abschnitt in der Akademiegeschichte: Nach der altersbedingten Abberufung von Erich Rübensam als Präsident führte Minister Bruno Lietz im Einklang mit dem Plenum den langjährigen Vizepräsidenten Dieter Spaar in das Präsidentenamt ein.[75] Erich Rübensam wurde die Würde eines Ehrenpräsidenten verliehen. Am 7.09.1988 verstarb unerwartet Werner Felfe – kurz nach seiner Ehrenpromotion durch die Akademie.[76] Werner Krolikowski wurde sein Nachfolger als Landwirtschaftssekretär.[77]

Mit einer gegenüber 1970 verdoppelten Zahl von Personalstellen für Fachschulkader und einem fast dreifach größeren Wissenschaftlerpotential gelang der AdL in den 1980er Jahren eine bemerkenswerte Leistungssteigerung. Sie erreichte auf mehreren Gebieten weltstandbestimmende Ergebnisse, konnte aber im Ganzen wegen der unzureichenden materiell-technischen Voraussetzungen mit vielen Entwicklungstrends in führenden kapitalistischen Industrieländern nicht Schritt halten. Symptomatisch war ein Zurückbleiben im Aufbau von Kapazitäten der Biotechnologie.

---

74 Solche Experimente waren besonders bedeutungsvoll, um den Grad der Ausschöpfung des genetischen Potentials von Pflanzensorten und Tierrassen unter den Bedingungen geordneter Leitung und der Bereitstellung der nötigen materiell-technischen Ressourcen zu ermitteln und zu demonstrieren.

75 In der Plenarsitzung im September 1987 war eine Kandidatur von Dieter Spaar für das Präsidentenamt bestätigt worden. Aus der Aktenüberlieferung ist bisher nicht erkennbar, ob ein Wahlakt gemäß den Festlegungen des Statuts von 1983 erfolgte.

76 Siehe Ehrenpromotion Werner Felfe, 3. Februar 1988, Berlin (AdL) 1988. Mit Laudation von Akademiepräsident Dieter Spaar.

77 Biographie Werner Krolikowski in: Wer war wer in der DDR, 5. Auflage, S. 314–315.

Nach der völkerrechtlichen Anerkennung der DDR ergaben sich für die Akademie Möglichkeiten, in größerer Breite wieder in internationalen Vereinigungen mitzuwirken. Im Rahmen vertraglicher Abmachungen mit kapitalistischen Ländern konnten Beziehungen zu wissenschaftlichen Einrichtungen in diesen Ländern entwickelt werden – im Vergleich zur AdW aber wohl mit einiger Verspätung.[78] Am Ende des Jahrzehnts öffnete sich 1987 durch das Kultur- und Wissenschaftsabkommen zwischen der DDR und der BRD die Tür zu wechselseitigen Kontakten agrarwissenschaftlicher Einrichtungen beider deutscher Staaten.

Die Reformbewegung im Herbst 1989 zu einem demokratischen Sozialismus stellte auch die AdL vor das Problem der Selbstfindung und Veränderung.[79] Nach einer ersten öffentlichen Verlautbarung zum Reformprozess in der DDR positionierte sich das Plenum am 14. Dezember 1989 in einer internen Sitzung zu dringlichen Reformen in der Land-, Forst- und Nahrungsgüterwirtschaft und beriet Überlegungen für eine Akademiereform. Die Führungsrolle der SED, die die Volkskammer bereits aus der Verfassung der DDR gestrichen hatte, verschwand nun auch aus dem Statut der AdL. Man beschloss, ein neues Statut in Anlehnung an die Zeiten der Präsidentschaft von Hans Stubbe auszuarbeiten. Dem Plenum sollte der Rang eines obersten Organs mit Beschlusskompetenz zurückgegeben und die Institute in einem Verbund zusammengefasst werden. Man gedachte, Gelehrtengesellschaft und Institutsverband durch den Akademiepräsidenten zu verklammern. Mithin sollte die Akademie als eine dualistische Einheit wirken.

Als sich im Frühjahr 1990 immer stärker die baldige deutsche Neuvereinigung abzeichnete, wurden Überlegungen zur Einpassung in die westdeutsche Wissenschaftslandschaft erforderlich. Die Gelehrtengesellschaft wollte man erneuern und gesamtdeutsch erweitern. Bei den Instituten erhoffte man, auf der Basis einer Bund-Länder-Vereinbarung ein Großforschungszentrum nach dem Beispiel anderer in der Alt-BRD schaffen zu können. Als mit dem Beitritt der DDR zur BRD am 3.10.1990 die Entscheidungsgewalt gänzlich in westdeutsche Hände überging, wurden sofort Gelehrtengesellschaft und Institute getrennt. Nach dem Belegenheitsprinzip beschloss der Berliner Senat, die Gelehrtengesellschaft aufzulösen. Zum 31.12.1991 wurden alle Institute abgewickelt, um den Weg frei zu machen für eine generelle Neustrukturierung. Damit endete nach 40 Jahren produktiven Wirkens die im Oktober 1951 konstituierte Landwirtschaftsakademie der DDR.

78 Siehe die detaillierte Darstellung von Hans Wagemann aus dem eigenen Miterleben und Mitwirken: Wagemann (Hg.): DAL/AdL, Bd. 1/1, S. 99–103.

79 Siegfried Kuntsche: Die AdL der DDR im Umbruch 1989/1990 – Reform, Transformation und Auflösung, in: Thünen-Jahrbuch 2011 (6. Jg.), S. 51–95.

Zusammenfassende Problemsicht

Erstens: Warum und in welcher Weise kam es zur Bildung einer Zweigakademie?
Die Landwirtschaftsakademie hatte keine direkte Wurzel in der deutschen Wissenschaftsgeschichte. Als Element der Adaption eines gesellschaftlichen Entwicklungspfades im Bereich der östlichen Hegemonialmacht unter den Bedingungen des Zwei-Blöcke-Weltsystems wurde sie ad hoc nach dem Vorbild der Landwirtschaftsakademie der UdSSR gebildet. Sie entstand als Zweigakademie im Dualismus von Gelehrtengesellschaft und Institutsverbund, als staatliche Einrichtung geplanter Wissenschaft in der Einheit von Anwendungsforschung und ergebnisorientierter Grundlagenforschung. Mit der Wiedereröffnung der DAW war bereits 1946 in Ostdeutschland ein solcher Akademietypus hervorgetreten. Er knüpfte an Bestrebungen im deutschen Wissenschaftsbetrieb seit Beginn des 20. Jahrhunderts an. Mit Blick auf spätere Entwicklungstendenzen könnte man die Verbindung von Instituten mit einem dirigierenden Zentrum und einem Beratungsgremium als Vorform heutiger Formen moderner Wissenschaftsorganisation ansehen.

Ein gravierender Unterschied zur sowjetischen Landwirtschaftsakademie bestand hinsichtlich der theoretischen Grundlagen. Die Gründung der Landwirtschaftsakademie der DDR erfolgte 1951 auf dem Boden der modernen Genetik – in Entgegnung auf den Lyssenkoismus.

Zweifellos gab es Anfang der 1950er Jahre plausible Gründe, Spezialwissenschaften für systemrelevante Wirtschaftszweige institutionell zusammenzufassen, wie das in Gestalt der Bauakademie und der Landwirtschaftsakademie geschah. Zu Zeiten der DDR hatte die Landwirtschaft aus wirtschaftlichen, speziell ernährungswirtschaftlichen Gründen, und auch durch die bündnispolitischen Zielsetzungen im Politikkonzept einen solchen Charakter. Eine Zusammenfassung der Forschungspotenziale bot sich bei den Agrarwissenschaften besonders an. Sie stellen einen Wissenschaftssektor mit Systemcharakter dar: Naturwissenschaften, technische und technologische Disziplinen sowie ökonomischen Disziplinen waren aufeinander bezogen und wirkten zusammen. In der Dominanz von Anwendungsforschung in Verbindung mit ergebnisorientierter Grundlagenforschung konnte die leitungsmäßige Zusammenführung und Unterstellung unter ein Ministerium für das Wirken der Agrarwissenschaften als unmittelbare Produktivkraft vorteilhaft sein – sofern eine effektive Praxisüberleitung administrativ sichergestellt war und die Eigenverantwortung der Wissenschaft mit den Hauptkomponenten der Planungs- und Handlungsinitiative gewahrt blieb.

Zweitens: Welche Veränderungen erfuhr die Akademie?
Eine Kette von vier Statuten trug den gesellschaftlichen Wandlungen Rechnung. Im Gründungsjahrzehnt trat die Akademie schon nach wenigen Wirkungsjahren als festgefügter wissenschaftlicher Organismus mit Eigenleben und einem sich ausprägenden Wir-Gefühl der Wissenschaftler – einer corporate identity – hervor. Das Plenum folgte in seiner Arbeitsweise tradierten Formen akademischen Lebens.

Die Statuten von 1962, 1973 und 1983 veränderten die Akademie. Das traf besonders auf die Statuten von 1962 und 1972 zu.

Das Statut von 1962 kennzeichnete die DAL als staatliche Einrichtung auf dem Weg zu einer „sozialistischen Akademie“. Die innere Verfasstheit als symbiotisches Miteinander von Plenum und Instituten blieb erhalten, wobei allerdings die Steuerungsfunktion des Präsidiums und der Akademiezentrale zunehmendes Gewicht erlangte. Kernelement war die statutenmäßige Festschreibung der gesellschaftlichen Führungsrolle der SED. Sie war mit einer starken Politisierung des wissenschaftlichen Lebens verbunden. Das Statut gab eine veränderte Arbeitsweise in folgenden Formen vor: Wissenschaftsplanung auf der Basis von Wirtschafts- und Wissenschaftsprognosen, institutsgebundene Konzentration und Spezialisierung der Agrarforschung, planmäßiges Zusammenwirken der agrarwissenschaftlichen Disziplinen als Ausdruck einer „sozialistische Gemeinschaftsarbeit“, „sozialistischer Wettbewerb“ als Leitungsform, wachsende Verantwortung im Mitwirken bei der Einführung des wissenschaftlich-technischen Fortschritts in die landwirtschaftliche Praxis (auch hier mit der Leitvokabel „sozialistische Gemeinschaftsarbeit“), verstärkte Wissenschaftskooperation mit Einrichtungen in anderen Ländern des Staatssozialismus. Als Schubkraft bei der Durchsetzung dieser Arbeitsprinzipien wirkte das vom SED-Parteitag 1963 beschlossene „Neue Ökonomische System der Planung und Leitung“ (NÖSPL), das die Wissenschaft einbezog. Instrumente waren die Auftragsforschung und die sog. Wirtschaftliche Rechnungsführung anstellte der bisherigen Haushaltsfinanzierung.

Zugleich wirkte die sich zeitgleich vollziehende III. Hochschulreform zumindest hinsichtlich der ideologischen Durchdringung des wissenschaftlichen Lebens aus. Die Anerkennung der Führungsrolle der SED zog gravierende Veränderungen nach sich. In den Instituten erlangten SED-Grundorganisationen einen bestimmenden Einfluss. Durch altersbedingtes Ausscheiden vollzog sich – teilweise kaderpolitisch beschleunigt – in der Akademieleitung, im Plenum und an der Spitze der Institute ein gravierender personeller Wandel. An die Stelle von zumeist parteilos gebliebenen „bürgerlichen Wissenschaftlern“ trat eine neue Wissenschaftlergeneration, die durch die Mitgliedschaft an die Staatspartei gebunden war.

Das Statut von 1972 bestimmte den Akademiepräsidenten zum Einzelleiter, der sich in der Wahrnehmung seiner Verantwortung auf die Gremien der Akademie als ausschließlich beratende Organe ohne Beschlusskompetenz zu stützen und die Arbeit der Forschungsinstitute zu steuern hatte. Das Plenum – der Beschlussrechte und dem Recht auf Wahl des Akademiepräsidenten entkleidet – nahm Züge eines Wissenschaftlichen Rates an. Dem entsprach die nunmehrige Zusammensetzung aus verantwortlichen Leitern unter Einziehung von Repräsentanten der Kooperationspartner außerhalb der Akademie.

Das Statut von 1983 gab dem Plenum die Kompetenz der Präsidentenwahl zurück. Zugleich setzte die Akademieleitung ihre Kraft daran, durch die Intensivierung der Beratungen das Plenum wieder in das Zentrum der Akademie zu holen. Der ursprünglich gegebene Rang als oberstes Gremium wurde aber weder rechtlich noch de facto wieder erreicht. Eine Rangerhöhung der Landwirtschaftsakademie trat dadurch ein, dass der Präsident und die Akademiezentrale wissenschaftsorganisierende Funktionen gegenüber allen Forschungs- und Entwicklungseinrichtungen im Ernährungskomplex wahrzunehmen hatten. Als Instrumente dabei fungierten die schon in den 1970er Jahren gebildeten Forschungskooperationsgemeinschaften.

Drittens: Welche Wirksamkeit erreichte die Agrarwissenschaften als gesellschaftlicher Produktivkraft in der Zusammenfassung der agrarwissenschaftlichen Disziplinen in einer Zweigakademie und ihrer Unterstellung unter ein Fachministerium?

Die Zuordnung zu einem Ministerium war bei der staatlichen Ressourcenverteilung im Ministerrat von Belang. Entsprechend den generellen agrarpolitischen Zielen stand das Landwirtschaftsministerium auf einem vorderen Rangplatz. Den tatsächlichen Machtverhältnissen entsprechend gab jedoch die Machtfülle des jeweiligen Mitglieds des SED-Politbüros und Sekretärs des ZK der SED bei der Ressourcenverteilung letztlich den Ausschlag. Tendenziell setzte sich Günter Mittag gegenüber Gerhard Grüneberg und Bruno Kiesler durch.

Die Unterstellung unter das Ministerium zog nach sich, dass sich der ministerielle Blick auf die Anwendungsforschung und Praxisvermittlung fokussierte. Bei der Ressourcenzuweisung hatte sich die Akademie darum mühen, dass der wachsenden Rolle der sog. ergebnisorientierten Grundlagenforschung Rechnung getragen wurde. Die vergleichsweise begrenzten Ressourcen der DDR als mittelgroßes Land schlossen es aus, dass die Akademie erforderliche Gebiete der physikalischen, chemischen und biologischen Grundlagenforschung selbst bearbeitete. Staatliche Regelungen förderten ein zielgerichtetes Zusammenwirken mit der AdW, wobei das gemeinsame Interesse im wissenschaftlichen Gerätebau und bei der Erzeugung von Laborchemikalien als Katalysator wirkte.

Der Akademie erwuchsen Hemmnisse bei der Erarbeitung sog. Spitzenleistungen und von Leistungen in Anlehnung an den internationalen Höchststand daraus, dass sie infolge der Embargobestimmungen der NATO-Staaten und mangels Devisen in der apparativen Ausstattung und Verfügbarbarkeit spezifischer Laborchemikalien den entwickelten kapitalistischen Staaten hinterher lief, zumal die wissenschaftlich-technische Revolution Innovationen bei den elementaren materiell-technische Voraussetzungen für wissenschaftliche Höchstleistungen ungemein beschleunigte. Negativ fiel zugleich die langzeitliche Abschnürung vom internationalen wissenschaftlichen Diskurs ins Gewicht – verursacht durch die Isolationspolitik seitens der Bundesrepublik und die eigene Selbsteinigelung. Literaturauswertung und Informationen sog. Reisekader konnten dies nicht wettmachen.

Dank der zentralen Planung und Leitung ermöglichte es der staatliche Leitungsstrang, neue wissenschaftlich-technische Erkenntnisse und Lösungen in großer Breite in die Landwirtschaft zu bringen. Allerdings konnte das Ministerium langzeitlich nur begrenzt auf die Wissenschaftlich-technischen Zentren (WTZ) auf Bezirksebene Einfluss nehmen, obwohl diese das wichtigstes Bindeglied zwischen der zentralen Ebene und den Landwirtschaftsbetrieben waren. Eine Änderung trat erst ein, als im Rahmen des vom SED-Politbüro beschlossenen langfristigen Forschungsplans alle für den Ernährungskomplex tätigen Einrichtungen zusammenzuwirken hatten.

Durch die Landwirtschaftsakademie kam eine solch enge und systematische Beziehung zwischen Wissenschaft und Praxis zustande, wie sie bisher nicht bekannt war. Mittels ihrer Lehr- und Versuchsgüter bzw. Konsultationsbetriebe konnte die Akademie auf die landwirtschaftliche Praxis Einfluss nehmen. Von großem Vorteil waren die komplexen Forschungsleistungen im koordinierten Zusammenwirken von naturwissenschaftlichen, technischen sowie ökonomischen Disziplinen mit der Verfahrensentwicklung.

Der generelle Ressourcenmangel der DDR-Wirtschaft begrenzte jedoch die Einwirkung der Agrarwissenschaften auf die Agrarproduktion. Ab Mitte der 1970er Jahre konnten immer weniger Erkenntnisse und Produkte der wissenschaftlich-technischen Arbeit in Gestalt materiell-technischen Vorleistungen produktionswirksam werden. Das trat am Ende besonders bei der Entwicklung computergestützter System der Produktionsgestaltung auf dem Feld und im Tierstall zutage und war Ausdruck wachsender krisenhaften Zustände. So blieb die DDR-

Landwirtschaft trotz des Wirkens einer leistungsstarken Landwirtschaftsakademie in Flächenleistung und Effektivität hinter dem Niveau in den führenden kapitalistischen Staaten zurück und verursachte vergleichsweise größere Umweltschäden. Manche Leistung der Akademie der DDR wurde erst nach der deutschen Neuvereinigung produktionsrelevant. Langzeitlich wirkte sich positiv aus, dass sich viele Leiter und Spezialisten der Landwirtschaftsbetriebe durch enge Beziehungen zu wissenschaftlichen Einrichtungen einen Kompetenzschatz erarbeitet hatten, der nach 1990 eine wesentliche Grundlage für die erfolgreiche Entwicklung ihrer Betriebe und damit des gesamten ostdeutschen Agrarsektors wurde.

Viertens stellt sich abschließend die Frage: Lässt die Entwicklung der Landwirtschaftsakademie erkennen, dass sich in der DDR ein eigenständiger Typ „sozialistischer Forschungsakademie" herausbildete?
Im Konnex damit, dass in der DDR ein zentralistisch organisiertes Staatswesen auf planwirtschaftlicher Grundlage zunehmend alle Lebensbereiche erfasste und mit der Akademiereform in der zweiten Hälfte der 1960er Jahre auch die DAL voll in das System der Wissenschaftsplanung und Vertragsforschung mit Wirtschaftlicher Rechnungsführung einband, erlangte die Akademie zweifelsohne den Charakter einer systemimmanenten Einrichtung eines Staates mit sozialistischen Zielsetzungen. Die konstitutiven Merkmale solches eigenständigen Akademietyps bedarf der weiteren Diskussion. Ein Vergleich des historischen Befunds mit heutigen internationalen Trends in der strukturellen Entwicklung der Wissenschaft könnte hilfreich sein – nicht zuletzt, um über die 1991 mit der deutschen Neuvereinigung eingetretene Sichtverengung hinweg zu kommen.

Zu wünschen wäre, die Kolloquien zur Wissenschaftsgeschichte fortzuführen und von der Darstellung von Parallelgeschichten zur vergleichenden Analyse fortzuschreiten.

INGO KÖNIG

Fortpflanzungsforschung im Forschungszentrum für Tierproduktion Dummerstorf-Rostock

Beispiel für einen komplexen Forschungsprozess in der Akademie der Landwirtschaftswissenschaften der DDR

1. Zur Geschichte der Institutsgründung

Am Anfang der Geschichte des Forschungsstandortes Dummerstorf steht der Vorschlag zur Errichtung eines Instituts für tierische Ernährungsforschung, welcher mit Datum vom 4. August 1937 dem Präsidenten der Kaiser-Wilhelm-Gesellschaft (KGW), Prof. Bosch, unterbreitet wurde. Eine Abschrift dieses Dokumentes ist von Marion Kazemi einer breiten Öffentlichkeit zugänglich gemacht worden. Drei angesehene Professoren der Universität Halle, Gustav Frölich (Tierzucht), Theodor Roemer (Pflanzenbau) und Emil Woermann (Betriebslehre), schildern auf fünf Schreibmaschinenseiten die Situation der Tierfütterung in der landwirtschaftlichen Praxis.[1] Sie weisen darauf hin, dass offensichtlich wegen nicht ausreichender Erkenntnisse über den Futterwert und die Futterverwertung durch die Tiere, insbesondere bei den Rindern, eine Verschwendung von Nährstoffen, auch der aus dem Ausland importierten konzentrierten Futtermittel, vorliegt. Sie beziffern die Verluste auf 500 Millionen RM jährlich und betonen, dass Silierung und künstliche Trocknung des Grünfutters ganz neue Probleme der Fütterung aufwerfen, zumal zwei Drittel des deutschen Bodenertrages über die Viehhaltung veredelt werden.

1 Kazemi, Marion: Das Kaiser-Wilhelm-Institut für Tierzuchtforschung in Rostock und Dummerstorf 1939–1945, Dahlemer Archivgespräche, 8/2002, S. 137–163.

Als günstigen Standort für das vorgeschlagene Institut sahen die Antragsteller einen praktischen Gutsbetrieb (500 ha) an, der genügend große Tierherden mit einer vielseitigen Futterproduktion zu unterhalten in der Lage sei. Außerdem sollte dieser günstig zu einer Universität mit deren naturwissenschaftlichen und landwirtschaftlichen Forschungseinrichtungen liegen, „also eine enge Zusammenarbeit der verschiedenen Disziplinen" ermöglichen. Als geeigneten Leiter des Institutes schlugen sie Prof. Scheunert (Leipzig) vor.

Der Staatssekretär im Reichsministerium für Ernährung und Landwirtschaft, Herbert Backe, seit 1937 Mitglied des Senats der KWG, griff den Vorschlag offensichtlich sofort auf (war ev. auch dessen Initiator?), zumal sich in agrarpolitischen Kreisen die Überzeugung durchsetzte, dass der Mangel an Viehfutter, besonders an Eiweißfutter, zum Zusammenbruch der Fleisch- und Fettversorgung im Ersten Weltkrieg geführt hatte. Schon im November 1937 legte Backe dem Senat der KWG die Gründung eines Instituts für Tierzuchtforschung nahe, er hatte den Vorschlag aus Halle also erweitert und bezog züchterische und ernährungsphysiologische Fragen bei allen wichtigen landwirtschaftlichen Nutztieren mit ein, welche an einem Standort bearbeitet werden sollten. Dafür hielt er allerdings einen Gutsbetrieb mit 1000 ha für erforderlich. Das geplante Institut für Tierzuchtforschung sollte der gesamten deutschen Tierzucht als zentrale, einheitliche und großzügig angelegte Forschungsstätte zur Verfügung stehen. Das Gut sollte einen hohen Anteil von Dauergrünland als Weiden und Wiesen sowohl auf Mineralboden als auch auf Niederungsmoorboden besitzen, eine sichere Wasserversorgung großer Viehbestände garantieren und eine günstige verkehrstechnische Lage aufweisen. Prof. Frölich – er gilt als Lehrer des damaligen Reichslandwirtschaftministers Walther Darre' – wurde mit der Auswahl eines geeigneten Betriebes beauftragt. Zur Diskussion standen die Betriebe Iden (Kreis Osterburg), Helfta (Kreis Eisleben) und Dummerstorf (Kreis Rostock). Am 12.05.1938 besichtigte Frölich den Gutsbetrieb in Dummerstorf, auf den letztendlich seine Wahl fiel. Man hatte ihm zugesichert, auch ein Ordinariat für Tierzucht an der Universität Rostock zu etablieren.[2]

Dummerstorf, ein mecklenburgisches Gutsdorf slawischem Ursprungs (Domamerstorp), südlich von Rostock gelegen, war von 1360 bis 1905 – also 545 Jahre – im Besitz der Familie von Preen, welche bis zum Anfang des 19. Jahrhunderts zum reichsten und mächtigsten Teil des mecklenburgischen Landadels gehörte.[3] Die Familie gewann auch bedeutenden Einfluss in Rostock. Sie stiftete

2 50 Jahre Tierzucht- und Tierproduktionsforschung Dummerstorf 1939–1989, S. 11, Dummerstorf-Rostock 1989.

3 Dr. Johannes Erich Flade, Manuskript: Ortsgeschichte der Gemeinden Dummerstorf/Bandelstorf und Schlage/Göldenitz, Archiv Rostock.

das von Gottfried Schadow 1915/18 geschaffene Blücherdenkmal, welches noch heute auf dem Universitätsplatz in Rostock steht. Als sich im Laufe des 19. Jahrhunderts die wirtschaftliche Lage des Gutes verschlechterte, war Achim von Preen aus finanziellen Gründen gezwungen das Gut 1905 zu verkaufen. Neuer Eigentümer wurde der Deutsch-Amerikaner Einrique Gildemeister, welcher das Gut in sehr schlechtem Zustand übernahm und mit beträchtlichen Aufwendungen modernisierte. Entsprechend der nationalsozialistischen Bodengesetzgebung, wonach Ausländer kein Bodeneigentum im Reich besitzen durften, zwang man ihn 1935 zum Verkauf an die Reichsumsiedlungsgesellschaft. Von dieser erwarb das Reichsministerium für Ernährung und Landwirtschaft das Gut in einer Größe von 1.009 ha und übergab es der Kaiser-Wilhelm-Gesellschaft zur Nutzung.

Am 30. Mai 1938 beschloss der Senat der KWG die Errichtung des Institutes auf dem Gut Dummerstorf. Zum 1.07.1939 wurde Prof. Frölich mit der Leitung des Institutes beauftragt. Gustav Frölich, 1879 in Oker bei Braunschweig geboren, war 1910–1912 Professor für Tierzucht an der Universität in Jena, 1912–1915 Professor für landwirtschaftliche Betriebslehre in Göttingen und ab 1915 Professor für Tierzucht und Tierernährungslehre und Direktor des Institutes für Tierzucht und Milchwirtschaft in Halle. Am 28.10.1939 übersiedelte er von Halle nach Rostock.

Er hatte wahrscheinlich schon bald nach seinem Besuch im Mai 1938 mit den Vorbereitungen zum Umbau des Gutsbetriebes, dem Aufbau des Institutes und der Organisation wissenschaftlicher Arbeit begonnen. Als einer der ersten wissenschaftlichen Mitarbeiter wurde Dr. Otto Liebenberg, ein Schüler von Frölich, eingestellt, welcher schon am 15.08.1939 seine Arbeit aufnahm und sich im Laufe der Jahre große Verdienste um Dummerstorf erwarb. Offizieller Termin für die Übernahme des Gutes und die Gründung des Institutes war der 1. September 1939.

Gemeinsam mit dem Architekten A. Kegebein (Güstrow) und Ministerialrat Homann (Berlin) erarbeitete Frölich den Generalplan für Ausbau und Modernisierung von Dummerstorf. Vom Dezember 1939 liegt eine Abschrift seiner Richtlinien für den Ausbau vor, in denen er sich zu Details der Umgestaltung des Gutes im Hinblick die Errichtung des Institutes äußert.[4]

---

4 Richtlinien die beim Ausbau von Dummerstorf für die Einrichtung des Kaiser-Wilhelm-Institutes für Tierzuchtforschung zu beachten sind. Entworfen von Prof. Dr. Frölich, Rostock-Dummerstorf, Archiv.

Das Reichsministerium für Ernährung und Landwirtschaft orientiert anlässlich einer Besichtigung in Dummerstorf am 10. und 11. Januar 1940 (zeitweise anwesend auch Staatssekretär Backe) darauf, bei „der baulichen Gesamtgestaltung des landwirtschaftlichen Betriebes und der Institutsanlagen einen möglichst geschlossenen und einheitlichen Gesamteindruck zu erzielen und dabei auf die heutigen Anforderungen sowohl in arbeitstechnischer, betriebswirtschaftlicher, tierzüchterischer und tierhygienischer sowie in sozialer und baukultureller Hinsicht weitestgehend Rücksicht zu nehmen“. Es sollte eine Trennung des landwirtschaftlichen Betriebes von der Institutsanlage – bei Wahrung der Einheitlichkeit in der äußeren Erscheinung – gesichert sein.[5] Für den Ausbau des landwirtschaftlichen Betriebes weist die Bauplanung 2,38 Millionen RM aus, für die Neuanlage des Institutes 3,92 Millionen RM.

Die Bauarbeiten begannen noch im Jahre 1939, bis Ende 1942 waren 2,1 Millionen RM vorwiegend im landwirtschaftlichen Betrieb und zur Sicherstellung der Infrastruktur (Wasser und Strom, Straßen) verbaut. Obwohl kurz nach der Institutsgründung der II. Weltkrieg begann, forcierte die Naziführung den großzügigen und modernen Ausbau des Institutes. Auch während des Krieges wurden die Bauarbeiten gesichert, die meisten Mitarbeiter wurden vom Wehrdienst freigestellt und Kriegsgefangene und Lagerhäftlinge beim Bau eingesetzt, was der prioritären Einordnung der Forschungen für die angestrebte Autarkie entsprach. Bedeutungsvoll war der Bau des ersten deutschen Trockenwerkes für Grünfutter und Rübenblätter (Rema-Rosin-Anlage), welches 1944 in Betrieb genommen wurde.

2. Die Forschung von der Gründung bis zum Ende des 2.Weltkrieges

Das neu gegründete Institut für Tierzuchtforschung sollte vor allem ein Musterbetrieb für Tierproduktion im norddeutschen Raum sein. Zur Bewältigung der schon damals umfangreichen und vielseitigen Aufgabenstellungen wurde eine Struktur vorgesehen, welche auch aus heutiger Sicht eine Lösung komplexer Aufgaben ermöglichte. Neben tierartspezifischen wissenschaftlichen Abteilungen für die Pferde, Rinder, Schafe, Schweine und die Kleintiere wurden wissenschaftliche Querschnittsabteilungen konzipiert und gebildet:

---

5 Niederschrift, Kaiser-Wilhelm-Institut für Tierzuchtforschung in Dummerstorf (Mecklenburg), Besichtigung am 10. und 11. Januar 1940, gez. Homann, 24.2., Dummerstorf, Archiv.

- Abteilung Morphologie
- Abteilung Physiologie und biologische Chemie
- Abteilung Biologie und Genetik
- Abteilung Veterinärmedizin und Konstitutionsforschung.

Bemerkenswert: der vorhandene und weiter aufzubauende Tierbestand sollte damals ausnahmslos der Forschung dienen. Die Geschichte des Forschungsstandortes wird zeigen, dass in späteren Jahren die ständige Diskussion über die Priorität von Forschung oder Produktion in den Dummerstorfer Tierbeständen zu einem permanenten Hemmnis in der Organisation der wissenschaftlichen Arbeit führte. Noch im Jahre 1939 wurde mit der Forschungsarbeit auf den Gebieten der Schaf-, Rinder- und Pferdezucht begonnen. Bereits in den ersten Forschungsplänen sind Themen zur Fortpflanzung landwirtschaftlicher Nutztiere enthalten, wobei die künstliche Besamung eine vorrangige Stellung einnahm:

- Anwendung der künstlichen Besamung zur Bekämpfung von Deckseuchen,
- Großversuch zur künstlichen Besamung beim Rind,
- Ausdehnung der künstlichen Besamung auf Pferde und Schafe für die intensivere Ausnutzung hervorragender Vatertiere.

Übergeordnetes agrarpolitisches und züchterisches Ziel war die Schließung der „Fettlücke“. Die Erhöhung der Fettproduktion sollte insbesondere durch die Steigerung des Milchfettgehaltes beim Deutschen Schwarzbunten Rind mittels Einkreuzung ausländischer Rinderrassen mit hohem Milchfettgehalt erreicht werden. Frölich hatte zu diesem Zwecke Jersey-Bullen und Kühe des Dänischen Rotviehs importiert und erste Kreuzungen schon in Halle vorgenommen. In Dummerstorf konnte er diese Versuche in größerem Maßstab weiterführen. In diesem Zusammenhang wurde bereits 1939 in Zusammenarbeit mit dem Verband Mecklenburger Rinderzüchter, Güstrow, der erste Großversuch zur künstlichen Besamung in Deutschland mit 2.000 Kühen zur Vererbung von Milchmenge, Fettgehalt und Fettmenge eingeleitet. Der Versuch wurde von Dr. Otto Liebenberg organisiert und betreut.

Bis zu diesem Zeitpunkt – also Ende der 30er Jahre – war in Deutschland die künstliche Besamung nur begrenzt zur Bekämpfung von Deckinfektionen der Rinder, besonders in Süddeutschland, eingesetzt worden. Wie jedoch die Geschichte der instrumentellen Samenübertragung zeigt, wurde Besamung bei landwirtschaftlichen Nutztieren damals bereits in der UdSSR zur Vermehrung wertvoller Zuchttiere und zum Aufbau der durch Bürgerkrieg und Kollektivierung reduzierten Tierbestände genutzt. Erfolgreicher Pionier der dortigen Entwicklung war der Russe Elia Iwanov, der Ende des 19. und Anfang des 20. Jahrhunderts im Institut für experimentelle Medizin in St. Petersburg erfolgreich am Thema der künstlichen Befruchtung arbeitete. Er vertrat frühzeitig die Auffassung, dass der künstlichen Befruchtung auch bei Säugetieren große Bedeutung zukomme. Iwanov schreibt:[6] „Im Frühjahr desselben Jahres hatte ich schon Tatsachen beobachtet, welche darauf hinwiesen, dass das Gebiet der künstliche Befruchtung bei den Säugetieren ein größeres sei, als man früher angenommen hatte. Es war mir geglückt, zu beweisen, dass man durch die Einführung von Samenfäden in künstlichem Sperma ohne Sekret der akzessorischen Geschlechtsdrüsen in die Scheide der Säugetiere eine Schwangerschaft hervorrufen und eine Geburt eines gesunden Nachwuchses erzielen kann.“ Damit hatte er eine Grundfunktion der künstlichen Besamung (KB) aufgezeigt: die Möglichkeit das Ejakulat zu verdünnen, die Spermien zu portionieren und in „künstlichem Sperma“ zu inseminieren.

Die Schlussfolgerungen Iwanovs aus seinen Experimenten in russischen Gestüten aus dem Jahre 1910 enthalten wesentliche Feststellungen, die sich später als voll gerechtfertigt erwiesen:

- Nachkommen zeigen keine Abweichungen bei künstlicher und natürlicher Befruchtung
- Keine Beeinträchtigung der Gesundheit der Stuten
- Künstliche Besamung – „mächtiges Mittel zur Bekämpfung der Sterilität“
- mehrere Befruchtungen aus einem Ejakulat möglich
- Technik auch für andere Tierarten anwendbar.

Eine breitere Anwendung in der Praxis gelang zu Zeiten Iwanovs noch nicht. Die Pferdebesamung wurde erst nach Revolution und Bürgerkrieg wieder aufgenommen, da man darin die Möglichkeit des Ausgleiches der Verluste von Hunderttausenden von Hengsten sah. Mit der Gründung des Zentralinstitutes für die künstliche Besamung in Moskau im Jahre 1931 begannen in der Sowjetunion die systematischen Forschungen und die Überleitungsversuche in der Praxis. In Deutschland wurde in jener Zeit noch eine heiße Diskussion über mögliche Schäden geführt, welche durch die künstliche Besamung ausgelöst werden könnten. Exemplarisch dafür stehen Streitschriften, die zwischen V. Goerttler (Jena) und R. Götze (Hannover) in der „Berliner und Münchner Tierärztlichen Wochenschrift“ der Jahrgänge 1942/43 gewechselt wurden.[7]

6 Iwanov, E.: Die künstliche Befruchtung der Haustiere, aus dem Russischen übersetzt, mit einem Vorwort von W. Nasgorski, März 1910.

7 Goerttler, V.: Soll die Zukunft der künstlichen Besamung erörtert werden? Berliner und Münchner Tierärztliche Wochenschrift, Jahrgänge 1942/43.

Umso bedeutungsvoller war der erste Großversuch zur Rinderbesamung in Mecklenburg, welcher den Aufbau des Instituts für Tierzuchtforschung Dummerstorf begleitete. Methodische Hilfe in Hinblick auf die Besamungstechnik leisteten Götze (Hannover) und Küst (Gießen) sowie deren Mitarbeiter. Götze war im Jahre 1933 im Zentralinstitut für künstliche Besamung der Haustiere in Moskau bei MILOWANOW gewesen, hatte nach seiner Rückkehr eigene Instrumente konstruiert und Erfahrungen bei der Bekämpfung von Deckseuchen in Süddeutschland gewonnen. Obwohl die Ablehnung der künstlichen Besamung für züchterische Zielstellungen in Deutschland durch Wissenschaft und Praxis noch weit verbreitet war, zeigten Frölich und später Schmidt in Dummerstorf großes Interesse. Aus Gießen kam der Tierarzt Dr. Krauss nach Dummerstorf und übernahm ab 1.10.1939 die Leitung der Arbeitsgruppe Besamung.

Die Organisation des Großversuches und die Beurteilung der erzielten Ergebnisse erfolgte durch O. Liebenberg.[8] Die Befruchtungsergebnisse lagen anfangs bei durchschnittlich 68 Prozent. Nachdem der Glucose-Phosphat-Verdünner „Hannover" zur Verfügung stand, wurden durchschnittlich 73 Prozent Befruchtung erreicht. Je Bulle konnten jährlich ca. 800 Rinder besamt werden. Nicht zuletzt durch diesen Dummerstorfer Großversuch konnten Zweifel ausgeräumt werden, dass durch die künstliche Besamung Nachkommen entstehen könnten, welche bezüglich Entwicklung, Gesundheit und Leistung denen aus dem natürlichen Deckakt nachstehen würden.

Prof. Frölich starb bereits im August 1940. O. Liebenberg schreibt 1986: „Der zügige Aufbau wurde durch den Tod von Prof. Frölich kurz unterbrochen. Doch mit sehr viel Energie wurde er bald von Jonas Schmidt weitergeführt."[9] Jonas Schmidt, ord. Professor für Tierzucht und Haustiergenetik an der Universität in Berlin, übernahm auf Veranlassung von Backe am 15.10.1940 geschäftsführend auch die Leitung des Dummerstorfer Instituts. Er führte den Aufbau des Gutes und des Institutes sowie die Forschungen nach Frölichs Plänen bis 1945 weiter. „Dummerstorf wurde bis zum Kriegsende hervorragend auf- und ausgebaut und hat unter der Leitung von Jonas Schmidt Weltruf erlangt."[9] Jonas Schmidt verließ Dummerstorf am 23.04.1945 mit seiner Frau in Richtung Westen, er baute später in Mariensee ein Institut mit gleichem Profil auf.[10]

8 Liebenberg, Otto: Wirkt sich die künstliche Besamung nachteilig auf die Entwicklung der Kälber aus? Tierzucht, 1947.

9 Aus einem Brief von Prof. Liebenberg an Dr. Schaaf, 1986, Archiv Dummerstorf.

10 Köppe, A.: Professor Jonas Schmidt zum 65. Geburtstag, Tierzüchter, 2 (1950), S. 515–516.

Am 1.05.1945 rückte die Sowjetische Armee kampflos in Dummerstorf ein, „nachdem zuvor von verantwortungsbewussten Mitarbeitern, wie Melkermeister Franz Michling, als Zeichen einer kampflosen Übergabe auf dem Trockenwerk eine weiße Fahne gehisst worden war“[11]. Der Gutsbeamte F. Hildebrandt beschreibt in einem Zeitzeugenbericht die Übergabe durch ihn selbst an einen sowjetischen Panzerkommandanten.[12] Dummerstorf war bis Ende September 1946 Versorgungsbetrieb der Roten Armee, Dr. Liebenberg blieb als Zootechniker verantwortlich. Zusammen mit dem Administrator Ostermann erwarb er sich große Verdienste um die Erhaltung des Betriebes und des Institutes.

3. Wiederaufbau des Forschungsstandortes in den Jahren 1946–1962, unter besonderer Berücksichtigung der Fortpflanzungsforschung

Mit Datum 30.07.1946 erging der erste Forschungsauftrag nach dem Krieg laut Befehl 118 des Verwaltungschefs der Sowjetischen Militäradministration (SMA) an das Institut für Tierzuchtforschung. An erster Stelle stand eine praktische Aufgabe zur Fortpflanzung: „die Anwendung der künstlichen Befruchtung bei Stuten und Kühen“.

Als am 1.10.1946 Dummerstorf als **Zentralforschungsanstalt für Tierzucht** an die Deutsche Wirtschaftskommission übergeben war, wurde der Neubeginn in der Forschung möglich. Dr. Otto Liebenberg setzte wissenschaftliche Untersuchungen zur Besamung fort und fasste die Ergebnisse und Erfahrungen in seiner Habilschrift und weiteren Publikationen zusammen.[13]

Im Jahre der Gründung der Deutschen Akademie der Landwirtschaftswissenschaften 1951 wurde die Abt. Fortpflanzungsbiologie gegründet; als Wissenschaftlicher Abteilungsleiter erhielt Prof. Dr. med. vet. Karl Schmidt die Berufung, wiss. Mitarbeiter waren Diplom-Ldw. G. Koriath und ab 1956 der Tierarzt F. Döcke.

Mit Gründung der Abteilung wurde die Absicht verfolgt, das Aufgabengebiet Biologie der Fortpflanzung in allen Phasen der Entwicklung und bei allen landwirtschaftlichen Haustieren forschungsmäßig zu bearbeiten.[14]

11 50 Jahre Tierzucht- und Tierproduktionsforschung Dummerstorf, 1939–1989, S. 23.

12 Frithjof Hildebrand: Dummerstorf 1945. Das Kriegsende auf dem größten Tierzuchtforschungsbetrieb Europas ..., Schreibmaschinenschrift, Aurich, Januar 1989, Archiv Dummerstorf.

13 Liebenberg, O.: Der Einfluss verschiedener Umweltfaktoren auf die Befruchtungsfähigkeit der Vatertiere unter besonderer Berücksichtigung des Spermabildes, 1950, Univ. Rostock, Habil.-Schrift.

14 Stahl, W.: 10 Jahre Tierzuchtforschung Dummerstorf, Die deutsche Landwirtschaft, 10(1959), S. 485.

Als Schwerpunkte der Forschung wurden u.a. formuliert:
- künstliche Besamung beim Rind (insbes. Spermatologie),
- Populationsgenetische und fortpflanzungsphysiologische Untersuchungen,
- Eitransplantation.

Der zahlenmäßig beschränkte Mitarbeiterstab führte zu einer Konzentration der Arbeiten auf die künstliche Besamung beim Rind und erste Untersuchungen zur Polyovulation und Eitransplantation.

Unter dem Direktorat von Prof. Wilhelm Stahl entstand bis 1956 ein für damalige Verhältnisse modern und großzügig angelegter Komplex mit Laborgebäude, Besamungsstation und Bullenställen. Anlässlich der Eröffnung dieser Forschungseinrichtungen für die Fortpflanzung in Dummerstorf fand ein Symposium zur künstlichen Besamung in Kühlungsborn statt. Die Teilnahme vieler namhafter Wissenschaftler und Pioniere der künstlichen Besamung aus dem In- und Ausland steht für die hohe Anerkennung der Dummerstorfer Forschungseinrichtung: Prof. Aehnelt, Prof. Bratanow, Prof. Cohrs, Prof. Eibl, Prof. Hofmann, Prof. Koller, Prof. Kusnezow, Prof. Küst, Prof. Liebenberg, Prof. Schaetz, Dr. Sell, Prof. Vandeplassche u.a.[15]

In der zweiten Hälfte der 1950er und am Beginn der 1960er Jahre wurden in Dummerstorf Forschungen zu Einflüssen auf die Spermaproduktion, Ganztagsweide und Bullenfütterung, Sprungintervall, Verdünnung, Kälteresistenz sowie Spermabeurteilung durchgeführt und deren Ergebnisse veröffentlicht. Namen wie Koriath, Karl Schmidt, Döcke, Jenichen, Steger, Bergfeld und Kauffold stehen für diese Zeit umfangreicher fortpflanzungsphysiologischer und besamungstechnischer Untersuchungen. Ihre Ergebnisse zur Spermagewinnung, Spermabeurteilung, zu Verdünnermedien, CO_2- und Tiefgefrier-Konservierung sind in vielen Fällen in die Besamungspraxis eingeflossen.

Schon in den Gründungsdokumenten der Abt. Fortpflanzungsbiologie aus den Jahren 1950/51 sind Ansätze für Forschungen zur Eitransplantation bei landwirtschaftlichen Nutztieren ersichtlich. Erste Versuchspläne liegen aus dem Jahre 1953 vor, die dann 1958/59 zu Forschungsaufgaben führten. Untersuchungen zur Polyovulation begannen zunächst bei Angorakaninchen und Schafen. K. Schmidt legte 1959 eine Arbeit vor, wonach Hypophysenextrakte vom Pferd denen vom Schwein bei nichtgeschlechtsreifen Kaninchen zur Follikelstimulation überlegen waren. Die Dosisabhängigkeit der Ovarreaktion wurde deutlich. Beim Schaf konnte das Serum tragender Stuten (PMSG) zur Superovulation schon in der Kenntnis eingesetzt werden, dass das Ergebnis wesentlich vom Ver-

15 Tagungsber., DAL Nr.10, 1957.

hältnis der follikelstimulierenden zu den luteolytischen Hormonen im Stutenserum – der FSH-LH-Wirkungsrelation – beeinflusst wird. Damit lagen bereits Erkenntnisse vor, welche viele Jahre später in gemeinsamen Arbeiten von Klinskij (Moskau/Dubrovizi) und von Bergfeld in Dummerstorf so erfolgreich weitergeführt wurden, dass in den 80er Jahren speziell ausgewählte PMSG-Chargen für die biotechnische Fortpflanzungssteuerung beim Schwein und die Superovulation beim Rind im VEB Serumwerk Dessau-Rosslau produziert und in der breiten Praxis eingesetzt werden konnten.

Rückblickend ist festzustellen, dass Anfang der 1960er Jahre ein hohes Niveau der fortpflanzungsphysiologischen Grundlagenforschung in Dummerstorf erreicht worden war. Leider erfuhr diese Entwicklung einen abrupten Abbruch durch einen Eingriff der Akademieleitung, welcher von der Abteilung Landwirtschaft des Zentralkomitees der SED veranlasst worden war. Infolge dessen verließen angesehene Wissenschaftler das Institut, gewachsene Strukturen wurden aufgelöst, die weit fortgeschrittene Fortpflanzungsforschung wurde komplett eingestellt. Wie kam es dazu?

4. Der Abbruch der Fortpflanzungsforschung zu Beginn der 1960er Jahre

Im Zusammenhang mit dem Beginn der Einführung der sozialistischen Großproduktion in die Landwirtschaft der DDR zu Beginn der 1960er Jahre wurden durch die Partei- und Staatsführung ungenügende Ergebnisse in der tierischen Produktion und ebenso in der Tierzuchtwissenschaft hart kritisiert.[16] Bei einem Arbeitsbesuch am 10./11.02.1961 im Dummerstorfer Institut durch G. Grüneberg, Kandidat des Politbüros des ZK der SED, Prof. Bartsch, stellvertretender Leiter der Abt. Landwirtschaft im ZK der SED und Direktor des Institutes für Tierzüchtung und Haustiergenetik der Humboldt-Universität Berlin, und Prof. Plachy, Wissenschaftlicher Direktor der DAL zu Berlin, wurden Ergebnisse der wissenschaftlichen Arbeit gefordert, welche unmittelbar in der Praxis zur Produktionssteigerung führen sollten.

Die wissenschaftlichen Arbeiten und Themen der Dummerstorfer Wissenschaftler wurden bemängelt. Später wurde berichtet, dass die Arbeiten der Abteilung Fortpflanzungsbiologie von G. Grüneberg als „Spielerei mit Eizellen“ bezeichnet worden seien. Bisher konnten noch keine schriftlichen Belege gefunden

16 Hühn, Regina u.a.: Die Fortpflanzungsforschung am Institut für Tierzuchtforschung in Dummerstorf von 1939 bis 1964, „agrarumwelt“ M-V, e.V. Projekt 1993, Archiv Dummerstorf.

werden, welche diese Aussage wahrscheinlich erscheinen lassen könnten. Die abwertende Kritik jedoch wurde auf mehreren Veranstaltungen wiederholt und führte zu ernsthaften Auseinandersetzungen zwischen den Leitungsorganen und den Dummerstorfer Wissenschaftlern. Wir wissen bis heute nicht, ob es einen Beschluss zur Beendigung der Fortpflanzungsforschung in Dummerstorf gab, ob mit einem Federstrich oder lediglich mit einer flapsigen Bemerkung eine jahrelang erfolgreich arbeitende Forschungsrichtung zunichte gemacht wurde. Fest steht jedoch, dass der Direktor des Institutes, Prof. Wilhelm Stahl, ein hoch anerkannter Tierzuchtwissenschaftler und Direktor seit 1953, seinen Rücktritt anbot und diesen am 30.11.1961 vollzog. Der Leiter der Abteilung Fortpflanzungsphysiologie, Prof. Karl Schmidt, verließ die DDR im Frühjahr 1962 und Dr. F. Döcke wechselte am 31.05.1962 nach Berlin an die Charité, wo er später bemerkenswerte endokrinologische Ergebnisse erzielte und publizierte. Auch Wissenschaftler anderer Abteilungen mussten damals das Institut verlassen. Im Ergebnis dieser nicht wissenschaftlich begründeten, sondern politisch initiierten Ereignisse wurde die Fortpflanzungsforschung in Dummerstorf ab 1962 stark reduziert. So wurde die Abt. Fortpflanzungsphysiologe in eine Arbeitsgruppe zurückgestuft, in der als wissenschaftliche Mitarbeiter noch Bergfeld und Kauffold verblieben. Im Jahre 1964 wurden die letzten spermatologischen Arbeiten eingestellt und auch diese Arbeitsgruppe aufgelöst. Die verbliebenen Mitarbeiter wurden anderen Strukturen des Institutes zugeordnet.

Die Rinder-Besamungsstation der vormaligen Abteilung Fortpflanzungsphysiologie wurde an die Abteilung Rinderzucht angegliedert und zur Produktion von flüssig-konserviertem Bullensperma für die Kreise Rostock und Bad Doberan genutzt. Nach Einführung der Kryokonservierung von Bullensperma erfolgte dann die Auflösung der Station. Damit waren die im Welttrend liegenden Forschungsarbeiten zur Fortpflanzung landwirtschaftlicher Nutztiere in Dummerstorf beendet worden. Im Plan „Wissenschaftlich-technischer Fortschritt" des Instituts für Tierzuchtforschung 1963 finden Fragen der Fortpflanzung keinerlei Erwähnung mehr.

5. Der Wiederaufbau der Fortpflanzungsforschung in Dummerstorf 1966–1991

Ende der 1950er Jahre entwickelte sich eine steigende Nachfrage nach magerem Schweinefleisch. Es entstand die Notwendigkeit zur Umzüchtung der fettwüchsigen deutschen Schweinerassen (Deutsches Veredeltes Landschwein, Deutsches Edelschwein) zu Fleischschweinen. Dafür wurden Fleischschweineber aus Skandinavien, Großbritannien, aus der Sowjetunion (Baltikum) und der BRD für die Rasseneinkreuzung importiert. Für eine effektive Realisierung des Einzüchtungsprogramms wurde auch beim Schwein die künstliche Besamung erforderlich. Diese wurde zu jener Zeit in Deutschland von den meisten Vertretern der Tierzuchtwissenschaft und den Schweinzüchtern noch abgelehnt und von einigen Vertretern der Veterinärmedizin aus „anatomischen Gründen" als nicht anwendbar bezeichnet. Es existierten in der Schweinezucht ähnliche Vorbehalte wie drei Jahrzehnte vorher in der Rinderwirtschaft.

Der Jenaer Tierzuchtprofessor F. Hofmann hatte 1959 China bereist und konnte dort Kreuzungswürfe chinesischer Landschweine sehen, welche aus der Samenübertragung von Importebern des sowjetischen Großen Weißen Schweines (ca. 300 kg Körpergewicht) auf Sauen der Landrasse (ca. 70 kg Körpergewicht) stammten. Er erkannte die Bedeutung der künstlichen Besamung für die Einkreuzung fremder Rassen auch beim Schwein und für die planmäßige Belegung großer Sauengruppen innerhalb von wenigen Tagen (periodenweises Abferkelsystem). Noch aus China veranlasste er mich auf brieflichem Wege mit Datum vom 30.11.1959 zur Aufnahme entsprechender Arbeiten auf dem Lehr- und Versuchsgut der Universität Jena in Jena-Zwätzen.[17]

Das Ministerium für Landwirtschaft, Erfassung und Forstwirtschaft der DDR verfügte am 13.05.1960 die verstärkte Durchführung von Forschungsarbeiten zur Einführung der künstlichen Besamung bei Schweinen. Ich halte es für möglich, dass Prof. Hofmann, welcher über seine ehemaligen Schüler gute Verbindungen zum Ministerium pflegte, in seinem Reisebericht eine entsprechende Anregung gegeben hatte. Jedenfalls konstituierte sich auf seine Anregung am 15.07.1960 die „Sozialistische Arbeitsgemeinschaft Schweinebesamung" in der DDR, der neben Vertretern des Tierzuchtinstitutes Jena, des Instituts für künstliche Besamung Schönow und der Klinik für Fortpflanzungsstörungen und Geburtshilfe der Humboldt-Universität Berlin auch Vertreter der Praxis und des

17 König, I., Ingeborg Tschinkel und H. Ehrlich: Die Entwicklung der künstlichen Besamung beim Schwein in Thüringen 1961–1965, Tierzucht, 20 (66) 6, S. 310–315.

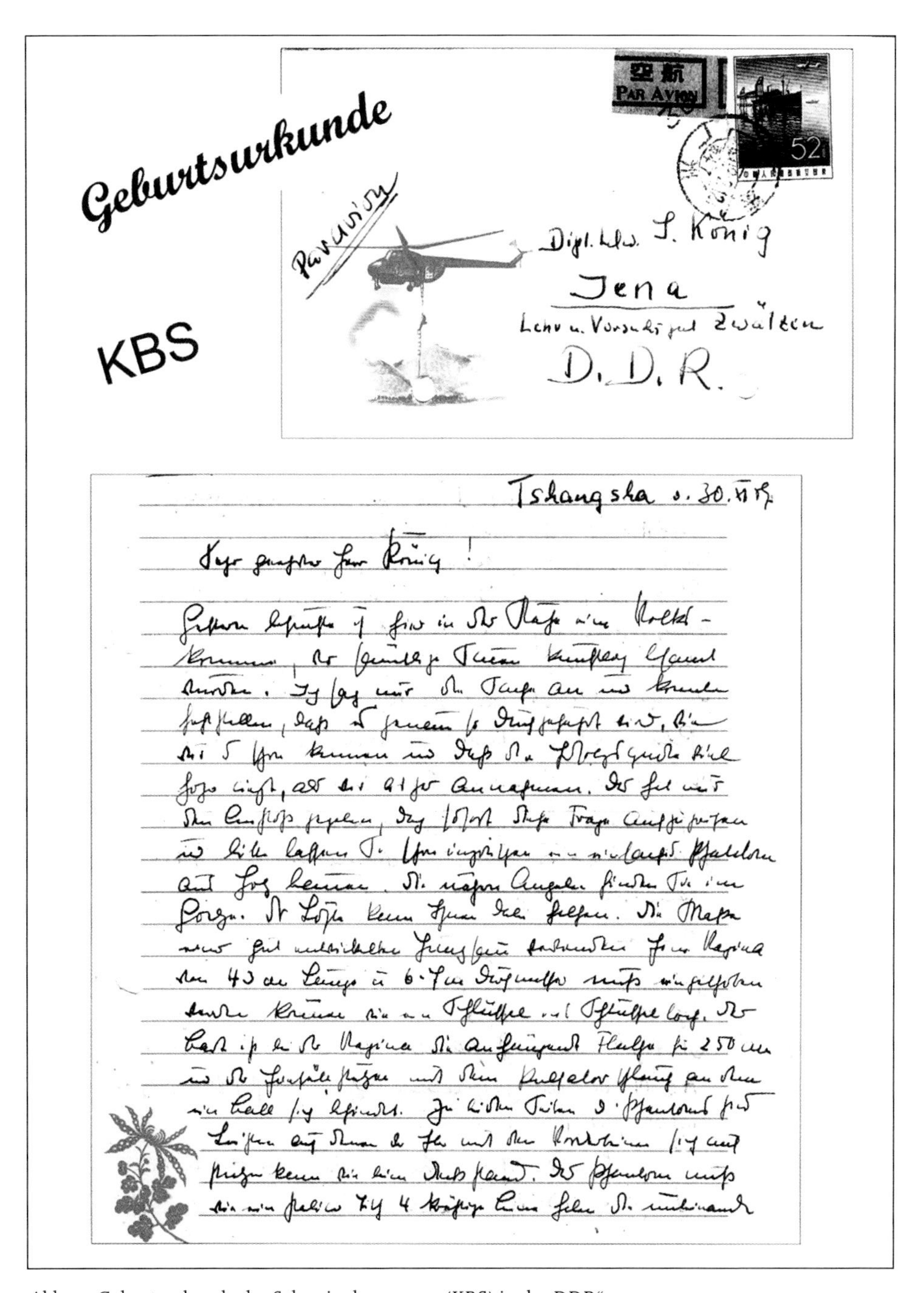
Geburtsurkunde

KBS

PAR AVION

Par avion

Dipl. Ldw. S. König
Jena
Lehr u. Versuchsgut Zwätzen
D. D. R.

Tshangsha d. 30. XI. 59

Sehr geehrter Herr König!

Abb. 1: „Geburtsurkunde der Schweinebesamung (KBS) in der DDR" 1959

Ministeriums angehörten.[18] Das Institut für Tierzuchtforschung Dummerstorf war in der Gruppe nicht vertreten.

Forschung und erste Praxisversuche in der DDR zur Schweinebesamung (KBS) basierten auf Methoden und Erfahrungen in der UdSSR. In der Folge entstanden erste Schweinebesamungsstützpunkte in großen Zuchtbetrieben. In enger und abgestimmter Zusammenarbeit zwischen der Partnern der AG „KBS" wurden Besamungs- und Laborgeräte entwickelt, nach sowjetischen Beispiel der Plischko-Verdünner eingeführt und die KBS mit weitgehender Unterstützung der VVB Tierzucht in die Praxis überführt. Die Arbeiten in Jena hatten zu einem gut ausgerüsteten und in der Herdbuchzucht bereits erfolgreichen Besamungsstützpunkt für Schweine in Wichmar bei Camburg geführt.

5.1 Etappe „Schweinebesamung" in Dummerstorf

Dem Institut für Tierzuchtforschung Dummerstorf wurde im Jahre 1962 im Rahmen der Entwicklung der sozialistischen Landwirtschaft in der DDR durch Beschluss des Ministerrates die Funktion eines Leitinstitutes für die Fragen der Rinder- und Schweinezucht übergeben. Damit war die komplexe Bearbeitung von Forschungsthemen zur Entwicklung und Einführung moderner Züchtungsverfahren sowie die Ausarbeitung und Einführung rationeller Zucht- und Produktionsverfahren für große Tierproduktionsanlagen gefordert. Dazu erfolgte ein rascher personeller und materiell-technischer Ausbau des Forschungsinstituts.

Prof. Hans-Rüdiger Schumm wechselte 1962 von der Hochschule für Landwirtschaft Bernburg nach Dummerstorf, wo er zum Wissenschaftlichen Abteilungsleiter für Schweinezucht, gleichzeitig zum Stellvertreter des Direktors und Vorsitzenden des Wissenschaftlichen Rates berufen wurde. Neben den züchterischen Arbeiten zum Linienzuchtprogramm begannen Arbeiten zur Technologie der Schweinehaltung in Großanlagen. Diese waren auf die notwendige Konzentration der Zuchtschweine- und Mastschweinebestände und die Intensivierung der Produktionsmethoden der Schweinehaltung in der DDR beim Übergang zu sozialistischen Produktionsverhältnissen gerichtet. Mit dem Aufbau der ersten Versuchsanlage für Schweinezucht und -produktion mit einem Tierbestand von 200 Zuchtsauen einschließlich gesamter Nachzucht in Pankelow wurden dafür auch experimentelle Bedingungen geschaffen.

18 König, I.: Künstliche Besamung auch bei Schweinen, Tierzucht (1960) Heft 11, S. 491–494.

Unter der Leitung von Heinz Schremmer entwickelte sich ein komplex angelegter Technologie-Forschungsbereich. Zunächst vollzog sich die Entwicklung „industriemäßiger Produktionsmethoden" stark technisch-technologisch orientiert. Verfahren der arbeitssparenden Aufstallung, Automatisierung von Fütterung und Entmistung (Gülle) standen im Mittelpunkt. Biologisch ausgerichtete Untersuchungen im Hinblick auf eine moderne Tierproduktion gewannen jedoch bald an Gewicht. Schumm erkannte diese Notwendigkeit und war bemüht die vorhandenen Defizite zu beseitigen. Er hatte die von mir aufgebaute und geleitete Vatertierprüfstation und Schweine-Besamungsstation des Institutes für Tierzucht der Friedrich-Schiller-Universität Jena in Wichmar kennen gelernt und fasste den Gedanken, ähnliches in Dummerstorf zu realisieren. Er warb mich für eine Mitarbeit in Dummerstorf und ich gewann in der Folge fast die komplette Jenenser Gruppe mit Ingeborg Tschinkel, Erika Podlesak, U. Hühn und Regina Hühn sowie Ewald Brand für Dummerstorf, zumal die Auflösung der Landwirtschaftlichen Fakultät der Universität Jena im Rahmen der III. Hochschulreform bevorstand.

Ich nahm die Arbeit am 3.01.1966 als Mitarbeiter der Abt. Schweinezucht auf. Durch plötzliche Abberufung des damaligen Direktors von Dummerstorf, Dipl.-Landwirt W. Boenig, wurden Schumm mit der Leitung des Institutes und ich mit der Leitung der Abt. Schweinezucht und der eben fertiggestellten Schweinezuchtanlage in Pankelow beauftragt. Da ich entsprechend unserer Ergebnisse in Jena der Überzeugung war, dass ein effektiver Fortschritt in der Schweinezucht und Schweinehaltung vor allem durch konsequente Entwicklung und Einführung der Schweinebesamung zu erreichen sei, profilierte ich die wissenschaftliche Abteilung Schweinezucht konsequent zur Abteilung „Fortpflanzung und Reproduktion des Schweines". Diese grundsätzliche Änderung des Forschungsprofils erschien mir vertretbar, da züchterische Themen entsprechend der Konzeption des VVB Tierzucht Paretz vom VVB-eigenen Institut für Schweinezucht in Ruhlsdorf übernommen werden sollten. In der Vermehrungszuchtanlage Pankelow II mit 400 Sauen konnte eine moderne Schweinebesamungsstation aufgebaut werden. Durch die Einstellung von neuen wissenschaftlichen und technischen Mitarbeitern wurden optimale personelle Voraussetzungen geschaffen. Damit begann der Neuaufbau der Fortpflanzungsforschung in Dummerstorf. Von nun an konnte das Institut für Tierzuchtforschung Dummerstorf der AdL Schritt für Schritt wichtige Aufgaben in der Fortpflanzungsforschung wahrnehmen. Dabei beruhte dieser Aufbau von Anfang an auf Planmäßigkeit und Kooperation.[19]

Die wissenschaftliche Arbeit wurde durch erste Schritte in die Praxis und die dabei erarbeiteten Erfahrungen bereichert. Noch war die Befruchtungsfähigkeit des flüssigkonservierten Eberspermas auf 12 Stunden begrenzt und verhinderte eine flächendeckende Anwendung. Es war eine im Wesentlichen von Dummerstorf vorangebrachte Entwicklung, welche die Übernahme, erfolgreiche Prüfung, Anpassung und Produktion des in der UdSSR von Plischko (Kiew) entwickelten Verdünners durch den VEB Berlin Chemie ermöglichte. Der Plischko-Verdünner gewährleistete eine Einsatzfähigkeit des Eberspermas bis zu 72 Stunden. Damit war der Weg frei für die breite Anwendung der KBS. Diese wurde weitgehend von Dummerstorf aus als Hauptsteuerungselement des Linienzuchtverfahrens etabliert und so zu einer wesentlichen Grundlage der Züchtung von Fleischschweinen in der DDR. Die flächendeckende Einführung der KBS erfolgte unter Verantwortung der VVB Tierzucht und erreichte einen Anwendungsumfang und Ergebnisse, welche führend in der Welt waren: im Jahre 1988 wurde eine Besamungsdichte von 86,3 Prozent bei 80,4 Prozent Trächtigkeitsrate und 10,36 lebendgeborenen Ferkeln je Wurf erreicht.[20] Im Weltmaßstab gesehen nahm die DDR mit etwa 1,8 Millionen Erstbesamungen beim Schwein den zweiten Rang hinter der UdSSR ein. In der BRD betrug der Anteil der Würfe aus künstlicher Besamung im Jahre 1991 26,1 Prozent.[21] In den 20 Jahren nach der Wiedervereinigung glich sich dieser Unterschied aus. Schätzungsweise beträgt der Anteil der KBS an den kontrollierten Belegungen in Deutschland heute 91 Prozent.[22]

Die unbestritten überaus erfolgreich verlaufene Erarbeitung und Nutzung des wissenschaftlich-technischen Fortschrittes auf dem Gebiet KBS in der DDR basierte auf einer planmäßigen und kollektiven Zusammenarbeit in der AG „Schweinebesamung“, in welcher Wissenschaft und Praxis von Anfang an kooperierten und die vom Ministerium, von der AdL und der Tierzuchtleitung beispielhaft unterstützt wurde.

---

19 Konzeption für die etappenweise Einführung der KB in die Schweinezucht der DDR unter Berücksichtigung der Linienzucht und erforderlicher Großexperimente. (König, I. und Ingeborg Tschinkel u.a., 10. Januar 1966)

20 König, I.: Schweinebesamung, Biologie, Technik, Organisation, Deutscher Landwirtschaftsverlag Berlin, 5. überarb. Auflage 1990.

21 Schweineproduktion in Deutschland 1991, Zentralverband der Deutschen Schweineproduktion, Bonn 1992, 1996.

22 Hühn, U.: Schätzung, telefon. Mitteilung, 22.10.2012.

5.2 Etappe „Biotechnik beim Schwein"

In der Folgezeit – Ende der 1960er Jahre – rückten bei der Jungsauenbesamung Fragen der Fortpflanzungsphysiologie wie Pubertätseintritt, Brunsteintritt, Brunstverlauf und neuroendokrine Steuerung des Sexualgeschehens in den Focus. Eine wesentliche Unterstützung der Jungsauenbesamung wurde in der medikamentellen Synchronisation der Brunst gesehen.

Prof. Schumm konnte vom Tierzuchtkongress in Edinburg 1966 eine winzige Menge „Aimax" ICI 33.828 mitbringen, welche vom VEB Jenapharm analysiert und synthetisiert wurde. Bereits am 23.09.1966 beschlossen die Mitglieder der AG „Schweinebesamung" Untersuchungen zur Brunstsynchronisation in den Forschungsplan aufzunehmen. Im Jahre 1967 begannen in Dummerstorf die ersten Versuche,[23] woraus sich eine neue inhaltliche und organisatorische Etappe der Fortpflanzungsforschung entwickelte: das Forschungsgebiet „Biotechnik der Fortpflanzung". „Als biotechnische Verfahren der Fortpflanzungssteuerung werden alle auf optimalen zootechnischen Voraussetzungen (Züchtung, Haltung, Fütterung) beruhenden Maßnahmen des planmäßigen Eingreifens in die physiologischen Abläufe der Fortpflanzung mit dem Ziel der Leistungssicherung, der Leistungssteigerung und der terminlichen Regulierung der Fortpflanzungsereignisse verstanden. (König, 1973)[24]

In der heutigen Zeit ist es einer Bemerkung wert, in der damaligen Zeit war es für uns selbstverständlich: der neue wissenschaftliche Ansatz wurde nicht im Institut, der Abteilung oder gar im Labor eines Wissenschaftlers abgekapselt und individuell diskutiert und bearbeitet, sondern schon bei der Konzeption der Forschung potentiellen Interessenten anderer Einrichtungen im Rahmen fachspezifischer, institutsübergreifender Arbeitsgruppen zur Mitarbeit unterbreitet. Primäres Ziel war nicht die individuelle Publikation, sondern der gemeinsame Erfolg bei der wissenschaftlichen Entwicklung von Verfahren zur Effektivierung der Nahrungsgüterproduktion.

Mit der Registrierung des vom VEB Jenapharm entwickelten Brunstsynchronisationspräparates Suisynchron im Jahre 1973 begann die Entwicklung einer Reihe von Pharmaka für die biotechnische Fortpflanzungslenkung beim Schwein, zu der in nationaler und internationaler Koordinierung zahlreiche Institutionen und Wissenschaftler beitrugen. In besonderem Maße eingebunden waren die AdW-Institute ZIMET in Jena, das Institut für Wirkstoffforschung in

23 Bergfeld, J.: Brunstsynchronisation beim Schwein, Vortrag, V. Konferenz der Akademien der Wissenschaften der RGW-Länder, Krakow, Sept. 1968.

24 König,I.: Biotechnik in der industriemäßigen Schweineproduktion, Tierzucht 27 (1973) 7, S. 314–316.

Berlin, die Forschungsabteilungen von Jenapharm, Berlin-Chemie, Arzneimittelwerk Dresden, Serumwerk Dessau und Serumwerk Bernburg, die Abt. Veterinärwesen des Ministeriums sowie das Staatliche Prüfinstitut für Veterinärpräparate Berlin. In den Jahren 1971 bis 1990 konnten in der DDR nach entsprechender pharmakologischer und klinischer Prüfung acht Veterinärpräparate für die biotechnische Fortpflanzungssteuerung landwirtschaftlicher Nutztiere zugelassen werden.[25]

Arzneimittel für die biotechnische Fortpflanzungssteuerung beim Schwein (eine Auswahl, zugelassen in den Jahren 1971 - 1990 in der DDR) (Medicaments for biotechnical control of reproduction in pigs, a selection - registered in the GDR from 1971 to 1990)

Präparat	Hersteller	Wirkstoff	Anwendung
SUISYNCHRON-Prämix	Serumwerk Bernburg	Zink-Metallibur	Brunstsynchronisation Jungsauen
PROLOSAN „Dessau"	Impfstoffwerk Dessau/Tornau	PMSG	Brunststimulation Jung- u. Altsauen
PREGMAGON „Dessau"	Impfstoffwerk Dessau	PMSG	Brunststimulation Jung- u. Altsauen
SUIDOR	Serumwerk Bernburg	Androstenon	Brunstkontrolle, -stimulation
GONABION AWD	Arzneimittelwerk Dresden	HCG	Ovulationsauslösung
GN-RH vet. „Berlin-Chemie"	Berlin-Chemie	Gn-RH	Ovulationsauslösung
GONAVET	Berlin-Chemie; Veyx	D-Phe6-LHRH	Ovulationsauslösung
CLOPROSTENOL Jenapharm	Jenapharm	Prostaglandin-F2α	Geburtensynchronisation
DEPOTOCIN	Spofa, CSSR; Veyx	Carbetocin	Geburtsauslösung und -beschleunigung
REGUMATE-Altrenogest	Roussel Uclaf Vertr.:Serumwerk Bernburg	Allyltrenbolon	Brunstsynchronisation Jungsauen

Abb. 2: Arzneimittel für die biotechnische Fortpflanzungsteuerung beim Schwein

Bis zum Jahre 1991 konnten folgende der industriemäßigen Produktion von Schweinefleisch angepasste Verfahren der Fortpflanzungssteuerung beim Schwein in die Praxis überführt werden:

- Pubertätsinduktion bei Jungsauen,
- Brunst- und Ovulationssynchronisation bei Jungsauen,
- synthet. Ebergeruchsstoff für die Brunstkontrolle und Brunststimulation Suidor („Duftlaterne"),
- Brunst- und Ovulationssynchronisation bei Altsauen,
- Geburtssynchronisation.

25 König, I. und U. Hühn: Zur Steuerung der Fortpflanzung bei Sauen- eine Retrospektive, Arch. Tierz. Dummerstorf, 40 (1997) 3, S. 239–256.

Mit den Verfahren der künstlichen Besamung und der Brunstsynchronisation waren die Hauptbestandteile der Fortpflanzungstechnologie beim Schwein[26] entwickelt. Sie wurden in den folgenden Jahren von der VVB Tierzucht, den Veterinärorganen der Republik und der Bezirke in ständiger Zusammenarbeit mit Wissenschaftlern und Praktikern der Schweinezucht als komplexe Fortpflanzungstechnologie eingeführt und durch den Bereich Fortpflanzung Dummerstorf wissenschaftlich begleitet, stetig weiterentwickelt und ergänzt. Die Verfahren waren weitgehend standardisiert und in Technischen Gebrauchsnormen (TGL) niedergelegt. Die gemeinsamen Leistungen wurden im Jahre 1974 durch die Verleihung des Nationalpreises I. Klasse (im Kollektiv) hoch gewürdigt.

Zur endokrinologischen und fortpflanzungsphysiologischen Erforschung und vor allem Kontrolle der biotechnischen Verfahren beim Schwein – heute würde man von Technologiefolgen-Abschätzung sprechen – wurden seit Beginn der 1970er Jahre entsprechende Arbeitsgruppen und Abteilungen im Institut für Tierzuchtforschung, ab 1970 Forschungszentrum für die Tierproduktion Dummerstorf-Rostock (FZT) der AdL, etabliert. Schrittweise erfolgte eine bemerkenswerte Personalaufstockung des Bereiches Fortpflanzung, insbesondere mit Naturwissenschaftlern (Biologen, Biochemikern, Physiologen) und Veterinären, welche ab 1973 – mit dem Beginn der Embryotransferforschung beim Rind – noch erweitert werden konnte. So war es möglich, experimentelle biotechnische Arbeiten bei Schwein und Rind durch ein breites Spektrum hormonanalytischer, zellphysiologischer, immunologischer und proteinchemischer Methoden zu stützen.[27] Hochfrequente Analysen zur Darstellung episodischer Hormonfreisetzung, ihrer Beeinflussbarkeit und ihrer Abhängigkeiten wurden durchgeführt. Eine Vielzahl hormoneller Parameter waren als Indikatoren nutzbar: Progesteron, Östradiol, Östron, Testosteron, Androstendion, Östronsulfat, $PGF_{2\ alpha}$, Prolaktin, FSH, LH, GnRH, STH. Derartige Analysen dienten zur Dosisoptimierung und Rückstandskontrolle.

26 Tschinkel, Ingeborg und I. König: Künstliche Besamung und Brunstsynchronisation als Hauptbestandteil der Fortpflanzungstechnologie, Habilschrift Univ. Rostock, 1969.

27 König, I.: Fortpflanzungsforschung in Dummerstorf, Erinnerungen 1966–1991; Erinnerungen von Zeitzeugen an ihr Wirken in der Agrarwiss. der DDR, Hg. E. Rübensam u. H. Wagemann, 2011.

5.3 Etappe „Embryotransfer Rind"

In den ersten Jahren des Wiederaufbaus der Fortpflanzungsforschung am Forschungsstandort Dummerstorf (1966–1972) war die Fortpflanzung beim Schwein das zentrale Thema. Fragen der Rinderfortpflanzung lagen vor allem in den Händen der Tierklinik für Geburtshilfe und Rinderkrankheiten der Humboldt-Universität Berlin und wurden auch von dieser Einrichtung koordiniert (F. Schaetz, W. Busch).

Angeregt durch die angelsächsische Literatur begannen wir uns 1972/73 in Dummerstorf konzeptionell mit der Biotechnik „Eitransplantation beim Rind" zu beschäftigen. Sehr schnell wurde uns klar, dass damit weitere Züchtungsfortschritte beim Rind erreicht werden können. Wir erkannten als besondere Potenzen für die Aufnahme von Forschungen auf diesem Gebiet die Komplexität unseres Forschungsstandortes sowie unsere aus der Schweinefortpflanzung herrührenden kooperativen Verbindungen mit der pharmazeutischen Industrie und der VVB Tierzucht. Außerdem war es naheliegend, die Eitransplantation als Thema im Rahmen der internationalen Zusammenarbeit der RGW-Länder zu formulieren, für deren Organisation das FZT unter Leitung von Karl Rothe seit 1972 zuständig war.

Unsere konzeptionellen Vorstellungen zum Aufbau einer neuen Forschungsrichtung „Embryotransfer" und deren internationale Ausrichtung wurden von der AdL unterstützt.[28] Nach vorbereitenden Gesprächen mit unseren internationalen Partnern im Oktober 1973 in Nitra und Brno fasste der Rat der Bevollmächtigten des RGW-Koordinierungszentrums (KOZ) auf seiner Beratung im November 1973 in Rostock den Beschluss zur Bildung eines Zeitweiligen Internationalen Forscherkollektivs (ZFK) „Eintransplantation". Es nahm im Juni 1974 seine Arbeit auf. Ihm gehörten insgesamt 25 Wissenschaftler aus Bulgarien, der DDR, Polen, Rumänien, der UdSSR und der CSSR an. Geleitet wurde das ZFK durch das FZT Dummerstorf-Rostock der Akademie der Landwirtschaftswissenschaften der DDR. Leiter des ZFK war Prof. Peter Rommel, dessen Abteilung „Experimentelle Physiologie" im Bereich Fortpflanzung des FZT auch den Embryotransfer im nationalen Rahmen bearbeitete. Damit war gesichert, dass nationale und internationale Aktivitäten stets abgestimmt waren und sich ergänzen konnten.

---

28 Schreiben von Präsident Rübensam an G. Grüneberg vom 22.10.1973, Archiv Dummerstorf.

Als Ergebnis gemeinsamer Experimente wurde im Juli 1976 als erster Erfolg der RGW-Länder das Kalb „SEVA“ in Dummerstorf geboren.[29] Die Arbeit des ZFK wurde im Jahre 1982 planmäßig abgeschlossen. Es war erreicht worden, dass trotz anfänglich vorhandener großer Leistungsunterschiede in den Instituten der beteiligten Länder die wissenschaftlichen und z.T. die materiell-technischen Voraussetzungen zur Forschung und Anwendung des Embryotransfers gegeben waren.

In der DDR selbst vollzogen sich die komplexen Forschungs- und Entwicklungsarbeiten zum ETR entsprechend der langfristigen Forschungsplanung der Akademie und des Ministeriums/VVB Tierzucht beruhend auf Dummerstorfer Vorschlägen in fünf Etappen:

- 1972/73 – Konzeptionelle Vorbereitung
- 1974/78 – Forschungsarbeiten in Dummerstorf, Gründung des ZFK
- 1979/82 – Erste Experimente unter Produktionsbedingungen, Inbetriebnahme erster ETR-Station in der Praxis
- 1983/85 – Produktionsexperimente in 6 ausgewählten Rinderstammzuchtzentren der VVB Tierzucht, Komplettierung durch züchterische, ökonomische und organisatorische Forschungen, Anwenderschulung
- 1986/1987 – Überleitung in Stammzuchtzentren der VVB Tierzucht
- 1988 – Durchführungsbestimmung zum Tierzuchtgesetz (ETR)

Ein herausragendes Ergebnis wurde mit der Dummerstorfer Stammkuh „Lorelei“ erreicht: neben acht eigenen Kälbern wurden in den Jahren 1983 bis 1986 nach mehrmaliger Superovulation, Embryonengewinnung und Übertragung auf Ammenmütter 57 Kälber geboren, so dass die Nachkommenschaft der Kuh auf 65 Kälber anwuchs.

Diesem Erfolg wurde anlässlich des 50-jährigen Bestehens des Instituts im Mai 1989 mit dem „Dummerstorfer Kuhstein“ ein Denkmal gesetzt.

In ähnlicher Weise wie die künstliche Besamung beim Schwein wurde auch der Embryotransfer beim Rind zum Vehicle beim Auf- und Ausbau der Fortpflanzungsforschung in Dummerstorf. Im Verlauf dieser als volkswirtschaftlich besonders wichtig eingeschätzten Forschungen konnte der personelle und strukturelle Wiederaufbau der Fortpflanzungsforschung bemerkenswert vorangebracht und insbesondere die für die Komplexität der Themen erforderlichen Grundlagen – Endokrinologie, Ovarphysiologie und Entwicklungsbiologie – planmäßig erweitert werden.

29 König, I. und P. Rommel: Embryotransfer beim Rind, Biologie-Technik-Organisation, VEB Deutscher Landwirtschaftsverlag Berlin, 1987, 1990.

Abb. 3: „Lorelei“ 012836 mit 13 Kälbern aus der 3. Superovulation am 24.06.1985

Abb. 4: Der „Kuhstein“ am Eingang des Institutes (Axel Peters, 1989)

5.4 Etappe „ Befruchtungsbiologie"

In einer weiteren Phase des Wiederaufbaus und der Weiterentwicklung der Fortpflanzungsforschung in Dummerstorf stellt der Embryotransfer die Basistechnologie für die Erarbeitung von In-vitro-Techniken im Rahmen der Befruchtungsbiologie dar: monozygote Zwillinge, Geschlechtsdetermination, Tiefgefrierung, In-vitro-Befruchtung, Klonierung und Gentransfer. Wieder entwickelte sich auf der Basis gewachsenen Vertrauens eine kollegiale Forschungskooperation, sowohl zur Abteilung Molekulargenetik des FZT (Dr. Schwerin) als engstem Partner sowie zur Forschungsstelle für Wirbeltierforschung der AdW unter Leitung von Prof. Dathe/Prof. Pitra.

Bei allen drei großen Forschungskomplexen (Besamung und Biotechnik beim Schwein, Embryotransfer, Befruchtungsbiologie) hatten wir als Wissenschaftler unsere inhaltlichen Vorstellungen entwickelt und diese an die Akademie und das Ministerium herangetragen. In Anbetracht der in den 1960er Jahren in den Experimentieranlagen der Schweinezucht und Schweinehaltung in Pankelow erlangten Erfahrungen legten wir großen Wert auf die Definition und getrennte Behandlung einerseits und das Zusammenspiel und die zeitliche Abfolge der drei Ebenen Grundlagenforschung, Anwendungsforschung und Überleitung andererseits. Dies betraf sowohl die materiell-technischen Voraussetzungen (Tiere, Ställe, Ausrüstungen) als auch die Wahrnehmung der ökonomischen, produktionstechnischen und versuchstechnischen Verantwortung im Rahmen der Forschungsplanung. So war die Entwicklung des ETR bis 1982 voll in der Verantwortung und der Finanzierung der Akademie, in der Phase der Anwendungsforschung (Produktionsexperimente) ging die materiell-technische und z.T. finanzielle Trägerschaft an die VVB Tierzucht über, während die wissenschaftliche Betreuung und Anleitung die Aufgabe des wissenschaftlichen Institutes blieb. In der letzten Etappe, der Überleitung, übernahm die VVB Tierzucht – nun VE Kombinat Tierzucht – die gesamte Regie und setzte für die Betreuung der neuen Verfahren das eigene Wissenschaftlich-technische Zentrum in Schönow ein.

Der Verlauf dieser Forschungsarbeiten bis zur Nutzung kann als das angestrebte Modell für die agrarwissenschaftlichen Forschungen unter Verantwortung und Leitung der Akademie der Landwirtschaftswissenschaften in Berlin gelten:

- erkannte Erfordernisse der Praxis oder mögliche technologische Entwicklungen wurden als Forschungsaufgaben durch die Wissenschaftler konkret formuliert[30],

30 Der Bereich Fortpflanzung des FZT Dummerstorf führte in zweijährigem Abstand zweitägige „Ideenkonferenzen" an neutralem Standort zur Auswertung abgeschlossener und Formulierung neuer Forschungsaufgaben (Pflichtenheften) durch, an denen alle Wissenschaftler und leitende Techniker teilnahmen.

- der entsprechende Entwurf eines Forschungsauftrages wurde an die forschungsleitenden Organe als Vorschlag (Konzeption) eingereicht,
- bei Bestätigung bezog die koordinierende Einrichtung diejenigen Institute, Universitätsinstitute, Industriebetriebe, Praxispartner ein, welche aufgrund ihrer Ausrichtung (Kompetenz) einen Lösungsbeitrag erbringen konnten,
- vor Einführung neuer Verfahren, Präparate usw. erfolgte als letzte Stufe klinischer Erprobung eine umfangreiche Praxiserprobung unter Kontrolle staatlicher Organe (Ministerium, SVP, VVB).

Zur Absicherung der strukturellen und personellen Voraussetzungen dieser komplexen und umfassenden Aufgaben sowie zur Wahrnehmung der nationalen und internationalen Koordinierungsverpflichtungen war der Forschungsbereich Fortpflanzung bemerkenswert ausgebaut worden. Er bestand 1990 aus fünf wissenschaftlichen Abteilungen, einer selbstständigen Arbeitsgruppe und vier Tierversuchsstationen, wobei eine hohe Spezialisierung der Mitarbeiter erreicht worden war:

- Abt. Endokrinologie/Biochemie
- Abt. Fortpflanzungsverfahren Schwein
- Abt. Fortpflanzungsphysiologie Schwein
- Abt. Embryotransfer Rind
- Abt. Angewandte Embryologie
- AG Fortpflanzungstechnologie Rind
- Tierversuchsstationen in Dummerstorf, Hohen Wangelin, Schlage, Klockenhagen.

Bereichsleitung und Wissenschaftsorganisation verantworteten die Forschungsplanung und deren Kontrolle, die Verbindung zur Leitung des FZT, der AdL, dem Auftraggeber VVB und den zahlreichen Kooperationspartnern der Industrie. Enge Zusammenarbeit bestand mit Abteilungen des Bereiches Züchtungsforschung im FZT, besonders mit der Abt. Molekulargenetik (Dr. Schwerin, Dr. Roschlau, Dr. Schwiderski). Von 108 Mitarbeitern des Bereiches Fortpflanzung waren 43 Wissenschaftler (darunter 19 weiblich), davon 18 Naturwissenschaftler, 16 Landwirte und 7 Tierärzte. Großes Augenmerk wurde auf die persönliche Qualifizierung gelegt: 19 Mitarbeiter erlangten die Promotion A, sieben Mitarbeiter die Promotion B und aus dem Forschungsbereich gingen letztendlich sieben Professoren hervor.

Die ständig verbesserte personelle Ausstattung des Forschungsbereiches, die erreichten Qualifizierungen und die im Forschungsprozess gereifte Kompetenz der Mitarbeiter gestattete die Übernahme von Leitungsfunktionen in der nationalen und internationalen Koordinierung der Fortpflanzungsforschung im Rahmen der AdL. Diese wissenschaftsorganisatorischen Aufgaben in der nationalen Forschungskooperationsgemeinschaft (FKG) „Biologie und Biotechnik der Fortpflanzung" und im Thema „Fortpflanzungsbiologie und Fortpflanzungssteuerung bei Rind, Schwein und Schaf" der internationalen Zusammenarbeit des Rates für gegenseitige Wirtschaftshilfe (RGW) hatten große Bedeutung für die Entwicklung des Bereiches Fortpflanzung in Dummerstorf. Ein großes Hemmnis in der wissenschaftlichen und persönlichen Entwicklung der Mitarbeiter stellte das durch die Leitung der AdL realisierte Publikations-, Reise- und Kontaktverbot zu Einrichtungen und Persönlichkeiten des kapitalistischen Auslandes dar. Auch die Einstufung von biologischen Forschungsergebnissen als „Vertrauliche Dienst-sache" führte dazu, dass westdeutsche und westeuropäische Fachkollegen aus der Fachliteratur kaum Kenntnisse von den Ergebnissen der agrarwissenschaftlichen Forschung in der DDR erlangen konnten. Unter anderem war dies auch ein Grund dafür, dass unsere Forschungsergebnisse in der westdeutschen und westeuropäischen Literatur nicht oder kaum zitiert wurden.

Kuntsche[31] hat darauf hingewiesen, dass Forschungskooperationsgemeinschaften in den Statuten der AdL verankert waren. Meine persönliche Einschätzung als Leiter der FKG „Biologie und Biotechnik der Fortpflanzung" von 1976 bis 1990 zu dieser Organisationsform der Forschung ist auch heute noch positiv. Die Mitwirkung der Universitätsinstitute gewannen wir vor allem durch eine vorbehaltlose Einbeziehung und die Übergabe von Koordinierungsfunktionen. So gelang es uns, eine komplexe Forschung zu gewährleisten, worunter wir die weitgehende Kombination von vertikaler (institutsübergreifender) und horizontaler – relevante Wissenschaftsdisziplinen einbeziehender – Organisation des Forschungsprozesses verstanden. Sicherlich ein Vorgehen, welches hohen Koordinierungsaufwand erforderte. Dabei unterschätze ich nicht, dass ein Grund des kollegialen Zusammenwirkens in komplexen Forschungsprozessen natürlich auch die Einflussmöglichkeit der AdL auf die Forschungsmittel darstellte. Es erwies sich als förderlich, dass die FKG alle zwei Jahre eine DDR-Tagung zur Fortpflanzung landwirtschaftlicher Nutztiere durchführte, auf der alle Akteure teilnahmen und ihre Leistungen darstellten. Von 1976 bis 1990 fanden 7 derartige „Biotechnik-Tagungen" statt.

Die Organisationsform des Forschungszentrums für Tierproduktion der AdL bot natürlich besonders günstige Voraussetzungen für den komplexen Forschungsprozess, weil das Vorhandensein aller drei Ebenen am Standort beson-

31 S. Kuntsche, Beitrag „Forschungsakademien der DDR" am 3.02.2012.

dere Kombinationseffekte ergab. Wir konnten das am Forschungsstandort Dummerstorf durch den Wiederaufbau der Fortpflanzungsforschung in den Jahren 1966 bis 1990 eindrucksvoll belegen. Dies musste auch die Evaluierungskommission anerkennen. Ich zitiere aus der Beurteilung des Bereichs: „Kennzeichnend für diese Gruppe ist die enge Zusammenarbeit mit benachbarten Fachdisziplinen und die Komplexität der Forschung.“[32]

Auf die Entwicklung der Fortpflanzungsforschung in Dummerstorf hat ohne Zweifel die Koordinierungsfunktion des FZT im Rahmen des RGW großen Einfluss genommen. Über Funktion und Ergebnisse des Zeitweiligen Forscherkollektivs war schon berichtet worden. Darüber hinaus wurden auch endokrinologische, biotechnische und befruchtungsbiologische Themen im internationalen Rahmen behandelt. Es beteiligten sich in diesen Gruppen die Fachspezialisten von acht Ländern, wobei die Koordinierung in den Ländern durch die jeweils führenden nationalen (Zentral-)Institute wahrgenommen wurde.

Fortpflanzungsbiologie und Fortpflanzungssteuerung bei Rind, Schwein und Schaf

(Koordinierung: DDR, FZT Dummerstorf, I. König)

VR Bulgarien – Institut für Biologie und Immunologie der Fortpflanzung und Entwicklung der Organismen, Sofia (A. Savov, N. Bankov)
Ungarische VR – Forschungszentrum für Tierzucht und Tierernährung, Gödöllö (J. Becze)
DDR – Forschungszentrum für Tierproduktion, Dummerstorf-Rostock (I. König), Institut für Künstliche Besamung, Schönow (W. Peter)
Mongolische VR – Forschungsinstitut für Tierzucht und Veterinärmedizin, Ulan-Bator (D. Bolchorlo)
VR Polen – Institut für Zootechnik, Balice-Krakow (S. Wierzbowski, A. Laszszka)
SR Rumänien – Institut für Rinderzucht, Corbeanka (V. Otel), Institut für Biologie und Ernährung landwirtschaftlicher Nutztiere, Balotesti (M. Parascivescu)
UdSSR – Allunions-Forschungsinstitut für Tierzucht, Dubrovici (J. D. Klinskij)
ČSSR – Forschungsinstitut für Veterinärmedizin, Brno (Z. Vèznik)

32 Stellungnahmen zu den außeruniversitären Forschungseinrichtungen im Agrarbereich, III.2, Köln, 27.09.1991.

Neben den Aufgaben in dieser mehrseitigen internationalen Zusammenarbeit realisierte der Bereich Fortpflanzung auch die Hauptkoordinierung und eine intensive Mitarbeit in der zweiseitigen Zusammenarbeit UdSSR/DDR zum Thema „Hormoneinsatz in der Tierproduktion", welche von der pharmazeutischen Industrie unseres Landes mit Interesse unterstützt wurde.

Die internationale Wissenschaftskooperation des Bereiches Fortpflanzung entsprach den Aufgaben, welche die Akademie der Landwirtschaftswissenschaften der DDR im Rahmen des RGW-Abkommens über die wissenschaftlich-technische Zusammenarbeit in der Tierproduktion übernommen und dem Koordinierungszentrum (KOZ) Dummerstorf übergeben hatte. Die Leitung des Forschungszentrums für Tierproduktion Dummerstorf-Rostock und des KOZ lag von 1972 bis 1991 in den Händen von Prof. Dr. vet. med. habil. Dr. h.c. Karl Rothe (1930–2011), welcher sich große Verdienste um die Entwicklung des Forschungsstandortes erworben hat. Karl Rothe, als Kleinbauernsohn in Sachsen-Anhalt geboren, absolvierte eine dreijährige Landwirtschaftslehre und erwarb die Hochschulreife auf der Arbeiter-und-Bauern-Fakultät in Halle. Nach dem Studium der Veterinärmedizin an der Humboldt-Universität in Berlin erhielt er 1958 die tierärztliche Approbation und promovierte noch im selben Jahr. Er habilitierte sich bei seinem Lehrer F. Schaetz 1963 mit dem Thema Schweinebesamung. Im gleichen Jahr erhielt er einen Lehrauftrag an der Friedrich-Schiller-Universität Jena und wurde 1968 als ordentlicher Professor auf den Lehrstuhl „Reproduktion landwirtschaftlicher Nutztiere" an die Universität Leipzig berufen. Im Jahre 1973 wurde Karl Rothe mit der Leitung des Forschungszentrums für Tierproduktion der Akademie der Landwirtschaftswissenschaften der DDR betraut, welche er bis zum Ende des Jahres 1991 wahrnahm. Seine Aufgaben erfüllte Karl Rothe mit Hingabe, hohem persönlichen Einsatz und in bemerkenswerter Bescheidenheit. Sein Leitungsstil war sehr menschlich und kollegial, auf harmonischen Ausgleich bedacht. Mit „breitem bäuerlichen Kreuz" hat er in komplizierten politischen Zeiten dem FZT und manchem Mitarbeiter geholfen, schwierige Situationen zu überstehen. Umso schwerer fiel es ihm 1991, vielen Mitarbeitern das Ende ihrer Beschäftigung im Institut mitteilen zu müssen. Es entsprach zutiefst seinem Charakter, dass er diesen bitteren Weg ebenfalls auf sich nahm und 1992 – im Alter von 62 Jahren – auf eigenen Wunsch in den vorzeitigen Ruhestand ging. Er zog sich nicht völlig zurück, sondern übernahm den Vorsitz des Vereins „agrarumwelt e.V.", welcher für einige Jahre Heimstatt vieler freigesetzter Wissenschaftler und Mitarbeiter des FZT und der Universität Rostock wurde. Sein jahrzehntelanger Einsatz für den Forschungsstandort Dummerstorf wurde zum 70. Geburtstag mit der Ernennung zum Ehrenbürger der Gemeinde gewürdigt. Karl Rothe verstarb nach schwerer, kurzer Krankheit einen Tag vor seinem 81. Geburtstag.

Zusammenfassung

Wenn wir heute ein Resümee über die Geschichte der Fortpflanzungsforschung am Standort Dummerstorf in der Zeit von 1939 bis 1991 ziehen, finden wir eine Vielzahl gesellschaftspolitischer Einflüsse mit gravierenden Auswirkungen. Die Gründung des Institutes und die Formulierung seiner Aufgaben im Jahre 1939 leiten sich zweifelsohne aus den Erfahrungen des Ersten Weltkrieges mit seinen Hungerwintern und der Zielstellung der Nahrungsmittel-Autarkie im Zusammenhang mit neuerlicher Kriegsvorbereitung durch die nationalsozialistische Führung ab.

Mitten im Krieg, auch mit der Hilfe von Kriegsgefangenen und Zwangsarbeitern, wurde das Gut Dummerstorf um- und das Institut aufgebaut. Gleichzeitig fand ein einmaliges und für Deutschland erstmaliges züchterisches Großexperiment mit der neuen Methode der künstlichen Besamung an 2.000 Rindern statt. Einer der verantwortlichen Wissenschaftler, Dr. Otto Liebenberg, verblieb auch während und nach der Kapitulation in Dummerstorf und baute Gut und Institut wieder mit auf. Er gilt als Pionier der Rinderbesamung und stand mit am Beginn der Entwicklung der Fortpflanzungsforschung in Dummerstorf. Diese hatte sich in den 1950er Jahren besonders unter dem Direktor Prof. Stahl inhaltlich und strukturell sehr positiv entwickelt und Themen bearbeitet, welche weit in die Zukunft wiesen. Ein tiefgreifender politischer Eingriff führte in den Jahren 1962/64 zum abrupten Abbruch fortpflanzungsphysiologischer Grundlagenforschung.

Mit der Implementierung einer Gruppe von Wissenschaftlern von der Universität Jena durch Prof. Schumm zur Einführung der Schweinebesamung begann 1966 der Neuaufbau der Fortpflanzungsforschung. Diese konnte sich in den 1970er und 1980er Jahren mit erfolgreichen Arbeiten zur Besamung und Fortpflanzungssteuerung beim Schwein, dem Embryotransfer beim Rind und der Befruchtungsbiologie thematisch, personell und strukturell zu einem großen leistungsfähigen Forschungsbereich entwickeln. Im Rahmen der forschungsleitenden Funktion der Akademie der Landwirtschaftswissenschaften übernahm der Bereich verantwortliche Positionen in der nationalen und internationalen Forschungskoordinierung. Im Rahmen der FKG „Biologie und Biotechnik der Fortpflanzung“ entstand eine enge Zusammenarbeit mit Instituten der AdW (Biowissenschaften, Wirkstoffforschung, Institut für Wirbeltierforschung), der Universitäten, der pharmazeutischen Industrie und der Praxis. Ein vertrauensvolles Verhältnis mit dem Ministerium, der Leitung der AdL und der VVB Tierzucht konnte im Laufe der Jahre aufgebaut werden. Entsprechend gut war im Rahmen der gegebenen Möglichkeiten die Unterstützung der Entwicklung des Bereiches durch die Leitungsorgane.

In dem von Prof. Karl Rothe von 1973 bis 1990 geleiteten Koordinierungszentrum des RGW „Erarbeitung biologischer Grundlagen der Tierproduktion" koordinierte der Bereich das umfangreiche Thema der Fortpflanzung und konnte so eine Vielzahl von Kontakten zu den östlichen Nachbarländern knüpfen.

Die durch langfristige Planungen (Perspektivpläne, Fünfjahrpläne) vorbereiteten Forschungsarbeiten verliefen im Bereich bis 1990 nahezu ungestört. Offizielle Kontakte mit Instituten und Forschern aus der BRD konnten erst ab 1988 gesucht und aufgebaut werden. Im Prozess der späteren Abwicklung waren wir mit der Tatsache konfrontiert, dass Prof. Jonas Schmidt, Direktor in Dummerstorf von 1940 bis 1945, nach seiner Flucht im April 1945 in Mariensee bei Hannover ein Institut gleichen Zuschnitts aufgebaut hatte, welches uns jetzt als Zwilling gegenüber stand. Das traf besonders auf das Gebiet der Fortpflanzung zu.

Die anerkannten Leistungen des FZT führten zur Empfehlung der Evaluierungskommission, die Einrichtung als Institut für die Biologie landwirtschaftlicher Nutztiere zu erhalten. Im Rahmen dessen erhielt die Fortpflanzungsforschung acht Wissenschaftlerstellen von vorher 43. Die drei Ebenen der komplexen Forschung wurden institutionell getrennt: die „anwendungsorientierte" Grundlagenforschung wurde auf die „reine" Grundlagenforschung begrenzt, die Anwendungsforschung ging an die Ressortforschung des Landes, die Aufgaben der Überleitung an die Zuchtverbände. Die notwendigen Interaktionen zwischen den Einrichtungen haben sich neu ergeben müssen.

Das Dummerstorfer Institut mit seiner Fortpflanzungsforschung hat überlebt. Unter Leitung von Prof. Manfred Schwerin, einem Dummerstorfer Molekularbiologen, wirkt es heute als Institut der Leibniz-Gesellschaft mit hervorragender Laborausstattung und großzügigen Tierversuchseinrichtungen in die Zukunft – in seinem Logo erkennen wir den Dummerstorfer Kuhstein, eine Würdigung der Embryotransferforschung vergangener Jahre.

Abb. 5: Logo des Leibniz-Instituts für Nutztierbiologie

JOACHIM REX

Die wissenschaftlichen Akademiebibliotheken in Berlin während des Zeitraumes des Bestehens der DDR[1]

Meine sehr geehrten Damen und Herren,
liebe Kolleginnen und Kollegen!

Die bibliotheksgeschichtliche Aufarbeitung der DDR-Vergangenheit ist eine wichtige, aber auch langwierige und vermutlich ebenso komplizierte Aufgabe, der wir uns zu stellen haben, wir als Zeitzeugen, als agierende Personen in dieser und meist auch in jener Zeit. Es ist dem Wolfenbütteler Arbeitskreis für Bibliotheksgeschichte und seinem Vorsitzenden, Herrn Prof. Dr. Peter Vodosek, aus Stuttgart, sehr zu danken, dass für die 9. Jahrestagung das Thema „Geschichte des Bibliothekswesens der DDR" gewählt wurde. Die Veranstalter sind sich dabei aber ganz gewiss der Tatsache bewusst, dass mit dieser Tagung zwar einzelne Mosaiksteine zusammengetragen werden können, die in ihrer Summe und Zusammensetzung jedoch noch nicht das Gesamtbild ergeben. Dazu bedarf es weiterer, tiefer gehender analytischer Untersuchungen, wobei mitunter auch ein größerer zeitlicher Abstand zur objektiven Bewertung erforderlich sein mag.

Bibliotheksgeschichte ist vor allem Institutionengeschichte, die Darstellung der Entstehung und Entwicklung von ganz bestimmten Bibliotheken und Bibliothekstypen, aber auch der Tätigkeit der in den Bibliotheken Beschäftigten, ihrer

1 Vortrag zur 9. Jahrestagung des Wolfenbütteler Arbeitskreises für Bibliotheksgeschichte vom 6.–8. Mai 1996 zum Thema „Geschichte des Bibliothekswesens in der DDR" – Autor: Dr. Joachim Rex, Berlin-Brandenburgische Akademie der Wissenschaften, Akademiebibliothek, Zentrale Bibliothek. Erschienen in: Geschichte des Bibliothekswesens in der DDR, hrsg. von Peter Vodosek und Konrad Marwinski, Wolfenbütteler Schriften zur Geschichte des Buchwesens, Bd. 31, Verlag Harrassowitz, Wiesbaden 1999, S. 165–182, ISBN: 3-447-04150-1.
Wiederabdruck mit freundlicher Genehmigung des Verlags Harrassowitz, Wiesbaden und der Herzog August Bibliothek Wolfenbüttel."

Aufgaben und Leistungen und der von ihnen betreuten Sammlungen. Bibliotheken sind fast immer abhängig von Trägereinrichtungen. So ist auch ihre Entwicklung an die Entwicklung der jeweiligen Trägereinrichtung gebunden. Immer wieder lassen sich in den historischen Abläufen dafür Beispiele finden. So auch in unserer jüngsten Vergangenheit!

Wenn in den nachfolgenden Ausführungen wissenschaftliche Akademiebibliotheken in Berlin Gegenstand der Betrachtung sein sollen, so sind einige allgemeine Bemerkungen vorauszuschicken, vor allem zu ihren Trägereinrichtungen.

1. Akademien in Berlin

Die Akademie im klassischen Sinne, wie sie sich vor allem in Europa seit der Renaissance und ganz besonders im Zeitalter der Aufklärung herausgebildet hat, ist verallgemeinert gesagt eine Gelehrtengesellschaft, eine Vereinigung hervorragender Wissenschaftler, die zu Mitgliedern gewählt an Sitzungen des Plenums und ihrer jeweiligen Klasse teilnehmen, Vorträge halten und an wissenschaftlichen Gemeinschaftsaufgaben (dies vor allem seit dem 19. Jahrhundert) mitarbeiten. Die Wissenschaftsakademien sind Träger solcher Langzeitunternehmen, die sich oft über mehrere Generationen hinziehen und die teilweise auch von mehreren Akademien gemeinsam als Akademienvorhaben bearbeitet werden. Dafür gibt es Kommissionen und Arbeitsstellen, in deren Arbeit die Akademiemitglieder eingebunden sind. Als Ergebnis dieser Arbeiten entstehen Editionen, die neben den zentralen Publikationen der Akademien, den Sitzungsberichten, Abhandlungen und Jahrbüchern, Zeugnisse des wissenschaftlichen Lebens der Akademien darstellen.

Diese allgemeine Darstellung trifft auch auf die Akademien in Deutschland bis zum Ende des Zweiten Weltkrieges und auf die Akademien in der Bundesrepublik Deutschland nach deren Gründung 1949 zu. Für die Akademien in der Deutschen Demokratischen Republik ergibt sich ein differenzierteres Bild. Die Sächsische Akademie der Wissenschaften zu Leipzig und die Deutsche Akademie der Naturforscher „Leopoldina" in Halle/Saale setzten ihre frühere Entwicklung fort, wobei die letztere ihre Sonderstellung während des gesamten Zeitraums des Bestehens der DDR und auch danach behaupten konnte. Die Leopoldina ist die älteste noch aktive naturwissenschaftlich-medizinische Akademie Deutschlands; sie zählt rund 1.000 Mitglieder aus dem In- und Ausland und veranstaltet regelmäßig internationale Symposien und Jahresversammlungen.

Eine ganz andere Entwicklung kennzeichnet die ehemalige Preußische Akademie der Wissenschaften, die 1946 als Deutsche Akademie der Wissenschaften zu Berlin wiedereröffnet, zusätzlich mit Instituten ausgerüstet und somit mit Forschungspotential versehen wurde. Sie entwickelte sich schließlich zur sozialistischen Forschungsakademie, die als das Zentrum der Grundlagenforschung galt. 1972 erfolgte im Ergebnis der Akademiereform und als Folge der Abgrenzung der DDR von der BRD ihre Umbenennung in Akademie der Wissenschaften der DDR. 1989 war die AdW der DDR die größte, in sich geschlossene Forschungsinstitution der DDR und zugleich eine Gelehrtengesellschaft. Mehr als 24.000 Mitarbeiter/-innen aller Ausbildungsstufen waren in ihren fast 80 Instituten und Einrichtungen, zu denen auch Kliniken, Laboratorien und Werkstätten gehörten, beschäftigt. Die Forschungseinrichtungen waren über das ganze Land verteilt und „stellten ein breites Spektrum mathematischer, naturwissenschaftlicher, biologisch-medizinischer, technisch-technologischer sowie gesellschaftswissenschaftlicher Disziplinen dar“. Die Gelehrtengesellschaft wurde repräsentiert durch 150 Ordentliche, 100 Korrespondierende und 150 Auswärtige Mitglieder der Akademie, von denen die beiden ersten Gruppen in den Sitzungen der zuletzt 11 Klassen und im Plenum ihr wissenschaftliches Leben entfalteten. Es wurden Sitzungsberichte und Abhandlungen sowie das Jahrbuch der AdW der DDR herausgegeben.

Aus der Deutschen Akademie der Wissenschaften zu Berlin (DAW) heraus entwickelten sich auch zwei Fachakademien, die beide im Jahre 1951 gegründet wurden – die Deutsche Bauakademie, später in Bauakademie der DDR umbenannt, und die Deutsche Akademie der Landwirtschaftswissenschaften zu Berlin, später in Akademie der Landwirtschaftswissenschaften der DDR umbenannt.

Die Bauakademie war aus dem 1949 bei der DAW gegründeten Institut für Bauwesen hervorgegangen und entwickelte sich zur zentralen Forschungseinrichtung des Bauwesens der DDR. Sie hatte grundlegende Forschungsaufgaben für die Investitions- und Bautätigkeit zu erfüllen und sogenannten „wissenschaftlichen Vorlauf“ auf wichtigen Gebieten des Bauwesens und des Städtebaus zu schaffen. Die Bauakademie gliederte sich in das Plenum und 12 Sektionen; sie hatte 12 Institute.

Die Landwirtschaftsakademie entstand aus der Klasse für landwirtschaftliche Wissenschaften der DAW im Jahre 1951. Ihr wurde 1957 das DAW-Institut zur Steigerung der Pflanzenerträge in Paulinenaue übergeben, während das Institut für Kulturpflanzenforschung in Gatersleben bei der DAW verblieb. Die Landwirtschaftsakademie entwickelte sich zur zentralen wissenschaftlichen Einrichtung der DDR zur Förderung aller Zweige der Agrarforschung, der interdisziplinären Zusammenarbeit und zur Erprobung und Anwendung wissenschaftlich-technischer Erkenntnisse in der land- und forstwirtschaftlichen Praxis. Wie die AdW der DDR und die Bauakademie besaß auch die Landwirtschaftsakademie eigene Forschungsinstitute.

Eine weitere Fachakademie in Berlin, die allerdings nicht aus der Deutschen Akademie der Wissenschaften heraus entstand, war die Akademie der Pädagogischen Wissenschaften der DDR. Erst 1970 aus dem 1949 gegründeten Deutschen Pädagogischen Zentralinstitut und einigen anderen Einrichtungen hervorgegangen war sie die zentrale wissenschaftliche Forschungseinrichtung und Leitinstitution für die pädagogische Forschung in der DDR. Ihre Aufgaben bestanden in der Untersuchung bildungspolitischer und pädagogisch-theoretischer Grundfragen, deren Analyse und Verallgemeinerung für die praktische Bildungs- und Erziehungsarbeit sowie in der Ausbildung von sogenannten „Schulfunktionären" und wissenschaftlichem Nachwuchs.

Damit sind nicht alle Akademien in Berlin während der DDR-Zeit aufgeführt. Aus der Auffassung des Vortragsthemas und im Hinblick auf die Beschränkung der Behandlung ausgewählter Akademiebibliotheken wurden die Akademie für Ärztliche Fortbildung der DDR, die Akademie für Gesellschaftswissenschaften beim ZK der SED und die Akademie der Künste der DDR nicht berücksichtigt.

Die Existenz der vier vorgestellten Wissenschaftsakademien endete mit dem Beitritt der Deutschen Demokratischen Republik zur Bundesrepublik Deutschland und der damit vollzogenen Wiederherstellung der Einheit Deutschlands. Der „Vertrag zwischen der Bundesrepublik Deutschland und der Deutschen Demokratischen Republik über die Herstellung der Einheit Deutschlands – Einigungsvertrag" vom 31. August 1990 legte in dem Wissenschaft und Forschung behandelnden Artikel 38, Abs. 1–3, fest, dass

- „eine Begutachtung von öffentlich getragenen Einrichtungen durch den Wissenschaftsrat ... der notwendigen Erneuerung von Wissenschaft und Forschung ..." dienen solle,
- „mit dem Wirksamwerden des Beitritts ... die Akademie der Wissenschaften der DDR als Gelehrtensozietät von den Forschungsinstituten und sonstigen Einrichtungen getrennt" wird und
- „die Forschungsinstitute und sonstigen Einrichtungen ... zunächst bis zum 31. Dezember 1991 als Einrichtungen der Länder ..." fortbestehen sollen, „soweit sie nicht vorher aufgelöst oder umgewandelt werden". (1) Dasselbe gilt für die Arbeitsverhältnisse.

Zur Gelehrtensozietät heißt es weiter: „Die Entscheidung, wie die Gelehrtensozietät der AdW der DDR fortgeführt werden soll, wird landesrechtlich getroffen."

Im Absatz 4 wird ausdrücklich festgelegt, dass die Absätze 1–3 sinngemäß für die Bauakademie der DDR und für die Akademie der Landwirtschaftswissenschaften der DDR und deren nachgeordnete wissenschaftliche Einrichtungen gelten. Die Akademie der Pädagogischen Wissenschaften der DDR wird im

Artikel 38 nicht genannt. Einem Hinweis von Frau Dr. Marion Bierwagen, der Leiterin der früheren Pädagogischen Zentralbibliothek und Leiterin der jetzigen Bibliothek für Bildungsgeschichtliche Forschung, ist jedoch zu entnehmen, dass die Akademie der Pädagogischen Wissenschaften der DDR unter Artikel 13, Abs. 2, des Einigungsvertrages fiel, wonach die zuständigen obersten Bundesbehörden die „Überführung oder Abwicklung" zu regeln haben.

2. Akademiebibliotheken in Berlin

So viel zu den Trägereinrichtungen! Nun zu den Akademiebibliotheken selbst! Verfahren wir in umgekehrter Reihenfolge und beginnen wir mit der Pädagogischen Zentralbibliothek!

2.1 Die Pädagogische Zentralbibliothek wurde aufgrund der Kulturverordnung der DDR vom November 1950 im Jahre 1951 gegründet. Sie unterstand zu dieser Zeit dem Ministerium für Volksbildung der DDR. Vom Anfang an war sie mit den beiden ältesten pädagogischen Fachbibliotheken des Landes vereinigt, mit der Deutschen Lehrerbücherei, die 1875 in Berlin entstanden war, und mit der Comenius-Bücherei in Leipzig, die auf das Jahr 1871 zurückgeht und nun als Außenstelle der Pädagogischen Zentralbibliothek fungierte. Die Pädagogische Zentralbibliothek war zunächst mit einem Grundstock älterer pädagogischer Buchbestände, die ihr von der Deutschen Akademie der Wissenschaften zu Berlin und vom Ministerium für Volksbildung übergeben wurden, im Ostflügel des Gebäudes der Staatsbibliothek untergebracht. Im neu errichteten Haus des Lehrers am Berliner Alexanderplatz erhielt sie 1964 ein neues Domizil, in das sie auch die Bestände der Deutschen Lehrerbücherei aufnehmen konnte. Im Jahre 1968 wurde ihr die Bibliothek des ehemaligen 1894 gegründeten Museums für Taubstummenkunde als Spezialbibliothek für Hör- und Sprachgeschädigtenwesen als weitere Leipziger Außenstelle angegliedert.

Nach der Gründung der Akademie der Pädagogischen Wissenschaften der DDR im Jahre 1970 wurde die Pädagogische Zentralbibliothek dieser Akademie unterstellt. Sie übernahm 1971 die Bestände der Bibliothek des Deutschen Pädagogischen Zentralinstituts, aus dem die Akademie hervorgegangen war, als Präsenzbibliothek. Auf diese Weise und durch die planmäßigen Erwerbungen auf dem Sammelgebiet war der Gesamtbestand der Pädagogischen Zentralbibliothek mit ihren Außenstellen im Jahre 1989 auf ca. 980.000 Bände angewachsen.

Zu diesem Bestand gehörte historische pädagogische Literatur vom 15. Jahrhundert an ebenso wie die in der DDR erscheinende pädagogisch-wissenschaftliche Literatur und die an der Akademie der Pädagogischen Wissenschaften verteidigten Dissertationen, aber auch historisch bedeutsame und forschungsbezogene Fachliteratur des Auslands, pädagogische UNESCO-Literatur und Literatur zu Nachbardisziplinen der Pädagogik wie Psychologie, Bildungssoziologie und Bildungsökonomie, Literatur zur Hör- und Sprachgeschädigtenpädagogik und schließlich eine umfangreiche Sondersammlung von „Schulschriften", Schulberichten und Abhandlungen aus den deutschsprachigen Gebieten aus den Jahren 1830 bis 1925.

Mit ihrer Zuordnung zur Akademie der Pädagogischen Wissenschaften waren ihr drei gleichwertige Funktionen zugewiesen worden – die Funktion einer Akademiebibliothek, die Funktion einer zentralen Fachbibliothek mit den Aufgaben, die Aktivitäten der Bibliotheken pädagogischer Einrichtungen der DDR zu koordinieren und diese Bibliotheken anzuleiten, und die Funktion einer uneingeschränkt öffentlichen wissenschaftlichen Fachbibliothek. Damit waren auch verbunden die Durchführung des Leihverkehrs, des internationalen Schriftentausches und die Zusammenarbeit mit zentralen pädagogischen Bibliotheken in den damaligen sozialistischen Ländern.

Der Abwicklungsbescheid für die Akademie der Pädagogischen Wissenschaften der DDR vom Dezember 1990 betraf nicht die Pädagogische Zentralbibliothek. Nach einer Phase der Zwischenfinanzierung durch das Bundesministerium für Bildung und Wissenschaft im Jahre 1991 stellte die Pädagogische Zentralbibliothek ihre Arbeit am 31. Dezember 1991 ein. Aus ihr entwickelte sich jedoch die Bibliothek für Bildungsgeschichtliche Forschung, die ab 1. Januar 1992 auf der Grundlage der Sammlungen der Deutschen Lehrerbücherei, des Berliner Teils der Sammlungen der Pädagogischen Zentralbibliothek einschließlich des bildungsgeschichtlichen Archivs sowie der Sammlungen der Bibliothek für Hör- und Sprachgeschädigtenwesen wieder wirksam wurde. Seit diesem Zeitpunkt gehört sie zum Deutschen Institut für Internationale Pädagogische Forschung in Frankfurt am Main. Im Januar 1994 bezog sie ihre neuen Räume an ihrem jetzigen Standort in Berlin, Warschauer Straße. In Ergänzung zum Sondersammelgebiet „Bildungsforschung" profiliert sie sich jetzt zur bildungsgeschichtlichen Spezial- und Forschungsbibliothek mit überregionalen Funktionen. Bei der Abfassung dieses Abschnittes meines Vortrages erhielt ich hilfreiche Unterstützung durch die frühere und jetzige Leiterin der Bibliothek, Frau Dr. Marion Bierwagen, der ich dafür herzlich danke. (2–7)

2.2 *Die Landwirtschaftliche Zentralbibliothek* der Akademie der Landwirtschaftswissenschaften der DDR wurde 1952 als Bibliothek der damaligen Deutschen Akademie der Landwirtschaftswissenschaften zu Berlin gegründet. In deren Statut wird sie als wissenschaftliche Einrichtung mit der Aufgabe genannt, „die Literatur des Sammelgebietes – Landwirtschaft, Gartenbau, Forstwirtschaft, Fischerei, Veterinärwesen sowie ausgewählte Literatur aus den Natur- und Gesellschaftswissenschaften – möglichst vollständig zu beschaffen, bibliothekarisch zu erschließen und zur Unterstützung von Forschung, Lehre und Praxis der Landwirtschaft zur Verfügung zu halten" (8). Zu den Sammlungen gehörten auch die wissenschaftlichen Publikationen, einschließlich der Separata, der Akademiemitglieder und -mitarbeiter sowie Dissertationen, Institutspublikationen und graue Literatur. Sie verwaltete den Nachlass von Albrecht Daniel Thaer und die Sondersammlung „Bienenzucht" des früheren „Märkischen Central-Vereins für Bienenzucht".

Am 1. September 1962 wurde aufgrund eines Ministerratsbeschlusses der DDR unter dem Titel „Programm zur Arbeit in der Agrarwissenschaft der Deutschen Demokratischen Republik" das Institut für Landwirtschaftliche Information und Dokumentation (ILID) bei der Landwirtschaftsakademie gegründet, dessen Arbeit, wie es hieß, „auf die aktive Förderung des wissenschaftlichen Fortschritts und der sozialistischen Entwicklung der Landwirtschaft gerichtet war". Die Landwirtschaftliche Zentralbibliothek wurde diesem Institut als Abteilung eingegliedert (9). Zugleich entwickelte sie sich zur Zentralen Fachbibliothek für Landwirtschaft und Nahrungsgüterwirtschaft und damit zur Zentrale des gleichnamigen Bibliotheksnetzes der DDR. Am 11. Dezember 1969 konstituierten die Vertreter von 115 wissenschaftlichen Institutionen, Verwaltungsorganen und Betrieben der Landwirtschaft und Nahrungsgüterwirtschaft, die Bibliothekseinrichtungen unterhielten, das „Netz der Fachbibliotheken der Land- und Nahrungsgüterwirtschaft der DDR", das am l. Januar 1970 mit seiner Arbeit begann. Damit war das erste Bibliotheksfachnetz der DDR entstanden, das die Vorgaben der Bibliotheksverordnung der DDR vom 31. Mai 1968 verwirklichte.

115 Bibliotheken verschiedenster Institutionen aus unterschiedlichen Unterstellungsverhältnissen und Trägereinrichtungen arbeiteten nun bei Wahrung ihrer Eigenverantwortlichkeit auf der Grundlage von Kooperationsvereinbarungen zusammen (10). Das war ein Mammutunternehmen, das in der Praxis kaum zu leiten war! So war es auch nicht verwunderlich, dass die Gestaltung der Netzstruktur ein schwer zu lösendes Problem darstellte.

Schließlich entschied man sich für eine Dezentralisierungsvariante, für die Struktur Netzzentrale – Fachgebiets-Leitbibliotheken – Bibliotheken der Fachgebiete. Das führte zu weiteren Problemen, zur Einteilung in Fachgebiete und zur Auswahl von Fachgebiets-Leitbibliotheken, die wiederum sehr eng mit der Landwirtschaftlichen Zentralbibliothek als Netzzentrale zusammenarbeiten mussten. Die Netzzentrale verfügte über den Gesamtnachweis der relevanten agrarwissenschaftlichen Bestände der Netzteilnehmer in Gestalt des Zentralkataloges der

Landwirtschaftlichen Zentralbibliothek. Für die Fachgebiets-Leitbibliotheken entstanden Fachgebietskataloge, um mit deren Hilfe den Leihverkehr und die Bestandskoordinierung steuern zu können. Der netzinterne Leihverkehr verlief über die Leitbibliotheken. Die gesamte Fachnetzentwicklung in diesem Bereich war durch ein Statut geregelt. Die Landwirtschaftliche Zentralbibliothek war jedoch für Interessenten außerhalb des Fachnetzes nicht leicht zu benutzen; sie war nur eingeschränkt öffentlich zugänglich. Vor allem die Literatur aus den sogenannten „nichtsozialistischen Währungsgebieten" unterlag einem strengen Reglement.

Nach Auflösung der Akademie der Landwirtschaftswissenschaften der DDR lt. Einigungsvertrag war das Schicksal der Landwirtschaftlichen Zentralbibliothek mit ihrem Bestand von knapp 500.000 Bänden lange Zeit ungewiss. Die Humboldt-Universität, der die Übernahme dieser Bibliothek durch die Senatsverwaltung für Wissenschaft und Forschung des Landes Berlin angeboten worden war, konnte sich in den Jahren 1992 bis 1994 nicht zur Übernahme entschließen. Mittels Arbeitsbeschaffungsmaßnahmen (ABM) und durch die Hilfe von KAI e.V. – Koordinierungs- und Aufbau-Initiative für die Forschung in den Ländern Berlin, Brandenburg, Mecklenburg-Vorpommern, Sachsen, Sachsen-Anhalt und Thüringen e.V. – konnte die Bibliothek noch notdürftig erhalten werden. Im „Bibliotheksdienst" 1995, H. 7 findet sich auf Seite 1174 schließlich folgende Mitteilung:

„Agrarwissenschaften: Landwirtschaftliche Zentralbibliothek Berlin aufgelöst. Die Landwirtschaftliche Zentralbibliothek (LZB) existiert als eigenständige Einrichtung nicht mehr. Die Mehrzahl der Bestände wird derzeit nach dem Dublettenabgleich an die Humboldt-Universität, Universitätsbibliothek, Zweigbibliothek Agrarwissenschaften, Invalidenstraße 42, 10115 Berlin, überführt und ist auf noch nicht absehbare Zeit nicht benutzbar. – Es wird dringendst gebeten, von direkten Fernleihwünschen abzusehen. Bezüglich Schriftentausch wurden alle Tauschpartner dahingehend informiert, dass der Schriftentausch wie bisher nicht weitergeführt werden kann, da uns keine eigenen Tauschgaben zur Verfügung stehen."

2.3 Die Zentrale Fachbibliothek Bauwesen entstand mit der Gründung der Deutschen Bauakademie im Jahre 1951. Den Grundstock des Bestandes erhielt die Bibliothek von der Deutschen Akademie der Wissenschaften zu Berlin und aus anderen Einrichtungen, deren Forschungsaufträge von der Deutschen Bauakademie übernommen und fortgeführt wurden. Durch ihre kontinuierliche Erwerbungstätigkeit wurde die Bibliothek zur größten Spezialbibliothek Bauwesen in der DDR mit etwa 150.000 Bänden Baufachliteratur des In- und Auslandes und

Sonderbeständen. Das Sammelgebiet umfasste das gesamte Bauwesen, einschließlich Städtebau, Wohnungs- und Gesellschaftsbau, Straßen- und Ingenieurtiefbau, Rekonstruktion und Modernisierung von Bauwerken, Industriebau, technische Gebäudeausrüstung, Baustoffe, Baumechanisierung, Technologie der Bauproduktion, ingenieur-theoretische Grundlagen und Architektur.

Zur Bibliothek gehörten auch eine etwa 500 Bücher umfassende Sammlung alter wertvoller Baubücher aus dem 16. bis 18. Jahrhundert, alte Ausgaben und Rara zur Geschichte der Baukunst, z.B. die italienische Ausgabe von 1554 und die französische Ausgabe von 1684 von den „Zehn Büchern der Baukunst" des römischen Festungsbaumeisters und Architekten Vitruvius. Die Bibliothek sammelte nicht nur Bücher und Zeitschriften, sondern auch Firmenschriften, Standards, Baukataloge, Prospekte, unveröffentlichte Forschungsarbeiten und Literaturberichte. Die Sammlungen waren durch Kataloge erschlossen; es gab einen alphabetischen, einen systematischen, einen geographischen, einen biographischen und einen Zeitschriftenkatalog. Dazu kam der fachliche Zentralkatalog Bauwesen, den sie als Zentrale Fachbibliothek auf der Grundlage der Titelmeldungen von Bibliotheken der DDR zum Fachgebiet Bauwesen zu führen hatte.

Die Zentrale Fachbibliothek Bauwesen war der Bauinformation als der Zentralen Leitstelle für Information und Dokumentation im Bauwesen zugeordnet. Im Jahre 1967 waren ihr in diesem Zusammenhang auf der Grundlage der vom Minister für Bauwesen der DDR erlassenen „Ordnung des einheitlichen Systems der wissenschaftlich-technischen Information im Bauwesen" vom 16. November 1967 Aufgaben zugewiesen worden, die ihrer Funktion als Zentrale Fachbibliothek des Bauwesens entsprachen, z.B.

- „Ermittlung, Beschaffung, Sammlung, Erschließung und Bereitstellung des nationalen und internationalen Schrifttums auf dem Gebiete des Bauwesens und der Architektur einschließlich der Randgebiete;
- Festlegung von Sammelschwerpunkten für die Informationsbibliotheken des Bauwesens. Aufbau eines Zentralkataloges für Fachliteratur in den Informationsbibliotheken des Bauwesens;
- Aufbau eines zentralen Depositoriums für nichtveröffentlichtes bzw. schwer zugängliches Schrifttum, für Übersetzungen und andere richtungsweisende Ausarbeitungen sowie einer Fotothek als zentrale Sammel- und Erschließungsstelle von Bilddokumenten." (11)

Bei der Realisierung dieser Aufgaben in der Folgezeit ging es immer mehr um ganz konkrete Aufgaben der bibliothekarischen Kooperation, wie Koordinierung der Bestandsentwicklung, Verbesserung der Bestandserschließung und der Literaturbereitstellung, Abstimmung mit dem Internationalen Dokumenteninformationsrecherchesystem „Bauwesen“ und der organisatorischen Gestaltung der Kooperationsbeziehungen im Rahmen des fachlichen Bibliotheksnetzes Bauwesen. (12)

Nach Auflösung der Bauakademie der DDR laut Einigungsvertrag gab es auch für die Fachbibliothek Bauwesen eine längere Zeit der Ungewissheit, in der alles von Seiten der Bibliothek unternommen wurde, um die SenatsVerwaltung für Wissenschaft und Forschung des Landes Berlin für einen Fortbestand der Bibliothek in Berlin zu gewinnen. Die Technische Universität Berlin bekundete ihr Interesse. Die Leiterin der Fachbibliothek Bauwesen, Frau Elke Dämpfert, war ständig um Lösungsmöglichkeiten bemüht; sie veröffentlichte u.a. einen Artikel mit der Überschrift: „Verschenkt Berlin seine beste Baufachbibliothek?“ (13). Der Wissenschaftsrat der Bundesrepublik Deutschland hatte den Erhalt dieser Bibliothek und ihre Übernahme durch die Universitätsbibliothek Cottbus empfohlen. Die Technische Universität Cottbus konnte jedoch keine Räume zur Verfügung stellen. Ein Teil des Bestandes der ehemaligen Zentralen Fachbibliothek Bauwesen der DDR ist schließlich vom Institut für Erhaltung und Modernisierung von Bauwerken e.V. in Berlin übernommen worden und befindet sich unter der Bezeichnung „Spezialbibliothek Bauwesen“ in Berlin- Tegel.

Bei der Abfassung dieses Abschnittes meines Vortrages erhielt ich hilfreiche Unterstützung durch die frühere Leiterin der Zentralen Fachbibliothek Bauwesen und jetzigen Leiterin der Geschäftsstelle des Deutschen Bibliotheksverbandes, Frau Elke Dämpfert, der ich dafür herzlich danke.

2.4 Und nun schließlich die *Hauptbibliothek der Akademie der Wissenschaften* (AdW) der DDR. Sie ist von allen hier genannten die älteste Bibliothek. Ihre Gründung geht auf die Akademiegründung zu Beginn des 18. Jahrhunderts zurück. Gottfried Wilhelm Leibniz hatte Kurfürst Friedrich III. von Brandenburg, ab 1701 König Friedrich I. in Preußen, dazu bewegen können, im Jahre 1700 die Kurfürstlich-Brandenburgische Sozietät der Wissenschaften zu stiften. Er entwarf den Stiftungsbrief und die „General-Instruction der Societät“, die am 11. Juli 1700 in Kraft gesetzt wurden. Sowohl in der General-Instruction als auch im „Statut der Königlichen Societät der Wissenschaften“ vom 3. Juli 1710 fand die Bibliothek Erwähnung und erhielt als wissenschaftliche Arbeits- und Gebrauchsbibliothek für die Akademiemitglieder und ihre Gremien ihren Platz neben der Königlichen Bibliothek, der heutigen Staatsbibliothek zu Berlin – Preußischer Kulturbesitz –, zugewiesen.

Im 18. Jahrhundert hat sie diesen Anspruch offensichtlich erfüllt. Seit dieser Zeit wurden und werden kontinuierlich Akademieschriften und Schriften wissenschaftlicher Gesellschaften aus aller Welt sowie allgemeine wissenschaftliche

Zeitschriften und grundlegende, vor allem enzyklopädische Nachschlagewerke gesammelt. Eine wichtige Erwerbungsart war von Anfang an der Schriftentausch mit Akademieschriften, der bis heute mit allen großen Akademien und wissenschaftlichen Gesellschaften der Welt durchgeführt wird.

Im 19. Jahrhundert war die Wirksamkeit der Bibliothek eingeschränkt. Nach dem Statut der Akademie von 1812 mussten Publikationen, die keine Akademieschriften oder enzyklopädische Nachschlagewerke waren, nach ihrer Auslage in der Akademie an die Königliche Bibliothek abgegeben werden. Erst in den 90er Jahren des 19. Jahrhunderts wurde die Akademiebibliothek auf Drängen von Akademiemitgliedern, an ihrer Spitze Max Planck, Hermann Diels, Adolf Tobler und Eduard Sachau sowie Adolf (von) Harnack, wieder zu einer wissenschaftlichen Arbeits- und Gebrauchsbibliothek für die Akademie reaktiviert. Im 20. Jahrhundert setzte sich diese Entwicklung bis in die 40er Jahre fort.

Nach der Wiedereröffnung der Akademie als Deutsche Akademie der Wissenschaften zu Berlin im Jahre 1946 sah sich die Akademiebibliothek einer neuen Situation gegenüber. Es waren nicht nur die im Kriege ausgelagerten eigenen Bibliotheksbestände zurückzuführen und der Bibliotheksbetrieb wieder aufzunehmen, sondern es war auch erforderlich, der Entwicklung der Akademie folgend, die im Osten Deutschlands bestehende Forschungsinstitute übernahm und neue Institute gründete, mit deren Bibliotheken Arbeitsbeziehungen zu knüpfen und so allmählich ein Bibliotheksnetz der Akademie aufzubauen. Erste Schlussfolgerungen aus dieser Entwicklung für eine Neuorientierung der zentralen Akademiebibliothek wurden im Jahre 1949 gezogen. Einer der beiden damaligen wissenschaftlichen Bibliothekare der Akademiebibliothek, Heinrich Roloff, legte am 5. Dezember 1949 dem Präsidenten und dem für die Bibliothek zuständigen Direktor der Akademie eine „Denkschrift über den Zustand, die Aufgaben und die künftige Organisation der Bibliothek der Deutschen Akademie der Wissenschaften zu Berlin" (Archiv der BBAW III: 100/174, – 21 Blatt, nicht foliiert) vor. Darin vertritt Roloff den Standpunkt, dass die Akademiebibliothek zur Zentralbibliothek der Akademie ausgebaut werden müsse und neben der Forcierung ihrer eigenen Entwicklung als Akademiebibliothek auch drei Aufgabenkomplexe für die Institute zu erfüllen habe,

- die Vermittlung ausländischer und schwer beschaffbarer Literatur an die Institutsbibliotheken, Beschaffung dieser Literatur vorrangig über den Schriftentausch der Akademiebibliothek,
- die Organisation des bibliographischen Auskunftswesens über den gesamten Literaturbestand der Akademie, Einrichtung eines Zentralkataloges und Einführung einheitlicher Katalogisierungsrichtlinien auf der Basis der „Preußi-

schen Instruktionen", der seinerzeit verbindlichen Regeln für die wissenschaftlichen Bibliotheken, und
- die Durchführung des Leihverkehrs (Fernleihe) für die in Berlin befindlichen Institute und anderen Einrichtungen der Akademie.

Diese Komplexe entwickelten sich immer mehr zur zentralen Aufgabe der Akademiebibliothek in der Folgezeit. Auf dem Sektor Beschaffung wurde ihr außerdem die Verwaltung der Kontingentmittel für die Erwerbung von Literatur aus den sogenannten „kapitalistischen Ländern" für die gesamte Akademie übertragen. Auf dem Sektor Erschließung war sie die Meldestelle für den Zentralkatalog der Zeitschriften (ZKZ) und den Zentralkatalog der Monographien (ZKM), die beide von der Deutschen Staatsbibliothek geführt wurden; dadurch wurde der Nachweis der Akademiebestände über den Zentralkatalog der Institutsbibliotheken (ZKI) hinaus zum Nutzen des gesamten wissenschaftlichen Bibliothekswesens möglich.

1953 war auf Beschluss des Präsidiums der Akademie eine Bibliothekskommission zur Anleitung und Kontrolle der Akademiebibliothek gebildet worden, zu deren Vorsitzendem das ordentliche Akademiemitglied Hermann Grapow berufen wurde. Ein Jahr später wurde diese Kommission allerdings bereits wieder aufgelöst, und Grapow wurde zum „akademischen Leiter der Bibliothek" ernannt. Zu seiner Unterstützung wurde ein Beirat gebildet, der 1956 in einen Wissenschaftlichen Rat und 1964 in eine Archiv- und Bibliothekskommission umgewandelt wurde. Aber bereits seit 1956 wurde die Akademiebibliothek von einem Direktor geleitet, der jeweils wissenschaftlicher Bibliothekar sein sollte.

Mit Beschluss Nr. 103/64 des geschäftsführenden Präsidiums der Akademie wurde die „Ordnung der Hauptbibliothek der Deutschen Akademie der Wissenschaften zu Berlin vom 16. Juli 1964" (Beschlüsse und Mitteilungen der DAW zu Berlin. 5(1964), S. 45–47) erlassen und in der Folge eine Koordinierungsstelle für das Bibliotheksnetz der Akademie in der Hauptbibliothek eingerichtet.

Im Ergebnis der „Akademiereform" von 1968 begann im Frühjahr 1970 „kraft eines Verwaltungsaktes von oben" mit der Zusammenlegung von Hauptbibliothek und Wissenschaftlicher Redaktion der Zentralblätter die Bildung des Wissenschaftlichen Informationszentrums der Akademie (WIZ); die offizielle Gründung der fortan am Schiffbauerdamm 19 ansässigen Einrichtung erfolgte am l. Januar 1973. Die Hauptbibliothek hatte damit ihre Selbständigkeit verloren, wenngleich sie ihre wesentlichen Aufgaben zumindest in begrenztem Umfang in eigener Verantwortung fortführte und ihr Sitz weiterhin im Akademieflügel des Gebäudes Unter den Linden 8 verblieb. Während der Zugehörigkeit der Hauptbibliothek zum Wissenschaftlichen Informationszentrum der AdW der

DDR hatte sie folgende Aufgabenkomplexe zu erfüllen, die sich zum Teil in einzelnen Positionen unterschiedlich entwickelten,

- Bibliothek für die Leitungsorgane der Akademie mit dem Auftrag der Sammlung von Akademieschriften und Publikationen der Akademiemitglieder, der Veröffentlichungen des Akademie-Verlages und von Schriften zur Wissenschaftswissenschaft sowie Durchführung von Zeitschriftenumläufen und des Literatur(kopien-)bereitstellungsdienstes für leitende Wissenschaftler,
- Zentrale des Bibliotheksnetzes der Akademie mit den Aufgaben der Literaturbeschaffung aus den sogenannten nichtsozialistischen Währungsbereichen (NSW) für alle Akademieeinrichtungen, der Beschaffung von Literatur, die nicht im Buchhandel erhältlich ist, für die Forschungseinrichtungen des Landes auch über die Akademie hinaus, Führung des Zentralkataloges der Institutsbibliotheken der Akademie, Herausgabe des Zeitschriftenverzeichnisses der Akademie, der Neuerwerbungsliste ausgewählter Importliteratur und anderer bibliographischer Verzeichnisse, Durchführung des internationalen Schriftentausches und des internationalen Leihverkehrs für eine Reihe von Institutsbibliotheken und fachliche Anleitung aller Institutsbibliotheken der Akademie, Vermittlung von Weiterbildungsveranstaltungen und Mitwirkung bei der Durchführung von Jahrestagungen,
- Bereich des Wissenschaftlichen Informationszentrums mit den Aufgaben der Literaturbeschaffung für die Informationsabteilungen des WIZ, vorwiegend auf naturwissenschaftlichen Gebieten, Durchführung von Literaturumläufen zu den Informationsabteilungen, Führung des Literaturbestandes und Erfüllung von Leihverkehrsanforderungen sowie reprographischer Aufträge aufgrund der Informationsleistungen,
- Öffentliche wissenschaftliche Bibliothek im Zentrum Berlins mit der Aufgabe der intensiven Zusammenarbeit mit anderen wissenschaftlichen Bibliotheken der Hauptstadt der damaligen DDR, vor allem innerhalb der Kooperationsgemeinschaft der 4 großen wissenschaftlichen Bibliotheken (Deutsche Staatsbibliothek, Universitätsbibliothek der Humboldt-Universität, Berliner Stadtbibliothek und Hauptbibliothek der Akademie), bei der Versorgung der Großbetriebe Berlins mit wissenschaftlicher Literatur und durch Abstimmung beim Bestandsaufbau teurer Werke und bei Zeitschriftenbezügen, Mitarbeit in den fachlichen Bibliotheksnetzen Physik und Mathematik der damaligen DDR.

Bis zum Inkrafttreten des Einigungsvertrages am 3. Oktober 1990 erfüllte die Hauptbibliothek der AdW der DDR mit 60 Mitarbeitern die beschriebenen Aufgaben. Durch die Festlegung im „Vertrag zwischen der Bundesrepublik Deutschland und der Deutschen Demokratischen Republik über die Herstellung der Einheit Deutschlands – Einigungsvertrag", Artikel 38, wonach „... die Akademie der Wissenschaften der Deutschen Demokratischen Republik als Gelehrtensozietät von den Forschungsinstituten und sonstigen Einrichtungen getrennt ..." (BGBl. Nr. 35 vom 28. September 1990, S. 902–903) wird, entfielen in der Folgezeit mehrere dieser Aufgaben. Am Ende des Jahres 1990 waren noch 50 Personen, Ende 1991 noch 31 Personen in der Bibliothek beschäftigt.

Noch vor dem Inkrafttreten des Einigungsvertrages hatte der letzte Präsident der AdW der DDR, Horst Klinkmann, vorgeschlagen, die Hauptbibliothek vom Wissenschaftlichen Informationszentrum (WIZ) zu trennen, um sie als Bibliothek der Gelehrtensozietät, und damit der Akademie zu erhalten und weiterzuführen. Der Senat der AdW der DDR folgte diesem Vorschlag und fasste in seiner Sitzung am 14. September 1990 einen entsprechenden Beschluss. Bis zur Auflösung des WIZ am 31. Dezember 1991 wurden Aufgaben der Personalverwaltung und der allgemeinen Verwaltung zwar noch von diesem wahrgenommen, aber die Zuordnung der Bibliothek zum Präsidenten der Gelehrtensozietät war erfolgt. Klinkmann setzte sich sehr für den Erhalt der Akademiebibliothek ein und beantragte deshalb beim Wissenschaftsrat der Bundesrepublik Deutschland die Durchführung einer Evaluierung. Diese fand am 18. März 1991 durch eine Kommission des Wissenschaftsrates unter Leitung von Jürgen Kocka statt; sie hatte ein positives Ergebnis.

Die Senatsverwaltung für Wissenschaft und Forschung des Landes Berlin folgte der Empfehlung des Wissenschaftsrates und setzte die Akademiebibliothek mit Wirkung vom l. Januar 1992 als Bibliothek der zukünftigen Berliner Akademie der Wissenschaften ein. Sie unterstellte sie der verwaltungsmäßigen Betreuung durch die Koordinierungs- und Aufbau-Initiative für die Forschung in den Ländern Berlin, Brandenburg, Mecklenburg-Vorpommern, Sachsen, Sachsen-Anhalt und Thüringen e.V. (KAI e.V.). Zugleich gliederte sie ihr die Bibliotheksteile Altorientalistik und Griechisch-römische Altertumskunde an.

Von den ausgeschriebenen 29 Planstellen waren 21 für die Bewerbung von Personen aus der Akademiebibliothek und 8 für die Bewerbung von Personen aus der früheren Institutsbibliothek des ehemaligen Zentralinstituts für Alte Geschichte und Archäologie vorgesehen. Die Bewerber wurden von einer Senatskommission im Dezember 1991 ausgewählt. KAI e.V. schloss mit ihnen auf 2 Jahre befristete Arbeitsverträge ab.

Wie bereits zuvor die KAI-AdW (Koordinierungs- und Abwicklungsstelle für die Institute und Einrichtungen der ehemaligen Akademie der Wissenschaften der DDR) so unterstützte die KAI e.V. die Akademiebibliothek in hervorragender Weise, vor allem auf materiellem Gebiet, und gewährleistete damit die Aufrechterhaltung und Weiterentwicklung der bibliothekarischen Arbeit entsprechend den sich wandelnden Anforderungen.

Der Gesamtbestand der zentralen Bibliothek mit den Bibliotheksteilen Griechisch-römische Altertumskunde und Altorientalistik umfasste 1992 am Jahresende 385.800 Bände, einschließlich 14.300 Mikroformen und 3.258 Bände Akademie-Dissertationen. 1.605 Zeitschriften wurden zu diesem Zeitpunkt laufend gehalten. Durch im Jahre 1993 angegliederte Teilbibliotheken aus früheren Instituten der Akademie und durch Einbeziehung der Handbibliotheken der Akademievorhaben beträgt gegenwärtig der Gesamtbestand der Akademiebibliothek 850.000 Bände. Die Anzahl der laufend gehaltenen Zeitschriften ist dagegen auf ca. 1.300 zurückgegangen. Mehr als 150.000 Druckschriften sind Akademieschriften, zum Teil auch Kostbarkeiten aus verschiedenen Wissenschaftsdisziplinen. Der Bestand wird charakterisiert durch Enzyklopädien, Nachschlagewerke, Schriftenreihen in- und ausländischer Akademien und gelehrter Gesellschaften, Erstausgaben und Sonderdrucke von Publikationen von Akademiemitgliedern, Publikationen mit handschriftlichen Widmungen, Preisschriften und Gedächtnisreden.

Die Bestände der Akademiebibliothek sind in dieser Geschlossenheit wissenschaftshistorisch und akademiegeschichtlich von hohem Wert, da sie die fast lückenlose Sammlung der nahezu 300 Jahre bestehenden Berlin-brandenburgisch-preußischen Gelehrtensozietät darstellen und damit zugleich eine wichtige Ergänzung zu den Beständen anderer Bibliotheken bilden.

Mit dem „Staatsvertrag über die Berlin-Brandenburgische Akademie der Wissenschaften" (GVBl Berlin. 48 (1992) Nr. 33 vom 21. Juli 1992, S. 226–228) der Länder Berlin und Brandenburg, der am 1. August 1992 in Kraft getreten ist und im Artikel 12, Absatz 2, auch die Bibliothek aufführt, und mit dem Festakt zur Neukonstituierung der Berlin-Brandenburgischen Akademie der Wissenschaften (BBAW) am 28. März 1993 wurden markante Zeichen der neuen Entwicklung gesetzt. Bereits in ihrer ersten Plenarsitzung wählten die Gründungsmitglieder der BBAW eine Kommission für Bibliotheks-, Archiv- und Publikationsangelegenheiten, die schon bald die Erarbeitung einer Bibliotheksordnung und einer Benutzungsordnung für die Akademiebibliothek sowie von Regelungen für Mitglieder und Beschäftigte der BBAW für die Bibliotheksbenutzung in Angriff nahm. Die drei Ordnungen traten am 1. November 1993 in Kraft. Mit Wirkung vom 1. Januar 1994 wurde die Akademiebibliothek als Einrichtung offiziell in die Berlin- Brandenburgische Akademie der Wissenschaften (vormals Preußische Akademie der Wissenschaften) übernommen. (14–18)

3. Schlussbetrachtung

Meine Damen und Herren, dies war der Versuch, mit der Darstellung der wissenschaftlichen Akademiebibliotheken in Berlin während des Zeitraumes des Bestehens der DDR ein kleines Mosaiksteinchen zur Bibliotheksgeschichtsschreibung beizusteuern. Bitte verzeihen Sie mir die Ungleichgewichte in der Behandlung der einzelnen Bibliotheken. Natürlich konnte ich der Versuchung nicht widerstehen, der Bibliothek, der ich seit fast 40 Jahren verbunden bin und in der ich die Höhen und Tiefen der Entwicklung in dieser Zeit selbst erlebt habe, mehr Platz einzuräumen als den anderen. Daraus sollte aber keineswegs eine Priorität abgeleitet werden. Es kann mit Fug und Recht behauptet werden: alle genannten Akademiebibliotheken haben eine wichtige Rolle im wissenschaftlichen Bibliothekswesen der DDR gespielt, alle haben über die Aufgaben für ihre unmittelbare Einrichtung hinaus Kooperations- und Koordinierungsfunktionen wahrgenommen, mit denen sie in institutionellen, in fachlichen und auch in regionalen Bereichen die Literaturversorgung im weitesten Sinne nachhaltig positiv beeinflussten und vor allem der Forschung auf den sie betreffenden Gebieten gute Dienste erwiesen. Zwei von ihnen dürfen dies auch in Zukunft tun.

HUBERT LAITKO

Die Idee der Forschungsakademie – ein historisch gewachsenes Projekt

Die Deutsche Akademie der Wissenschaften (DAW) zu Berlin wurde erstmals im Jahre 1969 statuarisch als „Forschungsakademie" bezeichnet. Die Präambel ihres Statuts vom 20. Mai 1969 charakterisierte sie als „Forschungsakademie der sozialistischen Gesellschaft".[1] In den vorhergehenden Statuten war dieser Terminus nicht verwendet worden; auch in der Verordnung vom 26. September 1972, mit der die Umbenennung der Institution in „Akademie der Wissenschaften (AdW) der DDR" erfolgte[2], kam er nicht vor. 1984 erhielt die AdW der DDR ein neues Statut[3], in dem von einer „Forschungsakademie" nicht mehr die Rede war. Im wissenschaftspolitischen Vokabular der DDR trat diese Wortprägung nur passager auf, im Wesentlichen in den 1960er und in den frühen 1970er Jahren. So könnte man versucht sein, sie als eine bloße Redeweise ohne tiefere Bedeutung abzutun. Werner Scheler, langjähriger Präsident der AdW der DDR, vermerkte beim Vergleich der einander ablösenden Statuten „eine starke Fluktuation der textlichen Abfassungen" und sah den Grund dafür darin, dass die Akademie „mit diesen Formulierungen der jeweiligen wissenschaftspolitischen Terminologie ihres gesellschaftlichen und staatlichen Umfeldes" folgte: „Die verschiedenen Fassungen des Statuts erwecken den Eindruck, dass sich die Akademie mehr situativ als strategisch auf die jeweils gegebenen Verhältnisse einstellte, ohne die traditionelle Identität der Sozietät – bei aktiver Aufnahme neuer Anforderungen

1 Verordnung über das Statut der Deutschen Akademie der Wissenschaften zu Berlin vom 20. Mai 1969. – Dokument Nr. 13 in: Werner Hartkopf / Gert Wangermann: Dokumente zur Geschichte der Berliner Akademie der Wissenschaften von 1700 bis 1990. Heidelberg / Berlin / New York 1991, S. 177–190, hier S. 177.

2 Verordnung über die Akademie der Wissenschaften der DDR vom 26. September 1972. – Dokument Nr. 173. In: Hartkopf / Wangermann, Dokumente (wie Anm. 1), S. 570–571.

3 Statut der Akademie der Wissenschaften der DDR vom 28. Juni 1984. – Dokument Nr. 14. In: Hartkopf / Wangermann, Dokumente (wie Anm. 1), S. 190–207.

– aktiv zu kultivieren".[4] Das ist ein herbes Urteil aus der Sicht eines erfahrenen akademischen Insiders.

Dennoch wäre es voreilig, unter Verweis auf das Faktum weitgehender terminologischer Anpassung der akademischen Grundsatzdokumente an das politische Umfeld der DDR den Begriff der Forschungsakademie ohne nähere Prüfung zu verwerfen. Jene, die ihn zumindest zeitweilig benutzten, haben mit ihm offenkundig eine spezifische und damit institutionalgeschichtlich relevante Absicht verbunden. Diese Absicht ist zunächst zu bestimmen. Das Statut von 1969 führt den Terminus nicht explizit ein, sondern gebraucht ihn einfach, als verstände er sich von selbst. Sein Verwendungszusammenhang in diesem Text gibt jedoch einen ersten Hinweis darauf, wie er gemeint sein könnte. In § 1 heißt es, als Forschungsakademie konzentriere die DAW ihr Forschungspotential auf strukturbestimmende Gebiete der Natur- und Gesellschaftswissenschaften.[5] Es geht hier also um den Umgang der Akademie mit ihrem Forschungspotential; in der Diktion, die in der DDR üblich war, sind darunter die Zentralinstitute, Institute und Forschungsstellen der Akademie zu verstehen, nicht aber ihre aus den gewählten Mitgliedern bestehende Gelehrtengesellschaft. Damit ist dem Terminus „Forschungsakademie" unverkennbar eine *differenzierende Intention* eigen, denn viele (vielleicht sogar die meisten) der in der Welt bestehenden Akademien verfügen *nicht* über eigene Institute.

So gesehen, ist die Berliner Wissenschaftsakademie nicht erst mit der Akademiereform 1968/69, deren wesentlicher Inhalt im Statut von 1969 fixiert wurde, zur Forschungsakademie geworden, sondern bereits mit ihrer Neueröffnung als DAW im Sommer 1946. Die epochale Neuerung, auf die sich der Gebrauch dieses Terminus bezieht, obwohl er bei ihrer Einführung noch nicht verwendet wurde, ist in § 22 der Satzung vom 31. Oktober 1946 niedergelegt: „Für die Pflege bestimmter Wissenschaftsgebiete können auf Beschluss des Plenums und nach Bestätigung durch die Deutsche Zentralverwaltung für Volksbildung in der Sowjetischen Besatzungszone Institute bei der Akademie begründet oder bereits bestehende ihr eingegliedert werden".[6] Diese Bestimmung ist ersichtlich nicht an die Existenz oder die beabsichtigte Herstellung sozialistischer Gesellschaftsverhältnisse und auch nicht an eine definierte Struktur und Funktionsweise des

4 Werner Scheler: Von der Deutschen Akademie der Wissenschaften zu Berlin zur Akademie der Wissenschaften der DDR. Berlin 2000, S. 25.

5 Verordnung (wie Anm. 1), S. 177.

6 Satzung der Deutschen Akademie der Wissenschaften zu Berlin (vom 31. Oktober 1946). – Dokument Nr. 10. In: Hartkopf / Wangermann, Dokumente (wie Anm. 1), S. 150–158, hier S. 157.

politischen Systems gebunden und kann daher in ihren grundlegenden Implikationen auch unabhängig davon behandelt werden. Es ist hier entscheidend, dass die Verantwortungsträger der Akademie selbst, wenn sie von einer „Forschungsakademie" sprachen, *eben diese Bedeutung* im Sinn hatten – und nicht die hierarchische Einordnung des akademischen Forschungspotentials in die staatliche Leitungspyramide, die im Mittelpunkt der Reformen der späten 1960er Jahre stand. Deshalb ist in diesem Zusammenhang der Umgang Schelers mit dem Terminus ein wertvolles Zeugnis – als ein authentischer Ausdruck des diesbezüglichen akademischen Selbstverständnisses. Nach seiner Auffassung konnte in den frühen Jahren der DAW, als ihre Klassen forschungsleitende Funktionen übernahmen, „am ehesten von einer *Forschungs a k a d e m i e* gesprochen werden, solange also die Forschungsleitung direkt von der Gelehrtengesellschaft ausgeübt wurde".[7] Dies galt indes nur, bis – mit der Schaffung der Forschungsgemeinschaft der naturwissenschaftlichen, technischen und medizinischen Institute (FG) im Jahre 1957 – für den überwiegenden Teil der akademischen Forschungseinrichtungen den Klassen die institutionelle Zuständigkeit wieder entzogen wurde: „Mit der Bildung der FG vollzog sich, in Bezug auf die Leitung der Forschungsarbeit, definitiv der Ausstieg aus der Konzeption einer echten Forschungs*akademie* in Richtung auf einen institutionalisierten Forschungs*verband*, der organisatorisch von der Gelehrtengesellschaft entkoppelt war". [8]

Wir begegnen bei Scheler somit einer radikal zugespitzten Bestimmung des Begriffes „Forschungsakademie". Folgt man ihr, so bedeutet dies, dass zu jener Zeit, als der genannte Terminus – oft mit dem Attribut „sozialistisch" versehen – offiziell in Gebrauch kam, von einer „echten" Forschungsakademie schon gar nicht mehr die Rede sein konnte. Diese Frage lassen wir hier unerörtert, sehen uns aber durch die angeführten Formulierungen Schelers in unserer Ausgangsposition bestärkt, unter einer Forschungsakademie eine Einrichtung zu verstehen, der sowohl eine zu ständiger Selbstergänzung befähigte Gelehrtengesellschaft als auch ein nennenswertes, personell deutlich über den Mitgliederbestand der Gelehrtengesellschaft hinausgehendes Potenzial von Forschungseinrichtungen angehören und in der zwischen beiden eine reguläre, institutionalisierte Verbindung besteht – über den Charakter der Verbindung werden an dieser Stelle indes keine näheren, normierenden Festlegungen getroffen.

7 Scheler, Von der Deutschen (wie Anm. 4), S. 102.
8 Ebd., S. 108.

1. Akademien als genuine Forschungsinstitutionen

Als die DAW eröffnet wurde, galt es weithin als selbstverständlich, dass – jedenfalls in Deutschland – Akademien der Wissenschaften allenfalls über Bibliotheken und Archive verfügten, nicht aber über Forschungsinstitute, und dass ihre eigenen Forschungsunternehmungen die Dimension kollektionierender oder editorischer Vorhaben im Rahmen akademischer Kommissionen nicht überstiegen. So traten die Akademien auch nur in sehr geringem Umfang als Arbeitgeber für Personen auf, die nicht gewählte Akademiemitglieder waren; die letzteren wiederum waren keine Angestellten oder Beamten der Akademien, sondern waren in der Regel andernorts beschäftigt, vorwiegend als Professoren an Universitäten, und bezogen von dort den wesentlichen Teil ihrer Einkünfte. In der PAW war es zwar traditionell üblich, den Ordentlichen Mitgliedern und insbesondere den Klassensekretaren Gehälter zu zahlen, aber diese „Gehälter" lagen in der Größenordnung von Aufwandsentschädigungen, die ergänzend zu den eigentlichen Einkünften bezogen wurden. Vor diesem Hintergrund konnte die ab 1946 erfolgende Ausstattung der DAW mit Instituten durchaus als ein Traditionsbruch erscheinen, der sie in eine nicht wirklich akademiegemäße Form presste. Dann war der Weg auch nicht mehr weit, diesen Statuswandel als ein Oktroi der sowjetischen Besatzungsmacht („Sowjetisierung") zu denunzieren, die ihrem Machtbereich einfach die in ihrem Herkunftsland üblichen Formen der Wissenschaftsorganisation aufzwang.

Die historische Wirklichkeit war indes wesentlich komplizierter. Keineswegs waren die Wissenschaftsakademien von jeher „bloße" Gelehrtengesellschaften, die nicht über eigene Forschungseinrichtungen verfügt und ihren Mitgliedern lediglich als Foren gedient hätten, ihre andernorts gewonnenen Forschungsergebnisse zu kommunizieren. Das konnte nur dann übersehen werden, wenn man allein die jüngere Vergangenheit im Blick hatte. Historisch entstanden aber sind die neuzeitlichen Akademien als Forschungsgesellschaften mit dem Ziel, die ursprüngliche institutionelle Forschungsfremdheit der aus dem Mittelalter überkommenen Universitäten zu kompensieren. Wie Conrad Grau bemerkt, setzte sich der Akademiegedanke in Europa zwischen dem 15. und dem 17. Jh. als „alternatives Konzept zu den Universitäten" durch.[9] Gottfried Wilhelm Leibniz

9 Conrad Grau: Gelehrtengesellschaft und Forschungsgemeinschaft. Zur Organisationsgeschichte der Akademien der Wissenschaften in Deutschland im 20. Jahrhundert. – In: Akademiegedanke und Forschungsorganisation im 20. Jahrhundert. Sitzungsberichte der Leibniz-Sozietät 3 (1995) 3, S. 5–17, hier S. 5.

resümierte aus genauer Kenntnis der internationalen Entwicklung die in den frühen Akademien gesammelten Erfahrungen und ließ diese in seine eigenen Ausarbeitungen einfließen; sein Akademiekonzept zielte auf den „Zusammenschluss von Gelehrten mit dem Ziel gemeinsamer Forschungen".[10] Zu jener Zeit waren also erstens die akademischen Gelehrtenvereinigungen ihrer primären Zielstellung nach Forschungsinstitutionen, und zweitens konnte von einem irgendwie gearteten Auseinandertreten von Gelehrtengesellschaft und Forschungseinrichtungen noch keine Rede sein.

Die frühen Akademien waren auch nicht *ein* Typ von Forschungseinrichtungen neben anderen, sondern stellten *die* Forschungsinstitution schlechthin dar. In Leibniz' Akademiekonzeption wurde dieser Gedanke ausführlich durchdekliniert. Das ist seinen zur Grundlegung der Berliner Akademie verfassten Papieren – insbesondere seinen beiden Denkschriften „in Bezug auf die Einrichtung einer Societas Scientiarum et Artium in Berlin" vom März 1700 – deutlich zu entnehmen.[11] Leibniz dachte keineswegs an eine Einrichtung, die allein der reinen Erkenntnis dienen sollte, sondern forderte von der projektierten Sozietät, „dahin zu sehen, wie nicht nur Curiosa, sondern auch Utilia ins Werk zu setzen" seien.[12] Für die DDR-Wissenschaftspolitik waren die einschlägigen Leibniz-Stellen ein Geschenk und wurden entsprechend eifrig zitiert. Leibniz' großer Gedanke – dem im Berlin des frühen 18. Jhs. freilich nur eine kümmerliche und fragmentarische Realisierung gegenüberstand – war, die Sozietät bzw. Akademie zum Innovationszentrum des Landes zu gestalten, gestützt auf die eigenen Forschungen der Mitglieder ebenso wie auf den systematischen Austausch mit allen Wissenschaftszentren der damaligen Welt. Die so konzipierten Akademien sollten selbstverständlich auch über das jeweils modernste Forschungsinstrumentarium verfügen, von der Mineraliensammlung bis zum chemischen Labor. Die auffälligsten und von der Öffentlichkeit am meisten wahrgenommenen Forschungseinrichtungen der frühen Akademien waren die Sternwarten. Auch die Berliner Akademie verfügte über eine solche astronomische Forschungsstätte.

10 Ebd., S. 6.

11 Dokumente Nr. 17 und Nr. 18. – In: Hartkopf / Wangermann, Dokumente (wie Anm. 1), S. 216–221.

12 Ebd., S. 219.

2. Akademiehistorische Konsequenzen der Berliner Universitätsgründung

Die Differenzierung von Forschungseinrichtungen und akademischen Gelehrtengesellschaften vollzog sich wesentlich im Verlauf des 19. Jhs. mit der Durchsetzung des Forschungsimperativs an den Universitäten. Dieser Prozess war mit der Veränderung des internen Ordnungsgefüges der Universität und dem Aufstieg der Philosophischen Fakultät verbunden, die sich aus ihrer historischen Rolle löste, propädeutische Vorstufe für die drei „höheren" Fakultäten zu sein, und zur Avantgarde der Forschungsorientierung wurde.[13] Nicht mehr in erster Linie der Lehrerfolg, sondern die Forschungsleistung bestimmte fortan die universitären Wissenschaftlerkarrieren. Forschungskapazitäten wurden nunmehr vorrangig an den Universitäten geschaffen; seit dem letzten Drittel des 19. Jhs. kamen außeruniversitäre Forschungseinrichtungen hinzu, sowohl in der Privatwirtschaft als auch in staatlicher Zuständigkeit, aber in der Regel nicht unter der Ägide von Akademien. Nach Ansicht von Grau wurden die Akademien in dem Maße (vorrangig) zu Gelehrtengesellschaften, „wie die Forschung an den Universitäten und vor allem mit dem ausgehenden 19. Jahrhundert an außeruniversitären Instituten eine Heimstatt fand".[14] Günstigstenfalls behielten die Akademien ihre überkommenen Forschungskapazitäten, wurden aber als Stätten der Forschung mehr und mehr von anderen Institutionen überflügelt; ungünstigstenfalls – wie in Berlin – gingen ihre Forschungskapazitäten an die Universitäten über, so dass die akademischen Gelehrtengesellschaften vorrangig darauf verwiesen waren, über außerhalb ihres eigenen Bezirkes gewonnene Forschungsergebnisse zu diskutieren. Das erschien als schleichende Marginalisierung der Akademien im Wissenschaftssystem. Die Herausgeber des 1930 erschienenen repräsentativen Werkes *Forschungsinstitute* konstatierten in ihrem Vorwort entsprechend: „Im Laufe der Zeit traten die Akademien unter der übermächtigen Entwicklung der Hochschulen mehr und mehr in den Hintergrund".[15] In seinem einführenden Beitrag zu diesem Werk bemerkte Werner Richter, Ministerialdirektor und Leiter der Hochschulabteilung im Preußischen Ministerium für Wissenschaft, Kunst und Volksbildung: „Die neue Universität, in der Gründung

---

13 Hubert Laitko: Der Aufstieg der philosophischen Fakultät im 19. Jahrhundert – Keimzelle des modernen Universitätsprofils. – In: Hansgünter Meyer (Hrsg.): Der Dezennien-Dissens. Die deutsche Hochschul-Reform-Kontroverse als Verlaufsform (Abhandlungen der Leibniz-Sozietät Bd. 20). Berlin 2006, S. 223–260.

14 Grau, Gelehrtengesellschaft (wie Anm. 9), S. 6.

15 Vorwort. – In: Forschungsinstitute. Ihre Geschichte, Organisation und ihre Ziele. Unter Mitwirkung zahlreicher Gelehrter hrsg. von Ludolph Brauer, Albrecht Mendelssohn Bartholdy, Adolf Meyer unter redaktioneller Mitarbeit von Johannes Lemcke. Erster Band. Hamburg 1930, S. IX–XVI, hier S. X.

Berlins gehärtet, trat ihren Siegeszug über die preußischen und deutschen Hochschulen an. Die Institute waren bis zur Gründung der Universität Berlin Annexe der Akademie gewesen. Humboldt entriß sie der Akademie über ihren Kopf hinweg ...".[16]

Im Gefolge der Universitätsgründung arrangierte sich die Berliner Wissenschaftslandschaft neu. Wenngleich zunächst daran gedacht war, die ursprünglich akademieeigenen Forschungseinrichtungen fortan zwischen Akademie und Universität zu stellen und beiden zur Verfügung zu halten[17], gestaltete es sich de facto doch so, dass diese Einrichtungen größtenteils vollständig an die Universität übergingen und jedenfalls der Disposition der Akademie entzogen wurden. Für diesen Verlust wurde die PAW nicht angemessen entschädigt. Das für Akademiemitglieder statuarisch festgelegte Recht, an der Universität Vorlesungen zu halten[18], konnte man nicht ernsthaft als eine adäquate Kompensation ansehen, zumal die ordentlichen Mitglieder der Akademie im Hauptberuf Universitätsprofessoren waren und so ohnehin Vorlesungen halten durften (und mussten). Von nun an gehörte das Empfinden, einen gravierenden Verlust erlitten zu haben, zum Selbstbild der Akademie. Es war immer latent vorhanden, und von Zeit zu Zeit wurde es auch virulent und äußerte sich in mehr oder weniger energischen Versuchen, wieder zu eigenen Forschungskapazitäten zu gelangen. Damit soll nicht behauptet werden, dass etwa die Gesamtheit der Akademiemitglieder einmütig nach dem Aufbau oder der Zuordnung von Forschungseinrichtungen gestrebt hätte. Viele waren auch ganz zufrieden mit dem Status quo und fürchteten die Belastungen, die mit der Verantwortung für solche Einrichtungen unvermeidlich verbunden sein würden. Immer wieder aber gab es einflussreiche Akademiker, die Vorstöße in Richtung auf eigene Institute unternahmen.

Es ist bemerkenswert, dass die PAW ihre Forschungseinrichtungen, die sie im 18. Jh. besessen hatte, nicht von sich aus preisgab. Die nach der Universitäts-

---

16 Werner Richter: Die Organisation der Wissenschaft in Deutschland. – In: Forschungsinstitute (wie Anm. 15), S. 1–12, hier S. 3.

17 Der preußische König Friedrich Wilhelm III. traf dazu in seiner „Kabinettsordre vom 22. September 1809, betreffend die Verbindung der Akademie mit der zu errichtenden Universität" folgende Verfügung: „So wie nun hiernach die Akademie der Wissenschaften künftig einen selbständigen Theil der allgemeinen Lehranstalten ausmacht, so werden auch die mit der Akademie verbundenen Institute künftig von ihr getrennt, um zum gemeinschaftlichen Gebrauch der Universität und der Akademie zu dienen". – Dokument Nr. 43. In: Hartkopf / Wangermann, Dokumente (wie Anm. 1), S. 247.

18 Der § 28 der 1812 erlassenen Statuten lautete: „Jedes ordentliche Mitglied ist befugt, Vorlesungen bei hiesiger Universität zu halten und gleich den ordentlichen Professoren in den Hörsälen des Universitäts-Gebäudes, nach den Anordnungen, die deshalb in den Statuten der Universität festgesetzt sind". – Statuten der Königlichen Akademie der Wissenschaften in Berlin (24. Januar 1812). Dokument Nr. 6. In: Hartkopf / Wangermann, Dokumente (wie Anm. 1), S. 94–104, hier S. 100.

gründung erlassenen neuen Statuten vom 24. Januar 1812 bezeichneten eine ihr dekretierte Weichenstellung. Ihr eigener Statutenentwurf, der vor der Errichtung der Universität auf der Grundlage eines von Alexander von Humboldt stammenden Entwurfs zwischen 1807 und 1809 ausgearbeitet worden war, lief auf etwas ganz anderes hinaus. Erstens war darin eine Kerngruppe ordentlicher Mitglieder vorgesehen, die ausschließlich der Akademie angehören, in ihr hauptamtlich forschen und dafür auskömmlich besoldet werden sollten, damit „im Staate einige Männer ganz den Wissenschaften leben, ihre Kräfte und Geistesfähigkeiten allein auf die Erweiterung derselben wenden und sich fortwährend in gewissen Fächern mit Beobachtungen, Versuchen u. s. w. beschäftigen können ...".[19] Zweitens sollten die in Abschnitt I, Abs. 9 genannten und „für die Beförderung der Wissenschaften errichteten Anstalten" – „1. die große öffentliche Bibliothek; 2. das Physikalisch-Mathematische Kabinett; 3. die Sternwarte; 4. das Chemische Laboratorium; 5. das Mineralogische Kabinett; 6. der Botanische Garten; 7. das Zootomische Museum; 8. die Zoologische Sammlung; 9. das Archäologische Museum; 10. eine besondere Handbibliothek"[20] – der Akademie ausdrücklich „zum Besitz und Eigenthum übergeben" werden.[21] Ein ganzer Abschnitt mit der Überschrift „Von den wissenschaftlichen Anstalten und Sammlungen" regelte den Umgang mit diesen Einrichtungen im Detail.[22] Dieses Dokument aus dem frühen 19. Jh. ist das ausgefeilte Konzept einer außeruniversitären Forschungsinstitution akademischen Charakters – einer Forschungsakademie –, das die preußische Regierung nicht akzeptierte und das deshalb unverwirklicht blieb.

Nichtsdestoweniger definierten auch die 1812 tatsächlich erlassenen Statuten die Akademie als eine vorrangig der Forschung dienende Einrichtung: „Der Zweck der Akademie ist auf keine Weise Vortrag der bereits bekannten und als Wissenschaft geltenden, sondern Prüfung des Vorhandenen und weitere Forschung im Gebiet der Wissenschaft".[23] So hieß es gleich im ersten Paragraphen, aber darüber, wie und mit welchen Mitteln die „weitere Forschung" stattfinden sollte, schwiegen die Statuten. Bereits wenige Jahre später fand die Berliner Akademie jedoch einen bemerkenswerten und zugleich innovativen Ausweg. Das Ordinarienprinzip der Forschungsuniversität orientierte auf Einzelforschungen

19 Die nicht bestätigten Statuten der Akademie, ausgearbeitet 1807/09 von ihrer Commission auf der Grundlage eines Entwurfs Alexander von Humboldt's, angenommen vom Plenum im Juli 1809. – Dokument Nr. 45. In: Hartkopf / Wangermann, Dokumente (wie Anm. 1), S. 253–266, hier S. 257.

20 Ebd., S. 255.

21 Ebd., S. 261.

22 Ebd., S. 261–263.

23 Statuten (wie Anm. 18), S. 94.

und bot für kollektive Forschungsunternehmen geeignete strukturelle Voraussetzungen nur dann, wenn sie in Lehrer-Schüler-Gemeinschaften (Ordinarien/Assistenten bzw. Doktoranden) ausgeführt werden konnten. Letztere waren zudem dadurch limitiert, dass die Assistenz- bzw. Doktorandenzeiten befristet waren und die jungen Wissenschaftler danach strebten, so schnell wie möglich ein individuelles, unverwechselbares Forschungsprofil als Voraussetzung für eigene Hochschulkarrieren zu erreichen. Solche Forschungsvorhaben hingegen, die eher horizontal als hierarchisch strukturiert, langfristig oder unbefristet angelegt und auf eine größere Anzahl gleichrangiger Mitwirkender angewiesen waren, hatten in den aufstrebenden Universitäten des frühen 19. Jhs. ungeachtet ihrer zunehmenden Forschungsfreundlichkeit keinen besonders günstigen institutionellen Rahmen. Hier eröffnete sich für die Akademien eine Forschungsnische, die von der PAW schnell erkannt und in Besitz genommen wurde. Mit dem von August Boeckh[24] im Jahre 1815 begründeten griechischen Inschriftenwerk – dem Corpus Inscriptionum Graecarum[25] – entstand die Urform eines neuen Typs akademischer Forschungsorganisation. Dieser Typus wurde als wissenschaftliche „Unternehmung“ [26] oder auch als „Langzeitvorhaben“ bezeichnet, wird bis heute gepflegt und gilt als akademiespezifische Forschungsform schlechthin, vielleicht sogar als Existenzgarantie der Akademien, wie Laetitia Boehm pointiert bemerkt: „Ohne Langzeitprojekte gäbe es wohl keine Forschungsakademien mehr. Ohne die Arbeitsform der Akademien gäbe es vielleicht keine Langzeitprojekte mehr“.[27]

Heute mögen diese Langzeitvorhaben, so respektabel jedes einzelne für sich genommen auch immer sein mag, als Typus nur einen residualen Platz einnehmen: Eine Art von Forschungsvorhaben, die in keine der gut dotierten großen Forschungsorganisationen der Gegenwart mehr richtig passt, hat eine sichere Heimstatt bei den Akademien, und die Akademien ihrerseits behaupten sich damit wenigstens noch in den Randzonen der Forschungslandschaften. Als dieser Typus aber aufkam, hatte er eine enorme perspektivische Bedeutung: In Gestalt der Unternehmungen wurden hier unter der Hülle akademischer Gelehrten-

---

24 Christiane Hackel, Sabine Seifert (Hrsg.): August Boeckh: Philologie, Hermeneutik und Wissenschaftspolitik. Berlin 2013.

25 Günter Klaffenbach: Bericht über den Corpus Inscriptionum Graecarum. – In: Klio 49 (1967), S. 349–357.

26 Liane Zeil: Die wissenschaftlichen Unternehmungen der Berliner Akademie der Wissenschaften. – In: AdW der DDR. Institut für Theorie, Geschichte und Organisation der Wissenschaft. Kolloquien H. 24. Berlin 1981, S. 51–66.

27 Laetitia Boehm: Langzeitvorhaben als Akademieaufgabe. Geschichtswissenschaft in Berlin und in München. – In: Die Preußische Akademie der Wissenschaften 1914 – 1945. Hrsg. von Wolfram Fischer unter Mitarbeit von Rainer Hohlfeld und Peter Nötzoldt. Berlin 2000, S. 391–434, hier S. 424.

gesellschaften Strukturen und Funktionen außeruniversitärer Forschungseinrichtungen historisch erstmalig durchgespielt.[28] Die Kontur des außeruniversitären Forschungsinstituts ist also weitgehend eine Frucht der Akademiegeschichte.

Historisch gesehen, haben wir es hier mit einer Reaktion der Akademie auf das Aufkommen der Forschungsuniversität zu tun. So sah es auch Grau: „Als 1815 mit der Begründung des *Corpus Inscriptionum Graecarum* durch August Boeckh das erste Unternehmen der Akademie begann, ging es vor allem darum, dieser im Rahmen der Ausgestaltung des Wissenschaftsgefüges nach der Universitätsgründung und der Akademiereform spezifische Forschungsaufgaben zu erschließen".[29] Wie man sieht, handelte es sich nicht einfach um eine akademieinterne, endogen verursachte Entwicklung, sondern um einen komplexen Vorgang der Funktionenumverteilung im wissenschaftlichen Institutionensystem, der vom Erneuerungsschub der Universitäten ausgelöst wurde.[30] Man erkennt hier, wie sich Forschungsunternehmungen und Gelehrtengesellschaft gegeneinander auszudifferenzieren begannen. Gleichwohl blieben beide untrennbar miteinander verbunden. Die Einheit dieser beiden Bestimmungen ist aber nichts

---

28 Dies fiel in den 1990er Jahren im Rahmen eines Vorhabens über das in der KWG artikulierte und praktizierte Harnack-Prinzip und dessen geschichtliche Wurzeln auf. Im Resümee hatte ich diesen von mehreren Autoren gewonnenen Eindruck damals in die folgenden Worte gefasst: „Hier [in den akademischen Unternehmungen – H. L.] wurden die Probleme eines solchen Instituts (Aufteilung der Gesamtaufgabe in Teilarbeiten; Koordinierung der Teilarbeiten und Organisation dieser Koordinierung; die leitenden Ideen, die den Fortgang eines solchen Unternehmens regulieren; die Persönlichkeit, die diese leitenden Ideen formuliert und vertritt; die Autorität dieser Persönlichkeit, die ihr Durchsetzungsvermögen bestimmt, und die Eigenschaften, von denen diese Autorität abhängt) praktisch erfahren, noch bevor es als professionelle Einrichtung ins Leben trat. Zugleich wurden sie hier auch reflektiert, in Termini, die den Schlagworten des kapitalistischen Industriezeitalters nachgebildet waren („Großwissenschaft", „Großbetrieb der Wissenschaft" usw.)". – Hubert Laitko: Persönlichkeitszentrierte Forschungsorganisation als Leitgedanke der Kaiser-Wilhelm-Gesellschaft: Reichweite und Grenzen, Ideal und Wirklichkeit. – In: Bernhard vom Brocke, Hubert Laitko (Hrsg.): Die Kaiser-Wilhelm-/Max-Planck-Gesellschaft und ihre Institute. Studien zu ihrer Geschichte: Das Harnack-Prinzip. Berlin / New York 1996, S. 583–632, hier S. 591.

29 Conrad Grau: Genie und Kärrner – zu den geistesgeschichtlichen Wurzeln des Harnack-Prinzips in der Berliner Akademietradition. – In: vom Brocke & Laitko (Hrsg.), Die Kaiser-Wilhelm-/Max-Planck-Gesellschaft (wie Anm. 28), S. 139–144, hier S. 142.

30 Auch dazu soll auf eine 1996 im gerade genannten Zusammenhang getroffene Feststellung verwiesen werden: „Die institutionalgeschichtliche Bedeutung dieses Vorgangs [der Begründung des griechischen Inschriftenwerkes – H. L.] ist bisher wohl noch nicht genügend bedacht worden: Praktisch zeitgleich mit der Umsetzung der Humboldtschen Universitätsidee etablierte sich in Berlin das Konzept des modernen Forschungsinstituts! Dem *individuellen* universitären Forschungsimperativ („Einsamkeit und Freiheit") trat auf einer außeruniversitären Ebene die Idee und Wirklichkeit eines anderen, *überindividuellen, kooperativen* Forschungstyps gegenüber. Jahrzehnte später, als die Zeit reif war, kristallisierte diese Idee im Typus des außeruniversitären Forschungsinstituts aus". – Laitko, Persönlichkeitszentrierte (wie Anm. 28), S. 591.

anderes als der wesentliche Inhalt des Begriffs „Forschungsakademie", wie er eingangs skizziert worden ist.

Dieser Ausdifferenzierungsprozess ging in der Form der akademischen Unternehmung sogar noch einen wichtigen Schritt weiter. Boeckh hatte das griechische Inschriftenwerk ins Leben gerufen, als er bereits Akademiemitglied war. Anders verhielt es sich knapp drei Jahrzehnte später bei einer parallelen Unternehmung, der Sammlung lateinischer Inschriften (Corpus Inscriptionum Latinarum). Eigens zu dem Zweck, diese Unternehmung ins Werk setzen zu können, wurde Theodor Mommsen, der über die erforderlichen Voraussetzungen verfügte, 1853 in die Akademie aufgenommen, zunächst als Korrespondierendes Mitglied. Dies war ein frühes Beispiel dafür, „dass ein zunächst außerhalb der Akademie stehender Gelehrter auf Grund seiner Leistungen gezielt für das geplante Vorhaben gewonnen wurde".[31] Das Exempel veranschaulicht bereits, dass eine Forschungsakademie keine bloß additive Zusammenfügung von Gelehrtengesellschaft und Forschungseinrichtungen sein kann. Entscheidend ist die Wechselwirkung beider Seiten, die keine von ihnen unverändert lässt.

Die akademischen Unternehmungen wurden von Kommissionen geleitet, die vorwiegend oder ganz aus Akademiemitgliedern zusammengesetzt waren; an der Spitze stand stets ein Ordentliches Mitglied. Soweit auch die Mitarbeiter einer solchen Unternehmung Akademiemitglieder waren, blieb die Ausdifferenzierung von Forschungskapazitäten aus der Gelehrtengesellschaft noch latent. Des Öfteren wurden aber auch weitere Wissenschaftler außerhalb der Akademie herangezogen, in der Regel ehrenamtlich und jedenfalls nicht auf der Grundlage regulärer Arbeitsverhältnisse. Wie Grau mitteilt, gab es an der PAW bis 1898 nur einen einzigen hauptamtlich beschäftigten Wissenschaftler – den Archivar.[32] Der entscheidende Schritt von der Langzeitunternehmung zum Forschungsinstitut wäre die Errichtung regulärer Stellen für Forscher in größerer Zahl gewesen. Darauf rechneten maßgebende Vertreter der Berliner Akademie auf längere Sicht. Bernhard vom Brocke macht ausdrücklich darauf aufmerksam[33], dass Adolf Harnack an den Schluss seiner im Jubiläumsjahr 1900 vorgelegten Akademiegeschichte eben diese Perspektive stellte; er sah eine wesentliche Zukunftsauf-

31 Grau, Genie (wie Anm. 29), S. 142.

32 Conrad Grau: Die Berliner Akademie der Wissenschaften in der Zeit des Imperialismus. Teil I 1900 – 1917. Berlin 1975, S. 88.

33 Bernhard vom Brocke: Verschenkte Optionen. Die Herausforderung der Preußischen Akademie durch neue Organisationsformen der Forschung um 1900. – In: Die Königlich Preußische Akademie der Wissenschaften zu Berlin im Kaiserreich. Hrsg. vom Jürgen Kocka unter Mitarbeit von Rainer Hohlfeld und Peter Th. Walther. Berlin 1999, S. 119–147, hier S. 120.

gabe der Akademie darin, dass aus den „academischen Commissionen“ künftig „geschlossene Institute ... mit eigenem Etat und pensionsfähigen Beamten“ hervorgehen sollten.[34] Einen allerersten Anfang in dieser Richtung machte die zum Akademiejubiläum 1900 erfolgte Einrichtung von vier Beamtenstellen; bis 1910 erhöhte sich ihre Zahl auf zehn.[35] Das war ein bescheidener Start für den möglichen Aufbau eines akademieeigenen Forschungspotenzials mit hochqualifizierten Wissenschaftlern, die im Hauptberuf bei der Akademie beschäftigt, aber keine gewählten Akademiemitglieder waren. Damit war ein Weg vorgezeichnet, wie die Akademie zu eigenen Instituten gelangen könnte. Die Form der Unternehmung, wenngleich sie im 19. Jh. zunächst Pioniercharakter trug, war nicht geeignet, in der gesamten von der Akademie durch ihren Mitgliederbestand repräsentierten disziplinären Vielfalt Forschungsvorhaben zu institutionalisieren. Für die Unternehmungen musste, wie Grau schreibt, die Auswahl der Arbeitsthemen stets „unter Berücksichtigung der Tatsache getroffen werden, dass die Akademie keine Voraussetzungen für die Durchführung naturwissenschaftlicher oder technischer Experimente und Laborarbeiten hatte“.[36] Nicht zuletzt deshalb strebte die PAW nach einer Forschungsbasis, die den engen Rahmen der kommissionsgelenkten Unternehmungen sprengte.

3. Die institutionelle Weichenstellung des frühen 20. Jahrhunderts

Als im späten 19. Jh. die Errichtung grundlagenorientierter außeruniversitärer Forschungsinstitute auf naturwissenschaftlichem und technischem Gebiet in Deutschland auf die Tagesordnung trat, wurden aus diesem latenten Streben der Akademie konkrete Vorstöße. In der Debatte um die institutionelle Form, die dafür am besten geeignet wäre, konnte sich die PAW berechtigte Hoffnungen machen; unter allen damals in Deutschland bestehenden größeren wissenschaftlichen Institutionen war die Akademie durch ihre Tradition ebenso wie durch ihre Struktur und Arbeitsweise unzweifelhaft am besten disponiert, zur Trägereinrichtung für derartige Institute zu werden. Auf einem anderen Blatt stand die Frage, ob die Akademie – so, wie sie damals beschaffen war – auch eine geeignete Trägerin für anwendungsorientierte Institute gewesen wäre; das war eher

34 Adolf Harnack: Geschichte der Kgl. Preußischen Akademie der Wissenschaften zu Berlin Bd. 1. Berlin 1900, S. 1042.
35 Grau, Die Berliner (wie Anm. 32), S. 87–88.
36 Ebd., S. 10.

nicht der Fall, aber hier musste die Akademie auch keinen eigenen Ehrgeiz entwickeln, denn mit der 1887 geschaffenen Physikalisch-Technischen Reichsanstalt (PTR) war dafür bereits außerhalb der Akademie eine passende Institutionalform gefunden worden, die der staatlichen Verwaltung auf der Ebene des Reiches unterstand. Sie trug zudem innovative Züge, denn sie vereinte erstmalig exemplarisch den ganzen Forschungs- und Entwicklungszyklus von der Grundlagenforschung bis zur technischen Normung und Dienstleistung.[37] Der Typus von Forschungsinstituten, der nun zur Debatte stand, sollte primär der „freien", nicht vorrangig anwendungsbezogenen Forschung gewidmet sein. Dabei beriefen sich die Berliner Akademiker auch auf einschlägige Entwicklungen in einigen anderen Ländern. So brachte die Stiftung der Nobelpreise in bescheidenem Umfang entsprechende Initiativen in Schweden hervor: Für den schwedischen Forscher Svante Arrhenius (Nobelpreis 1903) wurde an der Kgl. Schwedischen Akademie der Wissenschaften mit Beschluss vom 1. Oktober 1905 das Nobelinstitut für physikalische Chemie errichtet.[38] Eine gewisse Anziehungskraft hatte auch das Beispiel der Russischen Akademie der Wissenschaften, die ihre Forschungseinrichtungen nicht an die Universität abgegeben hatte, sondern weiterhin über – wenn auch ziemlich beengte – Sammlungen, Laboratorien und Observatorien verfügte.[39]

Zwischen 1900 und 1909 wurden verschiedene Vorschläge zum Aufbau von Forschungsinstituten an der PAW vorgetragen.[40] Die Intentionen der Akademie wurden im preußischen Kultusministerium von Friedrich Althoff, Leiter der Ersten Unterrichtsabteilung, verständnisvoll unterstützt und ermuntert. Althoffs früher Tod im Jahre 1908 war für die Verhandlungsposition der Akademie von Nachteil; freilich wäre es auch bloße Spekulation zu vermuten, dass die Unterstützung Althoffs, wäre sie noch verfügbar gewesen, ausgereicht hätte, um die Akademie ihr Ziel erreichen zu lassen. In Althoffs Strategie waren die Chancen für die Errichtung neuer Forschungsinstitute insbesondere mit der Aufteilung der früheren Königlichen Domäne Dahlem verbunden; damit standen an der

---

37 David Cahan: Meister der Messung. Die Physikalisch-Technische Reichsanstalt im Deutschen Kaiserreich. Weinheim 1992.

38 Elisabeth Crawford: The Beginnings of the Nobel Institution. The Science Prizes 1901 – 1915. Cambridge / Paris 1984.

39 Gennadij Danilovič Komkov, Boris Venediktovič Levšin und Lev Konstantinovič Semenov: Geschichte der Akademie der Wissenschaften der UdSSR. Hrsg. und bearb. von Conrad Grau. Berlin 1981, S. 280–293.

40 Chronologische Übersicht bei: Hubert Laitko: Die Preußische Akademie der Wissenschaften und die neuen Arbeitsteilungen. Ihr Verhältnis zum „Kartell" der deutschsprachigen Akademien und zur Kaiser-Wilhelm-Gesellschaft. – In: Die Königlich (wie Anm. 33), S. 149–173, hier S. 162–166.

Peripherie Berlins für moderne Wissenschaftsbauten Flächen bereit, an denen es in der Innenstadt mangelte. Die von ihm verfolgten Absichten wurden in der von seinen früheren Mitarbeitern Philipp Brugger und Friedrich Schmidt[-Ott] verfassten und im März 1909 dem Königlichen Zivilkabinett vorgelegten Denkschrift *Althoffs Pläne für Dahlem* zusammenfassend dargestellt. Diese Denkschrift machte der Akademie abermals Avancen: „Es ist zu bedauern, daß tüchtige Forscher abweichend von England bisher nur als Universitätslehrer eine ihren Leistungen entsprechende Anstellung finden konnten. Hier ist Wandel zu schaffen durch Begründung neuer ausschließlich der Forschung gewidmeter staatlicher Institute, die nach Art der Nobelinstitute hervorragenden Gelehrten Gelegenheit zu freier Forschungstätigkeit bieten sollten. Die Erfüllung dieses Bedürfnisses erschien Althoff als eine der grundlegendsten Forderungen für weiteren wissenschaftlichen Fortschritt. Althoff befindet sich hier in voller Übereinstimmung mit der Akademie der Wissenschaften ...“[41] Das Kultusministerium gab die Denkschrift der PAW vertraulich zur Kenntnis mit der Bitte, sich zu den darin vorgeschlagenen Forschungsinstituten zu äußern. Darauf fanden im Plenum und in den beiden Klassen eingehende Beratungen statt. Die mathematisch-physikalische Klasse empfahl in ihrer Sitzung vom 21.10.1909 laut Protokoll, „daß man ein Protektorat der Akademie über die etwa zur Errichtung kommenden Institute, soweit diese in den Bereich der Akademie fallen würden, beantragen solle“[42]

Am 13.11.1909 übermittelte die PAW ihre zusammenfassende Stellungnahme, in der neben den bereits in der erörterten Denkschrift angeregten Instituten noch weitere Institutswünsche artikuliert wurden. Während dies geschah, waren indes bereits energische Bemühungen im Gange, für die zu gründenden Institute eine akademieunabhängige Lösung zu finden. Im Ergebnis dieser Bemühungen wurde die PAW, die sich bereits auf ihre Erweiterung zu einer „Forschungsakademie“ eingestellt hatte, aus dem Rennen geworfen. Stattdessen wurde unter Heranziehung privaten Kapitals eine neuartige Institution geschaffen, die Kaiser-Wilhelm-Gesellschaft zur Förderung der Wissenschaften e. V. (KWG), deren weitere Entwicklung zu einer außerordentlichen Erfolgsgeschichte wurde. Hier ist nicht der Ort, auf diesen in der Literatur gut untersuchten Prozess einzugehen.[43] Festzuhalten ist aber, dass irgendwann im Herbst 1909 im wissen-

41 Geheimes Staatsarchiv Preußischer Kulturbesitz. Rep. 92 A I Nachlass Althoff Nr. 122, Bl. 39.

42 Auszug aus dem Protokoll der Sitzung der phys.-math. Klasse vom 21. Oktober 1909. – Dokument Nr. 61.2. In: Hartkopf / Wangermann, Dokumente (wie Anm. 1), S. 292.

43 Bernhard vom Brocke: Die Kaiser-Wilhelm-Gesellschaft im Kaiserreich. Vorgeschichte, Gründung und Entwicklung bis zum Ausbruch des Ersten Weltkriegs. – In: Rudolf Vierhaus und Bernhard vom

schaftspolitischen Establishment des wilhelminischen Deutschland der Entschluss gefasst wurde, die Option Akademie zu verlassen.

Der wirkliche Grund dafür liegt im Dunkeln. So urteilt auch Bernhard vom Brocke: „Warum damals der Akademie die Forschungsinstitute versagt blieben und unter Ausnutzung der Kompetenz der Akademie, aber unabhängig von ihr eine neue Trägergesellschaft von Forschungsinstituten ins Leben gerufen wurde, ist eine von der Forschung noch nicht hinreichend untersuchte und schlüssig geklärte Frage".[44] Das zeitgenössisch gebrauchte und später häufig wiederholte Argument, für die Gründung und den Betrieb der Institute wären private Geldgeber unerlässlich gewesen, dürfte nicht mehr als ein Vorwand gewesen sein. Es wurde nie mit Haushaltsdaten erhärtet, und es ist um so weniger überzeugend, als in der Weimarer Republik im Gefolge der Inflation das Reich den Löwenanteil des Finanzbedarfs der gegenüber der Vorkriegszeit nicht unbeträchtlich gewachsenen KWG übernahm, obwohl die finanzielle Situation des Staates hier bedeutend prekärer als zuvor die des wilhelminischen Deutschland war. In einer akribischen Untersuchung legt Peter-Christian Witt detailliert dar, wie „sich zwischen 1918/19 und 1934/35 der Übergang von einer überwiegend privaten zur vornehmlich öffentlichen Finanzierung vollzogen hat".[45]

Nachdem die Würfel gefallen waren, schrieb Harnack – nunmehr Präsident der neuen Gesellschaft, doch zugleich der Akademie auf verschiedenen Ebenen verbunden – am 28. Oktober 1912 einen vertraulichen Brief an Hermann Diels in dessen Eigenschaft als einer der Klassensekretare der PAW. Diesen Brief hat Peter Nötzoldt 1998 erstmals im vollen Wortlaut veröffentlicht.[46] Harnack äußerte sich darin sowohl über die Motive, die zur Gründung der KWG geführt hatten, als auch über deren künftiges Verhältnis zur PAW. Zunächst versicherte er Diels: „Die Gesellschaft von vornherein und ausschließlich mit der Akademie der Wissenschaften verbinden, lag mir von Anfang an nahe, aber es war nicht zu

Brocke (Hrsg.): Forschung im Spannungsfeld von Politik und Gesellschaft. Geschichte und Struktur der Kaiser-Wilhelm-/Max-Planck-Gesellschaft. Stuttgart 1990, S. 17–162; Bernhard vom Brocke: Der „Bund von Wissenschaft und Kapitalismus". Die Kaiser-Wilhelm-Gesellschaft zwischen Universität, Akademie und Industrie. – In: Karl-Heinz Bernhardt und Hubert Laitko (Hrsg.): Akademische und außerakademische Forschung in Deutschland. Tendenzen und Zäsuren eines Jahrhunderts (Abhandlungen der Leibniz-Sozietät der Wissenschaften Bd. 34). Berlin 2013, S. 19–35.

44 Vom Brocke, Verschenkte Optionen (wie Anm. 33), S. 146.

45 Peter-Christian Witt: Wissenschaftsfinanzierung zwischen Inflation und Deflation: Die Kaiser-Wilhelm-Gesellschaft 1918/19 bis 1934/35. – In: Vierhaus & vom Brocke (Hrsg.), Forschung im Spannungsfeld (wie Anm. 43), S. 579–656, hier S. 580.

46 Peter Nötzoldt: Wolfgang Steinitz und die Deutsche Akademie der Wissenschaften zu Berlin. Zur politischen Geschichte der Institution (1945 – 1968). Phil. Diss. Humboldt-Universität zu Berlin 1998.

machen".[47] Danach hätte die Errichtung der Institute bei der Akademie dem eigentlichen Wunsch Harnacks entsprochen. Als Hauptgrund dafür, dass das demzufolge eigentlich Gewollte nicht realisiert werden konnte, gab er an, dass es so kaum möglich gewesen wäre, private Kapitalgeber zu gewinnen; auch hätte man so nicht im erforderlichen Tempo handeln können.[48] Der Weg, der mit der KWG erfolgreich beschritten worden war, sollte nun auch der Akademie Vorteile bringen: „Die Akademie, will sie in lebendiger Fühlung mit der neuen Stellung der Wissenschaft bleiben und die Führerrolle behaupten, muss sich erweitern. [...] Zu diesem Zweck muss sie die grossen Industriellen, die über wissenschaftliche Stäbe in ihren Werken kommandiren, in ihre Mitte aufnehmen ..." Für PAW und KWG sei es „einfach das Gewiesene, dass sie sich verschmelzen, bez. auf das engste kooperiren!"[49] Soweit ersichtlich, hatte Harnack nicht im Sinn, den Industriellen normale Akademiemitgliedschaften anzutragen – aber die Öffnung ihnen gegenüber hielt er für unerlässlich, um der Akademie das Odium der Gestrigkeit zu nehmen, ihr aus der Finanzknappheit zu helfen und sie zu der als Vision angedeuteten späteren Verschmelzung mit der KWG zu befähigen. Die Grundaussage dieses Briefes kann man auch so deuten: Harnack hielt den Zugang der Akademie zu Forschungsinstituten für durchaus sinnvoll und erreichbar, jedoch nicht auf dem Weg der traditionellen staatlichen Finanzierung, sondern vermittelt über die Akquisition privaten Kapitals.

„Durch seine Argumente" – so heißt es bei Conrad Grau – „wollte Harnack den Akademiesekretar Diels, der als bedeutender klassischer Philologe einer der engagiertesten Wissenschaftsorganisatoren auf nationaler und internationaler Ebene war und dem in erster Linie das Schicksal der Akademie am Herzen lag, ganz offensichtlich versöhnen."[50] Dabei kann man Harnack durchaus konzedie-

47 Adolf von Harnack an Hermann Diels, 18. 10. 1912. – Der Brief ist abgedruckt im Anhang zu: Rainer Hohlfeld, Jürgen Kocka und Peter Th. Walther: Vorgeschichte, Struktur, wissenschaftliche und politische Bedeutung der Berliner Akademie im Kaiserreich. – In: Die Königlich (wie Anm. 33), S. 399–463, Brief S. 460–463, Zit. S. 460.

48 Der einzige nachvollziehbare Grund, das Tempo zu forcieren, bestand darin, dass Wilhelm II. die Errichtung der neuen Gesellschaft anlässlich des Berliner Universitätsjubiläums verkünden wollte und bis dahin ein hinreichendes Quantum an Spendenzusagen gesichert sein sollte – also in einem politischen Manöver und nicht etwa in einem objektiven Entwicklungserfordernis des deutschen Wissenschaftssystems. Die Herbeiführung von Zeitdruck, der die ruhige Erwägung der Vor- und Nachteile einer jeden der in Frage stehenden Alternativen blockiert, ist ein probates Mittel, um den Anschein von Alternativlosigkeit zu erwecken und so eine Entwicklung in die gerade präferierte Richtung zu lenken.

49 Harnack an Diels (wie Anm. 47), S. 461.

50 Conrad Grau: „...daß die beiden Gesellschaften in Frieden nebeneinander stehen und zusammenarbeiten". Die Kaiser-Wilhelm-Gesellschaft zur Förderung der Wissenschaften und die Preußische Akademie der Wissenschaften zu Berlin. – In: Dahlemer Archivgespräche Bd. 1. Für das Archiv zur Geschichte der Max-Planck-Gesellschaft hrsg. von Eckart Henning. Berlin 1996, S. 34–46, hier S. 43.

ren, dass er die in seinem Brief angedeutete institutionelle Perspektive – jenseits allen Versöhnens und Beschwichtigens – bona fide vertreten haben mag. Realistisch war diese Erwartung jedoch nicht. Nachdem einmal die Intentionen der PAW, eigene Forschungsinstitute zu erhalten, durch eine außerakademische Gründung konterkariert und brüskiert worden waren, konnte man sich schwer vorstellen, dass diese Weichenstellung zu weitreichender institutioneller Ausdifferenzierung späterhin auf einer höheren Stufe durch eine – wie auch immer geartete – „Verschmelzung" wieder zurückgenommen werden könnte. Zudem wäre eine derartige Entwicklung auch verfassungsrechtlich blockiert gewesen. Nach den Regularien des deutschen Föderalismus war die PAW eine rein preußische Einrichtung, Institute hätte sie demnach allein in Preußen haben können. Die KWG hingegen war ihrem Rechtsstatus nach von vornherein auf das Reich im Ganzen bezogen und war damit frei, auf Wissenschaftsbedürfnisse im gesamtstaatlichen Maßstab zu reagieren. Dieser Umstand, auf den Grau ausdrücklich aufmerksam macht[51], wurde zunächst durch die Macht des Faktischen – einerseits die überragende Position Preußens innerhalb Deutschlands, andererseits die Tatsache, dass die ersten Kaiser-Wilhelm-Institute in Berlin gegründet wurden – verdeckt und erschien nachrangig, doch er machte sich immer stärker geltend, je weiter die KWG mit ihren Instituten auf die übrigen deutschen Bundesstaaten ausgriff. Ein geregeltes Verhältnis zwischen PAW und KWG, wie es Harnack für die nächste Zukunft angemahnt hatte, bildete sich indes auch wirklich heraus. Grau schreibt, „dass angemessene modi vivendi gefunden wurden, die zusätzlich partiell über das ‚Nebeneinander' hinaus auch zu unterschiedlichen Formen der ‚Zusammenarbeit' im Sinne der Harnackschen Zielstellung führten".[52] Direktoren und weitere Wissenschaftliche Mitglieder von Kaiser-Wilhelm-Instituten ebenso wie auch Senatoren der KWG waren oft zugleich Ordentliche oder Korrespondierende Mitglieder der PAW; Akademiemitglieder gehörten auch den Kuratorien oder Verwaltungsräten der Kaiser-Wilhelm-Institute oder den in einigen dieser Institute bestehenden wissenschaftlichen Beiräten an.[53] Ungeachtet dessen, dass diese Verflechtungen ein beträchtliches Ausmaß hatten, wurde die gegenseitige Unabhängigkeit der beiden Institutionen davon nicht berührt: „Die wechselseitigen Mitgliedschaften sicherten ein Mindestmaß an Kooperation, also ein ‚Nebeneinander'; auf die Wahl der behandelten Themen und den Arbeitsprozess in beiden Institutionen wirkten diese Verflechtungen nicht konstituierend".[54]

51 Ebd., S. 35–36.
52 Ebd., S. 36.
53 Einen statistischen Überblick über die personellen Verflechtungen bis 1945 gibt Grau. – Ebd., S. 37–41.
54 Ebd., S. 43.

Dem Ziel eigener Forschungsinstitute kam die PAW durch die friedliche Koexistenz mit der KWG jedoch keinen Schritt näher. Die bloße Bewahrung ihres Status quo hielt den Trend ihrer Marginalisierung im deutschen Wissenschaftssystem nicht auf. Dieser Trend war ein komplexes Geschehen, das nicht nur mit Wandlungen in der Funktionsverteilung zwischen den verschiedenen Institutionentypen zu tun hatte, sondern auch mit Rangverschiebungen zwischen den Disziplinen und Disziplinengruppen. Darauf verweist Oliver Stoll in seinem Porträt des berühmten Gräzisten Hermann Diels, dessen Wirken vier Jahrzehnte lang mit der PAW verbunden war, davon ein Vierteljahrhundert (1895 bis 1920) im Amt des Sekretars ihrer philosophisch-historischen Klasse. Bis zum Ersten Weltkrieg standen in Deutschland – ungeachtet des dynamischen Aufstiegs der Naturwissenschaften – die Altertumswissenschaften weit oben in der Rangliste der Disziplinen. Stoll schreibt, „dass Theodor Mommsen, aber eben auch Hermann Diels, an der Preußischen Akademie die traditionell führende Rolle der Altertumswissenschaften bis in die Zeit des Ersten Weltkriegs sicherten. Die Altertumswissenschaften bildeten die weitaus größte Gruppe in der philosophisch-historischen Klasse, stellten die meisten korrespondierenden und auswärtigen Mitglieder, betreuten die überwiegende Zahl der Akademieunternehmen und dominierten die Sitzungsberichte. Die altertumswissenschaftlichen Vorhaben dienten anderen Fächern als Vorbild".[55] Damit schien die Dominanz der PAW in der preußischen Forschungslandschaft bis in das Vorfeld der KWG-Gründung noch weitgehend ungebrochen, obwohl sie keine Institute hatte. Der Tod von Diels 1922 aber fällt nach Stoll „in gewisser Weise in eine Wendezeit, markiert das Ende einer Wissenschaftsepoche und einen Paradigmenwechsel".[56] Obwohl die Altertumswissenschaften nichts an Niveau einbüßten, änderte sich doch ihr Stellenwert im Wissenschaftsgefüge: „Nach dem Ersten Weltkrieg wandelte sich nicht nur Deutschland, sondern auch sein Verhältnis zur Antike".[57] Das relative Gewicht der altertumswissenschaftlichen Unternehmungen war nun nicht mehr groß genug, um die Marginalisierungsdrift der PAW aufzuhalten.

Hinzu kamen institutionelle Verschiebungen. Ein besonders problematisches Element dieser Entwicklung war die im Herbst 1920 erfolgte Gründung der „Notgemeinschaft der deutschen Wissenschaft", aus der im Dezember 1929 die „Deutsche Gemeinschaft zur Erhaltung und Förderung der Forschung" (kurz:

55 Oliver Stoll: Hermann Diels. – In: Hans-Christof Kraus (Hrsg.): Geisteswissenschaftler II (=Berlinische Lebensbilder Bd. 10). Berlin 2012, S. 87–111, hier S. 96.
56 Ebd., S. 89.
57 Ebd., S. 87.

Deutsche Forschungsgemeinschaft – DFG) hervorging.[58] Nötzoldt erörtert die ambivalente Rolle, die diese Gründung für die Akademien gespielt hat. Einerseits hatten die Akademien wesentlichen Anteil an ihrem Zustandekommen, andererseits trug ihre Verstetigung zu einer starken Förderorganisation der Forschung nicht unerheblich dazu bei, eben diese Akademien noch weiter an die Peripherie des Wissenschaftssystems zu drängen. Wie Nötzoldt ausführt, verstanden die Akademien diese Neugründung zu lange als ein Provisorium, das – wie schon die Bezeichnung „Notgemeinschaft" nahelegt – lediglich dazu bestimmt sein sollte, die akuten Nachkriegsnöte in der Forschungsfinanzierung zu lindern; infolge dieser Fehleinschätzung hätten sie es versäumt, sich (über das „Kartell" der deutschsprachigen Akademien) den entscheidenden Einfluss auf die Notgemeinschaft und damit auf eine wesentliche Komponente der Forschungsfinanzierung außerhalb der normalen Haushalte zu sichern.[59] Traditionell hatten die Akademien neben der eigenen Forschung auch die Förderung von Forschungsarbeiten anderer Gelehrter – mit den bescheidenen Mitteln, die ihnen dafür zur Verfügung standen, etwa aus ihnen angeschlossenen Stiftungen – als eine ihrer wesentlichen Aufgaben angesehen. Die Editoren des Werkes *Forschungsinstitute* (1930) hoben in ihrem Vorwort ausdrücklich hervor, dass „die Akademien durch die Notgemeinschaft der Deutschen Wissenschaft, die für die Zeit der Not geschaffen wurde und dadurch segensreich wirkte, bei der Förderung der Forschung weitgehend in den Hintergrund gedrängt wurden".[60] Man muss dabei in Betracht ziehen, dass der Trend zur Marginalisierung der Akademien keineswegs einfach die von niemand gewollte faktische Resultante aus dem Zusammenspiel unterschiedlicher Maßnahmen im Wissenschaftssystem war, sondern auch von angesehenen Gelehrten begrüßt und unterstützt wurde. So vertrat der Physikochemiker Wilhelm Ostwald, der sich eingehend mit Fragen der Wissenschaftsorganisation beschäftigt hatte, in seinem Beitrag zum genannten Sammelwerk die Ansicht, dass die Akademien für die Entwicklung der Wissenschaften zwar früher wichtig gewesen, im 20. Jh. aber entbehrlich geworden seien.[61]

58 Notker Hammerstein: Die Deutsche Forschungsgemeinschaft in der Weimarer Republik und im Dritten Reich. Wissenschaftspolitik in Republik und Diktatur 1920 – 1945. München 1999.

59 Peter Nötzoldt: Strategien der deutschen Wissenschaftsakademien gegen Bedeutungsverlust und Funktionsverarmung. – In: Die Preußische (wie Anm. 27), S. 237–277, hier S. 244–248.

60 Vorwort (wie Anm. 15), S. X.

61 „Der Nutzen der Akademien für die Entwicklung der Wissenschaften ist sehr groß gewesen. In den Zeiten, wo diese einer zarten Pflanze vergleichbar waren, die nicht in der rauhen Luft ungeschützt gedeihen konnte, dienten sie wie ein Glashaus, um sie über die Schwierigkeiten und Gefahren der ersten Lebensjahre hinwegzubringen. In dem Maße aber, wie die Wissenschaften erstarkten und einen zunehmend wichtigeren Bestandteil des allgemeinen Lebens und Arbeitens bildeten, haben

4. Der Vorstoß um 1930

Eine bei Nötzoldt näher erörterte interne Krise der Notgemeinschaft im Jahre 1929, verbunden mit dem gespannten Verhältnis zwischen dieser und dem für die PAW von staatlicher Seite zuständigen preußischen Kultusministerium, scheint der Auslöser für einen erneuten Vorstoß der Akademie in Richtung auf eigene Forschungsinstitute gewesen zu sein.[62] Auch dieser Vorstoß schlug fehl; die reale Lage war keineswegs so günstig, wie man in der Akademie angenommen oder wenigstens gehofft hatte. Hier ist weniger der Vorgang selbst von Interesse, zumal er ohne direkte institutionelle Konsequenzen blieb, als vielmehr der Umstand, dass die Akademie zur Unterstützung ihrer Initiative eine ausführliche Argumentation vortrug, aus der ersichtlich ist, wie zentral eine leistungsfähige eigene Forschungsbasis für ihr Selbstverständnis tatsächlich war.

Eine an ihre vier Sekretare gerichtete Einladung des Kultusministeriums vom Juni 1929 zu einer Aussprache über Situation und Zukunftsaufgaben der Akademie nahm die PAW zum Anlass, ihre diesbezüglichen Vorstellungen in einer Denkschrift zu formulieren, die indes Entwurf blieb und in dieser Form nicht eingereicht wurde. Unter den neuen Verhältnissen des 20. Jhs. müsse die Akademie wieder zu dem gemacht werden, was sie schon einmal gewesen sei, nämlich „zum Mittelpunkt aller Forschung", und sie müsse sich so in die Lage versetzen, „die Wirksamkeit der Fachausschüsse der Notgemeinschaft dermaleinst zu übernehmen und fortzuführen".[63] Da es aber der Notgemeinschaft im selben Jahr gelang, ihre Krise zu überwinden und durch die Umbildung zur DFG sogar gestärkt aus ihr hervorzugehen, konnte die PAW den Gedanken, zusammen mit den anderen Akademien die Notgemeinschaft zu übernehmen, nicht weiter verfolgen; stattdessen konzentrierte sie sich ganz auf den Versuch, den Aufbau einer eigenen Forschungsbasis durchzusetzen. Die dazu maßgebenden Überlegungen sind in der *Denkschrift der Preußischen Akademie der Wissenschaften über die Erweiterung ihrer Tätigkeit* enthalten, die am 26. Juni 1930 dem preußischen Kultusministerium überreicht wurde. Die wichtigsten Passagen aus diesem umfangreichen Dokument sind in der von Werner Hartkopf und Gert Wangermann

sich diese Pflegeeinrichtungen als entbehrlich herausgestellt. Nicht als Hindernisse für die Entfaltung; denn die Wissenschaft hat längst außerhalb der Akademien Lebensbedingungen gefunden, die weit über deren Grenzen hinaus ihr Gedeihen sichern". – Wilhelm Ostwald: Naturwissenschaftliche Forschungsanstalten. – In: Forschungsinstitute (wie Anm. 15), S. 66–92, hier S. 87–88.

62 Ebd., S. 247, 252–257.

63 Zit. in: Ebd., S. 247–248.

besorgten verdienstvollen Quellenedition zur Berliner Akademiegeschichte publiziert.[64] Der darin enthaltene Forderungskatalog der PAW war ungewöhnlich umfangreich, zumindest dann, wenn man ihn an früheren Bewilligungen misst. Nach Ansicht von Wolfgang Schlicker waren diese Vorschläge „nicht als einmaliger Antrag an das Ministerium, sondern als schrittweise zu verwirklichende Vorstellungen gedacht".[65]

Die Denkschrift geht von den durch Kommissionen betreuten Unternehmungen als traditioneller Arbeitsweise der Akademie aus, hebt ihre Vorzüge hervor und bekennt sich zu ihrer Weiterführung. In bestimmten Fällen aber reichten kommissionsgelenkte Unternehmungen als Organisationsformen der Forschung nicht mehr aus; hier erweise es sich als geboten, zur Institutsform überzugehen. In dieser Darstellung erscheint das Institut nicht als Alternative zur Kommission, sondern als deren organische Fortbildung. Das ist eine sehr geschickte Argumentation; sie korrespondiert mit der weiter oben erörterten Überlegung, wonach sich in Gestalt der akademischen Unternehmung die Konturen des außeruniversitären Forschungsinstituts im historischen Prozess keimhaft herausgebildet haben. Die Akademie – so führt die Denkschrift im Einklang mit der Tradition aus – „wird sich im allgemeinen nur solche Aufgaben stellen, die die Kräfte eines einzelnen übersteigen und nur durch die Zusammenarbeit vieler geleistet werden können und deren Erledigung daher einer festen Organisation bedarf".[66] Dabei seien zwei Arten derartiger Aufgaben zu unterscheiden – solche mit fest begrenzten Zielen, die in absehbarer Zeit abgeschlossen werden können, und solche, deren Abschluss nicht abzusehen ist oder die überhaupt fortlaufenden Charakter tragen. Diese Differenz muss eine Differenz in den Institutionalformen zur Folge haben: „Die Akademie ist der Ansicht, dass an der Organisation durch die Kommissionen festgehalten werden muß für solche Unternehmungen, die beschränkteren Umfanges sind oder die voraussichtlich in einer bestimmten Zeit zum Abschluß gelangen. Dagegen hält sie es für richtig, für dauernde umfassende Untersuchungen die Form des Instituts zu wählen, an dessen Spitze ein von der Akademie aus ihren Mitgliedern gewählter Direktor steht. Ein ebenfalls von der Akademie aus ihren Mitgliedern oder außerhalb der Akademie stehenden Gelehrten gebildeter Ausschuß sollte ihm als wissenschaftlicher Bei-

64 Denkschrift der Preußischen Akademie der Wissenschaften über die Erweiterung ihrer Tätigkeit. Von 1930 (gekürzt). – Dokument Nr. 66. In: Hartkopf / Wangermann, Dokumente (wie Anm. 1), S. 301–310.

65 Wolfgang Schlicker (unter Mitarbeit des Kollektivs der Forschungsstelle): Die Berliner Akademie der Wissenschaften in der Zeit des Imperialismus Teil II. 1917–1933. Berlin 1975, S. 302.

66 Denkschrift (wie Anm. 64), S. 302.

rat zur Seite stehen. Die Akademie glaubt, dass durch diese Form nicht nur eine straffere und einheitlichere Organisation der Arbeit verbürgt, sondern auch die stete Fortführung des Unternehmens gesichert wird. [...] Die Akademie stellt daher den Antrag, das Ministerium wolle einige der bei der Akademie bestehenden Kommissionen in Institute umwandeln und einige andere neue Institute bei der Akademie errichten".[67]

Die Verfasser der Denkschrift waren Realisten genug, um gar nicht erst in die Domäne der KWG eindringen zu wollen. Deshalb sahen sie für den Übergang von der Kommissions- zur Institutsform nur geisteswissenschaftliche Vorhaben vor, von denen die Interessen der KWG nicht tangiert wurden. Jedes so entstehende Institut sollte „für die gesamte Gelehrtenwelt den Mittelpunkt der Forschung auf dem Gebiete, dem es gewidmet ist, bilden".[68] Diese Passage zeigt überdeutlich, dass sich die Akademie ihrer Zweckbestimmung nach im Zentrum des Wissenschaftssystems und nicht an dessen Peripherie sah und alles in ihren Kräften Stehende tun wollte, um diese zentrale Position auch tatsächlich zu besetzen. Die in Aussicht genommenen geisteswissenschaftlichen Institute sollten komplexe, aber nichtsdestoweniger thematisch nahe beieinander liegende Themenfelder bearbeiten. Dazu wurden verschiedene Wege ins Auge gefasst, so die Fusion von für benachbarte Untersuchungen zuständigen Kommissionen (Institut für griechisch-römische Epigraphik im Ergebnis der Vereinigung des griechischen und des römischen Inschriftenwerkes), die Integration verwandter Aspekte aus unterschiedlichen Unternehmungen (Institut für Geschichte der Wissenschaft im Altertum, das „eine der traditionellen Aufgaben der Preußischen Akademie" durch „Zusammenfassung der verschiedenen Kräfte nach einheitlichen Gesichtspunkten zu gemeinsamen Zielen" bearbeitet[69]), die Umwandlung von Kommissionen mit extrem umfangreichem (Kirchenväterkommission) bzw. stark diversifiziertem (Deutsche Kommission) Arbeitsbereich in Institute (Institut für Patristik; Deutsches Institut).

Die Verfasser der Denkschrift empfanden indes auch, dass ein starkes Übergewicht geisteswissenschaftlicher Institute und Kommissionen – noch dazu mit zum erheblichen Teil althistorischer Thematik – die Akademie in einen geradezu grotesken Gegensatz zu ihrem tradierten Anspruch bringen würde, die „Einheit der Wissenschaft" zu verkörpern. Es erschien ihnen daher unumgänglich, sich auch naturwissenschaftliche Forschungskapazitäten zu sichern. Die folgende

67 Ebd., S. 303.
68 Ebd., S. 303.
69 Ebd., S. 304.

Passage zeigt, dass die Akademie den Verlust ihrer naturwissenschaftlichen Einrichtungen nie verwunden hatte: „Forschungsinstitute auf dem Gebiete der Geisteswissenschaften sind eine verhältnismäßig moderne Einrichtung. Die auf experimentelle Untersuchungen angewiesenen Naturwissenschaften haben das Bedürfnis nach gemeinsamen Arbeitsstätten viel früher empfunden. Schon die alte Fridericianische Akademie hat nicht nur Sammlungen, sondern auch Institute besessen wie das chemische Laboratorium, das Theatrum Anatomicum, den botanischen Garten. Bei der Reorganisation der Akademie im Jahre 1812 sind sie ihr verlorengegangen“[70]. 1930 mussten die Repräsentanten der PAW freilich in Betracht ziehen, dass experimentell ausgerichtete naturwissenschaftliche Einrichtungen, die vollkommen neu zu schaffen wären, schon wegen ihrer kostspieligen apparativen Ausstattung noch weitaus schwerer zu haben sein würden als ein paar aus Kommissionen hervorgehende hochspezialisierte geisteswissenschaftliche Forschungsinstitute. Zudem dürfte es von vornherein aussichtslos gewesen sein, das Kultusministerium von der Notwendigkeit derartiger Institute bei der Akademie neben den bereits vorhandenen Kaiser-Wilhelm-Instituten zu überzeugen. Die seinerzeit von Harnack gegenüber Diels ins Spiel gebrachte Möglichkeit, dass der Zugang zu den Kaiser-Wilhelm-Instituten der Akademie die fehlenden eigenen Institute in gewissem Maße ersetzen könnte, bewertete die Denkschrift ausgesprochen skeptisch: „... wenn auch die Akademie zu einigen von ihnen gewisse Beziehungen insofern unterhält, als ihre Leiter der Akademie als Mitglieder angehören, so wird es doch heute aus verschiedenen Gründen nicht leicht sein, mit diesen Instituten eine nähere Verbindung herzustellen“.[71] Als Ausweg aus diesem Dilemma schlug die Akademie vor, einige naturwissenschaftliche Anstalten – die neben ihren Forschungsaufgaben auch gewisse Monitoring-Funktionen erfüllten – vom preußischen Staat zu übernehmen. Diese wurden in der Denkschrift als „isolierte wissenschaftliche Institute“ bezeichnet, weil sie bis dahin zu keinem Instituteverbund gehört hatten. So erklärte die PAW, sie würde es mit großer Freude begrüßen, wenn das Astrophysikalische Observatorium Potsdam „ein Institut der Akademie würde. An der Organisation brauchte nicht viel geändert zu werden. Verwaltungstechnisch und staatsrechtlich müßte das Observatorium seine Selbständigkeit behalten. Dagegen würde die Akademie besonderen Wert darauf legen, daß ihr bei der Besetzung des Direktorpostens ein Vorschlagsrecht eingeräumt würde, mit der Maßgabe, daß nur solche Personen in Frage kommen, die für die Mitgliedschaft der

70 Ebd., S. 307.
71 Ebd., S. 307.

Akademie geeignet sind. Es würde damit nur ein Zustand, der tatsächlich seit der Gründung des Observatoriums bestanden hat, statutenmäßig festgelegt werden. Ein Kuratorium, gebildet aus Mitgliedern der Akademie und einem Vertreter des Ministeriums, sollte mit beratender Funktion dem Direktor zur Seite stehen". Ähnlich sollte mit dem Preußischen Meteorologischen Institut und einigen weiteren Einrichtungen verfahren werden.[72]

Nach diesem Wunschpaket hätte die Akademie in den Besitz einer ganzen Reihe von Forschungsinstituten kommen können, und das mit geringem Aufwand für den preußischen Staat, weil sowohl die Kommissionen, aus denen die geisteswissenschaftlichen Institute hervorgehen sollten, als auch die anzugliedernden naturwissenschaftlichen Institute bereits vorhanden waren. Dieses Arrangement war zweifellos dazu gedacht, in der herrschenden wirtschaftlichen Krisensituation dem Kultusministerium das Grundanliegen der Akademie in einer Form nahezubringen, in der es wenigstens gewisse Aussichten auf Beachtung und Erfolg hatte. Strategisch entscheidend war, dass die Akademie – auf welchem Weg auch immer – zu einigen eigenen Instituten gelangte. Damit wäre eine neue Normalität geschaffen worden. Es wäre in Deutschland nicht mehr abwegig erschienen, Wissenschaftsakademien mit eigenen Instituten auszustatten, und es wäre dann leichter geworden, auch kostspieligere Neugründungen fordern zu können. So gesehen, könnte die einzige vorgeschlagene Neugründung im Rahmen der Gesamtstrategie der Akademie eine Art Versuchsballon gewesen sein. Die PAW empfahl, ein Forschungsinstitut für Theoretische Physik zu gründen. Das war ein ausgesprochen geschickter Vorschlag. Erstens ging es hier, anders als bei Einrichtungen für experimentelle Forschung, um ein Institut, dessen Kostenaufwand sich sehr in Grenzen halten würde. Zweitens wurde mit diesem Vorschlag ausnahmsweise und dabei auf eine sehr überlegte Weise ein Schritt auf ein von der KWG bereits besetztes Terrain gewagt. Diese hatte für Albert Einstein 1917 zwar ein Kaiser-Wilhelm-Institut für Physik gegründet, hatte es aber seither nicht vermocht, daraus ein wirkliches Forschungsinstitut zu machen; mehr als ein Jahrzehnt lang war aus ihm nichts weiter geworden als eine Stelle zur Verteilung von Forschungsmitteln. Unzweifelhaft wäre es für die Akademie eine Genugtuung gewesen, sich auf diesem Feld als die potentere Organisatorin erweisen zu können. Drittens und vor allem stand das beabsichtigte Institut im Zentrum der aktuellen Umwälzung des wissenschaftlichen Weltbildes, die um 1930 ihre Dynamik global entfaltete. Die (nichtrelativistische) Quantenmechanik hatte gerade ihre theoretisch konsistente Form und ihren mathematisch perfek-

72 Ebd., S. 307.

ten Ausdruck gefunden und war nun dabei, eine Fülle von Anregungen in den verschiedensten Gebieten der Physik, aber auch in Chemie, Biologie, Astronomie usw. hervorzubringen: „Von jeher hat die theoretische Physik einen Mittelpunkt im Bereiche der ‚exakten' Naturwissenschaften abgegeben, an welchen sich alle anlehnten. Aber im letzten Vierteljahrhundert ist sie sogar das Zentrum geworden, von welchem die stärksten Anregungen für die Tätigkeit der anderen Gebiete ausstrahlen. [...] Aus diesem Grunde glaubt die Akademie, daß die Gründung eines wirklichen Forschungsinstituts für theoretische Physik einem Bedürfnis nicht nur der Physik, sondern aller exakten Naturwissenschaften entgegenkommt. Da nun einem Ausbau des vorhandenen Kaiser-Wilhelm-Instituts im Rahmen der Kaiser-Wilhelm-Gesellschaft Schwierigkeiten im Wege stehen, beantragt sie die Gründung eines solchen Forschungsinstituts im Anschluß an die Preußische Akademie der Wissenschaften".[73] Das gleichfalls vorgeschlagene und weiter oben erwähnte Institut für Patristik mochte auf einem noch so hohen Niveau arbeiten – der Sache nach wäre es eine ebenso subtile wie entlegene Spezialität geblieben. Mit einem brillant besetzten Institut für Theoretische Physik aber hätte sich die PAW im Fokus der zeitgenössischen Wissenschaft placiert.

Neben den Institutsprojekten, die eindeutig im Mittelpunkt standen, enthielt die hier erörterte Denkschrift noch eine Reihe flankierender Maßnahmen. Zusammengenommen skizzierte sie die Kontur einer Akademiereform, für deren Zielrichtung Conrad Grau den Begriff der Forschungsakademie in Anspruch nimmt: „Der ganze Forderungskatalog der PAW lief also de facto darauf hinaus, diese durch Institutsgründungen und die partielle Änderung der Zuwahlkriterien gewissermaßen zu einer Forschungsakademie umzugestalten. Für zwölf zusätzliche Ordentliche Mitglieder sollten die Residenzpflicht, die Einbindung in die damals seit etwa 100 Jahren praktizierte Fachstellengliederung und die ansonsten stets betonte individuelle Auswahl aus dem Kreis Berliner Gelehrter aufgehoben werden. Das sollte geschehen zugunsten von Wissenschaftlern, die – bei Erfüllung der fachlichen Voraussetzungen für die Mitgliedschaft – allein als potentielle Institutsdirektoren unter Verzicht auf die Übersiedlung nach Berlin in die Akademie berufen werden konnten. Eine solche Regelung ging beträchtlich über die seit dem 19. Jahrhundert durchaus gängige Praxis hinaus, bei Berufungen auf Berliner Lehrstühle auch die mögliche Vertretung der entsprechenden Fachdisziplin in der Akademie im Blick zu haben".[74] Bekanntlich ist dieses Programm in der Weimarer Republik nicht mehr realisiert worden, und unter

73 Ebd., S. 308.
74 Grau, Gelehrtengesellschaft (wie Anm. 9), S. 9.

der Naziherrschaft war erst recht nicht daran zu denken. So war die Denkschrift das letzte programmatische Dokument der PAW aus der Zeit vor der Errichtung des Hitlerregimes, gleichsam ihr unerfülltes Legat, das zu bedenken und zu verwirklichen den Späteren aufgegeben war.

Die akademiehistorische Skizze, die bis zu dieser Denkschrift geführt hat, ist ein bei weitem nicht vollständiger, aber hinreichender Beleg dafür, dass die Ausstattung der Akademie mit Forschungsinstituten, die ab 1946 erfolgte, alles andere als eine akademiefremde Entscheidung gewesen ist. Das Verlangen nach eigenen Forschungskapazitäten wurzelt in der historischen Tiefe der Akademietradition, und nach dem Ende des Zweiten Weltkriegs ergab sich unverhofft eine Gelegenheit, diesem Verlangen zu entsprechen. Dabei war es keineswegs von vornherein sicher, dass aus dem Wunsch Wirklichkeit werden würde. Das schmale Zeitfenster zwischen dem 6. Juni 1945, als sich zwölf in Berlin verbliebene Mitglieder der Preußischen Akademie der Wissenschaften zu ihrer ersten Plenarsitzung nach Kriegsende trafen, und dem 1. August 1946, als die traditionsreiche Einrichtung in ihrer neuen Gestalt als Deutsche Akademie der Wissenschaften zu Berlin mit Genehmigung der sowjetischen Militärverwaltung und stillschweigender Duldung der drei westlichen Besatzungsmächte offiziell wiedereröffnet wurde, reichte indes aus, um durch geschickte Nutzung komplizierter und dabei schnell wechselnder politischer Konstellationen den Weg zu akademieeigenen Forschungsinstituten zu bahnen[75] – nicht für alle Zukunft, wie wir heute wissen, aber immerhin für die Lebenszeit, die der DDR auf der Agenda der Geschichte zugemessen war. Die generelle Kontur der Kombination von Gelehrtengesellschaft und Forschungsinstituten wurde von der DAW auch auf die drei Fachakademien spezielleren Zuschnitts übertragen, die in der DDR gegründet wurden, und dort auf jeweils eigene Weise konkretisiert. In die Prozesse ihrer Etablierung und ihres Wandels bis zum Jahr 1990 geben die Arbeiten des vorliegenden Bandes einen Einblick. Die Frage ihrer Bewährung als Typ wissenschaftlicher Institutionen wird noch lange ein Thema der wissenschaftshistorischen Forschung sein.

75 Peter Nötzoldt: Wissenschaft in Berlin – Anmerkungen zum ersten Nachkriegsjahr 1945/46. – In: Potsdamer Bulletin für Zeithistorische Studien 1995, H. 5, S. 15–36.

Weiterführende Literatur zu den Aufsätzen dieses Bandes

PETER NÖTZOLDT

Zwischen Tradition und Anpassung – Die Deutsche Akademie der Wissenschaften zu Berlin (1946–1972)

Akademie der Wissenschaften der DDR (Hg.): Kurzcharakteristik der Institute und Einrichtungen sowie konzeptionelle Vorstellungen für deren Entwicklung und Zuordnung, Teil I, Berlin 1990.

Brocke, Bernhard vom: Die Kaiser-Wilhelm-/Max-Planck-Gesellschaft und ihre Institute zwischen Universität und Akademie, in: Brocke/Laitko, Kaiser-Wilhelm-/Max-Planck-Gesellschaft, S. 1–32.

Bruch, Rüdiger vom und Brigitte Kaderas (Hg.): Wissenschaften und Wissenschaftspolitik. Bestandsaufnahmen zu Formationen, Brüchen und Kontinuitäten im Deutschland des 20. Jahrhunderts, Stuttgart 2002.

Bruch, Rüdiger vom und Eckart Henning (Hg.): Wissenschaftsfördernde Institutionen im Deutschland des 20. Jahrhunderts (=Dahlemer Archivgespräche Bd. 5), Berlin 1999.

Deutsche Akademie der Wissenschaften zu Berlin 1946–1956, Berlin 1956.

Fischer, Wolfram (Hg.) unter Mitarbeit von Rainer Hohlfeld und Peter Nötzoldt: Die Preußische Akademie der Wissenschaften zu Berlin 1914–1945, Berlin 2000.

Flachowsky, Sören und Peter Nötzoldt: Von der Notgemeinschaft der deutschen Wissenschaft zur Deutschen Forschungsgemeinschaft. Die „Gemeinschaftsarbeiten" der Notgemeinschaft 1924–1933, in: Marc Schalenberg und Thomas P. Walter (Hg.): „immer im Forschen bleiben!" Rüdiger vom Bruch zum 60. Geburtstag, Stuttgart 2004, S. 157–177.

Flachowsky, Sören: Von der Notgemeinschaft zum Reichsforschungsrat. Wissenschaftspolitik im Kontext von Autarkie, Aufrüstung und Krieg, Stuttgart 2008.

Gläser, Jochen und Werner Meske (Hg.): Anwendungsorientierung von Grundlagenforschung? Erfahrungen der Akademie der Wissenschaften der DDR, Frankfurt/Main New York 1996.

Graham, Loren R.: The Formation of Soviet Research Instituts: A Comparison of Revolutionary Innovation and International Borrowing, in: Social Studies of Science 5 (1975), S. 309–329.

Grau, Conrad, Wolfgang Schlicker und Liane Zeil: Berliner Akademie der Wissenschaften in der Zeit des Imperialismus. Die Jahre der faschistischen Diktatur 1933 bis 1945, Berlin 1979.

Grau, Conrad: Der Akademiegedanke in Berlin nach 1945 aus wissenschaftshistorischer Sicht, in: Zeitschrift für Geschichtswissenschaft 40 (1992), S. 131–149.

Grau, Conrad: Die Preußische Akademie der Wissenschaften zu Berlin. Eine deutsche Gelehrtengesellschaft in drei Jahrhunderten, Heidelberg 1993.

Grau, Conrad: Die Preußische Akademie und die Wiederanknüpfung internationaler Wissenschaftskontakte nach 1918, in: Fischer, Preußische Akademie, S. 279–315.

Grau, Conrad: Die Wissenschaftsakademien in der deutschen Gesellschaft: Das „Kartell" von 1893 bis 1940, in: Scriba, Christoph J. (Hg.): Leopoldina-Symposion: Die Elite der Nation im Dritten Reich. Das Verhältnis von Akademien und ihrem wissenschaftlichen Umfeld zum Nationalsozialismus, Leipzig 1995. S. 31–56.

Hachtmann, Rüdiger: Eine Erfolgsgeschichte? Schlaglichter auf die Geschichte der Generalverwaltung der Kaiser-Wilhelm-Gesellschaft im „Dritten Reich", hrsg. von der Präsidentenkommission „Geschichte der Kaiser-Wilhelm-Gesellschaft im Nationalsozialismus" (= Ergebnisse 19). Berlin: Max-Planck-Gesellschaft zur Förderung der Wissenschaften 2004.

Hammerstein, Notker: Die Deutsche Forschungsgemeinschaft in der Weimarer Republik und im Dritten Reich. Wissenschaftspolitik in Republik und Diktatur 1920–1945, München 1999.

Hartkopf, Werner und Gert Wangermann (Hg.): Dokumente zur Geschichte der Berliner Akademie der Wissenschaften von 1700 bis 1990 (= Berliner Studien zur Wissenschaftsgeschichte 1), Heidelberg Berlin New York 1991.

Jahresbericht 1989 der AdW der DDR, Teil 2, Statistischer Jahresbericht.

Jessen, Ralph: Akademische Elite und kommunistische Diktatur. Die ostdeutsche Hochschullehrerschaft in der Ulbricht-Ära, Göttingen 1999.

Kocka, Jürgen (Hg.) unter Mitarbeit von Rainer Hohlfeld und Peter Thomas Walther: Die Königlich Preußische Akademie der Wissenschaften zu Berlin im Kaiserreich, Berlin 1999.

Kocka, Jürgen (Hg.) unter Mitarbeit von Peter Nötzoldt und Peter Th. Walther: Die Berliner Akademien der Wissenschaften im geteilten Deutschland 1945–1990, Berlin 2002.

Komkov, G. D., Levšin, B. V. und Semenov, L. K.: Geschichte der Akademie der Wissenschaften der UdSSR, hrsg. und bearb. von Conrad Grau. Berlin: Akademie Verlag 1981.

Laitko, Hubert: Das Reformpaket der sechziger Jahre – wissenschaftspolitisches Finale der Ulbricht Ära, in: Hoffmann, Dieter und Kristie Macrakis (Hg.): Naturwissenschaft und Technik in der DDR, Berlin 1997, S. 35–57.

Landrock, Rudolf: Die Deutsche Akademie der Wissenschaften zu Berlin 1945–1971 – ihre Umwandlung zur sozialistischen Forschungsakademie. Eine Studie zur Wissenschaftspolitik der DDR, Erlangen/Nürnberg 1977.

Marsch, Ulrich: Notgemeinschaft der Deutschen Wissenschaft. Gründung und frühe Geschichte 1920–1925, Frankfurt/Main 1994.

Meister, Richard: Geschichte der Akademie der Wissenschaften in Wien 1847–1947, Wien 1947.

Nagel, Anne Christine: Hitlers Bildungsreformer: Das Reichsministerium für Wissenschaft, Erziehung und Volksbildung 1934–1945, Frankfurt am Main (Fischer, Band 19425) 2012.

Nipperdey, Thomas und Ludwig Schmugge: 50 Jahre Forschungsförderung in Deutschland. Ein Abriß der Geschichte der Deutschen Forschungsgemeinschaft 1920–1970, Berlin 1970.

Nötzoldt, Peter: Wissenschaft in Berlin – Anmerkungen zum ersten Nachkriegsjahr 1945/46, in: Christoph Kleßmann u. Jürgen Kocka (Hg.), Potsdamer Bulletin für Zeithistorische Studien, Nr. 5, Potsdam 1995, S. 15–36.

Nötzoldt, Peter: Wolfgang Steinitz und die Deutsche Akademie der Wissenschaften zu Berlin. Zur politischen Geschichte der Institution (1945–1968), Dissertation, Berlin 1998.

Nötzoldt, Peter: Die Deutsche Forschungsgemeinschaft im Spannungsfeld von Kaiser-Wilhelm-Gesellschaft und Akademien der Wissenschaften bis 1945. Zur Etablierung der Schwerpunktforschung Mitte der 1920er Jahr, in: Jahrbuch der BBAW 2002, S. 288–294.

Nötzoldt, Peter: Technikwissenschaften an der Akademie der Wissenschaften der DDR, in: Thomas Hänseroth (Hg.): Dresdener Beiträge zur Geschichte der Technikwissenschaften, Heft 30, Dresden 2005, S. 3–30.

Nötzoldt, Peter: Die Akademien der Wissenschaften im Spannungsfeld von Kaiser-Wilhelm-Gesellschaft und Notgemeinschaft der Deutschen Wissenschaft, in: Der Historiker Conrad Grau und die Akademiegeschichtsschreibung. Zum Gedenken an Conrad Grau (1932–2000), Sitzungsberichte der Leibniz-Sozietät, Bd. 98, Berlin 2008.

Nötzoldt, Peter: Im Spannungsfeld der Wissenschaftsorganisationen. Die Deutsche Forschungsgemeinschaft, die Kaiser-Wilhelm-Gesellschaft und die Akademien der Wissenschaften 1920–1972, in: Orth, Karin und Willi Oberkrome (Hg.): Die Deutsche Forschungsgemeinschaft 1920–1970. Forschungsförderung im Spannungsfeld von Wissenschaft und Politik, Stuttgart 2010, S. 71–88.

Osietzki, Maria: Wissenschaftsorganisation und Restauration. Der Aufbau außeruniversitärer Forschungseinrichtungen und die Gründung des westdeutschen Staates 1945–1952, Köln 1984.

Ritter, Gerhard A., Margit Szöllösi-Janze und Helmuth Trischler (Hg.): Antworten auf die amerikanische Herausforderung. Forschung in der Bundesrepublik und der DDR in den „langen" siebziger Jahren, Frankfurt/Main und New York 1999.

Scheler, Werner: Von der Deutschen Akademie der Wissenschaften zu Berlin zur Akademie der Wissenschaften der DDR. Abriss der Genese und Transformation der Akademie, Berlin 2000.

Schlicker, Wolfgang: Die Berliner Akademie der Wissenschaften in der Zeit des Imperialismus. Teil II: Von der Großen Sozialistischen Oktoberrevolution bis 1933, Berlin 1975.

Schmidt-Ott, Friedrich: Erlebtes und Erstrebtes. 1860–1950, Wiesbaden 1952.

Schmidt-Ott, Friedrich: Zusammenfassung und planmäßige Finanzierung in der staatlichen Förderung der deutschen Kulturaufgaben, in: Reich und Länder, hrsg. von Walter Adametz u.a. Berlin 1929, S. 1–4.

Stolzenberg, Dietrich: Fritz Haber. Chemiker, Nobelpreisträger, Deutscher Jude. Eine Biographie. Weinheim u.a.: Wiley-VCH 1994.

Szöllösi-Janze, Margit: Fritz Haber 1868–1934. Eine Biographie, München 1998.

Vierhaus, Rudolf und Bernhard vom Brocke (Hg.): Forschung im Spannungsfeld von Politik und Gesellschaft. Geschichte und Struktur der Kaiser-Wilhelm-/Max-Planck-Gesellschaft, Stuttgart 1990.

Walther, Peter Th.: "It Takes Two to Tango". Interessenvertretungen an der Deutschen Akademie der Wissenschaften zu Berlin in den fünfziger Jahren, in: Berliner Debatte INITIAL, 4/5 (1995), S. 68–78.

Wennemuth, Udo: Wissenschaftsorganisation und Wissenschaftsförderung in Baden. Die Heidelberger Akademie der Wissenschaften 1909–1949, Heidelberg 1994.

Zierold, Kurt: Forschungsförderung in 3 Epochen. Deutsche Forschungsgemeinschaft. Geschichte – Arbeitsweise – Kommentar, Wiesbaden 1968.

DIETER KIRCHHÖFER

Funktionsanalytische Sichtweisen auf die APW

Malycha, Andreas: Geplante Wissenschaft. Eine Quellenedition zur DDR-Wissenschaftsgeschichte, Leipzig 2003
Ders.: Bildungsforschung für Partei und Staat. Zum Profil und zur Struktur der APW, in: S. Häder/U. Wiegmann (Hg.): Die Akademie der Pädagogischen Wissenschaften im Spannungsfeld von Wissenschaft und Politik, Frankfurt/Main u.a., 2007, S. 39–76.
Häder, Sonja: Theorie und Empirie in den Forschungen der APW – Vorgaben, Ambitionen und Sackgassen, in: S. Häder/U. Wiegmann (Hg.): Die Akademie der Pädagogischen Wissenschaften im Spannungsfeld von Wissenschaft und Politik, Frankfurt/Main u.a., 2007, S. 141–173.
Wiegmann, Ullrich: Zum Verhältnis von universitärer und außeruniversitärer Erziehungswissenschaft, in: G. Geißlert/U. Wiegmann (Hg): Außeruniversitäre Erziehungswissenschaft in Deutschland, Köln Weimar Wien 1996.
Tenorth, Elmar: Die APW im Kontext außeruniversitärer Bildungsforschung in Deutschland, in: S. Häder/U. Wiegmann (Hg.): Die Akademie der Pädagogischen Wissenschaften im Spannungsfeld von Wissenschaft und Politik, Frankfurt/Main u.a., 2007, S. 15–38.

HORST BERGER

Das Institut für Soziologie und Sozialpolitik im Spannungsfeld von Wissenschaft und Politik

R.A. Bauer (ed.): Social Indicators, Cambridge/London/Massachusetts: M.I.T. Press, 1966.
H. Berger: Sozialindikatorenforschung in der DDR, WZB FS III 97–408, Berlin 1997.
H. Berger (Hg.): Sozialreport Ost-Berlin (gemeinsam mit dem Statistischen Amt Berlin), 1990.
H. Berger/E. Priller (Hg.): Indikatoren in der soziologischen Forschung, Berlin 1982.

H. Berger/T. Hanf/W. Hinrichs/E. Priller/D. Rentzsch: „System sozialer Indikatoren der sozialistischen Lebensweise", ISS, Beiträge aus der Forschung, Soziologie und Sozialpolitik, Heft 1/1984.

H. Berger/F. Wolf/A. Ullmann (Hg.): Handbuch der soziologischen Forschung, Berlin 1989.

H. Bertram (Hg.): Soziologie und Soziologen im Übergang. Schriftenreihe der KSPW, Opladen 1997.

H. Best (Hg.): Sozialwissenschaften in der DDR und in den neuen Bundesländern, Informationszentrum Sozialwissenschaften, Ein Vademecum, Berlin 1992.

K. Braunreuther u.a. (Hg.): Soziologische Aspekte der Arbeitskräftebewegung – Internationales Kolloquium, Berlin 1967.

K. Braunreuther/H. Meyer: Zu konzeptionellen Fragen einer marxistischen soziologischen Organisationstheorie. Eine Studie unter Berücksichtigung von System, Information und Entscheidung, in: Probleme der politischen Ökonomie, Berlin 1967, S. 209–279.

K. Braunreuther: Geschichte und Kritik der bürgerlichen Soziologie, in: G. Aßmann/R. Stollberg (Hg.), Grundlagen der marxistisch-leninistischen Soziologie, Berlin 1977, S. 327–404.

Dokumente: Soziologie und Meinungsforschung, in: H. Best, 1992, S. 131–135 und S. 158–169.

E. Ebert: Einkommen und Konsum im Transformationsprozess, Schriftenreihe der KSPW: Transformationsprozesse, Band 23, Opladen 1997, Transformationsprozesse, Band 24, Opladen 1997.

Gesetzblatt der DDR, Teil I Nr. 17–Ausgabetag 16. März 1990.

J. Gladitz/ K. Troitsch: Computer Aided Sociological Research, Berlin 1991.

J. Gysi (Hg.): Familienleben in der DDR, Berlin 1989.

R. Habich/W. Zapf: Sozialberichterstattung in und für Deutschland. Ein Ziel – zwei Wege? WZB FS 95–404, Berlin 1995.

M. Häder (Hg.): Denken und Handeln in der Krise, Berlin 1991.

M. Häder/S. Häder: Turbulenzen im Transformationsprozess. Die individuelle Bewältigung des sozialen Wandels in Ostdeutschland 1990–1992. Opladen 1995.

R. Hauser u.a.: Ungleichheit und Sozialpolitik, Bericht 2 der KSPW, Opladen 1996.

W. Hinrichs/E. Priller (Hg.): Handeln im Wandel, Berlin 2001.

Institut für Soziologie und Sozialpolitik der Akademie der Wissenschaften, Jahrbücher für Soziologie und Sozialpolitik 1980 bis 1989, Berlin.

Institut für Soziologie und Sozialpolitik an der Akademie der Wissenschaften der DDR, Beiträge aus der Forschung, Autorenkollektiv unter Leitung von H. Berger, Soziologie des Sozialismus, Heft 1 und 2, Berlin 1987.

Institut für Soziologie und Sozialpolitik der Akademie der Wissenschaften der DDR, Studie „Hauptrichtungen der sozialen Entwicklung – Aufgaben einzelner sozialpolitischer Bereiche, Thesen und Analysematerial (Vertrauliche Verschluss-Sache b 112 – 36/89).

Institut für Soziologie und Sozialpolitik der AdW, Informationsmaterial zur Begutachtung des ISS, Berlin, August 1990.

H. Kuhrig/W. Speigner (Hg.): Zur gesellschaftlichen Stellung der Frau in der DDR, Leipzig 1978.

D. Kusior/W. Reymann (Hg.): Katalog empirischer, rechnergestützter Projekte in der Soziologie, Materialien zum 5. Soziologiekongress der DDR, Berlin 1989.

I. Lötsch/Hg. Meyer/(Hg.): Sozialstruktur als Gegenstand der Soziologie und der empirischen soziologischen Forschung, Berlin 1998.

G. Manz/G. Winkler (Hg.): Sozialpolitik, Berlin 1987.

G. Manz/E. Sachse/G. Winkler (Hg.): Sozialpolitik in der DDR – Ziele und Wirklichkeit, Berlin, 2001.

H. Paucke/G. Streibel: Ökonomie contra Ökologie? Ein Problem unserer Zeit, Berlin 1990.

H. Röder: Im Zwiespalt von sozialer Gleichheit und wirtschaftlicher Effizienz, in: I. Lötsch/H. Meyer (Hg.): Sozialstruktur als Gegenstand der Soziologie und der empirischen soziologischen Forschung, Berlin 1998, S. 109–134.

K.P. Schwitzer/G. Winkler (Hg.): Altenreport 90, Berlin 1990.

V. Sparschuh/U. Koch: Sozialismus und Soziologie. Die Gründergeneration der DDR-Soziologie. Versuch einer Kontinuierung, Opladen 1997.

W. Speigner u.a.: Kind und Gesellschaft, Berlin 1987;

H. Steiner: Soziologie als marxistisch-leninistische Gesellschaftswissenschaft – Studie, Hg. v. Institut für Soziologie und Sozialpolitik an der Akademie der Wissenschaften der DDR. Beiträge aus der Forschung, Heft 1/1982.

H. Timmermann (Hg.): Lebenslagen – Sozialindikatorenforschung in beiden Teilen Deutschlands, Saarbrücken-Scheid 1990.

R. Weidig: Soziologische Forschung in der DDR – Einige Aspekte der Arbeit des Wissenschaftlichen Rates, WZB, FS III 97–407, Berlin 1997.

G. Winkler: Zur höheren Qualität der Verbindung von Soziologie und Sozialpolitik, in: Jahrbuch für Soziologie und Sozialpolitik 1980.

G. Winkler (Hg.): Lexikon der Sozialpolitik, Berlin 1987.

G. Winkler (Hg.): Geschichte der Sozialpolitik, Berlin 1989.

G. Winkler (Hg.): Sozialreport 90 – Daten und Fakten zur sozialen Lage in der DDR, Berlin 1990.
G. Winkler (Hg.): Frauenreport 90, Berlin 1990.
H.F. Wolf: Marxistische Soziologie als Lehrfach 1947–1951. Zu Ansätzen an den Universitäten Leipzig und Rostock, in: Jahrbuch für Soziologie und Sozialpolitik 1989, S. 341–351.
W. Zapf/R. Habich (Hg.): Wohlfahrtsentwicklung im vereinten Deutschland – Sozialstruktur, sozialer Wandel und Lebensqualität, Berlin 1996.

GÜNTER WILMS

Zur Entwicklung und zu den Aufgaben der Akademie der Pädagogischen Wissenschaften der DDR (APW) – Forschungen für die pädagogische Praxis und zur Entwicklung der pädagogischen Theorie

„Verordnung über das Statut der Akademie der Pädagogischen Wissenschaften der DDR", in: Gesetzblatt der DDR, Teil II, Nr. 75, Berlin, 10. September 1970.
„Zur Geschichte der Akademie der Pädagogischen Wissenschaften der DDR" – Dokumente und Materialien, herausgegeben vom Institut für Theorie und Geschichte der Pädagogik der APW, Berlin 1989.
„Pädagogik", herausgegeben von den Akademien der Pädagogischen Wissenschaften der DDR und der UdSSR, Verlag Volk und Wissen Volkseigener Verlag, Berlin 1989.
Gerhart Neuner: „Allgemeinbildung – Konzeption, Inhalt, Prozeß", Verlag Volk und Wissen Volkseigener Verlag, Berlin 1989.
Günter Wilms: „Allgemeinbildung in der Gemeinschaftsschule", in: „Zukunftswerkstatt Linke Bildungspolitik", Bundesarbeitsgemeinschaft Bildungspolitik der Partei DIE LINKE, Heft 2/2009.
„Programm der Bildungs- und Erziehungsarbeit im Kindergarten", Volk und Wissen Volkseigener Verlag, Berlin 1985.
„Programm für die Erziehungsarbeit in Kinderkrippen", VEB Verlag Volk und Gesundheit, Berlin 1986.

JOACHIM REX

Die wissenschaftlichen Akademiebibliotheken in Berlin während des Zeitraumes des Bestehens der DDR

1. Vertrag zwischen der Bundesrepublik Deutschland und der Deutschen Demokratischen Republik über die Herstellung der Einheit Deutschlands – Einigungsvertrag, in: BGBl. Nr. 35 vom 28. September 1990, S. 902–903.
2. Sauerwald, Erika: Die Pädagogische Zentralbibliothek – Deutsche Lehrerbücherei – Berlin, in: Zentralblatt für Bibliothekswesen, Leipzig, 80 (1966) 3, S. 157–161.
3. Akademie der Pädagogischen Wissenschaften der DDR. Pädagogische Zentralbibliothek. Berlin 1989.
4. Bierwagen, Marion: Erläuterungen/Hinweise für die Nutzung der Bibliothek für Bildungsgeschichtliche Forschung, in: Mitteilungsblatt/Förderkreis Bibliothek für Bildungsgeschichtliche Forschung e.V. 5 (1994) 2, S. 6–8.
5. Zur Geschichte der Bibliothek für Bildungsgeschichtliche Forschung (vormals Deutsche Lehrerbücherei, gegründet 1875)/Hg.: Bibliothek für Bildungsgeschichtliche Forschung des Deutschen Instituts für Internationale Pädagogische Forschung, Bearb. Christa Förster, Berlin 1994.
6. Deutsches Institut für Internationale Pädagogische Forschung, Frankfurt am Main. Bibliothek für Bildungsgeschichtliche Forschung, Berlin. Wiedereröffnung am 2. März 1994. Dokumentation, Redaktion Marion Bierwagen, Berlin, Frankfurt am Main 1994.
7. Hille, Martin: Die Bibliothek für Bildungsgeschichtliche Forschung (BBF). Umzug in umgenutzte Räume, in: Bibliotheksdienst, Berlin, 29 (1995) 6, S. 902–907.
8. Metzner, Fritz: Landwirtschaftliche Zentralbibliothek der Deutschen Akademie der Landwirtschaftswissenschaften zu Berlin, in: Zentralblatt für Bibliothekswesen, Leipzig, 74 (1960) 1, S. 38–39.
9. Metzner, Fritz: Gründung eines Instituts für Landwirtschaftliche Information und Dokumentation bei der Deutschen Akademie der Landwirtschaftswissenschaften zu Berlin, in: Zentralblatt für Bibliothekswesen, Leipzig, 77 (1963) 9, S. 404–405.
10. Helbig, Marianne, und Gunther Helbig: Entscheidungsfragen bei der Fachnetzbildung. Dargestellt am Beispiel des Netzes der Fachbibliotheken der Land- und Nahrungsgüterwirtschaft der DDR, in: Zentralblatt für Bibliothekswesen, Leipzig, 85 (1971) 2, S. 65–85.

11. Tripmacker, Wolfgang: Vitruvius und aktuelle Bauliteratur. Über 126.000 Bände in der Zentralen Wissenschaftlichen Fachbibliothek Bauwesen in Berlin, in: Börsenblatt für den Deutschen Buchhandel (1968), Nr. 42, S. 761–762.
12. Höchsmann, Dieter: Weiterbildungswoche für das Netz Architektur/Bauwesen, in: Mitteilungen aus dem wissenschaftlichen Bibliothekswesen der DDR, Berlin, 21 (1984) 7/8, S. 82–85.
13. Dämpfert, Elke: Verschenkt Berlin seine beste Baufachbibliothek?, in: BBW. Berlin-Brandenburgische Bauwirtschaft, Berlin, 42 (1991) 20, S. 513–514.
14. Rex, Joachim: Das Bibliothekswesen der Akademie der Wissenschaften der DDR. Zu einigen Fragen seiner Entwicklung und weiteren Gestaltung, anläßlich des 275. Jahrestages der Gründung der Akademie, in: Zentralblatt für Bibliothekswesen, Leipzig, 89 (1975), S. 309–318.
15. Franken, Klaus: Literaturversorgung in den Geisteswissenschaften der ehemaligen DDR. Kurzer Überblick über Funktion, Bestand und Geschichte der Universitätsbibliotheken, der Sächsischen Landesbibliothek und der Bibliotheken der Akademie der Wissenschaften, Konstanz 1991, S. 14–16.
16. Rex, Joachim: Zur Lage der Bibliothek der Akademie der Wissenschaften, Berlin, in: Bibliotheksdienst, Berlin, 25 (1991) 6, S. 876–879.
17. Rex, Joachim: Die Entwicklung zu einer modernen Akademiebibliothek für die Bedürfnisse der wissenschaftlichen Forschung, in: Bibliotheksarbeit in Ost und West. Beiträge zur bibliothekarischen Weiterbildung, Berlin, 6 (1991), S. 73–77.
18. Rex, Joachim: Die Akademiebibliothek. Grundzüge ihrer Entwicklung, in: Berlin-Brandenburgische Akademie der Wissenschaften (vormals Preußische Akademie der Wissenschaften), Jahrbuch 1994, Berlin 1995, S. 419–430.

Autorenverzeichnis

Helmut Abel
Prof. Dr. rer. nat., Jg. 1928, Biophysiker, Lehre als Feinmechaniker bei Siemens & Halske, Studium der Physik/Assistenzzeit an der Humboldt-Universität zu Berlin. Seit 1955 im Arbeitsstab zum Aufbau des Zentralinstituts für Kernforschung in Dresden/Rossendorf tätig, ab 1957 dort Leitung der Abteilung Dosimetrie und Strahlenschutz. 1966 Aufbau einer Abteilung Biophysik im Zentralinstitut für Kernforschung. 1967 Eingliederung dieser Abteilung in das Institut für Biophysik in Berlin-Buch und Berufung als stellvertretender Direktor des Instituts für Biophysik. Dort gleichzeitig Aufbau eines Bereiches Strahlenbiophysik und 1971 Eingliederung dieses Bereiches in das Zentralinstitut für Molekularbiologie (ZIM) in Berlin-Buch. 1980 -1982 tätig in der Arbeitsgruppe Biophysik im Kernforschungszentrum in Dubna bei Moskau. 1982 Auflösung des Bereiches Strahlenbiophysik und Aufbau sowie Leitung eines Bereichen Forschungstechnik im ZIM. 1986 Aufbau sowie Leitung bis 1991 einer Abteilung Theoretische Strahlenbiologie im Zentralinstitut für Krebsforschung in Berlin-Buch. Danach bis 1994 gutachterliche Tätigkeit bei der Sanierung der Wismut.

Horst Berger
Prof. Dr. rer.oec. habil., Jg. 1934, 1955–1959 Studium der Ökonomie und Soziologie an der Humboldt-Universität zu Berlin. 1964 Promotion, 1968 Habilitation. 1959–1976 Humboldt-Universität zu Berlin, 1969 Hochschuldozent für Soziologie, 1975 Ordentlicher Professor für Soziologie. 1977–1991 Akademie der Wissenschaften der DDR, Institut für Soziologie und Sozialpolitik,1992–1999 Wissenschaftszentrum Berlin für Sozialforschung. Arbeitsschwerpunkte: Methodologie der Soziologie, Sozialindikatorenforschung, Sozialberichterstattung. Dazu zahlreiche wissenschaftliche Publikationen.

Wolfgang Girnus

Dr. phil., Jg. 1949, Studium der Chemie und Mathematik an der TU Dresden. 1982 Promotion. 1972–1991 Wissenschaftshistoriker (Chemie) an der Akademie der Wissenschaften der DDR, 1987/88 akademischer Gast der Eidgenössischen Technischen Hochschule Zürich. 1990 Mitglied der Stadtverordnetenversammlung von Berlin, 1991–2001 Mitglied des Abgeordnetenhaus von Berlin (Wissenschafts- und Kulturpolitik) aktiv. Seit 2001 als Wissenschaftshistoriker freiberuflich tätig. Seit 2003 Koordinator des Kollegiums Wissenschaft der Rosa-Luxemburg-Stiftung. Autor zahlreicher wissenschaftshistorischer und wissenschaftspolitischer Publikationen.

Ulrich Hofmann

Prof. Dr., Jg. 1931, 1952–1958 Physikstudium an der Moskauer Staatlichen Lomonossow-Universität, danach Forschungstätigkeit im Institut für metallische Spezialwerkstoffe Dresden. 1966 Promotion. Nebenamtlicher Fachreferent in der Forschungsgemeinschaft, Honorarprofessor an der TU Dresden, langjähriger 1. Vizepräsident der Akademie der Wissenschaften der DDR. 1991–2003 Berater zweier mittelständischer Unternehmen in München, zweier Technologiekonzerne in Frankfurt am Main, Geschäftsführer eines deutsch-russischen Gemeinschaftsunternehmens, Berater einer US-amerikanischen Technologiefirma. Mitglied der Leibniz-Sozietät der Wissenschaften.

Dieter Kirchhöfer

Prof. Dr. phil., Jg. 1936, Pädagogikstudium (Geographie/Geschichte) in Dresden, Landschullehrer, Studium Philosophie und Logik in Leipzig, 1972 Promotion, 1981 Habilitation zu erkenntnistheoretischen und wissenschaftsmethodologischen Fragen der Pädagogik. 1963–1989 Assistent und Hochschullehrer für Philosophie, Erkenntnistheorie, Wissenschaftsmethodologie und Logik an den Pädagogischen Hochschulen Dresden, Zwickau und der Technischen Universität Dresden, Leiter der Abt. Logik und Wissenschaftsmethodologie der Pädagogischen Hochschule Dresden, 1981–1985 Rektor der Pädagogischen Hochschule Zwickau, ab 1986 Hochschullehrer und Vizepräsident an der Akademie der Pädagogischen Wissenschaften in Berlin. Forschungen zu philosophischen und wissenschaftsmethodolgischen Fragen der Bildung und Erziehung. Nach 1989 wissenschaftlicher Projektmitarbeiter an der Universität Potsdam, Lehraufträge an der Humboldt-Universität zu Berlin, der Freien Universität Berlin, der Universität Potsdam, Forschungen und Veröffentlichungen zur Transformationstheorie, zur Bildungsentwicklung, Kindheits- und Jugendsoziologie. Arbeitsgebiete: Kindheit in der DDR, Wandel von Kindheit, Kindheit in der Transformation. Seit 1993 Mitglied der Leibniz-Sozietät der Wissenschaften zu Berlin.

Marina Kreisel
Dr. habil., Jg. 1945, langjährige Tätigkeit als Lehrerin in den Klassen 1–10 und als Methodikerin des Mutterspracheunterrichts an der Akademie der Pädagogischen Wissenschaften der DDR (u.a. beteiligt an der Entwicklung von Lehrplänen und Prüfungen im Fach Deutsche Sprache und Literatur, an Untersuchungen zum Muttersprachunterricht). 1976 Promotion, 1988 Habilitation. U.a. Mitarbeit in DFG-Projekten zum Deutschunterricht und seiner Methodik/Didaktik sowie an Schulbüchern und Handreichungen für Lehrer; Autorin und Herausgeberin von Veröffentlichungen zur muttersprachlichen Bildung und Erziehung, besonders zur Leistungsermittlung und -bewertung (einschließlich Prüfungen) sowie zur Geschichte des Muttersprachunterrichts und seiner Didaktik.

Siegfried Kuntsche
Prof. Dr. sc. phil., Jg. 1935, Geschichts- und archivwissenschaftliches Studium an der Humboldt-Universität zu Berlin. 1959–1979 im Mecklenburgischen Landeshauptarchiv Schwerin, danach bis 1991 im Institut für Ausländische Landwirtschaft und Agrargeschichte der Akademie der Landwirtschaftswissenschaften in Berlin tätig. Forschungen und Publikationen zur Agrargeschichte der DDR, insbesondere zur Bodenreform 1945/46 (u.a. Bodenreform in einem Kernland des Großgrundbesitzes: Mecklenburg-Vorpommern. In: Arnd Bauerkämper (Hg.) „Junkerland in Bauernhand?“. Stuttgart 1996; DDR-Landwirtschaft nach der betrieblichen Trennung von Pflanzen- und Tierproduktion. In: Thünen-Jahrbuch 2008). Mitautor des Personenlexikons Wer war wer in der DDR (Biographien von Agrarpolitikern und -wissenschaftlern).

Ingo König
Prof. Dr. agr. habil., Jg. 1934, 1952–1954 landwirtschaftliche Lehre Deubachshof/Eisenach, 1954–1957 Landwirtschaftsstudium in Jena. 1961 Promotion zum Dr. agr., 1962 staatlich geprüfter Tierzuchtleiter, 1969 Habilitation an der Universität Rostock. 1957–1965 Tätigkeit am Institut für Tierzucht der Universität Jena und Leiter der Vatertierprüfstation Wichmar, 1966–1972 Abt.-Leiter am Institut für Tierzucht Dummerstorf, 1972–1991 Leiter/Direktor des Bereichs Fortpflanzung in Dummerstorf, 1981 Professor an der Akademie der Landwirtschaftswissenschaften der DDR, 1992–1997 Projektleiter in der Koordinierungs- und Aufbauinitiative/Wissenschaftler-Integrations-Programm (KAI / WIP) an der Universität Rostock, 1991–2004 Mitbegründer, Wissenschaftskoordinator und Mitglied des Vorstandes „agrarumwelt“ Mecklenburg-Vorpommern e.V.

Hubert Laitko
Prof. Dr. sc. phil., Jg. 1935, Studium der Journalistik und Philosophie in Leipzig. Aspirantur auf dem Gebiet der Philosophie der Naturwissenschaften in Berlin. 1964 Promotion, 1964–1969 Assistent und Oberassistent am Philosophie-Institut der Humboldt-Universität zu Berlin, 1969–1991 wissenschaftlicher Mitarbeiter, Gruppen- und Bereichsleiter am Institut für Theorie, Geschichte und Organisation der Wissenschaft der Akademie der Wissenschaften der DDR. 1978 Promotion B. Wissenschaftshistoriker auf dem Arbeitsgebiet Institutionalgeschichte der Wissenschaft im 19. Und 20. Jahrhundert. Lehrbeauftragter für Geschichte der Naturwissenschaft an der Brandenburgischen Technischen Universität Cottbus. Seit 1994 Mitglied der Leibniz-Sozietät der Wissenschaften zu Berlin.

Norbert Langhoff
Prof. Dr.-Ing., Jg. 1935, studierte 1955-1960 Automatisierungstechnik an der Hochschule für Elektrotechnik Ilmenau. 1974 Promotion in Ilmenau, 1985 Habilitation und Berufung zum Professor an der Akademie der Wissenschaften der DDR (AdW). 1960–1970 Entwicklungsingenieur und wissenschaftlicher Mitarbeiter, 1970–1991 Direktor des Zentrums für Wissenschaftlichen Gerätebau (ZWG) der AdW. Ab 1991 selbständig unternehmerisch tätig im IGZ Innovations- und Gründerzentrum des Adlershofer Technologieparks in Berlin, u.a. als Geschäftsführer des auf innovative Röntgenlichtleiter spezialisierte „Institute for Scientific Instruments GmbH“ (IFG). Seit 1993 Mitglied der Leibniz-Sozietät der Wissenschaften zu Berlin.

Klaus Meier
Dr. sc. oec., Jg. 1952, 1970–1974 Studium an der Humboldt-Universität zu Berlin, Sektion Wissenschaftstheorie und -organisation, 1974–1991 Mitarbeiter, Projektleiter, zuletzt stellvertretender Direktor am Institut für Theorie, Geschichte und Organisation der Wissenschaft der Akademie der Wissenschaften der DDR, ausgewiesen mit theoretischen und empirischen Untersuchungen zum Wissenschaftspotential, speziell zur Rolle von Forschungstechnik und wissenschaftlichem Gerätebau. 1981 Promotion A (Dr. oec.), 1990 Promotion B (Dr. sc. oec.). Seit 1990 (ehrenamtl.) wissenschaftlicher Geschäftsführer und Zweiter Vorsitzender des Wissenschaftssoziologie und -statistik e.V. (WiSoS) Berlin, 1991–1994 Projekte sozialwissenschaftlicher Begleitforschung im Wissenschaftler-Integrations-Programm, 1994–2000 freiberuflicher Autor, Publikationen zur Chaosforschung, Biographieforschung, Minimal invasiven Medizin, Spielzeugindustrie, seit 2000 Mitarbeiter, seit 2003 Bereichsleiter in der Rosa-

Luxemburg-Stiftung in Berlin, aktiv in der politischen Bildung, insbesondere auf dem Feld der Nachhaltigkeit und Entwicklung von Wissenschaft und Technik, zuletzt Herausgeber mit E. Wittich „Theoretische Grundlagen nachhaltiger Entwicklung", Berlin 2007 und mit W. Girnus „Die Humboldt-Universität Unter den Linden 1945 bis 1990", Berlin 2010.

Peter Nötzoldt
Dr. phil., Jg. 1949, Studium der Physik und der Mathematik an der Technischen Hochschule Karl-Marx-Stadt (heute Chemnitz), 1976–1991 wissenschaftlicher Mitarbeiter an der Akademie der Wissenschaften der DDR, 1997–2013 wissenschaftlicher Mitarbeiter an der Berlin-Brandenburgischen Akademie der Wissenschaften.

Günter Pasternak
Prof. Dr. med., Jg. 1932, Studium der Medizin an der Humboldt-Universität zu Berlin, 1959 Promotion, 1966 Habilitation. 1973 Professor am Zentralinstitut für Krebsforschung der Akademie der Wissenschaften der DDR (AdW). 1979–1984 Direktor des Forschungszentrums für Molekularbiologie und Medizin der AdW, ab 1984–1992 Direktor des Zentralinstituts für Molekularbiologie (ZIM). Bis 1999 tätig in der Leukämieforschung an der Ruprecht-Karls-Universität Heidelberg.

Christa Uhlig
Prof. Dr. paed., Jg. 1947, Studium und wissenschaftliche Tätigkeit auf dem Gebiet der Geschichte der Pädagogik an der Universität und Pädagogischen Hochschule Leipzig, von 1986 bis zu ihrer Abwicklung 1990 an der Akademie der Pädagogischen Wissenschaften Berlin, danach historisch-pädagogische Forschungsprojekte an der Humboldt-Universität zu Berlin und der Universität Paderborn sowie Lehraufträge an verschiedenen Universitäten; Veröffentlichungen u.a. zur Bildungsgeschichte der DDR, zur Reformpädagogik, zur Rezeption der Reformpädagogik in der Arbeiterbewegung. Seit 1997 Mitglied der Leibniz-Sozietät der Wissenschaften zu Berlin.

Joachim Rex
Jg. 1933, Studium der Bibliothekswissenschaft an der Humboldt-Universität zu Berlin, 40 Jahre im Bibliothekswesen der Akademie der Wissenschaften tätig: 1958–1964 als Leiter einer Institutsbibliothek, ab 1965 als Abteilungsleiter und von 1973 bis zur Pensionierung 1998 als Direktor der Akademiebibliothek. Zahlreiche bibliothekswissenschaftliche Publikationen, insbesondere zur Geschichte und Entwicklung der Berliner Akademiebibliothek.

Horst Weiß
Prof. Dr. paed., Jg. 1932, Studium zum Fachlehrer für Mathematik und Physik an der Humboldt-Universität zu Berlin, 1957 Promotion in Moskau. 1958–1968 Leiter des Sektors Naturwissenschaften im Ministerium für Volksbildung der DDR, 1968–1990 am Deutschen Pädagogischen Zentralinstitut/Akademie der Pädagogischen Wissenschaften der DDR tätig. 1970–1990 Ordentliches Mitglied der Akademie der Pädagogischen Wissenschaften der DDR.

Günter Wilms
Prof. Dr. paed. habil., Jg. 1927, Neulehrer 1946–1948, Studium an der TH Dresden und der Humboldt-Universität Berlin. Promotion 1955 (Berlin), Habilitation 1968 (Potsdam). Dozent an der Universität Greifswald; Professor an der Pädagogischen Hochschule Potsdam. 1958–1966 Leiter der Abteilung Lehrerbildung im Ministerium für Volksbildung der DDR. 1970-1990 Ordentliches Mitglied der Akademie der Pädagogischen Wissenschaften der DDR (APW), 1970–1979 Vizepräsident der APW, 1980–1990 Direktor des Instituts für Leitung und Organisation des Volksbildungswesens der APW.

Herbert Wöltge
Dr. rer. pol., Jg. 1933, Studium der Philosophie an der Humboldt-Universität zu Berlin, Promotion als Journalist an der Universität Leipzig. Hat in verschiedenen Redaktionen populärwissenschaftlicher und wissenschaftlicher Publikationsorgane und als freier Wissenschaftsjournalist gearbeitet. 1967–1973 leitete er die Pressestelle im Ministerium für Hoch- und Fachschulwesen der DDR, 1975–1990 die Presseabteilung der Akademie der Wissenschaften der DDR, 1990–1992 war er in der Geschäftsstelle der Gelehrtensozietät der Akademie der Wissenschaften für Öffentlichkeitsarbeit verantwortlich. Seit 1993 Mitglied der Leibniz-Sozietät der Wissenschaften zu Berlin.